国家社科基金项目资助成果（17BJY012）

高质量发展丛书
GAOZHILIANG FAZHAN CONGSHU

"一带一路"倡议与国际产能合作风险研究

孙泽生 等／著

"YIDAIYILU" CHANGYI
YU GUOJI CHANNENG HEZUO FENGXIAN YANJIU

中国财经出版传媒集团
中国财政经济出版社

图书在版编目（CIP）数据

"一带一路"倡议与国际产能合作风险研究／孙泽生等著． -- 北京：中国财政经济出版社，2022.3

ISBN 978 - 7 - 5223 - 0329 - 1

Ⅰ.①一… Ⅱ.①孙… Ⅲ.①区域经济合作－国际合作－研究－中国 Ⅳ.①F125.5

中国版本图书馆 CIP 数据核字（2021）第 011034 号

责任编辑：彭　波　　　　责任印制：史大鹏
封面设计：卜建辰　　　　责任校对：徐艳丽

中国财政经济出版社 出版

URL：http：//www.cfeph.cn
E - mail：cfeph@ cfeph.cn

（版权所有　翻印必究）

社址：北京市海淀区阜成路甲 28 号　邮政编码：100142
营销中心电话：010 - 88191522
天猫网店：中国财政经济出版社旗舰店
网址：https：//zgczjjcbs.tmall.com
北京财经印刷厂印刷　各地新华书店经销
成品尺寸：170mm×240mm　16 开　28.75 印张　509 000 字
2022 年 3 月第 1 版　　2022 年 3 月北京第 1 次印刷
定价：98.00 元
ISBN 978 - 7 - 5223 - 0329 - 1
（图书出现印装问题，本社负责调换，电话：010 - 88190548）
本社质量投诉电话：010 - 88190744
打击盗版举报热线：010 - 88191661　　QQ：2242791300

前　言

一

可能很多年后，当人们回首21世纪的头20年时，会惊讶于其带给中国和世界的影响是如此的深刻和久远。以中国加入世界贸易组织、肇端于美国的全球金融危机、涵盖中美的大国地位变迁和博弈乃至于2020年暴发的全球新冠肺炎疫情为背景，世界正在经历"百年未有之大变局"①。中国由2001年加入世贸组织时国内生产总值（GDP）11590亿美元、排名世界第6，到2010年超越日本成为世界第二大经济体，再到2019年年末人均GDP超过1万美元且总量已达到美国当年GDP的68%，寓示着一个有着古老文明传统的现代化国家正稳步恢复其历史地位、重新找回其历史荣光。但也必须看到，依赖海运及发达国家市场引致的偏向东部沿海省域的不均衡发展已成为中国进一步增长的主要制约因素，长期积累并在全球金融危机期间膨胀的庞大产能无法通过发达国家市场完成市场出清。而且，中国经济地位的跃升已引起霸权国家的警觉，其逐渐从早期的对华"接触"和"防范"战略过渡到"竞争"和"制衡"战略，从早期的政治打压、代理人干扰已逐步发展到全领域的赤膊竞争。

这样的时代背景呼唤也倒逼中国用创新的思路去矫正早先海运路径依赖的增长路径及偏向沿海的增长模式，以新市场培育和开拓扩展中国经济发展空间，更有效地利用已形成的优势产能带动不仅止于中国而且扩展至新地理区域的经济增长，形成更大范围的"命运共同体"应对反全球化逆流和"冷战"思维的回潮。有远见的政治家给出的一个重要思路和实践就是2013年提出并快速推进的"一带一路"倡议。尽管有域外个别大国的鼓噪、阻挠、破坏以及映射到域内的种种杂音和挑战，以基础设施互联互通和国际产能合作为抓手的"一带一路"倡议已

---

① 系中国国家主席习近平在2018年6月召开的中央外事工作会议上首次提出的观点。

成为纵贯欧亚大陆主要国家、吸引全球130余国参与的宏大发展倡议。政治家带领人民推进的这一实践需要包括经济学家在内的社会科学工作者予以密切关注并投身贡献其中，以记录并服务于这个处于深刻变革中的伟大时代。

从欧亚大陆东西两端对视，太平洋沿岸发展中的中国和大西洋沿岸发达国家群集的西欧已形成了密织成网、高水平的基础设施条件。两者往昔都依赖濒海优势实现了经济的快速发展，但中国中西部省域直至中东欧的欧亚大陆腹地国家却多处于基础设施联通差、经济发展水平低的不利局面。"一带一路"倡议以基础设施互联互通为依托，联同各国协力推进的投资贸易便利化等举措，都有利于欧亚大陆各国的低成本陆路互联和运输通达，有利于激发国际产能合作潜力并渗入经济运行的血肉经脉，基于海洋（权）的经济增长路径将有望嬗变为海陆并举的经济发展新局，对中国和沿线各国的国运兴衰，影响将何其巨大！

但要化理想为现实，就不得不考虑到倡议落实面临的域内国家的犹疑和域外国家的猜疑和阻挠风险，不得不考虑到"一带一路"沿线国复杂多样的发展阶段、制度条件和国家风险，不得不考虑到微观企业对倡议的无为、盲从和错配风险。一方面，尽管自"一带一路"倡议提出以来，中国携手沿线各倡议响应国以国家间关系治理携手共建包括亚洲基础设施开发银行在内的一批投融资平台，携手加强跨境基础设施互联互通和投资贸易便利化，但不可否认，域内若干国家因种种原因对这一倡议仍有戒心，个别域外大国更是倾全力干扰和阻挠，留给学术界的问题是这样的多层面区域公共产品供给是否有效？对中国和沿线国的经贸往来有何影响？另一方面，沿线国既包括新加坡等发达国家，也包括为数不少的最不发达国家，欧亚大陆沿线历来又是多种文明、多种宗教、不同族群交汇之地，多样化文化传统提供了沿线各国文明交流互鉴的有利条件，但客观看，矛盾、冲突和较高的国家风险亦常态存在。企业如何认知并对差异化的国家风险做出反应？"一带一路"倡议推进和国际产能合作如何应对复杂多样的国家风险？如何避免因企业认知的高国家风险而表现得对倡议的无视，以及单纯为响应倡议而做出的盲从或者错配？对这些问题的解答，需要学术界围绕"一带一路"风险主线给出科学的理论和实证依据，本书即立意于此，力图贡献新的知识、证据和思路来帮助读者理解"一带一路"倡议之"风险"，襄助决策者和企业家们防控风险、踏荆棘而远行。

二

为方便读者整体上把握本书内容，这里简要介绍本书的章节结构和主要研究脉络。全书共 11 章，除第 1 章导论提出问题、综述文献、界定概念并报告本书结构外，其余章节均围绕"风险"主线展开。本书界定的"风险"可分为两个层面：其一为在倡议推进的宏观层面考察区域公共产品有效与否的风险；其二则为微观企业层面认知的响应倡议、参与国际产能合作面临的风险。前一方面"风险"探讨体现在本书的第 2～第 3 章中，后一方面研究则涵盖第 3～第 10 章，第 11 章总括全书并提出若干启示和对策建议。

第 2～第 3 章分别从理论和实证层面探讨"一带一路"区域公共产品供给的进展效应。本部分的研究思路是：首先，区分两个方面的区域公共产品供给：因基础设施联通、投资贸易便利化、关系治理、投融资平台等驱动的正向公共产品（public goods）供给，以及以美国为代表的个别域外大国之竞争所构成、影响沿线国的负向公共产品（public bads）。其次，分析和评估不同区域公共产品的效应：从"一带一路"引致的外生环境变化着眼，微观企业在以上两个方面作用方向相反的外生环境变化"风险"下形成参与国际产能合作的决策，其加总效果决定了"一带一路"倡议的有效性。本部分研究证实了这一倡议在激励中国投资、降低运输成本和增强政治关系等方面的有益影响，但也发现了诸如政治关系之"摊薄"效应等区域公共产品影响的复杂性；同样，域外竞争虽有抑制中国同沿线国经贸往来的效果，但我们的理论和实证研究同样证明了美国的对外援助、盟国体系等竞争工具作用的复合影响和局限性，这些较系统的理论解释和实证依据具有边际意义上的创新和贡献。

本书的第 4 章建构了一个企业"优势"适配沿线国"资源"和"风险"的"优势—风险—资源"国际产能合作分析框架。以这一框架为主线，随后章节中基于代表性产业和企业调研数据分别探讨和测度母国（中国）"优势"（第 5～第 6 章）、东道国"资源"（第 7～第 8 章）以及国际产能合作"风险"（第 9～第 10 章）。

第 4 章中提出的"优势—风险—资源"适配的核心思想是：仅当母国企业"优势"适配东道国"资源"且"风险"有效防范时，产能合作才可持续，而风险防范本身亦有规模经济。第 4 章的主要观点或新知识在于：首先，从要素价格国家间差异和多样化规模经济存在性以及要素规模经济使用的企业优势两个途径分析母国及其企业的"优势"来源，特别强调了企业家注意力及其累积形成的企业经营管理能力在企业"优势"形成中的核心地位；其次，定义了自然资源、劳动力、市场（份额）、技术和知识、资本等在内的东道国"资源"构成，由此可将传统研究涉及的不同投资动机融入适配东道国"资源"的分析框架下；最后，新区分了国际产能合作中的国家风险和边际风险，前者为平均意义上的国家间差异的风险项，后者则为因产业、企业和区位而异的风险项。基于以上理论探讨和行为经济学的认知—困难模型，本章将企业家注意力和企业规模差异引入模型并分析了其对投资决策的影响，由此可将企业家、企业规模、组织结构和不同的风险防范举措融合进行分析。

　　第5~第6章分别从产业和微观企业层面分别代表性产业的贸易竞争力、比较优势和空间演化，应该说，这两章研究均使用了学界广泛认可的成熟方法。但边际创新在于，我们从代表性产业全产业链视角和包括"一带一路"沿线65国在内的国别比较研究视角来剖析中国"优势"，这一研究特别对应于当前国际分工和产能合作中国家间的产业链合作以及受外力影响的"断链"风险分析；还基于涵盖数10万家企业在内的微观数据的处理和分析，结合国际贸易、产业经济、地理信息系统（GIS）和空间经济等学科领域研究方法，给出特定产业链"优势"企业的分布和演化特征，为中国"优势"企业"追踪""画像"，这一工作是创新性的。

　　第7~第8章分别从贸易潜力和产能合作潜力两个方面定量估计沿线国代表性产业的"资源"状况。与"资源"的多样性相比较，本部分研究主要考虑了沿线国需求增长和市场容量扩张对应的"资源"因素，其他如劳动数量、技术、自然资源等因素是相对容易观察和估计的。其中，第7章一方面使用面板引力模型来估计沿线国油气产业链、基建关联产业的贸易潜力，以间接测度其产能合作潜力；另一方面我们还引入中美贸易冲突背景估计国际市场上的竞争和替代特性，来估计域外竞争情形下中国向沿线国的钢铁贸易潜力，就研究视角和研究对象而言，这些工作是创新性的；在第8章中，我们基于收入弹性估计和情境模拟方法对沿线国的产能合作潜力进行了预测，用新的证据支持决策者和企业界有效参与相关产业的国际产能合作，也为其他产业类似研究提供了方法上的借鉴。

　　本书首次将沿线国风险区分为国家风险和边际风险。第9章使用主成分分析法估计了与中国签署"一带一路"共建协议/谅解备忘录的130余国的国家风险，研究发现国家风险具有洲际差异、洲内差异化分布以及特定国家风险随时间演化的特征，提示决策者需要动态跟踪和比较分析，具有直观的政策含义和价值。第10章使用来自企业的问卷调查数据着重研究异质性企业对风险的认知和反应问题，它实际上回应了受异质性企业和异质性管理者影响的边际风险问题。第10章的创新之处在于，我们通过显示性风险偏好指标来度量管理者异质性进而区分了风险厌恶型和风险偏好型两类管理者，研究发现了风险厌恶型管理者的谨慎动机对国有企业激进投资意愿反应的稳定器作用，以及"异质性企业+异质性管理者"对不同风险类型的差异化认知和投资反应,这都有助于加深政策界和学界对"一带一路"倡议下的企业反应的认知和政策的精准化聚焦,也有助于企业界有针对性地预警、防控"一带一路"风险。

基于以上研究,本书的第11章以"一带一路""风险"为主线,从"一带一路"公共产品供给及其效应提升和国际产能合作的"优势—风险—资源"适配两个方面提出了本书研究的启示和"一带一路"风险防范的政策建议。在宏观层面,理性看待域外竞争对"一带一路"倡议负面影响的同时,政府一方应更善于利用政治关系资产润滑应对"一带一路"沿线国的复杂性,并继续加强跨境基础设施建设化解"一带一路"倡议推进风险,同时以预警和信息供给等方式帮助企业要准确研判和积极应对"一带一路"沿线国国家风险。在微观层面,我们提出企业应斟酌自身条件和"优势",在参与产能合作的不同阶段,以"蓄力""量力""借力"三"力"并行方式防范国际产能合作风险的思路。

三

为使读者更清晰地理解本书的研究,以下简要说明本书的核心学术思想和主要观点。总体上看,本书研究以"一带一路"区域公共产品供给进入微观企业生产函数并显示为"优势"和竞争力为逻辑起点,以倡议关联的区域公共产品有效性风险,以及给定公共产品供给条件下企业的国际产能合作决策和风险防范为递进逻辑展开研究。以正负向区域公共产品的理论和实证层面研究,探讨不同的区域公共产品对中国和沿线国经贸往来和企业倡议响应的差异化影响机制,就把复杂的大国博弈和多层面的"一带一路"合作统一纳入区域公共产品供给效应的分析框架中,并由公共产品供给进入企业生产函数并影响企业决策而将宏观问题和微观视角相融合,可精准地捕捉现实中"一带一路"倡议推进所带来的机遇、风险和挑战,为认识"一带一路"倡议有效性风险问题提供了答案,也有助于理解"一带一路"倡议的多层面影响。

第一,"一带一路"区域公共产品进入微观企业生产函数并存在正负两个方面影响。公共产品供给的数量和质量状况进入企业生产函数并影响其生产成本和价格,进而决定特定国家和区域企业在跨区域竞争中的竞争力,并转而因企业的生存能力比较而影响国际层面的分工地位和产业布局。"一带一路"倡议向企业发出了有利外生环境变化的投资激励信号,也因区域公共产品供给实质性推动降低物流运输成本、改善投融资条件、提升关系治理水平、优化产能合作环境,都有利于激励企业参与国际产能合作。但域外竞争产生了抑制"一带一路"经贸活动开展的公共产品效应,不过,在中国、沿线国和域外国家复杂的"三角"政治关系互动下,域外竞争的政策效果具有复杂性特征。

第二,"一带一路"关系治理具有非纯公共产品特征和两方面相反的影响机制。尽管世界经济体系中存在若干各国共同让渡贸易政策权限、共同缔约并具有一定强制遵从特性的制度框架,但各国仍保有相当的显性/非显性选择空间,可对不同国家的经济贸易活动给出选择性制度安排。"一带一路"倡议下的双边维度关系治理提供了一种可排除他国的、有利于关系双方之微观主体的期限和强度各异的非纯公共产品。以政治关系的提升力补偿冲突力并促进经贸往来惯性力的发挥,可发挥政治为经济贸易服务的功能。但也存在两个相反的政治关系对经贸往来的影响机制,即政治关系可作为非纯公共产品产生润滑两国经贸往来的促进效应,但较大经济规模国家对存量政治关系的使用也会产生"摊薄"效应,需要以持续的"一带一路"关系投资维持和扩大其对经贸往来的润滑和促进效应。

第三,中国、美国和沿线国间"三角"政治关系对"一带一路"倡议推进具有复杂影响。一方面,中国和沿线国之间的高层互访和外交关系持续期均有助于促进双边经贸往来,但中美关系紧张会溢出到沿线国,抑制其与中国的双边经贸往来,美国在沿线国的较强贸易和投资地位也会削弱中国和沿线国的经贸往来;另一方面,作为美国域外竞争工具的对外援助和盟国对中国和沿线国投资贸易具有复合影响,表现为接受美国对外援助和盟国身份会激励沿线国与中国的投资贸易,但接受援助的盟国身份却产生投资贸易抑制效应。此外,中国和沿线国之间的高层互访对双边投资贸易的影响存在状态依赖性。当把中美关系变化的序贯博弈纳入研究后,上一期中美关系恶化后,中国和沿线国之间的高层互访对双边经贸往来的激励作用会显著增强,这一访问的效果主要发生在美国投资和贸易地位较低的沿线国和接受美国援助较低的国家组;但中美关系恶化后,美国对外援助对中国和沿线国经贸往来的抑制效应却不明显,这表现出美国域外竞争政策工具之作用发挥的明显局限性。

第四,"一带一路"国际产能合作应突出企业"优势"适配沿线国"资源"并实现"风险"规模经济防范。国际产能合作既表征为母国与东道国之间的合作关系,也表现为母国企业向东道国的市场进入以及相应的微观主体建构。基于母国的多要素协同生产组织和较显著优势,微观企业才有能力推动向东道国的市场进入,其所欲选择进入的东道国必然存在可进一步发挥其优势的某种资源。优势—资源的有效衔接是推动母国企业参与国际产能合作的核心驱动力。但国际产能合作与境内生产拓展的重大差异在于迥异于母国经营的风险项,这一风险项影响投资企业优势及其对东道国资源的利用程度,并因之影响预期投资收益和投资者决策。仅当企业"优势"适配东道国"资源"且"风险"有效防范时,产能合作方可持续。"一带一路"倡议通过区域公共产品致力于降低"风险",也助力企业实现规模经济的"风险"防范,但以国内营商环境改善和公共产品供给水平提升促进企业"优势"的提升也有助于企业的"一带一路"风险防范;微观企业则应该准确评估自身"优势"和拟合作沿线国的"资源"并慎选合作方式和"风险"防范策略,才能实现成功的国际产能合作。

第五,"一带一路"国际产能合作风险评估既应关注国家风险更应审视异质性的企业风险认知和反应。风险无处不在,问题只在于企业能否在自身"优势"和沿线国"资源"适配中找到规模经济防范"风险"的方式。国家风险只能提供特定国家风险的平均参照,企业不应该仅据此做出国际产能合作决策。更应该考虑企业特征和管理者自身的风险倾向而谨慎决策。本书成果研究发现,风险厌恶型管理者的谨慎动机抵消了国有企业较激进的认知和投资意愿反应激励,产生了企业认知和投资反应稳定器的作用。异质性企业具有差异化的"一带一路"倡议认知和反应特征,大型企业和国有企业的认知、所受影响和投资意愿反应较强,风险偏好型管理者的投资决策仅受政策风险影响,而风险厌恶型管理者则依赖认知获得政治、政策和离境风险信息来支持其投资意愿反应。在企业决策过程中,不稳定制度环境关联的政治风险和政策风险对企业反应有显著影响。由此,企业、政府部门和第三方投资服务机构应突出对不稳定制度环境风险的认知和信息供给;国有企业和大型企业应注重在内部治理结构优化和高管选拔任命中考察管理者的风险倾向和行为模式,避免委托—代理约束与风险偏好型管理者相互耦合导致的风险叠加。

四

本书研究起始于笔者带领课题组 2013~2015 年完成的振华石油控股有限公司和浙江大学委托的《非洲油气资源合作环境研究》课题,该课题基于油气产业案例对企业如何开展国际产能合作、防范投资风险进行了初步的探索。在 2015 年美国访学回国后,笔者又申请获得浙江省社科基金项目《"一带一路"油气产业链合作问题研究》,聚焦研究"一带一路"倡议下的油气产业链合作问题。以这些研究为基础,我们得到 2017 年度国家社科基金面上项目资助,围绕"一带一路"国际产能合作风险防范问题展开研究,最终转化为展现在读者面前的这本著作。在本书出版之际,我要感谢振华石油公司郭建宇研究员、浙江大学朱蓉研究员、国土资源部油气资源中心的潘继平研究员对我们的支持和帮助,也感谢浙江省社科规划办公室、全国哲学社会科学规划办公室对本书研究的资助,尤其感谢后者聘请的5位匿名评审专家对书稿的仔细评议,专家在给予好评的同时也给出了若干建设性的修改完善意见,我愿再次致以谢忱。

本书的研究是课题组集体努力的结晶,需要一一说明和感谢。我和孟祺副教授、王耀青博士、莫家颖博士等开展了针对企业的大样本问卷调研访谈工作,王耀青博士、囤凤华博士、胡传海老师以及潘莉、葛轶唯等同学和我一起完成了油气、纺织和基建关联等产业贸易潜力和贸易竞争力实证研究,周旭和单文齐同学分别帮助完成了结构方程建模(SEM)和地理信息系统(GIS)分析工作,严亚萍同学、余世玮同学和我一起完成了政治关系和域外竞争影响研究,陶晶晶、陈楠娜、蔡芳蒙等同学则分别参与了市场合作潜力估计部分的研究工作。赵红军教授和曹之煜同学完成了国家风险评估一章的初稿,杭雷鸣副教授完成了运输成本效应实证研究部分,向永辉副教授承担了投资信号效应和中美博弈情境下的贸易潜力估计两块内容的实证研究。本书研究覆盖"一带一路"沿线65国、大量的产业链环节和产品品类、数10万家企业的全样本微观数据、大量的企业调研和访谈工作,涉及国际贸易与投资、企业管理、国际政治经济学、公共经济学、空间经济学等学科领域,以及理论分析、实证建模、国际比较、情境模拟、案例研究等大量不同的研究方法,如果没有课题组全体成员的极致努力,是很难想象可以完成这项难度极大的研究课题的。我要向参与研究的各位老师和同学致以最诚挚的感谢。

本书涉及的主要研究内容转化为约25篇阶段性成果,发表在有影响的学术期刊或者曾在高水平学术会议上交流。我要感谢 Resources Policy《国际贸易问题》《经济管理》《当代财经》《浙江社会科学》《太平洋学报》《亚太经济》《地域研究与开发》《国际石油经济》《西安建筑科技大学学报(社会科学版)》《中国石油大学学报(社会科学版)》《长安大学学报(社会科学版)》《兰州财经大学学报》《江汉大学学报(社会科学版)》《武汉纺织大学学报》等学术期刊及其聘请的匿名审稿人的建设性评议意见,使本项研究得以早日完善。《中国社会科学报》《文汇报》《环球时报》等主流媒体在不同研究阶段发表了我们的学术观点,使我们的研究信心倍增。在我们参加的国际能源经济学会(IAEE)、中国世界经济学会、新兴经济体研究会、中国石油学会经专委等组织的系列学术会议上,参会者的建设性评议使我们受益匪浅。本项目研究时限内,我们的成果也获得了包括全国商务发展研究成果奖、薛暮桥价格研究奖、新兴经济体论坛优秀论文奖等多项学术奖励,这些来自学术界的肯定激励我们深入开展研究,笔者深表谢意。

笔者必须提及并感谢项目开展过程中协助我们开展调研访谈的学会、企业、行业协会以及实业界的专家。他们包括但不限于《国际石油经济》副主编卢向前先生,上海期货交易所朱江鸿博士、杨建明博士、陈烨博士、张宏民博士、张志勇博士,中国有色金属工业协会李宇圣先生,中国钢铁工业协会吴京晶先生,贵阳华锦铝业的李冀平先生,杭州锦江集团的毛玉敏女士,上海钢联张桂山先生等。同时,本项研究的部分内容完成于我在浙江科技学院任教时期,我还记得所带课题组长期坚持的双周研讨会上各位老师和同学的热烈讨论,胡传海、囤凤华、毕占天、樊钱涛、姜志华等老师于课题研讨和调研等活动皆有贡献。在我调入上海师范大学商学院工作后,茆训诚院长、石雄副院长等领导和同事为我提供了极好的研究环境,使本研究得以顺利完成,在此我一并表示感谢。

最后我要感谢的是师长家人对我从事这项研究的关心和支持。我攻读硕士时的指导老师顾卫平教授虽已退休,但从项目研究开始即给予了我莫大的关心和支持,数十年师长之情永志难忘。我也难以忘记我的博士指导老师宋玉华教授,在浙江大学经济学院的三年求学和教益使我真正进入世界经济研究领域,此情无时或忘。我还要感谢我的父母妻儿为我这些年间将主要精力置于工作而提供的鼎力支持,亲人的健康、家庭的幸福和下一代的茁壮成长永远是我努力向前的精神动力。此外,中国财政经济出版社的段钢主任鼎力支持本书的出版。我在此一并表示感谢。

最后要说明的是,虽然我们尽了最大的努力开展本项研究,但由于"一带一路"建设"风险"问题的复杂性和动态演进特征,加之我们自身的学识和视野局限,书中仍难免存在疏漏之处,敬请同行和读者不吝批评指正。

孙泽生
2020 年 8 月于上海海湾

目 录

第1章 导论 ……………………………………………………………… 1
    1.1 选题背景与研究意义 ……………………………………………… 1
    1.2 文献评述 …………………………………………………………… 5
    1.3 核心概念和研究范围界定 ………………………………………… 8
    1.4 研究思路、内容和方法 …………………………………………… 14

上篇 "一带一路"公共产品供给及效应

第2章 "一带一路"公共产品供给及其作用机理 ……………………… 21
    2.1 "一带一路"倡议的提出及其公共产品效应 …………………… 21
    2.2 "一带一路"公共产品供给：运输成本视角 …………………… 32
    2.3 "一带一路"公共产品供给：政治关系视角 …………………… 38
    2.4 "一带一路"公共产品供给：域外竞争视角 …………………… 45
    2.5 小结 ………………………………………………………………… 52

第3章 "一带一路"公共产品效应的实证研究 ………………………… 54
    3.1 "一带一路"公共产品效应：投资信号视角 …………………… 54
    3.2 "一带一路"公共产品效应：运输成本视角 …………………… 64
    3.3 "一带一路"公共产品效应：政治关系视角 …………………… 70
    3.4 域外竞争视角的实证研究Ⅰ：贸易 ……………………………… 87
    3.5 域外竞争视角的实证研究Ⅱ：投资 ……………………………… 103
    3.6 小结 ………………………………………………………………… 111

下篇 "一带一路"国际产能合作风险

第4章 "优势—风险—资源"适配的国际产能合作分析框架 ··· 115
- 4.1 国际产能合作中的母国及其企业"优势" ········· 115
- 4.2 国际产能合作中的东道国"资源" ············· 128
- 4.3 国际产能合作中的"风险" ················ 134
- 4.4 "优势—风险—资源"的适配 ··············· 143
- 4.5 小结 ···························· 152

第5章 中国企业"优势"研究Ⅰ：贸易竞争力估计 ········ 154
- 5.1 方法、研究范围与数据 ·················· 154
- 5.2 油气产业链竞争力测度 ·················· 159
- 5.3 基建关联产业贸易竞争力测度 ·············· 174
- 5.4 纺织产业链竞争力测度 ·················· 184
- 5.5 小结 ···························· 197

第6章 中国企业"优势"研究Ⅱ：比较优势和空间演化 ······ 199
- 6.1 方法、研究对象与数据 ·················· 199
- 6.2 钢铁产业链比较优势和空间演化 ············· 201
- 6.3 塑料产业链比较优势和空间演化 ············· 213
- 6.4 纺织产业链比较优势和空间演化 ············· 225
- 6.5 油气产业链的市场结构和规模经济演化 ········· 238
- 6.6 小结 ···························· 249

第7章 沿线国"资源"研究Ⅰ：贸易潜力测度 ········· 251
- 7.1 油气产业链的出口潜力估计：东南亚国家样本 ······ 251
- 7.2 基建关联产业出口潜力估计Ⅰ："陆上丝路"国家 ···· 259
- 7.3 基建关联产业出口潜力估计Ⅱ："海上丝路"国家 ···· 270
- 7.4 钢铁产业的出口潜力估计：中美贸易冲突背景 ······ 279

7.5　小结 ………………………………………………… 294

第8章　沿线国"资源"研究Ⅱ：产能合作潜力测度 ………… 296
　　8.1　方法、研究范围与数据 ……………………………… 296
　　8.2　成品油合作潜力预测 ………………………………… 302
　　8.3　水泥产能合作潜力预测 ……………………………… 322
　　8.4　钢铁产能合作潜力预测 ……………………………… 330
　　8.5　小结 …………………………………………………… 340

第9章　国际产能合作"风险"研究Ⅰ：国家风险评估 ……… 342
　　9.1　国家风险的指标体系构建 …………………………… 342
　　9.2　评估方法与数据 ……………………………………… 350
　　9.3　国家风险评估结果 …………………………………… 354
　　9.4　小结 …………………………………………………… 361

第10章　国际产能合作"风险"研究Ⅱ：企业风险认知与反应 …… 362
　　10.1　研究方法与数据 ……………………………………… 362
　　10.2　回归模型估计 ………………………………………… 373
　　10.3　结构方程模型估计 …………………………………… 388
　　10.4　小结 …………………………………………………… 404

第11章　结论和政策启示 …………………………………… 406
　　11.1　主要研究结论 ………………………………………… 406
　　11.2　宏观层面风险防范思路和政策启示 ………………… 409
　　11.3　微观企业风险防范思路和政策建议 ………………… 413

参考文献 ……………………………………………………… 419

第1章

导　论

1.1 选题背景与研究意义

近代以来，西方发达国家主导的规则导向的贸易发展和产业扩散，主要依赖于低海运成本支撑的基于海洋（权）的经济增长路径。因海运成本低、竞争意识强，工业革命以来的经济中心和主要发达国家皆为濒海国家，围绕经济中心形成的国际生产和分工网络也以海洋为基础。中国最近数十年来承接的国际产业转移和经济发展也起步于东部沿海区域并以之为重心，以外资流入和比较优势释放融入海运所媒介的国际市场，成为东亚生产网络的重要环节：作为发达国家的美国和日本占据产业链高端，韩国等较发达经济体随后，而中国、泰国、马来西亚等新兴经济体则因劳动力成本低廉而占据产业链低端，获得分工的都是临海国家、地区或者区域。时至今日，中国国内经济发展程度依然基本上以其距东（南）部海洋的里程为梯度在省市间递减，运输成本的渐次增加大幅削弱了中国中西部经由海运参与国际分工的能力和基于海运的经济增长条件。虽然中国2000年开始实行西部大开发战略，随后在2006年又提出了中部崛起战略，但面对东、中、西部运输成本不对称的外生约束，这些战略的实施仍未能最大限度地缩减地区发展差距，需要以创新的思路跳出中西部依赖海洋贸易的先天运输成本劣势，其答案就在于发挥经由陆路相连欧亚非大陆各国的地理优势，逐渐形成基于陆路（权）的经济增长路径，实现海陆并举的经济发展新布局，助力实现区域间的均衡发展。

2013年9月和10月，中国国家主席习近平在出访哈萨克斯坦和印度尼西亚期间，先后提出共建"丝绸之路经济带（陆上丝路）"和"21世纪海上丝绸之路（海上丝路）"的"一带一路"倡议（Belt and Road Initiative，B&R），就是以上创新增长思路的直接体现。根据新经济地理学的观点，运输成本的下降会使经济一体化的程度稳定地增加。在高运输成本时，厂商会倾向于选择靠近市场的区位安排生产，因市场被分割，有限的市场规模抑制了专业化分工和产品细分，经济空间以众多分布于不同区域的厂商和分散且规模有限的市场为特征。但运输成本大幅下降后，原被分割的小规模市场趋向于融合，这会促进市场规模的扩大、生产的专业化分工和产品细分，提升整个经济空间的经济效率。运输成本的下降还会推动贸易模式从产业间贸易向产业内贸易演变，形成以产业扩散为主要特征的工业化过程，工业化以一系列波的形式从一国向另一国扩散（Krugman and Venables，1995）。"一带一路"倡议预期将提供包括跨境互联互通在内的区域公共产品，其直接经济含义就是降低广义的运输成本，它必然会推动"一带一路"域内的产业扩散。

将"一带一路"倡议放置在整个欧亚大陆的经济地图中予以审视，中国位于亚欧大陆最东部、濒临太平洋，占亚洲面积的22%，其东临濒海的日本、韩国和东南亚区域各国和地区是最近数十年中全球经济最活跃的区域；而欧亚大陆西端是发达且濒海的欧洲各国，中间区域的经济发展和基础设施较为落后，单一国家的公共产品供给能力薄弱。以基础设施联通各国陆路直至整个亚欧大陆东西两端，所带来的运输成本下降将形成对海运的高效竞争，进而带动各种生产要素在区位间的重新布局，分工生产网络亦将重构。这一重构将使远离海洋、原居于劣势的内陆区域、内陆国获得至少同沿海国家或者区域接近乃至相同的分工条件。如能结合进资源优势、低成本劳动力优势和特定区位优势，基于陆路（权）的新生产网络将有助于改变中国国内和亚欧大陆不均衡的发展条件。

在2013年11月召开的中共十八届三中全会上，"一带一路"倡议被纳入全会通过的《中共中央关于全面深化改革若干重大问题的决定》，提出要"加快同周边国家和区域基础设施互联互通建设，推进丝绸之路经济带、海上丝绸之路建设，形成全方位开放新格局"，标志其已经上升为中国国家战略。在随后的倡议推进和落实过程中，国家发改委、外交部和商务部等部门2015年联合发布了《推动共建丝绸之路经济带和21世纪海上丝绸之路的愿景与行动》政策文件，阐明了开放合作、和谐包容、市场运作和互利共赢等共建原则，以及政策沟通、设施联通、贸易畅通、资金融通和民心相通的五大合作重点，以亚洲基础设施投资银行和跨境基础设施互联互通、投资和贸易便利化为表征的区域公共产品供给逐步增加。另外，国务院于2015年5月发布了《关于推进国际产能和装备制造合作的指导意见》，把国际产能合作列为推动"一带一路"倡议落实、服务企业"走出去"的重要举措，强调了面向发展中国家和能源、钢铁、建材、纺织和化工等重点产业的合作取向。

但现实中，一方面，全球高风险国家多分布在"一带一路"沿线，中国面向"一带一路"沿线国的投资风险明显。据统计（见表1-1），2005~2014年，中国在"一带一路"沿线国家投资遭受失败的大型项目数量多达33个，失败项目金额高达565.2亿美元，其数量和金额分别占中国企业海外总投资失败案例数量和金额的25.38%和23.95%。由表1-2还可见，中国企业海外投资失败的案例大多集中于西亚和东南亚等"一带一路"沿线国。以上述及的"一带一路"投资风险既源于沿线国不同的发展阶段、差异悬殊的市场环境和国家风险，也源于中国微观企业对外市场扩展时的可能盲从和错配。在"一带一路"倡议情境下，更可能出现企业对倡议的反应过度和反应不足风险。

表1-1　　　中国企业海外投资风险案例统计：2005~2014年

年份	案例数	涉及金额（亿美元）	投资于"一带一路"沿线国家案例数	投资于"一带一路"沿线国家涉及金额	金额占比（%）
2005	1	180	0	0	0.0
2006	9	347.6	6	218.7	62.9
2007	11	146.1	5	73.6	50.4
2008	15	366	1	3	0.8
2009	16	354.9	2	18.3	5.2
2010	18	174.9	4	18.3	10.5
2011	22	340.3	2	40.5	11.9
2012	16	163.4	6	86.4	52.9
2013	14	213.3	4	69.5	32.6
2014	8	71.2	3	36.9	51.8
合计	130	2359.7	33	565.2	24.0

资料来源：美国企业研究所和传统基金会 China Global Investment Tracker 数据库。

另一方面，相比之前各国自发的、零散的和缺乏系统协商、规划的（跨境）基础设施建设和较低的区域公共产品供给水平，"一带一路"倡议重在以"共商、共建、共享"原则和互利共赢目标系统地规划并协调中国和沿线国合力提升区域公共产品供给水平，这一努力是否可产生预期的激励域内经贸活动

表1-2 "一带一路"沿线中国企业海外投资风险案例的国家分布：2005~2014年

地区	国家	案例数	涉及金额（亿美元）	金额占比（%）
亚洲	伊朗	4	252	44.6
	菲律宾	5	64.4	11.4
	缅甸	2	39.1	6.9
	叙利亚	2	37.7	6.7
	阿富汗	1	28.7	5.1
	越南	3	26.8	4.7
	新加坡	1	17.5	3.1
	印度	1	15	2.7
	哈萨克斯坦	1	13.9	2.5
	蒙古国	2	12.4	2.2
	印度尼西亚	2	7.3	1.3
	沙特阿拉伯	1	6.2	1.1
	东帝汶	1	3.5	0.6
	巴基斯坦	1	3.3	0.6
	泰国	1	3	0.5
	柬埔寨	1	1.9	0.3
	乌兹别克斯坦	1	1.1	0.2
欧洲	俄罗斯	1	25	4.4
	波兰	1	4.5	0.8
	保加利亚	1	1.9	0.3

资料来源：美国企业研究所和传统基金会China Global Investment Tracker数据库。

的政策效应，微观企业是否以及如何响应这一倡议，如何评价已有区域公共产品和风险防范机制的效果，是影响倡议落实及其可持续性的主要风险。还需要考虑到的是，"一带一路"倡议虽然不涉及国家间的政治结盟和军事关系等领域，但必不可免地引致域外大国的猜疑，以美国为代表的个别域外国家从早期的冷眼旁观、疑虑到特朗普政府上台后的诋毁、阻挠和破坏，形成了域外竞争的负向公共产品，也构成"一带一路"倡议推进的主要风险因素。

基于以上背景，本书突出"一带一路"倡议和国际产能合作风险问题，既遵循已有投资理论揭示的一般规律，又充分考量中国特殊的"制度性优势"、"一带一路"倡议激发的区域公共产品和域外大国竞争等现实条件，归纳、提炼和探讨"一带一路"倡议的影响、企业反应及其实现"优势—风险—资源"适配的机理，探索提出"一带一路"倡议和国际产能合作风险研究的新思路，有助于弥补和完善国家战略支持下企业投资和风险防范的理论。这是本书的理论价值所在。

同时，在复杂的大国博弈和多层次风险并存背景下，"一带一路"倡议推进的成败事关中国转型能否成功及区域国家的共同发展前景，本书研究将给出不同类型"一带一路"区域公共产品效应的实证依据，有助于政府、企业界和公众正确认知和判断"一带一路"倡议的实施效果，为政策优化和精准发力提供科学依据。本书还就中国微观企业对倡议的响应、其"优势—风险—资源"的适配等问题展开研究，为国际产能合作的主体——企业提供适配其优势和沿线国资源及风险的依据和政策建议，有利于避免企业在响应倡议和参与国际产能合作中的无为、盲从和错配，助力实现中国和沿线国的互利共赢目标，这是本书的现实意义所在。

1.2 文献评述

全球高风险国家多分布在"一带一路"沿线，面向这一区域开展国际产能合作的风险较高（王永中等，2015；于津平等，2016）。"一带一路"区域包括处于最不发达国家到发达国家及其之间的不同发展阶段、市场发育程度相差悬殊的大量国家，风险不仅来源于沿线国自身的政治稳定性、经济发展环境等国家风险，还来源于在中国、俄罗斯、印度、欧盟以及域外的美国等大国交织作用的地缘、安全和竞争等地区性乃至全球性风险因子（祁怀高等，2013；蒋姮，2015），它们共同构成了中国企业参与"一带一路"国际产能合作的外生环境风险，"一带一路"倡议更是作用于这一外生环境的重要变量。在这一倡议落实过程中，中国微观企业如何认知以上环境风险，对倡议做出理性反应，避免无为、盲从和错配，是"一带一路"倡议能否获得微观基础，实现"共商、共建、共享"的互利共赢目标，确保倡议能长效实施的关键风险所在。

现有研究文献主要从投资和产能合作的动因及特征、倡议实施的国家风险、企业国际投资的风险认知和防范三个方面着手展开研究。

在投资与产能合作的动因上，中国向"一带一路"沿线国的"顺梯度"投资是自身特定优势的外化（隋月红等，2012），也可缘由至对国内产能过剩的理论和现实考察（林毅夫等，2010；江飞涛等，2012；韩国高等，2011；于立等，2014），所对应的产业转移和产能合作是中国与沿线国产业竞争性弱而互补性强的体现（杨立卓等，2015；赵明亮等，2015）；也是中国国内战略向国家层面的升级和经济空间的修复（Summers，2016）。中国、印度和新加坡居于"一带一路"网络"枢纽"和"桥梁"地位（许和连等，2015），中国具备主导区域价值链的条件（魏龙等，2016）。基础设施互联互通、贸易便利化等举措也将释放巨大的合作潜力（孔庆峰等，2015；许娇等，2016；梁琦等，2016）。从特征看，因"一带一路"倡议提出时期不长，已有文献多基于对发展中国家投资展开。投资总是微观企业权衡风险与预期收益后的决策结果。风险对投资的负相关关系为很多研究所证实（Singh et al.，1995；韦军亮等，2009）；但高风险国家较高的投资回报率驱动投资增长（Hauser，2006），腐败等风险因素对投资的影响也存在争议（Ramcharran，1999；Wei et al.，1998）。中国投资主要为资源寻求型，以期获得丰裕生产要素来降低成本（刘海云等，2015），且偏向于文化相似、政治摩擦少、关系定位高的东道国（贺书锋等，2009）；"一带一路"域内的高层访问有助于吸引中国投资（郭烨等，2016）。政治风险高的国家吸引了更多的中国投资（Buckley et al.，2007；蒋冠宏等，2012），可能源于中国投资受政府指引和带动作用更强（Tolentino，2010）。国有企业倾向于对资源丰裕但政治风险高的国家投资，民营企业则倾向政治稳定的国家（Ramasamy，2010；邱立成等，2015）；它与中国政策扶植的特殊"制度性优势"对不同类投资的差异影响有关（阎大颖等，2009）。

在"一带一路"倡议实施的国家风险方面，早期的国际问题视角研究多关注到沿线国家普遍期待分享收益，但对如何实现"一带一路"合作颇感茫然的认知状况（Iqbal et al.，2019），欧盟、印度和俄罗斯等大国（组织）普遍担心倡议实施的不确定性（Leverett et al.，2017）。在国家战略层面，"一带一路"倡议面临地缘、安全、经济等各种困难和风险（卢锋等，2015；王义桅等，2015；李晓等，2015），俄罗斯、印度和美国等大国的反应尤其关键（马建英，2015；薛力，2015），国家间关系治理直接影响到"一带一路"倡议的成败（陈伟光等，2016）。随着倡议的渐次落实和早期收获，初期的怀疑和茫然已转变为更积极的共建协议和共同行动。商务专家主要是对沿线国的国家风险进行分类和量化比较。多数研究将"一带一路"风险划分为经济风险和非经济风险（中诚信，ICRG，等），后者又包括政治、商业环境和法律等维度（中国出口信用保险公司，2015），但以上风险都可纳入"国家风险"范畴

(Hammer，2004）。多数研究从经济、政治、商业环境和法律等多个维度设计国家风险指标体系，并运用主成分分析等方法赋权加总后对沿线国进行分类和排序（中国出口信用保险公司，2015；北京大学课题组，2016；周伟等，2017）。针对不同风险维度，毛振华等（2015）定量评估了沿线国的主权信用风险；北京大学课题组（2016）给出了政策沟通、设施连通、贸易畅通、资金融通和民心相通的"五通"指数并对沿线国进行分类和排序；李伟（2015）定性评估了沿线的安全风险；EIU（2015）、中国社科院世经政所（2015）等估计了沿线国投资风险并进行了排序；实证研究表明这一倡议确实降低了中国企业对外投资风险（孙焱林和覃飞，2018）。

在企业国际投资的风险认知与防范方面，因国家风险是企业国际投资的环境变量之一，企业需要综合认知和防范风险。企业风险认知研究主要包括两种思路：一是以企业感知的环境风险（PEU）为聚焦，将风险分为宏观、行业和企业三个层面风险，每一层面又包括若干风险子项（Miller，1992）。此一思路的实证研究（Werner et al.，1996）一方面关注PEU的测度问题，包括宏观经济条件、技术动态（Buvik et al.，2000）、价格、产品、技术与竞争力变化、市场容量和竞争对手（Waldman et al.，2001）等；另一方面将其与国际市场进入模式关联，探讨不同的国际化路径（Root，1994；许晖等，2008），还强调通过风险指标体系进行归类、比较和判断（刘桂珍，2012；田泽，2014）。二是考量环境变化到企业反应的不同阶段，区分环境状态（State）变化、环境及其变化对企业影响（Effect）、企业对环境变化反应（Response）三类风险（Milliken，1987）。Ashill等（2010）给出了该SER范式的问卷设计和实证框架。以上风险认知会驱动企业选择投资区位和进入模式，这是有效的风险防范举措；包括双边政治互动（Li and Liang，2012）、投资协定（宗其芳等，2012）、与当地企业联手（Egger et al.，2005）、风险对冲工具的使用（赵峰等，2018）等都被证明可降低投资风险。但当环境风险高时，审慎决策和机会主义行为仍可能导致投资不足（Bloom et al.，2007）或投资过度（Murphy，1999）。

针对中国的企业层面投资风险研究有两个方面具互补性的研究路径：其一，针对中国境外已投资企业展开问卷调研，探讨其进入模式和特定风险因素对企业绩效的影响（熊斌和马世杰，2015；赵峰等，2018），还有研究（陈冲等，2016；孙泽生和王耀青，2019）设计风险指标体系并基于问卷数据对国际市场进入模式或企业反应进行探讨；其二，基于工业企业和对外投资企业数据库的微观数据进行匹配，以探究包括企业生产率、所在行业和地区以及企业特征对投资行为的异质性影响（高菠阳等，2019）。

对相关文献的系统归纳和分析可发现，学界在充分肯定"一带一路"投资和产能合作激励、警示并量化比较沿线国国家风险的同时，也提示关注国家风险对企业影响。在域外国家竞争背景下，"一带一路"沿线国的支持和参与、双/多边协议和投融资平台等区域公共物品供给举措，已明显影响企业视为外生的"一带一路"投资环境。以上区域公共产品对经贸活动的政策效应如何，异质性微观企业如何响应"一带一路"倡议，其差异化的风险认知和防范需求是什么，如何避免其优势与沿线国风险和资源错配，这些问题是影响"一带一路"倡议实施可持续性的主要风险。但这些方面的研究还显不足，本书的研究即尝试对以上问题展开探索。

1.3 核心概念和研究范围界定

1.3.1 "一带一路"倡议

"一带一路"倡议下的"丝绸之路经济带"扎根于历史上的"陆上丝绸之路"，包括经由中国西南、西北和蒙古高原的多条路线①，它可追溯到2100多年前中国汉代张骞出使中亚，所开辟出的一条横贯东西、连接欧亚的丝绸之路。"21世纪海上丝绸之路"也有久远的历史积淀，基于海上贸易形成的"海上丝绸之路"可追溯至秦汉时期，尤以中国明代的郑和下西洋为标志，建立起了中国东南沿海联通东南亚、南亚乃至西亚北非的主要贸易和交往通道。"一带一路"倡议所覆盖的区域与以上历史脉络基本吻合。尽管中国政府并未在任何官方文件中明示倡议包括的国家范围，但学界和政策界普遍接受的"一带一路"沿线国包括以下64国，为研究方便起见，我们将除中国外的沿线国分为东南亚、南亚、俄罗斯等部分独联体国家及蒙古国、中东欧和西亚北非五个次区域：

---

① "丝绸之路"的最早提出者为德国地理学家李希霍芬，他在其著作《中国》中将公元前后联通中国与中亚、印度的以丝绸贸易为媒介的经中国西北的交通道路命名为"丝绸之路"；德国历史学家赫尔曼在《中国与叙利亚之间的古代丝绸之路》一书中，将"丝绸之路"范围延伸到地中海西岸和西亚北非。但"丝绸之路"还包括中国北向经蒙古高原进入中亚的"草原丝绸之路"以及经四川至东南亚和南亚等地的"南方丝绸之路"。

- 东南亚次区域：新加坡、马来西亚、印度尼西亚、缅甸、泰国、老挝、柬埔寨、越南、文莱、菲律宾和东帝汶，共 11 国，除东帝汶外其余均为东南亚国家联盟（东盟）成员国。
- 南亚次区域：印度、巴基斯坦、孟加拉国、阿富汗、斯里兰卡、马尔代夫、尼泊尔和不丹共 8 国。
- 俄罗斯等部分独联体国家及蒙古国次区域：俄罗斯、乌克兰、白俄罗斯、格鲁吉亚、阿塞拜疆、亚美尼亚、摩尔多瓦、哈萨克斯坦、乌兹别克斯坦、土库曼斯坦、塔吉克斯坦、吉尔吉斯斯坦和蒙古国，共 13 国，除蒙古国外均为独联体国家。
- 中东欧次区域：波兰、立陶宛、爱沙尼亚、拉脱维亚、捷克、斯洛伐克、匈牙利、斯洛文尼亚、克罗地亚、波黑、黑山、塞尔维亚、阿尔巴尼亚、罗马尼亚、保加利亚和马其顿共 16 国。
- 西亚北非次区域：伊朗、伊拉克、土耳其、叙利亚、约旦、黎巴嫩、以色列、巴勒斯坦、沙特阿拉伯、也门、阿曼、阿拉伯联合酋长国（以下简称"阿联酋"）、卡塔尔、科威特、巴林、希腊、塞浦路斯和埃及共 16 国。

以上五个次区域涵盖的 64 国即为本书定义的"一带一路"国别研究范围，也是"一带一路"倡议下跨境互联互通和国际产能合作的重点。但需要说明的是，尽管早期的中国政府官方发言中强调，"一带一路"应"以亚洲为重点实现全方位互联互通"（习近平，2014）①，但在随后的中国政府文件和领导人讲话中均强调了"一带一路"建设的开放包容性，使"一带一路"覆盖范围逐渐超出以上定义的 64 国。截至 2019 年 9 月，已有约 130 个国家与中国签署了"一带一路"建设的合作协议/谅解备忘录，签署国的地理范围扩展至欧盟、拉美、非洲和大洋洲。

1.3.2 国际产能合作

国际产业转移和国际投资很长时间以来一直是开放经济领域的重要研究问题，但国际产业转移强调了产业维度的不同国家间再分工动态及影响因素，国际投资则强调企业维度的一国向另一国的要素转移、所有权控制及决策。国际产能合作则是相对较新的概念，它来源于中国国务院总理李克强 2014 年访问

---

① 参见习近平. 联通引领发展伙伴聚焦合作——在"加强互联互通伙伴关系"东道主伙伴对话会上的讲话 [R]. http://www.xinhuanet.com/world/2014-11/08/c_127192119.htm, 2014-11-08.

哈萨克斯坦时催生的中哈间产能合作计划①。相较于国际产业转移和国际投资，国际产能合作是一个政府、产业和企业多维互动、要素互补嵌入、趋向互利共赢目标的新概念。其表现是：企业是国际产能合作的微观主体和执行者，但产能合作又受到政府的主动引领和推动；它并非传统零和的产业转移，而是聚焦不同国家要素的互补性、制约因素及生产缺口，以要素互补嵌入形成新的产能，并强调以"合作"实现互利共赢目标；它超越传统的、单一的包括国际贸易、国际投资和国际技术流动在内的国际分工模式，包含但又不止于要素转移和所有权控制，而聚焦跨越国家地理边界、涵盖产业链和要素集、深入消费市场和生产要素市场的跨国合作模式。

根据中国国务院 2015 年 5 月发布的《关于推进国际产能和装备制造合作的指导意见》（国务院，2015），国际产能合作的重点产业包括钢铁、有色金属、建材、铁路、电力、化工、轻纺、汽车、通信、工程机械、航空航天、船舶和海洋工程等。除去航空航天等绝大多数沿线国尚属空白或者需求较弱的产业外，本书重点关注中国产能优势较强、微观企业数量较多且沿线国发展需求较强的产业。为缩减研究范围，我们从产业链角度主要考虑了以下产业类型。

- 油气产业。其产业链如图 1-1 所示。油气被开采后，循两个技术路径被加工。一种途径是经由蒸馏生成炼厂气、成品油和重油等，而后多数作为能

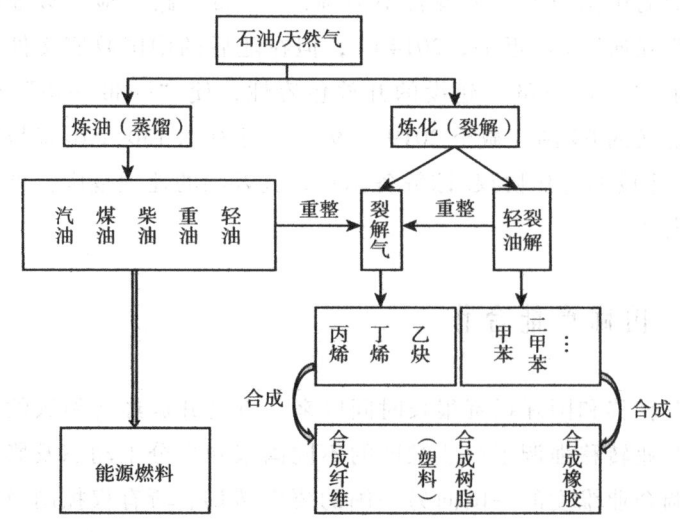

图 1-1　油气产业链的构成

---

① 参见杨芳. 解密"国际产能合作"的来龙去脉 [N]. http://politics.people.com.cn/n1/2015/1213/c1001-27922214.html，2015-12-13.

源燃料进入消费市场；或者经粗加工后，其 C5 - C11 馏分作为石脑油供精炼或重整使用，后者进入炼化过程。另一种途径是被裂解主要生成三"烯"（烯烃，包括乙烯、丙烯、丁二烯，等）、三"苯"（芳烃，包括苯、甲苯、二甲苯，等），而后经合成加工转化为有机化学品和三大合成材料（合成树脂、合成纤维和合成橡胶）①。之所以如此界定，是因为油气产业链具有内部规模经济和外部规模经济共同作用的特征。由于炼油炼化一体化趋势不断加强（华炜，2013），千万吨炼油/百万吨乙烯技术已成为国际和国内市场主流，虽然因超大市场容量和市场管制带来的路径依赖，中国尚生存有一定数量的十万吨/百万吨炼油炼化设施，但内部规模经济特性仍极为显然。油气经裂解或合成有机化学品后，其后续深加工环节产品的差异性开始凸显，内部规模经济变弱，但为降低物流成本和污染、共享原料供给等原因，石化工业园区和产业集聚等组织形式又体现出明显的外部规模经济特性。

- **基建关联产业**。学界和公众已使用了"基础设施产业""基建产业链"等概念（如刘佳骏，2016；林珂，2016），主要包括钢铁、建材、金属等基建材料产业、配套装备制造业以及基础设施工程和建筑业，但基础设施工程和建筑业不属于货物贸易范畴；在国务院（2015）所提出的 13 个重点产业中，钢铁、金属、建材、工程机械均属于基础设施建设关联的货物贸易部门，本书依此将钢铁、玻璃、水泥石料、塑料、陶瓷、木材、（建筑用）金属和运输设备界定为基建关联产业。选择基建关联产业的另一项原因是，在"一带一路"倡议下，基础设施互联互通和国际产能合作被视为优先领域，中国在玻璃、钢铁、塑料、水泥、陶瓷等子产业均拥有较强的贸易竞争力和产能优势，沿线国对这些产业合作的需求也较强。

需要说明的是，为了在研究中聚焦产业链上下游环节的关联，测度其竞争力和产业布局的空间演化，为国际产能合作提供更准确的实证依据，我们在以上两大类产业中还重点突出了以下三个子产业的产业链。

（1）塑料产业链。这一产业链与油气产业高度关联，可视为油气产业链的自然延伸。其原料即为石油化工或者煤化工等形成的有机化工原料（如乙烯等）。塑料产业链的上游环节为将有机化工原料合成获得的聚乙烯等合成树脂产品作为塑料产业的原料，经加工后再形成可供工业使用或最终消费的塑料制品为其产业链的下游环节。

（2）纺织产业链。这一产业链与油气产业关联较高。其上游环节包括天

---

① 天然气加工略有差异，但总体上较石油化工简单。

然纤维和合成纤维两类,其中,天然纤维主要包括棉花、羊毛等来源于自然界的天然纤维;合成纤维则主要经由油气产业加工获得,为三大合成材料之一,可细分为合成纤维长丝和合成纤维短纤。因原料不同,其下游环节包括棉(或者其他天然纤维)织物和合成纤维织物,以及使用此类织物加工后获得的纺织品和服装。为简化分析,本书纳入的纺织产业链上下游环节如图1-2所示。

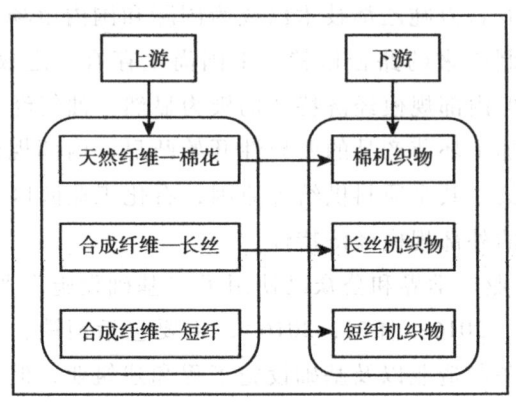

图 1-2 本书定义的纺织产业链

(3)钢铁产业链。它是基建关联产业的重要子产业之一,也是中国具有很强产能优势和国际产能合作潜力的代表性产业。钢铁产业链在国际贸易分类(HS2012)中包括上下游环节共55个品类。为研究简洁起见,本书选择包括合金钢、非合金钢板材以及钢铁结构体、钢铁制品等贸易额大也具有代表性的品类展开研究。

1.3.3 风险

本书使用的风险定义包括两个层面:其一,基于公共视角分析"一带一路"倡议能否激励企业理性反应的风险;其二,企业视角的不确定性风险。前一层面是从"一带一路"倡议推进的宏观层面着眼,突出中国和沿线国合力供给的区域公共产品能否有效激励相关国家经贸往来的风险,还包括激烈残酷的域外大国与中国的竞争、国家间博弈及其在"一带一路"沿线国的映射所构成的风险。以上风险也影响到微观企业是否及如何对"一带一路"倡议做出理性反应,是涉及"一带一路"倡议长效实施的主要风险因素。

后一层面风险涉及企业经营和投资决策。考虑到风险和不确定性始终存在，学术界较公认的定义是：如果事件发生的可能性存在可以计算的概率，则倾向于以风险称之；如果风险不能被衡量、不能被计算概率则应称之为不确定性（Knight，1921）。但学术界多数人也认为风险与不确定性没有明显的界线，两者含义基本相同，可相互通用（黄汉江，1990）。本书遵从这一观点，不对风险和不确定性概念作出区分。在微观企业视角和"一带一路"倡议情境下，我们不考虑企业在日常经营中均将遭遇的风险项，而重点考虑因到沿线国开展产能合作将遭遇的迥异于熟悉之国内环境的不确定性风险。一般而言，相对企业较为熟悉的母国市场，前往某东道国投资会面临与母国大相径庭的制度环境及其演进趋势，企业所具有的东道国制度环境信息相对缺乏，易导致其未来投资出现难以预料的风险。我们将国际产能合作风险区分为国家风险和边际风险，前者主要度量平均意义上的东道国—母国差异的风险项，后者主要指因企业、产业和区位而异的东道国—母国间差异的风险项。

参照 Bradbury（1989），作为建构的风险概念可区分为自然属性风险和社会属性风险，前者属于不可抗力范围，因而强调应主要关注社会属性风险。我们要强调的是，社会属性风险中亦存在近似不可抗力的外生且稳定的风险类型，当然也存在受人为影响而不稳定的风险类型。由此我们可以区分以下三类国家风险。

● 风险类型Ⅰ：为具社会属性但不稳定的制度环境信息和风险环节，如东道国的局势动荡、骚乱和战争引致的战乱风险，东道国政治制度及政权更迭或者国际关系变化等引致的制度风险，以及政府政策的不稳定性和人为变更引致的影响投资收益的价格管制、环保政策变更等风险。

● 风险类型Ⅱ：为具社会属性但自然存在、较稳定的制度环境信息和风险环节，如东道国特定文化或者风俗习惯可能导致的跨文化冲突风险，因宗教不同导致行为模式和对行为理解不同所关联的宗教风险，以及母国与东道国在法律、贸易壁垒和税费等方面所存在的客观差异等。对拟投资企业而言，这些差异导致的风险项客观存在，却在可预见的长时期内是较稳定和中性的，对所有欲进入该东道国投资的企业成立。

● 风险类型Ⅲ：是具社会属性的非制度风险环节，它包括因全球性、区域性或东道国自身因素导致的经济周期波动及在汇率、利率、通货膨胀、失业以及购买力和市场竞争等方面表现的风险因素。这类风险在母国和东道国均存在，但国际产能合作条件下此类风险的强度可能要较境内营商为大。

1.4 研究思路、内容和方法

1.4.1 研究思路

按照前述的风险界定，国际产能合作风险可分解为以下方面研究问题（见图 1-3）。首先，"一带一路"倡议既助推了面向区域的公共产品供给，也释放了通过区域公共产品降低投资风险、推动投资成本下降的政策信号，但区域公共产品供给及政策信号的效应仍需要仔细的理论和实证证据，以便确认"一带一路"倡议是否产生了预期中的效应并被企业充分认知；还将研究美国的域外竞争对应的负向公共产品对倡议推进和国际产能合作的不利影响。其次，如能确证微观企业受到"一带一路"倡议的国际产能合作激励，进一步的风险项在于微观企业是否准确认知"一带一路"国际产能合作重点产业的产业结构和规模经济状况，同时明晰中国和沿线国的产业竞争位势和产能合作空间，唯有如此，才能推动实现企业自身优势与沿线国需求的规模经济匹配。最后，除国家风险测度排序之外，"一带一路"倡议伴随的外生环境变化及相应风险项如何作用于企业，企业如何认知环境变化和风险，权衡前述不同风险类型的相对重要性，将其与沿线国的国家风险评估结合，进而理性做出投资意愿反应，也需要扎实的实证研究证据，以支持微观企业采取恰当的风险防范举措。对企业视角的风险项，我们一方面量化评估参与共建"一带一路"各国的国家风险；另一方面则强调企业对不同风险项的认知

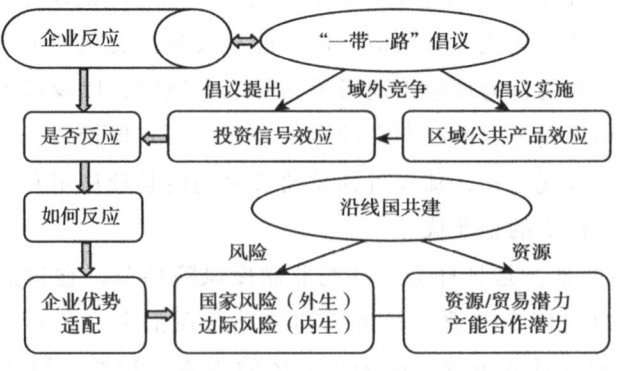

图 1-3 本书的研究思路

和反应，其核心目标仍是促进微观企业对"一带一路"倡议的理性反应，以克服潜在的无为、盲从和错配风险。

1.4.2 研究内容

本书以"一带一路"倡议下的国际产能合作为研究对象，以"一带一路"倡议及"风险"为主线，分上下两篇展开研究：上篇是"一带一路"区域公共产品及其效应研究，包含第2~第3章。它考量了"一带一路"倡议的有效性风险，表现为中国微观企业是否及如何对"一带一路"倡议关联的包括运输成本、关系治理、域外竞争等区域公共产品供给做出反应。下篇是微观企业视角的"一带一路"国际产能合作风险研究，包含第4~第10章。本书首先建构"优势—风险—资源"的分析框架，而后以产能合作重点行业（国务院，2015）为聚焦展开研究，它实际上研究了微观企业如何适配其自身"优势"和沿线国"资源"的风险问题。除导论和结论两章外，本书的主要内容如下。

（1）"一带一路"倡议下的公共产品供给及其效应研究。"一带一路"倡议是企业开展产能合作时面临的重要外生环境变化，这一环境变化的核心表征是趋于增多的区域公共产品供给，它表现在基础设施互联互通、加强的政治关系以及向企业发送的投资信号等方面。基于此，首先，评述"一带一路"区域公共产品供给进展并对其效应展开理论分析。其次，采用多种实证方法探讨"一带一路"倡议的公共产品效应：①采用倾向得分匹配—双重差分（PSM-DID）方法克服趋势项和内生性影响，探讨"一带一路"倡议是否产生投资信号效应以及沿线国信号效应差异。②使用引入空间权重矩阵的面板计量模型分析基础设施联通的贸易促进效应。③使用混合效应面板校正误差模型和引力模型建模方法研究政治关系资产对贸易的影响。④采用个体效应面板模型研究美国的域外竞争分别对中国—沿线国贸易和投资的影响，以探讨美国将中国视为"竞争者"和"对手"情形下，着力干扰和阻碍"一带一路"倡议，其所使用的域外竞争产生的负向区域公共产品（Public Bads）对中国和沿线国的政策效应。这一部分研究系涵盖了本书的第2~第3章。其中，第2章重在描述"一带一路"区域公共产品供给进展及其影响机理，第3章重在提供实证证据。

（2）"优势—风险—资源"适配的国际产能合作理论研究。"一带一路"倡议的实施将影响域内—域外投资的预期收益率，还将因所提供区域公共产品而降低投资风险，激励企业做出反应，继而努力实现其优势与沿线国风险和资源的适配。当中国企业"优势"适配沿线国"资源"且"风险"有效防范时，产能合作才可持续，而风险防范本身亦有规模经济。基于微观企业视角和已有文献，第4章将尝试建构"优势—风险—资源"的企业决策分析框架，探讨不同"优势""风险""资源"组合/匹配情形及对应的产能合作机理。我们特别强调引入企业家注意力范畴和企业经营管理能力后对企业"优势"和"风险"的影响及对应的产能合作适配机理。本部分系理论研究，旨在为后续实证研究和国际产能合作提供一个更一般化的分析框架。

（3）中国"优势"研究。本书的核心服务对象是参与国际产能合作的中国产业和企业。因企业"优势"各异，难以直接度量，我们以企业加总的产业为研究对象。以知己知彼论，明晰中国"优势"存在的产业及其分布是首要的实证工作。在第5~第6章中，我们以油气产业链和基建关联产业为代表，一方面利用规范的贸易竞争力、显性比较优势、国际市场占有率和竞争优势指数等指标对中国和"一带一路"沿线国的"优势"进行比较和分析；另一方面使用基于地理信息系统的表达方法，基于全样本微观企业贸易时间序列数据，分析中国省域空间内代表性产业的内外向比较优势和规模经济的空间演化，以明确中国"优势"的空间分布及变迁特征。

（4）沿线国"资源"研究。因沿线国"资源"的多样性，本部分研究中并未考虑如油气等自然资源、技术等单一要素"资源"所致的合作潜力问题，也未考量因区域经济一体化安排导致的贸易转移和投资转移等问题，而是主要聚焦于沿线国市场扩张导致的产能合作潜力。此部分研究共分两章：其一，第7章。一方面使用面板引力模型来估计沿线国的贸易潜力，以间接测度其产能合作潜力；另一方面我们还引入中美贸易冲突背景估计国际市场上的竞争和替代特性，来估计大国互动博弈情形下中国向沿线国的贸易潜力。其二，第8章，基于收入弹性估计和情景模拟方法对沿线国的产能合作潜力进行预测。

（5）国际产能合作"风险"研究。本部分首先利用主成分分析法量化评估已与中国签署"一带一路"共建协议/谅解备忘录的约130个国家的国家风险，对其进行排序并分析其特征（第9章）。随后我们使用问卷调查方法，针对国际产能合作重点产业设计并发放问卷，再基于问卷数据研究企业对风险的认知和反应等问题。我们通过主成分分析和聚类分析等方法获得异质性管理者指标，并将其与企业特征异质性结合来考量企业异质性问题。鉴于风险认知和反应的复杂性，我们使用了两种计量方法进行分析：一是利用回归模型进行估计，二是利用结构方程模型（SEM）进行分析（第10章）。这一部分研究可以给出"一带一路"沿线国的国家风险度量以及因企业而异的边际风险的特征。

（6）策略研究。基于以上的政策效应评估—理论分析—"优势"研究—"资源"研究—"风险"研究，我们将总结全书并从"一带一路"公共产品和企业实现"优势—风险—资源"适配两个方面提出风险防范思路和政策启示（第 11 章）。这也是本书研究的实践应用指向。

1.4.3 研究方法

因"一带一路"倡议和国际产能合作风险问题的复杂性，本书强调经济学、政治学、经济地理学、企业管理等多学科研究方法的集成使用、综合及对特定问题研究的适配性，涉及理论研究、实证研究、案例研究、比较研究和调研访谈等研究方法。具体而言，可将研究方法分为规范分析和实证分析两大层面。

（1）规范分析。首先是区域公共产品政策效应的理论研究。通过将公共产品生产与市场化产品生产融入显化的企业"优势"和竞争力分析框架，研究一般化的"一带一路"区域公共产品的政策效应；建构新经济地理学的理论模型研究基础设施联通带来的国内和境外运输成本效应；从经济学和政治学的跨学科视角研究双边维度的政治关系和域外竞争对中国和沿线国投资贸易的影响机理。其次是国际产能合作中的"优势—风险—资源"适配机理研究。通过对"优势"来源、"资源"构成的归纳和比较，探讨其进入国际产能合作决策的使用方式；将"风险"区分为国家风险和边际风险并使用认知—困难模型研究"风险"认知和企业特征对国际产能合作决策的影响机理；利用比较静态分析方法研究"优势—风险—资源"的规模经济适配机理及不同风险防范举措的影响机制。最后是文献分析方法的应用。"一带一路"倡议和国际产能合作风险是全新的研究领域，国内外的理论研究总体上还比较薄弱。本书积极借鉴多学科的已有成果与方法，对相关文献进行梳理，为研究提供理论支撑。

（2）实证分析。首先是计量分析方法。基于不同频度的时间序列统计数据和面板数据，以及对企业的问卷调查、实地访谈获取研究所需数据资料，根据待研究问题的需要和数据特征，分别使用面板数据模型、时间序列数据模型、倾向得分匹配—双重差分模型、主成分分析法、定序回归模型、结构方程模型等计量方法，研究"一带一路"区域公共产品效应，测度沿线国的"优势"和国家风险，探讨企业对"风险"的认知、评价和反应机理等问题，研究方法选取具有可行性、科学性和先进性。其次是案例研究和比较研究方法。本书选取中国具代表性的国际产能合作优势产业案例，开展产业链内不同环节比较、同一产业"优势"和"资源"的国别比较、不同时期特定产业的"优势""资源"布局比较；还选取主要沿线国进行国家风险的国际比较，利用调研数据开展不同特征企业和管理者的"风险"认知和反应比较等，既为国际产能合作"追踪""画像"，又充分探讨国家、产业和企业间的异质性，进而从中提炼经验性规律。此外，本书还依据研究问题的需要使用了情景模拟和地理信息系统等方法，以估计沿线国未来时期的国际产能合作潜力，或者更清晰地刻画"优势""资源"的时空分布和演化。

上篇

"一带一路"公共产品供给及效应

第 2 章

"一带一路"公共产品供给及其作用机理

"一带一路"倡议是一种提供区域公共产品的设想与尝试。这一区域公共产品是一种作为信号可被企业认知的外生环境变化,更表现为以基础设施互联互通和投资贸易便利化等举措推动的广义运输成本下降。还因其具有东方传统关系治理与西方规则治理交融的治理模式特征,形成了刚性的双多边协议和域内国家政治关系互动、覆盖当事国所有微观主体的公共产品供给。此外,以美国为代表的域外国家的竞争、干扰和破坏也构成覆盖"一带一路"区域和特定当事国的负向区域公共产品。这些公共产品供给合力激励或制约微观企业做出响应"一带一路"倡议的反应,本章归纳已有的"一带一路"公共产品供给进展并从理论上分析其对中国和沿线国投资贸易活动的作用机理。

2.1 "一带一路"倡议的提出及其公共产品效应

"一带一路"有长远的历史渊源,曾对中国和欧亚大陆各国经贸往来和文化交流产生重要影响,但近代以来其贸易通道地位长期被削弱。改革开放后,中国东部沿海区域的经济发展伴随着中西部省域显著的发展滞后和不平衡,2000 年前后先后推出的西部大开发战略和中部崛起战略都难以充分改变中西部省域的发展劣势。中国于 2013 年提出的"一带一路"倡议的创新之处在于,它借助中国已形成的经济发展条件,利用西部省域陆路相连欧亚非大陆各国的地理优势,联合各国协力提供区域公共产品,试图为区域间均衡发展和各国间的投资贸易增长提供新的动力。

2.1.1 "一带一路"倡议的支撑条件

经过改革开放后40多年的经济发展,中国境内以铁路为代表的基础设施已联通到极边省域并交织成网,欧亚大陆东西两侧良好的基础设施条件客观上要求泛大陆的互联互通以降低运输成本,除此之外,中国的发展还逐步满足了支撑基于陆路(权)的经济增长路径的条件。概而言之,主要包括以下3个方面。

(1)禀赋结构条件。改革开放以来的中国经济发展长期依赖于劳动密集的禀丰裕赋结构,它助推了中国经济自1979~2012年年均9.8%的经济增长。相对应,这一时期内中国的国内生产总值(GDP)从3645亿元增至53.41万亿元,进出口贸易额从355亿美元升至3.87万亿美元。但劳动力丰裕的禀赋结构在21世纪的第一个10年中开始发生变化,东南沿海省份的劳动密集型产业自2005年开始出现愈趋严重的"用工荒"问题,随之出现用工成本的逐年大幅上涨,根据国家统计局发布的《2012年国民经济和社会发展统计公报》,适龄劳动力占总人口的比例自2011年开始下降,2012年占总人口的69.2%;相对应,老龄化趋势日益明显,人口红利趋于弱化。受此影响,劳动密集型产业的发展面临越来越大的制约,急需产业转型、升级和国际重新布局。

虽然劳动丰裕的禀赋条件不再,但改革开放40多年大幅改变了中国原有的资本和技术禀赋劣势。在长期的高储蓄率推动下,2012年年末的人民币银行存款余额达到91.74万亿元,而储蓄需要必须转化为投资才能实现保值增值,如此巨大的储蓄量就对应于巨大的投资机会需求。特别是,在居民消费意愿较弱、欧美深陷金融危机导致外需不振的背景下,中国2008年出台的"4万亿元"刺激政策短时期内推动了(主要是公共)投资的回升,但由于投资边际报酬的递减导致了资本回报率下滑和大量的产能过剩,资本由改革开放前的极度稀缺演化为相对充裕之后,就需要创新的机制,实现不仅是中国国内而且更主要是国际市场对中国资本的新配置,以提升其边际报酬率。此外,从技术条件看,在大多数国民经济产业门类,中国都已经通过技术引进、消化和吸收实现了有效地对西方发达国家的技术追赶,消化吸收后形成的自有技术更好地匹配了中国特有的、与发展中国家相近的禀赋结构和市场环境。相较于发达国家内生于其禀赋特征和市场环境的先进技术,中国技术与发展中国家对接的低成本、高适用性优势更为明显。

与此同时,中国经济发展和居民生活水平的改善需要不断增长的资源和能源进口,而这正是中国的禀赋劣势,是亚欧非大陆诸多国家的禀赋优势,互补性非常强。虽然传统的海洋运输也可以获得所需的资源和能源进口,但贸易通道缺乏有效的竞争、海运时间长、风险环节复杂多样，依托东部港口的资源和能源进口难以支撑中西部的经济发展，也无法改善中西部因距离海洋远而带来的发展劣势，推动全国的均衡化发展。从产业链角度看，要推动国际产能合作，就要使相关国家能嵌入产业链的适当环节，依托于原料的加工深化和投入品、半成品、零部件的当地供给，是产业链成型的重要依托因素，也是获得相关国家支持的重要基础。

（2）产业结构和经济发展条件。经过改革开放40多年的发展，中国的产业结构已发生了重大的变化，工业增加值占GDP比重已从2006年41.8%的高位逐渐下降到2012年的38.3%再降低到2014年的35.9%。即便如此，按照联合国工业发展组织的数据，2014年中国制造业净出口居世界第1位，制造业增加值占世界比重达到20.8%；在国际标准工业分类的22个大类中，中国在7个大类中名列第一，钢铁、水泥、汽车等220多种工业品产量居世界第1位，已有产能的利用率不高，急需新的国际合作机遇[①]。而在前已述及的劳动密集型产业和一般工业门类内，中国企业都充分利用了中国的超大规模市场优势，产业内、产品内市场分工非常细致，虽然因劳动力等要素价格的上升需要转型升级和新国际布局，但对已有外部规模经济和产业集群的高效利用要求潜在的合作伙伴地理趋近、运输和贸易成本低，生产分工网络安全可靠。

同时，邻接中国的欧亚大陆发展中国家与中国存在明显的劳动力和其他要素成本势差，对低成本、高适用技术和资本的需求非常殷切。要提升与这些国家的国际产能合作，推动产业重新国际布局，运输成本是最主要的障碍因素。要降低运输成本，就需要大幅增加有关国家的基础设施投资并实现互联互通。更进一步看，中国基于海洋（权）、面向发达国家市场的经济发展路径已面临极大的市场份额约束，增长空间极其有限；而仅由贸易推动的发展中国家经济合作又受限于现有购买力的约束。如果能降低运输成本和贸易成本，推动基于陆路的新国际分工和产能合作，带来的将是新的生产收益分配格局，以及由此诱导的乘数化的引致贸易，会大大有利于中国和伙伴国的经济发展。

与此同时，亚欧大陆周边的多数发展中国家近年经济增长放缓，基础设施建设相对落后，存在极大的基础设施建设和经济增长需求。以铁路建设为例，多数国家铁路里程与国土面积之比在1%以下，而欧盟和日本等发达国家普遍在5%以上。即使考虑国土面积因素，中国、俄罗斯等大国的铁路里程与国土

---

① 数据来源：刘育英. 中国已成"制造大国" 220种工业品产量世界第一[N]. 中新社2014年10月5日电，转引自 http://news.sohu.com/20141005/n404868060.shtml.

面积之比分别为0.7%、0.5%，也明显低于美国2.5%的水平①。与此相对照，中国在基础设施建设领域经验丰富，基建相关行业产能充足，可以服务于发展中国家的基础设施建设和经济发展需求。

（3）制度演化与金融合作条件。在中国经济发展过程中，包括加入世界贸易组织（WTO）在内的逐步融入国际市场的制度安排降低了贸易壁垒和贸易成本，拓展了贸易空间，发挥了积极的推动作用。在WTO多哈回合谈判陷入停滞状态的条件下，最近10多年来，双边或者多边自由贸易区（FTA）谈判对国际贸易和国际经济合作产生了越来越大的影响。中国已与东盟、智利、巴基斯坦、新西兰、新加坡、秘鲁、哥斯达黎加、冰岛、瑞士、澳大利亚、韩国签署了FTA或者类似的自由贸易协定，正在商谈的自由贸易协定包括东盟＋中国、日本、韩国、澳大利亚、新西兰和印度的"10＋6"区域全面经济伙伴关系，以及中国—海湾合作委员会、中国—挪威、中日韩、中国—斯里兰卡等自贸区，还在与印度、哥伦比亚、马尔代夫、格鲁吉亚和摩尔多瓦等国在开展自贸区的可行性研究。可见，以上自贸区制度安排大多集中于中国的周边区域，随着中国对外贸易中的地位不断上升，这也符合国际贸易理论中运输距离短、成本低、贸易流量大因而自贸区收益高的观点。

另一个支撑条件是中国在对外开放中不断积累的雄厚的外汇储备和不断增强的货币影响力。2012年年底，中国外汇储备已超过3.3万亿美元，到2015年超过3.9万亿美元。在美、欧、日等主要发达国家宏观经济复苏乏力，宽松货币政策频出、债券收益率低的时期，如此规模的外汇储备仅用来购买发达国家的债券难以充分实现保值增值的目标。同时，前已述及的高储蓄带来的投资机会需求也无法完全在中国国内市场得到满足，需要在国际市场上进行更高收益率的配置。亚洲开发银行在其《2015年度报告》中指出亚洲发展中国家每年的基础设施投资需求就在7300亿美元左右，在其2017年发布的《满足亚洲基础设施需求》报告中指出这一缺口可能增大至每年1.7万亿美元，但现有的国际融资机制仅能满足很小比例的投资需求②。中国为克服这一不平衡所做的努力包括增加在已有多边金融机构（世界银行等）中的注资、投票权改革和纳入国际货币基金组织的特别提款权（SDR）篮子，推动成立新的多边金融机构

---

① 资料来源：中金公司."一带一路"扩影响提内需五大产业将成最大赢家［N］.上海证券报，2014-12-17，转引自人民网，http：//finance.people.com.cn/stock/n/2014/1217/c67815-26223236.html.

② 参见亚洲开发银行．Meeting Asia's Infrastructure Needs［R］．https：//www.adb.org/publications/asia-infrastructure-needs，2017.

（如金砖国家开发银行、丝路基金、亚洲基础设施投资银行等），以及推动人民币在国际贸易、结算等方面得到更广泛使用。根据中国央行的《人民币国际化报告（2015年）》，到2014年年底，人民币已成为全球第2大贸易融资货币、第5大支付货币和第6大外汇交易货币，这为中国与相关国家的国际产能合作提供了更有竞争性的金融合作条件。

2.1.2 "一带一路"倡议的提出和发展

从中国国家主席习近平在2013年9月和10月先后提出"一带一路"倡议至今，中国通过将其列入十八届三中全会的政治文件以及各有关省区市的积极行动，到与沿线国家既有的双多边机制和发展战略的对接，经历了提出、发展并推动落地实施的快速过程。这一倡议一诞生就被赋予了区域公共产品的性质，其目标就是"与沿线各国共同打造政治互信、经济融合、文化包容的利益共同体、责任共同体和命运共同体"①。

——2013年9月7日，习近平主席在哈萨克斯坦纳扎尔巴耶夫大学发表演讲时表示，为了使各国经济联系更加紧密、相互合作更加深入、发展空间更加广阔，我们可以用创新的合作模式，共同建设"丝绸之路经济带"，以点带面，从线到片，逐步形成区域大合作。

——2013年10月3日，习近平主席在印度尼西亚国会发表演讲时提出，中国愿同东盟国家加强海上合作，使用好中国政府设立的中国—东盟海上合作基金，发展好海洋合作伙伴关系，共同建设21世纪"海上丝绸之路"，互通有无、优势互补，同东盟国家共享机遇、共迎挑战，实现共同发展、共同繁荣。

——2013年11月12日，"一带一路"倡议被纳入中共十八届三中全会通过的《中共中央关于全面深化改革若干重大问题的决定》，标志其已经上升为国家发展规划层面。《决定》要求"加快同周边国家和区域基础设施互联互通建设，推进丝绸之路经济带、海上丝绸之路建设，形成全方位开放新格局"。随后举行的中央经济工作会议上，习近平总书记要求推进"丝绸之路经济带"建设，抓紧制订规划，加强基础设施互联互通建设；建设"21世纪海上丝绸之

---

① 参见张高丽2015年2月1日在推进"一带一路"建设工作会议上的讲话，转引自张高丽：努力实现"一带一路"建设良好开局［EB/OL］. http：//www.xinhuanet.com/politics/2015-02/01/c_1114209284.htm，访问时间：2019年11月2日。本节后面关于中国领导人和政府部门涉及"一带一路"的主要观点可见于新华社等媒体的报道，将不再一一注明引用出处。

路",加强海上通道互联互通建设,拉紧相互利益纽带。

——2014年5月21日,习近平主席在亚信峰会上做主旨发言时指出:"中国将同各国一道,加快推进丝绸之路经济带和21世纪海上丝绸之路建设,尽早启动亚洲基础设施投资银行,更加深入参与区域合作进程,推动亚洲发展和安全相互促进、相得益彰。"在当年6月5日的中阿合作论坛第六届部长级会议上,习近平再次表示,"希望双方弘扬丝绸之路精神,以共建'丝绸之路经济带'和'21世纪海上丝绸之路'为新机遇新起点,不断深化全面合作、共同发展的中阿战略合作关系"。当年11月8日的加强互联互通伙伴关系对话会上,强调"一带一路"已经进入"务实合作环节",重点是"以亚洲为重点实现全方位互联互通"。

——2014年11月28日,习近平主席在中央外事工作会议上强调,"要秉持亲诚惠容的周边外交理念,深化同周边国家的互利合作和互联互通。……要切实加强务实合作,积极推进'一带一路'建设,切实落实好正确义利观"。其核心就是要以务实举措实现"一带一路"倡议下的互利共赢。在同月举行的中央财经领导小组第八次会议上,习近平强调要做好"一带一路"总体布局及短中期内的时间表和路线图,会后成立了由中国国务院副总理张高丽任组长的"一带一路"建设工作领导小组。

——2015年3月28日,习近平主席在2015年博鳌论坛年会开幕式发表的题为《迈向命运共同体开创亚洲新未来》的主旨演讲中,明确指出"一带一路"建设秉持的是共商、共建、共享原则,不是封闭的,而是开放包容的;不是中国一家的独奏,而是沿线国家的合唱。"一带一路"建设不是要替代现有地区合作机制和倡议,而是要在已有基础上,推动沿线国家实现发展战略相互对接、优势互补。与之相伴的是,该次博鳌亚洲论坛年会期间,中国国家发展和改革委员会、外交部和商务部联合发布了《推动共建丝绸之路经济带和21世纪海上丝绸之路的愿景与行动》文件,阐明了坚持开放合作、和谐包容、市场运作和互利共赢等共建原则,以及政策沟通、设施联通、贸易畅通、资金融通和民心相通的五大合作重点。

——2015年11月15日,在土耳其安塔利亚举行的二十国集团(G20)领导人第十次峰会上,习近平主席在题为《创新增长路径共享发展成果》的发言中,提出要践行"创新、协调、绿色、开放、共享"的发展理念,其抓手之一就是"坚持深度融入全球经济,落实'一带一路'倡议",继续为各国发展创造机遇,以实现该次峰会"共同行动以实现包容和稳健增长"的发展主题。数日后的亚太经合组织第二十三次领导人非正式会议上,习近平指出,通过"一带一路"建设，将开展更大范围、更高水平、更深层次的区域合作，共同打造开放、包容、均衡、普惠的区域合作架构。

——2015年12月25日，包括缅甸、新加坡、文莱、澳大利亚、中国、蒙古、奥地利、英国、新西兰、卢森堡、韩国、格鲁吉亚、荷兰、德国、挪威、巴基斯坦、约旦等在内的17个意向创始成员国提交批准书，亚洲基础设施投资银行（亚投行）正式成立。截至2019年7月，该行会员国已达到100个，且数量在继续增长。

——2017年5月和2019年4月，第一届和第二届"一带一路"国际合作高峰论坛先后在北京举行，均有包括大量外国元首和政府首脑在内的100多个国家和70多个国际组织的千余名代表出席高峰论坛。中国政府与有关国家政府/国际组织签署大量政府间"一带一路"合作协议或谅解备忘录，并推出了不同领域的大量合作项目。

回顾"一带一路"倡议提出以来中国领导人的主要论点、官方文件和倡议落实的主要行动可以发现，其关键词之一是"互利共赢"，要做到互利共赢就要通过"共商"对接中国和沿线国家国家利益和发展战略，就要通过"共建、共享"来落实各国的利益共同体、责任共同体和命运共同体角色。其关键词之二是"务实"，由于每一沿线国家的国情不同、利益点和兴奋点有差异，要做到务实就要因国制宜、因地制宜地创新合作理念，以务实、多样化的合作方式，以扎实的战略规划和项目进展助推"一带一路"倡议的落实。其关键词之三是"正确义利观"，反映在政府层面，就是要坚持对沿线国家的充分尊重，坚持互利共赢、共同发展；在企业层面，就是要守法经营，多承担社会责任，努力与合作国政府、企业和民众建立牢固的利益、责任和情感纽带，以"义"的感召力获得支持与信任，实现长期合作目标。

用经济学理论对以上三个关键词进行阐释，"一带一路"倡议强调的共商、共建、共享原则突出了其区域公共产品特征，开放包容理念以及与沿线国发展战略的对接和优势互补突出了与域内国家合力供给非排他性、非竞争性区域公共产品并使微观主体广泛受益的理论和现实蕴意①。而且，作为一种新型区域合作机制，充分考虑到沿线国的差异性和相互关系的复杂性，"一带一路"所

---

① 按照经典的公共产品理论，非竞争性是指某一使用者对该产品的消费并不减少它对其他使用者的供给，亦即增加消费者的边际成本为零；非排他性则是指某一使用者的消费并不妨碍/排斥其他使用者。所谓区域公共产品是指非竞争性和非排他性主要限于区域内，对区域内所有微观主体而言，都是非竞争的、非排他的；对区外微观主体而言，则可能具有排他性，类似于俱乐部产品。

秉持的原则隐含了一种关系治理与规则治理结合（陈伟光和王燕，2016），以关系治理凝聚共识、实现动态调整和修正，再逐步互补以规则治理的区域公共产品供给模式。这也是从认知趋同、战略对接到规范形成的区域治理深化过程，其演化过程必然作用于区域内包括中国和沿线国在内的所有微观主体。

2.1.3 "一带一路"倡议公共产品效应的初步分析

一国的比较优势由其不同产品的生产成本和价格的国际比较而决定。生产成本和价格既取决于企业从市场上购买要素并组织生产对应的生产成本，也受到可得公共产品供给水平和质量的影响（见图2-1）①。公共产品供给可区分为国际和国内两个层面，前一层面可供给国家间基础设施联通、投资贸易便利化、投融资平台以及便利经贸活动开展的良好政治关系和便于要素流通、争端解决和共同安全的制度框架，它可以使企业跨国经贸活动的运输成本和风险下降，也可以促成更大规模的一体化市场；后一层面则包括传统的由国家和其管辖地方政府合力供给的安全稳定、营商环境和要素市场等方面。前一层面的区域公共产品供给可以协调并倒逼国内公共产品供给水平和质量的提升。

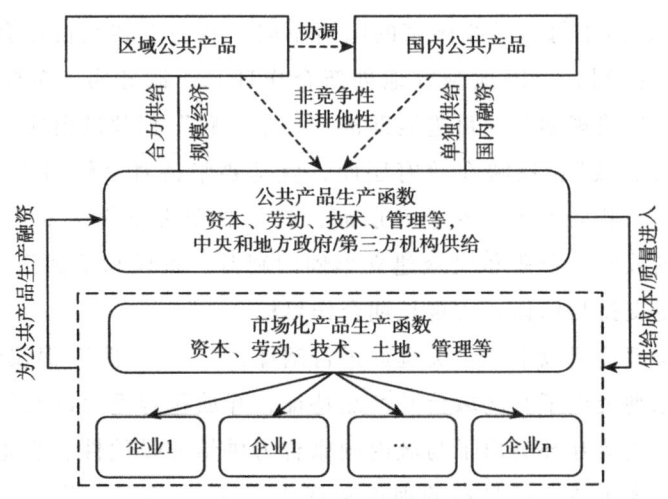

图2-1 "一带一路"倡议与特定国家的生产函数运行

来源：作者自行绘制。

---

① 无论是市场化产品还是公共产品生产均涉及资本、劳动、技术、管理等不同要素的投入，区别在于公共产品生产一般具有较强的规模经济和范围经济特性，且因消费的非竞争性和非排他性，多由政府或关联的第三方机构生产并提供给企业。

对竞争性市场上的企业和高度抽象意义上的微观主体而言，包括国际、国内和内辖地方政府提供的公共产品是外生决定的，但公共产品供给的数量和质量状况进入企业生产函数并影响其生产成本和价格，进而决定特定国家和区域企业在跨区域竞争中的竞争力，并转而因企业的生存能力比较而形成国际层面的分工地位和产业布局。"一带一路"倡议的特征是其作为区域公共产品的规模经济性，因规模经济的存在而可以明显降低各国独立供给同等数量公共产品的成本，这表现在跨境基础设施互联互通的范围经济和空间效应，以及关系治理对经贸活动的有效润滑等方面。因此，各沿线国合力供给的非竞争性、非排他性区域公共产品，将作为非可视因素以更低的成本进入市场化产品生产函数，与企业自身从市场上购置的不同要素互动作用构成市场化产品的更低成本和更强竞争力，外化为沿线国增强的比较优势和改善的经济增长条件。同时，增强的比较优势和趋强的分工地位也以税收等方式支付给沿线国政府，为其国内公共产品生产进行融资，助力形成一个良性循环的经济运行过程。

为初步探讨"一带一路"公共产品的效应，以下区分竞争性市场和垄断竞争市场进行分析。在一个简单的竞争性市场模型中，因前述的"一带一路"公共产品作用并推动竞争性企业的生产成本下降，由图2-2a可见，企业加总得到的供给曲线由 S_0 向右下方移动到 $S_{B\&R}$，设若需求曲线向下倾斜，则可知均衡产量由 Q_0 提升至 $Q_{B\&R}$，均衡价格则降至 $P_{B\&R}$，由比较静态分析结果可知该国的福利水平趋于改善。但如果考虑因互联互通导致的沿线国与国际市场互动加强，此时考虑一个小国模型情形，则需求曲线为交纵轴于国际价格 P_0 的水平线 D'_0。由此，受益于区域公共产品后的供给曲线 $S_{B\&R}$ 与需求曲线 D'_0 的交点大幅右移，对应的产量水平进一步上升至 $Q'_{B\&R}$，沿线国的福利也将进一步改善。

更进一步，我们将垄断竞争市场纳入分析（见图2-2b）。沿用克鲁格曼等（2002）的模型，单一厂商的销售量Q可由下述等式描述：

$$Q = S[1/n - b \times (P - \bar{P})] \qquad (2-1)$$

其中，S为行业的总销量，n为规模对称的厂商数量，P和 $\bar{P}$ 分别为该厂商及其竞争者的价格。式（2-1）隐含的考虑是价格高于竞争者的厂商将只能获得较低的市场份额，如果所有厂商定价与竞争者相同，则都获得1/n的市场份额。

不失一般性，令F为厂商的固定成本，c为其边际成本，则厂商的平均成本函数为：

$$AC = F/Q + c = n \times F/S + c \qquad (2-2)$$

此时，厂商选择价格水平使其利润最大化，由边际收益等于边际成本推导可得厂商数量和定价之间的关系如下：

$$P = c + 1/(b \times n) \tag{2-3}$$

以式（2-2）和式（2-3）分别定义 CC 曲线和 PP 曲线，将之联立可建立厂商数量及价格决策的模型（图 2-2b）。可见，初始均衡的厂商数量为 n_0，价格为 P_0。因"一带一路"倡议带来的包括基础设施互联互通等在内的区域公共产品供给促进了域内国家一体化，扩大了市场规模，这就导致行业总销量 S 的上升以及 CC 曲线的向右偏移，形成厂商数量增加到 $n_{B\&R}$、价格下降至 $P_{B\&R}$ 的新均衡，厂商数量的增加意味着由对外直接投资和新企业设立表现的投资增量以及"一带一路"域内趋强的贸易活动。

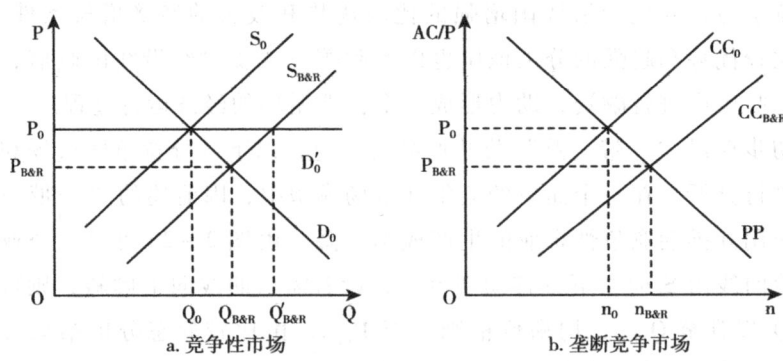

图 2-2　不同市场结构情境下"一带一路"倡议的公共产品效应

在以上述及的潜在的"一带一路"公共产品效应条件下，我们继续探讨响应并意愿合力供给区域公共产品国家的主要特征以及对中国企业投资的影响①。

首先，除倡议开放包容的本质特征产生的吸引力之外，沿线国家的本身特征也可能促使其更偏好于响应"一带一路"倡议。已有实证研究表明，中国投资有倾向于资源丰裕国家的特征（Kolstad and Wiig，2012）；它主要源于中国经济发展对自然资源进口依赖的逐步加深，以及通过投资对冲资源市场波动风险的动机（张宇燕和管清友，2007）。从沿线国视角看，自然资源丰裕的国家与中国的资源进口国角色体现出很强的互补性，加入"一带一路"倡议意味着能更低成本锁定全球主导性的目标市场，减少贸易条件等的波动，稳定其资源

---

① 我们将在第 3 章对本节后面讨论的 3 个方面假说进行实证检验，借助实证证据来进一步说明"一带一路"响应国的特征和中国企业的投资反应，并以之衡量区域公共产品在激发投资反应上的有效性。

贸易收益，进而支持其经济稳定和发展。这一点在资源价格处于相对低位、资源国经济发展受到抑制的背景下显得尤为重要。因之，资源丰裕国家应有更强的意愿响应"一带一路"倡议。同时，潜在贸易投资合作收益是沿线国考量是否加入"一带一路"倡议的关键因素，如果双边贸易规模比较大，就显示了加入"一带一路"倡议的绝对收益自然是比较大的。如果其他因素不变，仅考虑沿线国的经济规模差异，较显然的是，经济规模较小的国家响应"一带一路"倡议后的以潜在收益/经济规模衡量的相对收益较大，这也提供了更强的加入意愿。综上所述，丰裕的自然资源和较强的双边经贸关系应会增强沿线国响应"一带一路"倡议的意愿（假说1）。

其次，"一带一路"倡议之所以强调"共商、共建、共享"式的关系治理，主要在于沿线国国家治理水平的巨大差异性和相互关系的复杂性。对于国家治理能力较弱的沿线国，因其较高的国家风险，一般而言，对国际投资尤其是来自发达国家的投资，其吸引力并不强。但与全面改善国家治理水平、降低国家风险程度的成本相比，采取基于关系治理的选择性制度安排来缩减面向特定国和特定类型投资的边际风险，其国内政治可行性和经济可行性明显较高。这样的降低投资边际风险的政策，对沿线国已有政治经济体制和利益集团冲击的可控性亦较高。同时，中国改革开放初期就是通过特区和选择性制度安排来进行试验性的制度检验，其成功则被复制推广，不成功则将风险限制于较小地域和范围。"一带一路"沿线国同样热望得到这种可控性，以及被中国改革实践检验成功的可复制性和示范性政策。沿线国国家治理水平越弱，初始均衡值与加入"一带一路"倡议后的预期收益差越大。更高的政治亲密度意味着可通过中国的特殊"制度性优势"吸引足够的中国投资，来体现沿线国选择性制度安排的收益。政治亲密度越高，这一预期收益实现的可能性就越大。由此，沿线国较弱的国家治理水平和较好的政治亲密度会增强其响应"一带一路"倡议的意愿（假说2）。

最后，"一带一路"倡议不仅对沿线加入国发出了利好信号，对于中国国内微观企业也是如此，激励其作出正向反应。其一，沿线国响应倡议可带来更好的双边关系治理水平，会在不改变或明显影响沿线国国家风险的同时，带来中国投资边际风险下降、投资收益改善的预期。它直接来源于中国的特殊"制度性优势"所带来的投资信号，也来源于沿线国响应"一带一路"倡议所发出的更好关系治理质量信号。其二，即便我们观察到"一带一路"倡议伴随的区域公共产品供给刚刚起步，但由此产生的公共产品收益分享预期就会对企业投资的成本—收益格局产生影响。由以上分析出发，提出和响应"一带一路"倡议带来的投资信号效应和相对应的投资成本—收益格局变化,以及分享区域公共产品收益的激励,均有助于促进中国对外直接投资(假说3)。

2.2 "一带一路"公共产品供给:运输成本视角

在2.1节一般化地对"一带一路"倡议公共产品供给及其效应讨论基础上,本节开始聚焦特定方面的区域公共产品供给及其作用机理。首先纳入的是涵盖基础设施联通和贸易投资便利化在内的广义运输成本视角。事实上,早在"一带一路"倡议提出之前,亚欧大陆上就存在因主要国家境内基础设施建设而客观上形成的跨国基础设施联通条件,如主要途径俄罗斯的西伯利亚大陆桥和1992年开通的从中国连云港到荷兰鹿特丹港的新亚欧大陆桥。但它更多的是各国自发的、零散的和缺乏系统协商、规划的产物。"一带一路"倡议将各国共同带入一个"共商、共建、共享"的区域公共产品供给平台,这一倡议既促进了硬件上的区域基础设施建设和区域联通性的明显改善,也促进了软件上的贸易和投资便利化进程,两者合力均有助于降低运输成本,形成所有企业均可受益的区域公共产品。

2.2.1 基础设施互联互通和投资贸易便利化

基础设施互联互通是一个涵盖信息流、人流、物流在内的多维联通过程,涉及公路、铁路、航空、管线和通信光缆等多种联通方式。就"一带一路"倡议联通欧亚大陆东西部的现实需求而言,主要体现在跨境物流领域和以铁路为主的联通方式上。要实现互联互通,首要条件是各沿线国的基础设施建设和境内连通。但"一带一路"域内不同国家的基础设施状况存在较大差异。其中,较发达的欧洲地区国家和中国的基础设施条件较好。对中国而言,在较早期的西部大开发和中部崛起战略实施过程中,就充分强调了基础设施建设先行的政策,以高速公路网、机场、铁路、油气管道为代表的运输基础设施在过去时期内得到了极大的改善,铁路网络已延伸至国土的全部极边省份。特别是,2008年以来,随着中国高速铁路(高铁)技术的突破,高铁建设从东部开始,迅速向全国扩散,已开通高铁营业里程超过3万公里,占全球运行高铁里程的比重超过2/3。但大多数沿线国的境内基础设施较为薄弱,建设需求强烈。各沿线国的境内基础设施是互联互通的重要组成,境内基础设施的大幅改善才能最终促成沿线国间的互联互通。近年来，中国参与建设了沿线国相当数量的铁路建设项目，已完成或在建项目包括印度尼西亚的雅万高铁、马来西亚东海岸铁路和南部铁路等，均将有助于未来的跨境互联互通。

在已规划或开工建设的"一带一路"跨境基础设施联通上，居于欧亚大陆东端的中国起到了关键的角色。按照2008年调整后的《中长期铁路网规划》，中国规划了与多个次区域方向"一带一路"沿线国的铁路互联互通方案。向西、向北的跨国境铁路运输设计了经由中国东北联接俄罗斯西伯利亚铁路的欧亚高铁路线，经由新疆阿勒泰联通俄罗斯的中俄阿勒泰铁路，经由新疆乌鲁木齐和喀什的中吉乌铁路（联通吉尔吉斯斯坦和乌兹别克斯坦）和中亚高铁。向南方向，则要改造升级中国和越南、老挝、缅甸的铁路通道，并设计建造经由泰国直抵新加坡的泛亚高铁，后者已于2014年在韩国釜山由沿线18国签署的《亚洲铁路网政府间协定》确认，其中，中国至老挝铁路预计将于2021年全线通车。在西藏方向，青藏铁路于2006年通车到达拉萨，2014年延伸至日喀则，预计将于2020年延伸至中国和尼泊尔边境的吉隆并有望进一步延伸至尼泊尔首都加德满都①，陆路联通南亚国家的条件已基本具备。此外，配合中巴经济走廊的经由中国新疆联通巴基斯坦的中巴铁路项目处于可行性研究阶段，如匈（牙利）塞（尔维亚）铁路这样的次区域内互联互通项目也已在建设之中。

"一带一路"倡议的核心举措之一就是基础设施互联互通建设。由于中国自身占据欧亚大陆东端的核心区位，除东部沿海外，中国境内已建设形成较为成熟的、高质量延伸至国土南、北、西的基础设施网络，加之早已成形的西欧基础设施，联接欧亚大陆东西南北的基础设施可行性已较以往任何时期都要高，如能实现，将形成作为区域公共产品的新贸易通道。它的意义应该被放在全球贸易通道市场中来审视，新的贸易通道将带来更具安全性和运输成本可竞争的通道市场，使欧亚大陆原有的经由海洋和天空的货物和人员运输格局变为陆、海、空并举的新贸易通道格局。限于空运的高成本，陆路运输将形成对海洋运输的强有力替代，内陆国、内陆地区的通道可得性和竞争性就大大加强，选择的自由空间大大扩展。

除物理意义上的基础设施互联互通外，以贸易和投资便利化程度衡量的跨境营商成本是"一带一路"建设的重要影响因素。提升贸易投资便利化水平是

---

① 2018年6月，中尼两国政府签署跨境铁路合作协议，拟将拉萨至日喀则铁路延伸至尼泊尔首都加德满都；2019年10月13日，中国国家主席习近平访问尼泊尔期间，双方通过联合声明确认将开展吉隆至加德满都跨境铁路项目可行性研究。

各沿线国合力供给的公共产品之一，理论上可以将其视为广义的运输成本下降。其中，贸易投资便利化的重要表现之一就是中国和诸多"一带一路"沿线国批准接受的世界贸易组织《贸易便利化协定》议定书，这一多边规则在2017年2月22日正式生效。其主要内容包括：（1）要求成员公布进出口程序信息，使企业能够从互联网快速获取进口国海关程序要求；（2）允许贸易商在货物抵港前向海关等口岸部门提交进口文件，并在货物税率和费用最终确定前，允许贸易商提交保证金情况下放行货物等，将有助于加速货物通关；（3）规定成员应尽可能采用风险管理和后续稽查等管理手段，加速对低风险货物的放行，并对经认证贸易商提供降低单证要求和查验比例等贸易便利化措施。对中国而言，已开展的以"监管互认、执法互助、信息互换"为特征的海关合作有助于提升"一带一路"沿线国家互联互通和贸易便利化水平。其中，与不少于36国的认证经营者（AEO）互认可大幅降低通关平均查验率并提升通关速度；与中欧班列沿线国海关的便捷通关合作文件和共识可大幅降低班列通关成本[①]。

贸易投资便利化的重要表现之二是贸易自由化水平的提升。它既表现为中国与沿线国已有自贸协定的提升，也表现为新签订或者谈判中的自贸协定。在前一方面，2015年11月，中国和东盟签署了自由化水平更高的升级版自贸协定，2018年11月中国与新加坡签署中新自贸协定升级议定书，2019年4月中国与巴基斯坦也签署了第二阶段谈判议定书。在后一方面，已启动谈判的"一带一路"沿线自贸协定还包括中国和斯里兰卡、中国和以色列、中国和巴勒斯坦以及覆盖多个国家的中国和海合会、覆盖16国且以"一带一路"沿线国为主的区域全面经济伙伴关系（RCEP）等[②]，正展开可行性研究的还有中国和孟加拉国、尼泊尔、蒙古等国的自贸协定。以上贸易自由化安排说明中国和"一带一路"沿线国之间的贸易自由化网络已初步形成。此外，双边投资协定（BITs）既是当前便利与规范国际投资的主导性制度设计，亦是贸易投资便利化的重要内容。截至2019年，中国已经与58个"一带

---

① 参见刘红霞. 我国与36个国家和地区实现海关AEO互认［EB/OL］. http://www.xinhuanet.com/2019-01/15/c_1123994907.htm，2019-1-15；中国海关推动一带一路沿线国家海关的互联互通［EB/OL］. http://www.gov.cn/xinwen/2017-05/11/content_5192979.htm，2017-5-11.

② RCEP于2012年正式启动谈判，其发起者为东南亚国家联盟（东盟），涵盖东盟10国以及中国、日本、韩国、澳大利亚、新西兰和印度，至2019年11月4日，在泰国召开的第3次区域全面经济伙伴关系协定领导人会议上，声明指出除印度外的15国已结束谈判并启动法律文本审核，预计将于2020年签署协定。

一路"沿线国家签订了双边投资协定①。

2.2.2 基于新经济地理学的理论分析

因前述的基础设施联通和贸易投资便利化均是广义的降低运输成本的举措,本节以基础设施联通为例分析其区域公共产品效应。因交通基础设施具有网络属性,它将各个区域的经济活动联成一个整体,使经济增长较快区域带动增长较慢区域的经济发展,从而表现为正的区域公共产品效应或曰空间溢出效应(张学良,2012)。同时,理论分析中还要考虑中国与"一带一路"沿线国之间要素禀赋结构的差异性。亦即,中国拥有最全面的工业门类,能向周边国家出口各类制成品,同时又需要进口包括能源在内的大量自然资源,而沿线国的矿产品和油气资源恰能弥补中国能源和原材料需求的部分不足,这一互补性加深了中国与周边国家之间的相互依赖。

考虑中国与沿线国之间要素禀赋结构的差异性,借用新经济地理学的分析框架,假设两国之间存在互补型贸易,由 i 国向 j 国出口制成品,同时 i 国从 j 国进口资源品。

(1) j 国需求端的市场均衡。假定由 i 国向 j 国出口某一类制成品的数量为 x_{ij},用 p_i 表示该类产品在 i 国的生产价格,用 p_j 表示其在 j 国消费市场的价格,则 $p_j = p_i t_{ij}$,这里 t_{ij} 为 i 国到 j 国的运输成本。现考虑 j 国的消费市场。根据 Dixit – Stiglitz – Krugman 的垄断竞争模型(Fujita et al., 1999),采用 CES 需求模型,用 ε 表示不同产品之间替代弹性系数,通常 ε > 1,越接近于 1 则产品之间的差异性越强。当市场达到均衡时,该类产品在 j 国的需求额为:

$$p_j x_{ij} = \frac{p_j^{1-\varepsilon}}{\sum_k n_k p_{kj}^{1-\varepsilon}} y_j \quad (2-4)$$

其中,y_j 表示 j 国的总需求(GDP)。再用 n_i 表示 i 国向 j 国出口制成品的种类,则有:

$$\frac{n_i p_j x_{ij}}{y_j} = \frac{n_i p_j^{1-\varepsilon}}{\sum_k n_k p_{kj}^{1-\varepsilon}} \quad (2-5)$$

用 $p_j = p_i t_{ij}$ 代入式(2-5),有:

---

① 数据来源:李永全,王晓泉."一带一路"建设发展报告(2019)[R].北京:社会科学文献出版社,2019.

$$\frac{n_i p_i x_{ij}}{y_j} = \frac{n_i p_i^{1-\varepsilon}}{\sum_k n_k p_{kj}^{1-\varepsilon}} \frac{1}{t_{ij}^{\varepsilon}} = \frac{n_i p_i^{1-\varepsilon}}{P_j^{1-\varepsilon}} \frac{1}{t_{ij}^{\varepsilon}} \qquad (2-6)$$

其中，$P_j = [\sum_k n_k p_{kj}^{1-\varepsilon}]^{\frac{1}{1-\varepsilon}}$ 表示 j 国消费市场制成品平均价格指数。令 $IM_{ji} = n_i p_i x_{ij}/y_j$，即 j 国对 i 国制成品的进口依存度，指 j 国向 i 国进口的制成品占 j 国总需求的比例，它由四个因素决定：i 国制成品的种类 n_i、i 国生产价格 p_i、j 国消费市场上制成品的平均价格 p_j、i 国到 j 国的运输成本 t_{ij}。进一步考虑基础设施对跨国运输成本的影响，借鉴张光南等（2013）把基础设施总成本效应分为"本地基础设施"和"基础设施空间溢出"的方法，令 $t_{ij} = A/(K_j^{\sigma_1} G_j^{\sigma_2})$，其中 A 为常数，$K_j$ 表示 j 国国内的基础设施存量，G_j 表示所有邻国基础设施对 j 国的空间溢出。我们将运输成本与基础设施之间的关系取成倒数形式，是假定基础设施越完善，则运输成本越低（Hummels，2007）。由此式（2-6）可写为：

$$\frac{n_i p_i x_{ij}}{y_j} = \frac{n_i p_i^{1-\varepsilon}}{\sum_k n_k p_{kj}^{1-\varepsilon}} \frac{1}{t_{ij}^{\varepsilon}} = \frac{n_i p_i^{1-\varepsilon}}{P_j^{1-\varepsilon}} \frac{1}{t_{ij}^{\varepsilon}} = \frac{n_i p_i^{1-\varepsilon}}{P_j^{1-\varepsilon}} \frac{K_j^{\sigma_1 \varepsilon} G_j^{\sigma_2 \varepsilon}}{A^{\varepsilon}} \qquad (2-7)$$

$$IM_{ji} = \frac{n_i p_i^{1-\varepsilon}}{P_j^{1-\varepsilon}} \frac{K_j^{\sigma_1 \varepsilon} G_j^{\sigma_2 \varepsilon}}{A^{\varepsilon}} \qquad (2-8)$$

作比较静态分析，有：

$$\frac{\partial \ln IM_{ji}}{\partial \ln K_j} = \sigma_1(\varepsilon-1)(1 - \frac{n_i(p_i t_{ij})^{1-\varepsilon}}{\sum_k n_k(p_k t_{kj})^{1-\varepsilon}}) = \sigma_1(\varepsilon-1)(1 - IM_{ji}) > 0 \qquad (2-9)$$

$$\frac{\partial \ln IM_{ji}}{\partial \ln G_j} = \sigma_2(\varepsilon-1)(1 - \frac{n_i(p_i t_{ij})^{1-\varepsilon}}{\sum_k n_k(p_k t_{kj})^{1-\varepsilon}}) = \sigma_2(\varepsilon-1)(1 - IM_{ji}) > 0 \qquad (2-10)$$

这里在对式（2-8）进行推导时，P_j 也包含运输成本变量 t_{ij}。

由式（2-9）和式（2-10）可发现：首先，j 国国内的基础设施存量对本国的进口依存度具有正效应，表明基础设施的本地效应为正；其次，邻国对 j 国的基础设施空间溢出对 j 国的进口依存度具有正效应，表明基础设施的空间溢出效应也为正。

（2）i 国供给端的市场均衡。前面的推导是由 i 国向 j 国出口制成品，现假设 j 国向 i 国出口资源品。这一特定假设是为了揭示资源品贸易的一些关键特征，现实中两国贸易并不仅限于资源品。需要说明的是，原油等资源品价格并不是由各国内部生产市场所决定的，一般由全球市场决定，这与制成品定价是不同的。假定资源品的全球市场价格为 P_E，若 j 国到 i 国的运输成本记为 t_{ji}，那么 i 国的资源品价格为 $P_{Ei} = P_E t_{ji}$。注意，t_{ji} 是从 j 国到 i 国的运输成本，它与前面的 t_{ij} 并不一定相等，用 $t_{ji} = B/(K_i^\beta G_i^\gamma)$ 来表示，其中 B 为常数，K_i 为 i 国国内基础设施存量，G_i 为所有邻国对 i 国的基础设施空间溢出。设 E_{ji} 是 i 国从 j 国进口的某一类资源品的数量，那么该类商品的进口额为 $p_{Ei} E_{ji} = p_E E_{ji} t_{ji}$，再设 n_j 为 i 国从 j 国进口的资源品种类，则 $n_j p_{Ei} E_{ji} = n_j p_E E_{ji} t_{ji}$。现在考虑 i 国国内生产市场的均衡。设资本 K_i、劳动力 L_i 的要素价格分别为 P_{Ki} 和 P_{Li}，再加上资源价格 $P_{Ei} = P_E t_{ji}$，按 Fisher – Vanden（2004）的做法，可构造成本函数如下：

$$C = C(y_i, P_{Ki}, P_{Li}, P_{Ei}) = q P_{Ki}^{\alpha K_i} P_{Li}^{\alpha L_i} P_{Ei}^{\alpha E_i} y_i \tag{2-11}$$

其中，y_i 是 i 国的总产出（GDP），αK_i、αL_i 和 αE_i 分别为三种要素的弹性，q 代表技术进步。用 E 表示 i 国生产市场资源品需求总量。由谢泼德引理可得：

$$E p_{Ei} = \alpha_{Ei} q P_{Ki}^{\alpha K_i} P_{Li}^{\alpha L_i} P_{Ei}^{\alpha E_i} y_i \tag{2-12}$$

这是从所有国家进口的资源品总额。写成：

$$\frac{E p_{Ei}}{y_i} = \alpha_{Ei} q P_{Ki}^{\alpha K_i} P_{Li}^{\alpha L_i} P_{Ei}^{\alpha E_i} \tag{2-13}$$

令 $IM_{ij} = E_{ji} P_E / y_i$ 表示 i 国对 j 国资源品的进口依存度，则有：

$$IM_{ij} = \frac{E_{ji}}{E} \frac{1}{t_{ji}} \frac{E p_{Ei}}{y_i} = \frac{E_{ji}}{E} \frac{1}{t_{ji}} (\alpha_{Ei} q p_{Ki}^{\alpha Ki} p_{Li}^{\alpha Li} p_{Ei}^{\alpha Ei}) = \frac{E_{ji}}{E} \frac{1}{t_{ji}} (\alpha_{Ei} q p_{yi})$$

$$= \alpha_{Ei} q p_{yi} \frac{E_{ji}}{E} \left(\frac{K_i^\beta G_i^\gamma}{B}\right) \tag{2-14}$$

其中，$p_{yi} = p_{Ki}^{\alpha Ki} p_{Li}^{\alpha Li} p_{Ei}^{\alpha Ei}$ 表示 i 国的平均生产价格指数。

式（2-14）表明，i 国对 j 国资源品的进口依存度由以下因素决定：资源品的要素价格弹性 a_{Ei}、i 国的技术进步 q、i 国的平均生产价格指数 P_{yi}、j 国资源品在 i 国资源品需求中的占比 E_{ji}/E、i 国的基础设施存量 K_i 及邻国对 i 国的基础设施空间溢出 G_i。

对式（2-14）作比较静态分析可得：

$$\frac{\partial \ln IM_{ij}}{\partial \ln K_i} = \beta(1 - \alpha E_i) > 0 \tag{2-15}$$

$$\frac{\partial \ln IM_{ij}}{\partial \ln G_i} = \gamma(1 - \alpha E_i) > 0 \tag{2-16}$$

由式（2-15）和式（2-16）可得：第一，i 国国内的基础设施投资对本国的进口依存度具有正效应,即基础设施本地效应为正;第二,邻国基础设施关于i国的空间溢出对i国的进口依存度也具有正效应,即基础设施空间溢出效应也为正。以基础设施联通为代表的运输成本下降对双边经贸活动的正向影响可得到理论上的阐释。除此之外,对式(2-14)和式(2-8)进行比较可发现,中国的进口依存度(亦即邻国的出口依存度)与全球大宗商品价格成正比,如果大宗商品价格走低,对中国较为有利,将降低中国对资源品的进口依存度。反之,对邻国就是极为不利的,相当于降低了邻国的出口依存度,这与我们观察到的现实是吻合的。

2.3 "一带一路"公共产品供给:政治关系视角

除广义的缩减运输成本的公共产品供给外,"一带一路"倡议推动的制度建构具有关系治理和规则治理互补的特征,其中,关系治理主要依托于良好的双边政治关系和自利动机的政治意愿表达和利益诉求匹配。对微观企业而言,中国和沿线国之间的关系治理状况具有非竞争性和非排他性的公共产品特征,对国家间的经济贸易投资活动具有重要影响。这一公共产品供给既包括双/多边协议,也包括以双边高层互访、政治关系资产积累为表征的提升关系治理水平的举措。本节报告"一带一路"倡议下以共建协议和双边政治关系表现的关系治理进展,并分析其对经贸活动的影响机理。

2.3.1 政治关系、共建协议与投融资平台建设

因"一带一路"沿线国具有发展阶段和发展需求多样性、复杂性的特征,这一倡议本身又具有开放性和公共性,以成员国之间缔约并达成对等权利义务交换为特征的规则治理并不完全适用于"一带一路"倡议。尽管诸如 RCEP 这样的域内大型自贸协定谈判仍在积极推进中,但主要基于次区域、多边和双边安排,关系治理和规则治理相结合成为"一带一路"倡议下公共产品供给的主要模式。它主要依赖于中国和单一、多元或者次区域沿线国基于相互需求对接基础的政治关系。因"一带一路"倡议被预期为有利,各国经济增长的外生环境变化,这一倡议的提出得到了沿线国的热烈响应,并已反映在双边或者多边的官方政府文件、已签署的双/多边共建协议或谅解备忘录(MOU)以及已实施的合作项目中。截至 2019 年 7 月,中国已与 136 个国家和 30 个国际组织签

署了194份共建"一带一路"合作文件,签署国的地域范围已超出"一带一路"沿线①。"一带一路"共建协议的签署往往还伴随着中国与沿线国的政治关系等级提升,形成更强的服务于微观企业参与域内贸易和国际产能合作的公共产品供给能力。

以沿线国别而论,对俄罗斯等部分独联体国家及蒙古国,除中亚六国等均积极参与"一带一路"建设外,中国与次区域核心国家俄罗斯于2015年共同签署《关于丝绸之路经济带建设与欧亚经济联盟建设对接合作的联合声明》,确认双方努力将丝绸之路经济带建设和欧亚经济联盟建设相对接②。对南亚次区域,南亚国家对"一带一路"倡议的参与体现在中巴经济走廊和孟中印缅经济走廊。其中,巴基斯坦对"一带一路"倡议坚定支持和深度参与,印度洋沿岸的重要岛国——马尔代夫和斯里兰卡均表示希望积极加入"一带一路"建设;孟加拉国和缅甸两国均支持孟中印缅经济走廊。印度虽曾表示支持孟中印缅经济走廊但对"一带一路"倡议态度消极,出于国家安全等原因并不希望与中国实现互联互通(刘宗义,2015)③。

对东南亚次区域,包括未加入东盟的东帝汶以及东盟10国在内,都积极支持和推进"21世纪海上丝绸之路"建设。在西亚北非次区域,包括阿联酋、阿曼、巴林、卡塔尔、科威特和沙特阿拉伯在内的海湾阿拉伯国家合作委员会(简称"海合会")已在与中国商谈自贸协定,愿积极参与"一带一路"建设;"一带一路"倡议也得到由22国组成的阿拉伯国家联盟的支持④。中国和土耳其、伊朗两国分别于2015年和2016年签署两国政府间共同推进"一带一路"建设的谅解备忘录。对中东欧次区域,中东欧16国是联接西欧和亚洲的重要区域,这些国家都有意愿积极对接"一带一路"倡议并均已与中国签署共建协议。在机制化的中国—中东欧国家领导人第三次会晤中,签署了《中国—中东欧国家合作贝尔格莱德纲要》文件,中国还决定建立中国—中东欧协同投融资合作框架,为合作提供更好的金融条件。

---

① 参见推进"一带一路"建设工作领导小组办公室. 共建"一带一路"倡议:进展、贡献与展望[R]. http://www.xinhuanet.com/world/2019-04/22/c_1124399473.htm,2019-4-22.

② 俄罗斯是欧亚经济联盟的最主要发起国、最大经济体和主导者,该组织包括白俄罗斯、哈萨克斯坦、亚美尼亚和吉尔吉斯斯坦,塔吉克斯坦目前是该联盟的候选国。

③ 莫迪政府上台后印度推出了颇具针对性的"季风计划",以规划一个"印度主导的海洋世界"(庞中英,2015);在2017年和2020年中印两国发生边界争端乃至于冲突伤亡事件后,印度加强了对中国商品和投资的审查。

④ 阿拉伯国家联盟中,绝大多数成员国为"一带一路"沿线西亚北非国家,包括埃及和西亚除伊朗外的几乎所有阿拉伯国家。

良好的关系治理水平还表征为中国联手域内各国共同建构的投融资平台。"一带一路"沿线国普遍资本积累严重不足,使其以国内投融资机制应对基础设施建设需求、支撑国际产能合作的能力严重不足。单就基础设施建设而言,根据亚洲开发银行(ADB,2017)的估计,截至2030年,亚洲和太平洋地区每年的基础设施建设投资需求将达到1.5万亿~1.7万亿美元,但当前可得投资仅约为8810亿美元,缺口巨大①。是否存在高可得性、低成本的投融资平台影响到所有参与"一带一路"建设的微观企业,这一公共产品供给对促进域内基础设施建设和互联互通以及国际产能合作均具有重大影响。早在习近平主席2013年出访东南亚期间就提出了筹建亚洲基础设施投资银行(亚投行,AIIB)的倡议,其目标就是形成可弥补"一带一路"基础设施建设投资缺口的公共产品。这一新投融资平台于2016年1月16日正式成立,截至2019年7月,已有100个成员和1000亿美元的法定资本。自该行成立至2018年所推出的投资项目主要覆盖沿线国的交通、能源、电信和城市发展等领域,且60%的项目与世界银行等多边开发银行联合融资并采取国际通行的招标模式②。此外,2015年,中国联合印度、俄罗斯、巴西和南非还新设立了启动资金为500亿美元的金砖国家新开发银行,上海合作组织成员国还在筹备成立上合组织开发银行,其覆盖区域主要仍在"一带一路"域内。这些新(拟)设立多边金融机构形成了传统的世界银行、亚洲开发银行之外的增量公共产品供给平台。

另一类投融资关联的公共产品供给来源如中国国家开发银行和中国进出口银行这样的政策性金融机构。其中,具有代表性者包括如下:(1)2014年设立总额达400亿美元的丝路基金,主要为"一带一路"沿线国家基础设施、资源开发、产业合作和金融合作等与互联互通有关的项目提供投融资支持;(2)2010年成立的总额为100亿美元的中国—东盟投资合作基金,主要投资于东盟地区的基础设施、能源和自然资源等领域;(3)2016年设立的澜湄合作专项基金,用以支持东南亚次区域澜沧江—湄公河流域6国的中小型合作项目,推进中缅经济走廊建设;(4)2013年设立的中国—中东欧投资合作基金,重点关注能够扩大和深化中国—中东欧国家双边经贸投资合作、便利双边市场准入的项目;(5)2007年设立的中非发展基金等。

---

① 参见亚洲开发银行. 满足亚洲基础设施建设需求[R]. https://www.adb.org/news/asia-infrastructure-needs-exceed-17-trillion-year-double-previous-estimates,2017-2-28.

② 数据来源于《亚投行过三周岁生日:93成员、35项目和75亿美元贷款》,《经济日报》2019年1月16日。

2.3.2 政治关系的公共产品效应

政治关系对经贸活动的影响可从国际政治经济学和国际关系文献中找到颇为丰富的理论依据。不少研究注意到有殖民或者前殖民关系的国家间贸易规模要远比普通国家为大（Tinbergen，1962；van Bergeijk，2009），说明了国家间长期建立的政治、经济和文化联系纽带起到了润滑经贸活动开展的作用。反之，军事冲突、战争、双边政治关系恶化等历史事件则显现出对双边贸易的阻碍作用（Morrow et al.，1998；Oneal et al.，2003）。以上论及的两种政治关系类型位于国家间政治关系连续光谱的两端（见图2-3），分别对应于政治关系对经贸活动的正向效应和负向效应。但如果考虑到非极端化的国家间政治关系，则超越偶发政治事件而可以双边政治、外交活动等来衡量国家间政治关系的边际变化。

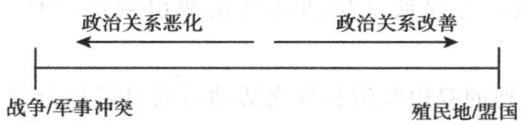

图 2-3 国家间政治关系的连续光谱

资料来源：作者自行绘制。

在无政府状态的世界经济体系中，尽管世界贸易组织和若干多/双边协定提供了各国共同让渡贸易政策权限、共同缔约并具有一定强制遵从特性的制度框架，但各国仍保有相当的显性/非显性选择空间，可对不同国家的经济贸易活动给出选择性制度安排。双边维度的政治关系为这种选择性制度安排提供一种可排除他国的、有利于关系双方之微观主体的期限和强度各异的非纯公共产品。一般而言，其作用可以表现在以下三个方面：其一，通过良好的政治关系来有效解决贸易争端、削减贸易投资壁垒和提高市场准入程度，降低因贸易争端博弈带来的损失（Creusen and Lejour，2013）；其二，良好的政治关系可对微观企业发出较强的信号，大幅缩减企业对东道国政治干扰的担忧和风险（Nitsch，2007），也可以由政治关系向消费者偏好的传导，以国别选择性的消费者需求上升带动贸易增长；其三，相较于母国市场，在信息不对称条件下企业获取东道国贸易信息的成本—收益易于失衡，易因外部性缘故投入不足导致"市场失灵"，而以政府发出作为公共产品的政治关系信号可推动贸易达到最优水平（Yakop et al.，2011；王学君和田曦，

2017)。

从动态视角看，政治关系的强弱既可表征于易观察到的双边政治和外交出访活动，更扎根于国家之间是否存在因长期关系投资而形成的（政治关系）战略资产和长期信任。以后者为依托，双边经贸活动一般总受到惯性力和扰动力的双重影响：

（1）惯性力是指双边政治关系和经贸活动会按照当前的发展趋势自动维持的作用，它涵盖贸易双方已有的贸易便利安排、包括距离和基础设施等在内的运输成本结构、已内化的（供需对接）交易成本以及维持经贸活动开展的制度框架等因素的作用。

（2）扰动力则来自推动经贸活动偏离惯性力作用趋势的因素，它又可以区分为冲突力和推升力两个方向，前者来自双方的产业竞争、贸易利益分配以及第三方干扰等因素，使贸易缩减偏离惯性力作用趋势；后者则来自增量的缩减贸易投资成本、运输成本的制度安排和基础设施建设，也包括偏向经贸活动开展的政治关系增量，它促使经贸活动规模超出当前惯性力作用趋势进一步扩大。

由此，易观察到的双边政治和外交活动可通过管控分歧、消除摩擦来抑制冲突力对经贸活动的干扰，使其不明显偏离惯性力作用轨道；但亦可以政治活动来润滑经贸活动、提供贸易成本缩减的制度安排等，产生刺激贸易的推升力。

此外，近年来较有影响的理性选择制度主义学说利用经济学中的交易成本与代理理论分析国际关系，认为国家之间的制度安排有助于降低交易成本及其不确定性，从而促进两国之间的经济合作（Keohane，1984）。从本质上讲，政治关系就是一种国与国之间的主动性制度安排，国家出于维护其国家安全、促进经济发展等动机以正式或非正式的制度安排与他国结成的政治上的亲疏关系（潘镇和金中坤，2015）。一国的 OFDI 总面对特定的国家之间的制度安排，东道国往往不会将母国政府与投资商清晰地隔离，而是将投资商看作其政府的正式或非正式代理人（Cuervo-Cazurra et al.，2007）。因此，母国与东道国的政治关系成为投资成功与否的重要外在约束，东道国具有通过没收资产等方式把冲突成本转嫁给在其境内投资的母国投资者的便宜能力（Büthe and Milner，2008）。此外，良好的政治关系可以减少两国发生冲突的概率从而降低投资风险，还会为母国投资带来一定的优惠待遇；良好的政治关系也作为一种信号传递给投资商引导其对外投资决策（张建红和姜建刚，2012）。在面临相互冲突的多重政治关系约束条件下，东道国具有相机选择和对不同政治关系权衡排序的自主能力，它必然影响到特定母国的投资活动，赋予较好政治关系母国一定的排序优先度。

政治关系对经贸活动影响研究中的一大难点在于，政治关系很难直接度量也很难模型化阐释，因而只能使用可观察的代理变量并借助实证研究来进行说明①。其中，高层互访这一变量最为常用。它作为一种可观察的中短期、正式的外交规则安排，有利于传递母国与东道国的政治偏好信号，从而增强企业参与贸易和跨国投资的信心。从政治学角度看，公共利益是私人利益的集合，政府的外交活动受到公共利益与私人利益的共同驱动（Lee and Hudson, 2004）。从成本角度考虑，领导人出访需要承担无法参与国内事务所引致的政治机会成本，故仅当出访的政治收益大于成本，预期取得可信的政治成果时，互访才成为可能（孙忆和孙宇辰，2017），因此，已实现的高层互访应能对双方投资贸易合作产生显著影响。但复杂之处在于，政治和外交出访活动往往又是超越于贸易的多维度信号生成和发送机制，其对贸易的影响是因国家而异的：冲突力可能会推动外交访问但却无助于推动贸易增长；外交访问可能无关乎冲突力而旨在发出惯性力信号，也可能超出贸易维度而与惯性力无关。实证文献给出的外交访问对贸易影响的可能为正也可能不显著的实证结果就是这一差异性的自然表露（Nitsch, 2007; Head and Ries, 2010）②。

因此，将外交访问和外交机构数量作为政治关系度量的研究受到国家间差异性和既有关系投资的约束，并不适合于所有国家。有些研究依据新闻报道获取事件信息并基于不同的赋权方式自行构造反映两国冲突—合作程度的指标，也有研究使用联合国大会（与霸权国或者特定大国）投票相似度指标来反映一国政治立场及其与特定国家的政治利益一致性，还有一些研究使用可直接观测的驻外领馆数量、高层访问作为政治关系的度量指标，不同的测量指标可能反

---

① 需要提醒的是，政治关系非常重要但这一概念的内涵和边界却不够清晰，它导致研究者难以获得规范的政治关系量化指标进行研究，而只能依据数据可得性使用内涵可能差异很大的代理变量。

② 较多的研究以双边政治/外交活动来衡量政治关系并探究其对贸易的影响，所使用的政治关系变量包括出口国驻外机构数量（Rose, 2007）、外交访问频度及层级（Nitsch, 2007; Head and Ries, 2010）等，但实证结果却是混合的。基于驻外机构变量的实证结果表明，更好的政治关系推动双边贸易增长，而外交访问的贸易促进作用却并不都显著为正。如果将外交访问进行细分，不同类型和层级的外交访问效应具有不对称性，其中政府机构首脑的外交访问有助于促进出口贸易，其他类型外交访问效应并不显著（王学君和田曦，2017）。但使用以上变量面临的共性问题是其与出口目的国贸易的内生性，且很难找到合适的工具变量来予以解决（Head and Ries, 2010），只能替代性地通过引入自变量滞后期或者使用产品层面数据等方法来部分矫正。

映国家间政治关系的特定侧面①。一个替代性度量是考察双边关系投资强度及其显化指标。此时，两国间正式外交关系的建立是双边政治关系中长期性的正式制度安排，这种国家间悠久的正式外交关系使其经贸合作被嵌入特定的制度背景中，能够为国家间经贸活动提供实质性的制度安排优势（Makino and Tsang, 2011）。外交关系持续期越长，政府之间有利于双边经贸合作的各项具体性规则制度越能够确立与完善，也越有助于投资者对于东道国特定的制度文化做出适应性的调整。

早期文献强调的殖民/前殖民地变量就是政治关系投资强度的较好度量。但对没有殖民地关系的国家，两国是否曾长期相互投资于双边关系具有重要的影响。长期相互的关系投资形成庞大的（关系）战略资产和高度的战略信任，其对贸易的促进作用要大大强于其他国家；短期的机会主义行为虽有使这一关系资产减记的风险，但只要持续期较短，亦难以使已有的战略信任转为赤字。一个合适的例子是中国和亚洲、非洲发展中国家间的政治关系。尤其是对非洲国家而言，根源于20世纪50~60年代的中国对非洲反殖民和争取独立运动的重大战略投资以及反向的非洲国家对包括中国重返联合国等的长期支持，嵌入形成了双方深厚的（关系）战略资产和信任，这是双边政治关系的根本依托。虽然有少量国家因第三方竞争、干扰而有短期的以断交再复交等表现的政治关系下降，但它同样形成了一个对照组，使研究者可用建交时间长度作为可行的政治关系投资持续期度量②。这一度量还可以是否纳入断交时间等因素形成弱惩罚和强惩罚机制，以更好地刻画关系投资的持续期。对关系投资强度，如果一国在外交关系中区分不同的、可排序、累进的外交关系等级，则可以外交关系等级作为政治关系投资强度的度量③。

---

① 这就导致不少实证研究出现因指标和样本选取差异而得到不同的实证结果（Reuveny and Kang, 2003; Nitsch, 2007; Head and Ries, 2010; 杨攻妍和刘洪钟，2015）。这一问题还可能与政治关系的非纯公共产品特征有关，虽然战争与冲突的政治关系极端情形可非竞争地作用于两国的所有经济主体，但高层访问等指标度量的政治关系却可能不是非竞争的，其有限的受益范围和时期决定政治关系可能还具有"摊薄"特性，高层访问的大国和小国之收益可能是异质性的。可能的解决思路是在政治关系之影响分析中考虑国家异质性因素，同时在控制共线性和内生性基础上，将对政治关系不同侧面的度量同时纳入来进行分析。

② 这一指标适用于与中国不存在地缘冲突，且有深厚关系投资基础的同质化国家，但可能不一定适用于存在地缘冲突或矛盾的发达国家或周边国家。

③ 例如，中国的外交关系术语中就包括普通外交关系、合作伙伴关系、战略伙伴关系和全面战略伙伴关系等可排序且累计的外交关系等级；美国和俄罗斯等大国也存在诸如盟国和非盟国、外交优先方向等可排序的外交关系等级。这一度量与关系持续期变量居于不同维度，前者更多聚焦于政治关系的资产和信任层面，因而可避免前述的冲突力、推升力和惯性力交织而驱动的外交访问与贸易之间可能存在的双向因果关系和内生性问题。

2.4 "一带一路"公共产品供给：域外竞争视角

尽管"一带一路"倡议通过基础设施互联互通、政治关系等途径形成推动"一带一路"域内投资贸易合作的区域公共产品供给，但在域外个别大国将中国定位为"竞争者"和"对手"的背景下，"一带一路"面临域外竞争导致的干扰、妨碍和反对，它实际上形成了另一种形式的区域公共产品，即从中国和沿线国投资贸易促进角度而言的负向公共产品（public bads），成为"一带一路"倡议落实和国际产能合作推进的严峻挑战。本节聚焦探讨美国的对华战略转型及其带来的域外竞争，分析中国、美国和沿线国之间的"三角"政治关系及其互动对中国和沿线国经贸往来的复杂影响。

2.4.1 美国的对华战略转型与域外竞争

最近数年来，"一带一路"域外以美国为首的个别大国从大国竞争视角出发，对中国提出的"一带一路"倡议从早期冷落、中期猜疑发展到当前的干扰和阻碍（马建英，2015；龚婷，2019；韦宗友，2018），构成了中国对外经济贸易合作所面临的重要环境变化。其经济背景在于美国观察到的中国在"一带一路"沿线国的经济贸易地位提升和美国贸易地位的下滑。以美国和中国占沿线国的贸易份额之比值来衡量美国的贸易地位，其均值从1996年的27.84的高点降低至2017年的0.63；美国的投资地位近年来亦有下滑（见图2-4）。美国针对中国的大国竞争一方面表现为美国特朗普政府上台以后奉行"美国优先"政策激发的贸易保护主义行为，以及将大国竞争战略映射到中美贸易中而主动发起的贸易摩擦和由此导致的中美关系紧张态势，还表现为美国进行新一轮战略调整，通过外交、国防和对外援助等手段影响"一带一路"沿线国，进而以其政治行为在第三国展开与中国的影响力竞争。对"一带一路"沿线国而言，在上述两个方面环境变化背景下，中国和美国两个全球主要大国的双边政治关系和竞争形态变化都将无可避免地溢出到当事国，两个大国与当事国之间的多重政治关系之互动会导致多维度的选择行为激励和约束，它又会反馈于中国和"一带一路"沿线国的经济贸易合作。

自美国特朗普政府执政以来，以2017年12月和2018年1月先后发布的《国家安全战略》和《国防战略》为标志，出现了美国对华战略的明显转型。在

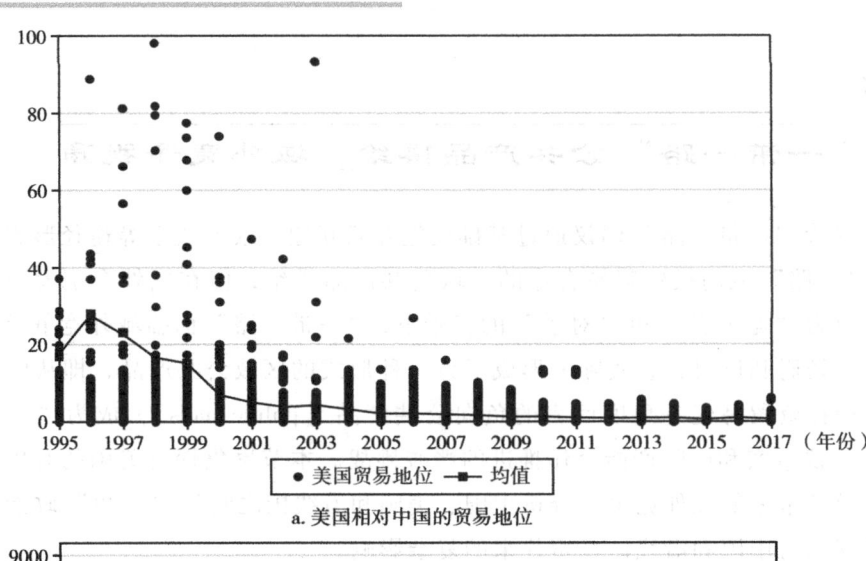

a. 美国相对中国的贸易地位

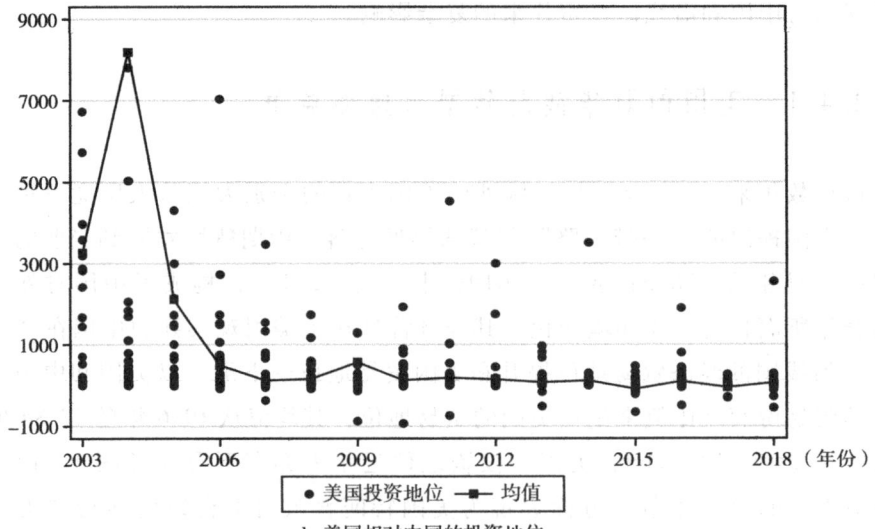

b. 美国相对中国的投资地位

图 2-4　美国与中国在"一带一路"沿线国的贸易和投资地位

资料来源：①贸易数据来源于 UN Comtrade 双边贸易数据并经作者计算；②中国 OFDI 数据来源于商务部发布的 2003~2018 年的《中国对外直接投资统计公报》，美国 OFDI 数据来源于美国商务部经济分析局（BEA）。

注：①美国贸易地位用美国占沿线国贸易份额除以中国占沿线国贸易份额表示；未报告巴勒斯坦、塞尔维亚和黑山三国以及 1995 的马其顿数据（为避免极值问题，图 2-4 中的美国贸易地位纵轴中未显示波黑（1995~1998）、摩尔多瓦（1999）、格鲁吉亚（1995）、亚美尼亚（1995、1997）、马其顿（1995~1998）的数据。但除 1995 年马其顿数据缺失外，均值包含全部样本国别数据）。②美国投资地位以美国与中国对沿线国的直接投资分别占该国吸引外资的份额之比衡量，为避免极值问题，投资散点图未报告菲律宾（2014）、乌克兰（2009）、阿塞拜疆（2004、2007）、波兰（2004~2005、2017）、匈牙利（2004）、土耳其（2005）、以色列（2003、2008）、印度（2003~2004）、沙特阿拉伯（2003）、也门（2003）、希腊（2007~2008）、新加坡（2003）、马其顿（2015）的数据；各年份均值以该年份所有国家数据计算而得。

这两份报告中，美国明确将中国列为"竞争者"和"战略对手"，开始全面实施"全政府"（whole-of-government）的竞争战略，旨在综合运用经济、安全、外交等政策手段，通过美国式的"举国体制"强化对中国的竞争（Sutter, 2018；赵明昊，2018）。2020年5月20日，特朗普政府又发布《美国对中华人民共和国战略指针》报告，更加明确地否定过去历届政府的对华接触战略，进一步渲染了中国崛起对美国的"威胁"和"挑战"①。在此之前，中美建交以后直至2016年的历任美国总统均奉行"接触"战略，试图接纳中国成为国际社会的"正式成员"并成为可分担美国国际责任的"利益攸关者"（张宇燕和冯维江，2018）；但特朗普政府执政后的对华战略出现了由接触转向竞争制衡的重大调整，声称美国"通过帮助中国崛起和融入战后国际秩序并使其自由化的政策失败"，认为中国"以别国主权为代价进行扩张并传播专制体系"。② 这种转变意味着美国更多强调中美关系中的竞争和博弈成分，而非"接触"战略中在防范中国的同时更多突出的"合作伙伴"定位以及通过帮助、合作和诱导等方式将中国拉入美国主导的国际体系的战略思路。

美国特朗普政府的这一转变在奥巴马政府时期就有所显现。在2008年美国金融危机之后上台的奥巴马政府早期显示出了为应对危机而采取的重视中美合作、定位中美战略关系、期待建立战略稳定关系的姿态；但从2010年开始，奥巴马政府开始出台"重返亚洲"或者"亚太再平衡"战略，重新回归之前的对华"两面下注"战略，并采取大量的政治行动约束中国崛起。尽管有学者用对华战略的"漂流"来形容奥巴马政府时期的对华战略在"适应"和"防范"中国上的犹疑（樊吉社，2013），但不少学者指出，奥巴马政府时期中美间的竞争就已经大于合作，两国之间的战略互疑已经明显上升（朱锋，2012；王缉思和李侃如，2012）。而在更早期的克林顿和小布什政府时期，其执政后发表的《国家安全战略》中，分别宣称要与中国发展"包含战略利益和经济的更广泛接触"政策，以及"与变化中的中国建立建设性关系"，但对中国的防范亦是美国长期持续的国策。③ 诸如小布什在总统竞选中就提出中国是美国的"竞争对手"而非"战略伙伴"的定位；克林顿政府时期基于对华"战略警

---

① 参见《美对华战略调整和中国的选择》，参考消息网 http://ihl.cankaoxiaoxi.com/2020/0720/2416029.shtml，访问时间：2020年6月10日。
② The White House, *National Security Strategy of the United States of America*, December 2017, pp. 25; *Summary of the 2018 National Defense Strategy of the United States*, January 2018, pp. 2.
③ The White House, *A National Security Strategy of Engagement and Enlargement*, July 1994, pp. 24; *The National Security Strategy of the United States of America*, September 2002, pp. 27.

惕"形成的"防范与遏制"也反映在其以"接触"为主轴的对华政策中（傅梦孜，2001）。总体上看，作为"冷战"结束后的唯一超级大国，美国全球战略的重点是防范欧亚大陆出现"挑战美国利益的国家或抑制其影响的地区性集团"（沈大伟，2001），美国克林顿政府直至特朗普政府的对华政策转型反映了美国认知中的中国对其国家利益的潜在挑战程度变化。

围绕以上的对华战略定位及认知变化，美国的"防范"和"竞争"战略反映在其与中国和第三方的两对双边关系上。在2013年中国提出"一带一路"倡议之前，美国与第三方关系主要是针对一些国家和特定地区，而在"一带一路"倡议提出后，则将"一带一路"区域视为其"防范与遏制"或曰"竞争"的直接针对对象。对美中关系，美国原奉行的"接触"战略以诱导中国加入其主导的国际体系为目标，奉行以合作指引的双边关系改善，"共同致力于建立建设性战略伙伴关系";[①] 虽然美国历届政府都认为中国不可能被遏制，但美国也不罕见地以对台军售、西藏和南海等问题对中国施加压力，以延滞中国崛起、迫使或者推动中国作为美国合意的"利益攸关者"行事，由此造成中美双边关系虽整体上得以管控，但在不同届美国政府任内总会出现大幅波动。

在中国之外，美国可通过其源于战后国际秩序形成的庞大盟国和军事基地群，形成实体存在的可用于"防范"中国的现实制度条件。在奥巴马政府上台后于2010年开始推行的"重返亚洲"及"亚太再平衡"战略就充分利用了其与部分东亚和东南亚国家的军事政治关系。美国特朗普政府上台后，对中国的域外竞争中还充分利用了美国在全球金融体系、技术生态系统等领域的垄断地位，使用长臂管辖和政治施压等手段推动其盟国和"一带一路"沿线国限制或者取消与中国的经贸合作，"一带一路"区域内的若干美国盟国已受压限制或者暂停与中国在特定领域的经贸合作[②]。

同时，小布什政府于2002年公布的《美国国家安全战略报告》将发展、外交和国防列为美国国家安全战略的三大支柱，其中，对外援助被视为实现其国家安全的有效手段（张慧智和王箫轲，2015）。虽然小布什政府时期的对外

[①] 《中美联合声明》，1997年10月29日，http://www.cctv.com/special/424/8/36669.html，访问时间：2020年1月20日。

[②] 包括针对中国企业华为和中兴的例子。又如，受美国对华战略转型的影响，在"一带一路"区域内，包括立陶宛和拉脱维亚在内的少量北约成员国还公开宣称中国为其国家安全的"威胁"。参见：Lithuania: Biggest threats come from Russia, China, https://abcnews.go.com/International/wireStory/lithuania-biggest-threats-russia-china-68742887，访问时间：2020年6月25日；https://www.sohu.com/a/363588617_162522；访问时间：2020年6月10日。

援助突出了为消灭恐怖主义之目标而对发展中国家之发展问题做出响应的认知,但帮助受援国稳定,防止其倾向包括中国、俄罗斯在内的"对手国"仍是美国确定对特定国家之对外援助额的核心考量(马斌,2011)。奥巴马政府上台后,重视在美国整体实力相对下降情形下的"巧实力"发挥,对外援助成为其压制中俄等国家影响力、拉拢小国、支持其与中国对抗的有效政策,成为其"亚太再平衡"战略的重要工具。特朗普政府上台后的首次亚洲之行前后正式推出了"自由而开放的印太战略",以替代奥巴马政府实施的"亚太再平衡"并日益成为美国制衡"一带一路"、在第三方展开对华地缘竞争的主要依托(赵明昊,2018;龚婷,2019)。为此,2018年12月,特朗普签署《更好利用投资引导发展法案》(简称BUILD法案),将其海外私人投资公司与美国国际发展署的两个部门合并组建更大规模的美国国际发展金融公司(USDFC),并为之提供600亿美元的资金。美国国务卿还在多个场合宣布其向亚太地区的数额不等的安全和经济等领域的对外援助和投资项目。这些项目的对象国或者参与国或者是"一带一路"沿线国或者是如澳大利亚这样的美国盟友和伙伴国。

2.4.2 域外竞争的公共产品效应

从学理上看,对大多数经济体和双边经贸活动而言,可以将其面临的来自其他国家的影响视为外生给定的因素,可在研究中使用小国模型的研究思路而对第三国竞争不予考虑。因此,大多数国际政治经济学文献主要讨论无第三国干扰情形下双边政治关系对贸易的影响。但这并不意味着第三国(相对双边的"域外"国家)不对双边贸易构成影响,也不意味着双边政治关系及其对双边贸易的影响不溢出到第三国("域外"国家)。就两国间政治冲突对第三(中立)国的溢出效应问题,有些研究认为政治关系极端情形的战争或军事冲突会对第三国贸易带来较大的溢出效应(Glick and Taylor,2010;Qureshi,2013);但其影响是复合的,一方面,战争会导致交战国与中立国的贸易下降,产生贸易抑制效应;另一方面,也因为中立国可提供战时所需的商品和服务,产生从交战国向中立国的贸易转移效应。两者加总以后,第三国所受影响可能较小(Gholz and Press,2001;Martin et al.,2008)。

但在中国和美国被认为是亚太区域"双领导者"的条件下(赵全胜,2012),中国在区域贸易增长中扮演的"领导者"角色以及美国长期扮演的军事安全领域"领导者"角色,赋予了中美双边关系的向外溢出特征。作为全球和亚太地区的主要经济体和国际体系的主要参与者、博弈者,美国和中国的双边关系是当代世界最重要的双边关系之一,① 中国历来将对美关系置于对外关系的核心地位,中美关系是影响中国安全和发展的最重要外部因素。中国经济最近数十年来的高速发展伴随着与国际市场的高度融合:中国已成为全球120个以上国家和"一带一路"沿线25国的最大贸易伙伴,也是美国的最大贸易伙伴之一。② 中国对世界经济增长和各国贸易增长的推动作用日益强化,在国际经济、贸易和金融领域开始扮演重要的领导角色,这一角色的加强所面对的是在安全和政治领域长期居于全球霸权地位的美国。美国对中国角色的调试和反应早期对应于亚太区域的单一国家,在"一带一路"倡议提出后,这一反应又更多地聚焦于"一带一路"沿线国,形成以美国为域外国家、域内的中国和不特定沿线国组合在内的"三角"政治关系(见图2-5),来自美国的域外竞争成为中国和沿线国经贸活动开展的扰动力因素。

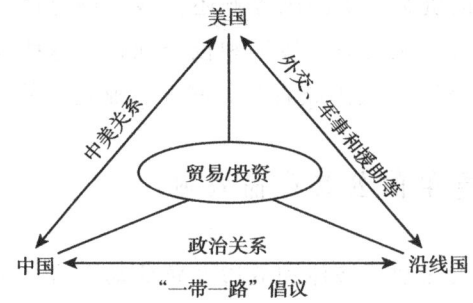

图2-5 域外竞争与中国对"一带一路"经贸活动

在作为"一带一路"域外国家的美国的竞争行为下,削弱中国的经济和贸易优势是美国对华战略转型的核心目标之一(张文宗,2019)。美国2018年发动的对华贸易争端是针对中美双边的以政治影响经济和贸易的政策实践,其政策效应一是反映在对中美贸易的直接负向作用上:在贸易争端第二年,中美双边贸易额(5412亿美元)比上年降低14.6%,中国出口和进口分别降低12.5%和20.9%。二是反映在对"一带一路"区域和全球经济的负向溢出上,国际货币基金组织2019年4月发布的《世界经济展望》报告认为中美贸易争

---

① 资料来源:http://www.xinhuanet.com/2019-06/29/c_1124688101.htm,访问时间:2019年12月10日。

② 资料来源:https://m.sohu.com/a/361471991_514404,访问时间:2020年1月28日;《我国已成为"一带一路"25个沿线国家最大贸易伙伴》,http://www.mofcom.gov.cn/article/i/jyjl/e/201912/20191202920558.shtml,访问时间:2019年12月10日。

端将对全球 GDP 造成 -0.3% 的影响。① 而各国 GDP 所受冲击将削弱中国和"一带一路"沿线国对进口品的吸收能力、推动双边贸易下降。

但美国对"一带一路"沿线国的施压和针对中国的竞争行为可能会产生较复杂的行为反应。虽然在图 2-5 所示的"三角"政治关系中，沿线国因其经济和军事政治实力多属于相对弱势的一角，但域外国家之对华战略转型和竞争行为从意愿、行动到合意的反应，尚需要视沿线国自身状况而作具体分析。

（1）中、美两国在特定沿线国的经济贸易地位及对应的结构重要性。自第二次世界大战以来，长期奉行自由贸易政策的美国将其庞大的国内市场作为拉拢和施压其他国家以求得其合意政策目标的主要工具：禁止或者限制进入美国市场对那些对美贸易占据市场份额较大国家而言，具有更大的影响力，针对这些国家的外交施压和对外援助等政策可能会收到更大的效果。但如果对美贸易所占市场份额较低，而对华贸易份额较高，则该沿线国较不容易受制于美国竞争行为的威胁。

（2）美国的对外援助工具可能具有不完全吻合美国意愿的复合效果。美国宣称其援助"世界上的穷人和最不发达国家，帮助他们融入全球经济""帮助建立稳定、繁荣与和平的社会，从而减少对我们国家安全的威胁"。② 在一定意义上，其援助可推动受援国的能力建设，提高其经济发展潜力、出口能力和对进口的吸收能力，从而产生对包括中国在内其他国家的贸易创造效应。但同时，还应看到美国强调援助中"要清楚看得见美国的利益"，对外援助既主要应购买美国的商品和服务，因此有利于美国经济和出口，还要支持其对外战略目标：以对华关系而言，就是拉拢受援国与其合作对抗中国，反映在其行为选择上就是通过各种可能的渠道干扰和阻碍对华经济贸易往来，产生贸易抑制效应。因此，对外援助的总效果依赖于以上两个方面影响的加总，理论上看并不必然吻合于援助国的战略目标，但这一点还需要清晰的实证证据来给出说明。考虑到对外援助的多目标性及可能存在的冲突，我们可从一个序贯博弈分析思路来观察美国对外援助带来的域外竞争特性。其逻辑是：当上一期的中美关系发生变化时，美国可能会针对这一变化将其边际意愿加入下一期援助决策，并将此信号传递给受援国，受援国依据其所收到的援助信号权衡其对与中国贸易的可选择行为类型及行为程度，进而在下期对中国—沿线国贸易构成影响。

---

① International Monetary Fund, *World Economic Outlook*, April 2019, pp. 2-5.
② The White House, *The National Security Strategy of the United States of America*, September 2006, pp. 32.

(3) 美国与沿线国之间已有盟友和军事（基地等）联系的双重影响。虽然它可被美国用于对中国的大国竞争行为，但在提供安全保障方面，它被认为是美国提供的国际公共产品的重要构成（陈小鼎和王亚琪，2015）。单纯以安全公共产品供给而论，"搭便车"国家的政治稳定性于其经济发展和贸易增长不无裨益，但由霸权国介入某一国或者区域的安全公共产品供给也赋予霸权国可相机调整公共产品供给强度并影响其受益范围的能力，产生了霸权国将其主导的国际公共产品供给变为本国谋取私利的"私物化"问题（樊勇明，2008；Kindleberger，1981）。它既表现为霸权国可迫使小国承担更多的成本来购买国际公共产品，也表现为小国需要在包括对外经贸往来等对外政策上更多选择遵从霸权国的利益和需求。[①] 这样，诸如盟友和军事基地这样的美国与沿线国之间的政治军事联系亦存在复合的对沿线国与中国经贸往来的效应。

除此之外，域外竞争的影响可能还是条件依赖的。域外竞争导致中国与沿线国的政治交往和政治关系维系与中美关系变化之间可能形成序贯博弈情形。亦即，当期的中美关系恶化会提升中国政府在下一期加强与沿线国政治关系的意愿，其用意是获得沿线国的政治支持，以改变自身与美国的博弈地位，在贸易上则是通过提升与沿线国的贸易弥补与美国贸易的可能下降；如果观察到域外国家在沿线国针对中国的竞争行为，则下一期提升中国和沿线国的政治关系还可以防止沿线国偏向域外国家，以保持中国在沿线国的经济贸易地位。反之，在中美关系明显改善情形下，以上对沿线国之政治关系的竞争动机可能会倾向于削弱，因此，实证研究中可能也要考虑中国—沿线国和中美两对双边政治关系的互动影响。

2.5 小结

"一带一路"倡议的提出、发展和不断推进都旨在为中国和沿线国发展提供更高水平的区域公共产品，润滑域内各国的经贸活动，以"共商、共建、共享"的公共产品供给思路和行动促进实现互利共赢目标。但这一倡议提出后也

---

① 例如，受美国对华战略转型的影响，在"一带一路"区域内，包括立陶宛和拉脱维亚在内的少量北约成员国就公开宣称中国为其国家安全的"威胁"。参见：*Lithuania：Biggest threats come from Russia, China*，https：//abcnews.go.com/International/wireStory/lithuania-biggest-threats-russia-china-68742887，访问时间：2020年2月25日；https：//www.sohu.com/a/363588617_162522；访问时间：2020年1月10日。

面临以美国为代表的少数域外国家的域外竞争、制衡、阻挠和破坏，形成了对域内国家经贸活动开展的负向公共产品。本章首先以"一带一路"倡议的支撑条件、其提出和发展历程为起点，以公共产品对市场化产品的生产成本的影响为理论分析的基点，通过比较静态分析指出，"一带一路"公共产品供给有助于沿线国的经贸活动和经济增长。同时，这一倡议也更多吸引沿线具有较丰裕的自然资源、国家治理水平较弱、与中国有较强双边经贸关系和较好的政治亲密度的国家加入倡议，合力供给"一带一路"区域公共产品并从中受益。

随后，我们细分了三个方面的"一带一路"公共产品进行分析：（1）基础设施互联互通和投资贸易便利化对应的使广义运输成本下降的区域公共产品供给；（2）利用双边高层互访、政治关系积累等导致的可润滑经贸活动、提升关系治理水平的区域公共产品供给；（3）作为域外国家的美国对"一带一路"倡议的诋毁、阻挠、破坏而形成的域外竞争负向公共产品。从机理上看，前两类公共产品供给可以非竞争、非排他地使中国和沿线国企业和双/多边经贸活动受益，产生了有利于企业开展跨境贸易投资活动的有利环境变化；但美国的域外竞争却产生了抑制"一带一路"经贸活动开展的公共产品效应。这样的差异化的公共产品效应构成了"一带一路"倡议推进的首要风险因素。但本节的分析也表明，域外竞争者所使用的对外援助、盟国体系等工具对"一带一路"经贸活动的开展具有双重效应，可能不完全吻合于域外国家的政策目标。近年来，美国在"一带一路"域内寻找代理人并以竞争工具削弱乃至抵消"一带一路"倡议政策效果的努力并不很成功，即是本章分析思路和结果的现实映射。

第3章

"一带一路"公共产品效应的实证研究

第2章讨论了"一带一路"倡议下的区域公共产品供给进展、效应及其作用机理,本章的主要工作是为这一公共产品效应提供扎实的实证依据。本章首先使用双重差分—倾向得分匹配(DID - PSM)方法讨论"一带一路"倡议推动的有利环境变化如何激励沿线国的倡议响应、合力供给努力以及中国企业的投资反应;其次利用规范的面板引力模型分别探讨运输成本和政治关系两个方面区域公共产品供给的效应。我们还将考虑作为负向公共产品和风险的域外竞争因素,将中国、美国和沿线国之间的"三边"政治关系及其复杂的互动博弈引入实证,探讨其对中国和沿线国贸易、投资的影响机制。

3.1 "一带一路"公共产品效应:投资信号视角

"一带一路"倡议意味着增加的公共产品供给和为正的外生环境变化,应有助于改善预期投资收益,激励投资增长。从中国角度观察,"一带一路"倡议提出后中国企业对沿线国家直接投资已超过900亿美元,在沿线18国建设了53个经贸合作区,投资增长非常明显[①]。但如考虑最近时期中国对外直接投资的总体快速增长,我们还难以判断"一带一路"倡议是否真实推动了中国向"一带一路"域内,尤其是响应国对外直接投资(OFDI)的增长(见图3-1)。

[①] 参见推进"一带一路"建设工作领导小组办公室. 共建"一带一路"倡议:进展、贡献与展望 [R]. http://www.xinhuanet.com//world/2019 - 04/22/c_1124399473. htm, 2019 - 4 - 22;"一带一路"经贸合作取得重大进展 [EB/OL]. 北京:中央人民广播电台, 2019 - 4 - 22.

本节欲实证探讨倡议的提出以及沿线国的响应是否存在激励中国对该国投资的效应，如是则表明微观企业对"一带一路"倡议给出了正向投资反应。

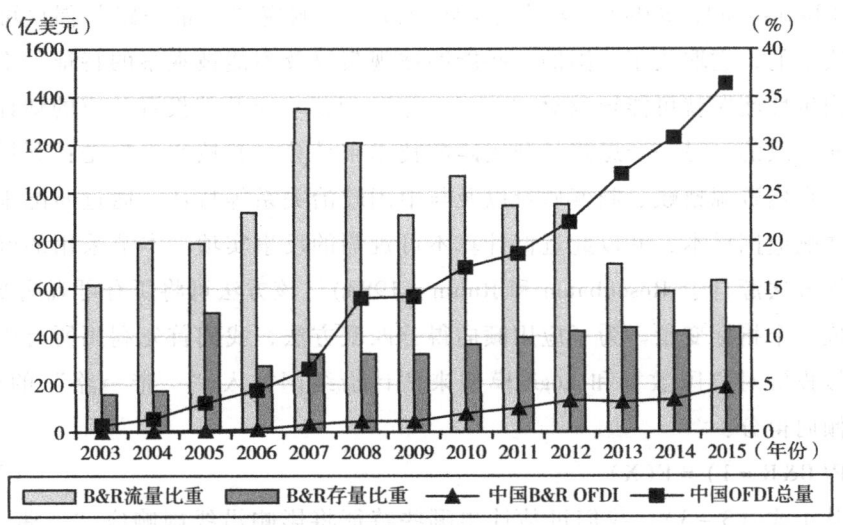

图 3-1 中国向"一带一路"沿线国投资增长及其比重

数据来源：国家商务部《中国对外直接投资统计公报》并经作者计算。

注：左轴为中国向"一带一路"（B&R）及全球的年度 OFDI 规模，右轴为"一带一路"区域占中国 OFDI 流量及存量比重。

3.1.1 实证方法与数据

（1）计量模型。令 $B\&R_i \in \{0, 1\}$ 为国家 i 是否加入"一带一路"的标示变量；设 $s \geq 0$，表示"一带一路"倡议提出后的年份，以 $y_{i,t+s}^1$ 表示时期 $t+s$ 中国在响应国 i 的直接投资，$y_{i,t+s}^0$ 表示在时期 $t+s$ 中国在非响应国 i 的直接投资。则可将在时期 $t+s$ 响应"一带一路"倡议的中国投资效应定义为：

$$y_{i,t+s}^1 - y_{i,t+s}^0 \tag{3-1}$$

虽然我们能直接观测到 $y_{i,t+s}^1$，但 $y_{i,t+s}^0$ 却不可观测。这一缺失数据问题是因果效应政策评估中面临的根本问题。参照 Heckman et al (1997)，我们将该效应定义为：

$$E\{y_{t+s}^1 - y_{t+s}^0 \mid B\&R = 1\} = E\{y_{t+s}^1 \mid B\&R = 1\} - E\{y_{t+s}^0 \mid B\&R = 1\} \tag{3-2}$$

实证中的挑战在于如何构建式（3-2）中反事实的最后一项，亦即，需要

给出假设没有响应"一带一路"倡议时该响应国的平均直接投资量。一个简单也略为粗糙的处理思路是直接利用未响应国的平均直接投资，$E\{y_{t+s}^0 | B\&R = 0\}$，来作为该反事实项的替代。但如同已有 FTA 实证研究所揭示的那样（Baier and Bergstrand, 2004），某沿线国响应或者不响应"一带一路"倡议可能是内生决定的，它取决于该国的一些能够被观察以及不能被观察的特征。不考虑这一内生性问题就可能导致对"一带一路"倡议响应及其投资效应的估计是有偏和非一致的。另一个思路是利用匹配技术来计算。其核心思想是：利用经济规模、自然资源禀赋、制度质量以及与中国政治关系等特征，通过匹配来构建一个非响应国样本，并以此近似计算不可观测的反事实项。本节采用的倾向得分匹配方法源自于 Rosenbaum 和 Rubin（1983），该方法可将所有可观测变量 X 综合成一个指标变量。为了应用倾向得分匹配方法，我们首先利用所有中国对外直接投资对象国数据和 Logit 模型来估计沿线国加入"一带一路"的概率，即其倾向得分：

$$P(B\&R = 1) = F(X) \tag{3-3}$$

基于式（3-3），我们可估计出哪些特征将影响沿线国响应"一带一路"倡议的意愿，以检验假说 2.1.3 节中提出的假说 1 和假说 2。

在估计出倾向得分后，我们即可利用给定半径下的最邻近国家作为"一带一路"倡议响应国的匹配。参照 Leuven 和 Sianesi（2003），使用卡尺内最近邻匹配方法，半径设定为 0.01，以与倡议响应国倾向得分最接近的国家为匹配国。由此，可将倡议响应国确定为处理组 T，相匹配的国家确立为控制组 C，进而形成包含处理组和控制组的新样本。接下来利用双重差分法对新样本估计"一带一路"倡议的投资信号效应。亦即，通过国家 T 倡议响应前后的中国投资变化和匹配国 C 的中国投资变化进行比较，获得"一带一路"倡议下中国对外直接投资效应的估计。其实质就是估计参数：

$$\beta_3 = (y_{t+s}^T - y_{t-1}^T) - (y_{t+s}^C - y_{t-1}^C) \tag{3-4}$$

该参数可通过对式（3-4）的面板计量方程进行回归得到：

$$y_{it} = \beta_0 + \beta_1 B\&R_i + \beta_2 Period_t + \beta_3 B\&R_i \times Period_t + \beta_4 X_{it} + u_i + \varepsilon_{it} \tag{3-5}$$

其中，y_{it} 为中国对国家 i 年度 t 的直接投资；$B\&R_i$ 是该国是否响应"一带一路"倡议的虚拟变量，如响应设为 1，否则为 0。$Period_t$ 在响应之后年份取 1，响应之前取 0，用以控制时间效应。β_3 是 $B\&R_i$ 与 $Period_t$ 交互项的系数，即双重差分估计（见表 3-1）。X_{it} 是其余控制变量，包括其他可能影响中国对外直接投资的因素。u_i 是个体固定效应；ε_{it} 是随机扰动项。

表 3-1　　　　　　　　　双重差分模型中各参数的含义

	响应"一带一路"前	响应"一带一路"后	差分
"一带一路"沿线国（处理组）	$\beta_0 + \beta_1$	$\beta_0 + \beta_1 + \beta_2 + \beta_3$	$\beta_2 + \beta_3$
其他国家（控制组）	β_0	$\beta_0 + \beta_2$	β_2
差分	β_1	$\beta_1 + \beta_3$	β_3

尽管倾向得分匹配方法可选择与处理组非常类似的控制组，但考虑到这一匹配基于可观测变量进行，仍可能存在一些不可观测变量会影响到一国响应"一带一路"倡议的概率。因此，一方面考虑到这些影响"一带一路"倡议响应选择的不可观测变量不随时间变化，可利用个体固定效应将其吸收；另一方面，我们利用差分方法将这些不可观测但是固定的变量在实证估计时予以消除。这样我们就将倾向得分匹配和双重差分结合起来，以解决"一带一路"倡议响应及其投资效应估计中存在的数据缺失及内生性问题，进而检验 2.1.3 节中的假说 3，即"一带一路"倡议是否激励了中国企业的投资反应。

（2）数据和变量。中国对外直接投资数据来自《中国对外直接投资统计公报》，其中包括流量和存量数据，但因流量数据有正有负且缺失较多，我们选择数据报告较完整的存量数据。数据时期为 2006～2015 年。同时，我们剔除了属于自由港和"避税天堂"的国家或地区，最后得到 193 个国家（地区），总计 1930 个观察值。中国投资及各变量的定义及其来源被报告在表 3-2 中。其中，我们定义 Year_1、Year_2 分别为倡议提出后首年和次年，即 2014 年和 2015 年的虚拟变量。DID 是 B&R 和 Period 的交互项，DID1 和 DID2 分别是 B&R 和 Year_1、Year_2 的交互项，用于测度"一带一路"倡议下中国对外直接投资的动态效应。

表 3-2　　　　　　　　　　变量的定义及数据来源

变量	定义	数据来源	预期符号
OFDI	中国对外直接投资（亿美元）	中国对外直接投资统计公报	/
B&R	沿线国倡议响应的虚拟变量	作者计算	+
Period	"一带一路"倡议的时期虚拟变量	作者计算	+
Year_1	"一带一路"倡议提出首年虚拟变量	作者计算	+
Year_2	"一带一路"倡议提出次年虚拟变量	作者计算	+
DID	"一带一路"倡议的平均处理效应	作者计算	+
DID1	"一带一路"倡议首年平均处理效应	作者计算	+
DID2	"一带一路"倡议次年平均处理效应	作者计算	+

续表

变量	定义	数据来源	预期符号
Rule	法治指数	WGI 数据库	+
Corruption	腐败控制指数	WGI 数据库	+/-
Stability	政治稳定性指数	WGI 数据库	+/-
Intimacy	与中国的政治亲密度	中国外交部网站	+
Trade	与中国的双边贸易总额（亿美元）	UNCOMTRADE 数据库	+
GDP	国内生产总值的自然对数（亿美元）	WDI 数据库	+
Resources	自然资源禀赋	WDI 数据库	+
Patent	该国居民申请专利数（千件）	WIPO 数据库	+
Distance	东道国首都到北京距离（千公里）	CEPII 数据库	—

控制变量包括沿线国 GDP、自然资源禀赋、科技创新水平、法治状况、国家治理水平、与中国政治亲密度、双边贸易额以及与中国距离。其中，自然资源禀赋采用石油和矿产品出口占总出口比重（Resources）来度量（杨宏恩等，2016）。它与 GDP 数据一起来自世界银行的 WDI 数据库。国家治理水平变量包括腐败控制指数（Corruption）和政治稳定性指数（Stability）两个指标，它们连同法治指数（Rule）一起，均来源于世界银行的 WGI 数据库①。东道国科技创新水平用该国居民的专利申请数（Patent）来度量，数据来自世界知识产权组织（WIPO）数据库。我们利用高层互访之层级和数量来度量政治亲密度。参照郭烨等（2016），赋值某一年度的正国级领导人出访得分为 3，副国级出访得分为 2，正部级为 1，得分相加即得到中国与东道国间政治亲密度的测度。双边贸易额及距离数据分别来自 UNCOMTRADE 数据库和 CEPII 地理距离数据库。

3.1.2 实证结果与讨论

（1）"一带一路"倡议响应的倾向得分估计。根据 Rosenbaum 和 Rubin（1985），较多的协变量能够提供更多的信息，更好地满足倾向得分匹配成立的

---

① 在世界银行提供的世界治理指标体系中，法治指数、政治稳定性指数与腐败控制指数均用以刻画一国影响经济发展和外来投资的环境因素。但法治指数实际上考量的是社会公众对法治运行状况的感知，它反映的是具有形式合理性的法律进化观（鲁楠，2014），虽然其改善有利于投资，但却并非政府治理水平的实际结果评估或者度量。而腐败控制和政治稳定性两个指数更倾向于反映一国国家治理水平的实际度量。

重要前提"可忽略性假定",使匹配相对更准确。因此,为充分利用所有可得信息,我们将衡量国家治理水平的腐败控制指数和政治稳定性指数均纳入估计①。同时,遵从 Imbens 和 Wooldridge（2009）的建议,我们利用协变量的全部历史信息来做匹配,取所有协变量 2006~2013 年的平均值作为新的协变量来估计倾向得分。需报告的是,由于 Distance 变量仅衡量中国与沿线国的地理距离,它并不是影响后者响应"一带一路"倡议的关键因素。例如,一些沿线国虽与中国地理邻近却并不亲密也并未响应倡议,反之,不少国家尽管地理距离较远但与中国双边关系较好且已经响应倡议,因此倾向得分估计中并未纳入 Distance 变量。

基于 Logit 模型的倾向得分估计结果报告在表 3-3 中。但在分析这一结果之前需要先评估这一结果的可靠性。对匹配前后处理组和控制组之间的倾向得分匹配情形进行比较（见图 3-2）,可见,匹配后处理组和控制组之间的倾向得分确实更为接近,这表明考虑国家特征的匹配结果要明显优于未匹配结果。更进一步,根据 Austin（2011）,如果倾向得分估计比较准确,应该使协变量 x_i 在匹配后的处理组与控制组之间分布比较均匀,使匹配后的处理组均值 $\bar{x}_{treat}$ 和控制组均值 $\bar{x}_{control}$ 比较接近,即两者的标准化偏差较小,一般要求不超过 10%。为此我们进行了平衡检验（见表 3-4）②。可见,除 Trade 变量外,匹配

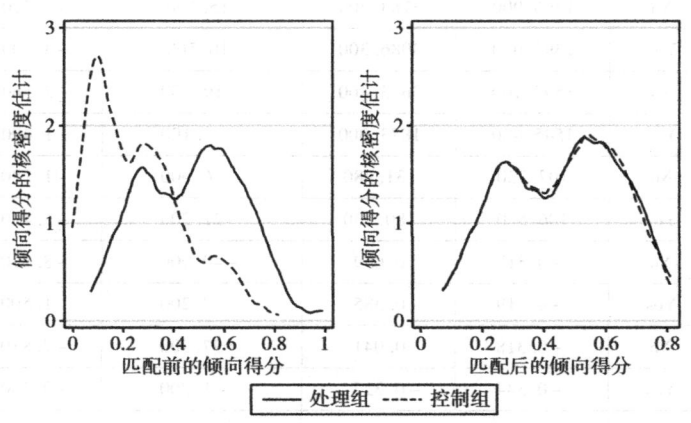

图 3-2 匹配前后的处理组和控制组之间倾向得分比较

---

① 考虑到这两个指标之间以及与法治指数之间均可能存在一定的相关性,我们后面的投资效应估计中分别使用这些指标。

② 在进行平衡检验时,我们还考虑了 Rosenbaum 和 Rubin（1985）的建议,即需要纳入较多协变量才能使匹配结果更准确。

后其他变量的标准化偏差均满足该要求；从 t 检验结果看，除 Patent 和 Trade 变量外，均不拒绝处理组与控制组无系统差异的原假设。由于中国对外直接投资与中国对外贸易较强的相关性（Lu et al.，2014），以双边贸易衡量的经济紧密度对沿线国家是否响应倡议有重要影响；同时，为纳入更多的协变量信息以使匹配结果更准确，我们在倾向得分估计中仍保留 Trade 和 Patent 两个变量。总体而言，平衡检验给出了倾向得分估计较为可靠的结论。

表 3-3　　　　　基于 Logit 模型的倾向得分估计结果

变量	估计值	变量	估计值
Patent	-0.0001***	GDP	-0.0001***
Trade	0.003***	Corruption	-1.871***
Stability	-0.529***	Rule	2.097***
Intimacy	0.278***	Resources	0.922***
Constant	-2.033***	Pseudo R^2	0.176
LR Chi^2	430.680	Log likelihood	-1010.810

注：*** 表示 1% 的显著性水平；括号内数值为稳健标准差。下同。

表 3-4　　　　　倾向得分匹配的平衡检验结果

变量	匹配	处理组均值	控制组均值	标准化偏差（%）	T 值	p>t
Patent	No	1366.900	3783.500	-15.100	-2.720	0.007
	Yes	1396.000	3086.300	-10.500	-3.800	0.000
GDP	No	1593.100	3693.400	-19.700	-3.560	0.000
	Yes	1545.400	1873.000	-3.100	-1.400	0.161
Trade	No	107.720	131.980	-6.900	-1.280	0.202
	Yes	106.550	180.930	-21.200	-3.430	0.001
Corruption	No	-0.317	0.059	-40.900	-8.010	0.000
	Yes	-0.319	-0.385	7.200	1.500	0.133
Stability	No	-0.318	0.041	-37.900	-7.810	0.000
	Yes	-0.344	-0.327	-1.800	-0.330	0.745
Rule	No	-0.236	0.004	-25.800	-5.060	0.000
	Yes	-0.242	-0.293	5.400	1.090	0.276
Intimacy	No	5.423	3.858	55.000	11.620	0.000
	Yes	5.055	4.894	5.700	1.320	0.188
Resources	No	0.319	0.224	31.900	6.780	0.000
	Yes	0.315	0.339	-8.100	-1.290	0.198

第3章 "一带一路"公共产品效应的实证研究

从表3-3可见,自然资源禀赋和双边贸易额均正向影响沿线国响应"一带一路"倡议的概率,而经济规模则负向影响沿线国的响应意愿。这说明,沿线国的响应意愿与其自然资源禀赋正相关,具备较强自然资源禀赋优势的国家有很强的意愿通过倡议响应来意图锁定中国这一全球主导性的目标市场;而已有的以较大贸易额衡量的绝对收益和以较小经济规模衡量的相对收益则有助于提升其响应意愿。这一结果与2.1.3节的假说1是吻合的。

同样,表3-3的结果也为2.1.3节的假说2提供了支持。亦即,与中国之间更好的双边政治关系有助于提升沿线国响应"一带一路"倡议的概率,这一响应是其将潜在合作收益通过关系治理得以实现的关键步骤。虽然法治程度的改善有助于提升沿线国的响应意愿,但以腐败控制指数和政治稳定性衡量的沿线国较弱的国家治理水平,却均会增加其对"一带一路"倡议的响应概率。这同样说明,"一带一路"倡议所提出的以关系治理逐步推进规则治理的理念,有助于国家治理水平较弱的沿线国增强政策可控性、降低政策风险,增加其响应倡议后提出选择性制度安排的示范性和可复制性,同时却较少或基本不影响其已有政治经济格局或利益集团收益。

(2) "一带一路"倡议响应的投资信号效应。基于以上倾向得分估计结果,参照 Leuven 和 Sianesi (2003),将非沿线国与倡议响应国进行匹配,匹配后的样本数量为1020①。表3-5报告了基于最小二乘法(OLS)和固定效应(FE)模型,并分别加入和不加入协变量的实证结果,还报告了考虑"一带一路"倡议提出及响应年度(+ 动态)变量的估计结果②。

表3-5 "一带一路"倡议响应的中国投资效应估计 (Obs = 1020)

模型	OLS	OLS + 协变量	FE	FE + 协变量	FE + 协变量 + 动态
B&R	1.291 (1.222)	1.019 (1.596)			
Period	5.123** (2.131)	2.850 (1.910)	5.123*** (1.466)	0.473 (1.390)	
DID	6.054** (2.733)	5.457** (2.442)	6.054*** (1.881)	5.124*** (1.706)	
Year_1					0.482 (1.817)

---

① 因响应国样本中的波兰和哈萨克斯坦未找到匹配国,我们将这两个国家剔除。
② 为验证表3-5实证结果的稳健性,我们利用倾向得分匹配中另一种常用的核匹配方法,发现本节的实证结果是稳健的。

续表

模型	OLS	OLS+协变量	FE	FE+协变量	FE+协变量+动态
Year_2					0.464 (1.824)
DID1					3.664 (2.272)
DID2					6.654*** (2.282)
Rule		0.349 (0.640)		4.854* (2.549)	4.483* (2.560)
Intimacy		0.537*** (0.163)		0.139 (0.158)	0.129 (0.158)
Trade		0.0237*** (0.00230)		0.0471*** (0.00361)	0.0470*** (0.00361)
GDP		0.633 (0.391)		3.997*** (1.327)	3.990*** (1.327)
Resources		2.913* (1.665)		6.738 (5.379)	6.937 (5.379)
Patent		-0.141 (0.128)		-0.0502 (0.178)	-0.0378 (0.178)
Distance		-0.0736 (0.220)			
Constant	3.273*** (0.953)	-5.088* (2.831)	4.057*** (0.411)	-24.98*** (7.505)	-25.05*** (7.504)
R^2	0.050	0.249	0.100	0.282	0.284

注：***，**和*分别表示1%，5%和10%的显著性水平；括号内数值为稳健标准差。

可见，衡量"一带一路"倡议响应的交互项 DID 的系数均显著为正，这说明对倡议的响应确实激励了中国向该响应国的直接投资增长。考虑到"一带一路"倡议所伴随的区域公共产品供给仍处于初始起步阶段，这一增长应主要是与倡议响应带来的预期投资收益改善有关。对我们衡量"一带一路"倡议响应动态性特征的 DID1 和 DID2 变量，两者的系数均为正，但前者不显著而后者非常显著。这表明，在"一带一路"倡议提出的首年（2014年），倡议响应带来的投资信号尚未表现为投资增长，它要到次年（2015年）才显著体现出来，这与一般的投资现实吻合。另外，在不纳入协变量的 OLS 和 FE 模型估计结果中，表征"一带一路"倡议提出的虚拟变量 B&R 也显著正向影响中国对外直接投资，当然这是"一带一路"倡议下对沿线国投资效应的平均估计。综上所述,"一带一路"倡议响应确实对中国投资有显著的促进效应,这就验证了 2.1.3 节提出的假说 3。

从表 3-5 报告的控制变量看,最显著促进中国投资增长的因素是沿线国与中国的双边贸易额变量。它既是考量沿线国响应后的绝对收益的变量,也是中国企业推测沿线国市场容量和投资收益空间的变量。如其他条件不变,已有较大的双边贸易额显示了更大的市场容量和更高的预期收益水平,它显著正向激励中国投资也就是比较自然的结果。沿线国 GDP 变量的估计结果也在很大程度上支持这一结果,但与前面对"一带一路"倡议的响应概率估计相反。亦即,虽然较小的经济规模和相应更大的倡议响应相对收益可提升沿线国的响应意愿,但中国投资者却更重视较大经济体及其市场容量带来的更大预期投资收益。

在其他控制变量中,法治指数、双边政治亲密度和自然资源禀赋总体上均显示了正向影响中国投资的估计结果,但并不都是显著的。已有文献(张建红和姜建刚,2012;潘镇和金中坤,2015;郭烨等,2016;Kolstad and Wiig,2012;Ramasamy,2012)均给出了以上因素对中国 OFDI 显著为正的结论,本节的实证结果与文献研究结论基本吻合,但这些特征对中国 OFDI 的重要性似乎并不很强。此外,我们估计发现 Patent 变量的系数不显著,这与中国向"一带一路"沿线的投资呈现"顺梯度"特征,更多以获得沿线国劳动力、市场和资源为驱动,而非针对发达国家的"逆梯度"投资以获得先进技术为驱动有关(刘海云和聂飞,2015)。

3.1.3 结 论

本节利用倾向得分匹配和双重差分相结合(PSM-DID)的方法,来研究沿线国对"一带一路"倡议响应的特征及其中国投资效应。研究发现:(1)通过考量"一带一路"倡议及沿线国响应本身的影响,而非仅仅将沿线国标示为新样本进行研究,我们给出了"一带一路"倡议具有投资信号效应的经验证据;(2)国家风险较高的国家更倾向于响应"一带一路"倡议并力图从中获益,沿线国响应"一带一路"的概率与其自然资源禀赋及与中国的双边经贸和政治关系正相关;(3)中国投资者更重视较大经济体和与中国较强经贸基础的沿线国,但并不特别强调与中国政治关系、国家治理水平及自然资源禀赋等因素,且投资增长在倡议提出次年方显著体现出来。这些结果倾向于提示我们,中国 OFDI 虽然的确受到沿线国响应"一带一路"倡议的激励,但投资行为却更多遵循市场规律而非简单吻合倡议响应国的意愿,也没有体现出对沿线国弱国家治理、丰裕自然资源等因素的过度热衷。

3.2 "一带一路"公共产品效应：运输成本视角

对微观企业而言，"一带一路"倡议推动的基础设施互联互通、投融资平台和贸易投资便利化举措均具有区域公共产品的职能，会降低中国与沿线国间开展经济活动的成本：基础设施互联互通倾向于导致物理意义上的运输成本下降，投融资平台和贸易投资便利化举措则推动降低融资成本、缩短贸易通关和投资成本，我们将其统一归类于广义的运输成本来开展研究。因后两者较难以直接测度，我们以数据可得的交通基础设施来度量运输成本，利用跨国面板数据的实证检验，讨论交通基础设施规模的上升是否会导致运输成本的下降，进而刺激跨境经济活动的开展，发挥其区域公共产品的职能[①]。

3.2.1 实证方法与数据

我们利用引力模型进行实证。基础模型来自 2.2.2 节的式（2-8）。参照 Egger（2005）的做法，用两国的人均 GDP（y_{it}/L_{it}）和（y_{jt}/L_{jt}）分别替代了式（2-7）中的 n_i 和 n_j，并用两国的 GDP（y_{it} 和 y_{jt}）分别替代 p_i 和 p_j。这只是一种近似的替代，不过在实证研究中具有较强的解释力。将式（2-5）改写成对数形式的面板计量模型：

$$\ln(X_{ijt}/y_{it}) = \beta_0 + \beta_1 \ln(y_{it}) + \beta_2 \ln(y_{jt}) + \beta_3 \ln(y_{it}/L_{it}) + \beta_4 \ln(y_{jt}/L_{jt}) + \beta_5 \ln(K_{jt}) + \beta_6 \ln(G_{jt}) + \beta_7 \ln(K_{jt}) * \ln(G_{jt}) + u_{ij} + \lambda_t + \varepsilon_{ijt} \quad (3-6)$$

其中，K_{jt} 和 G_{jt} 分别是 j 国国内的基础存量和所有邻国基础设施对 j 国的空间溢出。此外，加入交互项 $\ln(K_{jt}) \times \ln(G_{jt})$ 来检验两者之间的替代/互补效应。根据张光南等（2013），基础设施空间溢出与其他变量之间可能存在一定的交互作用，故我们在式（3-6）中加入四个交互项可得：

$$\ln(X_{ijt}/y_{it}) = \beta_0 + \beta_1 \ln(y_{it}) + \beta_2 \ln(y_{jt}) + \beta_3 \ln(y_{it}/L_{it}) + \beta_4 \ln(y_{jt}/L_{jt}) + \beta_5 \ln(K_{jt}) + \beta_6 \ln(G_{jt}) + \beta_7 \ln(K_{jt}) \times \ln(G_{jt}) + \beta_8 \ln(K_{jt}) \times \ln(G_{jt}) + \beta_9 \ln(y_{it}) \times \ln$$

[①] 在本节研究完成后，由世界银行（Ruta et al., 2019）发布的一份报告指出，"一带一路"倡议大大减少了运输时间，降低贸易成本。对于全世界来说，运输时间平均减少 1.2% 到 2.5%，贸易总成本降低 1.1% ~ 2.2%。对"一带一路"沿线经济体来说，运输时间和贸易成本的变化分别达到 1.7% ~ 3.2% 和 1.5% ~ 2.8%。位于直接有项目建设的"一带一路"经济走廊上的经济体收益最大，其运输时间减少 11.9%，贸易成本下降多达 10.2%。

$(G_{jt}) + \beta_{10}\ln(y_{jt}) \times \ln(G_{jt}) + \beta_{11}\ln(y_{it}/L_{it}) \times \ln(G_{jt}) + \beta_{12}\ln(y_{jt}/L_{jt}) \times \ln(G_{jt}) + u_{ij} + \lambda_t + \varepsilon_{ijt}$
(3-7)

（1）基础设施空间溢出的测度及空间权重矩阵的设定。关于基础设施空间溢出的测度，一般都采用空间权重矩阵的做法（张光南等，2013；张学良，2012）。我们用 K_j 表示 j 国的基础设施存量，用 G_j 表示邻国基础设施对 j 国的空间溢出。记 W 为空间权重矩阵，则有：$G_j = WK_j$。G_j 不仅能够反映域内基础设施对本国经济增长的作用，还反映国与国之间的多种经济联系。空间权重矩阵 W 的构造方法包括邻接关系矩阵（0-1 矩阵）、空间距离矩阵和经济距离矩阵。我们采用空间距离矩阵的方法，其构造为：$W_{ij} = 1/d_{ij}$，其中 W_{ij} 为 W 的各元素，d_{ij} 为两国首都之间的距离。令各行元素之和为 1，即做标准化处理。d_{ij} 数据来源于国际信息与展望研究中心 CEPII 数据库。限于数据可得性及研究方便，我们构造了两个空间权重矩阵，分别用于中国—东盟区域和上合组织区域。

（2）数据来源。采用 2000~2015 年的数据对中国与周边 19 个 "一带一路" 沿线国的双边贸易进行检验。这些国家分为两大区域，一是东盟 10 国；二是上合组织区域，包括中国、中亚四国与俄罗斯，以及新加入的印度和巴基斯坦和作为观察员国的蒙古国、地缘临近的中亚资源型国家土库曼斯坦。所使用的 GDP 与人均 GDP 数据来自世界银行 WDI 数据库，中国同各国的贸易数据来自国家统计局网站；中国的基础设施投资年度数据来自国家统计局网站，为 "交通运输、仓储和邮政业固定资产投资（不含农户）建设总规模（亿元）" 一项，利用年度汇率值将其折算成 "万美元"，并用永续盘存法将增量转化为存量，其依据是 Agenor 和 Moreno-Dodson（2006）关于 "基础设施效应来源于资本存量而非当年投资额，应基于存量而非流量指标进行合理估计" 的论断。

（3）各国基础设施存量的构造。关于各国历年的基础设施投资数据，世界银行 WDI 数据库只报告了部分国家的数据[①]，还有不少年份缺失，只能作为参考。我们采用另一种方法来构造各国基础设施存量水平：首先，采用国家统计局发布的 "中国对外承包工程完成营业额" 构造各国的基础设施水平指数，依据是一国的工程项目量和基础设施水平之间的相关性。采用永续盘存法将年度 "中国对外承包工程完成营业额" 转换为存量。其次，将上述存量转换成相对

---

① 参见 WDI 数据库中各国基础设施投资数据的 Investment in transport with private participation（current US$）一栏。

指标,即以2000年为基年(设定为1),其他年份对2000年取相对值。这一步完成了各国基础设施存量水平的纵向构造,表示各国基础设施存量水平的年度变化。最后,进行横向构造。由于中国基础设施投资数据是真实可查的,前面已将其转化为存量,再以2000年为基年,用各国GDP对中国GDP的相对值来确定各国基年的基础设施存量。然后根据上一步的纵向指标,计算出所有年份各国的基础设施存量,并以此为依据计算基础设施空间溢出。

3.2.2 实证结果与讨论

先对面板数据进行Hausman检验以确定选择固定效应还是随机效应,结果表明应采用固定效应模型。表3-6的回归结果报告了中国与所选19个国家之间双边贸易的检验结果。其中,因变量为$\ln(X_{ijt}/y_{jt})$,X_{ijt}是i国向j国的出口总额,X_{ijt}/y_{jt}表示该出口总额在j国GDP中的占比,简称为i国的出口依存度。表3-6还对全部样本、中国—东盟及上合组织区域作了分区域检验,是将i与j互换配对合并数据的结果,反映双边贸易的综合效果。全部样本包含19对共38个截面的面板数据,中国—东盟包含10对共20个截面的面板数据,上合组织区域则包含9对共18个截面的面板数据。每区域又分模型(1)和模型(2),模型(2)比模型(1)增加了四个交互项,即空间溢出G_{jt}对数与两国GDP对数($\ln y_{it}$、$\ln y_{jt}$)、两国人均GDP对数($\ln(y_{it}/L_{it})$、$\ln(y_{jt}/L_{jt})$)的交互项,用以反映$\ln G_j$与这些变量之间的交互作用。

表3-6 "一带一路"样本国家基础设施对贸易影响回归结果

自变量	全部样本 N=38		中国—东盟 N=20		上合组织区域 N=18	
	(1)	(2)	(1)	(2)	(1)	(2)
Constant	-76.252** (36.079)	-54.782** (26.134)	11.638 (43.133)	-4.968 (0.906)	-176.880*** (54.796)	-136.217* (79.986)
$\ln y_{it}$	4.313*** (1.235)	1.828* (1.044)	2.632* (1.464)	2.561* (1.446)	5.709*** (1.825)	10.422*** (2.725)
$\ln y_{jt}$	-3.619*** (1.252)	-2.735 (0.780)	-5.410*** (1.470)	-5.014*** (1.453)	-1.147 (1.665)	-8.620*** (3.221)
$\ln(y_{it}/L_{it})$	-1.269 (1.138)	2.164** (1.088)	-0.143 (1.332)	0.752 (1.380)	-0.660 (1.639)	-7.652** (3.422)
$\ln(y_{jt}/L_{jt})$	3.661*** (1.156)	2.065*** (0.699)	4.260*** (1.316)	4.318*** (1.404)	2.282 (1.814)	11.636*** (3.864)

续表

自变量	全部样本 N=38		中国—东盟 N=20		上合组织区域 N=18	
	(1)	(2)	(1)	(2)	(1)	(2)
$\ln(K_{jt})$	0.899*** (0.128)	1.141*** (0.268)	0.222** (0.100)	0.348*** (0.115)	0.717*** (0.278)	1.730* (0.948)
$\ln(G_{jt})$	1.002*** (0.175)	2.593*** (0.503)	0.626*** (0.193)	3.178*** (0.497)	0.937*** (0.226)	1.183* (0.653)
$\ln(K_{jt}) \times \ln(G_{jt})$	-0.030*** (0.005)	-0.037*** (0.012)			-0.015 (0.013)	-0.068 (0.048)
$\ln(y_{it}) \times \ln(G_{jt})$		-0.065*** (0.014)		-0.042*** (0.011)		-0.017 (0.011)
$\ln(y_{jt}) \times \ln(G_{jt})$		0.003 (0.018)		-0.062*** (0.013)		0.043 (0.042)
$\ln(y_{it/L,it}) \times \ln(G_{jt})$		0.041* (0.026)		-0.042** (0.023)		0.140*** (0.037)
$\ln(y_{jt/L,jt}) \times \ln(G_{jt})$		0.011 (0.014)		0.062*** (0.025)		-0.160*** (0.049)
Adj. R^2	0.965	0.967	0.976	0.979	0.958	0.963
F-stastic	285.702***	288.727***	327.564***	347.639***	169.401***	175.993***

注：*、** 和 *** 分别表示 10%，5% 和 1% 显著性水平，括号内为标准差。

根据表 3-6 的结果，基础设施具有显著的本地效应和空间溢出效应，且符号均为正，表明基础设施无论在国内还是对区域内其他国家，提高了各国的出口依存度，这与第 2 章理论分析结果一致。同时，交互项 $\ln(K_{jt}) \times \ln(G_{jt})$ 系数均为负，说明基础设施的本地效应与空间溢出效应之间存在显著的替代关系。此外，模型（2）中增加的 4 个交互项中有 3 个系数是显著的，表明基础设施的空间溢出与其余变量之间的交互作用是存在的。

我们可以把表 3-6 其他变量的回归系数与 Egger（2005）的结果进行比较，这是因为本节与该项研究所采用的因变量都是贸易依存度，而且模型的解释变量部分相同，故结果有一定的可比性。首先，$\ln y_{it}$ 的系数显著为正，由于是双边贸易，这里包含两层含义：其一，中国 GDP 增长拉动了中国的出口依存度；其二，邻国 GDP 增长也拉动了其出口依存度。这与 Egger（2005）的结果相一致。其次，再看 $\ln y_{jt}$ 的系数，有四个系数是显著的，且为负，其余两个系数为负但不显著。这与 Egger（2005）的结果相反，需要给出合理的解释。由于是双边贸易，这个负的系数也包含两层含义：其一，邻国 GDP 增长降低了其对中国商品的进口依存度；其二，中国GDP增长降低了对邻国商品的进口依存度。关于前者的解释是：邻国与中国在部分产业如低端制造业存在一定的竞争性，其GDP增长在一定程度上提高了邻国商品对中国商品的替代性，降低了对中国商品的进口依存度。关于后者的解释是：GDP增长体现了中国的产业转型升级，这可以从中国进口商品的结构变化来考虑。2014年中国的芯片进口消耗了2000多亿美元外汇，超过了石油和大宗商品，成为第一大进口商品，对高端制成品进口需求的高增长相对弱化了中国对资源品的进口依赖。

值得指出的是，Egger（2005）是对包含所有国家在内的双边贸易的检验结果，因而可以看作是一般性双边贸易的结果。本节的结果与其不完全一致，说明需要把中国与周边国家的双边贸易与一般性双边贸易区别对待，故我们可进一步从单边贸易的角度将中国对周边国家的出口与周边国家对中国的出口分开进行考察。

表3-7报告了分区域单边贸易的回归结果。截面数量减少为原来的一半，这样全部样本中只包含19个截面，而中国—东盟与上合组织区域分别只包含10个截面和9个截面。之所以考察单边贸易是考虑到中国在出口商品（制成品）与进口商品（资源品）方面的差异性，另外，分区域检验也是为了反映不同区域国家在要素禀赋结构方面的差异性，而检验结果也表明这两种差异性是确实存在的。

在出口方面，表3-7中模型（2）和模型（3）中四个变量$\ln y_{it}$、$\ln y_{jt}$、$\ln(y_{it}/L_{it})$和$\ln(y_{jt}/L_{jt})$的系数符号是正好相反的；而在进口方面，这四个变量的系数符号都是一致的。从上合组织区域在出口方面的回归结果来看，$\ln y_{it}$的系数显著为负，意味着随着中国经济的增长，中国对上合组织区域内各国的出口依存度是下降的。一种可能的解释是：与东盟国家相比，中亚五国、俄罗斯乃至蒙古国对资源出口的依赖更为严重，因而受国际大宗商品的价格冲击就更大。这些国家资源品收入的下降，在一定程度上削弱了对中国商品的需求；反过来，原油价格下降使中国的原材料采购成本大大降低，有利于中国GDP增长。这可能是中国对上合组织区域内各国的出口依存度与中国GDP增长呈负相关的原因。正因为意识到资源依赖不利于经济稳定，中亚各国与俄罗斯在基础设施互联互通与产能合作方面，主动加强了与中国的对接，如中俄油气管道建设、中哈油气管道建设与工业园合作等。相对而言，东盟国家具备较强的制造业基础，对资源品的出口依赖要小得多，而$\ln y_{it}$的系数显著为正表明中国—东盟之间的贸易融合更为深入。

表3-7　　　　　　　　基础设施对单边贸易影响回归结果

自变量	中国出口邻国（i中国，j邻国）			邻国出口中国（i邻国，j中国）		
	（1）全部样本 N=19	（2）中国—东盟 N=10	（3）上合组织区域 N=9	（1）全部样本 N=19	（2）中国—东盟 N=10	（3）上合组织区域 N=9
Constant	490.750** (224.597)	-166.865 (120.134)	1095.633*** (378.838)	1588.100*** (657.395)	950.942*** (100.103)	6507.510*** (886.980)
lny_{it}	-24.074** (10.970)	9.560* (4.944)	-53.999*** (18.314)	1.714 (1.557)	1.125*** (0.136)	1.420* (0.855)
lny_{jt}	-1.434* (0.779)	-3.888*** (0.164)	-1.151 (1.341)	-80.451*** (32.013)	-48.726*** (4.841)	-331.397*** (45.107)
$ln(y_{it}/L_{it})$	25.013** (11.276)	-6.435 (6.185)	56.342*** (19.648)	2.623* (1.514)	1.877*** (0.215)	4.697*** (0.687)
$ln(y_{jt}/L_{jt})$	0.284 (0.749)	1.821*** (0.125)	0.288 (1.313)	74.860*** (31.296)	44.943*** (4.742)	331.830*** (46.567)
$ln(K_{jt})$	1.246*** (0.104)	0.817*** (0.055)	1.523*** (0.180)	3.521** (1.558)	1.897*** (0.187)	19.565*** (2.799)
$ln(G_{jt})$	1.125*** (0.085)	0.536*** (0.060)	1.308*** (0.121)	1.161*** (0.416)	0.314*** (0.032)	9.130*** (1.454)
$ln(K_{jt}) \times ln(G_{jt})$	-0.044*** (0.005)	-0.041*** (0.002)	-0.055*** (0.010)	-0.037*** (0.014)		-0.523*** (0.088)
Adj. R^2	0.938	0.993	0.946	0.915	0.996	0.989
F-stastic	183.841***	1579.185***	171.285***	131.436***	3118.253***	883.286***

注：*、**和***分别表示10%，5%和1%显著性水平，括号内为标准差。

表3-7中关于基础设施 [$ln(K_{jt})$、$ln(G_{jt})$] 的回归结果与表3-6完全一致，无论是中国向邻国出口，还是邻国向中国出口，以及在不同区域内基础设施的本地效应与空间溢出效应，都显著提高了中国与周边国家的贸易依存度。同时，为了避免变量之间的共线性，我们在计量模型中采用的是增量GDP，而基础设施及其空间溢出采用的是存量。如均采用增量（年度数据），则两者可能存在共线性的问题，即GDP增长带动了基础设施投资，反过来基础设施投资又带动了GDP增长。现基础设施采用存量，那么由于当年的GDP不可能影响往年的基础设施存量，故从逻辑上规避了共线性问题，证明了

"一带一路"倡议下基础设施联通公共产品的运输成本效应是稳健存在的。

3.2.3 结论

本节讨论了基础设施互联互通对中国与"一带一路"沿线国贸易所发挥的以空间溢出为表征的公共产品效应。我们将基础设施与要素禀赋结构结合起来进行考察得到以下主要结论：(1) 中国的基础设施增长提高了本国的进口依存度，对邻国亦然。这说明基础设施的本地效应为正。(2) 邻国基础设施对中国具有空间溢出，其增长提高了中国的进口依存度；中国的基础设施对邻国同样具有空间溢出，也提高了邻国的进口依存度。这说明基础设施互联互通有助于中国与邻国的贸易融合。(3) 基础设施的本地效应与空间溢出效应之间存在替代关系。这意味着，如果中国国内的基础设施对中国进口依存度的贡献越强，那么周边国家基础设施对中国的空间溢出效应就弱。事实上，从基础设施区域网络来看，中国的基础设施居于中心位置，且完善程度与发展速度要远高于周边国家，因而对于区域贸易的融合发挥着主导作用。

3.3 "一带一路"公共产品效应：政治关系视角

除广义的缩减运输成本的公共产品供给外，"一带一路"倡议推动的制度建构具有关系治理和规则治理互补的特征，其中，关系治理主要依托于良好的双边政治关系和自利动机的政治意愿表达和利益诉求匹配。对微观企业而言，中国和沿线国之间的关系治理状况同样具有非竞争性和非排他性的公共产品特征，对国家间的经济贸易投资活动具有重要影响。已有研究利用外交访问、自由贸易协定和孔子学院等为代理变量研究了中国与"一带一路"国家政治关系对投资和贸易的影响（如郭烨和徐陈生，2016），本节互补性地利用政治关系强度和支持"一带一路"重要区域——非洲的数据来考察政治关系视角的"一带一路"公共产品效应。

3.3.1 实证方法与数据

(1) 引力模型计量方程。研究双边贸易流量及其影响因素的经典方法是贸易引力模型。本节根据研究需要，重点纳入的政治关系变量包括建交时间长度和外交关系等级两个变量，前者测度政治关系中的（关系投资）持续期，后者则刻画关系投资强度，两者并无明显的相关性①。基于此得到以下扩展的面板引力模型计量方程。

$$\ln(E_{jt}) = \beta_0 + \beta_1 \ln Y_i + \beta_2 \ln Y_j + \beta_3 \ln D_{ij} + \beta_4 T_{ij} + \beta_5 REL_{ij} + \sum Control + \varepsilon_{ijt}$$
$$(3-8)$$

其中，E_{jt} 为时期 t 中国和非洲国家 j 间的出口贸易额；Y_i 和 Y_j 分别为中国和非洲国家 j 的 GDP，预期应对贸易产生正向影响；D_{ij} 为中国与 j 国的距离，预期应对贸易产生负向影响；ε_{ijt} 为随机误差项。T_{ij} 和 REL_{ij} 为本节最关心的解释变量，分别为以建交时间长度衡量的政治关系投资持续期和以外交关系等级衡量的关系投资强度。对前一变量，我们做两种处理：其一，引入弱惩罚机制的变量，亦即取双方建立外交关系当年为1，随后随着时间推移增加而得，但如果存在断交情形，则这一变量将不再随着日历增长，相对其他持续期增长的国家已因关系的相对下降而受到惩罚；其二，引入强惩罚机制的变量，即如果存在断交再复交情形，则由外交关系持续期减去断交持续年份，使这一变量绝对下降乃至可能为负。惩罚机制的考虑是为了纳入中国文化的重信守诺传统在国际关系中的反映，亦是对政治关系稳定国家给出激励。后一变量参考陈建宇（2013）的总结，将外交关系等级分为普通外交关系、合作伙伴关系、全面合作伙伴关系、战略伙伴关系和全面战略合作伙伴关系 5 个类别，无外交关系和普通外交关系赋值为 0 和 1，其余外交关系则分别赋值 2~5②。如果存在外交关系等级变化，如发生在当年 7 月 1 日前，则当年改变赋值，否则延至下一年，以便纳入关系投资强度到贸易影响之间可能存在的时滞。

按照我们之前的理论分析，较强的政治关系应能产生明显的贸易促进作用，对政治关系投资持续期和投资强度的估计可以用来评估提升力的影响。在基准模型（3-8）估计的基础上，我们将通过引入滞后一期出口变量进行估计，其回归系数可表述为惯性力影响的度量。理论上，以维持其历史趋势的惯性衡量，惯性力影响的程度应等于 1。因冲突力取决于东道国的

---

① 一个例子是南非。两国截至 1998 年方建立外交关系，但 2000 年即建立"伙伴关系"，2004 年升级为"战略伙伴关系"。

② 在中国的外交语言体系中，双边外交关系还包括全天候战略合作伙伴关系（巴基斯坦）和全面战略协作伙伴关系（俄罗斯）等术语，但中国与非洲国家的外交关系等级中主要包括普通外交关系、合作伙伴关系、全面合作伙伴关系、战略伙伴关系和全面战略合作伙伴关系 5 个类别。

产业结构和第三方竞争等多维度因素，我们可在贸易引力模型中将其视为外生，尚难以在现有引力模型框架内对冲突力影响进行分离估计，但滞后一期变量的影响系数越趋近于0，可推知冲突力对惯性力的扰动和拉离作用越强。

按照2.3.2节的分析并参考已有研究文献，本节还纳入了以下控制变量。首先，考虑到非洲存在较大数量的最不发达国家，而中国已从2005年1月1日起给予非洲最不发达国家部分商品免关税待遇，到2010年又宣布扩大对非洲最不发达国家的关税减免，已有33个非洲最不发达国家97%的向中国出口商品享受免关税待遇[1]，我们将关税减免（TEX_j）纳入实证模型，取2005年前为0，首轮关税减免赋值1，第二轮关税减免赋值2。理论上，其应该有助于非洲国家对中国出口，但是否有助于中国对非洲出口尚是未知的。同时，因中国于2001年加入世贸组织（WTO），我们将非洲国家j是否WTO成员（WTO_j）纳入模型以考量同为多边贸易体系成员对贸易的激励作用。参考连大祥（2012）和陈胤默等（2017），还引入孔子学院数量（$Culture_j$）来度量双方的文化联系。考虑到从孔子学院签约到中方教师派出和运行存在时滞，这一指标的赋值方法为：若签约时间为当年7月1日之前，则当年计算为1所，若签约时间为7月1日之后，则下年计算为1所[2]。除此之外，非洲国家是否临海（$Ocean_j$）、非洲联盟主席国（AU_j）以及金砖国家成员国（$BRICS_j$）也作为控制变量引入模型。

（2）数据描述。本节使用2001~2017年中国与非洲国家的政治关系和双边贸易数据来考察政治关系对中非贸易的影响。之所以选取2001年作为起始年份，是因为中国于当年加入WTO，使中国和其他非洲WTO成员共同受到WTO规则约束和贸易激励的影响，2017年则是开展研究时所能获得最新数据的时点。删除数据缺失国家后，研究样本包括非洲的40个国家，仅有南非于2010年加入金砖国家，其BRICS变量取1，其余国家此一变量均取0；中国与不同非洲国家的政治关系及其他控制变量报告在表3-8中。

---

[1] 参见：国务院关税税则委员会2004年5月21日发布的《关于我拟给非洲最不发达国家部分免关税待遇商品清单的通知》，它于2015年1月1日实施；关税税则委员会又确定于2010年7月1日对26个非洲最不发达国家大幅增加零关税商品范围，但塞内加尔和尼日尔等国因换文手续延迟至2011年实施。

[2] 在连大祥（2012）的研究中利用了滞后1年的孔子学院数量变量以避免可能的内生性问题，但据我们的检索，从孔子学院签约到运行一般需要3~6个月的时间，滞后1年的处理对当年上半年签约当年即已运行的孔子学院可能不一定完全妥当。

表 3-8　　　　　　　样本国家的控制变量及其与中国政治关系

国家	AU（时间）	WTO	Ocean	TEX	外交关系等级（时间）	断交经历	孔子学院数量（成立时间）
阿尔及利亚	No	No	Yes	No	战略合作关系(2004) 全面战略伙伴(2014)	No	1(2013)
贝宁	No	Yes	Yes	Yes	普通外交关系	No	1(2009)
博茨瓦纳	No	Yes	No	No	普通外交关系	No	1(2009)
布基纳法索	No	Yes	No	No	2018年复交普通外交关系	Yes	0
布隆迪	No	Yes	No	No	普通外交关系	Yes	1(2012)
喀麦隆	No	Yes	Yes	No	普通外交关系	No	1(2008)
中非	No	Yes	No	No	普通外交关系	Yes	0
乍得	Yes(2016)	Yes	No	No	普通外交关系	Yes	0
科摩罗	No	No	Yes	Yes	普通外交关系	No	1(2014)
科特迪瓦	No	Yes	Yes	No	普通外交关系	No	1(2015)
赤道几内亚	Yes(2011)	No	Yes	Yes	全面合作伙伴(2015)	No	1(2016)
埃塞俄比亚	No	No	No	Yes	全面合作伙伴(2003)	No	1(2010)/ 3(2013)/ 4(2014)
加蓬	No	Yes	Yes	No	全面合作伙伴(2016)	No	0
冈比亚	No	Yes	Yes	No	2016年复交普通外交关系	Yes	0
加纳	Yes(2007)	Yes	Yes	No	普通外交关系	Yes	1(2013)/ 2(2016)
几内亚	Yes(2017)	Yes	Yes	Yes	全面战略合作伙伴(2016)	No	0
肯尼亚	No	Yes	Yes	No	全面合作伙伴(2013)全面战略合作伙伴(2017)	No	1(2006)/ 2(2007)/ 3(2009)/ 4(2013)/ 5(2015)
马达加斯加	No	Yes	Yes	Yes	全面合作伙伴(2017)	No	1(2009)/ 2(2015)
马拉维	Yes(2010)	Yes	No	No	普通外交关系	No	1(2016)
毛里塔尼亚	Yes(2014)	Yes	Yes	Yes	普通外交关系	No	0
毛里求斯	No	Yes	Yes	No	普通外交关系	No	1(2017)
莫桑比克	Yes(2003)	Yes	Yes	Yes	全面战略合作伙伴(2016)	No	1(2012)
纳米比亚	No	Yes	Yes	No	普通外交关系	No	1(2014)

续表

国家	AU（时间）	WTO	Ocean	TEX	外交关系等级（时间）	断交经历	孔子学院数量（成立时间）
尼日尔	No	Yes	No	Yes	普通外交关系	Yes	0
尼日利亚	Yes(2004~2005)	Yes	Yes	No	战略伙伴关系(2006)	No	2(2009)
卢旺达	No	Yes	No	Yes	普通外交关系	No	1(2009)
圣多美和普林西比	No	No	Yes	No	普通外交关系	Yes	0
塞内加尔	No	Yes	Yes	Yes	全面战略合作伙伴(2017)	Yes	1(2013)
塞舌尔	No	No	Yes	No	普通外交关系	No	1(2015)
南非	Yes(2002)	Yes	Yes	No	伙伴关系(2000) 战略伙伴关系(2004) 全面战略伙伴(2010)	No	2(2009)/ 3(2010)/ 4(2011)/ 6(2014)/ 7(2015)/ 8(2016)
坦桑尼亚	Yes(2008)	Yes	Yes	Yes	全面合作伙伴(2013)	No	1(2011)/ 2(2013)/ 3(2014)
多哥	No	Yes	Yes	Yes	普通外交关系	No	1(2010)
乌干达	No	Yes	No	Yes	普通外交关系	No	1(2015)
赞比亚	No	Yes	No	Yes	普通外交关系	No	1(2011)
津巴布韦	Yes(2015)	Yes	No	No	普通外交关系	Yes	1(2007)
刚果（金）	No	Yes	Yes	Yes	普通外交关系	Yes	0
埃及	No	Yes	Yes	No	战略合作关系(1999) 全面战略伙伴(2014)	No	2(2008)/ 3(2016)
马里	No	Yes	No	Yes	普通外交关系	No	1(2008)
摩洛哥	No	Yes	Yes	No	战略伙伴关系(2016)	No	1(2010)/ 2(2013)
突尼斯	No	Yes	Yes	No	普通外交关系	No	1(2010)

数据来源：作者根据公开资料整理。

本节使用的解释变量和被解释变量的定义和数据来源报告在表 3-9 中。需要说明的是，传统的距离变量可分别选取 CEPII 数据库提供的绝对距离和相对距离。其中，前者用两国首都之间的地理距离来表示，后者以两国最主要城市的绝对距离为基础，以一国城市层面的人口分布作为权重来计算。但以上得到的各年距离变量保持不变，而距离变量（Dist）衡量的运输成本还受到燃料价格（Oil）等因素的影响。设 D = Dist × Oil，以国际原油价格作为燃料价格的替代并乘以变量 Dist 可以得到新的涵盖成本变动的距离变量 D。本节以相对距离为基础进行实证，但将以绝对距离进行稳健性检验。同时，虽然我们选用的政治关系变量和贸易额之间不存在内生性问题，但参照王学君和田曦（2017），我们还将出口贸易分类为初级产品和制成品，并引入滞后一期出口变量进行分类模型实证，以控制其他可能存在的内生性的影响。因为存在不随时间而变化的变量，所以选用混合效应面板模型更为合适。参照 Beck 和 Katz（1995）、郭烨等（2016），我们采用政治学研究中常用的混合效应面板校正误差模型（Panel Corrected Standard Error，PCSE）进行估计，其优点是可以同时解决同步相关、异方差和序列相关等问题，从而可以得到稳健的标准误。

表 3 - 9　　　　　　　　　模型变量定义及数据来源

变量	定义	单位	符号预期	数据来源
E_{ij}	中国与非洲国家间出口贸易额	万美元	/	国家统计局和 ITC 数据库
Y_j	非洲国家 j 国内生产总值	万美元	+	世界银行数据库
Y_i	中国国内生产总值	万美元	+	国家统计局
D	距离变量	千米 * 美元/桶	—	CEPII 数据库和国际货币基金组织
T_{ij}	政治关系投资持续期	年	+	作者整理
REL_j	政治关系投资强度	0 - 4	+	作者整理
$BRICS_j$	非洲国家 j 是否为金砖国家	1/0	+	外交部官网
WTO_j	非洲国家 j 是否为 WTO 成员	1/0	+	WTO 官网
TEX_j	中国对非洲国家 j 是否有关税减免政策	0 - 2	+	外交部官网
$Culture_j$	非洲国家 j 的孔子学院数量	个	+	国家汉办
AU_j	非洲国家 j 是否为非盟主席国	1/0	+	非洲联盟官方网站
$OCEAN_j$	非洲国家 j 是否临海	1/0	+	作者整理

3.3.2　总量模型估计结果

中国和非洲间双向出口量为因变量的回归结果报告在表 3 - 10 和表 3 - 11

中。由表 3-10 可见，非洲对中国出口引力模型的核心解释变量符号均与预期相符且高度显著。其中，中国和非洲国家的经济规模越大，非洲国家对中国出口增长也越大，模型 1~模型 9 中非洲国家 GDP 对其出口增长的弹性平均约为 0.70，中国 GDP 增长对非洲出口增长的弹性平均大于 1.20，这显示了中国经济增长对非洲出口贸易的较强带动作用，与贸易引力模型主流实证文献的结论一致。距离变量与贸易量之间存在显著为负的关系，与运输成本上升对贸易量负向影响的理论吻合。

对我们最关心的政治关系变量，模型 1 引入的政治关系投资持续期变量对贸易量在 10% 的显著性水平上有正向影响，它说明关系持续期的延长意味着更强的关系稳定性和关系沉淀成本，对贸易的正向影响是显然的。但为了考量国家规模的差异性与关系持续期的合并影响，模型 2 中引入了两者的交互项，可见，交互项对于贸易量具有显著的负向影响，这说明在控制关系持续期的情形下，更大的经济规模摊薄了前者对贸易的影响。与此同时，相比模型 1，模型 2 中的关系持续期变量在 1% 的显著性水平上正向影响贸易量，且回归系数值远大于模型 1 的估计结果，说明了政治关系对贸易量影响的两个相反作用机制：其一，关系持续期作为非排他公共产品的贸易促进作用；其二，关系持续期具有非排他但竞争的非纯公共产品特征，它对较大经济规模国家的作用会削弱，这符合政治关系积累的比例原则。模型 3 中引入了另一个衡量政治关系投资强度的变量 Rel，它在 1% 的显著性水平上对贸易量有正向影响，说明关系投资强度意味着更优的贸易环境、市场准入和更低的贸易风险。随后引入不同控制变量的模型 4~模型 7 中，以上实证结果保持了很高的稳健性。综合以上得到的关系持续期和投资强度变量估计结果，可凸显政治关系对贸易的提升作用。但为了进一步识别政治关系的影响，模型 8 将引入弱惩罚机制的关系持续期变量纳入模型，可见，其估计结果完全类同于引入强惩罚机制的模型，关系持续期对贸易影响的两个相反作用机制仍然存在。模型 9 使用了基于绝对距离的距离变量，但同样证明了前述结果的稳健性。

另一个与中非政治关系关联的变量是中国对非洲最不发达国家的关税减免变量。由表 3-10 可见，模型 4~模型 9 中这一变量的估计系数均为正且大多数情形下显著，这说明了中国对非关税减免对非洲出口贸易的提升作用，但更清晰的结论还有待于我们对非洲出口贸易进行分类模型估计的研究。模型 5 中引入的衡量文化联系的孔子学院变量显示出对非洲出口的显著正向影响，但这一影响在随后的模型 6~模型 9 中虽保持为正但却均不显著，这表明文化联系对非洲向中国出口的影响是较为微弱的。此外，我们引入的非盟主席国在所有

表 3-10 非洲向中国出口贸易引力模型估计结果

模型	1	2	3	4	5	6	7	8	9
LnY_j	0.2904*** (0.0123)	0.7334*** (0.0578)	0.7491*** (0.0561)	0.7443*** (0.0549)	0.7295*** (0.0547)	0.7169*** (0.0546)	0.7420*** (0.0508)	0.8842*** (0.0660)	0.7439*** (0.0509)
LnY_i	1.1978*** (0.0591)	1.2561*** (0.0548)	1.2396*** (0.0565)	1.2523*** (0.0572)	1.2459*** (0.0559)	1.2621*** (0.0568)	1.2116*** (0.0571)	1.1742*** (0.0573)	1.2156*** (0.0572)
D	-0.5779*** (0.1464)	-0.4982*** (0.1436)	-0.4630*** (0.1429)	-0.5578*** (0.1507)	-0.5792*** (0.1501)	-0.5636*** (0.1508)	-0.5345*** (0.1456)	-0.5560*** (0.1457)	-0.5167*** (0.1529)
T	0.0067* (0.0035)	0.1656*** (0.0182)	0.1591*** (0.0179)	0.1565*** (0.0175)	0.1484*** (0.0176)	0.1483*** (0.0176)	0.1762*** (0.0175)	0.2064*** (0.0225)	0.1775*** (0.0175)
T×LnY_j		-0.0111*** (0.0013)	-0.0113*** (0.0012)	-0.0113*** (0.0012)	-0.0109*** (0.0012)	-0.0107*** (0.0012)	-0.0117*** (0.0011)	-0.0142*** (0.0015)	-0.0118*** (0.0011)
Rel			0.2627*** (0.0373)	0.2781*** (0.0388)	0.2219*** (0.0434)	0.2099*** (0.0443)	0.2372*** (0.0479)	0.2559*** (0.0462)	0.2357*** (0.0483)
TEX				0.1502** (0.0619)	0.1861*** (0.0628)	0.1764*** (0.0652)	0.0869 (0.0652)	0.1082* (0.0652)	0.0849 (0.0657)
Culture					0.0898** (0.0390)	0.0567 (0.0441)	0.0640 (0.0494)	0.0778 (0.0511)	0.0620 (0.0495)
AU						0.3640 (0.3216)	0.2563 (0.3220)	0.2914 (0.3131)	0.2448 (0.3241)
BRICS						0.4586 (0.4108)	0.7841* (0.4714)	0.4585 (0.4762)	0.7899* (0.4707)

续表

模型	1	2	3	4	5	6	7	8	9
WTO							-0.8486*** (0.1390)	-0.7987*** (0.1368)	-0.8465*** (0.1394)
Ocean							-0.6619*** (0.1292)	-0.5201*** (0.1280)	-0.6648*** (0.1297)
C	-12.5479*** (2.2866)	-20.9063*** (2.3842)	-21.3120*** (2.3821)	-20.2264*** (2.4603)	-19.5419*** (2.4557)	-19.9667*** (2.4808)	-18.8829*** (2.3865)	-19.8805*** (2.4471)	-19.2277*** (2.4681)
Adj. R^2	0.6171	0.6003	0.6030	0.6040	0.6058	0.6046	0.6312	0.6210	0.6309
Obs	680	680	680	680	680	680	680	680	680

注：① ***、**和*分别表示1%、5%和10%的显著性水平，括号内为标准差；② a和b表示采用相对距离和绝对距离的估计，c和d分别表示引入断交弱惩罚和强惩罚机制的关系持续期变量估计。

模型中均对所在国家对华出口贸易量没有显著影响，金砖国家变量实际上仅涉及 2010 年后的南非一国，但实证结果是混合的，模型 6 和模型 8 估计系数为正但不显著，而模型 7 和模型 9 则正向显著促进南非出口，但总体上其正向影响都不强。至于另两个控制变量，与中国同为 WTO 成员理应有助于贸易增长，但模型 7~模型 9 却显示了很稳健的负向显著影响，其解释可能在于，加入 WTO 既具有贸易创造效应，也具有贸易转移效应，加入 WTO 有助于非洲国家克服包括发达国家在内的贸易壁垒，使其对华贸易出现部分转移情形。另一个与普遍认知有异的结果是临海国变量对出口贸易的显著负向影响，这一结论可能反映了非洲临海与内陆国均不理想的基础设施，但我们还要结合后续的分类模型估计进行确认。

由于中国和非洲国家间产业结构和贸易的互补性（刘林青和周潞，2010），我们接下来评估政治关系对中国向非洲出口贸易的影响（见表 3-11）。可见，相较于之前的估计结果，非洲国家 GDP 对中国出口贸易增长的弹性平均约为 0.54，要明显低于中国经济增长对非洲出口影响的弹性估计值，但两者之间的显著正向关系并无差异；相比之下，中国经济增长对向非出口的弹性估计值也比较大，模型 10~模型 18 均超过 1.20，说明中国经济增长和生产能力的扩大提供了满足非洲需求的更大可能性和更强的竞争力。距离变量则与表 3-10 一样，无论是基于绝对距离还是相对距离，均显著负向影响中国出口贸易量。

对模型 10 引入的政治关系持续期变量，其对中国出口贸易的影响虽为正但已不显著，这一影响在我们引入持续期与经济规模交互项后转化为两个相反且显著的影响，即前面已探讨的政治关系持续期的正向影响和交互项的负向影响，再次印证了政治关系的非排他性但可竞争的特征，较大的经济规模会摊薄政治关系对贸易的促进作用，这一结果在模型 11~模型 18 中非常稳健。至于政治关系投资强度变量，与表 3-10 的结果相反，中国出口贸易受这一变量的影响是负的，且在除模型 13 之外的所有情形下都显著，这一差异性说明中非间提升关系投资强度更有利于提升非洲对中国出口，中国出口反而不受关系投资强度的激励，可能通过投资等方式形成对出口的替代。与表 3-10 相比，也有明显的证据表明，中国对非洲国家的关税减免政策有助于中国对非洲国家的出口，这一结论非常稳健，说明关税减免政策是一项惠及双方的贸易促进政策，它带动了非洲受惠国对中国关联产品的需求。此外，孔子学院衡量的文化联系变量在表 3-11 中并不稳健，大多数情形下都不显著，与前述的文化联系变量不显著推升非洲向华出口贸易的结论相结合，我们可以认为孔子学院变量对中非贸易不具有明显影响，与连大祥（2012）指出的孔子学院促进中国对发

表 3-11 中国向非洲出口贸易引力模型估计结果

模型	10	11	12	13	14	15	16	17	18
LnY_j	0.2346*** (0.0059)	0.5689*** (0.0314)	0.5640*** (0.0319)	0.5552*** (0.0320)	0.5584*** (0.0328)	0.5365*** (0.0307)	0.5828*** (0.0308)	0.7270*** (0.0429)	0.5857*** (0.0310)
LnY_i	1.2023*** (0.0368)	1.2410*** (0.0383)	1.2452*** (0.0386)	1.2506*** (0.0382)	1.2286*** (0.0378)	1.2517*** (0.0389)	1.3007*** (0.0399)	1.2925*** (0.0397)	1.3042*** (0.0398)
D	−0.7490^a*** (0.0719)	−0.7171^a*** (0.0629)	−0.7152^a*** (0.0625)	−0.7846^a*** (0.0679)	−0.7979^a*** (0.0680)	−0.8056^a*** (0.0634)	−0.7433^a*** (0.0583)	−0.7315^a*** (0.0550)	−0.7603^b*** (0.0641)
T	0.0027^c (0.0023)	0.1361^c*** (0.0115)	0.1343^c*** (0.0116)	0.1247^c*** (0.0117)	0.1234^c*** (0.0117)	0.1213^c*** (0.0114)	0.1404^c*** (0.0121)	0.1883^d*** (0.0158)	0.1419^c*** (0.0122)
T × LnY_j		−0.0087*** (0.0008)	−0.0085*** (0.0008)	−0.0081*** (0.0008)	−0.0081*** (0.0008)	−0.0076*** (0.0007)	−0.0088*** (0.0008)	−0.0118*** (0.0011)	−0.0089*** (0.0008)
Rel			−0.0699* (0.0407)	−0.0657 (0.0404)	−0.1124*** (0.0430)	−0.1244*** (0.0433)	−0.2610*** (0.0440)	−0.2104*** (0.0421)	−0.2558*** (0.0438)
TEX				0.0979** (0.0388)	0.0828** (0.0375)	0.0975** (0.0395)	0.1487*** (0.0432)	0.1499*** (0.0422)	0.1486*** (0.0432)
Culture					0.1167*** (0.0386)	−0.0124 (0.0461)	−0.0453 (0.0421)	−0.0954** (0.0435)	−0.0457 (0.0420)
AU						0.2840 (0.2178)	0.0619 (0.1896)	0.0280 (0.1909)	0.0585 (0.1880)
BRICS						2.2694*** (0.5543)	2.6920* (0.5537)	2.7884*** (0.5552)	2.6525*** (0.5470)

续表

模型	10	11	12	13	14	15	16	17	18
WTO							-0.4058*** (0.0921)	-0.3914*** (0.0903)	-0.4017*** (0.0918)
Ocean							0.9203*** (0.0668)	1.0753*** (0.0661)	0.9286*** (0.0666)
C	-12.5479*** (2.2866)	-13.9595*** (1.2561)	-13.9482*** (1.2544)	-12.9726*** (1.2801)	-12.3266*** (1.2893)	-12.5092*** (1.2555)	-15.1301*** (1.2563)	-17.5648*** (1.3153)	-15.0230*** (1.3038)
Adj. R²	0.6171	0.7433	0.7441	0.7512	0.7551	0.7516	0.7790	0.7856	0.7770
Obs	680	680	680	680	680	680	680	680	680

注：①***、**和*分别表示1%、5%和10%的显著性水平，括号内为标准差；②ᵃ和ᵇ表示采用相对距离和绝对距离的估计，ᶜ和ᵈ分别表示引入断交弱惩罚和强惩罚机制的关系持续期变量估计。

展中国家出口的结论有所差异,但连大祥(2012)亦发现,孔子学院的文化联系更有助于中国的对外直接投资,而贸易扩张对文化沟通的需求相对较弱。

3.3.3 分类模型实证结果

现在我们按照 SITC 国际贸易标准分类将所有贸易商品区分为初级产品和制成品进行分类模型实证。考虑到中国和非洲国家的出口商品结构差异,将分别讨论政治关系对中国向非洲制成品出口以及非洲对中国初级产品、制成品出口贸易的影响。由表 3-12 可见,双边经济规模变量仍显著正向影响出口量,且中国经济规模变化对双边出口的带动效应明显高于非洲国家,而距离变量仍显著负向影响出口变量。这一结果与前面的分析和其他引力模型实证研究结论一致。对政治关系变量,在中国对非洲的制成品出口和非洲的对华初级产品出口中,模型 19~模型 24 引入的政治关系持续期变量对贸易的双重反向影响仍然存在,且这一结论非常稳健。亦即,持续期变量自身对出口贸易有显著正向影响,说明政治关系的公共产品特征;但其与非洲国家经济规模的交互项影响却是显著为负的,说明这一非纯公共产品存在竞争性,经济规模的上升会驱动产生政治关系对贸易影响的摊薄效应。

但需要报告的是,非洲制成品对华出口却不受政治关系持续期变量的影响,模型 25~模型 27 中持续期变量自身对出口影响为负或者不显著,其与经济规模交互项虽仍为负但大多数情形下不显著,这一结果可能说明了非洲国家多以出口初级产品为主,受其有限的制成品生产和出口能力制约,政治关系持续期如不以关系投资强度激励产能合作和制成品生产能力建设,则不足以促进其对华制成品出口的扩张。相比较,政治关系投资强度变量的估计结果可能就印证了以上思路。模型 19~模型 21 中,关系投资强度变量对中国向非制成品出口并无显著影响,但模型 21~模型 27 中关系投资强度均显著正向促进非洲对中国的初级产品或者制成品出口,这与表 3-10 和表 3-11 的结果完全吻合。其解释就在于,关系投资强度有助于促进中国向非投资,提升非洲国家生产和出口能力,这一结论还需要基于投资数据的进一步研究和验证。

与表 3-10 和表 3-11 的结果相比较,中国对非洲关税减免政策对中国向非洲的制成品出口的估计系数为正,但均不显著;而其对非洲向华初级产品和制成品出口的正向影响却均在 1% 的显著性水平上成立,说明中国的惠非关税政策有效地促进了非洲对华出口,与表 3-11 中有助于中国对非出口的结论相结合,说明了这一政策的互惠特征。在其他变量中,金砖国家变量对中国和南非

表 3–12　中非贸易分类模型估计结果

模型	中国制成品出口			非洲初级产品出口			非洲制成品出口		
	19	20	21	22	23	24	25	26	27
LnY_j	0.5158*** (0.0408)	0.6192*** (0.0553)	0.6196*** (0.0553)	0.5053*** (0.0698)	0.3882*** (0.0534)	0.3873*** (0.0535)	0.1945*** (0.0352)	0.1856*** (0.0461)	0.1944*** (0.0353)
LnY_i	1.0017*** (0.0361)	0.9916*** (0.0360)	0.9912*** (0.0358)	1.3379*** (0.0825)	1.3194*** (0.0827)	1.3180*** (0.0827)	1.0429*** (0.0565)	1.0320*** (0.0552)	1.0428*** (0.0565)
D	−0.6419*** (0.0512)	−0.6450ª*** (0.0501)	−0.6626ᵇ*** (0.0563)	−0.7220ª*** (0.1922)	−0.7060ª*** (0.1933)	−0.7291ᵇ*** (0.2040)	−0.1729*** (0.1650)	−0.1922ª*** (0.1661)	−0.1559ᵇ*** (0.1728)
T	0.0961ᶜ*** (0.0141)	0.1245ᵈ*** (0.0184)	0.1245ᶜ*** (0.0184)	0.0779ᵈ*** (0.0264)	0.0492ᶜ*** (0.0224)	0.0492ᶜ** (0.0224)	−0.0129ᶜ** (0.0125)	−0.0318ᵈ (0.0164)	−0.0125ᶜ*** (0.0125)
T × LnY_j	−0.0066*** (0.0010)	−0.0085*** (0.0013)	−0.0085*** (0.0013)	−0.0082*** (0.0017)	−0.0059*** (0.0014)	−0.0059*** (0.0014)	−0.0009 (0.0010)	−0.0005 (0.0010)	−0.0009 (0.0008)
Rel	−0.0266 (0.0521)	−0.0195 (0.0504)	−0.0181 (0.0502)	0.3227*** (0.0719)	0.3568*** (0.0782)	0.3589*** (0.0783)	0.3930*** (0.0645)	0.3687*** (0.0628)	0.3938*** (0.0646)
TEX	0.0466 (0.0416)	0.0454 (0.0427)	0.0448 (0.0427)	0.4108*** (0.0815)	0.3156*** (0.0837)	0.3189*** (0.0843)	0.1907*** (0.0662)	0.2593*** (0.0674)	0.1889*** (0.0667)
Culture	−0.1270*** (0.0447)	−0.1380*** (0.0455)	−0.1334*** (0.0454)	0.0659 (0.0689)	0.0684 (0.0688)	0.0675 (0.0687)	−0.0761 (0.0624)	−0.0334 (0.0634)	−0.0774 (0.0625)
AU	−0.0355 (0.1388)	−0.0490 (0.1371)	−0.0488 (0.1355)	0.5287 (0.3919)	0.6235 (0.3980)	0.6209 (0.3990)	−0.8759*** (0.3270)	−0.8740*** (0.3090)	−0.8771*** (0.3271)

续表

模型	中国制成品出口			非洲初级产品出口			非洲制成品出口		
	19	20	21	22	23	24	25	26	27
BRICS	2.2201*** (0.4787)	2.2053*** (0.4814)	2.1628*** (0.4772)	0.1748 (0.7478)	0.2253 (0.7368)	0.2081 (0.7377)	1.4663 (0.9602)	1.0406 (0.9913)	1.4639 (0.4772)
WTO	-0.6434*** (0.0985)	-0.6554*** (0.0974)	-0.6514*** (0.0968)	-1.3648*** (0.1708)	-1.4146*** (0.1686)	-1.4033*** (0.1684)	-0.7551*** (0.1562)	-0.7176*** (0.1590)	-0.7534*** (0.1561)
Ocean	0.8206*** (0.1018)	0.9087*** (0.1005)	0.9081*** (0.1004)	-0.3156** (0.1467)	-0.4081*** (0.1513)	-0.4005*** (0.1516)	-0.8923*** (0.1237)	-0.8255*** (0.1195)	-0.8907*** (0.1239)
C	-8.7114*** (1.1350)	-10.0336*** (1.2437)	-9.7953*** (1.2863)	-14.1425*** (3.3053)	-12.4432*** (3.2179)	-12.1123*** (3.3265)	-11.0680*** (2.5246)	-10.0563*** (2.5617)	-11.2942*** (2.6118)
Adj. R^2	0.6797	0.6832	0.6818	0.4274	0.4164	0.4159	0.4998	0.5143	0.4996
Obs	680	680	680	680	680	680	680	680	680

注：① ***、** 和 * 分别表示1%、5%和10%的显著性水平，括号内为标准差；② "a" 表示采用相对距离和绝对距离的估计，"c" 和 "d" 分别表示引入断交弱惩罚和强惩罚机制的关系持续期变量估计。

的影响存在差异性：中国向南非制成品出口受到明显激励，而南非向中国的初级产品和制成品出口估计结果虽为正但均不显著。WTO 变量在所有模型下的估计结果均显著为负，完全类同于表 3-10 和表 3-11 的结论。此外，临海国变量显著促进中国对非洲制成品出口，但对非洲国家而言，临海国优势并未得到发挥，反而对其初级产品和制成品出口构成了显著负向影响，似乎说明了非洲临海国因其平均较差的基础设施，并未发挥出临海国在贸易成本上的优势，这是其需要在接下来的经济发展中着力解决的问题。

尽管我们在理论分析中已说明本节使用的政治关系变量可在很大程度上规避其与出口贸易的互动作用和计量中存在的内生性问题，但为控制内生性，参照已有文献的做法（王学君和田曦，2017），我们引入了分类模型的面板模型估计，同时还引入出口滞后项来进一步解决此一问题。我们引入的滞后一期出口变量也用以衡量政治与贸易关系中的惯性力。作为参照，将中非间双向出口额变量模型也报告在表 3-13 中。可见，出口滞后一期变量回归结果中，模型 28 报告的中国总出口及模型 29~模型 30 所报告的中国向非洲制成品出口滞后一期变量回归系数大于 0.95，接近于为 1 的理论值，说明中国制成品的出口能力和在非洲市场上的竞争力较强，所受冲突力的干扰较低。与竞争对手相比，中国制成品的价格及其与发展中国家需求适配的优势远非发达国家可比，非洲本土市场又缺乏足够的竞争者，使以上估计的惯性力较强。相对而言，模型 31 报告的非洲向中国总出口的惯性力也较强，估计系数约为 0.93，但细分品类后，初级产品和制成品出口估计结果中，估计系数不高于 0.85，说明了非洲商品在中国市场面临较强的竞争和替代。

至于政治关系变量，我们总体上仍可以观察到关系投资持续期变量的双重反向影响，这在中国向非洲出口模型 28~模型 30 中最为显著，持续期变量自身仍对出口有显著正向激励，但其与经济规模交互项变量的影响则显著为负；在非洲向中国出口中，无论是初级产品还是制成品，持续期变量的影响均为正但却不显著，交互项变量则均为负且大多数情形下显著。政治关系投资强度变量估计结果类同于表 3-10~表 3-12 的估计结果，即中国出口并未受到关系投资强度变量的显著影响，尽管其估计系数为正；但模型 32~模型 35 却显示，非洲向中国的初级产品和制成品出口均受到关系投资强度的显著正向影响，且这一结果非常稳健。与先前的结果相比，我们纳入的包括 WTO、BRICS、临海国等控制变量均开始在很多情形下变得不显著，由于绝大多数国家的这些变量不随时间变化，其对于出口贸易的影响便为滞后一期出口变量衡量的惯性力所吸收，因此并不违背之前模型的分析结果。

表 3-13　　　　　引入滞后项的出口贸易引力模型估计结果

模型	中国总出口	中国制成品出口		非洲总出口	非洲初级产品出口		非洲制成品出口	
	28	29	30	31	32	33	34	35
T	0.0046^{c**} (0.0022)	0.0070^{c***} (0.0023)	0.0091^{c***} (0.0026)	0.0037^{c} (0.0068)	0.0086^{c} (0.0090)	0.0081^{d} (0.0127)	0.0079^{c} (0.0070)	0.0070^{c} (0.0091)
T×LnY$_j$	-0.0003** (0.0001)	-0.0005*** (0.0001)	-0.0006*** (0.0002)	-0.0004 (0.0004)	-0.0010* (0.0006)	-0.0011 (0.0008)	-0.0009* (0.0005)	-0.0011* (0.0006)
Rel	-0.0045 (0.0097)	0.0073 (0.0103)	0.0096 (0.0102)	0.0275 (0.0223)	0.1298*** (0.0356)	0.1197*** (0.0348)	0.0665* (0.0359)	0.0684* (0.0368)
TEX	0.0196* (0.0109)	0.0239** (0.0119)	0.0271** (0.0121)	0.0019 (0.0286)	0.0275 (0.0384)	0.0448 (0.0400)	0.0504 (0.0357)	0.0745** (0.0377)
Culture	0.0296** (0.0122)	0.0131 (0.0130)	0.0100 (0.0130)	0.0148 (0.0251)	-0.0352 (0.0318)	-0.0291 (0.0326)	0.0126 (0.0458)	0.0302 (0.0445)
AU	0.0528 (0.0514)	0.0291 (0.0579)	0.0251 (0.0583)	-0.0754 (0.1444)	0.2535 (0.1931)	0.2394 (0.1929)	-0.5452*** (0.1995)	-0.5623*** (0.1999)
BRICS	-0.0000 (0.0859)	-0.0328 (0.0926)	-0.0216 (0.0930)	-0.1648 (0.1949)	-0.1366 (0.3250)	-0.1726 (0.3320)	0.0104 (0.9992)	-0.1666 (1.0021)
WTO	-0.0333 (0.0263)	-0.0321 (0.0283)	-0.0277 (0.0280)	-0.0938 (0.0651)	-0.1766** (0.0715)	-0.1714** (0.0722)	-0.2195*** (0.0781)	-0.2033** (0.0788)
Ocean	-0.0172 (0.0209)	-0.0384* (0.0224)	-0.0338 (0.0229)	0.0320 (0.0517)	-0.0295 (0.0675)	0.0342 (0.0675)	0.0007 (0.0595)	0.0128 (0.0583)
LnE(-1)	0.9732*** (0.0074)	0.9590*** (0.0074)	0.9597*** (0.0073)	0.9287*** (0.0127)	0.8459*** (0.0162)	0.8455*** (0.0162)	0.8373*** (0.0160)	0.8354*** (0.0161)
C	1.7080*** (0.4167)	1.8275*** (0.4122)	1.7008*** (0.4131)	3.9730*** (1.4790)	2.9702 (1.8614)	3.0312*** (1.9244)	2.7462*** (1.4020)	2.8420** (1.4167)
经济规模	Yes	Yes	Yes	Yes	Yes	Yes	Yes	Yes
距离	Yes	Yes	Yes	Yes	Yes	Yes	Yes	Yes
Adj. R^2	0.9866	0.9819	0.9819	0.9422	0.8643	0.8633	0.8769	0.8817
Obs	638	638	638	638	638	638	638	638

注：① ***、**和*分别表示1%、5%和10%的显著性水平，括号内为标准差；② ^{a}和^{b}表示采用相对距离和绝对距离的估计，^{c}、^{d}分别表示引入断交弱惩罚和强惩罚机制的关系持续期变量估计。

3.3.4 结论

在单边主义和保护主义肆虐背景下中国对外贸易正面临着重大挑战，更加重视包括非洲在内的"一带一路"沿线国和新兴市场是应对国际贸易不确定性的重要途径。本节以 2001~2017 年中国与非洲 40 个国家的面板贸易数据为样本，考察了中非间政治关系对"一带一路"倡议下双边贸易及细分初级产品和制成品贸易的影响。研究结果表明：首先，双边政治关系对中非贸易有显著促进作用，以政治关系的提升力补偿冲突力并促进贸易惯性力的发挥，确实发挥了政治为经济贸易服务的功能；其次，存在两个相反的政治关系对贸易影响机制，即关系持续期作为非纯公共产品的贸易促进作用和对较大经济规模国家的政治关系摊薄效应；最后，中国经济增长对中非双向出口贸易有较强带动作用，对非洲国家关税减免政策对中非双边贸易均有明显促进作用，具有互惠特征，但对不同细分品类具有差异化影响，对中国出口、非洲初级产品和制成品出口均有促进作用，但对中国制成品出口却影响不大。

3.4 域外竞争视角的实证研究Ⅰ：贸易

中国和"一带一路"沿线国的经贸往来受到中国和沿线国之间的双边政治关系和域外大国竞争政策的影响，中美大国关系变化也会溢出到"一带一路"沿线国，形成中国、美国和沿线国之间的"三角"政治关系及其互动对中国和沿线国经贸往来的复杂影响。本节利用中国和 62 个"一带一路"沿线国 1995~2017 年的年度数据，实证检验域外竞争和"三角"政治关系及其互动对"一带一路"贸易的效应，以明晰域外竞争这一负向区域公共产品（public bads）的影响。

3.4.1 实证方法与数据

（1）变量选取与描述。被解释变量为中国与"一带一路"沿线国的双边贸易总额，但为了突出域外竞争意欲遏制中国的经济和贸易优势的问题，还将区分中国向沿线国的出口和进口来分别作为被解释变量进行实证，以突出"三角"政治关系对中国—沿线国进出口贸易影响的稳健性及可能差异性。以下对本节使用的解释变量进行逐一解释和说明。

①中国—沿线国政治关系度量。

领导人互访是国家间政治关系亲密度的重要表现。领导人需要考量其无法参与国内事务而需付出的较高的政治机会成本以及出访将带来的政治关系收益，仅当后者超越前者，且由较低层级官员前期的多轮磋商协调并取得可信的政治成果后,才可能推动互访的实现。本节以中国与东道国的领导人互访次数作为中国与"一带一路"沿线国政治关系的一个度量。需要说明的是,本节仅考虑包括国家主席和总理等政府首脑以及包括政治局常委在内的副国家级领导人的访问,而不考虑其他政府高级官员的互访。这是因为国家领导人的出访成本更大,其出访选择也往往更加慎重,且出访中往往不是就某一领域进行商议,而是讨论两国间的全局性问题,对两国的影响是全面的、具有规模性和权威性的。为保证数据的权威性和可信度,通过《中国外交》中记录的外交事件,收集中国与沿线国相应层级领导人的互访数据。

此外,还使用中国与"一带一路"沿线国的建交持续期来刻画时间序列上累积的政治关系投资强度。选择这一指标的理由在于,它与高层互访变量居于政治关系的不同维度,且因为新中国成立后长期面临的域外竞争等对中国和沿线国关系的干扰,与中国建交意味着承认中国作为独立国家的存在,在事关中国核心利益的问题上尊重和支持中国,建交持续期的拉长意味着双方具有投资双边政治关系的意愿和行动,双边经济、贸易和文化等领域的交流合作也不断积累信任资产,是维持和提升政治关系的重要表征。

②中美政治关系度量。

本节使用清华大学当代国际关系研究院编制的中国与大国关系数据库提供的中美关系指数。该数据库提供了1950年至今的中国与包括美国在内的7个大国(美国、日本、俄罗斯/苏联、英国、法国、印度和德国)的双边关系度量,其构建方法是根据《人民日报》和中国外交部网站的信息,获取事件信息并给予双边关系从对抗到友好的范围为$-9\sim9$的赋值,数值越大表明两国关系越友好。

③域外竞争的度量。

我们从美国—沿线国政治关系以及美国和中国在沿线国的贸易地位两个方面给出域外竞争的度量指标。其中,美国—沿线国政治关系表现之一是反映在特定年份美国给予沿线国的政治关系投资强度度量,使用美国对沿线国的对外援助指标表征,数据来自美国国际开发署(USAID)。虽然美国国际开发署给出的对外援助数据包含经济、军事和其他类型的援助项目,但因为不同援助类型均服务于美国对沿线国的政治关系投资,具有相似的政策目标和政策约束,我们不区分美国对外援助的具体类型。美国—沿线国政治关系表现之二是反映在其时间维度上累积的关系投资强度,它尤为突出地表现在美国作为霸权国与一定数量沿线国所缔结的盟国关系上,因北大西洋公约组织(简称北约,NATO)是美国为主导的国际军事集团组织,我们以沿线国是否NATO成员为度量，另一个替代性的度量是沿线国境内是否有美国的军事基地存在，如是则赋值"1"，否则赋值为"0"。

美国和中国在沿线国的贸易地位可在一定程度上反映沿线国对作为域外国家的美国的贸易依赖及其对美国和中国在其经济贸易中的结构重要性，进而会影响到沿线国面对域外国家竞争行为时的战略选择。令 $TradeU_{it}$ 为"一带一路"沿线国 i 在 t 年与美国的双边贸易额，$TradeC_{it}$ 表示该国在 t 年与中国的双边贸易额，$TradeW_{it}$ 表示该国 t 年的对外贸易总额，贸易地位指标 $Tradestatus_{it}$ 的测算公式如下：①

$$Tradestatus_{it} = \frac{TradeU_{it}/TradeW_{it}}{TradeC_{it}/TradeW_{it}} \quad (3-9)$$

④引力模型变量。

因本节主要使用引力模型进行实证检验工作，除中国和沿线国 GDP 之外，使用中国与沿线国之间地理距离来控制运输成本因素。GDP 数据来自世界银行，地理距离数据来自 CEPII 数据库。

⑤其他控制变量。

除引力模型变量外，纳入自由贸易协定、共同边界和中欧班列三个控制变量。其中，如果中国和沿线国签订自由贸易协定，将导致双边贸易可享有更优惠的贸易政策安排，对双方贸易往来产生激励作用。共同边界则是着眼于相邻国家因运输距离短而导致物流运输成本较低这一优势。此外，中欧班列是往来于中国、欧洲和"一带一路"沿线国的集装箱国际铁路联运班列，可明显提升中国与班列途经的"一带一路"沿线国之货物贸易的选择空间和运输便捷性，也会对中国与沿线国贸易产生影响，也将其作为控制变量进入实证检验。

本节选取变量的名称、计算方法和数据来源报告在表 3-14 中。

表 3-14　　　　变量名称、含义、计算方法及数据来源

变量名	含义	计算方法	数据来源
Trade	双边贸易额	进口额加出口额	UN Comtrade
GDP	沿线国国内生产总值	数据库提供	世界银行数据库
GDPC	中国国内生产总值	数据库提供	世界银行数据库
DIS	地理距离	中国与沿线国首都距离	CEPII 数据库

---

① 计算所需要的数据来源于联合国商品贸易统计数据库（UN Comtrade），http://comtrade.un.org/data/，访问时间：2019 年 11 月 20 日。

续表

变量名	含义	计算方法	数据来源
Visit	高层互访	以一国一次方式统计中国与沿线国领导人互访次数	笔者根据《中国外交年鉴》自行整理
Duration	建交持续期	中国与沿线国建交持续年份,建交首年为"1",随后年份类进	中国外交部网站
FA	美国对外援助	对沿线国援助金额	美国国际开发署网站(USAID)
Relation	中美关系	数据库提供	清华大学《中国与大国关系数据库》
Tradestatus	美国在沿线国贸易地位	美国与中国占沿线国贸易比重之比值	UN Comtrade
NATO	北约成员国	沿线国是北约成员国赋值"1",否则为"0"	笔者根据公开资料整理
Base	军事基地	沿线国有美国军事基地赋值"1",否则为"0"	笔者根据公开资料整理
FTA	自由贸易协定	沿线国与中国签订自由贸易协定当年及之后赋值"1",否则为"0"	中国自由贸易区服务网
Border	共同边界	沿线国与中国接壤赋值"1",否则为"0"	笔者根据公开资料整理
Train	中欧班列	途经沿线国的中欧班列开通当年及之后赋值"1",否则为"0"	笔者根据公开资料整理

注:若因台湾问题等出现中国与沿线国的断交情形,则外交关系持续期将不纳入断交时段,以反映断交带来的双边政治关系投资强度下降。

资料来源:笔者自制。

通过对变量数据的搜集和整理,最终收集了 1995~2017 年由 62 个 "一带一路" 沿线国截面组成的面板数据,对时间序列变量取自然对数以降低数据的变异性,相关变量的描述性统计见表 3-15。① 因主要变量包含多个双边政治关系变量,可能会存在变量之间的高度相关和多重共线性,使回归结果产生偏误。对解释变量的方差膨胀因子进行检验,由表 3-15 的检验结果可见,所有变量的方差膨胀因子均小于 2,显示并不存在明显的多重共线性问题。

---

① 数据起点时期的选择是考虑到样本中的苏联国家系 1991 年苏联解体以后方独立,一些东欧国家也诞生于 20 世纪 90 年代上半期,因此选择 1995 年作为起点时期可保证绝大多数样本数据的可得性和完整性。

表 3-15　　　　　　　　　　本节主要变量的描述性统计

变量名	观测值	均值	标准差	最小值	最大值	方差膨胀因子
LnTrade	1426	20.5979	2.6018	11.2466	25.5272	—
LnGDP	1426	24.2867	1.7180	19.5294	28.6065	1.44
Visit	1426	0.6949	0.9170	0.0000	6.0000	1.19
Duration	1426	32.3065	18.8169	0.0000	68.0000	1.40
LnFA	1352	17.0709	2.4442	6.7441	23.3198	1.10
Relation	1426	0.8095	0.9597	-1.4500	2.8080	1.08
Tradestatus	1425	5.8591	33.8909	0.0000	908.2034	1.08
NATO	1426	0.1634	0.3699	0.0000	1.0000	1.33

注：美国对外援助数据缺失 74 个样本数据点，另外缺失 1995 年马其顿的美国贸易地位数据。
数据来源：笔者的计算。

（2）回归模型设定。为检验和分析域外竞争、政治关系对中国和沿线国贸易的影响，本节分为 3 个步骤进行实证检验。首先不考虑域外竞争因素，基于引力模型来构建基础模型。其核心思路是双边贸易量主要由贸易双方的经济总量和以地理距离衡量的运输成本决定，令 X_{it} 为控制变量组，包括中国 GDP、地理距离、自由贸易协定、共同边界和中欧班列等变量，ε_{it} 为残差项，引入"一带一路"沿线国 GDP 与高层互访的交互项 $Visit_{it} \times LnGDP_{it}$，用以估计政治关系可能存在的"摊薄"效应，可得到以下实证模型：

$$LnTrade_{it} = \beta_0 + \beta_1 LnGDP_{it} + \beta_2 Visit_{it} + \beta_3 Visit_{it} \times LnGDP_{it} + \beta_4 Duration + \gamma X_{it} + \varepsilon_{it} \quad (3-10)$$

式（3-10）左边的被解释变量为中国与沿线国 i 在 t 年的双边贸易额（或者进口额及出口额），如果系数 β_2 和 β_4 为正且显著，说明不考虑域外竞争情形下的政治关系促进中国和沿线国贸易，系数 β_3 的大小和符号则可以用来估计政治关系对贸易促进的"摊薄"效应。

其次，将域外竞争纳入模型。在方程（3-10）基础上，将增加测度中美关系变量 Relation 以及美国对外援助 FA、北约成员国 NATO 和美国贸易地位 TradeStatus 等 3 个域外竞争变量。可得到以下的方程：

$$LnTrade_{it} = \beta_0 + \beta_1 LnGDP_{it} + \beta_2 Visit_{it} + \beta_3 Visit_{it} \times LnGDP_{it} + \beta_4 Duration_{it} + \beta_5 Relation_t + \beta_6 LnFA_{it} + \beta_7 NATO_{it} + \beta_8 Tradestatus_{it} + \gamma X_{it} + \varepsilon_{it} \quad (3-11)$$

同时，为纳入政治关系影响的异质性和交互影响，一是当期中美关系变化后中国和美国均有激励调整其与沿线国的政治关系，并通过下一期的领导人互访和对外援助等予以显示；二是领导人互访和对外援助效果受制于美国在沿线

国贸易地位的制约,对这些问题我们通过引入5个交互项来加以考虑。设定以下方程:

$$LnTrade_{it} = \beta_0 + \beta_1 LnGDP_{it} + \beta_2 Visit_{it} + \beta_3 Visit_{it} \times LnGDP_{it} + \beta_4 Duration_{it} + \beta_5 Relation_t + \beta_6 LnFA_{it} + \beta_7 NATO_{it} + \beta_8 Tradestatus_{it} + \beta_9 Visit_{it} \times Relation_{t-1} + \beta_{10} Visit_{it} \times TradeStatus_{it} + \beta_{11} LnFA_{it} \times Relation_{t-1} + \beta_{12} LnFA_{it} \times Tradestatus_{it} + \beta_{13} LnFA_{it} \times NATO_{it} + \gamma X_{it} + \varepsilon_{it} \quad (3-12)$$

其中,系数 β_5、β_6、β_7 和 β_8 的大小和方向可用来估计中美关系和美国的域外竞争对中国和沿线国贸易的影响。$Visit_{it} \times Relation_{t-1}$ 和 $Visit_{it} \times Tradestatus_{it}$ 两个交互项的系数 β_9 和 β_{10} 分别表示中国和沿线国的高层互访受上一期中美关系变化的影响,以及美国在沿线国贸易地位对高层互访效果的异质性影响。$LnFA_{it} \times Relation_{t-1}$ 交互项系数 β_{11} 表示美国的对外援助受上一期中美关系变化的影响,交互项 $LnFA_{it} \times Tradestatus_{it}$ 和 $LnFA_{it} \times NATO_{it}$ 则衡量美国对外援助之于沿线国影响的异质性。

3.4.2 实证结果与讨论

以下先选用混合 OLS 模型来观测数据间关系的大致方向。随后使用 F 检验发现应拒绝原假设,即应使用个体效应模型;同时使用稳健的豪斯曼(Hausman)检验发现应拒绝原假设而选择固定效应模型。更进一步,因时间虚拟变量均不显著,这些虚拟变量的联合显著性也不能拒绝原假设,为此模型中不应包括时间效应。因此本节主要使用个体固定效应模型进行回归。首先,对中国与62个"一带一路"沿线国的总体样本进行回归分析,并将所有解释变量滞后一期以检验模型可能存在的内生性问题。其次,为进一步分析域外竞争和政治关系对沿线国和进出口贸易的差异化影响,一方面将被解释变量区分为中国从沿线国进口和中国向沿线国出口两个子样本,以探讨域外竞争和政治关系对进出口的差异化效应;另一方面按照美国援助额区分高援助国家组和低援助国家组,探究不同沿线国特征与中美两大国间政治关系和域外竞争间的复杂互动关系。

(1)总体实证结论及分析。由表3-16中模型(1)可见,沿线国经济规模(GDP)正向显著促进中国与其的双边贸易,与引力模型理论预测相符。对中国与沿线国的政治关系,无论是以政治事件衡量的高层互访变量还是以时间维度衡量的建交持续期,均正向显著地促进双边贸易。良好的双边政治关系可以减少贸易争端、增加当事国的进口需求、降低微观企业的贸易风险并缓解国际贸易中由于信息不对称导致的市场"失灵"的负面影响,通过这些作用机制影响沿线国的选择,促进其与中国的双边贸易。这与已有的探讨政治关系促进双边贸易的实证文献的结论吻合(王学君和田曦,2017)。但模型(1)还发现了中国与沿线国高层互访存在受沿线国经济规模负向影响的政治关系"摊薄"效应。亦即,在同样的高层访问频度下,沿线国经济规模上升1%使政治关系的贸易促进作用下降约0.094%,体现了以高层访问度量的政治关系的非纯公共产品特征和竞争性。这一点也是可以解释的,单次高层出访一般总会伴随一定数量的企业家并签署一定数量的经济贸易合同,出访收益难以充分覆盖到两国的所有企业,显然较小经济规模的沿线国从高层互访中的受益相对较大。模型(2)使用个体固定效应估计政治关系对贸易的影响,其结果与模型(1)一致,同时我们发现中国与沿线国双边政治关系变量及高层出访的"摊薄"效应在模型(3)、模型(4)、模型(5)中均无本质差别,表明了以上结果的稳健性。

表 3-16　　　　　　　域外竞争和政治关系影响的全样本回归结果

变量	(1) FOLS 双边贸易额	(2) FE 双边贸易额	(3) FE 双边贸易额	(4) FE 双边贸易额	(5) FE 双边贸易额
LnGDP	1.1739 *** (0.0239)	0.8274 *** (0.0564)	0.7749 *** (0.0549)	0.7632 *** (0.0545)	0.7383 *** (0.0547)
Visit	2.5072 *** (0.4393)	0.8666 *** (0.3337)	0.5673 * (0.3060)	0.6685 ** (0.3009)	0.7310 ** (0.3063)
LnGDP × Visit	-0.0937 *** (0.0174)	-0.0333 ** (0.0134)	-0.0212 * (0.0123)	-0.0230 * (0.0121)	-0.02521 ** (0.0123)
Duration	0.0077 *** (0.0018)	0.0812 *** (0.0141)	0.0932 *** (0.0168)	0.0781 *** (0.0165)	0.0947 *** (0.0167)
Relation			0.0831 *** (0.0188)	0.0956 *** (0.0190)	0.1077 *** (0.0193)
LnFA			0.0548 *** (0.0138)	0.0318 ** (0.0148)	0.0049 (0.0156)
NATO			0.5709 *** (0.0857)	2.0866 *** (0.6564)	
Tradestatus			-0.0075 *** (0.0005)	-0.0599 *** (0.0071)	-0.0632 *** (0.0073)

续表

变量	(1) FOLS 双边贸易额	(2) FE 双边贸易额	(3) FE 双边贸易额	(4) FE 双边贸易额	(5) FE 双边贸易额
Visit × Relation$_{t-1}$				-0.0492** (0.0211)	-0.0510** (0.0215)
Visit × Tradestatus				-0.0040** (0.0018)	-0.0033* (0.0019)
LnFA × Relation$_{t-1}$				-0.0013 (0.0016)	-0.0015 (0.0016)
LnFA × Tradestatus				0.0028*** (0.0004)	0.0030*** (0.0004)
LnFA × NATO				-0.0930** (0.0392)	
Base					-0.1684 (0.4169)
LnFA × Base					0.0058 (0.0238)
控制变量	是	是	是	是	是
Cons	-15.1053*** (1.4090)	-16.4639*** (2.3394)	-10.8214*** (2.8218)	-12.4143*** (2.7811)	-10.7738*** (2.8334)
样本量	1426	1426	1351	1297	1297
Adj. R^2	0.8324	0.8463	0.8720	0.8816	0.8771

注：模型中小括号内的数据为个体稳健的标准误，*、** 和 *** 分别代表 10%、5% 和 1% 的显著性水平。

数据来源：笔者计算得出。

表 3-16 中模型（3）加入了中美政治关系以及美国加之于沿线国的域外竞争变量，以初步分析中国、美国和沿线国间的"三角"政治关系及其对中国与沿线国双边贸易的影响。中国和美国作为当今世界格局的主要参与者和博弈者，其双边关系是当代世界最重要的双边关系之一，中美关系变化不仅作用于中美两方，而且会超越中美两国溢出到第三方。模型（3）的回归结果显示中美关系变量系数是正向显著的，说明中美之间的政治关系改善促进中国与沿线国的双边贸易，而中美关系的紧张会抑制中国与沿线国的双边贸易，中美关系溢出效应的方向与中美关系变化方向一致。从机理来看，中国长期以来一直是

美国的重要贸易伙伴之一，中美关系恶化既表现在趋于上升的贸易运输成本上，也体现在两国有差异的受到削弱的经济和贸易增长预期上，并通过这两个世界大国溢出到包括"一带一路"沿线国在内的世界其他国家。

接下来分析表3-16中模型（3）美国加之于沿线国的域外竞争变量对中国和沿线国贸易的影响。美国向"一带一路"沿线国的对外援助政策有多重的政策目标，它包括但不限于国家安全、消灭恐怖主义、人道主义、促进美国影响力等方面，但通过对外援助拉拢受援国，防止其倾向美国的"对手国"是美国制定援助政策的核心考量之一，通过援助要求受援助国家购买美国的商品和服务来实现美国的国家利益，更是现行美国援助政策的显著特征。因此，通过对受援助国家的拉拢和施压可以干扰乃至抑制其与中国的经济贸易往来。然而本节的回归结果显示，美国对沿线国的援助正向显著地促进了中国与沿线国的贸易，作为域外竞争政策工具的对外援助并未产生一般认知的贸易抑制效应。这体现了对外援助的另一层面政策效果：对受援国而言，其接受的域外援助使这些国家能获得资金发展本国经济，促进其经济对外国商品和服务的（进口）吸收能力，也有可能促进其生产和出口能力建设，从而产生贸易创造效应。中国作为贸易大国同样可从援助带来的贸易创造中获益，由此促进了中国与沿线国的贸易发展。同样，作为美国盟友的北约成员国变量也产生了类同的贸易影响。亦即，作为美国的盟友，受益于盟国提供的安全公共产品，"搭便车"的北约成员国的政治稳定性为其经济发展和贸易增长提供了稳定的政治环境，由此，也促进了其对北约成员国与中国贸易的正向显著影响。此外，美国在沿线国相对于中国的贸易地位对中国与沿线国的贸易影响显著为负，这在一定程度上体现了美国霸权对沿线国战略选择的影响，以及沿线国受美国域外竞争政策影响的差异性。沿线国与美国密切的经贸关系可能是出于两国贸易结构的互补，也可能出于政治或者军事上的羁绊，但较强的美国贸易地位赋予了其域外竞争对沿线国的较强影响力：禁止或限制进入美国市场对这些国家的影响程度更深，受美国施压或者担忧惩罚不利于这些国家与中国的贸易增长。

为了更好地理解中国、美国与沿线国的"三角"政治关系间的复杂互动，表3-16中模型（4）引入了中美关系、美国在沿线国的贸易地位以及美国盟国分别和中国与沿线国高层互访及美国对外援助的交互项。其中，本节考虑了基于中美关系变化的序贯博弈情形：作为博弈者的中美两国会对中美关系的变化做出反应，由此，当上一期中美关系变化时，美国或者中国会针对这一变化调整其面对沿线国的域外竞争强度或者政治关系，以改善其在下一期中美博弈中的地位。因此，本节的交互项中引入了中美关系滞后项。另外，美国庞大的国内市场也是美国域外竞争的重要工具之一，对美国贸易地位较强的沿线国的施压和援助可能会产生更大的域外竞争效果。

由表3-16中模型（4）的回归结果可见，中国和沿线国高层互访相关的两个交互项系数均显著为负。其中，高层互访与滞后一期的中美关系显著为负的交互项估计结果表明，中国和沿线国高层互访的贸易促进效应具有状态依赖的特征：当上一期中美关系恶化时，中国与沿线国的高层互访对贸易的促进作用会增强；当上一期中美关系改善时，这种促进作用会减弱。这一结果可以用序贯博弈的思路来分析：当观察到中美关系恶化时，中国政府有更强的激励加强与沿线国的政治关系，或者是防范沿线国倾向域外国家，或者是获得沿线国政治支持，与沿线国政治关系的加强可以减轻中美关系恶化带来的冲突力的负面影响，也可由市场转向弥补因为中美关系恶化而承压的对外贸易，使高层互访对贸易的促进作用得以加强。反之，当上一期中美关系改善时，加强政治关系的竞争动机受到削弱，对中国和沿线国贸易的促进作用也因此下降。此外，中国与沿线国高层互访与美国贸易地位交互项显著为负的结果表明，如果沿线国对外贸易中美国占据较大份额，则中国试图通过政治关系的加强来提升双边贸易的努力难以奏效。从沿线国角度观察，在美国贸易地位较高的情形下，进一步发展对华关系无疑会面对美国的域外竞争压力、承担丧失美国市场的风险，对追求自身利益最大化的国家而言是不理性的行为。

从域外竞争的角度分析，美国对沿线国的援助与滞后一期中美关系的交互项系数并不显著，无法证明中美关系变化与美国对外援助的交互影响，但援助与美国在沿线国的贸易地位以及北约成员国变量交互项的估计结果均显著但符号正好相反。由表3-16中模型（4）回归结果可见，一方面，美国贸易地位与其对外援助交互项的系数显著为正，这与模型（3）中美国贸易地位对中国和沿线国贸易的抑制效应构成鲜明对比。这说明，美国贸易地位的提高仍然有助于对沿线国援助的贸易创造效应。另一方面，援助与北约成员国变量交互项的系数显著为负的回归结果说明，作为域外竞争工具的美国对外援助仅当作用于北约成员国时方表现出显著的贸易抑制作用。这提示我们，要实现域外竞争政策目标，单纯对外援助并不一定有效，它可能还需要匹配以政治、军事等手段对受援国之选择行为的直接影响，方能实现援助所诉求的"美国的利益"。如前所述，北约盟国变量提供了若干沿线国"搭便车"享用安全公共产品的机会，但也赋予提供公共产品的霸权国家以影响其选择行为的能力，这一能力表现为霸权国家可以相机调整公共产品供给强度和受益范围而对沿线国的施压，以迫使沿线国承担更多成本、遵从霸权国家的对外政策等，当针对中国的域外竞争日益成为美国对外政策的主要目标时，抑制盟国与中国的经济贸易联系自然是应有之义。但综合看，无论是北约盟国变量还是对外援助变量，其对中国与沿线国贸易的影响都是复合的，并未出现域外竞争者诉求的对中国和沿线国贸易联系的单纯抑制效应。

由于盟友和军事基地均可体现美国与沿线国的政治军事联系，为检验以上回归结果的稳健性，本节还使用军事基地变量替代北约盟国变量，得到表3-16中模型（5）所示的回归结果。可见，除军事基地本身不显著之外，其余变量回归结果与模型（4）基本一致，验证了上述结论的稳健性。对军事基地影响的不稳健性的解释在于，北约盟国是以国家间缔约形成的由霸权国刚性提供安全公共产品的制度设计，但在沿线国设置的军事基地却并不必然与美国对沿线国的安全义务有关。例如，"9·11"事件后，美国为了阿富汗战争的需要，曾经在中亚多个国家设置军事基地以支援其在阿富汗的战事，但这些军事基地均没有伴随美国和中亚国家的条约型政治军事关系，因此，其贸易创造效应并不明显，这一点为模型（5）的实证结果所证实。与此相对应，美国对中亚等国家的对外援助在较大意义上也是为了求得这些国家允许其维持军事基地的存在，因而援助也少有抑制"对手国"经济贸易联系的使命和真实效应，这与模型（5）的回归结果完全吻合。

为了减轻模型内生性问题对回归结果的影响，将所有的解释变量滞后一期进行回归估计（见表3-17），发现滞后一期的中美关系对中国与沿线国的贸易影响不再显著，但其与高层互访的交互项仍是负向显著的；其余回归结果与前面研究相似，验证了已有结论的稳健性。

表3-17　　解释变量滞后一期的域外竞争和政治关系影响的回归结果

变量	(1) FOLS 双边贸易额	(2) FE 双边贸易额	(3) FE 双边贸易额	(4) FE 双边贸易额	(5) FE 双边贸易额
$LnGDP_{t-1}$	1.1689 *** (0.0245)	0.7823 *** (0.0581)	0.7941 *** (0.0580)	0.8039 *** (0.0582)	0.7724 *** (0.0586)
$Visit_{t-1}$	2.5537 *** (0.4459)	1.0924 *** (0.3455)	0.6572 ** (0.3240)	1.0878 *** (0.3233)	1.1424 *** (0.3295)
$(LnGDP \times Visit)_{t-1}$	-0.0961 *** (0.0177)	-0.0430 *** (0.0139)	-0.0255 ** (0.0130)	-0.0404 *** (0.0131)	-0.0423 *** (0.0133)
$Duration_{t-1}$	0.0073 *** (0.0018)	0.1565 *** (0.0152)	0.1728 *** (0.0179)	0.1416 *** (0.0178)	0.1605 *** (0.0180)

续表

变量	(1) FOLS 双边贸易额	(2) FE 双边贸易额	(3) FE 双边贸易额	(4) FE 双边贸易额	(5) FE 双边贸易额
$Relation_{t-1}$			0.0314 (0.0243)	0.0284 (0.0235)	0.0350 (0.0240)
$LnFA_{t-1}$			0.0784*** (0.0147)	0.0697*** (0.0161)	0.0372** (0.0170)
$NATO_{t-1}$			0.5681*** (0.0899)	2.5201*** (0.7056)	
$Tradestatus_{t-1}$			-0.0056*** (0.0005)	-0.0344*** (0.0075)	-0.0382*** (0.0077)
$(Visit \times Relation)_{t-1}$				-0.0419* (0.0225)	-0.0448* (0.0230)
$(Visit \times Tradestatus)_{t-1}$				-0.0074*** (0.0019)	-0.0067*** (0.0020)
$(LnFA \times Relation)_{t-1}$				-0.0018 (0.0017)	-0.0021 (0.0017)
$(LnFA \times Tradestatus)_{t-1}$				0.0016*** (0.0004)	0.0018*** (0.0004)
$(LnFA \times NATO)_{t-1}$				-0.1179*** (0.0421)	
$Base_{t-1}$					-0.1776 (0.4523)
$LnFA \times Base_{t-1}$					0.0105 (0.0261)
控制变量	是	是	是	是	是
Cons	-13.6329*** (1.4554)	-2.9842*** (2.4829)	2.4664 (2.9806)	-2.0101 (2.9854)	-0.0929 (3.0461)
样本量	1364	1364	1290	1236	1236
Adj. R^2	0.8248	0.8311	0.8523	0.8567	0.8508

注：模型中小括号内的数据为个体稳健的标准误，*、** 和 *** 分别代表 10%、5% 和 1% 的显著性水平。

数据来源：笔者计算得出。

（2）进口和出口子样本实证结论及分析。为突出来自美国的域外竞争意欲遏制中国的经济和贸易优势、更多针对中国出口的问题，接下来将被解释变量区分为进口和进口两个子样本,分别进行回归来探究其受域外竞争和政治关系影响的差异性。由表 3-18 可见,中国和沿线国之间政治关系对中国出口影响较显著,高层互访和建交持续期均正向显著促进中国向沿线国的出口贸易,但这两个政治关系变量对中国从沿线国进口的影响不显著。除此之外,高层互访与沿线国经济规模(GDP)交互项系数仍为负,但仅在表 3-18 中模型(4)中显著,说明区分子样本后"摊薄"效应有所弱化。整体看来,被解释变量为进口额时的回归结果与全样本相比,除不显著的变量之外,并无明显本质差异,但被解释变量为出口额时的回归结果与全样本更加一致。其原因可能在于,中国从沿线国进口额均值低于出口额但极值更多、离散程度更高的实际情况,使出口子样本回归结果较为显著,但总体上仍支持全样本回归结果的稳健性。

表 3-18　区分进出口子样本的域外竞争和政治关系影响的回归结果

变量	因变量:中国自沿线国进口额		因变量:中国向沿线国出口额	
	(1)	(2)	(3)	(4)
LnGDP	0.4743*** (0.1004)	0.4479*** (0.1047)	0.8728*** (0.0564)	0.8788*** (0.0554)
Visit	0.4315 (0.5619)	0.6134 (0.5802)	0.5391* (0.3140)	0.6160** (0.3061)
LnGDP × Visit	-0.0157 (0.0225)	-0.0206 (0.0233)	-0.0202 (0.0126)	-0.0203* (0.0123)
Duration	-0.0006 (0.0307)	-0.0048 (0.0318)	0.1182*** (0.0173)	0.1036*** (0.0168)
Relation	0.0177 (0.0343)	0.0509 (0.0365)	0.1092*** (0.0193)	0.1197*** (0.0193)
LnFA	-0.0045 (0.0250)	-0.0077 (0.0291)	0.0724*** (0.0141)	0.0561*** (0.0151)
NATO	0.9395*** (0.1558)	0.2582 (1.2603)	0.5525*** (0.0880)	2.4584*** (0.6676)
Tradestatus	-0.0207*** (0.0020)	0.0135 (0.0185)	-0.0062*** (0.0005)	-0.0523*** (0.0072)
Visit × Relation$_{t-1}$		-0.0286 (0.0408)		-0.0736*** (0.0215)
Visit × Tradestatus		-0.0179*** (0.0068)		-0.0018 (0.0019)

续表

变量	因变量：中国自沿线国进口额		因变量：中国向沿线国出口额	
	(1)	(2)	(3)	(4)
LnFA × Relation$_{t-1}$		−0.0043		0.0000
		(0.0030)		(0.0016)
LnFA × Tradestatus		−0.0022**		0.0025***
		(0.0011)		(0.0004)
LnFA × NATO		0.0475		−0.1195***
		(0.0753)		(0.0399)
控制变量	是	是	是	是
Cons	−22.6995***	−23.5644***	−9.2657***	−10.9354***
	(5.1356)	(5.3581)	(2.8959)	(2.8287)
样本量	1339	1286	1351	1297
Adj. R^2	0.6663	0.6633	0.8711	0.8816

注：模型中小括号内的数据为个体稳健的标准误，*、**和***分别代表10%、5%和1%的显著性水平。

数据来源：笔者计算得出。

对比进口和出口子样本的回归结果，可发现中美关系变化对中国出口有显著影响，而不对中国进口构成显著影响，说明中美关系恶化主要影响沿线国对中国商品和服务的吸收能力，而非中国对沿线国商品和服务的吸收能力。进一步，考虑中美两国在上一期双边关系变化后的序贯博弈的影响。如同全样本估计结果，美国对外援助与中美关系交互项系数则仍如同之前的回归结果一样不显著；中国与沿线国高层互访和滞后期中美关系交互项的系数仍为负，但仅在出口子样本中显著，说明上一期中美关系恶化后中国与沿线国的高层互访对中国出口的影响更为显著。结合前述的中美关系恶化仅负向影响中国出口的回归结果，可证实高层互访起到了防止沿线国倾向域外竞争者、稳定双边贸易的作用。

颇耐人寻味的是，美国对外援助并不促进沿线国向中国的出口，但却激励中国向沿线国的出口。这一结论从侧面反映了美国对外援助并不倾向于直接增加受援国的生产和贸易能力，而是更多作用于其对进口商品和服务的吸收能力，这一效应部分地溢出到了对中国商品和服务的需求上。更进一步，出口子样本的回归结果再次证实了北约成员国接受美国援助后对中国出口的抑制效应，说明作为域外竞争工具的对外援助的作用仍主要限于其北约盟国的自中国进口。另一个衡量域外竞争的美国贸易地位变量也表现出主要抑制中国出口的结果，但对沿线国出口的影响却并不很显著，而且当其交互中国与沿线国高层互访后，对美国贸易地位较低国家而言，高层互访对其出口的激励效应也更为显著，这与全样本回归结果相同。不过当被解释变量为中国出口额时该系数为负却不显著，一个解释是：虽然高层互访的"摊薄"效应对沿线国出口不显著，但却显著激励美国贸易地位较低国家的对华出口，高层互访对沿线国出口的重要性和提升政治关系的激励得以显现。

（3）不同援助规模子样本实证结论及分析。一般认知中受援助规模往往反映域外竞争的强度，受援国可能对此有差异化的行为反应。接下来，通过区分高援助组和低援助组国家组并进行回归来探究可能存在的域外竞争和政治关系对中国和沿线国贸易的差异性影响①。值得注意的是，引入序贯博弈后中国与沿线国高层互访和中美关系滞后期交互项对中国和沿线国贸易的差异化影响。在上一期中美关系恶化条件下，当期中国和沿线国间高层互访对贸易的促进效应主要发生在低援助国家组，高援助国家组交互项符号为负但不显著，说明高援助国家组受域外竞争因素掣肘，难以显著提升与中国的贸易关系。

即便我们已按照援助规模区分不同子样本，但在同一子样本内仍显示出了美国对外援助对中国和沿线国贸易的促进作用，且在表 3-19 的所有模型中均显著。而且，与全样本回归结果相比，援助与北约成员国变量交互项均显著为负，支持全样本回归结果。但美国贸易地位与援助交互项在不同子样本间出现相反的结果：高援助组的系数显著为负，意味着尽管这一组国家得到较多的美国对外援助，但只要美国贸易地位较低，援助仍可产生对中国和沿线国贸易的促进作用；相比较，低援助的系数显著为正，说明这一组别国家中美国贸易地位的提高也会激励美国对外援助产生明显的贸易创造效应。与此同时，美国贸易地位变量对中国和沿线国贸易的抑制效应以及援助、北约成员国变量对贸易的激励效应仍然得到验证，再次印证了这些域外竞争工具对中国和沿线国贸易影响的复合作用，它并不必然趋同于域外竞争者的政策目标。

---

① 筛选的具体过程如下：首先求出 62 个国家 23 年间接受美国援助数额的总体均值及各国 23 年间接受美国援助数额的均值，将各国之均值数据除以总体均值，其比值大于等于 1 的国家包括巴基斯坦、俄罗斯、约旦、以色列、埃及、伊拉克和阿富汗，位于 0.75~1 的国家有印度尼西亚、乌克兰和波兰，位于 0.5~0.75 的国家有孟加拉国、菲律宾、格鲁吉亚、黎巴嫩、印度和叙利亚，位于 0.25~0.5 的国家有尼泊尔、哈萨克斯坦、亚美尼亚、波黑、土耳其和也门，剩余 40 个国家的比值分布于 0~0.25。选取比值高于 0.75 的 10 个国家和比值低于 0.25 的 40 个国家分别作为接受高援助和低援助的国家。我们还利用标准化的方法进行筛选：首先求出各国 23 年间接受美国援助数额的均值，找出各国接受援助最大值和最小值，计算（均值 - 最小值）/（最大值 - 最小值），可将援助金额标准化为 0~1 的数值。我们发现数据集中在 0~0.1，将数据排序，前 10 位和后 40 位与书中结果一致。

表 3-19　不同援助子样本的域外竞争和政治关系影响的回归结果

变量	高援助组子样本		低援助组子样本	
	(1) 双边贸易额	(2) 双边贸易额	(3) 双边贸易额	(4) 双边贸易额
LnGDP	0.4319*** (0.1606)	0.3368** (0.1435)	0.9825*** (0.0595)	1.0006*** (0.0623)
Visit	1.4137 (0.9525)	0.8857 (0.8837)	0.2820 (0.3466)	0.3290 (0.3591)
LnGDP × Visit	-0.0515*** (0.0366)	-0.0308 (0.0343)	-0.0100 (0.0141)	-0.0099 (0.0147)
Duration	0.0931* (0.0541)	0.0874* (0.0495)	0.0867*** (0.0166)	0.0785*** (0.0171)
Relation	0.0861* (0.0497)	0.1003** (0.0448)	0.0748*** (0.0198)	0.0916*** (0.0212)
LnFA	0.1737*** (0.0352)	0.1798*** (0.0442)	0.0284* (0.0169)	0.0395** (0.0196)
NATO	0.3321 (0.3564)	4.0072** (1.9448)	0.5485*** (0.0783)	2.3904*** (0.7149)
Tradestatus	-0.0316*** (0.0064)	0.1031 (0.0772)	-0.0161*** (0.0010)	-0.0493*** (0.0102)
Visit × Relation$_{t-1}$		-0.0493 (0.0426)		-0.0520** (0.0254)
Visit × Tradestatus		0.0039 (0.0073)		0.0013 (0.0022)
LnFA × Relation$_{t-1}$		0.0009 (0.0035)		-0.0020 (0.0019)
LnFA × Tradestatus		-0.0064* (0.0035)		0.0020*** (0.0006)
LnFA × NATO		-0.1996* (0.1059)		-0.1116*** (0.0430)
控制变量	是	是	是	是
Cons	-6.0054 (8.6924)	-6.2672 (8.0085)	-11.8900*** (2.8062)	-13.5630*** (2.9099)
国家个数	10	10	40	40
样本量	230	220	851	818
Adj. R²	0.8317	0.8697	0.9117	0.9109

注：模型中小括号内的数据为个体稳健的标准误，*、** 和 *** 分别代表 10%、5% 和 1% 的显著性水平。

数据来源：笔者计算得出。

3.4.3 结论

本节利用中国和 62 个"一带一路"沿线国 1995~2017 年的年度数据实证检验"三角"政治关系及其互动对中国和沿线国贸易的影响。研究发现，中国和沿线国之间的高层互访和外交关系持续期均有助于促进双边贸易，但中美关系紧张会溢出到沿线国，抑制其与中国的双边贸易，美国在沿线国的较强贸易地位也会削弱中国和沿线国的双边贸易。但作为美国域外竞争工具的对外援助和盟国对中国和沿线国贸易具有复合影响，这表现在接受美国对外援助和盟国身份会产生促进沿线国与中国贸易的贸易创造效应，但接受援助的盟国身份却产生贸易抑制效应。当把中美关系变化的序贯博弈纳入研究后，上一期中美关系恶化后，中国和沿线国之间的高层互访对双边贸易的激励作用会显著增强，这一访问的效果更主要发生在美国贸易地位较低的沿线国；但中美关系恶化后，美国对外援助对中国和沿线国的贸易抑制效应却不明显，这表现出美国域外竞争政策工具的作用发挥的明显局限性。按照美国对外援助规模区分不同国家后，在中美关系恶化背景下，中国和沿线国间高层互访对贸易的促进效应主要发生在低援助国家组，高援助国家组受域外竞争因素掣肘，难以显著提升与中国的贸易关系。

3.5 域外竞争视角的实证研究 II：投资

本节讨论域外竞争带来的负向公共产品对"一带一路"投资的影响。这是考虑到投资在"一带一路"基础设施互联互通和国际产能合作占有特别重要的地位，尤其受到域外竞争者的关注。早在"一带一路"倡议提出前，就有研究指出中国的对外直接投资规模足以挑战现有国际投资格局，甚至对国际政治和外交关系产生深刻影响（Rosen and Hanemann, 2009）；根据商务部发布的《2018 年度中国对外直接投资统计公报》，2018 年中国对外直接投资流量达 1430.4 亿美元，居全球第二位，其中"一带一路"沿线国是中国 OFDI 的核心投资地之一，相当数量中国企业的投资受到美国域外竞争的严重干扰和阻挠。本节延续 3.4 节的研究思路，以"一带一路"沿线 57 个国家 2003~2018 年的面板数据为样本探究美国的域外竞争对中国向沿线国 OFDI 的影响。

3.5.1 实证方法与数据

（1）变量选取与数据来源。中国对沿线国的直接投资是本节研究的被解释变量，数据来源于《中国对外直接投资统计公报》。观察数据发现，中国对外直接投资数据中存在约21.4%的零值，若直接剔除将影响数据准确性从而产生有偏的结果，因此参考Busse和Hefeker（2006）的做法，按照以下公式对数据进行转化：

$$OFDI = Ln(OFDI + \sqrt{OFDI^2 + 1}) \quad (3-13)$$

类同于3.4节，中国—沿线国政治关系仍使用高层互访和中国与"一带一路"沿线国的建交持续期来度量。美国—沿线国关系则以美国对沿线国的对外援助和美国同盟体系作为域外竞争（USCompete）的度量，其中，本节界定的盟国体系是指与美国签署双边联合防务协定或加入美国主导的多边集体防务协定的国家（周亦奇，2016）；但本节还使用沿线国在联合国大会与美国投票的一致性作为对外援助的替代变量，以检验域外竞争回归结果的稳健性，数据来源于Bailey等（2017）。中美关系仍使用清华大学当代国际关系研究院编制的中国与大国关系数据库提供的中美关系指数。

在控制变量中，纳入东道国的人均国内生产总值（GDPP）反映其经济社会的发展水平，中国的国民生产总值（GDPC）来控制我国各年份的经济规模，以中国与东道国的地理距离（DIS）与当年油价的乘积来控制运输成本因素，数据分别来自世界银行和CEPII数据库。由于中国对外投资选择与东道国的自然资源状况联系紧密，因此以东道国的燃油和矿产出口占其出口总额的比值（NR）来刻画其自然资源丰裕程度，数据来自美国商务部经济分析局（BEA）。最后还将控制东道国与中国是否签署了双边投资协定（BIT）。

通过对变量的搜集和整理，最终确定研究对象是2003~2018年巴基斯坦等57个"一带一路"沿线国家。① 类同3.4节，对对外援助、国内生产总值等时间序列变量取对数以降低数据的变异性；为检验多政治关系变量间可能存在的高度相关和多重共线性，对解释变量进行方差膨胀因子检验，结果显示变量的方差膨胀因子均较小，显示并不存在明显的多重共线性问题（表3-20和表3-21）。对度量美国域外竞争的代理变量，与美国在联合国大会投票一致性和

---

① 美国对华战略转型可追溯到小布什政府时期，实证样本选取2001年之后的年份能反映中美竞争的影响，而中国对各国的OFDI数据自2003年才有全面统计与披露，因此本节样本的起点时期为2003年。

同盟体系变量的相关系数大于0.50，因此，在使用与美国在联合国大会投票一致性作为替代变量时，不应考虑同盟体系变量。

表3-20 主要变量的描述性统计及方差膨胀因子

变量名	观测值	均值	标准差	最小值	最大值	方差膨胀因子
OFDI	944	5.3769	5.6657	-13.1265	14.5529	—
Visit	944	0.7225	0.9137	0.0000	5.0000	0.9488
Duration	944	37.3644	17.8585	8.0000	69.0000	0.8521
USCompet	923[a]	17.264[a]	2.4575[a]	6.7441[a]	23.3199[a]	0.8672[a]
	943[b]	0.2687[b]	0.1605[b]	0.0260[b]	0.9194[b]	0.6885[b]
Ally	944	0.2415	0.4282	0.0000	1.0000	0.6282
Relation	944	0.7969	1.2277	-2.7600	2.0670	0.9765

注：[a]和[b]分别表示美国对外援助和与美国在联合国大会投票一致性变量。

表3-21 主要变量的相关系数检验

	Visit	Duration	Relation	USCompete	Ally
Visit	1.0000				
Duration	0.1341	1.0000			
Relation	0.0784	-0.1036	1.0000		
USCompete	0.0923[a]	0.2240[a]	0.0326[a]	1.0000[a]	
	-0.1049[b]	0.0090[b]	0.0139[b]	0.0287[ab]	1.0000[b]
Ally	-0.1236	0.1743	-0.0071	-0.1788[a]	0.5291[b]	1.0000

注：[a]和[b]分别表示美国对外援助和与美国在联合国大会投票一致性变量。

（2）回归模型设定。本节采用面板校正标准误差模型（PCSE），该方法可以有效解决模型中存在的异方差和自相关问题，并能得到稳健的标准误。首先建立包含中国与沿线国政治关系、域外竞争及中美关系在内的面板模型，为测度域外竞争对沿线国影响的异质性，加入了美国对外援助（USCompete）和盟国（Ally）的交互项（$USCompete_{it} \times Ally_{it}$）。以X表示控制变量，包括沿线国和中国国内生产总值、中国与沿线国的地理距离、沿线国自然资源禀赋及双边投资协定；i表示国家，t表示年份，ε为扰动项。实证模型如下：

$$OFDI_{it} = \beta_0 + \beta_1 Visit_{it} + \beta_2 Visit_{it} \times LnGDP_{it} + \beta_3 Duration_{it} + \beta_4 Relation_{it} + \beta_5 USCompete_{it} + \beta_6 Ally_{it} + \beta_7 USCompete_{it} \times Ally_{it} + \beta_8 X_{it} + \varepsilon_{it} \# \quad (3-14)$$

其次，为衡量中美大国博弈的溢出效应和动态影响，将滞后一期的中美关系分别与中国—沿线国政治关系和美国域外竞争变量进行交互来探究其互动影响。模型如下：

$$OFDI_{it} = \beta_0 + \beta_1 Visit_{it} + \beta_2 Visit_{it} \times LnGDP_{it} + \beta_3 Duration_{it} + \beta_4 Relation_{it} + \beta_5 USCompete_{it} + \beta_6 Ally_{it} + \beta_7 USCompete_{it} \times Ally_{it} + \beta_8 Visit_{it} \times Relation_{i,t-1} + \beta_9 Duration_{it} \times Relation_{i,t-1} + \beta_{10} USCompete_{it} \times Relation_{i,t-1} + \beta_{11} Ally_{it} \times Relation_{i,t-1} + \beta_{12} X_{it} + \varepsilon_{it} \# \qquad (3-15)$$

其中，$Visit_{it} \times Relation_{i,t-1}$ 和 $Duration_{it} \times Relation_{i,t-1}$ 分别为中国与沿线国的政治关系与滞后一期中美关系的交互项，$USCompet_{i,t} \times Relation_{i,t-1}$ 和 $Ally_{i,t} \times Relation_{i,t-1}$ 分别为美国的域外竞争和盟国体系变量与滞后一期中美关系的交互项。

3.5.2 实证结果与讨论

（1）全样本回归结果。基于 PCSE 模型的回归结果报告在表 3-22 中。由表 3-22 中模型（1）结果可知，以高层互访和建交持续期度量的不同维度中国与沿线国政治关系均显著为正，表明作为中短期制度安排的高层互访和长期制度安排的外交关系持续期均产生对中国 OFDI 的激励效应，这与研究政治关系对 OFDI 影响的普遍结论一致（杨连星等，2016；郭烨和许陈生，2016）。但高层互访与沿线国 GDP 的交互项却显著为负，说明高层互访存在"摊薄"效应，即经济规模较小的沿线国从高层互访中获得到投资促进效应更强。模型（2）、模型（3）、模型（4）中加入不同的交互项后，这一"摊薄"效应仍显著存在，体现出该结论的稳健性。

表 3-22   全样本实证回归结果

变量	(1)	(2)	(3)	(4)
Visit	10.2164 ***	10.2906 ***	11.0932 ***	8.7826 ***
	(2.7977)	(2.8099)	(2.9347)	(2.9415)
Visit × LnGDP	-0.3664 ***	-0.3683 ***	-0.3935 ***	-0.3058 ***
	(0.1069)	(0.1074)	(0.1116)	(0.1120)
Duration	0.0263 **	0.0267 **	-0.0091	-0.0023
	(0.0109)	(0.0109)	(0.0168)	(0.0145)
Relation	0.2762 *	0.2338	0.5235 *	0.5949 **
	(0.1522)	(0.1531)	(0.2963)	(0.2816)
USCompet	-0.0200[a]	-0.0773[a]	0.0224[a]	-0.5048[b]
	(0.0823)	(0.0867)	(0.0960)	(1.7517)

续表

变量	(1)	(2)	(3)	(4)
Ally	-2.6389*** (0.4337)	-12.3063*** (3.6254)	-11.5816*** (3.7817)	
USCompet × Ally		0.5793[a]*** (0.2178)	0.6134[a]*** (0.2284)	
Visit × Relation$_{t-1}$			-0.1383 (0.2409)	-0.0704 (0.2370)
Duration × Relation$_{t-1}$			0.0369*** (0.0124)	0.0155* (0.0092)
USCompet × Relation$_{t-1}$			-0.0988[a]*** (0.0358)	-3.5419[b]*** (1.0983)
Ally × Relation$_{t-1}$			-1.3296*** (0.4268)	
控制变量	是	是	是	是
常数项	-46.1013*** (8.7742)	-46.9343*** (8.7683)	-54.8762*** (11.2769)	-54.7711*** (11.6050)
Adj. R^2	0.2265	0.2316	0.2388	0.2023

注：①[a]和[b]分别表示美国对外援助和与美国在联合国大会投票一致性变量。②***、**、*分别表示在1%、5%、10%的水平上显著，括号内为标准差。

测度美国域外竞争的两个代理变量均未显示出对中国向沿线国 OFDI 的显著影响，这一结果在表 3-22 的所有模型中都是稳健的。这说明无论是美国的对外援助还是显化的美国要求他国提供的政治支持都未对沿线国和中国的投资合作产生直接影响。其解释在于，作为域外竞争政策工具的对外援助以及被要求的政治支持体现了美国意愿，但其对中国投资的可能抑制效应受到沿线国吸收能力增强、接受中国投资意愿增加的对冲，使其加总效应变得不显著。但实证研究也发现，支撑美国域外竞争的另一政策工具——盟国体系却对中国向沿线国投资产生显著抑制效应，这显示了同盟体系作为美国全球战略的重要支撑对其盟友战略选择行为的约束力，其抑制效应强于盟友"搭便车"行为对投资的促进效应。此外，与中美两个具有全球影响力国家的地位相称，中美关系变量正向促进中国对沿线国 OFDI，且在表 3-22 中模型（1）、模型（3）和模型（4）中显著。这表明中美竞合状态的影响力超越中美两国、溢出至沿线国，中美关系缓和可促进中国与沿线国的投资合作，反之则产生抑制作用。

在表 3-22 中模型（2）中纳入美国域外竞争及盟国体系的交互项，实证发现援助变量的交互项显著正向促进中国对沿线国的 OFDI，表明接受援助的美国盟友反而更多地吸收中国 OFDI。这显示了美国的对外援助和盟国体系影响的复合效果。这表明，盟国体系作为美国域外竞争的重要载体，虽然其可以发挥对中国 OFDI 的抑制效应，但这些国家也从自身利益出发，政治上试图改变同盟体系内不平等而对美国实施"软制衡"并对美国造成副作用（孙茹，2011），因此显化为逆美国意愿的对中国投资合作的促进效应。

接下来，通过滞后一期中美关系与中国—沿线国政治关系及美国域外竞争变量的交互来探究三对政治关系的序贯博弈情形。实证结果表明，中国与沿线国政治关系的交互项中，高层互访交互项的影响不显著，但关系持续期交互项却具有显著正向影响。这表明，中美关系的变化并不显著影响中国和沿线国之间的高层互访对投资的促进效应；但中美关系变化加强了关系持续期对中国投资的促进效应，亦即，中美关系的改善有助于提升中国对沿线国的投资水平，但中美关系恶化会降低中国投资水平，由此可见衡量关系资产积累的建交持续期具有受中美关系溢出影响的时变效应。至于滞后一期中美关系与美国域外竞争变量的交互项，实证发现其对于中国向沿线国 OFDI 的影响均显著为负，表明中美关系变化削弱了美国对外援助等域外竞争工具对中国投资的影响，即中美关系改善时域外竞争的作用下降，反之则上升，也体现出了中美关系变化的溢出效应。盟国体系变量的影响也是类似的。

（2）稳健性检验。中国对外直接投资有明显的区域性。2019 年《中国对外直接投资统计公报》显示，至 2019 年年末，中国在亚洲的投资存量占 66.4%，其余投资也多流向拉丁美洲、非洲等区域的发展中国家。中国 OFDI 并不受发展中国家高政治风险的阻碍，有些研究甚至认为中国投资偏好于制度不完善的国家（Buckley et al., 2007；Cheung, 2012）。考虑到表 3-22 的结果可能会因为中国对发达国家与发展中国家投资的差异而产生偏误，以下将研究样本中的 10 个发达国家剔除，① 对 49 个发展中国家样本进行实证研究来检验前述实证结果的稳健性（见表 3-23）。

对比表 3-22 和表 3-23 可发现主要变量的估计结果没有实质性变化，尤其是展现本节主要结果的表 3-23 中模型（3）、模型（4）基本一致，显示前述实证结果是稳健的。有所不同的是，表 3-23 中模型（2）中的盟国体系变量及其与对外援助的交互项均不再显著，这可能是因为被剔除的发达国家多为

---

① 剔除的国家包括新加坡、立陶宛、爱沙尼亚、拉脱维亚、捷克、斯洛伐克、斯洛文尼亚、以色列、希腊、塞浦路斯。

表 3-23　　　　　　　对发展中国家子样本的稳健性检验结果

变量	(1)	(2)	(3)	(4)
Visit	10.3208*** (2.9614)	10.3117*** (2.9615)	11.2803*** (3.0790)	9.3764*** (3.0879)
Visit × LnGDP	-0.3687*** (0.1127)	-0.3683*** (0.1127)	-0.3988*** (0.1168)	-0.3283*** (0.1174)
Duration	0.0207 (0.0141)	0.0203 (0.0144)	-0.0311 (0.0218)	-0.0058 (0.0175)
Relation	0.4145** (0.1736)	0.4185** (0.1765)	0.7080** (0.3419)	0.5897* (0.3192)
USCompet	0.0093^a (0.0973)	0.0127^a (0.1012)	0.1691^a (0.1136)	1.2551^b (2.5075)
Ally	-1.5194** (0.6120)	-0.4621 (6.6394)	1.6476 (7.1876)	
USCompet × Ally		-0.0604^a (0.3787)	-0.1211^a (0.4203)	
Visit × Relation$_{t-1}$			-0.1658 (0.2781)	-0.0993 (0.2772)
Duration × Relation$_{t-1}$			0.0502*** (0.0159)	0.0188* (0.0113)
USCompet × Relation$_{t-1}$			-0.1433^a*** (0.0441)	-3.8501^b** (1.6616)
Ally × Relation$_{t-1}$			-1.0905* (0.6454)	
控制变量	是	是	是	是
常数项	-41.4882*** (10.0679)	-41.4222*** (10.0791)	-50.2480*** (12.9837)	-43.9317*** (13.0091)
Adj. R^2	0.1801	0.1801	0.1884	0.1735

注：①^{a}和^{b}分别表示美国对外援助和与美国在联合国大会投票一致性变量。②***、**、*分别表示在1%、5%、10%的水平上显著，括号内为标准差。

美国盟国，而中国 OFDI 多偏向发展中国家，发展中国家中的美国盟国多属于中东欧国家，与中国的传统友好关系以及诸如中国—中东欧合作机制这样的制度建构对冲了20世纪90年代后方加入北约的美国中东欧新盟国的影响。另一个不同在于衡量关系资产强度的建交持续期变量对中国 OFDI 的影响不再显著，这与新中国成立后与"一带一路"沿线发展中国家建交较早、关系积累强度较高，而与沿线发达国家建交较晚有关。

（3）内生性问题讨论。中国与沿线国之间的政治关系与中国对其 OFDI 可能互为因果关系，良好的政治关系促进投资合作，反之投资合作也能促进双边政治关系的发展（Desbordes and Vicard，2009）。在中美博弈背景下，美国在沿线国的援助及盟国体系与中国 OFDI 也可能存在内生性，中国对沿线国的 OFDI 的迅猛发展也是美国强调中国"威胁"并强化竞争的重要缘由之一。为控制内生性问题，将解释变量的滞后一期作为工具变量（周密等，2020），实证结果如表 3-24 所示。观察发现，表 3-24 的结果与表 3-22、表 3-23 并无二致，考虑内生性因素后本节的主要结论仍然成立。

表 3-24　　　　　　　　内生性检验结果

变量	(1)	(2)	(3)	(4)
$Visit_{t-1}$	6.9693**	7.0072**	7.7250***	6.8312**
	(2.8486)	(2.8567)	(3.0023)	(2.8829)
$(Visit \times LnGDP)_{t-1}$	-0.2422**	-0.2426**	-0.2616**	-0.2382**
	(0.1092)	(0.1095)	(0.1146)	(0.1110)
$Duration_{t-1}$	0.0212*	0.0210*	0.0023	-0.0207
	(0.0114)	(0.0113)	(0.0269)	(0.0161)
$Relation_{t-1}$	0.6725***	0.6279***	1.0537***	0.2579
	(0.2297)	(0.2306)	(0.3104)	(0.6493)
$USCompet_{t-1}$	0.0023[a]	-0.0484[a]	0.0748[a]	-0.2749[b]
	(0.0892)	(0.0940)	(0.1142)	(1.5783)
$Ally_{t-1}$	-2.5145***	-11.6802***	-13.3486***	
	(0.4572)	(3.9139)	(4.0537)	
$(USCompet \times Ally)_{t-1}$		0.5481[a]***	0.6459[a]***	
		(0.2348)	(0.2434)	
$(Visit \times Relation_{t-1})_{t-1}$			-0.1539	0.3874**
			(0.3321)	(0.1515)
$(Duration \times Relation_{t-1})_{t-1}$			0.0145	0.0255*
			(0.0201)	(0.0116)
$(USCompet \times Relation_{t-1})_{t-1}$			-0.1040[a]**	-3.1196[b]***
			(0.0516)	(1.0673)
控制变量	是	是	是	是
常数项	-32.1584***	-33.1128***	-49.5403***	-40.3302***
	(9.2811)	(9.2876)	(13.6443)	(9.9568)
Adj. R^2	0.2207	0.2249	0.2256	0.2168

注：①[a]和[b]分别表示美国对外援助和与美国在联合国大会投票一致性变量。②***、**、*分别表示在1%、5%、10%的水平上显著，括号内为标准差。

3.5.3 结 论

本节利用中国和 57 个"一带一路"沿线国 2003~2018 年的年度数据实证检验域外竞争对中国向沿线国 OFDI 的影响。实证结果支持传统研究发现的中国和沿线国政治关系促进投资的实证结果,高层互访及建交持续期均有助于促进中国对沿线国的直接投资,还发现了因东道国市场规模的异质性而产生的高层互访"摊薄"效应。同时,作为美国域外竞争政策工具的对外援助并未对中国投资产生显著影响,盟国体系却产生了对中国投资的抑制效应,但对外援助在盟国体系中却促进中国与沿线国的投资合作,显示了美国的域外竞争政策工具对中国向沿线国直接投资的复合效果。最后,中美关系变化并不影响中国与沿线国高层互访的投资促进效应,但却提升了建交持续期对投资的影响,削弱了美国对外援助和盟国体系对中国投资的影响,显示了中美关系变化对中国向沿线国投资的多重溢出效应。

3.6 小结

本章旨在为"一带一路"倡议提出后产生的区域公共产品及其效应提供实证依据,研究发现了倡议本身的信号效应以及基础设施互联互通、政治关系资产均有助于"一带一路"区域内的贸易或投资发展;但域外竞争者对中国和沿线国投资贸易的影响是颇为复杂的,其竞争工具的影响与中国、沿线国和域外竞争者之间的多重政治关系间存在复杂的互动作用。本章研究的结论和政策启示在于如下方面。

首先,"一带一路"倡议的信号效应对中国和沿线国都产生有益合作激励。虽然在"一带一路"倡议之初,相当多研究担忧这一倡议实施的风险,但本章的研究应能在一定程度上减缓这一担忧。以"共商、共建、共享"作为关系治理的基本原则,力求得到沿线国认同并积极响应,这一响应可以更可接受、更好承受的方式推进其制度环境和国家治理水平改善,进而逐步形成规则治理和制度趋同的认知条件和社会基础。这是"一带一路"倡议为世界经济发展和治理提供的契机和潜在经验所在,也是中国改革开放形成的渐进、试错和增量改革经验通过新型区域合作倡议方式贡献于共同发展和文明进步的新试验。

其次,加强与"一带一路"沿线国之间的基础设施互联互通具有重要的战略意义。利用基础设施整合周边市场有利于中国和沿线国共同获得地缘相连的政治和经济优势，为区域市场融合以及中国和沿线国经济发展创造良好的外部环境。分散在不同国家的基础设施投资随着空间溢出效应的显现，将加速区域市场的融合，有利于打破贸易保护主义、孤立主义等逆全球化潮流，这也是中国因卓越的基础设施建设能力对全球贸易所作的独特贡献。

再次，政治关系资产对经济活动的润滑效应是应对"一带一路"沿线国复杂性的重要依托。在当前中美博弈加剧背景下，加强与沿线国的经贸合作是实现市场转移和替代，促进贸易平稳发展的重要依靠。政治关系持续期和投资强度变量对贸易的正向影响也启示，关系资产积累会形成沉淀成本、激励双边贸易沿着惯性力作用，会削弱当事国的机会主义行为动机，中国和沿线国应合力提升关系投资强度，进一步发挥惯性力和政治关系的贸易提升力作用。

最后，应理性看待中国、美国和沿线国间"三角"政治关系的复杂互动。这一互动结果将形成不同于中国—沿线国双边情境下的关系治理推动经济贸易发展的结果，也不会遵从于域外竞争者的预期。美国以其政治、军事和对外援助等工具向沿线国的力量投射，虽对中国和沿线国的投资贸易产生一定阻碍作用，但主要发生在美国盟国，而且其影响颇为复杂。因来自美国的域外竞争压力和竞争工具使用对中国和沿线国经贸往来及"一带一路"倡议推进的影响并不很强，中国应理性看待域外竞争的影响，以战略定力和耐心推进"一带一路"倡议继续前行。

下篇 >>>>

"一带一路"国际产能合作风险

第 4 章

"优势—风险—资源"适配的国际产能合作分析框架

在"一带一路"区域公共产品的作用下,微观企业需要在综合分析国际产能合作风险基础上形成产能合作决策。国际产能合作既表征为母国与东道国之间的合作关系,也表现为母国企业向东道国的市场进入以及相应的微观主体建构。基于母国的多要素协同生产组织和较显著优势,微观企业才有能力推动向东道国的市场进入,其所欲选择进入的东道国必然存在可进一步发挥其优势的某种资源。优势—资源的有效衔接是推动母国企业参与国际产能合作的核心驱动力。但国际产能合作与境内生产拓展的重大差异在于迥异于母国经营的风险项,这一风险项居间影响投资企业优势及其对东道国资源的利用程度,并因之影响预期投资收益和投资者决策。仅当企业"优势"适配东道国"资源"且"风险"有效防范时,产能合作方可持续。基于此,本章提出一个"优势—风险—资源"适配的国际产能合作分析框架。

4.1 国际产能合作中的母国及其企业"优势"

根据《辞海》释义,"优势"其意有二:一是指能压倒对方的有利形势,二是指超过同类事物中其他情况的形势。以此语义用于国际产能合作问题之中,"优势"当指一国、一产业乃至一企业相对另一国、另一产业及其他企业的有利地位,必然蕴含着相比他方而言比较优劣的含义。本节在评估已有"优势"相关文献基础上,探讨母国及其企业"优势"的来源和构成,并给出其开展面向东道国的国际产能合作的"优势"使用方式。

4.1.1 文献中对"优势"的认知及分析

从国家层面看,涉及"优势"的探讨可追溯至英国古典经济学家亚当·斯密的绝对优势理论。设若仅考虑劳动一种要素,其总量在某一给定时间固定不变并具有同质性,且劳动要素只能在国内不同部门之间流动而不能跨国流动,在完全竞争市场条件下,可通过单位要素投入的产出率来衡量绝对优势——对劳动而言,即其劳动生产率(Q_j/L),其中 Q_j 是产量,L 为劳动投入。如果一国使用同样的要素数量能生产出比另一国更多的某种产品,则称该国在此产品上具有高劳动生产率对应的绝对优势。反向而言,亦可以用生产单位产品所需的要素数量来衡量,即单位生产成本 $\alpha_{Li} = L/Q_j$;如果一国单位产品消耗的要素数量低于另一国,同样可称该国在此产品上具有绝对优势。亚当·斯密认为,国际分工建立在各国各自拥有的绝对优势基础之上,可使各国将其要素从生产率低下的部门转移至生产率高的部门,进而优化资源配置、增加国民所得。亚当·斯密认知的绝对优势又可以分为先天性的自然优势和后天性的获得性优势两类,前者包括一国之气候、矿产及其他相对不变的优势,后者则包括技术和资本等通过努力而得到的优势。但是,"至于说一国的某种竞争优势是固有的,还是后来获得的,并无关紧要。"[①]

在亚当·斯密的绝对优势理论基础上,英国古典经济学家大卫·李嘉图在其 1817 年出版的《政治经济学及赋税原理》中提出了比较优势理论。其针对绝对优势理论的突破是:即便某些国家在所有产品生产上都具有绝对优势,而另一些国家在任何商品生产上都不具有绝对优势,两国之间仍有可能发生贸易。此时,贸易所依据的即是比较优势。若两国之间劳动生产率的差异并不是在任何产品上都相等,即便一国所有产品生产均具有绝对优势,但优势程度并不均等,可"两优相权取其重";另一国即便均具有绝对劣势,仍可取生产率差异较小者,"两劣相权取其轻",以此作为两国各自的比较优势产品进行贸易而分享贸易利益。比较优势的实现,一是因为国家间劳动生产率的既有差异;二是因为劳动要素在国际间完全不能流动,因而生产率差异转变为劳动要素报酬差异,使各国相对封闭经济而言,以比较优势参与贸易是更优的选择。在大卫·李嘉图之后发展起来的要素禀赋理论则强调了各国间的禀赋差异,禀赋优

---

① 资料来源:亚当·斯密. 国民财富的性质和原因的研究(下卷)[M]. 郭大力,王亚南译. 北京:商务印书馆,1972:30.

势仍是由多重要素间的相对比例来确定：例如，当纳入劳动（L）和资本（K）两种要素时，以两国的劳动/资本比重（L/K）相比较，较大者为劳动禀赋优势（丰裕）国家，较小者则为资本禀赋优势（丰裕）国家，进一步引申，两国各自出口密集使用本国禀赋优势要素生产的产品可获得各自的比较利益。

以上阐述的国际贸易理论"优势"范畴，其共同点都是以国家为研究对象，"优势"是一国相对另一国而论；至于其国内企业，则默认为是利用给定"优势"情形下的生产单元而不具有明显的差异性，这些生产单元共同构成了一个完全竞争市场，生产并出口本国具"优势"的产品。

但以上传统理论所给定的生产规模报酬不变假设和国际市场结构完全竞争假设均不符合现实。在现代化的社会大生产中，相当大量的产品生产具有规模经济特征，即生产规模的扩大会带来单位产品投入要素量和成本的下降，因而大规模生产（企业）相比于小规模生产（企业）具有成本优势，更可能在市场竞争中获胜。这里的规模经济"优势"已转化为以企业为研究对象。正因为规模经济的存在，特定产品的国内和国际市场结构倾向于形成垄断竞争、寡占乃至垄断，在市场上生存的单一企业因之就具有垄断"优势"。与早期基于完全竞争市场的资本国际流动理论相比[①]，20世纪60年代后发展的国际直接投资理论首先就重点强调了企业拥有的垄断优势。由美国经济学家海默（Hymer，1960）和金德尔伯格所开创的垄断优势理论强调，跨国公司在对外直接投资中具有的特定优势包括其在技术、管理和规模经济方面的相对优势，这一优势与企业所有权关联，即企业因拥有或者掌握某种财产权和无形资产而获得"优势"。它至少包括：（1）来自产品市场不完全的垄断优势，如产品差异化、销售技能、定价策略等；（2）来自要素市场不完全的垄断优势，如专利、技术诀窍、管理技能、资本获取能力等；（3）来自规模经济的垄断优势；（4）来自政府干预的垄断优势，包括政府对贸易、外汇、利率等的管制以及资源的排他性占有等。为克服外部市场的高交易成本，这一"优势"的利用需要通过直接投资来实现。

在海默和金德尔伯格提出的垄断优势理论基础上，不同学者对垄断"优势"的来源进行了扩展性的分析和建模。其中，特别值得关注的是 Stopford 和 Wells（1972）提出的组织管理能力优势，亦即，对外投资是充分利用跨国企

---

① 在古典经济学理论中，各国的产品和要素市场是完全竞争的，因而要素的边际产出和价格取决于各国要素禀赋的相对差异，如此，资本国际流动是从拥有丰裕资本（因之利率较低）国家流向资本稀缺（因之利率较高）国家，此时，生产投资和金融资产投资并无实质差别。

业管理资源的内在要求。张小蒂和王焕祥（2004）提出了国际投资（尤其是并购）中的要素交易整合"优势"，该"优势"强调跨国公司通过"一揽子交易"来获取动态竞争优势的能力，它实际上隐含了企业将其组织管理能力对接、匹配和适应东道国已有生产单元，进而实现母国要素与东道国要素间的协同作用、获取竞争优势的目标，但要素交易整合"优势"的来源仍是母国企业的企业家及其组织管理能力的跨国利用。

以上所述的垄断"优势"范畴是企业开展国际投资的重要动因，但本质上仍未充分回答企业为何选择投资而非商品和技术贸易方式来使用其垄断"优势"这一问题。20世纪70年代发展的内部化理论（Buckley and Casson，1978）强调了因中间产品市场交易成本过高，导致企业选择跨国直接投资方式，将中间产品交易内部化以维持其垄断优势的思想。其理论观点是：包括上下游投入的原材料、零部件在内的中间产品市场，以及知识和技术、技能等信息形态产品均具有明显的市场不完全特征。对前者，搜寻价格、确定合约、合约履行等方面的交易成本可能过高；对后者，信息产品具有"公共品"特征，明确界定此类产品产权、维持和保障产权的排他性，需付出的代价可能很大，因而，利用国际投资创造一个企业内部市场可能要比外部交易更有效率。在英国经济学家邓宁（Dunning，1988、1993）发展的国际生产折衷理论中，将跨国公司通过内部化以更好利用自身的所有权（垄断）优势的内部化理论综合和概括为内部化"优势"。这一界定的可能问题在于：第一，内部化是相对于外部化而言，两者均是企业运用其垄断优势实现利润最大化的方式，它主要由产品本身的特性决定，而不取决于特定企业，因此，内部化并非"优势"，而是企业运用垄断优势的备选方式之一。第二，邓宁定义的内部化"优势"与企业具有的所有权（垄断）优势并列，但前者依附于后者才能存在，它很难和企业所有权（垄断）优势分开。

在邓宁的国际生产折衷理论中还强调了区位优势，它被定义为跨国公司在某国进行投资时所享有的当地禀赋条件与企业自身要素相结合而产生的"优势"。这一"优势"包括东道国的要素成本、市场特征、贸易壁垒和政府政策等方面。但关键问题是：区位"优势"是相对于跨国公司在母国生产以及母国区位而言，它不属于跨国公司而属于东道国。跨国公司只能选择、适应和利用区位因素与其所有权（垄断）"优势"进行结合，以实现相对母国生产的优势。从这一意义上讲，国际生产折衷理论中的区位"优势"并非企业优势，也非母国优势，它客观存在于东道国。从规范的"优势"术语和投资企业视角看，与其说是区位"优势"，毋宁说是东道国"资源"。仅当这一"资源"与投资企业其他要素的整合方可能显示出多要素协同的企业生产效率和竞争中的"优势"。

4.1.2 企业"优势"的来源与构成

企业存在的目标既在于降低交易成本也在于组织生产。企业与市场边界的交易成本解释来源于新制度经济学家科斯（Coase，1937），其基本观点是：企业与市场是两种不同但又可相互替代的交易制度，市场交易由价格机制来协调，企业的存在则将原属于市场的交易用科层"指令"来进行，企业"内部化"的目标在于节约交易所致的成本，直至其规模达到组织协调生产活动关联的边际组织成本等于"内部化"关联的边际交易成本为止。正是因为市场中存在不完全竞争市场结构和信息产品要素市场不完全，国际投资中的内部化理论较准确地捕捉到了企业向国际市场扩张时面临的内部化激励以及规模约束。但如前所述，市场不完全性是从属于市场和产品的特性，而非特定企业的"优势"。

从组织生产的企业职能看，企业可被简化为一系列要素投入协同作用形成生产的函数，令要素包括但不限于资本（K）、劳动（L）、技术（T）、土地（R）等类型，则可有以下生产函数：$Q = F(K, L, T, R, \cdots)$。其中，不同要素的边际产出均会呈现先边际递增而后边际递减的规模经济利用特征，但一般的情形是，不同要素的规模经济特征会存在明显差异，通过调整要素使用比例和数量可推动实现多要素协同的生产效率。但问题是，现实中依托母国市场的要素供给并不一定能完全匹配以上要求的最优要素使用比例，市场容量限制也约束了规模经济的要素投入量；此时，受约束要素限制了其他要素规模经济的实现，如果能依托国际市场来补充受约束要素或者放松市场容量限制，将可带来生产效率的提升。但如果这一要素难以跨国流动，则国际投资是自激励的。另外，如果要素供给价格存在国家间差异，基于以上同样的要素难以流动的理由，以要素供给替代来增加同样投入下的产品产量，也是自激励的。此外，如果考虑到运输成本、要素和需求的异质性，企业可能会使用不同的要素投入比例和生产技术适应异质性需求的市场，导致不同的规模经济产量，多样化规模经济的存在性对应于不同的要素匹配要求，在国际市场上寻找与其适配的要素和市场，也将是对企业内在的激励。

（1）要素价格国家间差异和多样化规模经济优势。由比较优势理论和要素禀赋理论所揭示的国家间优势差异是推动国际分工的核心动因。在要素同质化且劳动等要素难以跨国流动条件下，生产率差异将导致要素报酬差异，客观上导致了各国之间要素价格的不均等。但从完全竞争市场假定出发，萨缪尔森

(Samuelson，1949)认为，参与国际贸易后将使特定要素丰裕国家因需求上升而变得稀缺并导致其价格上涨，原所稀缺要素则因进口贸易而得以缓解，导致其价格下降，因之生产要素价格将出现均等化趋势。不过，真实世界中存在多方面的原因制约了要素价格均等化的实现，这包括运输成本、生产技术条件差异、包括保护贸易在内的政府干预、要素异质性以及市场不完全竞争等。国家间要素价格的差异形成了所有企业都必须面对的结构性优势或劣势，对要素价格较低国家企业而言，如果该要素使用偏向本国企业，则可通过要素向外流动来使用这一优势①。这一优势包括但不限于以下方面。

①汇率和融资优势。如果一国货币汇率相对他国升值，则意味着该国资本可兑换的他国货币数量上升、投资成本下降；如果该国有较发达的金融市场，可实现较低的融资成本，则获取同样资本量并用于投资的成本也会下降。

②激励政策优势。如果一国对境内企业境外投资出台补贴、税收减免、豁免等激励政策，且这一政策面向所有境内企业，则它将改变企业境内外生产布局所使用要素的价格比例，形成本国企业可普惠使用的明显优势②。

③公共产品可得性及成本优势。如同本书2.1.3节分析的那样，产品的市场价格和竞争力既取决于企业自身的生产成本，也取决于公共产品的可得性及其供给成本、质量③。如果一国可供给包括良好营商环境、支持企业发展的共性技术研发、劳动市场服务和人才引进等区域性要素供给市场在内的公共产品，就可以助力一国或者特定区域企业形成共享且可辐射的"优势"。它虽然没有直接表现为要素价格差异，但隐含了对要素可得性、价格和要素组合（生产）成本的影响。理论上，可将公共产品视为进入企业生产函数但"不可视"的类似于"要素"的因素。

由于不同国家要素禀赋的差异性，在资本、技术等要素较丰裕的国家其生产组织中往往较多使用资本而少使用劳动，较强调产品技术含量；如果市场发育程度较高、开放度较高，其单一企业的最优规模经济产量往往较大；而在劳

---

① 如果要素是可流动的，且没有本国企业优先使用的政府限制政策，也将吸引境外投资至本国来利用这一优势；倘若要素难以流动，则倾向于吸引国际投资来利用要素价差优势。

② 但如果该政策仅为选择性制度安排，针对某一特定产业及个别企业，它固然可以被认为是特定企业享有的"优势"，但更好的处理是将其视为该企业采取的与政府合作规避"风险"的举措，我们将在后面对此进行探讨。

③ 其作用机理是：一国或者特定区域内的某一产业的比较优势既来源于可直接进入企业生产函数的要素成本及相对应、可比较的产品生产成本，还来源于该国或者特定区域公共品生产函数及其成本状况，两者合并进入企业所生产产品的成本函数，因而，公共产品的可得性及其成本、质量状况是企业可利用的重要"优势"来源。

动要素较丰裕国家，其生产组织往往较多用劳动替代资本，较为强调适用技术以及与当地需求匹配的生产，加之较弱的市场发育程度或者存在市场分割，其单一企业的规模经济产量往往较小。在同一产业内，以上情形也可近似描述为要素密集度逆转（Jones，1965）。其原因在于要素之间所具有的一定替代性。这一替代性匹配于有差异的技术和生产组织，一经形成即具有一定的稳定性。因此，不同国家间的要素禀赋差异对应于差异化的规模经济产量，差异化即意味着国家间比较的"优势"。而在一国内部，不同区域间同样可能存在因区际禀赋差异而导致的多样化规模经济特征[①]。

将优势来源的分析与国际投资理论相结合，解释美国等发达国家对外直接投资的理论多强调其技术优势推动的垄断优势和规模经济利用，而解释发展中国家对外直接投资的理论则强调小规模技术或者技术适用性。对前者，以海默和金德尔伯格的垄断优势论为代表，强调了发达国家跨国公司在核心技术、生产和非生产活动等方面的强规模经济特征，这些跨国公司的集合展现了发达国家整体上的相对于发展中国家的要素禀赋"优势"来源。对后者，以威尔士（Wells，1983）为代表的小规模技术理论指出，在发展中国家制造业中，通过改进生产技术赋予其跨产品的生产灵活性可有效应对需求的快速变化，以国内获得的原材料替代和技术改进克服难以进口质量和数量足够的原材料的困难以及周期性的供给短缺，增加其使用不同投入的灵活性以及产品生产的劳动密集性，以适配发展中国家低收入水平需求特征，这样的技术改进和生产再组织的必然结果是较小的规模经济，以及相较于前述发达国家较大规模经济的差异化"优势"。另一种具有代表性的理论是英国经济学家拉奥（Lall，1983）提出的地方化理论，它强调了发展中国家通过技术当地化，以与当地特定的生产要素及禀赋特征相匹配，产生更适用于当地的技术"优势"，生产更适应于当地或者临近市场需求的产品。因此，它同样产生了差异化的规模经济"优势"。更进一步，假设发展中国家市场存在分割，市场规模较大，消费者品位和购买力具有层次性和差异性，则在一国内部也会诱致形成多样化的规模经济"优势"。

（2）要素规模经济使用的企业优势。前已述及，亚当·斯密传统和科斯传统分别从生产组织和交易成本节约两个维度观察企业的职能。微观经济学理论中用生产函数表示企业所有使用要素协力将生产的最大产量组合，除传统生产理论中被考虑的资本、劳动等要素外，组织、衔接、融合各要素参与生产的企

---

① 如果生产要素是异质性的，吸收异质性要素进入生产所需要的技术和要素投入比例就会有明显差异，这一差异性就会发展出多样化规模经济。

业家要素对企业生产具有关键性的作用。这一由企业家组织不同要素实现规模经济生产、降低生产成本耗费的观点即为亚当·斯密的分工理论和企业生产组织思想。而当这一分工和产量不再能降低生产成本，反而高于市场交易成本时，减缩企业规模以节省交易成本就是科斯传统的核心观点。因此，企业之优势即主要在于其已使用之要素或要素组合未充分发挥规模经济效率，需要以新的生产组织和市场拓展来释放其规模经济效率。但如果企业居于不完全竞争市场结构之中，企业垄断优势的发挥程度还与寡头企业间的互动有关。此时，企业生产组织和市场拓展的边界不仅止于规模经济效率，还在于其能够削弱竞争对手的垄断优势或抑制潜在竞争对手的出现。因而，其生产拓展将可能超出要素使用规模经济的产量水平。

我们还想补充的是，经典的微观经济学理论视生产函数 F(·) 为"黑箱"，忽视了企业家在组织生产中的关键作用。但熊彼特在其 1912 年出版的《经济发展理论》中强调了企业家在组织生产函数的重要作用；科斯（Coase, 1937）则提出了企业家指挥生产，用企业家替代交易的复杂的市场结构的思想。这种替代，或者说企业的规模扩张边界主要受到以下两个方面因素的影响：一方面，当企业扩大时，对企业家的功能来说，收益就会减少，即企业内部组织追加交易的成本可能会上升，以至于达到等于在公开市场上完成这笔交易所需的成本；另一方面，当组织的交易增加时，或许企业家不能成功地将生产要素用在它们价值最大的地方，即不能导致生产要素的最佳使用。科斯的观点中所谓的"企业家功能的收益减少"就是企业家要素的被"摊薄"，以致当把企业家要素作为固定要素时，他们终将发现其要素的回报会随着企业的扩张（产量上升）而下降。同时，如果企业家不能成功地实现要素的最优配置，当然是因为那些待配置的要素数量已超出了其能力水平。

因此，企业家同样是稀缺要素，但他们的作用是凭借其优于一般人的信息优势和能力优势，就企业生产函数内的要素（K，L，T，R，…）之配置做出判断，从而利用企业组织来有效降低生产成本和交易费用。如果将企业家视为一种要素，它同样具有规模经济特征，且并不必然等于前述资本和劳动等可视性要素的最优比例和数量及其决定之产量。更进一步，从动态视角看，设不同任企业家禀赋为 $M_i(i=1, 2, \cdots, t)$，则有 $(M_1, M_2, \cdots, M_t) \in M$，企业家要素对企业生产的作用包括两个方面：一方面，以累积的不同任企业家作用发挥形成当前的经营管理和组织创新能力 M；另一方面，企业家在捕捉市场机会方面的关键作用（钱德勒，1999 年中译本；张小蒂等，2015）。因企业家在整合要素进行生产方面所承担的主导型角色，充分利用企业经营管理能力和企业家的判断能力构成企业向国际投资的核心优势。

但我们有必要区分企业家禀赋的两个维度：企业家才能和企业家注意力。普通所谓的企业家才能是指将劳动、资本等要素整合在一起，并以管理、创新决策使企业实现不低于社会平均利润率、附托于自然人个体上的要素，它更多反映企业家要素对生产和利润影响的深度维度。如果存在于竞争性市场，生存能力就是衡量企业家才能的恰当指标（Stigler，1958）。企业家注意力概念则衡量企业家对不同规模生产的适应能力，以之来考量企业家能够实现平均及以上利润率时所管理的企业生产规模。相对于企业家才能而言，它更多的是衡量企业家要素之作用的广度[①]。企业家要素配置的典型情形是：低注意力水平企业家对应于不超过工厂层面规模经济的企业类型，其回报兼有企业家注意力和劳动要素，且注意力水平越低，其回报越趋近于劳动要素价格；高注意力水平企业家对应于规模增加至明显超出工厂层面规模经济的企业类型，其回报将明显超出仅有劳动要素个体的报酬，或者个体的劳动要素职能逐渐弱化而单纯作为企业家存在。我们需要申明，既可能存在因企业家注意力水平较高，以境内外投资带领所管理企业更大规模经营的可能，也存在大规模企业主动从企业家市场遴选高注意力水平企业家的可能。一旦两者不匹配，则企业要么改变其生产规模，要么重新通过试错等市场机制遴选新的企业家。

设如果初创时期企业家注意力水平为 A_0，则其所经营企业的规模为 $Q_0 \in [0, A_0]$，其企业家才能通过相适应的企业组织结构建构和所领导的管理人员团队形成企业的组织管理能力。如果该企业能在初创企业家之后传承或经由企业家市场雇佣支薪经理人，设随后时期企业家的注意力水平为 $A_1, \cdots, A_t$，则不同时期企业家注意力水平作用于上一期的企业规模和已形成的组织管理能力，并对当期企业之规模施加边际影响。若 $A_t < A_{t-1}$，则当期企业规模将收缩至区间 (A_t, A_{t-1})；如果当期企业家注意力水平 $A_t > A_{t-1}$，则当期企业规模将扩张至区间 (A_{t-1}, A_t)，且当期的组织管理能力 $M = f(A_0, A_1, \cdots, A_t)$。在企业管理文献中，以中央集权的职能部门式的组织结构（"U"形结构）转变为多分部的拥有一个公司总部和大量产品或者地区分部的组织结构（"M"形结构）体现了对企

[①] 作为稀缺资源的注意力要素已经引起经济学家的注意（如汪丁丁，2000；郑江淮，2000）；它是生物共有之能力，随着先天因素和后天的人力资本积累而变化（Simon et al.，2004）。一般而言，能成功经营小型企业的企业家其才能主要体现在深度维度上，他们可使一家小型企业实现不低于乃至高于平均利润率的绩效；但一旦生产规模扩大，就可能导致管理技巧、方法以及决策判断力的颠覆性变化，适应小企业的企业家才能不一定适应于大规模生产企业，因此一个更一般的企业家注意力范畴有助于我们开展对生产规模经济问题的分析。

业家注意力的节省使用,即钱德勒(2002年中译本)所意识到的公司高层的决策负担问题——通过新的组织结构创建来应对已有组织结构下高层决策愈益增长的多样性和复杂性,可激发管理者进入新的地区和产品市场的意愿。但随着企业规模扩张超出企业家的注意力水平以及相伴随的企业组织管理能力①,以资产剥离(重组)为途径的规模收缩又成为企业家注意力有效配置的必然结果。

概而言之,企业的优势首要在于其企业家及组织管理能力尚未实现最优规模经济的使用,因而尚有余力以极低成本实现市场拓展;而已经达致或超过企业家和组织管理能力的最优规模经济程度的企业已经丧失了这一优势。

接着讨论企业的获得性优势。经由不同时期企业家注意力释放及所驱动的组织管理能力的扩展,企业内部参与生产的诸要素间会积累形成多种有差异的获得性优势。包括技术、商标和企业声誉等在内的知识/信息优势,它是企业经由过去时期的研发投入、人力资本培育和要素间生产组织/试错形成的知识和信息集,这一获得性优势的部分内容以专利方式呈现,但更多内容是企业内部存在并嵌构于人力资本的技术诀窍、营销技巧、产品特异化能力等方面,这一类知识和信息因其不可编码之故,难以完全在组织中剥离并成为可交易的资产,它构成企业相对他人的主要优势来源。内部化理论强调了结合在专利权、人力资本之中的技术和知识作为中间产品的特殊性质②:

①产品的信息不对称性。买方一般只有在该产品投入生产时才能确切了解产品的价值,购买前因信息不对称而不愿支付令卖方完全满意的价格;知晓产品价值的卖方交易前则必须对其产品细节予以保密,难以使买方确认其所报价格的合理性。

②"公共产品"特性。知识品存在前期研发投入大、风险高,但研发完成后边际成本趋向于零的特征,一旦信息扩散,就会变成可供社会共享的公共产品。

③交易对象的不完全竞争性。在技术和信息交易中,买方和卖方的数量可能都比较少,难以形成竞争充分的市场,寡头间针对交易价格的博弈存在很大的不确定性,增加了市场机制运用的困难。

基于以上特性,企业自身通过市场拓展来发挥知识和信息使用的规模经

---

① 钱德勒(2002中译本,第7~8页)指出,早期的企业家(管理层)决策负担超载通过多部门组织结构革新来缓解,但当后者难以线性变化时,超载会导致管理人员的增加,以及管理者联系企业维持其整体性之基本能力的丧失,此时,企业规模已超过发挥企业家和组织管理能力优势的规模经济的程度。

② 原材料、零部件和半成品等也可归类为中间产品,但其市场不完全程度一般要弱于知识和信息类中间产品。

济，以内部化来避免其成为"公共产品"，是企业可资利用的主要获得性优势来源之一。

另一项获得性优势是企业具有的非生产活动规模经济优势。企业在长期运营过程中，在组织生产和市场拓展方面已形成大量的或经由契约或经由内部协调而实现的采购和销售网络、融资和研发平台等。这些已有非生产活动组织的利用，使进一步的生产扩张仅需要支付极低的非生产活动边际成本，相较于尚未建立如此网络和平台的企业而言，构成明显的规模经济优势。需要强调的是，除企业内部协调的非生产活动组织外，企业与外部合作伙伴、政府机构之间经由长期交易形成的关系优势可以大幅降低未来生产扩张所需的成本，形成明显的获得性优势。理论上，它往往是企业内一种或多种要素最优规模经济量超出企业规模边界而采取的制度建构[①]。其突出表现形式之一即是跨国公司之间的战略联盟。其作用至少包括以下三个方面（张小蒂和王焕祥，2004）。

①协同技术研发和知识共享。通过战略联盟可分散跨国公司在新技术研发方面的风险，可降低研发成本、缩短新技术的开发时间，技术共享、互补、互利可有效弥补跨国公司单纯依靠自身资源和能力应对经济全球化和新科技发展环境方面的缺口。

②共享市场扩展能力。跨国公司要实现向全球性市场的拓展，不仅需要巩固其占优势的原有市场，还需要进入新的市场，但任何一个市场进入都可能面临激烈的竞争，为缩减进入成本，共享各自原有市场能力，可通过战略联盟与外部合作伙伴在各自占优势市场和领域共同战胜竞争对手，保护各自市场份额。

③建立全球生产经营网络。当存在企业规模扩张的边界约束与全球市场扩展的冲突时，以企业内部协调建立全球生产经营网络是低效率的。战略联盟可提供一种介于市场和企业之间的新组织形式，以协力构建的全球生产经营网络支持联盟内跨国公司在全球范围内生产经营扩展。

跨国公司的战略联盟一般发生在其全球价值链的非重要环节，以优势互补为特征，其高级形式为研发和技术转让等方面形成的技术联盟，其着力点是在联盟的"俱乐部"内部通过合作分担研发成本和风险、提升技术进步速度。如果这一联盟能够实现稳定性，则相对联盟"俱乐部"外的企业，就会助力形成

---

① 例如，因技术研发、营销网络的最优规模经济量很大，但单一企业生产组织和经营管理的最优规模经济却较小，由单一企业建立排他性营销网络，或者独自研发新技术的成本和风险会超出其预期收益，因此，需要采取企业内部协调之外、不同于纯市场交易的"半结合"生产组织（迪屈奇，1999 中译本，第138 页）。

显著的技术和知识共享优势①。但企业间自愿形成的"俱乐部"同时存在竞争和合作两种相反的作用力,理论上,只要知识溢出范围能保障研发者的收益高于成本即可激励研发投入,但"搭便车"动机和企业间不可避免的竞争关系,仍使其面对外生扰动时的稳定性较差。

但以中国的情境看,国有企业系统产生了类似的知识和信息共享"俱乐部",因之也可能具有类似的获得性优势。因为所有权较统一之故,该"俱乐部"的稳定性要远强于前述的技术联盟。国有企业间存在的临时/长期要素转移会导致技术和知识要素的临时或者永久性溢出,使技术和知识收益不仅限于转出企业本身,还可以扩大到将转入的生产组织②。国有企业系统提供了一个既非单个企业,又非无限制溢出的知识共享"俱乐部"。这一知识共享和收益共享的范围既定,无论成本由个体承担还是分担,都不改变研发的激励强度。由此,这一知识共享优势使生产效率进一步改善,它不是作用于单一产业,而往往是一批企业乃至整个产业。此外,从原由政府作为企业家的国有企业系统转型为企业家注意力与单体企业生产规模匹配的国有企业,继承了与政府、供应商、消费市场已形成的紧密关系。这一关系可使转型后的国有企业维持以较低的交易成本组织获取外部要素并对其进行生产集成后,销售给具有关系优势的市场。在新制度经济学家看来,这是一种所谓的"半结合"生产组织(迪屈奇,1999);但这一生产组织克服了私营企业为建立和维持"半结合"关系的庞大交易成本。尤其值得指出的是,国有企业与政府的关系优势虽然来源于所有权,但却超越了所有权本身:信任关系和渠道关系亦有助于国有企业在信息获取、传递和要素组织乃至市场交易上形成相对其他企业的获得性优势③。

---

① 知识产权的外部性实对于社会生产是有益的,它能降低所有生产者的长期平均成本,有外部规模经济的效应。但不加限制的外溢范围又是不可取的。因此,即便知识产权保护有其矫正外部性的重大价值,但如能找到一个限制外部性溢出范围的诸如"俱乐部"这样的机制,则当能比令知识产权之使用限制于单一企业于社会生产更为有利。

② 包括国有企业间的人员调动、相互支援和技术支持等方式都是促使国有企业间知识共享的可能渠道。

③ 这一优势当然有被滥用的风险。其一是软预算约束,其二是非生产性"寻租"活动。但这两个问题均非国有企业独有。在资本主义生产中,系统重要性机构、"大而不能倒"企业同样面临软预算约束问题,此时的一种方法是依靠规制的加强来进行预防;但对社会主义生产而言,以预算的公开透明和竞争披露的企业家注意力水平和企业绩效信号为基础,动态调整企业家和企业边界,是完全可以弱化乃至解决软预算约束问题,中国在20世纪90年代的大量国有企业"关、停、并、转"改革已经给出了有效的克服软预算约束的信号。公开透明和竞争同样可有效抑制非生产性"寻租"活动。我们可自然地推断,在其他条件相同时,拥有关系优势的国有企业具有更强的生存能力,而改革开放后新建立的非关系优势国有企业的生存能力就相对较弱。作为新设立的经济开放区域,深圳市曾于80年代后陆续设立了一定数量的国有企业,除具有自然垄断性质的公用事业国有企业外,其他国有企业经营绩效都不理想并在最近的十多年时间内陆续被转制、民营化即是有代表性的案例(姜鑫,2017)。反之,依托原国有企业合资或者独资设立的新国有企业则可继承上述的关系优势。

4.1.3 企业"优势"的使用

无论企业享有的"优势"是来源于要素国家间价格差异、多样化规模经济还是要素规模经济使用，只要这一"优势"确实存在，该企业就有内生的激励去参与国际产能合作来使用这一"优势"。从生产函数所要求的要素间协同作用看，可能的"优势"使用方式包括但不限于以下类型。

（1）"$1+N+X^*$"的"优势"使用方式。此处的"1"系指企业家注意力及其关联的经营管理能力"优势"，只有这一"优势"具备，企业才能识别出投资机会，并以企业家注意力和经营管理能力从投资决策到投资实施中把握投资机会。对外投资一般是多要素集合的流动过程，这里的"N"是指企业内部具有规模经济特征的诸要素，它包括资本、技术、营销技巧、产品特异化能力、商标品牌、人力资本、采购平台和营销网络等。"X^*"是指东道国赖以吸引企业投资的某种要素，它往往是区位特定、难以流动的。面向东道国的新建企业绿地投资较符合这一"优势"使用方式。

（2）"$1+K+NX^*$"的"优势"使用方式。同前，"1"仍指代企业家注意力及其关联的经营管理能力"优势"。"K"是指企业对外投资的资本要素，"NX^*"则是生产所使用的资本外的诸要素均系由东道国提供，这些要素并非当期投资后从市场获得并进入生产函数，而是已经处于生产组织和生产函数之中，但缺乏前述的企业家注意力及经营管理能力要素（"优势"）。因之，经由资本要素"K"媒介的企业家注意力和经营管理能力要素"1"的注入，以生产函数的改造来重新实现已有诸要素"NX^*"的规模经济效率。针对东道国已有生产企业的并购以及伴随的母国企业"优势"注入和要素整合较符合这一"优势"使用方式。

（3）"$N+X^*+1^*$"的"优势"使用方式。相较于前，此处的"N"仍指母国企业内部具有规模经济特征的诸要素（或其子集），"X^*"定义同前，但此处后置的"1^*"为东道国现有的企业家注意力及其关联的经营管理能力"优势"。区别在于，母国企业仅以自身具"优势"的要素或者要素集合，注入东道国已有生产函数之中，以母国企业"优势"要素的作用发挥缓解或者克服原生产函数中制约诸要素规模经济发挥的要素缺口，进而实现东道国诸要素协同的规模经济效率。如国际工程承包、援建、技术支援、技术服务等要素互补嵌入产能合作方式较为符合这一"优势"使用方式。

4.2 国际产能合作中的东道国"资源"

母国企业之所以要远离其熟悉的母国生产环境并承担较大的风险而意愿选择进入某东道国开展国际产能合作，必因东道国存在某一或若干可对接母国企业"优势"的"资源"，使预期中的产能合作可发挥其"优势"利用的规模经济效率。本节同样在文献评述基础上，分析东道国"资源"的构成并随之探讨其与母国"优势"适配的"资源"利用方式。

4.2.1 文献中对"资源"的认知及分析

对国际产能合作中微观企业向东道国进入的动机，区位理论讨论了如运输成本、劳动力成本和技能、消费者偏好、政策等因素对企业生产布局的影响，它着重强调了生产要素空间分布的不重合性问题。亦即，原料地、燃料地、市场、劳动力供应地等要素往往相互分离，为最大限度地节约成本、扩大市场和利润，企业应谨慎地选择投资地。如果这一要素分布空间非重合性跨越国界，就对应于国际投资和生产布局。但要素的多样性亦对应于跨国公司对外直接投资动机的多样性，如避开贸易壁垒、节约运输成本和劳动力成本、获取先进技术等。邓宁（1988，1993）提出的国际生产折衷理论将与东道国有关的跨国公司选择不同地点的区位因素归纳为区位优势。但4.1节的分析已表明，区位优势实际上不是母国及其企业的"优势"，而是客观存在于东道国的条件。在更早期的要素禀赋理论框架下，以国家间截面视角进行观察，因禀赋差异导致了要素价格差异、生产成本和价格的差异，也激励了境内外企业充分利用这一差异——境外企业对这一差异的利用即表现为国际投资。

弗农（Vernon，1966）提出的产品生命周期理论突出了制成品随着时间演进和要素投入特性变化而导致的国际生产布局变化：在产品创新阶段，由技术创新国（最发达国家）垄断新产品的生产技术并由其生产和出口。在技术成熟阶段，技术的扩散使原进口国能在节省运输成本和少支付创新费用条件下以更低的成本进行生产，加之这些国家的贸易保护政策，创新国生产者为不丧失市场份额，只能采取对外投资和当地生产、销售的方式进行竞争，此时，产品的要素投入特征从技术密集型向资本密集型转变。在产品进入标准化阶段后，要素投入特征可能进一步变为劳动密集型，它催动进一步的投资和生产转移。通过引入国际寡占行为，产品生命周期还可以分为创新寡占阶段、成熟寡占阶段和老化寡占阶段。同样，在创新寡占阶段，生产布局于初始创新国；但在成熟寡占阶段，为稳定市场份额，企业会选择在竞争对手重要市场设厂生产，以强化讨价还价地位或阻止竞争对手进入市场。弗农的理论突出了国际投资中为应对竞争对手威胁/进入而采取的获得东道国市场份额为目标的投资进入动机。

另一颇具影响的日本经济学家小岛清（Kojima，1975、1977）提出的边际产业扩张论，在截面上强调了母国特定禀赋优势条件下的国内产业要素密集度差异，以及将其处于或即将处于比较劣势的产业向东道国转移的观点。理解这一理论的要点是：小岛清提出了一个比资本要素更广义的经营资源（Managerial Resources）概念[①]，它与劳动力要素相比较——前者可流动而后者不可流动，那么以经营资源流动来匹配东道国的廉价劳动力资源，进而实现母国与东道国的比较利益。以此为基础，小岛清归纳了自然资源导向型、劳动力导向型、市场导向型和生产与销售的国际化型等投资类型，以便获得东道国的自然资源、劳动力、市场份额并响应差异化的消费者需求（获得对应的市场份额），显然所欲获得的东道国"资源"即是国际投资所聚焦的动力来源。

4.2.2 东道国"资源"的构成

根据《辞海》定义，"资源"为"可资利用的自然物质或人力"，《汉语大词典》解释为"生产资料或生活资料的天然来源"。而在国际投资和企业管理文献中，涉及"资源"的术语包括以上述及的小岛清界定的"经营资源"范畴，也包括基于资源观的企业理论。前者将资本、人力资本等要素定义为广义的经营资源，体现了企业生产中对诸要素的协同使用，以及要素间流动性方面的差异；后者则将企业视为一个"资源"的集合，企业通过或者是内生的拥有——支配"资源"，或者从赖以生存和发展的外部环境中获得"资源"来实现利润最大化。以语义上的"资源"和理论上的"资源"进行比较，可发现"资源"天然存在于企业及其经营所面临的环境之中。只不过，有些"资源"已为企业所拥有，而有些"资源"则仍存在于企业之外。以这一视角观察，东道国之所以能吸引跨国公司的投资和产能合作，必然因为其所天然拥有的"资源"具有不可流动性，跨国公司必须结合其已有的"优势"和东道国"资源"方能实现其利润最大化目标。因此，我们不使用拥有者不清晰的"区位优势"

---

① 它包括有形资本、技能、知识和信息等中间品以及人力资本。

术语,而改使用"资源"这一术语,从东道国视角分析其构成及作用。除企业家要素外,东道国的"资源"主要包括以下5种类型。

(1) 自然资源。自然资源包括石油、天然气、金属等矿产资源和农林产品在内的初级产品,还包括水、土地、大气等环境资源。自然资源在东道国的分布必须与其他要素相协同方能转化为有效的生产,东道国特定的自然资源(尤其是矿产资源)往往还要求与其矿藏、品位相适应的开采、冶炼和加工技术,且其产量水平受自然资源禀赋强度的约束。因此,基于东道国自然资源的国际产能合作潜力的边界表现为东道国自然资源的储量、可采量或者产量水平,或者是可使用的水、土地等资源的可供给水平及环境容量。

(2) 劳动力。劳动力及其蕴含的劳动要素难以国际间流动的特征在早期的国际经济学理论中就是必备的理论假设之一。一国劳动力的不可流动性导致了劳动要素价格的国家间差异——如东道国劳动力丰裕、价格低廉,但资本和技术等稀缺,使大量劳动力无法(充分)进入生产函数①,这时劳动力成为可资利用的重要东道国"资源"。这一"资源"的利用有助于大幅降低(尤其是劳动密集型产业)产品的生产成本,令跨国公司在东道国的生产布局有显著较强的竞争力。

(3) 市场(份额)。如果存在较高的运输成本或东道国已有较强的贸易限制政策②,通过向东道国出口的方式来发挥母国企业"优势"存在明显的障碍,则贸易限制形成了一个被部分或者全部区隔的独立市场。此时,只有在东道国进行生产布局才能重新进入东道国市场:"市场"此时成为东道国自然存在的"资源"。但在不同情境下,"市场"这一资源有以下主要表现:

①基准市场容量情境。基准市场容量主要受东道国自身的人口规模、人均收入水平以及经济发展趋势的影响。人口规模大、人均收入水平高、经济增长快的国家当期和未来时期拥有较大且趋于增长的市场容量。这一"市场"的进入及市场份额的获得更容易满足企业东道国生产规模经济的要求。

②寡占市场情境。如果一产业具有寡占市场结构,进入被寡占的东道国"市场"并获得市场(份额)"资源"将产生两个方面的作用:其一,抑制或者降低寡占地位竞争对手的产量和市场份额,使其规模经济生产对应的成本下

---

① 其主要表现是,发展中国家往往存在现代化工业与技术落后的传统农业并存的二元经济结构,以及伴随的大量失业;或者是社会中存在的大量隐性失业人口。

② 这一政策既包括单纯的以关税、配额和非关税壁垒等表现的贸易保护政策,还包括出于进口替代战略而实施的一揽子贸易限制、金融和产业等政策。

降和竞争力获取变得困难；其二，稳固和提升自身产量和市场（份额），以促进自身的成本下降和竞争力提升。这里理解"市场"资源特征的关键是其寡占博弈中的"市场份额"。

③关联市场情境。即便是东道国市场容量有限，只要其与相邻市场（国家）间存在如自由贸易区（FTA）这样的一体化市场安排，则东道国市场被融入一个更大规模的关联"市场"资源之下，如相邻市场（国家）对非一体化安排国家采取排他性的贸易限制，前述的基准市场容量分析仍是适用的。

④高运输成本情境。即便没有贸易限制政策，一旦某产品的运输成本过高，其可贸易性往往变差，乃至于成为非贸易品，如水泥和建材等产业常存在的"销售半径"即是高运输成本条件下对生产布局和市场范围的内在要求，故东道国及其特定区位的市场需求就构成特定的"市场"资源。

⑤差异化消费者偏好情境。东道国与母国消费者的差异化消费偏好要求异质性的产品供给，但消费者偏好信息仅能在临近消费者的东道国境内收集，通过技术改进和产品特异化生产，才能保持对消费者偏好及其变化的动态适应和主动反馈。因而，依托差异化消费者偏好的东道国"市场"成为重要的"资源"类型[①]。

（4）技术和知识。传统的国际贸易和国际投资理论强调要素从丰裕国向稀缺国的以商品为载体的间接流动和以投资为载体的直接流动，相比于劳动，技术和知识往往被认为是易于流动的要素。只不过，因作为"公共品"的中间产品市场不完全特征，技术和知识多以内部化方式在企业内流动。但现实中，存在大量阻碍技术和知识流动的制度和非制度因素：技术贸易管制、附着于人力资本的专业知识和技能、附着于已有企业的技术诀窍等。此时，技术和知识在国家间、产业间和企业间存在的自然差异，使技术和知识本身成为一种难以流动的东道国"资源"。

（5）资本。东道国为了某种经济或者政治目标，往往会对企业经营所需的融资、税收等给出普惠性的减免、补贴、优先供给等政策，如果这一政策直接改变企业经营的资本融资和使用成本，就因在母国和东道国之间的资本价格差异而形成一种可利用的"资源"。

以上所述的东道国"资源"可对应于跨国公司对外投资的多种动机（见表

---

① 瑞典经济学家林德（Linder, 1961）提出的需求偏好相似理论指出，各国之间的人均收入水平越接近，需求结构越相似，则贸易量越大，但如果将产品差异化引入分析，则相似但有差异化的需求仍驱动贴近不同消费者需求的就近生产布局。

4-1)。其中,资源导向型和污染转移型两类动机所欲获得的是东道国的"自然资源";全球战略型、市场导向型、技术导向型和追求优惠政策型则主要聚焦东道国当前和未来的市场(份额)、技术和知识或者资本等"资源"。效率导向型则呈现出多种可能的与东道国"资源"的匹配特征,它包括劳动力、资本以及市场(份额)等。虽然分散风险型与东道国"资源"没有直接关系,但我们仍可以推断,跨国公司在选择分散风险的投资国别时,仍会按照以上不同类投资动机所聚焦的不同东道国"资源"而进行国别选择。

表 4-1　　　　　　　不同的投资动机及匹配的东道国"资源"

序号	投资动机	定义	东道国"资源"
1	资源导向型	企业为寻求稳定的资源供应和利用廉价资源而进行的国际投资	自然资源(包括矿产品、农林产品等初级产品)
2	市场导向型	包括开辟新市场、保护和扩大原有市场、克服贸易限制和障碍、跟随竞争者,以维持和扩大市场份额	市场(份额)
3	效率导向型	企业对外投资的目标是降低成本、提高生产效率	劳动力、资本、市场容量(之一或者以上多种"资源"的组合)
4	技术导向型	通过对外投资获得东道国的先进技术和管理经验	技术和知识
5	分散风险型	将投资分散于不同国家和产业,以便安全、稳妥地获得较高的利润	与东道国"资源"无直接关系
6	追求优惠政策型	被东道国政府的优惠政策所吸引而进行投资	资本
7	污染转移型	规避发达国家的环境污染管制进行的投资转移	水、大气、土地等环境"自然资源"(环境容量)
8	全球战略型	跨国公司的全球战略目标和整体利益	(未来时期的)市场容量(份额)

资料来源:赵春明等(2017)以及作者的总结。

4.2.3 东道国"资源"的使用方式

讨论国际产能合作中的东道国"资源"使用方式时,有两点值得注意:其一,这些"资源"是离散的、未进入生产组织的情形还是已集合进入生产组织的情形,它对应于母国投资是采取绿地投资还是并购的方式;其二,若东道国

第4章 "优势—风险—资源"适配的国际产能合作分析框架

"资源"已集合进入生产组织,是否已预先存在相匹配的企业家注意力及相应的经营管理能力,它对应于母国"优势"进入方式是融合企业家注意力及经营管理能力+诸要素的协同进入,还是仅仅以诸要素之一或者集合的进入,前者往往涉及并购以及被并购企业所有权的(全部或者部分)转移,后者则对应于母国企业具有规模经济"优势"要素的境外使用。由此,我们可至少归纳出以下东道国"资源"使用方式(见表4-2)。

表4-2 国际产能合作中的母国"优势"和东道国"资源"对接方式

类型	产能合作模式	"优势"与"资源"对接方式	母国"优势"	东道国"资源"
I	绿地投资	"$1+N+X^*$"	$1+N$:母国企业家及企业经营管理能力(1);投资企业内具规模经济特征的诸要素(N)	X^*:东道国单一"资源"
II	并购	"$1+K+NX^*$"	$1+K$:企业家及企业经营管理能力(1);企业融资能力(K)	NX^*:东道国已进入生产组织的"资源"集合,但缺乏企业家及经营管理能力"优势"
III	合资	"$1+X+NX^*+1^*$"	$1+K$:企业家及企业经营管理能力(1);母国企业内具规模经济特征的某一要素(X),包括但不限于技术、资本等	NX^*+1^*:东道国进入生产组织的"资源"集合(NX^*);东道国企业家及企业经营管理能力(1^*)
IV	要素服务	"$X+NX^*+1^*$"	X:母国企业内具规模经济特征的某一要素(X),包括但不限于技术、劳动等	NX^*+1^*:东道国进入生产组织的"资源"集合(NX^*);东道国企业家及企业经营管理能力(1^*)
V	工程承包	"$N+X^*+1^*$"	N:母国企业内具规模经济特征的诸要素(N)	X^*+1^*:东道国进入生产组织的某一"资源"(X^*);东道国企业家及企业经营管理能力(1^*)

注:*系指东道国"资源"或者企业家及企业经营管理能力。

(1)类型 I:"$1+N+X^*$"的东道国"资源"使用方式。此处的"$1+N$"分别为母国的企业家注意力及其关联的经营管理能力"优势"("1")以及企业内部具有规模经济特征的诸要素("N"),"X^*"即为东道国赖以吸引企业投资的单一类型"资源"。这一"资源"使用方式主要适用于在东道国的新建企业绿地投资。

(2)类型 II:"$1+K+NX^*$"的东道国"资源"使用方式。这里"$1+K$"仍分别指代企业家注意力及其关联的经营管理能力和企业投资涉及的资本要素,"NX*"则意味着东道国已进入生产组织的多种"资源"集合——这意味着东道国现存的生产组织,但问题是这一生产组织集合的"资源"缺乏企业家及经营管理能力将其高效地导入生产函数。因此,如果能经由资本要素"K"媒介的并购行为导入母国企业家注意力和经营管理能力,就可能实现已集合"资源"的规模经济效率。

(3) 类型Ⅲ:"1 + X + NX* + 1*"的东道国"资源"使用方式。相比以上两种方式,此一使用方式的特点是东道国已集合了诸"资源"("NX*")并具备一定的企业家及经营管理能力("1*"),但其经营中面临某种要素约束和竞争力约束,难以通过市场交易缓解或者市场机制难以发挥作用,必须寻求具备特定要素企业的"优势"注入,同时被动或者主动交易部分所有权至母国企业,形成母国企业和东道国企业之间企业家和经营管理能力以及母国企业"优势"与东道国诸"资源"间以合资(合作)为主要表现形式的协同,进而形成新的生产函数,它实际上是类型Ⅱ的扩展。

(4) 类型Ⅳ:"X + NX* + 1*"的东道国"资源"使用方式。相较于类型Ⅲ,这一方式的特点是东道国企业已集合的诸"资源"(或其子集)和企业家注意力及经营管理能力所形成的生产函数中,仅面临某种要素约束,而且这一要素约束可以通过市场交易方式克服。但这里的交易方为具有特定要素"优势"的母国企业,它以自身具"优势"的某一要素注入东道国已有生产函数之中,技术支援、服务外包等要素(服务)互补嵌入的产能合作方式较为符合这一"资源"使用方式。

(5) 类型Ⅴ:"N + X* + 1*"的东道国"资源"使用方式。如果东道国企业已拥有某"资源"(或其子集)并具备企业家注意力及经营管理能力,但在形成生产函数过程中面临获得多重协同作用要素的约束,只能通过与其他具备诸要素协同规模经济"优势"的企业的一揽子交易来克服这一约束。因此,具有诸要素"优势"的母国企业以工程承包等方式将自身具"优势"的诸要素集合注入,促使东道国企业形成生产函数或者重新构造生产函数。它与类型Ⅳ的区别在于,东道国现仅有某一"资源"可联结企业家注意力及其经营管理能力,而母国的诸要素投入恰恰可以结合并促动生产函数形成。

4.3

国际产能合作中的"风险"

按照《汉语大辞典》的释义,企业家是"能独立自主地做出经营决策并承担经营风险的人。"无论是亚当·斯密传统还是科斯传统的对企业的界定,企业家都是承担风险组织要素来生产至其自身注意力及要素使用规模经济边界的角色。换言之,"风险"对企业和企业家而言,生之俱来。企业和企业家在其母国经营风险基础上,面临东道国—母国间风险因素、权重和程度的差异以及对此差异的认知和反应风险。我们可将此一差异理解为以东道国—母国间国家风险差异为中心,以投资企业和企业家风险认知和反应为波幅,因产业、企业和区位而异的风险函数。前者是无差别作用于境外经济主体国际产能合作风险的平均参照,可将其与母国的差异定义为国家风险;后者则为作用于特定企业以及因其注意力约束及区位等差异而导致的边际风险项。

4.3.1 国家风险

国家风险侧重于东道国相对于他国(母国)的风险差异,这一差异导致境外经济主体的经济活动面临受东道国风险因素影响而蒙受经济损失的可能性。这里的经济活动包括国际信贷、国际贸易和国际投资等类型。因不同经济活动带给境外经济主体的要素注入程度和范围存在差异,国家风险的表现形式也是多样化的。从国际信贷看,其主要涉及东道国环境变化引致的贷款主体发生的违约风险,这一意义上的国家风险也称为主权风险(Sovereign Risk),它从信贷发生到风险显现历时有之,但涉及风险因素较少。从国际贸易看,则指商品对价的支付损失的可能性,它距离商品交付一般历时较短,涉及风险因素也较为单纯。国际投资因涉及多要素向东道国的投入以及在东道国的长期风险暴露,国家风险涉及东道国的政治、经济、法律和社会等诸多方面难以预料到的变化及其导致损失的可能性。但以上几类涉及国家风险的共性为"它由某个特定国家发生的事件所引起,而与企业和个人无关。"[①] 有研究(张金杰,2008)认为国家风险是"针对国外居民的国家经济主体行为,是不受国外居民控制的并导致国际商务合同践约的可能性风险"。但实际上,更准确的界定应是:国家风险作用于东道国境内外的所有经济主体,但侧重表征境外主体因所存在的国家间风险差异而形成额外的(或正或负)导致商务合同无法履约(经营)的可能性风险[②]。

---

① 参见 Nagy,P. J. Quantifying Country Risk:A System Developed by Economists at the Bank of Montreal [J]. Colombia Journal of World Business,1978,13(3):135-147.
② 理解这一定义的要点是,并非所有发端于非企业因素的经营交易失败都是因国家风险导致的,企业在国内经营中同样会面临经济环境变化导致的风险,国家风险的要义是其国家间差异性。

国家风险的构成因企业境外经营和交易类型而有不同的含义，我们以国际产能合作要求的深度要素注入和东道国锁定为对象来分析国家风险的构成。一般而言，国家风险可包括政治风险、政策风险、离境风险、经济（金融）风险和文化风险等方面，以下分述之①。

（1）政治风险。它涉及东道国的所有社会团体、政治组织和政府机构，这些主体引发的东道国政治环境或东道国与他国之间的政治关系变化将给境外经济主体带来明显的资产及其收益损失的不确定性。可能的政治风险事件包括但不限于没收、征用、国有化、政权更替、战争、社会动荡和暴力冲突等方面。显然，政治风险可能导致境外经济主体在东道国资产的部分或者全部损失以及相关联的极端情形下的收益全部丧失。其主要类型可归纳如下。

①战乱风险：东道国局势动荡、骚乱和战争引致的国家风险；

②制度风险：东道国政治制度及政权更替或者国际关系变化引致的国家风险；

③国家干预风险：东道国/第三国的制裁、施压、威胁等手段导致的国家风险；

④国有化风险：东道国对境外投资者财产的征用、没收等引致的政治风险；

⑤政府违约风险：东道国用非法手段解除与投资企业签署协议、拒不履行投资项目相关义务导致的政治风险；

⑥延迟支付风险：东道国政府停止或者延期支付导致的政治风险。

（2）政策风险。与政治风险往往蕴含的对经济主体财产和收益的极端化影响相比，政策风险主要来源于东道国政府为实现内外均衡或者出于利益集团博弈而采取的变更经济主体营商所依赖的经济政策情形。它并不导致境外经济主体财产的损失，但政策变化将改变已有投资的成本—收益平衡性，影响经济主体的投资收益。它包括但不限于以下方面风险。

①财政/货币政策风险：东道国采取不同的财政、货币政策或者政策变化所导致的政策风险；

②价格管制风险：东道国对必需品、重要自然资源和重要商品采取价格限制引致的政策风险；

③环保政策风险：东道国出台严格的安全和环保政策引致的政策风险。

---

① 这一分类来源于笔者针对中国企业参与国际产能合作风险评价的问卷调研、聚类分析和主成分分析结果，详细数据和实证结果参见本书的第10章。

第4章 "优势—风险—资源"适配的国际产能合作分析框架

(3) 离境风险。前已述及，国家风险主要测度东道国相比他国的风险差异性，即便东道国的制度环境保持稳定，但它总是与他国（母国）存在显著的差异性，这种差异性及其可能的变化使境外经济主体在考量投资行为的成本—收益时必须加以斟酌。它既可以表现在投资相关的法律环境上，也可以表现为投资将涉及的税费制度和贸易壁垒环境上，我们以离境风险这一术语强调此类风险所衡量的企业在东道国和母国所面临的客观差异性，它包括但不限于以下方面风险。

①税费风险：东道国与母国在税费制度上的差异以及东道国强制性增收税费引致的离境风险；

②贸易壁垒风险：东道国与母国在贸易环境上的差异以及东道国采取的关税与非关税壁垒引致的离境风险；

③法律风险：东道国与母国存在的法律差异、法律执行与投资争端处理等关联的离境风险[1]。

(4) 经济（金融）风险。它主要指东道国非预期的经济（金融）因素变化对投资收益影响的不确定性。其主要特征是：经济（金融）风险往往并不表现为东道国政府的政策干预，而表现为东道国宏观经济波动以及与之关联的汇率、利率和通货膨胀率等经济（金融）指标的非预期变化，它使所有经济主体难以准确判断其经济行为的成本—收益。与政策风险相比，经济（金融）风险主要着力于宏观经济而非特定产业、部门或者经济系统中的某一环节，它包括但不限于以下方面风险。

①经济周期波动风险：指东道国经济增长上升和下降相互交替关联的风险；

②通货膨胀风险：指东道国货币贬值、物价上涨带来的风险；

③汇率风险：指东道国外汇汇率变动引致的风险；

④利率风险：东道国利率变化引致的风险。

(5) 文化风险。相比于前述的离境风险，文化风险主要测度东道国与他国（母国）存在的文化社会相关的风险项，这一风险往往导致境外经济主体经营的企业或者企业与当地社区及所在社会交往产生非预期的成本，对投资收益产生不确定性影响。虽然文化风险主要影响投资经营成本项，但过大的文化风险也会转化成政治风险。它包括但不限于以下方面风险。

---

[1] 法律风险可以扩张包括东道国给定法律环境下的行政效率、营商环境和可能的腐败（有法不依或者无法可依）等因素导致的母国与东道国之间的风险差异。

①跨文化冲突风险：交易双方文化或者风俗习惯差异引致的可能趋向冲突的文化风险；

②宗教风险：因宗教不同导致行为模式和对行为理解不同关联的文化风险；

③社会责任风险：在东道国生产和销售过程中担负社区发展、产品质量、环境污染控制和人身安全等社会责任相关的文化风险。

在以上讨论的国家风险细分子类中，较主流的风险评估方法是采用定性/定量或者两者结合的方式，仅考虑研究对象——东道国的不同风险指标，对其进行加权和综合评定。以政治风险服务集团发布的国家风险指南（International Country Risk Guide, ICRG）为例，其将国家风险区分为政治风险（PR）、金融风险（FR）和经济风险（ER）三部分，每一部分皆由若干指标加权而得。其中，政治风险衡量偿付意愿，分值介于 0 ~ 100；后两者衡量偿付能力，分值介于 0 ~ 50。ICRG 的国家风险综合指数（CRI）的计算公式为：

$$CRI = 0.5 \times (PR + FR + ER), PR = \sum PR_i, FR = \sum FR_j, ER = \sum ER_k \quad (4-1)$$

由此，CRI 指数越高，意味着国家风险就越低。其他国际机构、商业银行也分别给出如商业环境风险指数（Business Environment Risk Index）、机构投资者国家风险等级（Institutional Investor）、欧洲货币指数、Frost 和 Sullivan（F & S）国家风险等级等国家风险评估结果。类似地，标准普尔（Standard & Pool）等国际评级机构以及国内的中国出口信用保险公司等都在一系列不同指标选取和权重赋予基础上，给出或连续或离散的国家风险评定，以便投资者观察国家间的风险差异①。

但在国家风险评估时，是否将特定母国—东道国的政治关系等因素纳入指标体系，不同研究机构的做法颇有不同。来自发达国家的研究机构给出的国家风险度量基本不考虑所在母国因素对东道国国家风险因素的影响，但近年来的国内研究强调中国与东道国之间政治关系等因素（如姚凯和张萍，2012；孟凡臣和蒋帆，2014；华桂宏和黄艺，2018）②。从国家风险定义出发，如果引入的

---

① 较早的定性评估方法是利用清单分析、德尔菲法等确定哪些指标以何等权重进入国家风险度量公式，一些较新的量化评估方法是利用主成分分析法和计量模型以数据本身的特征来获得权重并计算国家风险数值，而后还可以依据国家风险估计进行聚类等分析。参见张金杰（2008）、王红蕾和吴晶妹（2018）以及宋清华（1993），更早的国家风险衡量方法文献可参见 ［法］内尔纳·马罗阿和米歇尔·贝哈（1982）。

② 包括中国与东道国之间的贸易关系、地缘政治、中国威胁论、对华歧视性限制、负面情绪、双边税收协定、投资协定等因素。

母国—东道国风险项无差异地影响母国所有企业和个人，则我们可以将其归入国家风险下；如果不引入此类风险项，我们可将其视为相应风险极低情形下的特例。显然，给定国家风险情形就意味着，母国企业向东道国的市场进入，无论其决策正确与否，在控制其他因素不变情形下都将面临一个平均的利润率（决策正确时）或者损失（决策错误时）。

4.3.2 边际风险

我们定义的边际风险侧重于进入东道国市场投资时因企业（个人）、产业和区位而异的母国—东道国之间差异的风险项。由此，企业无论何处经营均将遭遇的经营风险，如人力资源、财务、供应链、市场变化、竞争对手、技术变化等风险，我们均将其排除出边际风险定义之外。总体上，我们可将边际风险区分为以下4类：其一，东道国边际风险，主要指东道国存在的针对某一特征企业或者特定企业的偏见、限制或者歧视性行为及可能导致的不确定性损失；其二，区位边际风险，主要指不同投资区位风险水平与作为均值的东道国国家风险的偏离和区位间差异；其三，产业边际风险，定义为因产业风险暴露特征的差异而导致的特定产业风险水平相对国家风险的偏离；其四，企业边际风险，主要指因企业特征及因存在企业家注意力差异而导致的对东道国投资环境及其复杂性的认知和反应上的差异，以及因认知和反应差异而形成的决策错误的风险。

（1）东道国边际风险。东道国对某一特征企业的偏见、限制和歧视性行为可能源于意识形态偏见，如果这一偏见扩散针对母国的所有企业，则属于前已界定的国家风险范畴；但如果这一偏见仅限于特定特征的经济主体，则风险覆盖是有差异的，属于边际风险的范畴。这一类风险的一个例子是很多发达国家对国有企业投资的偏见，其经济根源可能是由于国有企业所有人系母国政府，因之，可能担忧存在软预算约束的国有企业竞争力不能反映其面临市场竞争时的真实成本—收益水平，其所有者特征可能赋予其相对东道国企业或者其他类型境外投资者不公平的竞争优势。与之相反，这一偏见也可能针对非国有企业，其理由可能在于国有企业存在隐形的母国主权信用担保而有较高的履约能力，非国有企业则在这方面居于劣势。如果这一偏见针对特定企业，则相应的边际风险构成了特定企业相对他者被动面对的独有的风险增量。

（2）区位边际风险。国家风险是将东道国一系列风险指标加权得到的风险度量，它实际上掩盖了东道国境内不同区位的风险差异。考虑到大多数国家都实行科层的分权式治理结构,东道国不同区位对应的政治组织、经济(金融)状况、文化和社会特征均可能存在明显差异,所施加给境外经济主体的风险因素及其程度将有所不同。例如,东道国政治、社会较稳定地区相比政治不稳定、治安混乱的地区有更低的政治风险,远离人口聚居地的区位当较之于城市等人口聚集地更能规避社会冲突风险,沿海地区较之于内陆地区有更低的物流运输风险以及更少的(与生产运输沿线关联的)社区和文化风险,等等。

(3)产业边际风险。相比于国际信贷和国际贸易,国际投资是多要素向东道国的长时期注入和在东道国的风险暴露,但因产业特征各有不同,而导致风险暴露程度差异明显。不太精确地,我们可以将不同产业区分为重资产行业和轻资产行业,前者以固定投入高、资产专用性高、易沉淀、跨国转移难度大、资本回收周期长为特征,后者则相对而言固定投入低、回收周期短、资产跨国转移难度小①。由于资产在东道国的长期风险暴露,重资产行业将面临沉淀成本要素数量倍乘风险暴露期限的较大产业边际风险。设 SC_H 和 SC_L 为重资产行业和轻资产行业的沉淀成本量,$Period_H$ 和 $Period_L$ 表示两个行业以回收周期衡量的风险暴露期限,$Risk_H$ 和 $Risk_L$ 表示两类行业的产业边际风险,则有:

$$\frac{Risk_H}{Risk_L} = \frac{SC_H \times Period_H}{SC_L \times Period_L} > 1 \qquad (4-2)$$

(4)企业边际风险。面对东道国趋于无限的投资环境复杂性,企业家处理这一复杂性时面临有限注意力水平的约束。但不同企业家的注意力水平是非同质的:高注意力水平企业家因可更好地处理投资环境复杂性信息,预期将可降低其犯投资决策错误的概率,可增加其预期投资收益;反之,低注意力水平企业家无疑将更容易犯投资决策错误,其所在企业的边际风险将大于高注意力水平企业家及其经营管理的企业。同时,东道国投资环境及其变化信息向企业家的传递,除经由企业家本人收集外,还可以经由以下两种途径:其一,经由企业内部的分工细化,组建专门的以投资信息收集、加工和分析为职能的部门,它可以大大扩充企业家决策所能依据的有效信息量,进而有助于提升其决策正确的概率。但此一分工的细化有明显的规模经济特征,只有当企业规模(产量)足够大时,这一部门的生存方是规模经济的。其二,通过市场交易获得专业信息咨询服务。即便不考虑信任问题,投资咨询服务的产品——信息具有"公共品"特征,固定成本投入较大但边际成本极低,因此,市场交易的均衡

---

① 重资产行业又可区分为采掘业(自然资源产业)和制造业,一般来说,采掘业所需要的固定资本和沉淀成本量更大,回收周期也更长。

价格必须高至能充分覆盖固定成本项的水平，这一价格特征也约束了小规模企业对信息咨询服务的市场利用。总体而言，中小规模企业较难以通过完全的企业内分工获取信息，降低投资风险，市场交易方式的信息获取又面临支付能力等约束，显然，中小企业无疑具有更大的边际风险。

4.3.3 基于认知—困难模型的国际产能合作风险分析

面对东道国迥异于母国的制度环境和现存的国家风险及边际风险，企业需要以自我的认知行为来了解东道国产能合作环境的复杂性：通过信息的收集、处理来分析这一环境对企业预期投资收益的影响，并最终以企业家注意力作出投资与否以及投资方式和规模的决策。在此过程中，由环境复杂性向企业家的信息生成、收集和加工并形成决策的过程需要在理论分析中加以考虑。同时，前面的分析已讨论了企业内部分工的细化以及对外部分工的利用均有利于企业家更好地发挥其注意力水平。以下我们借鉴行为经济学的认知—困难模型（C-D model）给出一个扩展的国际产能合作风险分析框架。

根据 Heiner（1983，1985）以及 Hosseini（2005），以 U 表示与投资正确决策相关的不确定性，假设企业家的信息收集处理能力，即其注意力水平（A）是异质性的；E 表示企业面临的东道国投资环境的复杂性，复杂性上升会增加不确定性，因此有 $U'(E) > 0$，这一复杂性表现为政治、经济、文化等多个方面且可能相互交织。我们认为，复杂性 E 受两个方面因素影响：N 和 Q，前者是指环境向企业的信息生成和传递（收集）所对应的新信息，后者则指企业规模[①]。由此可得：

$$U = F[A, E(N, Q)] \quad (4-3)$$

其中，$U'(A) < 0$，$E'(N) < 0$，$E'(Q) < 0$。之所以 $E'(Q)$ 小于 0，是因为随着企业规模上升，一般而言，其企业内分工的细化会产生专门的部门以及增多的人力资源和投入来专业化收集信息，也更有支付能力通过市场采购专业化信息咨询服务，因此，E 是 Q 的减函数。同时，企业获取的新信息 N 有助于降低决策环境的复杂性，企业家可借此修正之前持有的投资预期，使其成为 E 的减函数。

因企业家的投资决策是其面对不确定性的函数，设不确定性条件下企业家

---

① 相比于 Heiser（1983，1985）以及 Hosseini（2005），我们新增加了 Q 这一变量，用以反映企业内分工的细化及信息的专业化收集和加工能力，其对应的信息提供给企业家有助于其缩减复杂性 E。

应投资而做出投资决策的条件概率为 R(U)，同样可定义 W(U) 为不应投资但做出投资决策的条件概率，则预期有 $R'(U) < 0$，$W'(U) > 0$，这意味着不确定性 U 的上升会增加犯错误的概率而降低正确投资决策的概率，因此 R(U)/W(U) 将随着 U 的上升而下降。

设企业家所作决策正确的概率为 S(E)，所作决策错误的概率为 1 - S(E)；设 G(E) 为企业应对外投资而决策投资所获得的平均利润率，L(E) 为不应对外投资但决策错误带来的损失。则企业决策时应使其预期收益高于预期损失，即有：

$$G(E)R(U)S(E) > L(E)W(U)[1 - S(E)] \quad (4-4)$$

将式 (4-4) 两边同除以 G(E)S(E)W(U)，可得：

$$B(A,E) = \frac{R(U)}{W(U)} > \frac{L(E)[1 - S(E)]}{G(E)S(E)} = T(E) \quad (4-5)$$

式 (4-5) 左侧即为 Heiner（1983，1985）提出的信赖条件 B(A,E) = R(U)/W(U)，也是正确投资和错误投资两个条件概率的比值；不等式右侧为容忍限度 T(E)，它取决于投资项目纳入风险的价值判断，T(E) > 1 表示预期价值为负，T(E) < 1 意味着预期价值为正，等于 1 则表示均衡状态。式 (4-5) 中，B(A,E) - T(E) 对应的净现值即为企业投资决策的的依据，若大于 0 则意味着投资可行。

(1) 企业家注意力水平变化的比较静态分析。设如果企业家注意力水平 A 连续变化，则不同变量对 A 求一阶条件可得：

$$\frac{\partial R}{\partial A} = \frac{\partial R}{\partial U}\frac{\partial U}{\partial A} > 0$$

$$\frac{\partial W}{\partial A} = \frac{\partial W}{\partial U}\frac{\partial U}{\partial A} < 0 \quad (4-6)$$

$$\frac{\partial B}{\partial A} = \frac{W \times \partial R/\partial A - R \times \partial W/\partial A}{W^2} > 0$$

亦即，随着企业家注意力水平的上升，正确投资决策的条件概率上升，而错误投资决策的条件概率下降，作为两者比值的信赖条件 B (A, E) 随之上升。因不等式 (4-5) 右侧与企业家注意力水平无关，因此，企业家注意力水平上升有助于满足不等式条件，使企业家做出投资的决策。

(2) 新信息和企业规模影响的比较静态分析。新信息的来源既包括源于东道国和母国的单独或者联合的影响投资收益的政策设计或者环境变化，也包括增加的信息供给和向企业家的传递，企业规模则用以捕捉企业规模上升带来的信息收集和加工专业化程度。求一阶条件可得：

$$\frac{\partial R}{\partial Q} = \frac{\partial R}{\partial U} \frac{\partial U}{\partial E} \frac{\partial E}{\partial Q} > 0$$

$$\frac{\partial W}{\partial Q} = \frac{\partial W}{\partial U} \frac{\partial U}{\partial E} \frac{\partial E}{\partial Q} < 0 \qquad (4-7)$$

$$\frac{\partial B}{\partial Q} = \frac{W \times \partial R/\partial Q - R \times \partial W/\partial Q}{W^2} > 0$$

因 N 和 Q 对 E 的影响方向相同,等式(4-6)的结果可扩展至新信息的比较静态分析。总体上,企业规模上升和新信息的增加均有助于增加信赖条件 B(A,E) 的数值。

与此同时,对等式(4-5)的右侧,假设一种基准情形是东道国边际风险和区位边际风险均为 0,则 L/G 与复杂性 E 无关,这时利用一阶条件做比较静态分析可得:

$$\frac{\partial T}{\partial Q} = \frac{L}{G} \frac{-S(E)\frac{\partial S}{\partial E}\frac{\partial E}{\partial Q}\partial R - [1-S(E)]\frac{\partial S}{\partial E}\frac{\partial E}{\partial Q}}{[S(E)]^2} = \frac{L}{G} \frac{-1}{[S(E)]^2} < 0 \qquad (4-8)$$

相类似,新信息 N 对容忍限度 T 的影响也为负。亦即,新信息和企业规模的上升在增加信赖条件的同时也降低容忍限度值,更有助于企业家做出投资的决策。

如果引入东道国边际风险和区位边际风险因素,则东道国边际风险与复杂性 E 有关,则有 $L'(E) > 0$,$G'(E) < 0$,同样,令 T 对 Q 求一阶条件:

$$\frac{\partial T}{\partial Q} = \frac{\partial L}{\partial E}\frac{\partial E}{\partial Q}G(E)S(E)[1-S(E)] - \frac{\partial G}{\partial E}\frac{\partial E}{\partial Q}L(E)S(E)[1-S(E)] - \frac{\partial S}{\partial E}\frac{\partial E}{\partial Q}L(E)G(E) < 0 \qquad (4-9)$$

同理可得: $\frac{\partial T}{\partial N} < 0$。如此,在存在东道国边际风险和区位边际风险的情形下,新信息和企业规模的上升仍然会降低容忍限度值,综合式(4-9)和式(4-6),此时的对外投资有更大的可行性。

4.4 "优势—风险—资源"的适配

参与国际产能合作的企业一般已在母国有切实的诸要素融合生产经验,并借此对外显示出某种/多种"优势";而在产能合作前,东道国"资源"尚未进入母国企业的生产函数考量之中,故只能称为"资源"。企业家的作用就是依托已有生产组织的"优势"以及东道国"资源"条件，考量可否以某种产能合作路径管理"优势—资源"对接的"风险"，如果可以，则形成国际产能合作，否则，企业将维持母国生产布局而不参与国际产能合作。企业考量的"优势—风险—资源"对接的关键是"优势—资源"的规模经济适配，以及基于规模经济的风险防控的低成本可及性。

4.4.1 "优势—资源"的规模经济适配

我们可从以下方面讨论母国企业的规模经济性。其一，企业家注意力水平的连续分布导致了多样化规模经济的存在性。可理论上设想，如果其低于某一产业对应的门槛值，则对应的自然人只能在市场上以其劳动要素呈现，其要素回报即劳动报酬；如果其注意力水平高于某一门槛值，则其作为企业家（职业经理人及/或所有者）呈现组织诸要素生产的角色，其注意力边界决定有生存能力企业的边界，其报酬随着注意力水平的上升渐远离劳动报酬。正因为企业家注意力水平分布于不同区间，现实中他们经营的企业亦是多种规模经济区间共存的。其二，要素供给的差异化特征导致了多样化规模经济的存在性。企业生产中所使用的某要素供给规模和质量可能存在先天差异，规模大、质量高的要素易对应于大规模企业，规模小、质量不均匀的要素供给易对应于中小规模企业，导致市场中存在规模差异显著的企业[①]。其三，市场需求的差异化诱致了多样化规模经济的存在性。差异化的需求不利于大规模生产及其对应的大规模企业，而可能更适应于中小规模企业，后者可以较大的企业数量及专业化分工聚焦差异化且单一产品市场容量小的市场，也推动企业以柔性制造、定制生产等技术和经营模式与传统的大规模生产模式共存。

由以上分析出发，母国企业已形成的"优势"内嵌在多样化规模经济共存的产业结构上，而东道国的"资源"条件可能也是多样化的。后者的突出表现之一是其要素供给/市场容量特征。特定东道国的"资源"数量/质量可能偏向于相适应规模的母国企业，如果该规模企业仅存在于特定母国，则两者的适配性就是高的；如果该规模企业存在于不特定母国，则相比较者在于不特定母国给定规模企业间的"优势"比较，最终无论参与合作企业来自哪一母国，"优势—资源"的适配性仍是高的。需要强调的是，如果当期的母国企业规模仅是

---

① 一个直观的例子是自然资源要素，差异化的矿藏分布对应于差异化且一定范围内难以扩展使用的资本和技术，也限制了企业可达到的规模上限，导致了同一产业内规模经济企业的多样性。

出于要素供给和已有市场需求的约束,其企业家注意力水平仍是过剩的,则通过对过剩企业家注意力的使用,该企业可以实现有效的"优势—资源"适配,但用至东道国的企业家注意力之外的"优势"因企业和东道国"资源"条件而异。4.1.3 节和 4.2.3 节讨论的多种"优势""资源"利用方式的区别就在于"1"表示的企业家注意力要素是最重要的且(除要素服务和工程承包外)不可少的,其余"优势"和"资源"的投入则因时因地而异。换言之,是企业家以其注意力来管理并实现"优势—资源"的适配。

但从一个较宏观的视角,我们可以实证估计包括母国和东道国在内的不同国家的"优势"和"资源"条件,为企业家和相关决策者关注的"优势—资源"适配提供依据。对"优势"的分析完全可以借鉴国际经济学理论中的比较优势和竞争优势思想以及相关度量指标,利用跨国比较来衡量特定母国和东道国之间的"优势"状况。同时,对母国具"优势"的产业,可以通过企业数据来估计不同的规模经济区间及其企业空间分布和空间演化,以便了解何等规模企业可在市场竞争中生存并处于规模经济区间内,它们分布于何方又将如何演化,这可以为母国参与国际产能合作企业"追踪、画像"。至于东道国"资源",除企业自主信息搜集和观察外,针对不同产业具体情形,可探讨东道国的国际产能合作潜力。例如,对东道国的自然资源应当注重其储量、可开采量等禀赋特征,对市场空间(份额)则应关注其市场需求及未来增长、其所在关联市场、已有产量及市场结构等,这可以为母国企业"优势"适配提供"资源"条件的参照。

4.4.2 "风险"防范的规模经济适配

按照 4.3.3 节的分析,影响企业投资决策不确定性的因素包括企业家注意力 A、新信息 N 和企业规模 Q 三个变量,"优势—资源"适配下的规模经济"风险"防范亦可以从以上三个变量着手进行探讨。

(1)企业家注意力(A)。前已述及,企业家注意力在"优势—资源"适配中非常重要、不可或缺。它对"风险"防范有两个方面的含义:其一,具有过剩企业家注意力的企业可开展国际产能合作,如果该企业"优势"主限于此,则通过企业家注意力+资本(或者其他)的东道国"优势"使用,结合东道国各种"资源"时可由企业家收集、加工和分析各种可得信息来降低不确定性,有效应对迥异于母国的国际产能合作环境复杂性,实现"风险"防范。其二,已具有"优势"企业需要从市场上遴选有足够注意力水平的企业家,方可降低国际产能合作风险。按照前面章节的分析,企业家注意力和企业经营管理能力是过去历任企业家的注意力及其统领的经营管理团队持续累积作用的函数,通过企业家遴选并与所经营管理企业融合以改善其适应境外投资的经营管理能力,是"风险"防范的核心举措。需要指出的是,如果特定企业因所有者之故表现出偏向性的风险偏好,则所遴选出的企业家应能对冲这一偏向性偏好。例如,设如果因国有企业预算软约束之故,具有激进投资行为的风险特征,则所遴选、任命的企业家不应该是同样风险偏好的,而应该是风险厌恶或者偏中性的,以防止正反馈的风险倾向叠加导致的过大投资风险。

(2)新信息(N):生成和供给。企业所能获得的新信息首先可以从新的信息源角度理解,亦即,出于东道国或母国的主动的信息生成和供给,它包括东道国的选择性制度安排、母国的特殊支持政策、双边政治关系资产的累积以及包括东道国/母国在内的区域公共产品供给等方面。

①东道国选择性制度安排。不同于东道国非排他的营商环境改善,选择性制度安排可定义为针对特定国家产业和企业的排他的风险防范举措。它既可能是经济上的,如针对性的税费减免、补贴、优惠的"资源"供给安排、义务豁免等,以此降低母国企业参与产能合作的预期损失或提升其预期利润率;它也可能是安全上的,如提供特殊的安保安排,以避免或者削弱东道国特定区位的社会动荡或治安问题对企业参与产能合作的不利影响①。在极端情形下,如东道国难以提供特殊安保安排,亦可经由东道国授权或者允准,由投资企业自力或者外包获得安保支持②。

②母国特殊支持政策。可选择的政策包括母国为特定产业/企业提供的优惠融资、担保、补贴等经济上的改变投资预期成本—收益的排他性政策,也包括母国使用安全、外交等渠道为特定产业/企业提供的风险防范支持。在极端情形下,甚至还可能延伸至母国使用军事等手段来支持其企业投资的能力、意愿和实践。

---

① 例如,在中国和巴基斯坦的国际产能合作中,巴基斯坦提供了针对中国投资企业的包括军队和警察在内的特殊安保安排,以确保投资的顺利开展。可参见:巴基斯坦为中巴经济走廊设4层安保措施[EB/OL]. 人民网, http://military.people.com.cn/n/2015/1102/c1011-27764956.html, 2015-11.02.

② 最近数十年中,国际市场上已涌现出如美国的黑水安全咨询公司、泰坦公司(The Titan Corporation)等私人安保公司,中国也有被报道的国际投资安保服务供应商在运营,有报道给出了全球最主要的私人安保公司的名单,它们不但参与政府部门安保,还参与跨国公司投资的安保服务。参见:唐志超. 全球知名私人保安公司透视[EB/OL]. http://www.china.com.cn/international/txt/2007-10/27/content_9133877.htm. 中国私人安保公司的报道可参见:本·马里诺. 中国国企向私人安保公司寻求帮助[R]. [英]金融时报, 2003-11-26.

③双边政治关系资产积累。政治关系可被视为受益范围至所有母国企业的俱乐部产品。政治关系资产的积累意味着俱乐部产品供给的加强，东道国会因此削弱采取机会主义行为、出台提升投资风险政策的激励，也有助于激发其在给定营商环境下偏向性保护母国企业的动机。

④区域公共产品供给。东道国和母国合力供给的区域公共产品可使所有经营企业受益，增加这一公共产品的供给意味着可降低投资环境复杂性的新信息生成和供给，它包括但不限于双/多边自贸协定、贸易便利化、投资保障协定、跨境基础设施联通、区域投融资平台、双/多边立法和执法合作机制等。

（3）新信息（N）：收集和分析。即便没有新信息源的生成和供给，已有的投资环境复杂性信息仍是无限的。除企业家自主收集外，至少存在以下3种有助于信息收集和分析的风险防范方式：企业内分工、市场交易和公共供给。

①企业内分工。既然更多的新信息及其加工和分析有助于降低投资环境复杂性和投资不确定性，则以专业化分工来收集和分析信息是自激励的。通过企业内设立专门部门、配置人力资源专司信息收集和分析，会极大地扩充企业家决策可依据的有效信息的数量/质量，对风险防范大有裨益。

②市场交易。前已述及的信息价值推动市场中形成专业从事信息咨询服务的行业和供应商，专业化分工使其能规模经济地收集和分析信息，其产品可供应给不同国家、不同产业的企业，形成替代企业内分工的市场机制。

③公共供给。母国和东道国政府均在特定信息收集、分析和供给上具有优势。主要表现在：一是其在境外设立的官方机构网络可便利信息收集；二是其本身即为政策制定者和信息源；三是其通过税收和预算等条件能支持其将所收集信息公共化，可减免企业通过前述两种方式收集分析信息需承担的成本，同样有助于降低企业的投资环境复杂性。

（4）企业规模（Q）。企业规模的增加会诱致企业内分工的细化，以专业化的信息收集分析部门助力企业家的正确决策，同样，规模上升也有利于使用市场交易方式购买信息咨询服务，以规模"摊薄"信息咨询成本[①]，因此较大规模企业的风险防范能力也较强。对中小企业，因其规模所限，难以通过以上两种方式获取足够的风险信息，但它们可利用若干间接的显示性信息披露方法：一是跟随策略，如大型企业、关联企业已经选择投资并已在东道国正常经营中显示了可控风险及盈利性，则可捆绑利用已投资企业规模所关联的信息进

---

① 很多企业在投资前都会聘请信息咨询服务商开展尽职调查，以市场交易方式获得东道国及投资关联的风险项信息，但信息咨询成本是一次性的，如果企业规模较大则可以"摊薄"这一成本。

行决策①。二是共享策略,亦即以东道国境内产业园区/科技园区等集聚地为载体,规模经济地分担信息成本和风险防范成本,以众合方式形成加总的企业规模变量助力削弱投资环境的复杂性。三是优选合作方式,通过参股、合资或合作等方式和东道国合作伙伴形成激励相容的利益共同体,以此增加企业规模,利用东道国合作伙伴的信息优势防范风险,但最优合作方式端赖于母国企业对东道国"风险"的先验判断②。

4.4.3 一个简化的"优势—风险—资源"适配分析框架

成功的国际产能合作决策依赖于经由风险评估后母国企业"优势"与东道国"资源"的有效衔接,以最终稳定或扩大投资企业的生存能力。区分高、中、低三种不同情境,图4-1给出了一个简单的"优势—风险—资源"适配的国际产能合作的分析框架。其中,"优势"的高、中或者低用以说明母国企业要素利用程度至其规模经济特性完全作用的距离,距离越大则"优势"越大。以与母国企业匹配的东道国"资源"量之多寡分别定义高、中或低三种情形。为方便研究,我们首先考虑风险等于国家风险的基准情形,而将边际风险留在后面的比较静态分析中讨论。显然,可由图4-1得到企业决策面临的27

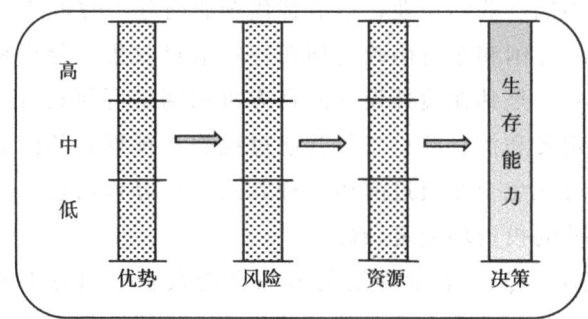

图4-1 优势—风险—资源匹配的国际产能合作决策分析

---

① 这一方式对大型企业也是适用的。以矿产业为例,假定投资者"优势"和东道国"资源"均已知且适配,则可区分以下几种情形来识别风险:第一,已投产矿藏。因已达投产阶段,其他投资者的投资判断和经历可以很好地披露出法规、管制和要素可得性等信息。第二,开发中矿藏。因已处于开发中之故,在位投资者新近的经历和判断可以给出较明确的法规管制和要素可得性的信息,但应视开发所处的阶段而做出有差异化的判断。第三,待开发矿藏,但已有其他开发成功案例。此时,应结合开发地基础设施之优劣而进行分析,但需要的信息量和风险都较大。第四,待开发矿藏,且无开发成功案例,这时所需的信息量和风险最大。

② 投资方式既是规模经济防范风险的举措,也是"优势—资源"适配的内在要求。

种可能的"优势—风险—资源"匹配情形。因投资企业对其自身"优势"总熟稔于心,因而决策前可较容易地认知自身"优势"为高、中或者低,每一情形下均对应9种"优势—风险—资源"匹配情形,以下对此进行逐一分析(见表4-3)。

表4-3 不同"优势"情境下的企业国际产能合作方式选择

风险\资源	高	中	低
强"优势"情境			
高	参股、工程承包、终止进入	工程承包	终止进入
中	控股、参股、工程承包	参股、工程承包	工程承包
低	全资、控股、参股、工程承包	控股、参股、工程承包	参股、工程承包
中"优势"情境			
高	工程承包、终止进入	终止进入	终止进入
中	参股、工程承包	参股、工程承包	工程承包
低	控股、参股、工程承包	全资、控股、参股、工程承包	控股、参股、工程承包
低"优势"情境			
高	终止进入	终止进入	终止进入
中	工程承包	工程承包	参股、工程承包
低	参股、工程承包	控股、参股、工程承包	全资、控股、参股、工程承包

资料来源:作者的总结。

(1)静态分析。在国家风险极大情形下,由于任何在东道国资产的长期暴露都将导致部分或者全部损失,因此,母国企业的最优策略是终止进入;在东道国"资源"极小情形下,母国企业难以将其"优势"适配至东道国,此时的最优策略仍是终止进入。如果东道国仍存在对最终产品或者母国企业拥有要素的需求,则可能的产能合作方式是工程承包、技术贸易等方式,视乎东道国的市场结构和寡头间博弈情形,也可能存在参股或者某种其他合作方式。因此,为简化起见,参照4.1.3节和4.2.3节的分析,我们限定全资、控股、参股、工程承包四种国际产能合作方式进行分析。

①母国企业具有高"优势"情境。母国企业所具有的高"优势"要求较高的"资源"方能与其要素的规模经济特征相匹配。因此,在不同风险情形下,高"优势"企业主要关注中/高"资源"的投资选择,而较不愿意关注低"资源"东道国,即使在风险很小且有策略博弈行为条件下,也仅愿意参股和

工程承包。对于高风险情形,即使有很高的"资源"量,因预期收益水平不稳定,高"优势"企业也仅仅愿意采取参股或者工程承包的方式进行投资;在"风险"极高情形下,会选择终止进入。但"风险"水平一旦降至中等以下,除非受东道国及其企业持有的"资源"约束而采取参股等方式,高"优势"企业将有很强意愿采取全资或者控股方式使其"优势"与东道国"资源"相衔接,借此大幅改善效率。在中等"资源"量情形下,随着"风险"的下降,高"优势"企业的控股或全资动力会逐渐出现,但弱于高"资源"量情形,这是因为中等"资源"量所带来的效率改善程度较弱的缘故。

②母国企业具有中等"优势"情境。如果母国企业具有中等"优势",与前一情境的差异在于,在面对高"风险"条件下,中等"优势"企业的投资行为明显会趋于保守:在中、低"资源"量情形下会选择终止进入,即使面对高"资源"量的诱惑,也仅仅会选择保守的工程承包的方式进行。同时,即使"风险"水平逐渐下降,中等优势企业在高"资源"情形下的投资方式也仅止于控股和参股,全资方式已超越了其规模经济可以匹配的程度,是规模不经济的。其原因在于,如果存在高"优势"的竞争者,在同样条件下适配东道国的高"资源"情形,则因可更好地利用产量的上升促成成本下降的规模经济特征,高"优势"竞争者会将中等"优势"企业挤出市场。

③母国企业具有低"优势"情境。如果母国企业仅具有低"优势",相较于前述两个情境,与其匹配的主要是中、低"资源"量情形。在高"风险"情形下,低"优势"企业会无一例外地选择终止进入。仅当"风险"下降时,低"优势"企业才会考虑以工程承包为起点的尝试性市场进入,它们只在低"风险"时有意愿以参股的方式进入高"资源"东道国投资。低"优势"企业如要进行控股或者全资的投资方式,不仅要求较低的"风险",还要求有中、低资源量情形下的"优势—资源"所对应的规模经济量匹配。

(2)比较静态分析。以上是一个国际产能合作决策的静态分析。现在我们可以引入母国企业"优势"、东道国"资源"、不同的边际风险项以及风险防控举措进行比较静态分析。

①母国企业"优势"的变化。如果母国企业能通过管理者的遴选提升其注意力水平和所管理企业的经营管理能力,或者通过技术创新获得由"低"向"高"的优势,则根据前述的不同情境分析,该企业就可以大大扩展其可以使用的国际产能合作方式选择空间。但需要说明的是,除企业主体自身的"优势"提升外,母国借助高可得性、低成本的公共产品供给来助力企业降低产品生产成本并显化为企业可使用的"优势",它既可以表现为常态化作用的营商

第4章 "优势—风险—资源"适配的国际产能合作分析框架

环境和发育良好的要素市场,也可以表现为经由母国政府助力的可抵御域外竞争、极端事件冲击和产业链"断链"风险的各项公共服务①。同前,由此导致的母国企业"优势"提升会增加企业可得的国际产能合作方式选择。

②东道国"资源"的变化。因东道国对其拥有自然资源等"资源"的主权,东道国可以在多种产能合作方式中相机选择,母国企业只能选择遵照东道国合作要求进入或者不进入;对于市场(份额)"资源",虽然世贸组织(WTO)规则和常见的双边/多边经贸协定往往要求东道国提供最惠国待遇,不应也不能对母国企业采取异于东道国企业的歧视政策,但贸易政策不一定能改变东道国已有的"资源"占有格局,东道国及其企业仍可能通过限制母国企业可得的"资源"量进而影响产能合作方式②。此时,经典的跨国公司内部化理论所阐释的因中间产品(技术、半成品、零部件等)市场不完全而导致的投资动机,当遭遇东道国"资源"约束时,可能不会充分发挥作用,替代地,中间产品贸易等方式仍是较优的。

③不同的边际风险项。东道国边际风险的上升加诸国家风险,促使东道国"风险"的上升并引致前述的不同"优势—资源"组合下的产能合作方式变化;区位边际风险的存在性诱致企业慎重选择区位,或者在给定区位下将这一边际风险项加入国家风险度量中进行决策;企业边际风险通过放大或者缩小企业家所认知的国家风险的方式导致产能合作决策与真实的"优势—资源"适配要求相偏离;产业边际风险则对给定国家风险情形下的参与产能合作的产业分

---

① 一个最新的制度构建案例是2019年后发端于湖南、浙江、辽宁等地的"链长制"探索。所谓"链长制",就是择定地方经济发展的核心产业,通过地方政府主要官员甚至省市政府一把手担任"链长",以"补链""强链"为目标的一系列制度设计。其背景是:近年来美国特朗普政府将大国博弈置于国际分工和比较利益格局之上的域外竞争行为,为中国产业发展带来了巨大的"断链"风险和挑战,特朗普政府针对中国通信产业尤其是华为和中兴等标杆企业的恶性制裁凸显了单一点位断裂对整个产业链和经济发展的倾覆性风险;2020年年初开始在全球肆虐的新冠肺炎疫情进一步表露出已有国际产业链分工格局的脆弱性。由于中美大国博弈和新冠肺炎疫情等导致的产业链"断链"风险,使企业难以依据已有市场信息和链内合约进行经营,"断链"风险扩展到整个产业链并溢出到区域经济和宏观经济,产生市场机制难以克服的风险"外部性"问题,要求由政府牵引的公共产品供给来矫正这一负外部性,提升特定区域企业可共享的"优势"水平。

② 例如,21世纪初,国际高速铁路市场上存在德国西门子、加拿大庞巴迪、法国阿尔斯通和日本企业等寡头之间的竞争,但中国高铁市场(份额)为国家铁路公司(当时为铁道部)独占,以上国际企业向中国的市场进入面临国家铁路公司可裁量决定的"资源"约束,当面临丧失"资源"的可能时,技术贸易成为最终的合作方式。但如果东道国无法有效吸收引进技术,则工程承包、技术服务或者参股等方式亦是可能的。中国高铁技术引进案例的详细介绍和分析参见:魏巍,安同良.中国高铁技术引进与自主创新的博弈分析[J].南京社会科学,2019(7):19-25;韩维正.中国高铁驶向世界最高舞台:技术引进服务于自主创新[EB/OL].环球网,https://baijiahao.baidu.com/s?id=16166167072303971 66&wfr=spider&for=pc,2019-10-21.

布施加了约束,较高的国家风险一般对应于具有较低产业边际风险的产业,有长期风险暴露的产业应适用较谨慎的产能合作方式。

④主动"风险"防控举措。虽然我们可以把母国企业的"优势"和东道国"资源"视为是给定的,但国家风险及边际风险是可以通过企业、东道国等主体的行为加以影响的。设想表4-3所示的高"风险"、高"资源"情形,具有高"优势"的母国企业如果能设法降低既有的风险水平,则因高"资源"量与其高"优势"匹配的缘故,其降低风险水平的行为同样具有规模经济[①]。因此,由于风险防控行为的成本可被高"资源"量分摊,高"优势"企业的国际投资激励会得以增强,其更可能采取全资、控股等产能合作方式。而中、低"优势"企业和中、低"资源"量情形下,单体企业可能不足以分摊特殊安保服务的成本,其产能合作方式仍如前所述;不过,如能通过产业园区等方式在中、低"优势"企业间分摊这一成本,仍然具有改变产能合作方式的激励。

最后要说明的是,对母国/东道国政府而言,以选择性制度安排防范"风险"的尝试因企业规模而有不同的激励。如果参与产能合作的企业规模较小,选择性制度安排的制定和实施必须考虑此一安排将带来的潜在市场不公平竞争的影响;因此,安排消耗的政治资源之潜在收益较小,以政策制定的成本—收益衡量,亦是激励很弱的。但随着企业规模的上升,选择性制度安排带来的收益上升会超出政治资源耗费的成本,且因市场不完全竞争、寡占或者垄断之故,对不公平竞争的担忧亦会弱化,此时母国/东道国应企业要求出台选择性制度安排的概率会明显上升。即便如此安排不可行,企业也能自力或者外包类似"风险"防范举措,只是这些举措也呈现强规模经济的特征。

4.5
小结

本章基于已有的国际产能合作相关理论和微观企业视角,发展了一个母国及其企业"优势"与东道国"资源"适配并由"风险"对两者进行衔接的

[①] 这样的行为包括:推动被投资国政府或者母国政府给予特殊(安全)保护或者担保,或者通过母国或者东道国提供选择性政策优惠的方式对"风险"进行对价,或者自身购买特殊(安全)保护或者担保。现实中,我们可以观察到非常多的东道国政府提供军警安保服务等保护母国投资企业的案例,而母国政府通过法律、外交、军事等手段为本国的大额国际投资提供特殊(安全)保护或担保的案例也所在常有。母国企业自身购买专业安保供应商提供的安保服务也是较常见的主动"风险"防控举措。

"优势—风险—资源"的国际产能合作决策分析框架。本章给出的知识增量在于以下方面。

（1）母国及其企业的"优势"来源于两个途径：其一，要素价格的国家间差异和多样化规模经济的存在性；其二，要素规模经济使用的企业优势。我们引入并特别强调了企业家注意力及其累积形成的企业经营管理能力在企业"优势"形成中的核心地位，它与企业的获得性优势一起构成了企业参与国际产能合作的核心依托。

（2）不同于传统研究使用的"区位优势"，我们定义东道国"资源"并给出了其包括自然资源、劳动力、市场（份额）、技术和知识、资本等在内的"资源"构成，由此可将传统研究涉及的不同投资动机融入适配东道国"资源"的分析框架下。

（3）我们新区分了国际产能合作中的国家风险和边际风险，定义前者为平均意义上的国家间差异的风险项，后者则为因产业、企业和区位而异的风险项，它包括东道国边际风险、区位边际风险、产业边际风险和企业边际风险四类。

（4）基于行为经济学的认知—困难模型，我们将企业家注意力和企业规模差异引入模型并分析了其对投资决策的影响，由此可将企业家、企业规模、组织结构和不同的风险防范举措融合进行分析。

（5）"风险"防范的规模经济适配中应从企业家注意力、新信息的生成和供给、新信息的收集和分析以及企业规模入手，根据"优势""风险"和"资源"的不同组合情形优选产能合作方式，通过边际风险项的有效识别和主动风险防控举措来提升国际产能合作的预期收益。

经由本章的"优势—风险—资源"分析框架，我们还综合讨论了母国及其企业的"优势"和东道国"资源"的不同利用方式以及两者的适配思路，由此可将不同的国际产能合作方式以及不同的"风险"防范举措进行综合探讨。随后的章节中，我们将以此分析框架为主线，分别探讨母国（中国）"优势"（第5～第6章）、东道国"资源"（第7～第8章）以及国际产能合作"风险"（第9～第10章），最后再给出"一带一路"倡议和国际产能合作风险防范的思路和政策建议（第11章）。

第 5 章

中国企业"优势"研究 I：
贸易竞争力估计

母国企业向境外市场进入的核心理由是其已形成的"优势"，"优势"企业及其集合的母国产业必将在国际市场拓展中显化出相较于东道国的竞争力。"优势"因产业和企业而异，我们很难针对每一单体企业准确测度其"优势"分布及程度，但可利用成熟的贸易竞争力指标来间接测度母国代表性产业及其隐含母国企业所拥有的"优势"。本章主要考察基建关联产业、油气产业链和纺织产业链三个案例，使用多个量化指标测度中国相对于"一带一路"沿线国的"优势"状况，为中国企业"优势"与沿线国"资源"适配提供实证依据。

5.1 方法、研究范围与数据

本节选用已在文献中广泛使用的产业和国际贸易竞争力研究指标来测度竞争力并进行比较。综合文献来看，反映竞争力实现程度的指标有贸易竞争力指数（TC 指数）、显性比较优势指数（RCA 指数）、国际市场占有率（MOR 指数）和 Michaely 竞争优势指数（MI），针对油气产业链情形，还引入贸易集中度（CR_n 和 HHI）和中国贸易份额指标。我们遴选主要沿线国并使用代表性品类的贸易数据来测度并比较"一带一路"相关产业的竞争力，以间接测度中国和主要沿线国的"优势"。

5.1.1 方法

(1) 贸易竞争力指数（TC 指数）。TC 指数是一国某一产品进出口贸易的

差额占该产品进出口贸易总额的比重,可反映相关产业的国际竞争力水平。其算式为:

$$TC_{ik} = (X_{ik} - M_{ik})/(X_{ik} + M_{ik}) \quad (5-1)$$

其中,X_{ik} 表示 i 国 k 类商品的出口额,M_{ik} 表示 i 国 k 类商品的进口额。TC 指数之范围为 [-1, 1],数值越高说明国际竞争力越强。若 TC < 0,表示该产业的进口大于出口,TC 越小,国际市场竞争力较弱;若 TC > 0,表明该产业出口大于进口,TC 越大,国际市场竞争力较强。一般地,定义贸易竞争力 TC 指数高于 0.6 为强竞争力产业,TC 指标低于 -0.6 的为弱竞争力产业。

(2) 显性比较优势指数(RCA 指数)。它表示一个国家的某种产品出口值占该国出口总值的份额与该种产品的世界总值占所有产品的世界出口总值的份额的比率,反映某种产品在世界出口贸易中的竞争强度和"优势"水平。其算式为:

$$RCA = (X_{ik}/X_i)/(W_k/W) \quad (5-2)$$

其中,X_{ik} 和 X_i 分别表示 i 国 k 类商品和所有商品的出口额,W_k 和 W 表示世界 k 类商品和所有商品的出口额。RCA 越大,表示 i 国在 k 产品上的比较优势越明显。按照文献中对显性比较优势 RCA 指数的界定(尤敏君,1997;聂聪,2013),分别定义 RCA ∈ [0, 0.8)、[0.8, 1.25)、[1.25, 2.5) 以及 [2.5, +∞) 为比较劣势、中等优势、较强优势和强优势。

(3) 国际市场占有率(MOR)。它是反映商品在国际市场上竞争力和竞争地位的指标,可反映一国的总体产业规模和影响力。公式为:

$$MOR_{ij} = X_{ij}/X_{wj} \quad (5-3)$$

其中,MOR_{ij} 是 i 国 j 商品的国际市场占有率,X_{ij} 是 i 国 j 商品的出口额,X_{wj} 是世界 j 商品的出口额。国际市场占有率越高,表明该国 j 商品的国际竞争力越强,反之就表明该国 j 商品的国际竞争力越弱。

(4) Michaely 竞争优势指数(MI)。它综合考虑了一种产品的出口和进口分别占出口总额和进口总额的份额,其公式为:

$$MI = X_i / \sum X_i - M_i / \sum M_i \quad (5-4)$$

其中,X_i 和 M_i 分别表示第 i 种商品的出口额和进口额,$\sum X_i$ 和 $\sum M_i$ 分别表示某类商品的出口总额和进口总额。数值的变动范围亦为 [-1, 1],正数越接近 1,表示竞争力越强;负值越接近 -1,表示越不具有国际竞争力。

除此之外,在研究油气产业链竞争力时,我们还引入两个产业结构指标来衡量一国产业链某环节的贸易市场分布和市场竞争特性,分别为行业集中度(CR_n)以及赫芬达尔—赫希曼指数(HHI),我们特别还将强调中国在"一带一路"沿线国产业链环节中的贸易份额（TS_{China}），以衡量中国对该国的贸易地位及合作位势。由此有：

（5）贸易集中度指标（CR_n和HHI）。CR_n是产业链某环节上前n家贸易对象国的合并贸易份额，HHI则是对所有贸易对象国贸易份额平方和的加总，以反映最主要贸易伙伴的贸易地位。我们还用Top10表示最大的10个贸易伙伴中"一带一路"国家/地区数量及其合并市场份额，以反映"一带一路"贸易对中国的重要性。

（6）中国贸易份额指标（TS_{China}）。我们计算"一带一路"沿线国在某产业链环节对中国贸易占该环节贸易总量的份额，正值表示对中国出口，负值表示从中国进口，还将通过报告与中国贸易在该环节贸易总量中的位势来反映其与中国贸易的重要性。

5.1.2 研究范围

除中国外，"一带一路"涉及东南亚、南亚、西亚、北非、中东欧、俄罗斯等独联体国家及蒙古国等次区域的64个国家。以下我们按照数据可得性和国家重要性等因素选定竞争力评估的研究范围。

（1）油气产业链研究。我们从油气合作角度来遴选重要的油气资源国、过境国和消费国作为重点研究对象。遴选时主要考虑的原则包括：①油气资源量，包括该国的油气储量、产量和贸易量；②人口及经济规模，人口量及以GDP为衡量的经济规模决定了油气合作的潜在规模和程度；③区位，是否是油气运输通道和基础设施网络上的枢纽国家；④双边关系，政治上与中国较为友好将有利于"一带一路"战略的快速落地并形成示范效应；⑤合作基础，有否在上合组织、亚信机制、中巴经济走廊等机制或平台上的良好合作，以及中国在该国是否已有重要油气投资和合作项目；⑥政治稳定性，该国短中期内有无战乱及法统、政局是否稳定。根据以上原则，我们选择了如表5-1所示的13个国家作为"一带一路"油气产业链竞争力评估和比较的研究对象。

表5-1　　　　　　"一带一路"沿线重点油气国的遴选

序号	国家	人口（万人）	经济规模（亿美元）	入选原因	所处次区域
1	中国（CHN）	139000	103804	"一带一路"倡议国，经济规模大	东亚
2	印度（IND）	124000	20495	经济规模大，合作潜力大	南亚
3	俄罗斯（RUS）	14300	18575	油气资源丰富，战略协作处于高水平	独联体

续表

序号	国家	人口（万人）	经济规模（亿美元）	入选原因	所处次区域
4	土耳其（TUR）	7400	8061	经济规模较大，重要通道	西亚
5	沙特阿拉伯（KSA）	2829	7525	油气资源丰富	西亚
6	印度尼西亚（INA）	24700	8886	油气资源丰富，经济规模较大	东南亚
7	泰国（THA）	6679	3738	经济规模较大，经济合作密切，双边关系好	东南亚
8	伊朗（IRI）	7642	4041	油气资源丰富，地缘政治地位重要	西亚
9	马来西亚（MAS）	2924	3269	经济规模较大，油气资源丰富	东南亚
10	巴基斯坦（PAK）	17900	2501	中巴经济走廊，能源通道，双边关系好	南亚
11	埃及（EGY）	8072	2864	油气资源丰富，经济规模较大	北非
12	哈萨克斯坦（KAZ）	1627	2123	油气资源丰富，地缘政治地位重要	中亚
13	缅甸（MYA）	5280	628	中孟印缅经济走廊	东南亚

数据来源：①人口数据来源于世界人口网，www.renkou.org.cn；②各国 GDP 数据来自国际货币基金组织，系 2014 年数据。

（2）基建关联产业研究。因"一带一路"沿线国较多，在基建关联产业研究中，我们区分"21 世纪海上丝绸之路"（海上丝路）和"陆上丝绸之路"（陆上丝路）国家展开研究，研究范围如下。

①"海上丝路"。本章界定的"海上丝路"主要指与中国历史文化联系很深的东南亚区域，东南亚区域包括 11 个国家，因缅甸数据缺失，研究对象共 10 国，包括泰国（THA）、越南（VNM）、老挝（LAO）、柬埔寨（KHM）、马来西亚（MYS）、新加坡（SGP）、印度尼西亚（IDN）、文莱（BRN）、菲律宾（PHL）、东帝汶（TMP）。

②"陆上丝路"。考虑"陆上丝路"沿线国家人口、经济规模以及政治稳定性三个方面因素，排除战乱国后选取人口、经济规模排名前 20 的国家，包括哈萨克斯坦（KAZ）、巴基斯坦（PAK）、印度（IND）、孟加拉国（BGD）、斯里兰卡（LKA）、俄罗斯（RUS）、波兰（POL）、捷克（CZE）、斯洛伐克（SVK）、匈牙利（HUN）、罗马尼亚（ROU）、伊朗（IRN）、土耳其（TUR）、以色列（ISR）、沙特阿拉伯（SAU）、阿联酋（ARE）、卡塔尔（QAT）、科威特（KWT）、希腊（GRC）和埃及（EGY）共 20 国。

（3）纺织产业链研究。本章的研究范围限于"一带一路"沿线国，根据地理特征区分 6 个次区域，分别为东亚、东南亚、西亚、南亚、独联体国家和中东欧，其中立陶宛、爱沙尼亚和拉脱维亚被归入中东欧次区域。排除处于战争状态或者国内政局持续动荡以及纺织业规模极小的国家，依据数据可得性，共选取包括中国在内的 39 个国家进行分析（见表 5-2）。

表 5-2　　　　　　　纺织产业链选定国家及其所属次区域

次区域	国家个数	国家名称
东亚	1	中国
东南亚	5	新加坡、马来西亚、印度尼西亚、泰国、越南
西亚	6	伊朗、以色列、巴勒斯坦、阿联酋、巴林、土耳其
南亚	4	印度、巴基斯坦、孟加拉国、斯里兰卡
独联体	8	俄罗斯、乌克兰、白俄罗斯、阿塞拜疆、亚美尼亚、摩尔多瓦、哈萨克斯坦、吉尔吉斯斯坦
中东欧	15	立陶宛、爱沙尼亚、拉脱维亚、捷克、斯洛伐克、匈牙利、斯洛文尼亚、克罗地亚、波黑、塞尔维亚、罗马尼亚、保加利亚、北马其顿、希腊、塞浦路斯

资料来源：作者的整理。

5.1.3　数　据

本章所使用的数据中，中国贸易数据来自 EPS 数据库，其他国家贸易数据来自联合国 COMTRADE 数据库和联合国经社理事会国际贸易中心数据库（www.intracen.org）。

（1）油气产业链。主要基于 HS2012 编码的 2001～2015 年度贸易数据来展开实证研究。按照油气产业链主要环节，研究范围包括第 27 章所涉及的油气及其蒸馏产品，包括原油、成品油、天然气、石油焦及沥青等，第 29 章所纳入的以烯烃和芳烃为代表的主要有机化学品，第 39 章覆盖的合成树脂及其加工产品——塑料及其制品，第 40 章列入的合成橡胶，以及第 54 和 55 章分别报告的合成纤维。由于有机化学品及三大合成材料贸易统计中品类较多，本章将其分别作为品类整体来进行讨论，但第 27 章和第 29 章我们将细分品类展开研究。[①]

（2）基建关联产业。贸易额数据主要基于联合国 UNcomtrade 数据库 2000～2015 年度贸易数据来展开，研究范围包括钢铁、玻璃、水泥石料、塑料、陶

---

① 国际贸易中为便于海关统计分类和实施海关监管征税，现有 HS 和 SITC 两种编码方式，每种编码后的年份表示这一编码的修订时间。其中，HS2012 的贸易商品共包括 22 类，98 章。本节讨论的油气产业链共涉及第 27、29、39、40、54 和 55 章的全部或部分商品。

瓷、木制品、(建筑用)金属和运输设备这8个基建关联子产业。

(3)纺织产业链。因纺织产业链包括的品类繁多,为研究简便起见,我们选择贸易额较大且具有代表性的6个品类作为研究对象(孙泽生等,2019),分别是上游的棉花(HS编码5201)、合成长丝(HS编码5402)和合成短纤(HS编码5503)以及各自对应的下游的棉机织物(HS编码5208)、长丝机织物(HS编码5407)和短纤机织物(HS编码5516)。

5.2 油气产业链竞争力测度

在中国国家发改委等(2015)发布的《推动共建丝绸之路经济带和21世纪海上丝绸之路的愿景与行动》文件中,重点强调了以油气为代表的能源资源一体化产业链建设合作。油气合作的重要性体现在:"一带一路"沿线是全球最主要的油气资源富集区,石油输出国组织(OPEC)的"12+1"个成员中,"6+1"国位于沿线,6国均是全球最主要的石油输出国①;OPEC之外的俄罗斯、中亚和里海沿岸的阿塞拜疆以及南中国海沿岸国家油气储量均较丰裕。这些国家的经济发展多严重依赖油气生产和贸易,"一带一路"倡议下中国与这些国家的对接基础和先导产业首先/主要就在于油气产业。

5.2.1 研究背景

中国与"一带一路"沿线国家近年来的油气合作实践表明,单纯的油气勘探、生产投资合作已面临越来越大的制约。这既是因为油气资源国对资源主权和收益变化异常敏感,外来投资者常面临财税法规政策收紧或国有化威胁,投资收益不易得到保障;中国又是油气市场后来者,难以在主流市场获得优质油气资产。也因为近年来油气市场波动剧烈,中国油气企业的投资激励明显不足。更重要的是,"一带一路"沿线主要油气国均着力降低油气出口依赖、拉长产业链以推动经济增长。例如,在俄罗斯发布的《2035年前能源战略》和《2030年石油化工和天然气化工发展计划》中,转向东方市场及炼化产业发展被置于极重要位置;多数中东资源国21世纪初就开始加大炼化能力建设,近年来更试图进一步降低油气贸易依赖。包括巴基斯坦、印度、缅甸等在内的沿

---

① 印度尼西亚于2015年底重新加入OPEC,但不同于其他成员,其当前油气出口有限。

线主要油气消费国也在谋求国际投资来缓解石化产品进口依赖并扩展经济发展空间。可见，纳入炼化环节的产业链合作已成为与"一带一路"沿线国开展油气合作的最重要方向。

相比较，中国炼化行业已面临较严峻的过剩产能和节能减排压力。因产能过剩，炼油能力虽达 7.56 亿吨，但开工率只有 70% 左右（金云和朱和，2015），即便如此，2014~2015 年中国成品油出口仍大幅增长；且随着中俄合作天津东方炼化等一批巨型企业陆续投产，这一局面预计将更为严峻。同时，炼化也是能源消耗大户，其能耗水平仅次于冶金、建材、化工和电力而居第五位（顾祥柏，2009）；不少炼化产品虽有一定的进口依存度，但以中国资本、技术与沿线国家资源等要素结合，有助于增强竞争、改善中国的定价能力和贸易利得。因此，油气产业链合作对中国进一步推进国际产能合作和大分工，增进能源安全和节能减排，是富有前景的合作方向。

已有文献表明，中国与"一带一路"沿线国家在资源、技术、产业和交通领域等方面明显互补（申现杰和肖金成，2014）。"一带一路"油气合作将形成能源供给短距离化关联区（刘佳骏，2015），增加中国的能源主动权（胡卫平，2015），化解我国的炼化产能过剩（金云和朱和，2015）。史昕和邢斌斌（2015）首次提出将合作扩展至沿线国家的油气全产业链，彭元正（2015）和董秀成（2015）认为它会降低输向中国油气通道政治风险并有利于各方长远的能源安全。但尚少有文献从产业链角度实证探讨和比较"一带一路"油气贸易竞争力及合作位势问题。本节的主要贡献就在于从产业链视角来测度并跨国比较 13 个"一带一路"主要国家的油气贸易竞争力、比较优势和合作位势，以进一步明晰潜在的合作节点。

5.2.2　竞争力测度和比较结果

由于研究的样本国家和油气产业链品类较多，本节中把样本国家分为四类：第一类是中国和印度这样的油气进口大国；第二类是俄罗斯、沙特阿拉伯、伊朗和哈萨克斯坦这样的油气出口大国；第三类是土耳其、巴基斯坦、缅甸等油气产量较少但占据油气重要通道国家；第四类是经济规模较大，但油气贸易量中等的国家，如马来西亚、泰国、埃及和印度尼西亚。以下分析中将油气产业链分为三个方面进行报告：其一，原油和成品油，它包括原油、天然气、成品油及炼制中伴随获得的石蜡、石油焦和沥青；其二，有机化学品，主要包括烯烃和芳烃两个品类；其三，包括合成树脂、合成橡胶及合成纤维在内的油气产业合成材料。

（1）原油和成品油。首先来分析原油和天然气的贸易竞争力，表 5-3 报告了不同国家 2015 年的贸易竞争力 TC 指标测度结果①。可见，中国和印度的贸易竞争力 TC 值都显著为负值，而且在样本时期内持续接近于 -1，表现出极强的进口依赖。俄罗斯、沙特阿拉伯、伊朗和哈萨克斯坦四国则在原油贸易上持续表现出非常强的竞争力，其 TC 值都接近于 1；但在天然气贸易上这四国有所差异。如同原油贸易一样，俄罗斯、沙特阿拉伯和伊朗的天然气贸易竞争力依然很强，但哈萨克斯坦则经历了一个天然气贸易竞争力不断提升的过程，2002 年其 TC 值只有 0.07，表现出非常微弱的竞争力，但随后年份持续增长，到 2014 年已达到 0.80，表现出非常强的竞争力。至于我们遴选的三个通道国家——巴基斯坦、土耳其和缅甸，前两国的 TC 值都接近于 -1，显示其原油和天然气都严重依靠进口；但缅甸近年来的油气发现和开采驱动了其原油和天然气贸易竞争力的提升，其 TC 值等于或者极接近于 1。对于马来西亚、泰国、埃及、印度尼西亚这四个中等油气国家，其贸易竞争力情况有所不同。马来西亚和埃及的原油出口量略大于或基本等于进口量，使其 TC 指数分布于在 [0, 0.5)

表 5-3　"一带一路"主要国家油气产业链的贸易竞争力指数（2015 年）

国家	原油	天然气	成品油	石蜡	石油焦	沥青	烯烃	芳烃	合成橡胶	合成树脂	合成纤维（长丝）	合成纤维（短纤）
CHN	-0.98	-0.85	0.14	0.69	-0.52	-1.00	-0.95	-0.94	-0.80	0.00	0.68	0.66
IND	-1.00	-0.96	0.77	-0.39	-0.63	-0.24	-0.39	-0.15	-0.85	-0.39	0.48	0.51
RUS	0.99	0.99	0.97	0.86	-0.18	0.95	0.92	0.95	0.78	-0.54	-0.80	-0.85
KSA	1.00	1.00	0.93	0.91	-0.94	-1.00	0.72	0.59	-0.73	0.63	-0.55	-0.56
IRI	—	—	0.76	0.93	0.79	-0.48	0.98	0.99	-0.63	0.24	-0.97	-0.97
KAZ	1.00	0.75	0.82	-1.00	-0.66	-0.98	-1.00	-1.00	-0.80	-0.89	-0.99	-1.00
PAK	-0.89	-1.00	-0.97	-0.98	-0.92	-0.74	-1.00	-1.00	-0.74	-0.93	-0.44
TUR	-1.00	-0.87	-0.39	-0.54	-0.92	-0.15	0.32	-0.88	-0.39	-0.15	-0.19
MYA	1.00	0.99	-1.00	-1.00	-1.00	-1.00	-1.00	-1.00	-1.00	-0.96	-0.99	-1.00
MAS	0.35	0.80	-0.16	0.59	0.06	0.06	0.05	-0.37	0.02	0.21	0.18
EGY	0.99	-0.65	-0.57	0.73	-0.89	-0.74	-0.86	-1.00	-1.00	-0.55	-0.76	-0.77
INA	-0.11	0.67	-0.92	-0.45	0.42	-0.97	-0.87	-0.87	-0.80	-0.50	-0.08	0.27
THA	-0.99	-0.99	0.39	0.17	0.14	0.55	0.13	0.66	-0.25	0.19	0.00	0.54

数据来源：作者的计算，其中缺伊朗 2012~2015 年数据，未予报告。下同。

---

① 限于篇幅，在表 5-3~表 5-5 中仅报告了 2015 年油气产业链竞争力测度结果。

的区间,而印度尼西亚虽已恢复欧佩克成员国身份,但尚存在原油净进口,其2015年的TC值为-0.11;但这三个国家均有较大的天然气出口量,其天然气贸易竞争力TC值均持续为正,特别是,马来西亚和印度尼西亚两国的TC值达到0.7的高位,显示了很高的贸易竞争力。相比较而言,不同年份泰国的原油和天然气TC指数都在-0.9左右,表现出主要依靠进口的特征。

接下来讨论原油和天然气的出口市场占有率和显性比较优势(见表5-4和表5-5)。沙特阿拉伯、俄罗斯、伊朗和哈萨克斯坦这四个油气出口大国中,沙特阿拉伯的原油市场份额保持在15%~20%,2015年份额为16.51%;但俄罗斯的原油市场份额从2001年的3.88%快速增长到2011年的14.03%,随后有所波动,2015年份额为11.40%;因受欧美经济制裁之故,我们仅考虑伊朗2011年前的原油出口市场份额,其值介于5.90%~7.99%;哈萨克斯坦出口市场份额虽然较小,但增速很高,从2001年的0.49%增长到2013年的5.83%,2015年回落至3.33%。在国际天然气市场,俄罗斯居于绝对优势地位,其出口市场份额长期维持在15%~23%,个别年份甚至达到26%~33%;沙特阿拉伯、伊朗和哈萨克斯坦的天然气出口市场份额均远低于其原油所占的比例,近年来分别仅有3%、2%和1%左右。与以上市场份额分析相对应,俄罗斯、

表5-4 "一带一路"主要国家油气产业链的出口市场占有率(2015年)　　单位:%

国家	原油	天然气	成品油	石蜡	石油焦	沥青	烯烃	芳烃	合成橡胶	合成树脂	合成纤维(长丝)	合成纤维(短纤)
CHN	0.20	0.68	3.15	17.59	5.16	0.23	0.66	1.35	2.31	11.92	35.74	33.27
IND	0.00	0.09	5.03	1.51	2.24	0.03	0.58	3.41	0.38	0.91	4.78	5.48
RUS	11.40	15.70	11.13	2.71	0.70	10.06	5.73	0.70	7.53	0.42	0.10	0.10
KSA	16.51	1.35	2.88	13.62	0.10	0.00	2.78	4.45	0.05	2.75	0.19	0.17
IRI	—	—	0.09	2.23	1.22	0.00	0.30	1.31	0.06	0.53	0.02	0.03
KAZ	3.33	0.73	0.22	0.00	0.01	0.00	0.00	0.00	0.01	0.00	0.00	0.00
PAK	0.02	0.00	0.01	0.00	0.00	0.00	0.00	0.00	0.05	0.06	0.06	0.78
TUR	0.00	0.03	0.66	0.37	0.11	0.06	0.23	0.01	0.18	0.97	3.41	3.48
MYA	0.01	1.60	0.00	0.00	0.00	0.00	0.00	0.00	0.00	0.00	0.00	0.00
MAS	0.87	4.20	1.76	4.53	2.19	59.62	1.06	1.36	1.92	1.28	1.18	0.59
EGY	0.63	0.00	0.17	1.24	0.05	0.00	0.01	0.00	0.00	0.18	0.20	0.25
INA	0.82	3.42	0.09	0.35	8.14	0.00	0.45	0.19	0.33	0.41	2.37	5.71
THA	0.01	0.01	1.12	1.56	1.23	0.81	1.75	2.75	2.96	2.12	1.66	3.02

沙特阿拉伯、伊朗和哈萨克斯坦四国的原油显性比较优势 RCA 值都远远大于 2.5，后三国原油 RCA 值平均值都超过 13，均表现出极强的国际竞争力；以上四国中，俄罗斯天然气 RCA 值平均达到 8.69，竞争力最强。样本国家中涉及的其他主要天然气出口国中，马来西亚和印度尼西亚的竞争力都很强，其 RCA 均值都在 3 以上，埃及则波动较大。

表 5-5 "一带一路"主要国家油气产业链的显性比较优势（2015 年）

国家	原油	天然气	成品油	石蜡	石油焦	沥青	烯烃	芳烃	合成橡胶	合成树脂	合成纤维（长丝）	合成纤维（短纤）
CHN	0.01	0.05	0.23	1.26	0.37	0.02	0.05	0.10	0.16	0.85	2.55	2.38
IND	0.00	0.05	3.10	0.93	1.38	0.02	0.36	2.11	0.23	0.56	2.95	3.38
RUS	5.41	7.45	5.28	1.28	0.33	4.77	2.72	0.33	3.57	0.20	0.05	0.05
KSA	13.36	1.09	2.33	11.02	0.08	0.00	2.25	3.60	0.04	2.23	0.15	0.14
IRI	11.09	0.26	0.38	9.49	5.20	0.02	1.26	5.56	0.25	2.25	0.06	0.11
KAZ	12.97	2.84	0.86	0.00	0.03	0.00	0.00	0.00	0.03	0.00	0.00	0.00
PAK	0.17	0.00	0.10	0.02	0.02	0.00	0.00	0.00	0.38	0.41	0.00	5.75
TUR	0.00	0.04	0.74	0.41	0.12	0.07	0.26	0.01	0.21	1.10	3.87	3.94
MYA	0.12	19.95	0.00	0.00	0.00	0.00	0.00	0.00	0.03	0.02	0.01	0.01
MAS	0.71	3.42	1.43	3.69	1.79	48.55	0.86	1.11	1.56	1.05	0.96	0.48
EGY	4.88	0.43	1.29	9.56	0.39	0.00	0.04	0.00	0.00	1.36	1.55	1.91
INA	0.89	3.71	0.10	0.38	8.83	0.00	0.49	0.21	0.36	0.44	2.58	6.19
THA	0.01	0.01	0.87	1.21	0.95	1.35	2.12	2.29	1.64	1.28	2.34	

原油经炼制后转化为成品油、石蜡、石油焦和沥青。在"一带一路"主要国家中，主要石油出口国的成品油竞争力也比较强，主要石油进口国竞争力则趋于提高，但通道国竞争力很弱，大多数中等油气国家不具有高竞争力。俄罗斯和沙特阿拉伯的成品油 TC 值持续等于或者接近于 1，伊朗和哈萨克斯坦则在过去的 10 多年中经历了从净进口到净出口的转变，伊朗在 2001 年的成品油 TC 值尚为 -0.91，到 2010 年已升至 0.79，并基本保持稳定；哈萨克斯坦的成品油 TC 值于 2005 年转负为正，到 2015 年升至 0.82。与原油和天然气贸易不同，主要石油进口国通过炼油能力建设，成品油竞争力提升明显。突出者如印度，其成品油 TC 值从 2001 年的 0.31 升至 2015 年的 0.77，竞争力已非常突出，此外，泰国成品油 TC 指标的均值为 0.39；中国曾长期处于成品油 TC 值小于 0 的状态，但自 2014 年起已升至略大于 0（2015 年 TC = 0.14）的水平。其他国家

则居于成品油贸易竞争力很弱的地位。在石蜡、石油焦和沥青品类,俄罗斯、伊朗和沙特阿拉伯总体上保持较高的竞争力,但受其原油品质的影响,沙特阿拉伯的石油焦、俄罗斯的沥青贸易 TC 值却严重为负;反之,中国却因为自产原油高蜡之故,在石蜡出口贸易中 TC 值持续处于高位,体现出较强的竞争力。

从市场占有率来看,样本国家中,俄罗斯、印度、中国和沙特阿拉伯是最大的成品油出口国,其 2015 年市场份额分别为 11.13%、5.03%、3.15% 和 2.88%。在国际石蜡市场上,中国的市场份额平均为 11.36%,2015 年高至 17.59%;马来西亚的市场份额历经多年持续上升后,2015 年达到 4.53%;俄罗斯、印度、伊朗和埃及等国的国际市场份额都不超过 3%。印度尼西亚和中国是最大的两个石油焦出口国,2015 年分别占国际市场的份额 8.14% 和 5.16%,印度和马来西亚均有 2% 左右的国际市场份额。类同于贸易竞争力 TC 指标,俄罗斯和印度的成品油 RCA 指数最近十年来均持续大于 2.5,体现出很强的比较优势,中国虽然占国际市场份额较大,但相较于其庞大的贸易量,成品油 RCA 指数介于 0.1 ~ 0.4,显示成品油并非中国的比较优势产品。同样,尽管中国在国际石蜡市场占据很大的市场份额,竞争力也较强,但 RCA 指数却自 2001 年起持续下降,从当年具有强比较优势的 RCA = 4.72 降至 2015 年的 RCA = 1.26。相比较,尽管沙特阿拉伯、伊朗、埃及和马来西亚的国际市场份额大大低于中国,但其 2015 年的 RCA 指数均大于 3,显示出强比较优势。

(2) 有机化学品。因丰富的油气资源可提供低成本的原材料供给,油气出口大国在有机化学品生产和贸易方面具有先天优势,通道国和消费国则较缺乏竞争力。由表 5-3 可见,俄罗斯、沙特阿拉伯和伊朗的烯烃和芳烃 TC 值均较高,俄罗斯和伊朗均达到 0.90 以上,表现出很强的贸易竞争力。但是,沙特阿拉伯的烯烃和芳烃贸易竞争力最近 10 多年来存在下滑趋势,分别从 2001 年的 0.93 和 0.72 降至 2015 年的 0.72 和 0.59。哈萨克斯坦的烯烃和芳烃则都缺乏贸易竞争力。在油气进口大国中,中国和印度类似,烯烃和芳烃 TC 指标均小于 0,但中国是两者皆很弱,样本时期内的 TC 指数均值低于 -0.8,而印度是芳烃贸易接近平衡而烯烃较弱 (均值 -0.3)。至于其他通道国和中等油气国,除泰国总体上保持烯烃和芳烃为正的 TC 值,且芳烃贸易竞争力较强 (2015 年 TC = 0.66),以及马来西亚进出口基本平衡,TC 极微弱为正外,均依赖烯烃和芳烃进口以满足市场需求,尤其是,巴基斯坦和缅甸的两个品类 TC 指数均等于 -1,土耳其烯烃和芳烃 TC 均值都为负,但烯烃 TC 值的波动很大,也有个别年份为正。

从出口市场占有率指标看,"一带一路"样本国家中,仅有俄罗斯居于全球烯烃出口前十位，居于韩国、日本、瑞士、美国和英国之后，2015年占有5.73%的国际市场份额，另一主要出口国——沙特阿拉伯则居于第12位，市场份额为2.77%。其余的"一带一路"国家烯烃出口市场份额均不足1%。在芳烃贸易中，俄罗斯的地位被沙特阿拉伯取代，后者居第8位，市场份额为4.44%；泰国则居第10位，市场份额为2.74%。现在再考察各国的显性比较优势指数。烯烃贸易中只有沙特阿拉伯、俄罗斯、伊朗和泰国显示出高于0.8的比较优势，其中沙特阿拉伯的烯烃贸易比较优势比较稳定地位于2.0左右，俄罗斯则出现了较持续的上升，比较优势趋强。在芳烃贸易中，显示最强比较优势的国家是伊朗和沙特阿拉伯，其2015年RCA值分别达到5.56和3.60，印度近5年来的RCA值也平均达到2.63，泰国2015年RCA指数也达到2.12。中国在两个品类上的RCA指数仅微弱地大于0，类同于3个通道国，显示出明显的比较劣势。

（3）三大合成材料。由合成树脂、合成橡胶和合成纤维组成的油气产业链下游环节贸易中，不同的"一带一路"国家显示出差别极大的贸易竞争力情形。在合成树脂环节，从2001年起，中国和印度经历了相反的合成树脂贸易竞争力变化趋势：中国从2001年的TC＝－0.39稳步改善到2014年的TC＝0.00；印度在2001年尚表现为微弱的TC＝0.05的竞争力，但2003年转负后逐步下滑，到2014年已降至－0.39的低竞争力水平。从主要油气出口国来看，沙特阿拉伯合成树脂环节的贸易竞争力最强，平均TC值大于0.6，2009年的最高值达到0.89，伊朗有较微弱的合成树脂贸易竞争力；但俄罗斯和哈萨克斯坦均表现为严重的合成树脂贸易竞争力劣势，俄罗斯2015年TC值为－0.54，这也接近其过去15年的贸易竞争力均值，哈萨克斯坦的合成树脂几乎全部依赖进口，其样本时期内的TC均值为－0.91。除泰国和马来西亚外，其余国家均表现出为负的合成树脂贸易竞争力。

合成橡胶环节呈现俄罗斯一国较强而他国均弱的"一带一路"贸易竞争力格局。俄罗斯2015年合成橡胶TC值为0.78，过去15年内TC指标的均值也达到0.85。其他国家的合成橡胶TC值几乎都小于－0.5。其中，哈萨克斯坦、缅甸和巴基斯坦均为－1，埃及和印度均低于－0.8；虽然近年来中国的合成橡胶竞争力有改善趋势，但到2015年仍表现出－0.80的贸易竞争力劣势。

合成纤维贸易竞争力则表现出与油气竞争力更小的关联。总体上看，中国、印度、马来西亚和泰国表现出较强的贸易竞争力，而又以中国和印度为甚，这两国在过去10多年中的合成纤维贸易竞争力TC指数不断上升，到2015年均达到或超过0.50的水平。印度尼西亚也显现出了较微弱的合成纤维贸易竞争力。其余国家的合成纤维贸易竞争力均为负值,尤以哈萨克斯坦和缅甸为最,其 TC 值接近于 -1;沙特阿拉伯、伊朗和俄罗斯,乃至埃及这样的中等油气国,其合成纤维贸易竞争力 TC 指数均居于 (-0.95, -0.70) 的区间,说明油气出口大国反而在合成纤维这样的产业链下游环节居于竞争力劣势。

现在转而分析三大合成材料的出口市场占有率指标。中国合成树脂的出口市场占有率明显占优,从 2001 年的 3.69% 增长至 2015 年的 11.92%,远超过其他"一带一路"样本国家,也是全球最大的合成树脂出口国。即使不计中国台湾地区,中国也是前十大合成树脂出口国中唯一的"一带一路"沿线国。除中国外,沙特、泰国、马来西亚和印度的合成树脂出口市场占有率居于 (1%, 3%) 区间,印度和泰国还存在较明显的增长势头。前已述及俄罗斯在"一带一路"合成橡胶贸易中的突出地位,其合成橡胶国际市场份额 2015 年为 7.53%,排名在美国、韩国、日本和德国之后居第 5 位。在样本国家中,还有泰国、中国和马来西亚占有相对可观的国际市场份额,分别为 2.96%、2.31% 和 1.92%。在合成纤维国际贸易中,中国表现出具有统治力的国际市场份额。经过最近 10 多年的稳步增长,中国两个品类合成纤维的国际市场份额都已经超过 30%,位居全球第一。相比较,主要油气出口国在合成纤维出口中的地位几可忽略不计,但印度、泰国等油气消费国和土耳其、巴基斯坦这样的通道国却都占有明显的市场份额,印度、印度尼西亚和土耳其的市场地位尤其重要。

从显性比较优势指标来看,合成树脂贸易中比较优势最明显的国家为伊朗和沙特阿拉伯,其 RCA 指数均居于 (2, 2.5) 的区间;泰国、埃及、马来西亚和土耳其的 RCA 指数均居于 (1, 1.7) 的区间,显示出较强的比较优势;而中国的合成树脂 RCA 指数近年来略大于 0.8,显示出微弱的比较优势。哈萨克斯坦、俄罗斯、印度和印度尼西亚等国则是很明显的比较劣势。俄罗斯的合成橡胶显性比较优势大于 2.5,表现出很强的国际竞争力;泰国和马来西亚的合成橡胶 RCA 也大于 1,有一定比较优势;中国和印度等国则是恒强的比较劣势。在合成纤维环节,虽然中国的国际市场份额最大,近年来的 RCA 指数也居于 (2.3, 3.0) 的区间,显现出很强的比较优势,但印度尼西亚、印度和土耳其的合成纤维 RCA 指数却更大。与前面分析类同,主要油气出口国在合成纤维环节的 RCA 指数均很低,再次说明油气生产和合成纤维竞争力没有明显关联,反而,油气出口大国的合成纤维竞争力都很弱小。

(4) 比较结果。竞争力测度结果归纳在表 5-6 中。可见,中国和印度这样的油气进口大国的竞争力主要体现在产业链下游,两国共同在合成纤维上有比较优势,中国还因自产原油高含蜡之故而在石蜡品类上有竞争力和比较优势;但两国共同在原油、天然气和成品油贸易上居于比较劣势,这也反映了两国作为油气进口大国的现实。主要油气出口大国则相反,均在原油和天然气贸易中有竞争力,也基本体现出比较优势,俄罗斯和沙特阿拉伯还在有机化学品和少量合成材料上有竞争力,但这些国家均在合成纤维环节缺乏竞争力和比较优势。三个通道国在油气产业链各环节的竞争力都很弱,仅在合成纤维出口上尚体现出比较优势,但主要也是产业内贸易。我们所分析的中等油气国家中,仅有印度尼西亚、缅甸天然气贸易有一定竞争力,此两国加上埃及在天然气贸易上显示出比较优势,总体上看,这些国家在油气产业链环节中的竞争力和比较优势都不突出。

表5-6 "一带一路"主要国家的油气产业链竞争力和比较优势比较

国家	TC指标		RCA指标			
	强竞争力	弱竞争力	强优势	较强优势	中度优势	比较劣势
CHN	石蜡	原油、天然气、沥青、烯烃、芳烃、合成橡胶	—	石蜡、合成纤维(长、短)	—	原油、天然气、成品油、石油焦、烯烃、芳烃、合成树脂、合成橡胶
IND	合成纤维(短)	原油、天然气、合成橡胶	成品油、合成纤维(长、短)	芳烃	石油焦	原油、天然气、石蜡、沥青、烯烃、合成树脂、合成橡胶
RUS	原油、天然气、成品油、石蜡、烯烃、芳烃、合成橡胶	合成树脂、合成纤维(长、短)	原油、天然气、成品油、合成橡胶	石蜡	烯烃	石油焦、沥青、芳烃、合成树脂、合成纤维(长、短)
KSA	原油、天然气、成品油、烯烃、合成树脂	合成橡胶、合成纤维(长、短)	原油、成品油、石蜡	天然气、烯烃、芳烃	合成树脂	石油焦、沥青、合成橡胶、合成纤维(长、短)
IRI	原油、天然气、石蜡、石油焦、烯烃、芳烃	合成纤维(长、短)	原油、石蜡、石油焦、芳烃	烯烃、合成树脂	—	天然气、成品油、沥青、合成橡胶、合成纤维(长、短)
KAZ	原油、芳烃	石蜡、合成树脂、烯烃、合成橡胶、合成纤维(长、短)	原油	天然气	—	成品油、石蜡、石油焦、沥青、烯烃、芳烃、合成树脂、合成橡胶、合成纤维(长、短)

续表

国家	TC指标		RCA指标			
	强竞争力	弱竞争力	强优势	较强优势	中度优势	比较劣势
PAK	—	原油、天然气、成品油、石蜡、沥青、烯烃、芳烃、合成橡胶	合成纤维（长、短）	—	成品油	原油、天然气、石油焦、石蜡、沥青、烯烃、芳烃、合成树脂、合成橡胶
TUR	—	原油、天然气、石油焦、烯烃、合成橡胶	合成纤维（长、短）	—	成品油、石蜡	原油、天然气、石油焦、沥青、烯烃、芳烃、合成树脂、合成橡胶
MYA	天然气	成品油、石蜡、石油焦、沥青、烯烃、芳烃、合成橡胶、合成纤维（长、短）	原油、天然气	—	—	成品油、石蜡、石油焦、沥青、烯烃、芳烃、合成树脂、合成橡胶、合成纤维（长、短）
MAS	天然气	合成橡胶	天然气	石蜡、合成纤维（长）	原油、成品油、烯烃、合成树脂	石油焦、沥青、芳烃、合成橡胶、合成纤维（短）
EGY	石蜡	烯烃、芳烃、合成橡胶、合成纤维（长、短）	天然气、成品油、石蜡、沥青	原油	合成纤维（短）、合成树脂	石油焦、烯烃、芳烃、合成纤维（长）、合成橡胶
INA	天然气	成品油、石蜡、沥青、烯烃、合成橡胶	天然气、石油焦、合成纤维（长、短）	原油	芳烃	成品油、石蜡、沥青、烯烃、合成树脂、合成橡胶
THA	—	原油、天然气	合成纤维（短）	合成纤维（长）、烯烃、芳烃、石油焦、合成树脂	成品油、沥青	原油、天然气、石蜡、合成橡胶

5.2.3 实证结果讨论

贸易竞争力是一国在产业链中位势的直接反映，其国际比较结果也是各国合作位势在贸易中的显性化。由之，本节已有的竞争力测度和比较结果直接关联到现有产业链合作位势引致的合作方向和潜力。要理解"一带一路"主要国家油气产业链竞争力，首先仍要明晰油气产业链不同环节竞争力源泉的差异。原油和天然气贸易中起决定作用的是油气要素禀赋优势，因此，样本国家中的俄罗斯、沙特阿拉伯、伊朗和哈萨克斯坦具有明显的油气贸易竞争力和比较优势。如果产业链延伸到炼油环节，油气要素禀赋的绝对重要性就趋于弱化，此时丰裕的资本要素和有利区位的影响趋强，中国、印度和泰国这样的油气进口国也可以在成品油贸易中获得竞争力的改善。但如果延伸到炼化环节，则更重要的影响因素是资本和技术要素的丰裕度。虽然俄罗斯、沙特阿拉伯等主要油气出口国因其低成本的原料投入可获得较强的烯烃/芳烃等有机化学品贸易竞争力，但从全球视野来看，最主要的有机化学品出口国却是韩国、日本、美国等发达工业国，它们都是"一带一路"的域外国家。这一现象在合成橡胶环节也极其明显。更进一步，如延伸到合成树脂和合成纤维环节，样本国家中涉及的主要油气进口国、通道国和中等油气国家的竞争力/比较优势开始充分地显现出来。原因在于，合成纤维等环节虽也需要较密集的资本，但更重要的是对丰裕的低成本劳动力的需求，中国、印度、巴基斯坦、印度尼西亚和土耳其等国均符合这一条件而占据较大的国际市场份额，并显示出较强的贸易竞争力和比较优势。

为讨论油气产业链贸易竞争力评估将引致的合作潜力，以下我们先从中国和"一带一路"主要贸易对象国角度来评估相互间的合作位势及影响力。表5-7基于CR_n和HHI指标给出了2001年和2015年中国油气产业链贸易的市场结构，我们还报告了"一带一路"国家在最大10个贸易伙伴中的数量和加总市场份额（Top10）。总体而言，过去15年间中国在整个油气产业链中的地位趋于改善，除天然气外，表5-7所列的进口侧所有品类的国别集中度都在趋于下降，进口来源地的竞争性趋于增强。即便是天然气进口贸易的CRn和HHI指标有所上升，也是因为中亚天然气管道建设和运营，导致土库曼斯坦（2015年，30.75%）取代沙特阿拉伯（2001年，18.69%）的第一天然气对华出口国地位的缘故。在烯烃、芳烃和合成橡胶等发达国家居于领导地位的产业链环节，多样化的进口来源和最大来源国的份额缩减仍是很明显的趋势。而在出口侧，合成树脂、合成纤维的出口目的地同样有分散化趋势。但将中国放到"一带一路"油气产业链内考察，表5-7给出的Top10指标说明，中国进口侧在"一带一路"中的合作位势在原油和天然气进口环节较高。在前10大进口来源地中，分别有合并市场份额为64.18%（7家）和71.33%（6家）的贸易伙伴是"一带一路"沿线国家,但有机化学品和三大合成材料的合并市场份额却明显偏低,前面所示的域外国家的重要性上升。

表5-7 中国油气产业链贸易的市场结构及"一带一路"地位 单位:%

	品类	2001年				2015年				Top10*
		CR1	CR4	CR8	HHI	CR1	CR4	CR8	HHI	
进口侧	原油	17.74	53.46	74.16	922.9	15.46	50.54	76.16	886.69	7(64.18)
	天然气	18.69	53.13	73.74	956.4	30.75	60.90	84.68	1436.2	6(71.33)
	成品油	45.70	80.44	89.48	2589.8	30.46	66.49	79.46	1441.5	6(36.42)
	烯烃	57.30	93.46	97.81	4236.0	40.57	91.92	96.68	3005.2	7(22.93)
	芳烃	48.83	92.02	98.93	3611.92	39.96	73.02	88.05	2110.0	7(32.71)
	合成树脂	27.78	65.30	80.94	1283.5	16.66	52.36	72.63	860.80	6(35.45)
	合成橡胶	24.62	71.44	88.17	1512.2	16.26	55.33	76.98	972.9	6(35.19)
	合成纤维(长丝)	35.50	89.51	96.40	2466.6	28.53	73.92	87.61	1666.7	4(43.90)
	合成纤维(短纤)	27.33	74.47	89.07	1650.6	23.37	56.08	82.83	1134.6	5(29.90)
出口侧	成品油	23.57	59.45	80.63	1158.0	22.30	55.21	73.76	1103.6	6(56.37)
	石蜡	20.55	51.00	64.73	915.9	22.80	48.47	63.53	950.4	5(20.63)
	合成树脂	32.75	65.69	75.96	1595.23	21.42	37.84	48.84	648.5	4(15.40)
	合成纤维(长丝)	14.85	35.10	47.81	464.6	8.61	22.90	35.90	281.5	7(31.27)
	合成纤维(短纤)	21.48	45.42	57.64	788.4	21.53	37.20	49.71	649.1	7(45.32)

注:①*表示最大的10个贸易国中"一带一路"国家数量,( )内表示其合并市场份额;②与中国香港和中国台湾贸易量均计入"一带一路"范围。

表5-8则从"一带一路"主要国家角度来报告中国贸易份额指标(TS_{China}),亦即,中国因素在主要国家贸易中的位势。中国在俄罗斯、沙特阿拉伯、伊朗和哈萨克斯坦的原油和天然气品类出口中居于突出位置,马来西亚、埃及和印度尼西亚也有少量的对华油气出口。因除石蜡外,成品油及炼制关联品类并非中国具有贸易竞争力和比较优势的产品,仅有巴基斯坦的石油焦、沥青进口中中国份额较大;而马来西亚和泰国分别在沥青和石油焦出口中视中国为最重要目的地。在炼化环节中,中国既作为烯烃和芳烃的主要进口国,在印度、俄罗斯、沙特阿拉伯、伊朗和泰国的此类产品出口中占有至少前三位的出口目的地位势;还作为合成树脂和合成纤维的最主要出口国,在"一带一路"样本国家中总体上居于绝对优势地位。唯独有合成橡胶品类比较特殊,中国同时是俄罗斯的最主要出口目的地(排名第三),也是哈萨克斯坦、缅甸和泰国的主要供应者。

第5章 中国企业"优势"研究Ⅰ：贸易竞争力估计

表5-8 中国与"一带一路"主要国家的油气产业链贸易及国别位势（2015年）

单位：%

国家	原油	天然气	石蜡	石油焦	沥青	烯烃	芳烃	合成橡胶	合成树脂	合成纤维（长丝）	合成纤维（短纤）
IND	—	—	—	—	—	14.23(3)	21.53(1)	-2.55(10)	-14.22(1)	-42.61(1)	-37.87(1)
RUS	16.89(2)	8.95(/)	—	—	—	—	4.93(2)	9.51(3)	-15.77(2)	-35.24(1)	-25.52(1)
KSA	16.01(/)	1.18(5)	—	—	—	47.81(1)	—	—	21.70(/)	-85.46(1)	-26.83(/)
IRI	/*	3.93(5)	—	88.47(1)	—	10.45(3)	70.86(1)	-5.25(5)	31.74(1)	-18.83(2)	-3.71(9)
KAZ	7.83(5)	—	0.73(9)	-99.37(1)	—	—	-0.84(5)	-15.36(3)	-41.39(1)	-71.46(1)	-34.41(2)
PAK	—	—	-24.82(2)	-0.49(5)	-23.12(1)	-1.33(10)	-0.89(6)	-1.56(13)	-18.18(2)	-70.76(1)	-39.28(1)
TUR	—	—	-2.88(7)	—	—	-0.47(13)	-0.75(12)	-4.74(8)	-7.25(4)	-25.50(1)	-12.14(2)
MYA	—	8.23(4)	-75.31(1)	—	97.81(1)	—	-2.06(4)	-82.35(1)	-10.49(4)	-52.31(1)	-62.68(1)
MAS	—	12.90(2)	—	-0.64(8)	—	—	—	—	17.33(1) / -16.13(1)	-55.12(1)	-30.00(1)
EGY	2.77(6)	10.53(5)	—	1.84(4)	—	—	—	-4.14(6)	-9.63(2)	-54.80(1)	-37.40(1)
INA	—	—	-37.28(1)	—	—	—	—	-4.92(5)	-14.54(2)	-42.68(1)	-31.75(1)
THA	—	—	—	31.56(2)	—	24.39(2)	51.08(1)	58.95(1)	-22.17(1) / 24.51(1)	-29.89(1)	-35.75(1)

注：①（ ）内为贸易对象国市场份额排名位势，"—"为缺乏贸易数据，"/"为贸易对象国市场份额低于1%或者没有双边贸易；②"—"表示中国未再报告此一品类；③正值表示向中国出口，负值表示从中国进口；④成品油品类中仅有俄罗斯出口中国份额3.81%（8），指贸易市场报告其分国家的原油出口数据；⑤*伊朗并未报告其分国家的原油出口数据，但根据中国海关统计数据，2015年伊朗对华输出原油约为最大出口国沙特阿拉伯的50%，可推知伊朗对华原油出口占其出口份额颇大。

另一个值得关注的问题与样本中的伊斯兰国家有关。中国对巴基斯坦、土耳其、埃及和印度尼西亚等伊斯兰国家的合成树脂出口虽占据主要份额，但不像其他非伊斯兰国家那样是主导性的份额；而且，在这些国家的合成纤维和合成树脂出口中，排名靠前的国家中主要也是伊斯兰国家，这可能反映了伊斯兰文化、交易习惯和消费偏好的特殊性。

从以上贸易位势分析出发，我们可以进一步讨论中国与"一带一路"主要国家展开油气产业链合作的方式和潜力。传统的油气合作主要在于原油和天然气品类上，合作方式可归纳为供需对接型和需求联盟型两类。前者主要针对"一带一路"主要油气国与中国的深化合作，目前中国已形成的保障能源安全的主要油气进口通道中，包括东北（中—俄）通道、西北（中国—中亚）通道、西南（中—缅）通道等均是供需对接型合作的重大进展，中国与俄罗斯、伊朗、哈萨克斯坦等国之间也有成功的油气生产和贸易合作。需求联盟型则是中国和印度等"一带一路"油气进口国之间合作参与第三地的油气生产、运输和贸易，以满足共同的油气需求的合作方式。这方面的案例包括中印两国的国家石油公司就共同开发第三国石油资源、在苏丹共建炼油厂和输油管道、联合竞购等方面的成功合作，以及中国和缅甸、巴基斯坦等国间的能源通道建设合作。

但是，更多的关注应被放到包括炼油炼化环节在内的能带来竞争力嵌入和比较优势匹配的"一带一路"油气产业链合作上。将产业链更多地延伸至炼油炼化环节，可带来更多的投资、就业、经济增长和更可靠的市场需求，这是包括俄罗斯、沙特阿拉伯在内的油气出口大国和巴基斯坦、缅甸等油气进口国和消费国的现实需求。中国虽不具有油气资源禀赋优势和有机化学品竞争力，但却拥有超大油气市场容量和丰裕资本的优势，通过市场让渡和融资合作来获得主要油气国的资源与中国市场和资本优势嵌入的产业链合作也被证明是有效的。这包括中国石油天然气集团公司与俄罗斯石油公司合作在中国天津合资建设年生产能力达到1600万吨、预计将不晚于2020年年底建成投产的炼油项目，中国石化集团公司和科威特石油公司50∶50比例合资建设广东湛江炼化一体化项目，以及中国石化与沙特阿拉伯石油公司（沙特阿美）合资兴建、已投产的沙特延布炼厂项目等。

同时，从成品油品类来看，巴基斯坦、缅甸等国完全缺乏成品油贸易竞争力，国内炼油能力很弱，而中国虽未显示强成品油竞争力和比较优势，但超大型市场对应的可匹配不同规模经济的炼油技术、丰裕资本以及已显示过剩的炼油产能，可以提供有效的竞争力嵌入条件。2016年广东振戎能源有限公司与缅甸政府签约，将合作在缅甸德林达依省土瓦市建设耗资30亿美元的500万吨炼油厂项目，就是很好的竞争力嵌入合作案例。另外，在中国缺乏贸易竞争力的合成橡胶品类上，俄罗斯却拥有较强的贸易竞争力，可通过合作将俄罗斯的合成橡胶竞争力和比较优势嵌入中国市场。由此，从2012年开始，中石化与俄罗斯西布尔公司商定在俄罗斯克拉斯诺亚尔斯克市设立丁腈橡胶合资公司，及在中国上海合资生产丁腈橡胶和异戊橡胶的合作项目；2013年，中国石化还与西布尔公司签署协议，认购克拉斯诺亚尔斯克市合成橡胶厂的25%股份并参与管理。

对中国而言，油气产业链中具有最强竞争力和比较优势的是合成纤维和合成树脂品类，这些品类的生产和贸易已占据国际市场的最大份额，谋求进一步的份额增长非常困难，这些环节上已有的优质产能需要新的市场匹配和释放。另外，对巴基斯坦、印度、缅甸等低成本劳动力丰裕、潜在市场需求较大的国家而言，产能合作带来的竞争力嵌入和劳动力比较优势释放是其获取经济增长的重要路径。而且，前已论及，巴基斯坦等伊斯兰国家虽然从中国进口大量的合成纤维和合成树脂产品，但其本身也出口大量的合成纤维等产品，这些产品是此类国家为数不多的具有油气产业链竞争力或者比较优势的品类，但其出口对象多为伊斯兰国家，而中国对伊斯兰国家的出口却并不具有主导地位。由此，通过将中国的合成纤维等品类产能与伊斯兰国家的劳动力比较优势和伊斯兰市场的容量优势相结合，将竞争力嵌入巴基斯坦等伊斯兰国家，是保持甚至提升中国油气合成材料竞争力的重要途径。

5.2.4 结论

从油气全产业链的视角，本节测度和比较了13个"一带一路"主要国家包括原油和成品油、有机化学品和油气产业合成材料在内的油气贸易竞争力。研究发现：（1）中国和印度这样的油气进口大国共同在原油、天然气和成品油贸易上居于比较劣势，其竞争力主要体现在产业链下游，两国共同在合成纤维上有比较优势；（2）主要油气出口大国均在原油和天然气贸易中有竞争力，俄罗斯和沙特阿拉伯还在有机化学品和少量合成材料上有竞争力，但均在合成纤维环节缺乏竞争力和比较优势；（3）油气通道国在油气产业链各环节的竞争力都很弱，仅在合成纤维出口上体现出比较优势，但主要也是产业内贸易；（4）在中等油气国家中，仅有印度尼西亚、缅甸天然气贸易有一定竞争力，但总体上看，这些国家在油气产业链环节中的竞争力和比较优势都不突出。

基于以上贸易竞争力测度和比较结果,本节还评估了中国与"一带一路"主要国家间的不同油气产业链环节的国别贸易集中度和合作位势。研究发现,过去15年间中国在整个油气产业链中的地位总体上趋于改善,进口来源地的竞争性趋于增强。"一带一路"在中国油气产业链内的重要性在原油和天然气品类最高,有机化学品和三大合成材料品类却明显偏低,"一带一路"域外国家的重要性上升。但从"一带一路"主要国家角度看,中国在其出口贸易中的重要性主要体现在原油和天然气品类上,而进口贸易的重要性主要体现在合成纤维和合成树脂品类上;在有机化学品和合成橡胶品类上,除少数国家外,"一带一路"主要国家总体上竞争力较弱,相互间贸易的重要性也不很强。

5.3 基建关联产业贸易竞争力测度

基础设施互联互通和国际产能合作是"一带一路"倡议的两大优先领域,中国在关联的玻璃、钢铁、塑料、水泥、陶瓷等基建关联产业均拥有很强的贸易竞争力和产能优势,在"一带一路"沿线国已占有明显的市场份额。根据亚洲开发银行(ADB,2017)预测,截至2030年,亚洲基建投资需求将超过26万亿美元,"一带一路"沿线国占据相当大的比重。中国具有优势的基建关联产业正好契合沿线国基础设施建设的巨大需求。本节基于多个贸易竞争力指标测度中国与"海上丝路"和"陆上丝路"主要沿线国不同基建关联产业的竞争力和比较优势并进行比较①,以量化评估中国和沿线国在基建关联产业的"优势"状况。

5.3.1 贸易竞争力指数

按照5.1节讨论的贸易竞争力指数(TC),以 TC>0.6 或者 TC<-0.6 分别定义强竞争力和弱竞争力国家,以下将"一带一路"沿线国分成"海上丝路"和"陆上丝路"两组进行测度和分析,为便于比较,我们将中国竞争力数据引入作为参照。

(1)"海上丝路"国家。从表5-9和表5-10可见,2000年"海上丝路"国家在塑料、水泥石料、钢铁、金属产业均不具备强竞争力,木材产业具备竞

---

① 限于篇幅,本节仅报告了2015年的诸指标测算结果以及2000年和2015年的强竞争力国家变化。

争力的是柬埔寨、马来西亚和印度尼西亚，陶瓷则是泰国和越南，玻璃产业具备竞争力的是印度尼西亚。相比较，中国仅在陶瓷和运输设备两个子产业上具有强竞争力。到 2015 年，"海上丝路"沿线国仅只在木材子产业上具有强竞争力，其他产业均不具备强竞争力；相比较，除原有强竞争力产业外，中国还在水泥石料和钢铁两个子产业上新获得了强竞争力，使水泥石料、陶瓷、钢铁和运输设备产业的优势遥遥领先"陆上丝路"沿线国。此外，虽然中国玻璃产业并不具备强竞争力，但 TC 值（0.41）仍高于所有"陆上丝路"沿线国，竞争力"优势"明显；中国的金属产业 TC 值（0.55）也只是略低于 0.6，仍有相当"优势"。另外，中国各基建关联子产业不存在 TC < -0.6 的弱产业竞争力情形，最弱者（塑料和木材）的 TC 值仍达到 0.00 和 -0.14。

表 5 - 9   "海上丝路"国家基建关联产业的贸易竞争力指数（2015 年）

国家	塑料	木材	水泥石料	陶瓷	玻璃	钢铁	金属	运输设备
CHN	0.00	-0.14	0.79	0.95	0.41	0.71	0.55	0.80
THA	0.19	0.60	0.26	0.04	-0.14	-0.23	-0.38	-0.68
VNM	-0.58	0.08	0.05	0.21	0.22	-0.36	-0.59	-0.94
LAO	0.48	-0.34	0.48	0.51	0.21	0.15	0.55	0.54
KHM	-0.63	-0.27	-0.99	-0.98	-1.00	-0.82	-0.81	0.09
MYS	0.02	0.73	0.40	-0.10	-0.05	0.13	-0.14	-0.63
SGP	0.34	-0.67	-0.72	-0.59	-0.52	-0.22	-0.27	-0.61
IDN	-0.50	0.84	-0.40	0.02	0.06	-0.30	-0.46	-0.84
BRN	-0.95	-0.66	-0.94	-0.92	-0.90	-0.87	-0.76	-0.83
PHL	-0.51	0.76	-0.54	-0.88	-0.50	-0.31	-0.73	0.55
TMP	NA	NA	NA	NA	NA	NA	NA	NA

表 5 - 10   具基建关联子产业强竞争力的"海上丝路"国家：2000 ~ 2015 年

产业	2000 年	2015 年
塑料	—	—
木材	柬埔寨、马来西亚、印度尼西亚	泰国、马来西亚、印度尼西亚、菲律宾
水泥石料	—	中国
陶瓷	中国、泰国、越南	中国
玻璃	印度尼西亚	—
钢铁	—	中国
金属	—	—
运输设备	中国	中国

进一步细分国家，2015 年，老挝在塑料产业上贸易竞争力 TC 值位居第一 (0.48)，而印度尼西亚在木材产业上贸易竞争力 TC 值 (0.84) 位居榜首，泰国、马来西亚和菲律宾在木材产业上也具有较强贸易竞争力，其 TC 指数分布于在 [0.73, 0.98] 的区间，与这些国家木材资源丰富有着密切关系。

（2）"陆上丝路"国家。从表 5-11 和表 5-12 可见，2000 年，俄罗斯木材和金属子产业的贸易竞争力较强；塑料、水泥石料和玻璃产业竞争优势较强的国家分别是卡塔尔、印度和捷克。2015 年，沙特阿拉伯拥有塑料子产业的强竞争力 (0.63)，俄罗斯保持金属 (0.75) 和木材 (0.80) 子产业的强竞争力，阿联酋和卡塔尔则在金属子产业上的竞争力较强。但相对而言，中国在水泥石料、陶瓷、钢铁和运输设备等子产业上具有强竞争力，玻璃和金属产业亦不弱。

表 5-11 "陆上丝路"国家基建关联产业的贸易竞争力指数（2015 年）

国家	塑料	木材	水泥石料	陶瓷	玻璃	钢铁	金属	运输设备
CHN	0.00	-0.14	0.79	0.95	0.41	0.71	0.55	0.80
KAZ	-0.86	-0.99	-0.87	-0.99	-0.97	-0.90	0.30	-0.77
PAK	-0.74	-0.57	-0.35	-0.91	-0.84	-0.63	-0.83	-0.96
IND	-0.39	-0.70	0.38	0.06	-0.12	0.27	-0.15	-0.70
BGD	-0.91	-0.93	-1.00	-0.30	-0.96	-0.89	-0.99	-0.73
LKA	-0.82	-0.40	-0.07	-0.40	-0.35	-0.92	-0.88	-0.85
RUS	-0.54	0.80	-0.36	-0.57	-0.22	-0.28	0.75	0.15
POL	-0.10	0.47	0.35	0.25	0.14	-0.14	0.24
CZE	-0.16	0.33	0.17	0.25	0.40	0.20	-0.17	0.55
SVK	-0.14	0.25	-0.29	-0.54	0.02	-0.08	0.15	-0.01
HUN	0.14	0.01	0.49	0.16	-0.16	-0.13	0.06	-0.19
ROU	-0.50	0.55	-0.64	-0.30	-0.42	-0.10	0.07	0.40
IRN	NA	NA	NA	NA	NA	NA	NA	NA
TUR	-0.39	-0.37	0.41	0.27	0.14	0.33	-0.17	-0.59
ISR	0.00	-0.97	0.15	-0.90	-0.57	-0.28	-0.46	-0.89
SAU	0.63	-0.95	0.46	-0.87	-0.51	-0.76	-0.04	-0.96
ARE	-0.05	-0.61	-0.40	-0.11	-0.11	-0.38	0.62	-0.06
QAT	0.58	-0.87	-0.99	-0.94	-0.91	-0.69	0.77	-0.76
KWT	-0.95	-0.63	-0.92	-0.17	-0.83	-0.66	-0.65	-0.58
GRC	-0.22	-0.68	0.50	-0.67	-0.69	0.18	0.31	-0.93
EGY	-0.42	-0.95	0.41	0.23	0.27	-0.72	0.01	-1.00

表5-12 "陆上丝路"国家基建关联子产业强竞争力国家：2000~2015年

产业	2000年	2015年
塑料	卡塔尔	沙特阿拉伯
木材	俄罗斯、罗马尼亚	俄罗斯
水泥石料	印度	中国
陶瓷	中国、埃及	中国
玻璃	捷克	—
钢铁	—	中国
金属	俄罗斯、阿联酋	俄罗斯、阿联酋、卡塔尔
运输设备	中国	中国

5.3.2 显性比较优势指数

根据5.1节的定义，分别以RCA<0.8和RCA≥1.25为确定比较劣势和较强优势的分界标准，如RCA≥2.5则为强优势，以下仍区分"海上丝路"和"陆上丝路"进行显性比较优势的比较和分析。

（1）"海上丝路"国家。从表5-13和表5-14可见，2015年中国在8个基建关联子产业都至少具有中等优势，尤其是，陶瓷子产业的RCA达到3.27属于强优势，水泥石料（1.85）、玻璃（1.66）、钢铁（1.54）和运输设备（2.30）均属于较强优势。相比较，"海上丝路"国家中，菲律宾、印度尼西亚和马来西亚在木材子产业上具有强优势（RCA=6.60、3.54和2.50）；在较强优势分类中，泰国的塑料和木材子产业，老挝在陶瓷和钢铁子产业，以及越南在木材和玻璃子产业上的优势也比较明显。总体上看，以上测度结果表明中国基建关联产业具有较强的比较优势。

表5-13 "海上丝路"国家基建关联产业的显性比较优势（2015年）

国家	塑料	木材	水泥石料	陶瓷	玻璃	钢铁	金属	运输设备
CHN	0.85	0.83	1.85	3.27	1.66	1.54	1.05	2.30
THA	1.64	1.35	0.70	1.05	0.66	1.21	0.64	0.07
VNM	0.48	2.03	0.68	0.84	1.34	0.63	0.41	0.00
LAO	0.52	1.18	1.24	1.52	0.46	2.12	0.39	0.15
KHM	0.25	0.25	0.01	0.03	0.00	0.07	0.16	0.19
MYS	1.04	2.50	1.03	0.40	0.94	0.94	1.03	0.19

续表

国家	塑料	木材	水泥石料	陶瓷	玻璃	钢铁	金属	运输设备
SGP	1.14	0.04	0.12	0.07	0.18	0.39	0.22	0.08
IDN	0.44	3.54	0.33	0.65	0.56	0.77	0.36	0.05
BRN	0.01	0.05	0.04	0.04	0.02	0.23	0.06	0.03
PHL	0.37	6.60	0.29	0.13	0.32	0.51	0.11	0.33
TMP	NA	NA	NA	NA	NA	NA	NA	NA

表5-14 "海上丝路"沿线国家基建关联产业RCA分类（2015年）

RCA分类	中等优势	较强优势	强优势
塑料	中国、马来西亚、新加坡	泰国	—
木材	中国、老挝	泰国、越南	马来西亚、印度尼西亚、菲律宾
水泥石料	老挝、马来西亚	中国	—
陶瓷	泰国、越南	老挝	中国
玻璃	马来西亚	中国、越南	—
钢铁	泰国、马来西亚	中国、老挝	—
金属	中国、马来西亚	—	—
运输设备	—	中国	—

（2）"陆上丝路"国家。从表5-15和表5-16可见，"陆上丝路"区域内并无国家在塑料和钢铁子产业上具有强优势；其他子产业具有强优势者包括埃及的水泥石料、陶瓷和玻璃子产业，捷克的玻璃和运输设备子产业，希腊的金属、波兰和罗马尼亚的木材以及土耳其的水泥石料子产业。值得指出的是，波兰在8个基建关联子产业中均具有较强优势或者强优势，中国、埃及和捷克各有5个子产业具有较强优势或者强优势，显示这些国家的基建关联产业比较优势最强。从单一国家看，沙特阿拉伯的塑料（2.22），罗马尼亚的木材（4.39），埃及的水泥石料（3.50）、陶瓷（4.20）、玻璃（3.42），捷克的钢铁（2.23），运输设备（2.60）和希腊的金属（5.53）分居各产业显性比较优势的首位。

表5-15 "陆上丝路"国家基建关联产业的显性比较优势（2015年）

国家	塑料	木材	水泥石料	陶瓷	玻璃	钢铁	金属	运输设备
CHN	0.85	0.83	1.85	3.27	1.66	1.54	1.05	2.30
KAZ	0.05	0.00	0.11	0.01	0.01	0.17	0.92	0.30
PAK	0.38	0.28	0.41	0.12	0.11	0.37	0.13	0.05

续表

国家	塑料	木材	水泥石料	陶瓷	玻璃	钢铁	金属	运输设备
IND	0.56	0.21	1.62	0.97	0.63	1.42	1.02	0.13
BGD	0.07	0.02	0.00	0.33	0.01	0.05	0.01	0.01
LKA	0.21	0.54	0.86	0.96	0.60	0.09	0.06	0.02
RUS	0.20	2.44	0.33	0.18	0.32	0.39	2.06	0.70
POL	1.35	2.54	1.45	1.55	2.11	1.77	1.39	1.98
CZE	1.05	1.60	1.27	1.02	2.55	2.23	1.14	2.60
SVK	0.92	1.42	0.62	0.19	1.66	1.31	1.55	2.30
HUN	1.12	0.92	1.14	1.37	1.64	0.83	1.24	1.49
ROU	0.62	4.39	0.29	0.70	0.57	1.72	1.80	1.32
IRN	NA	NA	NA	NA	NA	NA	NA	NA
TUR	1.10	0.64	2.84	1.74	1.72	2.19	1.65	0.28
ISR	1.04	0.02	1.70	0.09	0.25	0.45	0.31	0.05
SAU	2.22	0.03	0.34	0.11	0.24	0.22	1.01	0.02
ARE	0.31	0.10	0.32	0.38	0.35	0.34	1.59	0.02
QAT	1.08	0.04	0.01	0.03	0.02	0.25	2.31	0.03
KWT	0.45	0.00	0.14	0.00	0.36	0.04	0.10	0.01
GRC	1.15	0.28	2.39	0.28	0.28	1.11	5.53	0.01
EGY	1.86	0.25	3.50	4.20	3.42	1.15	2.14	0.00

表5-16 "陆上丝路"国家基建关联产业RCA分类（2015年）

RCA分类	中等优势	较强优势	强优势
塑料	中国、捷克、斯洛伐克、匈牙利、土耳其、以色列、卡塔尔、希腊	波兰、沙特阿拉伯、埃及	—
木材	中国、匈牙利	俄罗斯、捷克、斯洛伐克	波兰、罗马尼亚
水泥石料	斯里兰卡	中国、印度、波兰、捷克、以色列、希腊	土耳其、埃及
陶瓷	印度、捷克	波兰、匈牙利、土耳其	中国、埃及
玻璃	—	中国、波兰、斯洛伐克、匈牙利、土耳其	捷克、埃及
钢铁	希腊、埃及	中国、印度、波兰、捷克、罗马尼亚、土耳其	—
金属	哈萨克斯坦、捷克、匈牙利、沙特阿拉伯	俄罗斯、波兰、斯洛伐克、罗马尼亚、土耳其、阿联酋、卡塔尔、埃及	希腊
运输设备	—	中国、波兰、斯洛伐克、匈牙利、罗马尼亚	捷克

5.3.3 国际市场占有率

贸易竞争力和显性比较优势两项指标均用以反映各国在基建关联产业在各自出口贸易中的相对地位,接下来我们使用国际市场占有率来观察各国相关产业出口占世界市场的规模。如前所述,以下区分"海上丝路"和"陆上丝路"两组国家进行比较和分析。

(1)"海上丝路"国家。自 2000 年以来,中国基建关联产业的国际市场占有率呈逐年上升趋势,到 2015 年已成长为最大的基建关联产品出口国。综合表 5-17 和表 5-18,不同子产业的国际市场占有率均超过 10%,最高者当为

表 5-17   "海上丝路"国家基建关联产业的国际市场占有率(2015 年)

国家	塑料	木材	水泥石料	陶瓷	玻璃	钢铁	金属	运输设备
CHN	0.12	0.12	0.26	0.46	0.23	0.22	0.15	0.32
THA	0.02	0.02	0.01	0.01	0.01	0.02	0.01	0.00
VNM	0.00	0.02	0.01	0.01	0.01	0.01	0.00	0.00
LAO	0.00	0.00	0.00	0.00	0.00	0.00	0.00	0.00
KHM	0.00	0.00	0.00	0.00	0.00	0.00	0.00	0.00
MYS	0.01	0.03	0.01	0.00	0.01	0.01	0.01	0.00
SGP	0.02	0.00	0.00	0.00	0.00	0.01	0.00	0.00
IDN	0.00	0.03	0.00	0.01	0.01	0.01	0.00	0.00
BRN	0.00	0.00	0.00	0.00	0.00	0.00	0.00	0.00
PHL	0.00	0.02	0.00	0.00	0.00	0.00	0.00	0.00
TMP	NA	NA	NA	NA	NA	NA	NA	NA

表 5-18   基建关联产业国际市场占有率分类(2015 年)

各子产业	10% 以上	1%~5%
塑料	中国	泰国、马来西亚、新加坡
木材	中国	泰国、越南、马来西亚、印度尼西亚、菲律宾
水泥石料	中国	泰国、越南、马来西亚
陶瓷	中国	泰国、越南、印度尼西亚
玻璃	中国	泰国、越南、马来西亚、印度尼西亚
钢铁	中国	泰国、越南、马来西亚、新加坡、印度尼西亚
金属	中国	泰国、马来西亚
运输设备	中国	—

陶瓷和运输设备,二者的比重分别达到46%和32%,塑料和木材系最低者,但也达到12%。而且,唯有的国际市场占有率超10%,其余国家的8个基建关联子产业中泰国、马来西亚、越南、印度尼西亚和新加坡等国均有若干子产业的市场占有率居于[1%,5%]区间,其余国家或子产业则为0或接近于0。可见,中国基建关联产业整体规模大,均有较高的国际市场竞争力。

(2)"陆上丝路"国家。前已述及中国在不同基建关联子产业国际市场占有率上的优势地位,与"陆上丝路"国家相比,这一结论仍然成立(见表5-19和表5-20)。相对而言,其他"陆上丝路"国家中,波兰、捷克在8个基建关联子产业上均有一定的市场份额(1%~5%);匈牙利和土耳其为7个产业,俄罗斯和阿联酋次之,其余国家相对较少。显然,中国与"陆上丝路"国家在不同基建关联子产业上的国际市场占有率差异很大,具有潜在的优势互补特性。

表5-19 "陆上丝路"国家基建关联产业的国际市场占有率(2015年)

国家	塑料	木材	水泥石料	陶瓷	玻璃	钢铁	金属	运输设备
CHN	0.12	0.12	0.26	0.46	0.23	0.22	0.15	0.32
KAZ	0.00	0.00	0.00	0.00	0.00	0.00	0.00	0.00
PAK	0.00	0.00	0.00	0.00	0.00	0.00	0.00	0.00
IND	0.01	0.00	0.03	0.02	0.01	0.02	0.02	0.00
BGD	0.00	0.00	0.00	0.00	0.00	0.00	0.00	0.00
LKA	0.00	0.00	0.00	0.00	0.00	0.00	0.00	0.00
RUS	0.00	0.05	0.01	0.00	0.01	0.01	0.04	0.01
POL	0.02	0.03	0.02	0.02	0.03	0.02	0.02	0.02
CZE	0.01	0.02	0.01	0.01	0.02	0.02	0.01	0.03
SVK	0.00	0.01	0.00	0.00	0.01	0.00	0.00	0.01
HUN	0.01	0.01	0.01	0.01	0.01	0.01	0.01	0.01
ROU	0.00	0.02	0.00	0.00	0.00	0.00	0.00	0.00
IRN	NA	NA	NA	NA	NA	NA	NA	NA
TUR	0.01	0.01	0.03	0.02	0.01	0.01	0.01	0.00
ISR	0.00	0.00	0.01	0.00	0.00	0.00	0.00	0.00
SAU	0.03	0.00	0.01	0.01	0.01	0.00	0.00	0.00
ARE	0.01	0.00	0.01	0.01	0.01	0.01	0.03	0.00
QAT	0.01	0.00	0.00	0.00	0.00	0.00	0.00	0.00
KWT	0.00	0.00	0.00	0.00	0.00	0.00	0.00	0.00
GRC	0.00	0.00	0.00	0.00	0.00	0.00	0.00	0.00
EGY	0.00	0.00	0.00	0.01	0.00	0.00	0.00	0.00

表 5-20　　基建关联产业国际市场占有率分类（2015 年）

子产业	10% 以上	1% ~ 5%
塑料	中国	印度、波兰、捷克、匈牙利、土耳其、沙特阿拉伯、阿联酋、卡塔尔
木材	中国	俄罗斯、波兰、捷克、罗马尼亚、土耳其
水泥石料	中国	印度、俄罗斯、波兰、捷克、匈牙利、土耳其、以色列、阿联酋
陶瓷	中国	印度、波兰、捷克、匈牙利、土耳其、阿联酋、埃及
玻璃	中国	印度、俄罗斯、波兰、捷克、斯洛伐克、匈牙利、土耳其、阿联酋
钢铁	中国	斯洛伐克、印度、波兰、捷克、俄罗斯、匈牙利、罗马尼亚、土耳其、阿联酋
金属	中国	斯洛伐克、印度、波兰、捷克、俄罗斯、匈牙利、罗马尼亚、土耳其、沙特阿拉伯、阿联酋、卡塔尔、希腊
运输设备	中国	斯洛伐克、波兰、捷克、俄罗斯、匈牙利

5.3.4　Michaely 竞争优势指数

前述贸易竞争力指标虽考量了同一产品的进口和出口及其蕴含的贸易竞争力，但并未纳入该国进出口规模所反映的本国吸收和外国需求间可能的不平衡问题，以下运用 Michaely 竞争优势指数（MI）对此进行分析。

（1）"海上丝路"国家。由表 5-21 可见，2015 年，中国在塑料和木材子产业上的 MI 指数为负，显示竞争优势略弱，但新加坡和菲律宾却分别在塑料和木材子产业上 MI 指数居首位（分别为 0.32 和 0.58）。相比较，中国在陶瓷、钢铁、水泥石料和金属等其他子产业的 MI 指数则为正值，说明其竞争优势较显著。其中，中国在陶瓷（0.11）、钢铁（0.17）、水泥石料（0.04）和金属（0.04）等子产业的 MI 指数均高于所有"海上丝路"国家，居于首位，具有显著的竞争优势；玻璃子产业上的 MI 竞争优势（0.01）仅次于越南（0.07），在运输设备子产业上的 MI 竞争优势（0.04）仅次于柬埔寨（0.05）。

表 5-21　　"海上丝路"国家基建关联产业的 Michaely 竞争优势指数（2015 年）

国家	塑料	木材	水泥石料	陶瓷	玻璃	钢铁	金属	运输设备
CHN	-0.30	-0.11	0.04	0.11	0.01	0.17	0.04	0.04
THA	0.16	0.07	0.01	0.00	-0.01	-0.14	-0.09	-0.01
VNM	-0.22	0.16	0.02	0.04	0.07	0.00	-0.06	0.00
LAO	0.00	0.00	0.00	0.00	0.00	0.00	0.00	0.00

续表

国家	塑料	木材	水泥石料	陶瓷	玻璃	钢铁	金属	运输设备
KHM	0.15	0.12	-0.09	-0.15	-0.05	-0.09	-0.11	0.05
MYS	-0.07	0.17	0.02	-0.01	-0.02	0.01	-0.07	-0.02
SGP	0.32	-0.03	-0.05	-0.02	-0.04	-0.12	-0.05	-0.02
IDN	-0.27	0.39	-0.01	0.01	0.01	-0.07	-0.05	-0.01
BRN	0.00	0.00	0.00	0.00	0.00	0.00	0.00	0.00
PHL	-0.30	0.58	-0.02	-0.08	-0.03	-0.08	-0.07	0.01
TMP	NA	NA	NA	NA	NA	NA	NA	NA

(2)"陆上丝路"国家。相较于"陆上丝路"国家,2015年中国在陶瓷、钢铁和运输设备上的 MI 指数相对较高,但卡塔尔的塑料(0.69)、俄罗斯的木材(0.28)、斯里兰卡的水泥石料(0.1)、孟加拉国的陶瓷(0.31)、阿联酋的玻璃(0.08)、印度的钢铁(0.21)、卡塔尔的金属(0.60)和阿联酋的运输设备(0.16)等子产业的 MI 指数居于"陆上丝路"国家的首位(见表5-22)。

表5-22 "陆上丝路"国家基建关联产业的 Michaely 竞争优势指数(2015年)

国家	塑料	木材	水泥石料	陶瓷	玻璃	钢铁	金属	运输设备
CHN	-0.30	-0.11	0.04	0.11	0.01	0.17	0.04	0.04
KAZ	-0.09	-0.06	-0.02	-0.05	-0.04	-0.30	0.56	0.00
PAK	-0.11	0.00	0.01	-0.08	-0.03	-0.02	-0.12	-0.14
IND	-0.19	-0.08	0.05	0.02	0.00	0.21	0.00	-0.01
BGD	-0.09	-0.02	-0.02	0.31	-0.05	-0.08	-0.13	0.00
LKA	-0.17	0.12	0.10	0.10	0.08	-0.20	-0.03	0.00
RUS	-0.36	0.28	-0.03	-0.04	-0.02	-0.14	0.05	0.00
POL	-0.13	0.09	0.01	0.02	0.01	0.03	-0.05	0.01
CZE	-0.16	0.04	0.01	0.01	0.05	0.08	-0.05	0.03
SVK	-0.07	0.05	-0.01	-0.01	0.01	-0.02	-0.05	0.03
HUN	0.01	0.02	0.01	0.04	0.02	-0.05	-0.03	-0.01
ROU	-0.26	0.23	-0.02	-0.01	-0.02	0.01	0.05	0.02
IRN	NA	NA	NA	NA	NA	NA	NA	NA
TUR	-0.24	-0.03	0.05	0.03	0.03	0.19	-0.01	-0.01

续表

国家	塑料	木材	水泥石料	陶瓷	玻璃	钢铁	金属	运输设备
ISR	0.23	-0.11	0.05	-0.07	-0.03	-0.02	-0.04	-0.02
SAU	0.60	-0.10	-0.02	-0.06	-0.03	-0.32	-0.03	-0.03
ARE	-0.23	0.00	0.07	0.09	0.08	-0.21	0.05	0.16
QAT	0.69	-0.13	-0.25	-0.14	-0.13	-0.15	0.60	-0.01
KWT	0.47	-0.10	-0.10	-0.11	-0.09	-0.45	-0.10	0.00
GRC	-0.16	-0.07	0.04	-0.03	-0.04	0.05	0.21	0.00
EGY	0.04	-0.19	0.06	0.08	0.08	-0.17	0.09	-0.03

5.3.5 结论

通过贸易竞争力指数、显性比较优势指数、国际市场占有率和 Michaely 竞争优势指数等指标,本节测算了中国及"一带一路"主要沿线国在不同的基建关联子产业的贸易竞争力和比较优势,以间接刻画这些国家在基建关联产业上的"优势"特征。研究发现,相对于"一带一路"沿线国,中国在水泥、陶瓷、玻璃、钢铁、金属和运输设备 6 个基建关联子产业上的贸易竞争力较强,塑料和木材产业虽次之但亦不弱。这表现在以下两个方面:一方面,中国各基建关联子产业的显性比较优势指数均在 0.8 以上,陶瓷产业具有强优势,水泥石料、玻璃、钢铁和运输设备产业具有较强优势,塑料、木材和金属产业也具备中等优势;另一方面,中国基建关联产业的市场占有率在所有"一带一路"沿线国中居于首位,远超其余沿线国,具有很强的竞争优势。相对于中国,大多数"一带一路"沿线国的基建关联产业之国际市场占有率接近于 0,仅有泰国、马来西亚、波兰、捷克、匈牙利和土耳其等少量国家有 1%~5% 的国际市场份额,各国具有贸易竞争力和显性比较优势的基建关联子产业数量有明显差异。

5.4

纺织产业链竞争力测度

纺织产业是长期以来支持我国经济和贸易增长的支柱产业,也是"一带一路"倡议下中国参与国际产能合作的重点产业之一。面对过去较长时期以来的国内外市场环境和生产要素成本变化，在"一带一路"区域内已出现了中国与沿线国之间纺织产业链调整和空间再布局的压力，这一压力在美国奉行"美国优先"并将贸易政策用于大国博弈的背景下更为明显。因"一带一路"区域涵盖了包括中国、印度、越南和土耳其等在全球具有较强纺织业竞争力的国家，在过去的长时期内，中国和沿线国之间的纺织产业链布局和空间演化是全球纺织产业研究的核心问题。测度纺织产业链竞争力及其时空演化既有助于分析大国博弈背景下中国和沿线国之间的纺织产业链分工变化，也有助于评估不同沿线国的比较优势并服务于我国纺织产业的主动布局与转型。

5.4.1 产业链上游环节实证结果

（1）RCA指标实证结果。首先，分析"一带一路"沿线国棉花RCA指数的测度结果。可见，较早期的1989年和1999年希腊的棉花RCA最大（分别为17.232和36.154），较近期的2009年和2018年则是吉尔吉斯斯坦的棉花RCA最大（分别为29.032和26.539）。除希腊和吉尔吉斯斯坦两国始终保持强比较优势外，土耳其、印度和阿塞拜疆的比较优势呈现出由强到弱又增强的变化特征，巴基斯坦和哈萨克斯坦的比较优势有明显的减弱，中国在1999年出现较强比较优势后便转为比较劣势。从整体看，以RCA指数测度的"一带一路"域内棉花竞争力分布较为稳定，强比较优势的国家主要集中在土耳其和希腊、南亚的印度以及中亚的吉尔吉斯斯坦和哈萨克斯坦。

其次，讨论合成纤维RCA指数的测度结果（见表5-23）。在合成长丝方面，自1999年以来始终保持强比较优势的国家有印度尼西亚、土耳其、白俄罗斯和斯洛文尼亚，中国、印度、摩尔多瓦和克罗地亚逐步由比较劣势转为比较优势，希腊和斯洛伐克的比较优势下降趋势明显。整体来看，中东欧次区域在合成长丝环节具备传统优势，但优势趋减，由早期的多中心逐步集中至斯洛文尼亚；其他地区的强优势国家还包括土耳其和白俄罗斯。但研究时期内东亚、南亚等次区域内中国、印度、摩尔多瓦等国的比较优势逐步增强。在合成短纤方面，仅有白俄罗斯始终具有强比较优势，但其下降趋势也十分明显，印度的显性比较优势在早期的下降后仍保持了强比较优势；东亚、东南亚地区的比较优势整体趋增，其中泰国和印度尼西亚已经提升至强比较优势。西亚地区土耳其比较优势下降明显，其他国家表现出比较劣势，中东欧地区整体表现出比较劣势，其中仅有罗马尼亚具有强比较优势。

表 5-23　　"一带一路"区域合成纤维 RCA 指数的测度结果

次区域	国家	合成长丝				合成短纤			
		1989 年	1999 年	2009 年	2018 年	1989 年	1999 年	2009 年	2018 年
东亚	中国	—	0.233	1.388	2.379	—	0.256	1.215	1.435
东南亚	马来西亚	0.014	1.829	2.922	1.263	1.399	0.812	1.446	1.384
	印度尼西亚	0.310	3.845	3.944	2.501	0.172	0.844	1.905	3.204
	泰国	0.308	1.401	2.481	1.988	1.044	3.613	5.878	5.875
	越南	—	—	3.231	—	—	—	2.064	—
西亚	土耳其	4.246	3.810	3.054	4.278	3.346	2.054	0.872	0.864
	巴勒斯坦	—	—	0.062	1.213	—	—	—	—
	以色列	—	2.298	2.888	2.321	—	0.107	0.275	0.221
南亚	印度	0.319	1.474	1.755	4.186	3.281	1.594	2.687	2.841
苏联	白俄罗斯	—	7.184	5.024	4.717	—	16.557	15.189	6.623
	摩尔多瓦	—	0.001	0.297	2.308	—	—	—	—
中东欧	爱沙尼亚	—	0.045	0.286	1.379	—	0.020	0.041	0.025
	拉脱维亚	—	5.210	1.460	2.228	—	0.339	0.017	0.019
	捷克	—	0.373	0.479	0.877	—	0.444	1.317	0.865
	斯洛伐克	—	6.975	2.156	1.248	—	0.556	0.577	0.330
	斯洛文尼亚	—	4.923	7.939	6.852	—	0.043	0.106	0.020
	克罗地亚	—	0.733	1.818	2.117	—	0.010	0.006	0.003
	罗马尼亚	1.199	—	0.811	0.772	4.152	1.011	2.993	2.828
	保加利亚	—	0.053	1.574	1.551	—	1.129	0.437	0.871
	希腊	1.232	0.902	0.243	0.351	0.191	0.018	0.141	0.209
	北马其顿	—	0.026	0.017	0.002	—	2.756	0.113	0.051

数据来源：作者的计算。"-"表示数据不可得，下同。

（2）MOR 指标实证结果。从表 5-24 可见，1989~2018 年棉花国际市场占有率超 1%的国家较为稳定，但在合成纤维方面显现出不同于棉花的演变趋势。其中，中国合成纤维的市场份额逐步增加，到 2018 年合成长丝和合成短纤市场占有率分别达到 32.01% 和 19.31%，均是"一带一路"域内最高的合成纤维出口份额。东南亚国家在合成纤维上的占有率也获得很大提升，至 2018 年越南和泰国分别在合成长丝和合成短纤上有最明显的市场份额提升。西亚地区的土耳其占有率有所下降，但在合成长丝上的市场份额较大。印度在合成纤维上的国际市场占有率有显著上升趋势，2018 年分别达到 7.28% 和 4.94%。中东欧和俄罗斯等部分原苏联加盟共和国及蒙古国国家的合成纤维出口份额均不大，2018年时仅白俄罗斯、罗马尼亚和斯洛文尼亚有略超1%的国际市场占有率。

表5-24 "一带一路"区域纺织产业链上游环节MOR指数的测度结果　　单位:%

次区域	国别	棉花			合成长丝			合成短纤		
		1989年	2004年	2018年	1989年	2004年	2018年	1994年	2004年	2018年
东亚	中国	—	—	—	3.28	32.01		0.38	4.44	19.31
东南亚	新加坡	2.20	2.20	2.20	1.52	1.44	1.14			
	马来西亚	0.01	0.01	0.01	0.03	3.21	1.68	1.44	1.36	1.85
	印度尼西亚				0.57	3.45	2.43	0.23	1.11	3.11
	泰国				0.51	2.31	2.71	1.80	7.41	8.00
	越南					0.10	3.95	—	0.01	1.15
西亚	土耳其	10.02	10.02	10.02	4.11	2.52	3.88	1.03	1.10	0.78
	以色列	—	—	—		1.05	0.78			
南亚	印度	4.22	4.22	4.22	0.45	1.33	7.28	0.50	0.88	4.94
	巴基斯坦				—					
苏联	白俄罗斯								2.21	1.20
中东欧	捷克							0.25	0.79	0.94
	罗马尼亚							0.67	0.02	1.22
	斯洛伐克				—	1.76	0.63			
	希腊	10.82	10.82	10.82						
	斯洛文尼亚				—	0.97	1.75			

注：合成短纤缺1989~1993年数据，用1994年数据替代。

（3）TC指标实证结果。图5-1给出的TC指标测度结果证实了棉花比较优势和国际市场占有率的较稳定时空分布，其中仅有土耳其的TC指标由正转负，其余国家均保持较稳定的贸易竞争力态势。但对合成长丝品类，贸易竞争力增强的国家主要分布在东南亚和南亚次区域，贸易竞争力减弱的国家主要分布在中东欧和俄罗斯等部分原苏联加盟共和国及蒙古国，以色列、白俄罗斯等部分西亚、独联体国家和中东欧次区域国家始终具有较强的合成长丝贸易竞争力。对合成短纤品类，竞争力增强的国家有新加坡、泰国和中国，竞争力减弱的国家主要分布在中东欧次区域，始终保持竞争优势的国家有马来西亚、印度和白俄罗斯、罗马尼亚，此外，罗马尼亚除1999年贸易竞争力TC指标为负，但其他年份这一指标均为正。

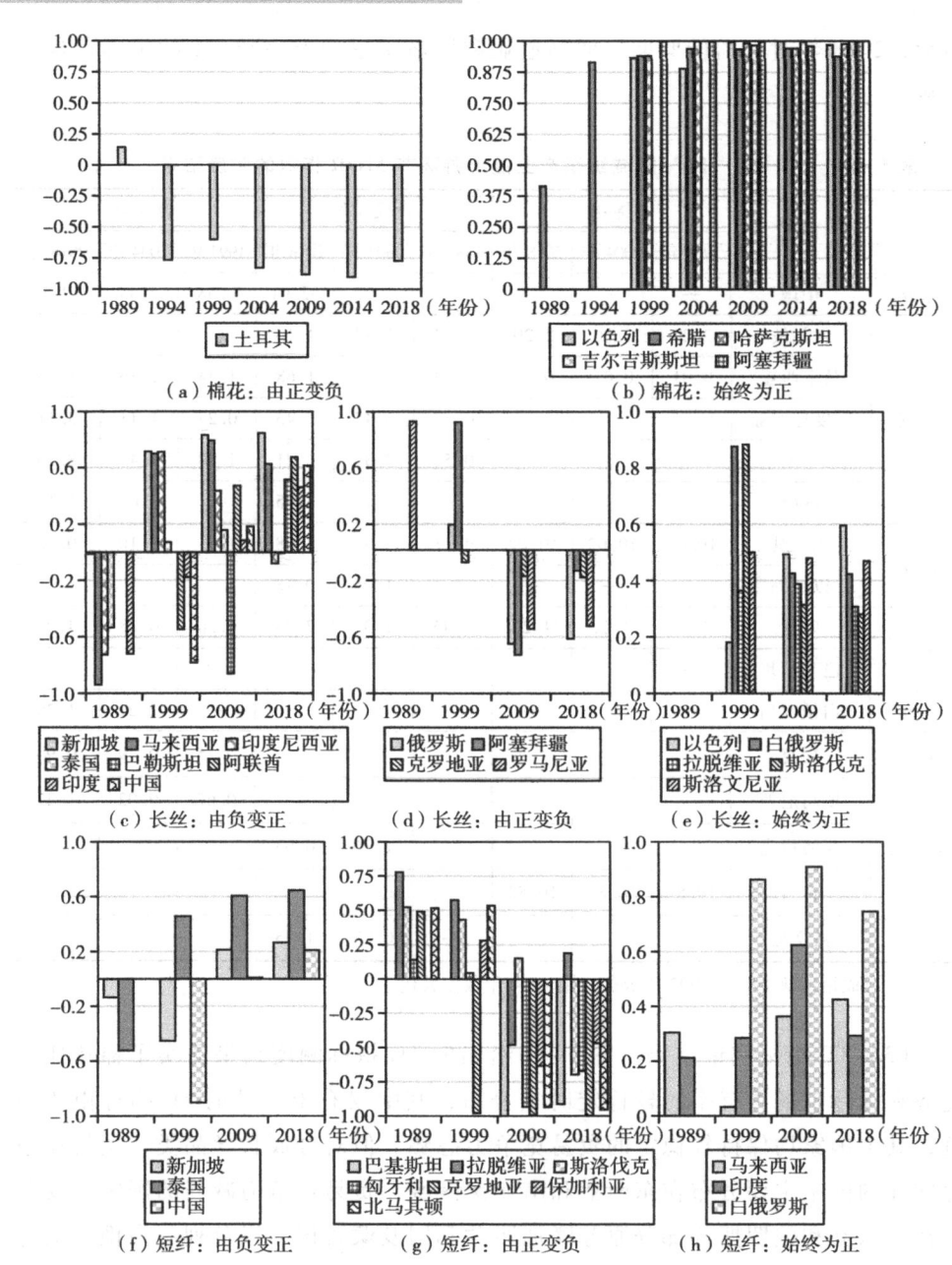

图 5-1 "一带一路"区域纺织产业链上游环节 TC 指数测度结果

(4) MI 指标实证结果。从表 5-25 可见,东亚、东南亚和中东欧地区大多数国家的棉花 MI 指数为负,显示其比较劣势明显;希腊有趋于下降的比较优势,而西亚地区的土耳其竞争力已由比较优势转为比较劣势;南亚次区域的

表 5-25 "一带一路"区域纺织产业链上游环节 MI 指数的测度结果

次区域	国别	棉花			合成长丝			合成短纤		
		1989年	2004年	2018年	1989年	2004年	2018年	1994年	2004年	2018年
东亚	中国	—	-0.56	-0.14	—	-0.18	0.16	—	-0.14	0.01
东南亚	新加坡	-0.01	0.00	-0.00	0.01	0.08	0.04	-0.00	-0.00	0.00
	马来西亚	-0.24	-0.09	-0.11	-0.10	0.29	0.09	0.06	-0.00	0.03
	泰国	-1.44	-0.59	-0.21	-0.10	0.10	-0.00	-0.15	0.28	0.19
西亚	土耳其	0.52	-0.73	-0.52	0.11	-0.03	-0.29	0.07	-0.10	-0.15
	以色列	—	0.10	0.05	—	0.14	0.17	—	-0.08	-0.14
	阿联酋	—	0.00	0.00	—	-0.01	0.02	—	-0.03	-0.00
南亚	印度	0.30	0.02	0.56	-0.24	-0.00	0.30	0.16	0.02	0.08
	巴基斯坦	—	-3.02	-1.66	—	-0.39	-0.57	—	0.18	-0.18
苏联	哈萨克斯坦	—	0.84	0.13	—	—	-0.02	—	—	-0.01
	吉尔吉斯斯坦	—	—	2.05	—	-0.01	-0.03	—	—	-0.10
	俄罗斯	—	-0.35	-0.02	—	-0.02	-0.07	—	-0.03	-0.08
	乌克兰	—	—	—	—	-0.02	-0.08	—	-0.08	0.00
	白俄罗斯	—	-0.12	-0.05	—	0.58	0.28	—	0.48	0.23
	阿塞拜疆	—	0.98	0.41	—	-0.00	-0.00	—	—	-0.02
	摩尔多瓦	—	0.00	—	—	-0.18	0.16	—	—	—
中东欧	立陶宛	—	-0.06	-0.00	—	-0.11	-0.07	—	-0.09	-0.08
	爱沙尼亚	—	-0.34	—	—	-0.08	-0.03	—	-0.24	-0.12
	拉脱维亚	—	-0.11	-0.01	—	0.74	0.12	—	—	0.00
	捷克	—	-0.12	-0.00	—	-0.28	-0.09	—	-0.02	-0.02
	斯洛伐克	—	-0.01	-0.00	—	0.73	0.05	—	0.02	-0.06
	匈牙利	—	-0.02	-0.00	—	-0.02	-0.04	—	-0.01	-0.00
	斯洛文尼亚	—	-0.11	-0.01	—	0.55	0.41	—	-0.09	-0.15
	克罗地亚	—	-0.02	-0.00	—	0.01	0.02	—	-0.03	-0.02
	波黑	—	-0.05	-0.03	—	-0.01	-0.08	—	-0.01	-0.03
	罗马尼亚	-1.53	—	-0.00	0.23	-0.04	-0.14	0.40	-0.08	0.07
	保加利亚	—	-0.21	-0.02	—	-0.06	0.00	—	-0.05	-0.05
	希腊	1.54	2.39	0.99	0.03	-0.07	-0.02	-0.11	-0.02	-0.00
	塞浦路斯	0.00	—	—	—	-0.10	-0.00	-0.00	-0.01	-0.01	—
	北马其顿	—	—	—	—	-0.10	-0.09	—	-0.03	-0.06

印度和俄罗斯等部分独联体国家及蒙古国和吉尔吉斯斯坦均具有强比较优势，哈萨克斯坦和阿塞拜疆具有趋减的比较优势。相比较而言，合成长丝竞争力有较显著的波动。其中，东亚的中国、东南亚的马来西亚和南亚的印度均由比较劣势增强至比较优势，而土耳其、希腊由比较优势跌至比较劣势；独联体国家地区整体竞争力偏弱，其中摩尔多瓦逐步转变为比较优势，而白俄罗斯虽竞争力下降，但仍保持比较优势。合成短纤的竞争力结果与合成长丝基本一致，差异主要体现在中东欧地区。中东欧地区合成短纤品类的竞争力整体偏弱，但较特殊的是罗马尼亚，其 TC 指标先降后升，到 2018 年已大于 0 并呈现出一定的竞争力。

5.4.2 产业链下游环节实证结果

（1）RCA 指标实证结果。与棉花相对应的产业链下游环节品类是棉机织物，早期具备强比较优势的国家包括东南亚次区域的印度尼西亚和泰国、南亚次区域的印度和巴基斯坦、西亚次区域的土耳其和中东欧次区域的爱沙尼亚、拉脱维亚和立陶宛等国；但到 2018 年时，除泰国和土耳其仍表现出较强的比较优势，而中国、印度和巴基斯坦始终具备强比较优势外，其他原具有比较优势的国家大都降至比较劣势。由此可见，棉机织物的竞争力分布由早期的分散逐步向中国、印度和巴基斯坦集中，且这些国家并不等同于具棉花比较优势国家。

现在分析合成纤维下游环节的 RCA 测度结果（见表 5-26）。对长丝机织物品类，中国和土耳其的 RCA 指标趋于上升，成为比较优势最强的国家；以色列和印度的比较优势明显下降，印度尼西亚和塞浦路斯均由比较劣势增强至强优势后再次转为弱优势；苏联和中东欧地区整体上始终不具备比较优势，显示

表 5-26 "一带一路"区域长丝和短纤机织物 RCA 指数的测度结果

次区域	国家	长丝机织物				短纤机织物			
		1989 年	1999 年	2009 年	2018 年	1989 年	1999 年	2009 年	2018 年
东亚	中国	—	1.033	2.887	3.808	—	2.397	4.188	4.839
东南亚	马来西亚	0.046	0.827	0.533	0.460	0.024	0.086	0.054	0.021
	印度尼西亚	1.762	4.988	3.101	1.671	—	—	—	—
	泰国	0.250	1.176	0.928	0.956	1.743	2.423	4.319	0.573
	越南	—	—	2.132	—	—	—	0.200	—

续表

次区域	国家	长丝机织物				短纤机织物			
		1989年	1999年	2009年	2018年	1989年	1999年	2009年	2018年
西亚	土耳其	0.558	1.894	4.516	3.354	1.101	7.504	3.751	6.014
	以色列	—	7.372	3.712	1.198	—	0.900	1.031	0.207
	巴林	0.156	0.581	0.946	1.386	0.083	0.336	0.335	0.703
南亚	印度	—	—	2.387	0.636	—	—	2.905	0.121
	孟加拉国	—	0.362	0.176	—	—	—	1.559	0.033
苏联	乌克兰	—	0.936	0.456	0.806	—	0.026	0.031	0.167
	摩尔多瓦	—	—	1.272	0.074	—	—	2.797	0.031
中东欧	捷克	—	0.527	0.718	0.550	—	1.620	0.638	0.220
	斯洛伐克	—	0.130	0.562	0.118	—	0.607	1.528	0.217
	希腊	1.990	0.291	0.019	0.006	0.476	0.209	0.110	0.019
	塞浦路斯	1.125	1.990	5.271	1.943	0.132	0.589	0.447	0.941
	斯洛文尼亚	—	0.592	0.144	0.197	—	3.005	0.089	0.291

了长丝机织物比较优势时空演化的动态特征。相类似，在短纤机织物品类上，中国和土耳其仍保有很强的比较优势，优势分布的空间集中特征明显；泰国、印度和摩尔多瓦均由比较优势转变为比较劣势，其他国家和地区的比较优势始终较弱。

（2）MOR指标实证结果。从表5-27可见，棉机织物国际市场占有率的空间分布由相对分散化分布向以中国为核心的集中分布演化，域内国家之间以及域外向域内的份额转移态势明显。到2018年，市场份额较大的国家包括中国、越南、印度和巴基斯坦，其中中国就占据过半的市场份额（57.42%）。相比较，长丝机织物亦见证了以中国为核心的市场占有率递增，但并未显现出较大的域内国家之间份额转移，亦即，中国所增加的份额主要源于"一带一路"域外。分国家看，中国的国际市场占有率2018年相对2004年增长超过100%，2018年的MOR指标达到51.23，显示出在全球市场的主导地位；东南亚次区域整体市场份额偏小且趋减，西亚次区域中土耳其比较优势逐步增强，其国际市场份额超过3%；南亚次区域内，印度是除中国外占据市场份额最大的国家，但巴基斯坦长纤机织物的国际市场占有率急剧下降至接近于0。短纤机织物表现出类似的份额分布特征，亦即中国仍占据过半的市场份额，土耳其和印度的国际市场占有率趋于上升，其他国家的市场份额相对较小。

表 5-27　"一带一路"区域纺织产业链上游环节 MOR 指数的测度结果　　单位:%

次区域	国别	棉机织物			长丝机织物			短纤机织物		
		1989 年	2004 年	2018 年	1989 年	2004 年	2018 年	1994 年	2004 年	2018 年
东亚	中国	—	25.39	57.42	—	23.54	51.23	—	22.75	65.10
东南亚	新加坡	2.56	0.48	0.12				1.27	0.73	0.02
	马来西亚				0.10	1.01	0.61			
	印度尼西亚	3.63	1.50	0.60	3.23	2.52	1.62	1.92	1.01	1.18
	泰国	3.44	1.77	1.19	0.42	0.91	1.30	2.91	2.67	0.78
	越南	—	0.11	4.71	—	0.37	—			
西亚	土耳其	2.20	2.02	1.90	0.54	2.02	3.04	1.07	4.13	5.45
	阿联酋					3.64	2.51	—	1.76	0.43
南亚	印度	14.01	3.85	8.34	1.60	3.66	3.38	0.19	0.59	1.64
	巴基斯坦	—	6.20	4.76		2.27	0.08			
独联体	俄罗斯		1.08	0.19				—	2.21	1.20
中东欧	捷克		1.17	0.76					1.03	0.24
	罗马尼亚	2.12	0.15	0.28				0.67	0.02	1.22

(3) MOR 指标实证结果。根据图 5-2 所示的纺织产业链下游环节 TC 指标测度结果可见，阿塞拜疆和匈牙利两国的棉机织物竞争力由负转正，但有更多的国家由正转负——其中约半数国家属于中东欧次区域，而始终保持稳定竞争力的国家包括泰国、印度、巴基斯坦和捷克。对长丝机织物，竞争力由正转负的国家有新加坡、印度尼西亚和巴基斯坦，但有较多国家的竞争力由负转正，尤以中国、土耳其和捷克最为突出，印度则始终为正。对短纤机织物品类，斯洛伐克的竞争力由负转正，始终保持为正竞争力的国家包括印度、印度尼西亚、泰国和中国，值得指出的是，土耳其和捷克虽在 2009 年 TC 数值为负，但其余年份为正。

(4) MI 指标实证结果。由 MI 指数测度结果可见（见表 5-28），研究时期内中国具有上升的棉机织物竞争力，南亚的印度和巴基斯坦虽也具备一定的比较优势，但整体趋减，其他地区和国家均未表现出竞争力。对长丝机织物品类，中国、土耳其和印度的竞争力较强，其中印度和土耳其的竞争力近年来趋减，中国则有增长趋势；印度尼西亚和巴基斯坦由传统的比较优势逐步转变为比较劣势；而独联体国家和中东欧次区域国家始终为比较劣势。在短纤机织物

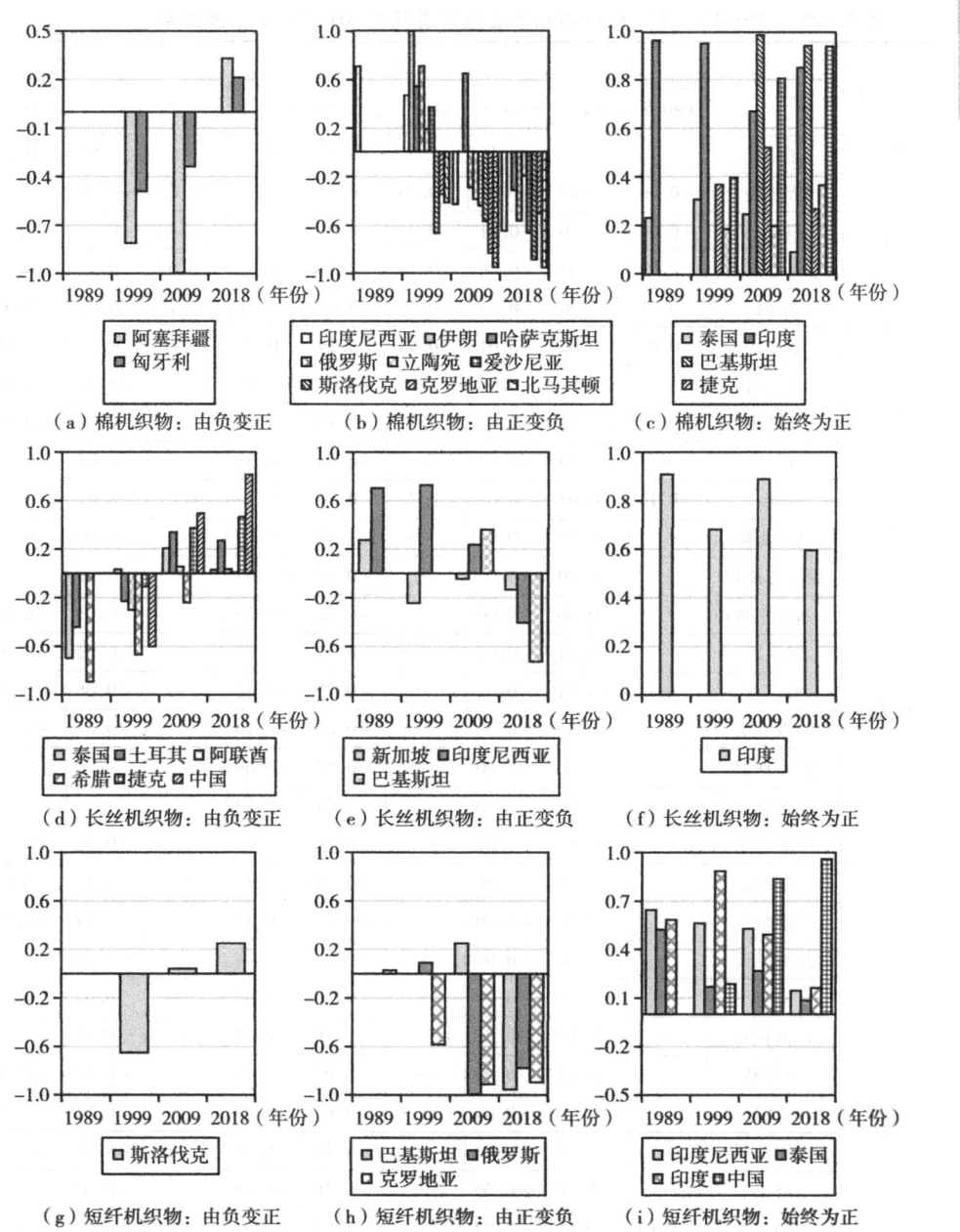

图 5-2 "一带一路"区域纺织产业链下游环节 TC 指数测度结果

上,保持稳定比较优势的国家包括中国、土耳其和印度;原具备比较优势的印度尼西亚和泰国的竞争力趋于降低至比较劣势,早期具备一定比较优势的捷克和斯洛伐克也出现竞争力趋减情形。

· 193 ·

表 5-28 "一带一路"区域纺织产业链下游环节 MI 指数的测度结果

次区域	国别	棉机织物			长丝机织物			短纤机织物		
		1989 年	2004 年	2018 年	1989 年	2004 年	2018 年	1994 年	2004 年	2018 年
东亚	中国	—	0.17	0.53	—	0.37	0.48	—	0.07	0.11
东南亚	新加坡	-0.06	-0.00	-0.00	0.03	-0.01	-0.00	-0.03	-0.00	-0.00
	马来西亚	-0.02	-0.00	-0.01	-0.46	0.04	-0.07	-0.10	-0.01	-0.00
	印度尼西亚	0.02	0.01	-0.06	0.48	0.51	-0.30	0.09	0.03	-0.01
	泰国	0.01	0.00	-0.01	-0.30	-0.01	0.01	0.15	0.01	0.00
西亚	土耳其	0.01	-0.02	-0.01	0.14	0.29	0.27	0.09	0.09	0.11
	以色列	—	-0.01	-0.00	—	-0.08	-0.07	—	-0.01	-0.01
	阿联酋	—	-0.01	-0.01	—	-0.45	-0.08	—	-0.07	-0.01
	巴林	—	-0.00	-0.00	—	-0.18	-0.03	—	-0.00	-0.00
南亚	印度	0.14	0.03	0.07	0.38	0.81	0.23	0.01	0.01	0.01
	巴基斯坦	—	0.06	0.04	—	3.13	-0.13	—	0.00	-0.04
独联体	哈萨克斯坦	—	0.00	-0.00	—	-0.01	-0.05	—	-0.00	—
	吉尔吉斯斯坦	—	-0.00	-0.00	—	-0.01	-0.23	—	-0.03	-0.15
	俄罗斯	—	0.01	0.01	—	-0.12	-0.10	—	-0.02	-0.00
	乌克兰	—	-0.01	0.01	—	-0.22	-0.32	—	-0.06	-0.02
	白俄罗斯	—	-0.00	-0.00	—	-0.07	-0.19	—	-0.04	-0.02
	阿塞拜疆	—	-0.00	-0.00	—	-0.07	-0.09	—	—	—
	亚美尼亚	—	-0.00	-0.00	—	-0.01	-0.37	—	—	—
	摩尔多瓦	—	-0.00	-0.00	—	0.12	-0.53	—	-0.00	-0.01
中东欧	立陶宛	—	-0.00	-0.00	—	-0.34	-0.07	—	-0.13	-0.02
	爱沙尼亚	—	0.00	-0.00	—	-0.30	-0.11	—	-0.04	-0.06
	拉脱维亚	—	-0.00	-0.00	—	-0.24	-0.04	—	-0.08	-0.00
	捷克	—	0.00	-0.00	—	0.06	0.05	—	0.02	0.00
	斯洛伐克	—	-0.01	-0.00	—	-0.16	-0.02	—	0.01	0.00
	匈牙利	—	-0.01	-0.00	—	-0.03	-0.00	—	-0.03	-0.00
	斯洛文尼亚	—	-0.00	-0.00	—	-0.04	-0.02	—	-0.01	0.01
	克罗地亚	—	-0.00	-0.00	—	-0.14	-0.06	—	-0.02	-0.01
	波黑	—	-0.00	-0.00	—	-0.16	-0.29	—	—	-0.04
	罗马尼亚	0.01	-0.04	-0.02	—	-1.04	-0.32	—	-0.23	-0.05
	保加利亚	—	-0.01	-0.01	—	-0.57	-0.22	—	-0.20	-0.07
	希腊	-0.02	-0.00	-0.00	-0.40	0.10	0.08	-0.59	-0.01	-0.00
	塞浦路斯	-0.01	-0.00	-0.00	0.02	-0.06	-0.03	-0.32	-0.03	-0.00
	北马其顿	—	-0.00	-0.01	—	-0.23	-0.56	—	-0.14	-0.20

数据来源：作者的计算，其中，"-0.00"系由负值数据四舍五入得到。

5.4.3 全产业链视角的竞争力演化

为从整体考察纺织产业链的竞争力演化特征，考虑到不同指标测度的差异性，我们以 RCA 值大于 1.25、MOR 大值于 1%、TC 值大于 0 以及 MI 值大于 0 为依据，将 1989~2003 年视为时期 1，2004~2018 年视为时期 2，规定若时期 1 或时期 2 内有至少 8 年满足以上四个条件中的 2 个，则标记为"√"，满足 3 或 4 个则标记为"√√"，以此将产业链不同环节置入同一分析框架中进行讨论，评估结果报告在表 5-29 中。

表 5-29 "一带一路"沿线国纺织产业链竞争力演化的评估结果

次区域	国家	棉花		棉机织物		合成长丝		长丝机织物		合成短纤		短纤机织物	
		1	2	1	2	1	2	1	2	1	2	1	2
东亚	中国			√√	√√	√√	√√	√√	√√		√√	√√	√√
东南亚	新加坡						√						
	马来西亚						√				√		
	印度尼西亚				√		√	√	√		√√	√	√
	泰国						√						
	越南						√				√		
西亚	伊朗												
	土耳其	√√	√			√√	√√	√	√√			√√	√√
	以色列				√		√						
	巴勒斯坦						√						
	阿联酋							√√					
	巴林												
南亚	印度	√√	√√	√√	√√			√					√
	巴基斯坦	√√	√√	√√				√					
	孟加拉国												
	斯里兰卡												
独联体	哈萨克斯坦	√√	√										
	吉尔吉斯斯坦	√√	√										
	俄罗斯												
	乌克兰												
	白俄罗斯					√√	√√			√√	√√		

续表

次区域	国家	棉花		棉机织物		合成长丝		长丝机织物		合成短纤		短纤机织物	
		1	2	1	2	1	2	1	2	1	2	1	2
独联体	阿塞拜疆	√√	√										
	亚美尼亚												
	摩尔多瓦						√						
中东欧	立陶宛			√									
	爱沙尼亚			√		√							
	拉脱维亚			√		√√				√			
	捷克			√							√	√	
	斯洛伐克					√√							
	匈牙利									√			
	斯洛文尼亚			√			√√						
	克罗地亚			√		√				√			
	波黑												
	塞尔维亚												
	罗马尼亚			√						√	√		
	保加利亚									√			
	希腊	√√	√√			√		√					
	塞浦路斯			√				√					
	北马其顿			√						√√			

可见，棉花与棉机织物之间呈现链内环节间竞争力联动与国家间分工共存的演化特征。其中，作为上游环节的棉花竞争力分布较为稳定，4个竞争力指数均表明希腊、土耳其、阿塞拜疆、吉尔吉斯斯坦、哈萨克斯坦、印度和巴基斯坦是棉花竞争力优势明显的国家。这一竞争力也延伸到包括印度、巴基斯坦和土耳其等国的下游棉机织物环节，但阿塞拜疆、吉尔吉斯斯坦和哈萨克斯坦则缺乏下游棉机织物环节竞争力。依据比较优势和要素禀赋理论的观点，棉机织物主要属于劳动密集型环节，其国际分工应依托劳动禀赋优势国家，因此土耳其、印度和巴基斯坦可衔接棉花—棉机织物的链内环节获得多环节竞争力，阿塞拜疆等国则不具有类似优势。相比较，中国尽管不具有棉花竞争力，但依托丰裕劳动力优势，获得了极强的棉机织物竞争力。此外，我们还可以观察到1989~2018年棉机织物竞争力空间分布格局的集中化特征，在1989~2014的时期1曾分布于较大数量中东欧和东南亚次区域国家的棉机织物竞争力，到2005~2018年的时期2已经消

失,转移至以中国和印度等为代表的极少量国家。

对合成纤维及其下游的合成长丝和合成短纤环节,我们可以观察到产业链内环节间国际分工为主、链内竞争力联动为辅的时空演化特征。以合成长丝来观察,其上游环节竞争力分布表现出明显的扩散特征,所有东南亚次区域国家均在时期2新获得了明显的竞争力("√"),西亚次区域也有多国新获得了竞争力,总体上看,"一带一路"有明显增多的国家保持乃至提升了其合成长丝竞争力,说明合成长丝环节所具有的产业扩散特征。但这一扩散特征却对应于下游长丝机织物的集中化演化趋势,亦即,中东欧次区域和独联体次区域几无国家具有此一下游环节的竞争力("√"或者"√√"),竞争力集中值东亚、东南亚、西亚和南亚的少量国家,这些国家大多也在上游环节显示了竞争力,这说明了合成长丝下游环节依托的外部规模经济和产业集聚使很多上游环节有竞争力的国家难以获得下游环节的国际分工地位。类似的特征也表现在合成短纤—短纤机织物的竞争力分布和格局演化上,即上游环节有竞争力国家较多但仅有少量国家在下游环节获得了竞争力。

5.4.4 结论

本节对1989~2018年包括中国在内的39个"一带一路"沿线国的纺织产业链各环节竞争力进行了测度和时空演化分析,主要的研究结论包括以下3点:(1)在国内要素成本上升和美国等域外国家将贸易政策作为大国博弈工具使用背景下,中国纺织业产业链主要环节仍具备强比较优势,在"一带一路"域内的纺织产业链分工地位非常突出;(2)"一带一路"区域纺织产业链上游环节竞争力由西亚、中东欧地区向东亚、南亚和东南亚次区域演进,下游环节竞争力体现出向中国、土耳其和印度的集中演化态势;(3)棉花—棉机织物间呈现链内环节间竞争力联动与国家间分工共存的演化特征,地理关联性和依托劳动禀赋优势的国际分工共同决定棉花—棉机织物的链内环节分工演化;合成纤维及其下游的合成长丝和合成短纤环节出现链内环节间国际分工为主、链内竞争力联动为辅的时空演化特征,上游环节的产业扩散与下游环节的集中化演化趋势共存。

5.5 小结

本章使用多个贸易竞争力指标测度了中国和主要"一带一路"沿线国在油

气产业链、基建关联产业和纺织产业链上的"优势"分布,研究发现,中国在油气产业链下游环节和大多数基建关联产业上均具有较强"优势",在油气产业链上游环节以及基建关联产业的若干子产业上不同沿线国也具有差异化的"优势"。基于此,从中国的视角看,"一带一路"油气产业链合作应更多关注包括炼油炼化环节在内的各国间的竞争力嵌入和比较优势匹配。由于不少基建关联子产业具有高运输成本导致的"销售半径"问题,通过贸易和国际产能合作的结合更有利于实现国家间的"优势"与"资源"适配,进而实现各国共同的福利增进。此外,中国应发挥纺织产业链下游环节已形成的产业集聚和外部规模经济,维持和提升产业链领导者的角色,加快形成和稳固"一带一路"价值链驱动者的地位,是未来时期中国纺织业发展的重要课题。

  基于本章的油气和纺织产业链竞争力测度和比较研究结果,应关注将中国的超大市场、已形成的多样化规模经济技术、资本优势与主要沿线国的已有竞争力、潜在市场相匹配,精准选择地理关联性和集聚优势的沿线国,从全产业链视角因国、因环节形成产能合作和国家间分工决策。相类似,中国在基建关联产业上庞大的市场规模和产业规模以及对外披露的强贸易竞争力发出了中国"优势"的较强信号,而沿线国在不同子产业上较多出现的弱竞争力和比较劣势,以及因市场规模限制的同一国家在不同子产业上竞争力强弱并存、优劣势并存的情形也发出了可利用"资源"的较强信号。仔细遴选、识别可适配中国基建关联产业"优势"的主要沿线国,以实证研究明确各沿线国的产能合作潜力、产业结构及适配要求,探讨中国和主要国家不同产业链环节之间的区位布局和竞争力嵌入模式,是深化"一带一路"国际产能合作的重要内容。

第 6 章

中国企业"优势"研究 II：
比较优势和空间演化

贸易竞争力是国内不同省域和不同企业"优势"的外化，"优势"企业在空间上的分布和演化伴随着全国和省域间的多样化规模经济形成。"一带一路"倡议推动的中国经济空间再布局和再平衡必然依托于产业在国土空间的重新分布和演化。参与"一带一路"国际产能合作的中国企业扎根于国内不同省域，具有各异的比较优势、规模经济及地理分布特征，厘清代表性产业的比较优势及其空间演化问题是明晰中国"优势"的重要事实依据，也是"一带一路"效应评估的重要组成。本章基于全样本微观企业贸易数据来探究代表型产业链的省域比较优势分布和空间演变，力图给出不同环节可能具有的差异化规模经济特征和集聚规律。

6.1 方法、研究对象与数据

为探讨比较优势和规模经济的空间演化，本章基于 Balassa（1965）的显性比较优势指数构造比较优势提升度指数和转移度指数来刻画"一带一路"倡议情境下不同省域的比较优势演化，还将利用生存能力法测度规模经济。为直观表达比较优势和规模经济的演化特征，我们利用地理信息系统方法进行报告。拟研究的产业系在第 5 章已证明中国具有比较优势并已被列入国际产能合作重点产业（国务院，2015）的钢铁、塑料、纺织以及油气产业，同前，我们仍从全产业链视角进行分析以纳入相关产业各环节的潜在差异性。

6.1.1 方法

（1）比较优势测度。较成熟的比较优势测度指标是 Balassa（1965）提出的显示性比较优势指数（RCA），其思路是以某产业出口占总出口比重与该产业占全球出口比重的比值，来测度一国某产业对他国所显示的比较优势。与传统研究衡量国家层面比较优势不同，我们将 RCA 指标用于衡量中国境内不同省域间的比较优势。在考量不同省域向"一带一路"区域出口及非"一带一路"区域出口情形下，构建了两个新的指标来衡量不同省域在"一带一路"倡议提出前后的比较优势演化。

● 比较优势提升度指数（ΔRCA）。为反映不同省域给定产品在"一带一路"背景下的比较优势的演化，令研究样本时期内首年和末年的显示性比较优势定义为 RCA_{start} 和 RCA_{end}，定义如下：

$$\Delta RCA = Ln(RCA_{end}/RCA_{start}) \qquad (6-1)$$

如果 ΔRCA 大于 0，则过去时期内该省域给定产品出口的比较优势相对提升；相反，如果 ΔRCA 小于 0，则其比较优势受到削弱。

● 比较优势转移度指数（$\Delta RCA_{\_B\&R}$）。因"一带一路"倡议将降低沿线贸易的物流运输成本并提振沿线国需求，而沿线国多为发展中国家和中小国家，可能适用小规模技术生产的产品（Wells，1983），因此，中国不同省域面向发达国家和"一带一路"沿线国的差异化市场需求可能会体现出不同的比较优势。我们将面向"一带一路"区域贸易作为整体，首先估算各省域的显示性比较优势，而后构建以下指标：

$$\Delta RCA_{\_B\&R} = Ln[(RCA_{end\_B\&R}/RCA_{start\_B\&R})/(RCA_{end}/RCA_{start})] \qquad (6-2)$$

如果 $\Delta RCA_{\_B\&R}$ 大于 0，则相关省域的比较优势向"一带一路"区域转移，其包含两种情形：如果 ΔRCA 上升，则意味着面向"一带一路"区域的比较优势上升幅度更大；如果 ΔRCA 下降，则意味着虽然该省域整体上比较优势弱化，但面向"一带一路"区域的比较优势下降较缓。如果小于 0，则比较优势并未向"一带一路"区域转移。

（2）规模经济测度。我们将利用 Stigler（1958）提出的生存能力法估计相关产业的规模经济区间。其基本思想是：不同规模厂商的竞争会筛选出效率较高的企业，所谓有效率的厂商规模，是指在这一规模上企业家能对付他在经营中碰到的所有问题，因而，能在长期竞争中得以生存的规模都是最优企业规模。由此，我们将占产业的产出比重持续增加的厂商规模认定为最优厂商规模，产出比重逐步下降的就不是最优企业规模。为控制技术变化、市场容量、产业和企业规模长期增长的影响，生存技术分析主要选用相对市场的份额进行。我们按照企业占总出口额的市场份额区分一系列连续的区间，并计算居于不同市场份额区间厂商的加总份额，以便测定最优规模经济量。企业家在选择厂商规模时可能会犯的错误通过较长的研究样本时期得以控制。

基于以上估计的规模经济区间，我们纳入企业层面数据来评估不同规模区间企业的省域空间分布及其演化。因不同规模经济区间的企业数量已包含具有外部规模经济和内部规模经济的企业信息，我们还可以通过以上规模经济的空间演化来观察特定产品在地理空间内的集聚及其变迁。我们还利用以下两个指标辅助刻画"一带一路"背景下企业的规模分布。

● SE_{local} 指数。定义为各省域内面向"一带一路"的企业平均贸易量与该省域全部企业平均贸易量的比值，以衡量一省域面向"一带一路"区域企业的相对规模分布。

● $SE_{national}$ 指数。定义为各省域内面向"一带一路"的企业平均贸易量与全国企业平均出口额的比值，以衡量各省域 B&R 企业相对全国的规模分布。

6.1.2 研究对象和数据

本章研究使用的国家层面钢铁、塑料、纺织和油气产业及不同产业链环节贸易数据来源于联合国经社理事会的国际贸易中心数据库（ITC），企业层面贸易数据来自国家海关总署和苏州美亚科技资讯数据库。虽然利用不同企业的产量数据可更直接地衡量规模经济分布，但因为全样本生产企业数据难以获得，我们以企业贸易量数据进行替代。产业链的范围类同于前面的定义，但考虑到中国在棉花原料环节不具有比较优势，故本章研究中讨论除棉花外的其余 5 个纺织产业链品类。

参照已有"一带一路"研究对沿线国和次区域的划分（如刘晓风等，2017），本章将除中国外的 64 个"一带一路"沿线国划分为东南亚、南亚、苏联（加蒙古国）、中东欧和西亚北非五个次区域展开研究。

6.2 钢铁产业链比较优势和空间演化

在过去近 20 年时间内，中国占全球钢铁产量比重从 2000 年的约 15% 快速升至 2017 年的 50% 左右[①]。这一增长主要受中国国内需求驱动，但近年来也开始对钢铁国际贸易构成显著影响。由于中国钢铁产业发展积累了明显的产能和

---

① 数据来源：不同年份的《世界钢铁统计数据》，世界钢铁工业协会。

技术优势,已被国务院(2015)确立为中国开展国际产能合作的主导产业之一。因从粗钢向钢铁制品及关联产业的产业链延伸对国民经济发展具有极其重要的价值,故钢铁产能、比较优势和规模经济的空间布局和演化历来受到各主要经济体的重视,钢铁产业在"一带一路"国际产能合作和基础设施互联互通中具有难以替代的重要地位。本节基于全样本企业贸易数据对此展开研究。

6.2.1 钢铁产业贸易的内外空间分布及演化

(1)国内空间分布。因铁矿石来源的不同,钢铁产业的发展包括资源临近型和贸易依赖型两类(孙泽生等,2015)。在中国钢铁产业布局中,因应国内铁矿石资源禀赋和钢铁销售半径的约束,绝大多数省区市都布局了一定规模的钢铁产能;但因改革开放后经济增长和贸易重心偏向于东部沿海省域,东部省域贸易依赖型的钢铁企业发展受到更多激励。其结果是:尽管河北等省域的产能比重最为突出,但中国除青海、西藏外的不同省域钢铁产能分布仍呈现出相对平衡的态势。从贸易空间分布看,包括环渤海区域在内的东部沿海省域占据钢铁产业链上游环节的较大出口份额,但它与较平衡布局的钢铁产能分布基本吻合。产业链下游环节虽也呈现趋向各省域均衡分布的特征,但与上游环节偏向环渤海区域的空间分布不同,"一带一路"倡议提出后,由辽宁至广东沿海省域组成的"S"形区域皆维持了在下游环节的出口份额优势,同时出现了东部沿海省域向长江经济带沿线省域的空间扩散。这一扩散向北辐射至陕西,向南辐射至广西和云南等西部省域;新疆和内蒙古等西部省域也占有较明显的市场份额,显示了"一带一路"背景下钢铁产业链下游环节在国内地理空间的再分布动态。

(2)出口空间分布。从"一带一路"区域的出口空间分布及其演化。可见,钢铁产业链上游和下游环节面向B&R的省域出口空间分布较为平衡,且随着"一带一路"倡议的提出而继续改善。但是,在倡议提出前后的不同年份,以环渤海区域为主的东部沿海省域均占有优势,新疆和内蒙古等与"一带一路"沿线国邻接省域也占有一定份额,整体上呈现由东向西市场份额递减特征,但这一递减特征在"一带一路"倡议提出后显著变弱,东部优势向中西部省域扩散。因邻接"一带一路"沿线国的物流运输成本和搜寻成本较低,且产业链上游环节运输成本较高,各省域上游环节出口地理分布偏向于所邻接的"一带一路"次区域:东部沿海直至广西和云南等省域多以东南亚次区域为主要出口区域,新疆则主要匹配俄罗斯等部分独联体国家及蒙古国的需求,其他省域之出口则呈现多样化地理分布的特征。但对下游环节，与沿线国邻接和东部沿海的大多数省域都维持了出口地理分布的多样性，且因受益于"一带一路"倡议下运输成本降低的正向影响，这一多样性在"一带一路"倡议提出后继续得以改善。

6.2.2 省域比较优势测度及空间演化

（1）钢铁产业总量比较优势测度。以贸易额或市场份额来考察各省域产业链不同环节的空间分布，难以体现不同省域在经济规模和出口能力等方面的巨大差异，本节的显示性比较优势指数通过引入不同省域出口比重来控制这一差异。在"一带一路"倡议提出前的 2011 年，省域显示性比较优势分布并不平衡。产业链上游环节 RCA 最高的省域为山西、内蒙古、河北、湖南、辽宁及湖北，其 RCA 均大于 2.5，可被界定为强比较优势。在东部沿海省域中，邻接河北的北京和天津两市属于较强优势，山东和江苏为中等优势；上海、浙江和广东等省域虽然出口额和出口份额很大，但因其产业多元化且总出口额大的缘故，钢铁上游环节 RCA 指数却并不高，均属于比较劣势。而中部地区众多省域，从山西到河南再到湖北、湖南和江西，其 RCA 值均较高，联同从甘肃、内蒙古到京津冀和辽宁的突出比较优势，组合呈现钢铁产业链上游环节 RCA 分布的"T"形区域，显示出对钢铁产业的较强依赖。其周边东邻的沿海省域和西部邻接省域，则呈现出明显的比较劣势。对于钢铁产业链下游环节而言，环渤海区域、长江经济带沿线以及黑龙江的 RCA 指数均较高，但相对上游环节而言，各省域 RCA 差异明显变小。

到"一带一路"倡议提出后的 2017 年，钢铁产业链上游环节省域 RCA 指数的空间分布呈现出集中趋势，原"T"形强比较优势分布向北收缩，集中到华北地区和辽宁诸省域；河南以下至长江经济带省域比较优势明显变弱，与邻接东部沿海省域趋同，显示这些省域的经济和贸易转型和钢铁产业的比重下滑。对钢铁产业链下游环节，强比较优势的省域空间分布也呈现集中趋向的演化特征。京津冀和长江以南的湖南、江西和浙江维持较强的比较优势，其余多数省域的 RCA 水平则分布较为均匀（见表 6-1）。但相较于 2011 年和 2014 年，大多数省域钢铁产业链下游环节的 RCA 趋向于减弱，这可能反映了这些省域在产业多元化和经济转型上的切实进展。

（2）钢铁产业链比较优势的演化。以上基于产业总量的估计虽有助于从整体上把握产业比较优势空间演化动态，但却可能掩盖了产业链不同细分品类的

表6-1 中国钢铁产业链省域比较优势的演化:2011~2017年

省域	上游(粗钢)			非合金钢板材			合金钢板材			下游(制品)			钢铁结构体			钢铁制品		
	2011年	2014年	2017年	2011年	2014年	2017年	2011年	2014年	2017年	2011年	2014年	2017年	2011年	2014年	2017年	2011年	2014年	2017年
北京	1.65	1.47	1.66	2.17	1.80	2.22	1.89	1.46	2.34	1.36	1.61	2.11	2.33	3.13	4.03	0.80	0.99	1.16
天津	1.61	2.36	1.57	1.37	2.36	2.48	1.37	0.72	0.16	1.96	2.02	1.64	1.07	1.42	1.44	1.27	1.53	1.46
河北	7.30	11.65	8.04	5.36	6.95	7.75	5.45	12.54	9.60	1.55	1.61	1.84	1.03	1.80	2.58	2.62	2.09	2.05
山西	11.68	9.27	9.74	0.02	0.02	0.01	9.86	8.12	1.80	0.38	0.55	0.25	0.33	0.70	0.12	0.21	0.39	0.28
内蒙古	7.57	6.10	8.91	7.82	8.52	12.00	8.97	7.01	11.32	0.56	1.33	0.77	0.67	0.79	0.55	0.12	0.90	0.52
辽宁	4.45	5.01	6.13	3.03	2.46	3.04	8.42	10.59	11.81	1.78	1.54	1.43	4.39	3.29	3.11	1.56	1.39	1.55
吉林	0.38	2.10	0.74	0.09	0.06	0.22	0.01	0.03	2.73	0.14	0.28	0.14	0.26	0.38	0.18	0.14	0.41	0.15
黑龙江	1.06	0.62	0.25	0.63	0.52	0.64	0.00	0.03	0.01	1.61	1.51	1.42	1.23	1.50	3.40	2.31	1.39	0.29
上海	0.75	0.57	0.61	1.05	1.09	1.01	0.70	0.52	0.68	0.96	1.08	1.00	0.99	1.12	1.03	1.07	1.28	1.13
江苏	1.15	1.18	1.26	1.58	1.45	1.22	0.86	0.89	0.74	0.94	1.06	0.96	0.85	1.08	1.06	1.05	1.25	1.27
浙江	0.39	0.46	0.50	0.39	0.71	0.91	0.04	0.03	0.04	1.44	1.56	1.59	0.94	0.88	0.76	1.09	1.48	1.61
安徽	0.81	0.89	1.30	1.14	0.97	0.58	0.92	1.02	2.21	1.32	1.28	1.00	1.21	1.32	1.05	0.55	0.98	0.57
福建	0.28	0.49	0.63	0.33	0.38	0.56	0.02	0.04	0.07	0.50	0.41	0.44	0.28	0.36	0.49	0.93	0.56	0.51
江西	1.63	1.23	0.79	2.56	1.46	0.33	2.95	3.08	1.64	1.52	0.91	1.62	0.43	0.76	1.17	2.89	1.19	1.78
山东	1.19	1.48	1.98	1.19	2.09	2.65	1.83	1.81	3.07	1.53	1.57	1.34	2.75	2.43	2.24	1.75	1.67	1.51
河南	1.46	0.44	0.31	1.87	0.78	0.42	3.77	0.69	0.34	0.19	0.20	0.18	0.25	0.19	0.20	0.31	0.22	0.18
湖北	3.15	1.69	1.49	2.76	1.78	0.55	3.65	2.45	2.99	1.28	1.19	1.11	0.93	1.01	1.15	0.56	0.60	0.45
湖南	4.67	1.32	0.78	5.91	2.40	0.96	9.30	1.58	0.37	4.70	2.56	2.44	0.27	0.97	1.22	0.24	0.75	1.14
广东	0.31	0.22	0.23	0.19	0.13	0.12	0.05	0.03	0.11	0.49	0.49	0.64	0.44	0.40	0.46	0.50	0.52	0.58

续表

省域	上游（粗钢）			非合金钢板材			合金钢板材			下游（制品）			钢铁结构构体			钢铁制品		
	2011年	2014年	2017年	2011年	2014年	2017年	2011年	2014年	2017年	2011年	2014年	2017年	2011年	2014年	2017年	2011年	2014年	2017年
广西	0.82	0.15	0.19	0.12	0.04	0.08	3.60	0.55	0.56	1.00	0.61	1.10	0.49	0.68	0.69	0.70	0.28	1.00
海南	0.44	0.16	0.08	1.25	0.64	0.19	0.00	0.00	0.00	0.20	0.21	0.12	0.03	0.36	0.02	0.29	0.22	0.11
重庆	0.07	0.16	0.04	0.12	0.34	0.07	0.01	0.00	0.00	1.50	0.49	0.50	0.72	0.48	0.62	2.37	0.52	0.43
四川	0.31	0.29	0.19	0.05	0.06	0.09	0.08	0.06	0.04	1.80	1.22	0.74	1.46	1.01	0.86	1.53	0.79	0.45
贵州	0.22	0.15	0.42	0.00	0.12	0.01	0.00	0.02	0.00	0.09	1.27	0.78	0.13	0.66	0.45	0.01	1.55	0.48
云南	0.38	0.37	0.60	0.69	0.79	0.51	0.00	0.00	0.04	0.81	0.86	0.36	0.69	0.63	0.60	1.23	1.04	0.20
西藏	0.00	0.00	0.41	0.00	0.00	0.37	0.00	0.01	0.00	0.37	0.15	0.55	0.39	0.10	1.49	0.54	0.20	0.19
陕西	0.75	0.08	0.12	0.04	0.02	0.03	0.00	0.00	0.02	0.66	0.50	0.57	0.56	0.56	1.07	0.79	0.44	0.42
甘肃	1.96	0.68	1.39	1.05	1.19	3.07	0.00	0.00	0.00	1.08	1.66	0.27	0.28	1.07	0.23	1.82	2.01	0.40
青海	0.45	0.17	0.04	0.00	0.11	0.00	0.00	0.00	0.00	0.65	1.46	0.01	0.59	0.71	0.00	0.77	1.52	0.04
宁夏	0.00	0.11	0.42	0.00	0.11	0.06	0.00	0.00	0.01	0.49	1.17	1.74	0.42	0.64	1.04	0.46	1.62	2.26
新疆	0.72	0.58	0.96	1.88	1.90	2.31	0.01	0.04	0.01	0.91	1.16	0.66	0.92	1.35	0.54	1.11	0.85	0.27

注：表中数据均系作者计算，但未包括港澳台数据。

特质。现在我们将具有代表性的钢铁产业链上下游品类引入分析（见表6-1）。对上游环节所包含的合金钢和非合金钢板材，可区分为三类不同省域：（1）强比较优势维持/提升省域，这包括内蒙古、辽宁、河北、北京、山东、天津和新疆等，它们在研究时期内的 RCA 均提升或维持其 RCA 至大于 2.0 的水平；（2）比较优势弱化省域，如山西、江西、湖北和湖南等，虽然在"一带一路"倡议提出前其 RCA 均较高，属于强比较优势，但随后年份中却呈现递减态势，到 2017 年已经属于中等优势乃至比较劣势；（3）弱比较优势省域，包括江苏以南沿海省域以及大多数中西部省域，它们在样本时期内都呈现较弱的比较优势。对下游环节，上述第一类省域中转向较强优势的省域中需要去除内蒙古并增加黑龙江，此外，江苏、上海、浙江、湖北和湖南均表现出比较优势增强的趋势，多从比较劣势趋向于中等优势。在第二类省域中，四川和新疆的 RCA 下降趋势比较明显。其余省域多属于第三类，包括西藏、陕西和宁夏在内的不少西部省域还表现出比较优势变动的随机性，这与其总体贸易规模较小以及出口订单的偶然性有关。

从比较优势提升度指标 ΔRCA 看，非合金钢板材 ΔRCA 大于 0 的省域主要包括：一是环渤海省域，如辽宁、山东、天津、河北等；二是"一带一路"沿线国邻接的西北省域，如内蒙古、甘肃和新疆等；$\Delta RCA<0$ 的省域主要分布在长江经济带沿线及南部省域。至于合金钢板材，除天津外的环渤海区域、东北、安徽、福建、广东及新疆的 ΔRCA 均大于 0。对于钢铁产业链下游环节，$\Delta RCA>0$ 的省域主要位于京津、长江经济带沿线及东部沿海省域，但环渤海的河北、山东和辽宁的钢铁制品 ΔRCA 却小于 0。可见，相比于上游环节，"一带一路"背景下钢铁产业链下游环节比较优势的正向空间扩展要更偏向于长江经济带和东部沿海省域，它并不依赖于上游环节的强比较优势而存在。

接下来用省域比较优势转移度指标来刻画各省域的钢铁产业比较优势从全球向"一带一路"区域的可能转移。可见，对非合金钢板材品类，除江苏和上海外的其他东部沿海省域均出现了为负的比较优势转移度，显示这些省域在"一带一路"倡议下反而更多地关注 B&R 区域外的全球市场，非沿海的长江经济带沿线省域则将其出口能力和比较优势转向"一带一路"区域，其比较优势转移度指标均为正。与"一带一路"沿线国邻接的沿边省域则呈现差异化趋势：内蒙古和新疆等省域的 $\Delta RCA\_B\&R$ 小于 0，似乎说明"一带一路"倡议所推动的物流运输成本下降使这些省域的出口商不仅聚焦邻接的次区域，还可以面向更广阔的出口市场；广西、云南和黑龙江等省域则更多利用改善的物流运输条件聚焦"一带一路"区域。对合金钢板材，除浙江和河北外，天津以至广东的东部沿海省域均出现为负的 $\Delta RCA\_B\&R$，这表明它们反向重视了"一带一路"域外市场；与"一带一路"沿线国邻接的沿边省域仍出现了差异化的转移度变化特征，这在钢铁产业链下游环节同样存在。对下游环节，大多数东部沿海省域均出现了为正的比较优势转移度，显示这些省域在"一带一路"倡议下更多关注B&R区域；非沿海的长江经济带沿线和中部省域的转移度指标则因商品品类而不同。

6.2.3 规模经济测度和空间演化

（1）规模经济测度。我们首先利用生存能力法并区分全样本和"一带一路"子样本来分别测度四个钢铁产业链环节的规模经济[①]。从表6-2可见，全样本和子样本下非合金钢板材出口份额在0.5%以下企业加总份额呈现增长趋势，分别从约35%和43%增至48%~51%，企业数量也相应增长，可推知这一区间属于规模经济范围。出口贸易份额在0.5%~1%的企业数量和加总市场份额也有明显的增加趋势，仍可推知其属于规模经济区间。出口贸易份额在1%~2.5%区间的企业加总市场份额有明显的波动：全样本下从2011年的25.49%波动中降至2017年的22.42%，企业数量从17家降至14家；子样本下企业数量和合并市场份额先降后升，我们尚不能断言或者将这个区间排除出规模经济区间。2.5%~5%区间的企业数量和合并市场份额同样有所波动，难以将其排除出规模经济区间。但出口贸易份额居于5%~10%及以上区间或者企业数量趋于消失或从未存在，可推断这些区间规模不经济。

表6-2				非合金钢板材出口规模经济测度					单位：个，%	
年份	0.5以下		0.5~1		1~2.5		2.5~5		5~10	
	全样本	子样本	全样本	子样本	全样本	子样本	全样本	子样本	全样本	子样本
2011	3678 (34.90)	2313 (43.08)	15 (11.36)	11 (8.26)	17 (25.49)	19 (29.58)	6 (20.52)	4 (12.83)	1 (8.78)	1 (6.24)
2012	4534 (36.05)	2858 (42.79)	16 (11.93)	22 (15.18)	16 (24.37)	17 (24.90)	5 (17.79)	3 (10.72)	1 (9.87)	1 (6.41)
2013	4545 (41.14)	2936 (46.12)	17 (12.01)	23 (16.78)	16 (25.34)	13 (18.18)	4 (12.96)	6 (18.92)	1 (8.55)	0 (0.00)

---

① 因25%以上市场份额企业在所有商品品类中都不存在，后面表格中均未报告此一区间。

续表

年份	0.5以下		0.5~1		1~2.5		2.5~5		5~10	
	全样本	子样本	全样本	子样本	全样本	子样本	全样本	子样本	全样本	子样本
2014	4710 (42.42)	2905 (52.04)	22 (15.58)	28 (19.77)	15 (24.11)	10 (13.84)	4 (11.40)	5 (14.35)	1 (6.50)	0 (0.00)
2015	4724 (45.56)	2864 (52.14)	18 (13.06)	24 (17.65)	15 (19.99)	16 (24.54)	5 (15.95)	2 (5.67)	1 (5.44)	0 (0.00)
2016	4798 (45.91)	2935 (50.88)	23 (15.18)	28 (19.83)	15 (21.63)	14 (23.59)	5 (17.28)	2 (5.70)	0 (0.00)	0 (0.00)
2017	5016 (48.11)	3081 (51.48)	23 (16.10)	23 (15.82)	14 (22.42)	15 (21.54)	4 (13.37)	4 (11.16)	0 (0.00)	0 (0.00)

注：括号外为相应份额企业数量，括号内为其合并市场份额；子样本为向"一带一路"出口实绩的全部企业。下同。

接下来考察合金钢板材。由表6-3可知其贸易量所占份额在0.5%以下的出口企业加总市场份额基本上在7%~11%波动，但无论是全样本还是子样本下企业数量均大幅上升，这一区间显然属于规模经济范围。出口贸易份额在0.5%~1%以及1%~2.5%的两个区间上，全样本下企业数量和加总市场份额都有下降态势，显示了规模不经济特征；但子样本下企业数量和合并市场份额却波动中有所增长，显示属于规模经济区间。而出口份额在2.5%~5%和5%~10%区间的企业数量和合并市场份额均表现出震荡中略有增长的态势，说明这两个区间是规模经济的。相比较，出口市场份额10%~25%的区间则始终至少有1家领导厂商存在，且合并市场份额也有一定的增长态势，可判定这个区间也是规模经济的。但市场份额大于25%的企业数量始终为零，该区间显然规模不经济。

在钢铁产业链下游环节中，由表6-4可知贸易份额0.5%以下企业加总市场份额趋向于增长，在全样本还是子样本下到2017年分别达到约80%和72%，企业数量也明显上升，可判定为规模经济区间。出口贸易份额在0.5%~1%以及1%~2.5%的两个区间上，全样本的1%~2.5%区间上企业数量和加总份额双双下降，显示为规模不经济，但其他情形均不能排除出规模经济区间。出口份额在2.5%~5%区间的企业数量和合并市场份额震荡较大，难以发现长期的下降趋势，说明这一区间是规模经济的。相比较，出口市场份额5%~10%区间内仅个别年份由企业可以生存，但非常不稳定，我们需要将其排除出规模经济区间。至于10%~25%及以上份额的区间则企业数量始终为零，这些区间显然规模不经济。

表6-3 合金钢板材出口规模经济测度

单位：个，%

年份	0.5以下		0.5~1		1~2.5		2.5~5		5~10		10~25	
	全样本	子样本	全样本	子样本	全样本	子样本	全样本	子样本	全样本	子样本	全样本	子样本
2011	532 (11.01)	281 (9.59)	11 (9.21)	9 (5.87)	12 (21.52)	9 (14.88)	7 (27.56)	9 (32.29)	2 (18.92)	2 (14.62)	1 (11.78)	2 (22.75)
2012	652 (8.19)	355 (8.39)	7 (5.20)	10 (7.14)	9 (14.93)	9 (16.09)	7 (27.15)	5 (17.80)	2 (14.27)	1 (5.07)	2 (30.27)	3 (45.50)
2013	639 (9.13)	363 (8.37)	6 (4.23)	6 (4.50)	6 (9.08)	9 (13.72)	6 (21.87)	3 (9.26)	6 (40.77)	6 (40.22)	1 (14.91)	2 (23.94)
2014	797 (7.61)	448 (9.61)	8 (6.28)	9 (6.72)	10 (14.08)	10 (15.35)	7 (22.96)	7 (26.02)	5 (35.16)	3 (18.29)	1 (13.90)	2 (25.02)
2015	829 (10.76)	461 (10.55)	10 (6.75)	13 (9.27)	10 (16.96)	8 (12.64)	8 (27.92)	12 (44.49)	4 (26.11)	2 (12.77)	1 (11.50)	1 (10.30)
2016	834 (9.27)	501 (8.49)	6 (4.35)	8 (5.62)	11 (17.69)	11 (20.00)	9 (34.20)	9 (32.21)	3 (21.31)	3 (20.95)	1 (13.18)	1 (12.73)
2017	948 (9.46)	576 (8.93)	8 (6.09)	9 (6.76)	5 (7.71)	7 (12.48)	9 (31.90)	8 (30.21)	2 (11.52)	2 (10.28)	2 (33.31)	2 (31.35)

表 6-4　　　　　　　　钢铁结构体出口规模经济测度　　　　　　　单位：个，%

年份	0.5 以下		0.5~1		1~2.5		2.5~5		5~10	
	全样本	子样本	全样本	子样本	全样本	子样本	全样本	子样本	全样本	子样本
2011	13962 (66.26)	7245 (63.02)	9 (5.87)	20 (13.74)	7 (10.20)	10 (15.63)	3 (11.23)	0 (0.00)	1 (6.44)	1 (7.62)
2012	16577 (67.72)	8358 (71.45)	14 (8.65)	16 (11.00)	6 (7.63)	11 (17.55)	3 (10.87)	0 (0.00)	1 (5.14)	0 (0.00)
2013	15039 (74.99)	7566 (73.91)	9 (6.59)	13 (8.29)	4 (4.63)	6 (8.44)	4 (13.79)	3 (9.36)	0 (0.00)	0 (0.00)
2014	15489 (78.72)	7690 (73.39)	8 (5.65)	16 (10.98)	7 (5.07)	10 (15.63)	3 (10.57)	0 (0.00)	0 (0.00)	0 (0.00)
2015	15871 (75.24)	7986 (75.20)	13 (8.82)	17 (11.50)	2 (2.34)	7 (10.15)	4 (13.60)	1 (3.14)	0 (0.00)	0 (0.00)
2016	16641 (76.70)	8338 (69.53)	10 (6.67)	18 (12.30)	2 (2.57)	4 (5.54)	4 (14.06)	2 (5.19)	0 (0.00)	1 (7.44)
2017	17824 (80.17)	9110 (72.74)	12 (7.86)	16 (10.56)	3 (5.07)	9 (14.11)	2 (6.90)	1 (2.60)	0 (0.00)	0 (0.00)

表 6-5 报告了钢铁制品的测度结果。可见，全样本下贸易份额 0.5% 以下企业数量由 2011 年的 2.4 万家增长到 2017 年的 3.4 万家，子样本下也有类似幅度增长，其合并市场份额均维持在 87% 以上，显示了小规模企业在这一品类中的绝对统治地位，规模经济特征极为明显。出口市场份额 0.5%~1% 的区间表现出明显的企业数量和合并市场份额震荡，但缺乏显著的下降趋势，自然无法将其排除出规模经济区间。在更大规模区间上，全样本下的 2.5%~5% 区间保持有 1 家领导厂商存在，其市场份额也较为稳定；子样本下的 1%~2.5% 区间企业数量和合并市场份额有小幅增长趋势，这两种情形应被认定为规模经济。除此之外的其他情形下，市场份额和企业数量基本为 0，明显属于规模不经济区间。

表 6-5　　　　　　　　钢铁制品出口规模经济测度　　　　　　　单位：个，%

年份	0.5 以下		0.5~1		1~2.5		2.5~5	
	全样本	子样本	全样本	子样本	全样本	子样本	全样本	子样本
2011	24616 (96.49)	11056 (91.49)	2 (1.17)	9 (5.96)	1 (2.33)	2 (2.55)	0 (0.00)	0 (0.00)
2012	28685 (96.38)	12904 (89.59)	2 (1.08)	12 (7.88)	0 (0.00)	2 (2.52)	1 (2.55)	0 (0.00)

续表

年份	0.5以下		0.5~1		1~2.5		2.5~5	
	全样本	子样本	全样本	子样本	全样本	子样本	全样本	子样本
2013	28204 (96.34)	12333 (88.90)	1 (0.53)	9 (6.30)	0 (0.00)	3 (4.81)	1 (3.13)	0 (0.00)
2014	29725 (94.58)	12993 (89.36)	3 (1.69)	6 (3.93)	0 (0.00)	3 (3.32)	1 (3.74)	1 (3.38)
2015	30641 (93.61)	13470 (87.67)	2 (1.24)	4 (2.62)	1 (1.49)	4 (6.42)	1 (3.66)	1 (3.29)
2016	32185 (94.02)	14451 (87.67)	4 (2.39)	4 (3.27)	0 (0.00)	6 (9.05)	1 (3.59)	0 (0.00)
2017	34484 (95.38)	15819 (98.54)	1 (0.65)	8 (5.67)	0 (0.00)	3 (4.79)	1 (3.97)	0 (0.00)

（2）规模经济企业的空间演化。由于钢铁产业链不同环节差异很大的规模经济特性，我们不能对钢铁产业整体进行规模经济测度，而使用 SE_{local} 和 $SE_{national}$ 两个指数来替代性地刻画面向"一带一路"区域出口商的相对规模分布及其空间演化特征。钢铁上游环节在2011年时 SE_{local} 大于0的省域仅有吉林和海南，它们面向"一带一路"区域的企业平均规模要大于其面向全球市场的平均规模，亦即当地主要由较大规模企业从事面向B&R区域的贸易。如果取全国平均规模为参照，则2011年时 $SE_{national}$ 指数大于0的省域略多，包括河北、山西、辽宁、江苏、山东、湖北和湖南，这些省域面向"一带一路"区域的企业平均规模要大于全国平均规模，但考虑到这些省域较高的钢铁产能和这些省域为负的 SE_{local} 值，说明绝大多数省域内面向"一带一路"区域钢铁上游环节的企业规模相对较小。到2017年，SE_{local} 和 $SE_{national}$ 大于0的省域均不大于3个，这再次说明同一省域和全国范围内面向B&R区域的企业规模总体较小，以匹配"一带一路"沿线国相对较小的经济规模和市场需求。因此，由小规模企业针对"一带一路"区域，较大规模企业面向B&R域外市场，是较为理性的市场竞争结果。对钢铁产业链下游环节，在2011年时 SE_{local} 大于0的省域包括北京、天津、吉林、安徽、湖南、广西、四川和青海，其面向"一带一路"区域的企业平均规模要大于其面向全球市场的平均规模；其余省域均表现出为负的 SE_{local} 数值。如果取全国平均规模为参照，则2011年时有9个省域的 $SE_{national}$ 指数大于0，这包括北京、天津、安徽、山东、湖北、湖南、重庆、四川和宁夏。到2017年，SE_{local} 大于0的省域仍维持在8个，而 $SE_{national}>0$ 的省域则下降至5个，再一次印证了上述的小规模企业匹配"一带一路"区域，较

大规模企业匹配域外市场的市场竞争结果。

接下来我们讨论钢铁产业链不同环节规模经济企业的空间演化。对非合金钢板材，2011年2.5%~5%区间的规模经济企业分布于辽宁、河北、北京、江苏、江西和湖南，到2017年时原居于市场份额区间5%~10%的上海宝钢下滑至2.5%~5%区间，后一区间企业还分布于辽宁、北京和河北。在1%~2.5%区间内，2011年时的17家企业中，分布于广东的两家厂商退出这一区间，江苏也减少1家，其余省域则保持稳定；继之的0.5%~2.5%区间上，广东、福建的厂商数量都有下降，但山东和天津数量从2011年的0家分别增至2017年的5家和2家，以上都显示了向华北和环渤海区域演化的趋势。合金钢板材的规模经济区间内，10%~25%区间企业维持分布于辽宁（本钢集团），但包括2017年在内的很多年份还包括山东的日照钢铁集团；随后的5%~10%以及2.5%~5%区间企业分布则较为稳定。被判定为非规模经济区间的0.5%~2.5%区间显示长江以南省域退出的企业分布特征；0.5%以下规模企业则凸显出东北趋弱、环渤海和长江经济带沿线省域趋强的态势。

现在转而分析钢铁产业链下游环节。钢铁结构体的2.5%~5%最大规模经济区间内，2011年全部3家均分布于山东，到2017年山东降至1家，另一家分布于辽宁。非规模经济的1%~2.5%区间内上海、江苏和广东均有退出趋势，剩余企业分布于环渤海的北京和山东；0.5%~1%区间企业分布则较为稳定；0.5%以下规模企业分布则显示从东北和广东转向环渤海和长江经济带诸省域，尤其是在长三角和山东集聚的现象。至于钢铁制品，1%以上规模企业仅分布于江苏一省，0.5%~1%区间企业也数量稀少。2011~2017年，0.5%份额以下企业早期主要集聚于广东和长三角诸省域，尤以广东为最——2011年时占据企业总量的1/3以上；到2017年，广东集聚地位已被浙江替代，新集聚分布于长三角和山东，合并企业数量比重增至55%以上，再次显示了东部沿海省域在钢铁制品产业的集聚能力。

6.2.4 结论

本节基于2011~2017年微观企业数据探讨"一带一路"背景下中国不同省域钢铁产业链比较优势和规模经济的空间演化，以探索性刻画"一带一路"倡议对中国不同省域产业空间分布格局的影响。主要结论是：（1）"一带一路"倡议下钢铁产业链上游环节生产、贸易和比较优势分布较为平衡，但长江以南省域上游环节比较优势趋弱，产业比较优势向北特别是环渤海区域转移。

(2) 钢铁产业链下游环节各省域比较优势的空间分布呈现集中趋向的演化特征，"一带一路"背景下沿线省域出口空间从相邻接次区域—省域分布向多元化分布特征演进。(3) 钢铁产业链上游环节多样化规模经济与下游环节强竞争性规模经济共存，上游规模经济企业向华北和环渤海区域演化，而下游环节则向山东和长三角集聚，且面向"一带一路"区域的适配企业总体规模相对较小。

6.3 塑料产业链比较优势和空间演化

在国务院（2015）提出的中国开展国际产能合作的重点产业中，轻工塑料产业是中国具有很强比较优势且总体上呈现劳动密集型特征的代表性产业，也是"一带一路"倡议下因进入壁垒较低而易于促进区域发展均衡的重要产业。塑料产业上接源于石油化工或者煤化工等形成的有机化工原料，始自于将有机化工原料合成获得的聚乙烯等合成树脂产品作为塑料产业的原料，经加工形成可供工业使用或最终消费的塑料制品。不同环节可能具有差异化的规模经济和集聚特征，且可能在"一带一路"倡议影响下出现比较优势和空间布局的演化。本节使用全样本企业贸易数据对此进行分析。

6.3.1 塑料产业贸易的内外空间分布及演化

（1）国内空间分布。改革开放后中国塑料产业的国内空间分布长期以东南沿海省域为主。截至2011年，从山东到广东的沿海省域无一例外占有最主要的出口份额；山东以北的京津冀和辽宁、黑龙江等省域也占据较明显的塑料产业出口份额。如果区分塑料产业链的不同环节，则在2011年，聚乙烯出口贸易集中在沿海省域，广东和山东两个省域所占份额尤其突出；与东部沿海省域相邻的绝大多数中部省域和除新疆等极少数省域外的西部地区所占份额微弱，且分布极不平衡。相比较，在塑料制品中，除东部沿海省域外，相邻接的江西、安徽、重庆等部分沿长江省域亦占有一定的出口份额，但东部沿海省域向中西部的全面辐射和产业转移并不明显。

而2017年数据则显示，聚乙烯出口空间分布明显从东部沿海向长江经济带沿线省域扩展。包括湖南、安徽、湖北、重庆和四川在内的长江沿线省域均极为明显地增加了其出口市场份额，表现出"T"形的聚乙烯产业空间扩散情势。除此之外,"一带一路"沿线国邻接的内蒙古、云南、广西乃至于西藏等省域均有一定的市场份额增长。而塑料制品在2011年已经呈现出的由东南沿海省域向少量沿长江省域的产业转移态势基础上,向长江经济带各省域全面扩展,同样表现出"T"形的产业空间扩散特征。但与聚乙烯不同,与"一带一路"沿线国邻接的主要省域,如新疆、西藏、云南、黑龙江和甘肃等,其塑料制品市场份额均有明显下降。这可能显示出,塑料制品的生产和贸易更多地受外部规模经济的影响,借此东部沿海省域仍能保持其已经形成的产业集聚和相应的出口贸易竞争力。其受要素成本提升所推动的产业辐射和转移也主要集中于运输成本低、地理相邻的长江经济带省域。尽管塑料制品进入壁垒并不高,但其他省域仍难以获得明显的产业转移,这与以聚乙烯为代表的塑料原料环节生产和贸易完全不同。

现在我们将视角转向面向"一带一路"(B&R)区域的出口空间分布及其演化。2011年时面向B&R的聚乙烯出口空间分布以东部沿海省域为主,与"一带一路"沿线国邻接的个别省域,如新疆、云南、广西和黑龙江等也占据一定的市场份额,但大多数内陆省域和西藏、内蒙古等邻接沿线国的省域出口市场份额却接近或等于0,省域间不平衡特征极其显著。面向B&R的塑料制品出口空间分布则较为分散,包括所有沿线国邻接省域和大多数内陆省域均有一定的出口份额,不过,东部沿海省域依旧占比最大。到倡议提出后的2017年,由沿海省域向长江经济带扩展的"T"形产业扩散和出口分布格局已凸显出来;"一带一路"沿线国邻接省域的聚乙烯出口份额也大多有明显增长,如新疆、内蒙古、云南和广西等。

(2)出口市场空间分布。因海运成本低于陆路运输成本带来的经济增长激励,"一带一路"倡议提出前中国针对东南亚、南亚、苏联、中东欧和西亚北非等次区域的绝大多数贸易份额都由东部沿海省域完成。东部沿海省域的出口地理分布也非常多样化。从聚乙烯出口市场空间分布看,由河北至广东的所有沿海省域均保持了针对每个"一带一路"次区域的出口市场分布格局。但一个显而易见的趋势是:在"一带一路"倡议提出后,东部沿海省域面向东南亚次区域的出口份额明显增长,面向其他次区域的合并出口份额有明显下降,这与"一带一路"倡议以互联互通降低陆路运输成本,从而推动改变东部沿海省域与中西部省域的物流运输成本格局相匹配。

相比较,非东部沿海且不与"一带一路"沿线国邻接的中西部省域,其出口市场分布格局呈现出一定的随机性。这是因为,在这些省域相对很小的贸易量限制下,出口订单的偶然性对出口市场分布有重要影响,这在山西、河南和陕西等省域均有明显的表现。但对"一带一路"沿线国邻接省域而言，因运输成本和搜寻成本低的缘故，其所邻接的"一带一路"次区域易成为最主要出口市场，如新疆、内蒙古等省域的出口市场基本上以独联体国家为主，西藏聚乙烯出口多面向南亚次区域国家，云南兼顾南亚和东南亚两个次区域，但以东南亚次区域为主。需要申明的是，长江经济带沿线非濒海省域因运输成本的下降和承接东部沿海省域的产业转移，其出口市场分布日益接近东部沿海省域，呈现出了出口市场分布多样性的特征。

对塑料制品，东部沿海省域仍维持明显的出口市场空间多样性。但到2017年，面向东南亚次区域的出口份额同样有占比扩大的趋势，且这一趋势延伸到长江以南各省域，广东、云南、贵州、四川、重庆等面向东南亚次区域出口均超过其向"一带一路"区域总出口50%，皆因这些省域地理临近东南亚次区域之故。

相比较，前面在聚乙烯品类分析中提及的中西部非"一带一路"沿线国邻接省域之出口市场随机性，对塑料制品而言却以不同的方式存在：这些省域同样表现出了出口市场分布的多元化，但哪一个次区域占优似没有明显的规律。与"一带一路"沿线国邻接的省域则维持了所邻接次区域在其贸易市场空间分布中的主导地位，如俄罗斯等部分独联体国家及蒙古国之于新疆和内蒙古，南亚之于西藏，等等。综上可见，"一带一路"倡议的提出和推进促进了出口市场分布以相邻接次区域—省域的地理空间均衡分布，而非单纯的偏向依赖海运的东部沿海省域；在物流运输成本降低的条件下，各省域的出口空间分布向邻接的次区域转移是经济效率改善的重要体现。

6.3.2 省域比较优势测度及空间演化

（1）塑料产业总量比较优势测度。由表6-6可见，2011年省域显示性比较优势分布并不平衡。RCA最高的省域为黑龙江、江西、重庆及西藏，其中，黑龙江和江西可界定为强比较优势，重庆和西藏为较强比较优势。这些省域的塑料产业出口份额并不高，但相较于其较小的出口额，塑料产业却占比较大，因之这些省域的塑料产业比较优势指数也较高。在东部沿海省域中，以福建的塑料产业RCA为最大，河北和浙江紧跟其后，这些省域可被认定为具有较强优势。广东、江苏和山东等省域虽然出口额和出口份额很大，但因其总出口额大的缘故，塑料产业RCA指数却并不高。广东和山东可认定为中等优势，江苏却体现为比较劣势。特别显著的情形是，塑料产业RCA的省域分布出现一个

表6-6　中国塑料产业省域比较优势的演化：2011~2017年

省域	塑料产业			聚乙烯			塑料制品		
	2011年	2014年	2017年	2011年	2014年	2017年	2011年	2014年	2017年
北京	0.31	0.29	0.53	0.51	0.22	0.42	0.23	0.26	0.59
天津	0.47	0.39	0.43	0.97	0.51	0.09	0.41	0.42	0.49
河北	1.57	0.90	0.92	0.37	0.24	0.30	3.00	1.71	1.66
山西	0.02	0.09	0.03	0.11	0.04	0.01	0.01	0.04	0.06
内蒙古	0.09	0.83	0.41	0.01	0.42	0.55	0.05	0.91	0.24
辽宁	0.39	0.70	0.42	0.42	1.39	1.31	0.36	0.67	0.26
吉林	0.43	0.63	0.43	1.45	0.46	4.21	0.13	0.50	0.30
黑龙江	2.63	1.50	0.34	0.66	0.47	0.27	4.36	1.71	0.35
上海	0.79	0.73	0.76	2.08	1.23	0.73	0.67	0.62	0.73
江苏	0.71	0.77	0.88	0.28	0.37	0.41	0.66	0.73	0.85
浙江	1.45	1.80	1.82	0.98	1.25	1.10	1.23	1.72	1.76
安徽	0.95	1.16	0.70	0.07	0.20	0.21	0.97	1.32	0.77
福建	1.77	1.29	1.16	2.35	2.38	3.03	2.43	1.70	1.39
江西	2.59	1.85	1.57	0.26	0.46	1.20	4.54	2.80	1.62
山东	0.91	1.02	0.97	2.46	3.02	2.86	0.82	1.05	1.07
河南	0.27	0.17	0.09	0.22	0.07	0.01	0.30	0.25	0.10
湖北	0.50	0.81	0.71	0.01	0.17	0.13	0.83	1.17	1.00
湖南	0.15	0.91	1.12	0.12	0.54	0.67	0.20	1.17	1.28
广东	1.04	1.01	1.09	0.88	1.04	1.01	0.77	0.82	1.02
广西	0.67	0.58	1.10	0.44	0.10	0.68	0.76	0.38	1.11
海南	0.43	0.30	0.35	0.02	0.00	0.00	0.17	0.11	0.14
重庆	2.13	0.66	0.31	0.13	0.09	0.34	3.85	0.85	0.39
四川	0.95	0.82	0.43	0.14	0.20	0.19	1.33	1.13	0.40
贵州	0.06	2.47	0.34	0.00	0.40	0.14	0.11	3.28	0.34
云南	1.04	1.05	0.34	0.29	0.83	0.69	1.50	1.16	0.25
西藏	1.84	0.57	0.35	0.00	0.00	0.34	2.76	0.79	0.40
陕西	0.26	0.38	0.24	0.00	0.00	0.06	0.43	0.58	0.29
甘肃	1.66	3.01	0.17	0.05	0.22	0.15	2.93	4.53	0.15
青海	0.70	1.98	0.03	0.00	0.14	0.02	0.92	2.20	0.04
宁夏	0.37	2.06	1.61	0.00	0.23	0.81	0.71	2.83	2.04
新疆	1.51	1.15	0.63	0.81	0.50	0.83	2.20	1.30	0.72

注：表中数据均系作者计算，但未包括港澳台数据。

中部凹陷带，极北的内蒙古向南经山西、陕西至河南，再至湖南和贵州，这些省域 RCA 数值均明显弱于其东邻的沿海省域，也低于西部邻接省域，呈现出明显的比较劣势。显然，这仍是因为运输成本的缘故，使凹陷带省域难以与东部沿海和西部沿边省域竞争。

但到"一带一路"倡议提出后的 2017 年，省域 RCA 指数的空间分布已呈现出趋向平衡的演化特征。东部沿海省域仍维持了较高的 RCA 水平，其中尤以浙江（1.82）和江西（1.57）为最显著省域，两者均可认定为具有较强比较优势，但显然最大值已显著低于 2011 年情形，且除浙江外，大多数东部沿海省域的 RCA 有下降态势。前述的凹陷带已基本消失，其原因为塑料产业 RCA 从东部沿海省域向长江经济带沿线省域扩展。湖北和湖南两省域的 RCA 明显上升，湖北的 RCA 指数从 0.50 升至 0.71，湖南更是从很强的比较劣势转变为中等优势其 RCA 升至 1.12；重庆原来很高的 RCA 显著下降并与四川等省域联结，"T"形的塑料产业 RCA 扩展路径非常明显。原凹陷带现仅余山西、河南两省仍维持在 RCA 很低的水平上，两者 RCA 均不足 0.1，再加之 RCA 仅为 0.03 的青海，构成了塑料产业发展最弱的内陆地区。相应，包括内蒙古、新疆、东北三省、西藏和云南在内的沿边省域的 RCA 趋近，但仍显示出比较劣势；与沿线国邻接省域中仅有广西等少量省域显示出中等优势。

（2）塑料产业链比较优势的演化。为纳入不同产业链环节的特质，现将具有代表性的塑料原料和制品环节引入分析。首先来分析聚乙烯品类。至"一带一路"倡议提出后的 2017 年，聚乙烯 RCA 指数最高的三个省域依次为吉林、福建、和山东，这三个省域中，吉林紧邻大庆油田和吉林油田，山东以胜利油田及其庞大的地方炼油产业闻名全国，福建则以进口原油石化成为全国最大的聚乙烯产地之一。从比较优势提升度指标 ΔRCA 看，2011~2017 年这三个省域的 ΔRCA 均大于 0，显示其比较优势得到巩固和扩大，而不受"一带一路"倡议下产业转移动因的影响。在其他东部沿海省域中，辽宁、浙江、广东 2017 年均有较高的聚乙烯 RCA，其中辽宁为较强优势，后两者为中等优势；而且，这三个省域的比较优势提升度指标均大于 0，显示了得以提升的省域比较优势。

除以上省域外，聚乙烯 ΔRCA 显著大于 0 的省域还包括以下省域：一是长江经济带沿线省域，如江西、湖南、湖北、安徽、重庆和四川等；二是西部省域，如内蒙古、西藏、云南、宁夏、甘肃、青海和陕西等，这些省域的比较优势尽管获得了明显提升，但到 2017 年还维持在不高于 0.81 的水平，绝大多数仍属于比较劣势。ΔRCA 小于 0 的省域主要包括山西、河南、黑龙江和河北四省以及北京、天津和上海三个直辖市。综合来看，"一带一路"背景下聚乙烯比较优势的正向空间扩展主要发生中国国土东部沿海、长江经济带和与"一带一路"沿线国邻接省域，除北京、天津和上海三个直辖市 ΔRCA 的下降可能体现其要素成本上升推动了强制产业转移外，负向影响主要发生在部分国土内陆省域。

现在来分析塑料制品品类。2017年宁夏、浙江、河北、江西四省域占据了塑料制品 RCA 的最高水平，均属于较强比较优势；从山东至广西的其他沿海省域也均有较高的 RCA 值，其中除福建的 RCA 值等于1.39可被认定为具有较强优势，上海 RCA 为0.73属于微弱的比较劣势外，其余省域均系中等优势。而且，可观察到塑料制品比较优势向长江经济带省域扩展，尤其是在湖北、湖南、江西和安徽四省域，这些省域至少具有中等优势，湖南和江西还达到较强优势的水平；不过到长江经济带上游省域，如四川和重庆，却显示出明显的比较劣势。但以上述及的省域中，比较优势变化度却较为多样：江西、安徽、福建和河北四省域显示了为负的变化度，显示其比较优势趋于下降；但从山东至广西的其他沿海省域之 ΔRCA 值均略大于0，显示了较为稳固的塑料制品比较优势；如再延伸至长江经济带各省域，湖南和湖北显示了为正的 ΔRCA 值，四川、重庆、安徽等省的比较优势则有明显下降。

与"一带一路"沿线国邻接沿边省域的 RCA 测算结果并未显示出"一带一路"倡议对其塑料制品比较优势的推动作用。除广西外，其余省域的塑料制品 RCA 值均小于0.8，属于比较劣势；更重要的是，除内蒙古和广西外，包括新疆、西藏、甘肃、云南、海南和黑龙江在内的大多数沿边省域均出现了 ΔRCA 小于0，进而比较优势下降的现象。如山西、河南、陕西和青海这样的内陆省域，其 RCA 值多为0.1左右，属于严重的比较劣势；由于其塑料制品出口额和地理分布具有一定的随机性，其 ΔRCA 有正有负，但严重比较劣势的情形未有改变。综上可见，与聚乙烯相比较，塑料制品在东部沿海省域及邻接的长江经济带中下游省域比较优势较为稳固，表现出很明显的集聚特征。因而，"一带一路"倡议的提出对塑料制品环节的产业转移和国土范围的均衡分布作用并不明显，至多是有助于实现东南沿海及邻近省域的塑料制品空间均衡分布。

接下来用比较优势转移度指标来刻画各省域之塑料产业比较优势从全球向"一带一路"区域的可能转移。可见，在聚乙烯环节，除河北、山东和福建外的其他东部沿海省域均出现了为正的比较优势转移度，显示这些省域将其出口能力和比较优势开始转向"一带一路"区域，山东和河北的聚乙烯 $\Delta RCA_{B\&R}$ 仅略小于0，分别为-0.001和-0.01，因此似乎只有福建在"一带一路"倡议下反而更多地关注 B&R 区域外的全球市场，非沿海的长江经济带沿线省域则表现出了比较优势转移的某种随机性。与"一带一路"沿线国邻接的沿边省域，如广西、新疆、甘肃和云南等，其 $\Delta RCA_{B\&R}$ 也小于 0，似乎说明了物流运输成本的下降使这些省域的出口商不仅聚焦邻接的次区域，还可以面向更广阔的出口市场。相比较，如山西、河南和陕西等内陆省域的 $\Delta RCA_{B\&R}$ 大于 0，它们利用降低的物流运输成本将其出口更多转向了"一带一路"区域。在塑料制品环节，除山东和福建外，河北以至广东的东部沿海省域均出现了为正的 $\Delta RCA_{B\&R}$，显示了相关省域将出口能力和比较优势转移向"一带一路"区域的努力。除湖北和湖南外，非沿海的长江经济带沿线省域 $\Delta RCA_{B\&R}$ 均小于 0，似乎表明它们反向重视了"一带一路"域外市场。对与"一带一路"沿线国邻接的沿边省域，估算结果再次表明除新疆和西藏外的其他省域 $\Delta RCA_{B\&R}$ 均小于 0，这些省域也出现了出口地理分布多样化的势头。

6.3.3 规模经济测度和空间演化

（1）规模经济测度。由表 6-7 可见，聚乙烯出口贸易量所占份额在 0.5% 以下的出口企业加总市场份额基本上在 33%~40% 小幅波动，企业数量则高达

表 6-7　　　　　　　　聚乙烯出口规模经济测度　　　　　　单位：个，%

年份	出口企业数量及加总市场份额						
	0.5 以下	0.5~1	1~2.5	2.5~5	5~10	10~25	25 以上
2011	1856 (38.14)	19 (12.94)	13 (19.56)	3 (10.91)	1 (5.12)	1 (13.33)	0 (0.00)
2012	2197 (35.86)	14 (10.61)	12 (19.38)	2 (8.26)	1 (6.88)	1 (19.01)	0 (0.00)
2013	2016 (35.65)	18 (13.91)	12 (18.02)	1 (6.94)	2 (14.14)	1 (11.33)	0 (0.00)
2014	1956 (33.76)	10 (7.62)	13 (19.18)	1 (4.09)	2 (14.55)	1 (20.81)	0 (0.00)
2015	2054 (34.72)	13 (9.54)	9 (13.81)	3 (10.06)	1 (8.00)	1 (23.87)	0 (0.00)
2016	2252 (36.85)	17 (11.63)	9 (14.55)	1 (2.68)	2 (12.60)	1 (21.69)	0 (0.00)
2017	2631 (39.88)	10 (7.14)	8 (11.94)	3 (8.65)	2 (12.76)	1 (19.64)	0 (0.00)

约2000家,可以推知这一区间属于规模经济范围。出口贸易份额在0.5%~1%的企业数量和加总市场份额有明显的波动态势,我们难以将其排除出规模经济区间。出口贸易份额在1%~2.5%区间的企业加总市场份额有明显的下降:从2011年的19.56%降至2017年的11.94%,企业数量也从13家降至8家,这一区间是规模不经济的;2.5%~5%区间的企业数量和合并市场份额颇为震荡,有迹象显示其流失的市场份额进入相邻的5%~10%区间,说明这一区间也是规模不经济的。相比较,出口贸易份额居于5%~10%的合并市场份额则明显增长,出口市场份额10%~25%的区间则始终有1家领导厂商存在,且其市场份额有一定的增长态势,可判定这两个区间也是规模经济的。但市场份额大于25%的企业数量始终为零,该区间显然规模不经济。

表6-8报告了向"一带一路"区域的子样本聚乙烯规模经济估计结果。可见,向"一带一路"沿线的聚乙烯出口贸易量所占份额在0.5以下的出口企业加总市场份额基本上在40%~45%波动,相比全样本情形的合并市场份额略大,企业数量也在整体上保持上升趋势,2017年出口贸易量所占份额在0.5以下的企业达1369家,可以推知这一区间属于规模经济范围。出口贸易份额在0.5%~1%以及1%~2.5%的企业数量和加总市场份额都有明显的波动:前者

表6-8　　　　　　　塑料制品出口规模经济测度　　　　　单位:个,%

年份	出口企业数量及加总市场份额						
	0.5以下	0.5~1	1~2.5	2.5~5	5~10	10~25	25以上
2011	39437 (95.66)	5 (3.14)	1 (1.20)	0 (0.00)	0 (0.00)	0 (0.00)	0 (0.00)
2012	45604 (99.38)	1 (0.62)	0 (0.00)	0 (0.00)	0 (0.00)	0 (0.00)	0 (0.00)
2013	44839 (99.41)	1 (0.59)	0 (0.00)	0 (0.00)	0 (0.00)	0 (0.00)	0 (0.00)
2014	44568 (96.92)	5 (3.08)	0 (0.00)	0 (0.00)	0 (0.00)	0 (0.00)	0 (0.00)
2015	50010 (97.31)	4 (2.69)	0 (0.00)	0 (0.00)	0 (0.00)	0 (0.00)	0 (0.00)
2016	52437 (95.91)	6 (4.09)	0 (0.00)	0 (0.00)	0 (0.00)	0 (0.00)	0 (0.00)
2017	57142 (97.46)	4 (2.54)	0 (0.00)	0 (0.00)	0 (0.00)	0 (0.00)	0 (0.00)

的市场份额从2011年的14.44%升至2013年的19.73%,后又下降至2016年的11.92%,企业数量也相应波动从22家升至28家再降至2016年的17家;后者首先从2011年的29.21%下降,但到2014年又恢复至29.53%,随后再次下降至2016年的22.10%,企业数量也有相应波动。因此,我们尚不能断言或者将这两个区间排除出规模经济区间。相比较,出口贸易量所占份额在2.5%~5%区间的合并市场份额则有明显的波动中上升,企业数量也有小幅增长,我们可以认为这一区间是规模经济的。至于5%~10%区间,合并市场份额及企业数量均有下降,个别年份甚至为零,原有企业进入相邻的2.5%~5%区间,说明5%~10%这一区间是规模不经济的;而超出这一份额的区间则缺乏企业存在,显然规模不经济。因此,相比较全样本,可发现面向"一带一路"区域的聚乙烯适配企业总体规模更小,这与沿线国相对较小的市场容量是直接关联的。

如果将样本转换为"一带一路"区域,表6-9报告了这一子样本塑料制品规模经济的估计结果。略不同于前的是,向"一带一路"沿线的塑料制品出口贸易量所占份额在1%~2.5%和2.5%~5%区间出现了一定的企业数量:1%~2.5%区间在2011年时企业数量为1家,所占市场份额为1.23%,但在

表6-9　　　塑料制品出口规模经济测度:"一带一路"子样本　　　单位:个,%

年份	出口企业数量及加总市场份额						
	0.5以下	0.5~1	1~2.5	2.5~5	5~10	10~25	25以上
2011	18855 (95.82)	3 (1.96)	1 (1.23)	0 (0.00)	0 (0.00)	0 (0.00)	0 (0.00)
2012	21852 (99.25)	1 (0.75)	0 (0.00)	0 (0.00)	0 (0.00)	0 (0.00)	0 (0.00)
2013	22288 (100.00)	0 (0.00)	0 (0.00)	0 (0.00)	0 (0.00)	0 (0.00)	0 (0.00)
2014	20699 (96.24)	7 (3.76)	0 (0.00)	0 (0.00)	0 (0.00)	0 (0.00)	0 (0.00)
2015	22839 (94.86)	8 (5.14)	0 (0.00)	0 (0.00)	0 (0.00)	0 (0.00)	0 (0.00)
2016	24606 (95.30)	5 (3.01)	1 (1.70)	0 (0.00)	0 (0.00)	0 (0.00)	0 (0.00)
2017	15240 (80.57)	14 (10.36)	3 (5.26)	1 (3.81)	0 (0.00)	0 (0.00)	0 (0.00)

经历了连续 4 年的零企业数量后，2016 年和 2017 年又恢复为 1 家和 3 家企业，合并市场份额也增长至 1.70% 和 5.26%，由此，我们不能将此一区间排除出规模经济区间。而 2.5%~5% 区间企业数量绝大多数年份都为 0，仅有 2017 年出现 1 家企业，结合表 6-9 的分析，我们有理由怀疑此一区间的规模经济性并将其排除。因超出 5% 市场份额企业数量始终为 0，明显为规模不经济区间，我们将其排除不予考虑。剩余的 0.5%~1% 区间内，尽管企业数量和合并市场份额有所波动，但近年来的增长却很明显，应将其归入规模经济区间。市场份额在 0.5% 以下的区间始终存在非常庞大的不低于 1.5 万家的企业数量，除 2017 年有所下降外多数年份的合并市场份额都高于 90%，显然是规模经济的。总体上看，塑料制品产业上小规模企业占据统治地位，但面向"一带一路"区域的适配企业总体规模却相对略大，这与聚乙烯产业分析中大规模和中小规模企业共存，且面向"一带一路"区域的企业规模偏小之特性明显不同。

（2）不同规模经济企业的空间演化。2011 年 SE_{local} 大于 0 的省域包括内蒙古和海南，其面向"一带一路"区域的企业平均规模要大于面向全球市场的平均规模，亦即当地主要由较大规模企业从事面向 B&R 区域的贸易；除广西的 SE_{local} 极其接近于 0（-0.002）外，其余省域均表现出为负的 SE_{local} 数值，说明绝大多数省域内面向"一带一路"区域的企业规模明显较小。如果取全国平均规模为参照，2011 年有相当多省域的 $SE_{national}$ 指数大于 0，这包括江西、海南、河南、重庆、广西、四川、西藏、甘肃和新疆，这些省域面向"一带一路"区域的企业平均规模要大于全国平均规模。到 2017 年，SE_{local} 大于 0 的省域则仅有吉林、海南和西藏，广西仍接近于 0，其余省域则显示为负的 SE_{local}，这再次说明同一省域内面向 B&R 区域的企业规模总体较小，以匹配"一带一路"沿线国相对较小的经济规模和市场需求。如以 $SE_{national}$ 指数来观察，仅剩下广西和新疆两省域这一指标为正，其余省域面向 B&R 区域的企业平均规模低于全国出口商平均规模，因此，由小规模企业针对"一带一路"区域，较大规模企业面向主要包括发达国家在内的 B&R 域外市场，是较为理性的市场竞争结果，如果排除贸易额极小省域可能存在的随机性，则它对几乎所有省域都成立。

接下来讨论塑料产业链不同环节规模经济企业的空间演化。最大规模经济聚乙烯企业为位于广东且面向发达国家市场的合资企业广东合捷，其市场地位非常稳固，始终占据 10% 以上的市场份额，近年来更接近 20%。在 5%~10% 区间的规模经济企业在 2011 年时仅分布于浙江，但到 2017 年时扩展到两家，分别位于浙江和山东。而被认定为规模不经济的区间内，上海市场份额居于

1%~2.5%区间的企业数量从8家降至1家,山东从1家增长至3家,此类区间企业与2%~2.5%区间企业在东部沿海的福建、山东等省域之间有所更替,但合并市场份额却明显下降。以上较大份额区间企业均位于东部沿海省域。这些省域0.5%~1%区间企业数量总体上也保持稳定,仅有广东此区间企业数量从2011年的6家降至2017年的2家。

其他省域所分布的聚乙烯出口商主要限于0.5%以下规模的企业。规模经济区间0.5%以下企业集聚在广东的数量显著下降,从2011年的698家降至2017年的489家,其余东部沿海省域的此类规模企业数量均保持稳定或上升。与前面分析中发现的"T"形产业扩展路径相同的是,长江经济带沿线各省域的小规模聚乙烯企业数量均大幅上升:江西从14家增至213家,湖南从4家增至48家,湖北从7家增至34家,安徽从18家变为55家,四川和重庆也从个位数企业数量增至40家左右。相比较,京津冀和东北诸省大多出现0.5%以下份额企业数量大幅下降的情形,北京和天津原来仅存的0.5%~1%区间企业也完全消失,显示了明显的产业空间移出现象。对与"一带一路"沿线国邻接的沿边省域而言,除新疆和甘肃的企业数量基本保持稳定外,其他省域大多迎来了较明显的小规模聚乙烯企业数量的增长,其中尤以广西从2011年的18家增至2017年的63家最为明显。不过,如山西、河南等内陆省域的企业数量并未出现明显的变化。

现在来分析塑料制品部门。规模经济估计已显示仅有规模分布在1%以下的企业才能在市场中生存,凸显了塑料制品产业的强市场竞争特性。但从空间分布看,0.5%~1%区间企业在2011年曾分布于河北(2家)、四川(1家)、广东(1家)和山东(1家),但2017年分布于河北和四川的此一规模企业已经消失,演进为山东(1家)、江苏(1家)、广东(1家)、福建(1家)等,此一规模企业并未向中西部省域扩散反而向东南沿海省域集中。0.5%份额以下企业在广东的集聚始终非常显著,尽管企业数量略有下降,但始终维持在10000家以上的水平。浙江此一份额区间的企业数量则从2011年约7000家升至2017年10000家以上,产业集聚特征也非常明显。江苏、山东、福建和上海的塑料制品企业数量也均远超过1000家。这说明,尽管塑料制品生产的进入壁垒也不高,但适应消费者需求偏好的塑料制品信息供给、创意设计、制造以及配套的服务供给产生了很强的外部规模经济,它显然稳固了东部沿海省域在塑料制品产业的集聚能力。

但是,受"一带一路"倡议等因素推动的物流运输成本下降的影响,塑料制品产业的扩散主要发生在长江经济带沿线省域。可发现,越靠近上述东部沿海省域的集聚地,塑料制品企业数量越大,江西、安徽、湖南和湖北均受益于此,四川和重庆两省域反而出现企业数量下降的情形。在与"一带一路"沿线国邻接的沿边省域,我们并未观察到较系统的塑料制品出口商数量上升的现象,如山西、河南、陕西这样的内陆省域反而因受产业扩散的辐射而出现了一定的上升,这就再次表明了塑料制品产业外部经济的集聚要强于"一带一路"倡议所带来的物流运输成本下降之于产业扩散作用的特性。

6.3.4 结论

(1)"一带一路"倡议下塑料产业出口空间从东部沿海省域向长江经济带沿线省域扩展,凸显出"T"形的产业扩散特征;但与"一带一路"沿线国邻接省域虽增加了原料环节市场份额,但制品环节份额却明显下降,同一产业链内不同环节差异性明显。虽然东部沿海省域仍具有出口优势,但面向"一带一路"区域的出口地理分布却出现相邻接次区域—省域的地理空间均衡分布,不再偏向东部沿海省域。

(2)塑料产业整体的比较优势空间分布从"一带一路"倡议提出前存在中部凹陷带情形向倡议提出后凹陷带消失,各省域比较优势空间分布渐趋平衡的方向演化,显示塑料产业已成为沿边省域承接产业转移的主要产业之一。但如区分产业链不同环节,聚乙烯比较优势分布的东强西弱格局虽仍明显,但"一带一路"背景下比较优势的提升集中于东部沿海、长江经济带沿线和与"一带一路"沿线国邻接省域。"一带一路"倡议并未对与"一带一路"沿线国邻接省域的塑料制品比较优势产生推升作用,反之,塑料制品在东部沿海省域及邻近长江经济带中下游省域的比较优势非常稳固,集聚特征明显。

(3)聚乙烯环节规模经济区间为小于市场份额1%以及介于5%~25%市场份额的区间,大规模企业和小规模企业都可在市场竞争中共存实现规模经济;塑料制品规模经济区间却均为小于1%市场份额的小规模企业,因此塑料产业链不同环节的规模经济差异性非常明显。而且,同一省域内面向"一带一路"的企业规模相对较小,由小规模企业针对"一带一路"区域,较大规模企业面向发达国家等市场是均衡的市场竞争结果。规模经济企业的空间演化同样显示出"T"形的面向长江经济带的聚乙烯产业扩展路径,与"一带一路"沿线国邻接省域亦有增长;但塑料制品环节却出现向东南沿海省域集中、集聚的演化特征。

6.4 纺织产业链比较优势和空间演化

纺织产业是长期内支持中国经济和贸易增长的代表性产业之一，但过去10多年来随着中国经济逐渐进入新常态，其发展正面临向国内外产业转移和再布局的压力。继2010年国家工业与信息化部发布《关于推进纺织产业转移的指导意见》之后，2013年中国提出的"一带一路"倡议中，将纺织产业列为国际产能合作的重点产业，新疆、广西等中西部省域都已出台借助纺织等产业的转移促进发展的政策激励[①]。本节拟通过2011～2017年的全样本企业数据来测度纺织产业链及其不同环节的省域比较优势和规模经济分布及其演化特征。

6.4.1 纺织产业贸易的内外空间分布及演化

(1) 国内空间分布。改革开放后中国纺织产业国内空间分布也长期偏向东南沿海省域。但与中国分布较广的产棉区相匹配，棉机织物空间分布仍显示出较平衡的特征。在"一带一路"倡议提出后，这一平衡性继续改善，除西藏、青海和甘肃之外的绝大多数中西部省域都增加了市场份额，但山东至广东的沿海省域之优势地位仍得以维系。至于合成纤维原料环节，则显示出了明显的差异性：在"一带一路"倡议提出前后，合成长丝的国内空间分布较为稳定，黑龙江及辽宁至广东的东部沿海省域始终占据主导性的市场份额，除新疆外，中西部省域的份额则快速递减。但对合成短纤环节，山东至广东的东部沿海省域加诸长江经济带沿线省域构成一个"T"形的主导型空间分布，并随着倡议的提出向沿线扩散。除上述"T"形分布区域外，吉林、辽宁、内蒙古以及宁夏出现了一个新的合成短纤空间分布带。对合成纤维的下游环节，虽然长三角省域占有一定优势，但可以发现其在全国几乎所有省域不断趋强的平衡分布特征，特别是，长纤机织物之于新疆、短纤机织物之于广西皆获得了急速扩大的市场份额。

(2) 出口市场空间分布。在纺织产业链上游环节中，环渤海直至广东的东部沿海省域以及长江经济带构成的"T"形区域，都有面向"一带一路"不同

---

① 例如，广西2009年出台《关于进一步加强承接产业转移工作的意见》，新疆2014年启动了"发展纺织业带动百万人就业工程"，均将纺织业列为承接产业转移、促进就业和经济增长的重点产业。

次区域的较为多样化的出口空间分布,但东南亚次区域占有最重要的地位;而且,随着空间地理远离沿海,倡议提出后有关省域的多样化空间分布趋强。但对与"一带一路"沿线国邻接的省域,在倡议提出前因物流运输成本和搜寻成本低的缘故,它们的出口空间分布已经明显偏向邻接次区域,倡议提出后这一偏向性继续明显增强,如新疆之于俄罗斯等部分原苏联加盟共和国及蒙古国、云南、广西之于东南亚次区域等。但也有例外,如内蒙古就发展了合成短纤绝大部分针对东南亚和南亚次区域的空间分布,加之山西等中部省域针对东南亚和南亚诸次区域的出口份额增长,说明"一带一路"倡议同样增加了中西部省域的出口空间选择。在下游环节中,对棉机织物、长丝和短纤机织物等品类,同样在环渤海至广东及西延的长江经济带的"T"形区域表现出了多样化空间分布的格局。与"一带一路"沿线国邻接省域的出口空间分布同样展现了两个相反效应的加总:其一,临近次区域低成本物流运输和搜寻诱致的临近偏向空间分布;其二,"一带一路"倡议之落实带动的向非邻接次区域之出口成本下降而带来的空间分布多样化激励。前者占据主导地位,但后一效应在"一带一路"倡议提出后也体现在新疆、内蒙古乃至于若干中部省域,总体上可发现"一带一路"倡议提出后增加了绝大多数省域的出口空间分布选择。

6.4.2 省域比较优势测度及空间演化

(1) 纺织产业总量比较优势测度。由表 6 - 10 可见,棉织品 RCA 分布较为平衡且地理分布较为稳定。倡议提出前仅有山东一省属于强比较优势,但倡议提出后福建由中等优势递升至强比较优势。除浙江和江苏基本维持其较强优势地位外,大多数东部沿海省域的 RCA 有一定下降态势。新疆则由较强优势减弱至中等优势,已与山西、安徽等省域类同。值得关注的是,广西经历了从比较劣势向较强优势的攀升过程。至于合成纤维产业,东部沿海的江苏、福建和浙江表现出突出的比较优势地位,其中,浙江在长丝和短纤产业均具有强比较优势,江苏维持较强优势,福建则出现比较优势递增。相比较,河南和山东两省分别出现了比较优势的削弱,前者均已衰减至比较劣势,后者亦不高于中等优势。对与"一带一路"沿线国邻接的省域,合成长丝产业仅有新疆由中等优势攀升至较强优势,其余省域基本维持比较劣势;但对于合成短纤产业,广西、黑龙江、云南和西藏均在"一带一路"倡议提出后出现强比较优势。以上空间演变都显示了"一带一路"倡议提出后纺织产业向特定"一带一路"邻接省域的转移。

表 6-10　　中国纺织产业省域比较优势的演化：2011~2017 年

省域	棉织品			合成纤维长丝			合成纤维短纤		
	2011 年	2014 年	2017 年	2011 年	2014 年	2017 年	2011 年	2014 年	2017 年
北京	0.11	0.12	0.21	0.12	0.13	0.22	0.22	0.25	0.25
天津	0.32	0.33	0.43	0.07	0.14	0.16	0.24	0.28	0.37
河北	0.73	0.98	0.94	0.16	0.25	0.24	1.61	1.20	1.31
山西	1.14	1.97	1.07	0.00	0.01	0.00	0.79	0.25	0.10
内蒙古	0.03	0.11	0.01	0.00	0.15	0.10	0.20	0.40	0.61
辽宁	0.14	0.13	0.09	0.32	0.43	0.41	0.55	0.34	0.29
吉林	0.31	0.28	0.26	0.19	0.40	0.58	0.43	0.63	2.47
黑龙江	0.04	0.22	0.07	0.26	0.23	0.23	0.10	0.07	0.06
上海	0.37	0.46	0.48	0.48	0.59	0.70	1.08	0.80	0.85
江苏	1.30	1.36	1.31	1.10	1.29	1.31	1.28	1.19	1.35
浙江	1.93	1.77	1.30	5.14	4.89	4.09	3.21	2.98	2.74
安徽	1.29	1.16	0.92	0.69	0.53	0.58	1.77	1.21	0.91
福建	1.33	1.57	2.93	1.02	1.35	1.62	0.62	1.09	1.12
江西	0.82	0.61	0.57	0.24	0.27	0.38	0.30	0.40	0.76
山东	3.01	3.19	2.81	0.38	0.33	0.41	1.21	0.94	0.97
河南	0.79	0.85	0.55	1.42	0.61	0.54	1.47	0.71	0.40
湖北	0.36	0.35	0.27	0.07	0.10	0.09	0.83	1.14	1.03
湖南	0.62	0.62	0.42	0.46	0.17	0.26	0.66	0.42	0.36
广东	0.51	0.51	0.52	0.14	0.12	0.13	0.10	0.11	0.10
广西	0.79	1.87	1.96	0.33	0.11	0.15	1.32	10.82	7.72
海南	0.08	0.03	0.02	0.05	0.03	0.07	0.05	0.05	0.07
重庆	0.18	0.16	0.04	0.16	0.05	0.08	0.32	0.18	0.11
四川	0.80	0.46	0.52	0.39	0.27	0.30	0.81	0.56	0.56
贵州	0.00	0.40	0.04	0.00	0.20	0.02	0.00	0.23	0.02
云南	1.06	0.96	0.60	0.08	0.16	0.23	3.70	3.24	3.71
西藏	0.60	0.81	0.16	2.02	1.80	0.51	1.03	0.72	5.71
陕西	1.55	0.54	0.45	0.12	0.03	0.09	2.29	1.63	1.14
甘肃	0.00	0.14	0.04	0.10	0.33	0.03	0.42	0.37	0.23
青海	0.04	0.41	0.04	0.03	0.37	0.10	0.07	0.44	0.16
宁夏	0.01	0.21	0.23	0.00	0.13	0.20	0.15	0.13	0.75
新疆	2.27	0.75	0.71	1.00	1.06	2.03	1.02	0.52	0.54

(2) 纺织产业链比较优势的演化。为考察不同产业链环节比较优势演化的特质，我们将代表性的纺织原料和制品环节引入分析。首先分析棉机织物品类。自山东至福建的东部沿海省域大多具有较明显的比较优势，但"一带一路"倡议提出前后其演化却是分异的：浙江、安徽和江西的比较优势趋于减弱，浙江从较强优势衰减至中等优势，其余两省已变成比较劣势；山东和江苏保持原有优势地位，福建则由较强优势攀升至超出山东 RCA 数值的强比较优势水平。中部省域基本属于比较劣势，且倡议提出后 RCA 指数有所下降（见表 6-11）。至于与"一带一路"沿线国邻接的省域，唯有新疆比较优势有所提升，到倡议提出后的 2017 年居于中等优势；其他省域则变动不大，维持比较劣势。这与巴基斯坦、印度和越南等诸多"一带一路"沿线国均富于棉织品比较优势有关，导致了中国与"一带一路"沿线国相邻接省域在棉织品 RCA 空间分布上的相对稳定性。

对合成纤维产业链环节，居于占优比较优势地位的省域大都分布于长三角及其邻接区域。其中，浙江稳固保持了强比较优势地位，江苏和福建分别具有中等优势和较强优势，而且，这些省域同样保有在下游长丝机织物环节的比较优势，显示出在合成纤维长丝产业上下游的较强地理关联性。但一个例外是河南。即便其在上游环节比较优势衰减后，在倡议提出后的 2017 年仍属于较强优势，但其下游环节却显示出很强的比较劣势。至于邻接"一带一路"沿线国的省域，除新疆和西藏表现出明显的下游环节比较优势外，各省域的上下游环节均系比较劣势，且未受到"一带一路"倡议的影响。以上表征出的上下游地理分布关联性在合成短纤产业明显变弱。此时的上游环节比较优势依然突出表现在长三角及邻近省域，可发现江苏、安徽、福建的强比较优势和浙江的较强优势，但这些省域的下游环节比较优势却并不都很突出。除浙江显示强比较优势、江苏和上海具中等优势外，其余省域表现出较强的比较劣势。而在内蒙古、吉林、四川和宁夏四省域，同样具有上游环节的突出比较优势对应于下游环节的突出比较劣势；在如新疆、云南、广西等下游环节具比较优势的省域，其上游环节却均系比较劣势，再次印证了以上述及的合成短纤诸环节比较优势地理分布的弱关联性特征。

现在用比较优势提升度指标来刻画各省域的纺织产业比较优势的演变。具有棉机织物比较优势的东部沿海省域呈现正负相间的比较优势提升度变化，江苏和福建为正的 ΔRCA 和浙江、广东等省域为负的 ΔRCA 共存。棉机织物 ΔRCA > 0 的省域多在于东北省域、华北地区以及新疆、广西和海南等在内的与"一带一路"沿线国邻接省域，但这些比较优势提升的省域到 2017 年仍基本

第6章 中国企业"优势"研究Ⅱ：比较优势和空间演化

表6-11 中国纺织产业链不同环节省域比较优势的演化：2011~2017年

省域	棉机织物 2011年	棉机织物 2014年	棉机织物 2017年	合成纤维长丝 2011年	合成纤维长丝 2014年	合成纤维长丝 2017年	长丝机织物 2011年	长丝机织物 2014年	长丝机织物 2017年	合成纤维短纤 2011年	合成纤维短纤 2014年	合成纤维短纤 2017年	短纤机织物 2011年	短纤机织物 2014年	短纤机织物 2017年
北京	0.10	0.13	0.25	0.10	0.08	0.29	0.12	0.14	0.20	0.01	0.02	0.09	0.07	0.02	0.03
天津	0.38	0.38	0.57	0.01	0.01	0.05	0.09	0.19	0.20	0.05	0.12	0.20	0.16	0.05	0.09
河北	0.35	0.44	0.66	0.04	0.01	0.36	0.20	0.33	0.19	0.00	0.00	0.02	0.13	0.10	0.25
山西	0.51	1.42	0.77	0.01	0.01	0.00	0.00	0.01	0.00	0.00	0.00	0.00	0.01	0.03	0.15
内蒙古	0.00	0.01	0.00	0.00	0.01	0.04	0.00	0.20	0.13	0.04	1.79	4.10	0.45	0.37	0.09
辽宁	0.04	0.06	0.05	0.29	0.28	0.19	0.33	0.48	0.49	0.63	0.58	0.91	0.05	0.01	0.01
吉林	0.01	0.15	0.08	0.16	0.16	0.58	0.20	0.49	0.57	0.46	2.09	14.00	0.20	0.06	0.42
黑龙江	0.02	0.03	0.07	0.51	0.02	0.02	0.18	0.31	0.31	0.01	0.02	0.00	0.12	0.01	0.03
上海	0.39	0.49	0.47	0.63	0.79	0.75	0.44	0.51	0.68	0.77	1.04	0.53	0.92	0.80	0.93
江苏	1.12	1.28	1.14	1.20	1.23	1.19	1.07	1.31	1.36	2.62	3.03	2.76	0.96	0.79	1.06
浙江	2.05	1.73	0.98	4.09	4.26	3.92	5.47	5.11	4.15	2.38	2.36	1.56	4.35	4.70	3.89
安徽	1.23	0.86	0.70	0.05	0.08	0.14	0.89	0.70	0.74	5.50	2.95	3.18	0.23	0.74	0.55
福建	1.65	2.51	4.85	1.71	2.62	2.44	0.80	0.89	1.32	0.89	0.75	2.60	0.44	0.25	0.15
江西	1.08	0.39	0.47	0.06	0.07	0.09	0.29	0.35	0.48	0.00	0.02	0.04	0.17	0.13	0.10
山东	3.99	4.60	3.76	0.56	0.36	0.33	0.33	0.32	0.43	0.44	0.24	0.30	1.11	0.56	0.50
河南	0.44	0.40	0.38	5.66	2.25	1.98	0.08	0.02	0.02	0.24	0.01	0.00	2.47	0.62	0.25
湖北	0.36	0.15	0.24	0.00	0.02	0.05	0.09	0.12	0.11	0.67	0.23	0.63	0.04	0.68	0.11
湖南	0.64	0.35	0.42	0.07	0.03	0.14	0.58	0.21	0.35	0.12	0.30	0.18	0.44	0.29	0.19
广东	0.35	0.28	0.27	0.24	0.18	0.14	0.10	0.09	0.12	0.12	0.13	0.11	0.09	0.08	0.02

续表

省域	棉机织物			合成纤维长丝			长丝机织物			合成纤维短纤			短纤机织物		
	2011年	2014年	2017年	2011年	2014年	2017年	2011年	2014年	2017年	2011年	2014年	2017年	2011年	2014年	2017年
广西	0.33	0.09	0.71	0.13	0.07	0.10	0.39	0.12	0.17	0.09	0.07	0.02	0.03	8.01	12.75
海南	0.02	0.05	0.04	0.11	0.02	0.01	0.03	0.03	0.09	0.00	0.00	0.00	0.02	0.00	0.02
重庆	0.17	0.04	0.02	0.02	0.01	0.26	0.21	0.07	0.02	0.55	0.34	0.56	0.02	0.25	0.00
四川	1.17	0.58	0.80	0.04	0.08	0.14	0.50	0.34	0.35	1.58	0.92	1.77	0.49	0.77	0.20
贵州	0.00	0.05	0.02	0.00	0.02	0.01	0.00	0.26	0.03	0.00	0.02	0.01	0.00	0.01	0.01
云南	0.97	1.21	0.75	0.01	0.05	0.05	0.10	0.20	0.30	0.05	0.10	0.27	2.40	4.46	3.89
西藏	0.00	0.00	0.00	0.00	0.00	0.00	2.66	2.44	0.70	0.00	0.05	0.00	0.00	0.00	0.00
陕西	2.69	1.01	0.60	0.03	0.00	0.02	0.14	0.04	0.11	0.00	0.04	0.00	2.43	0.39	0.42
甘肃	0.00	0.03	0.00	0.01	0.02	0.01	0.13	0.44	0.04	0.00	0.01	0.00	0.00	0.40	0.03
青海	0.05	0.05	0.00	0.03	0.04	0.07	0.03	0.49	0.12	0.01	0.02	0.00	0.00	0.38	0.51
宁夏	0.00	0.03	0.02	0.00	0.01	0.00	0.00	0.18	0.27	0.97	0.09	2.58	0.00	0.04	0.06
新疆	0.46	0.20	0.87	0.09	0.02	0.05	1.29	1.44	2.76	0.02	0.02	0.03	5.87	1.57	1.52

属于比较劣势，而大多数中部省域的 $\Delta RCA <0$。对合成纤维长丝产业，从山东到广西的东部沿海省域中仅有上海和福建的 $\Delta RCA >0$，其余省域的比较优势提升度指数则正负互间，且这一现象延伸到下游的长丝机织物环节。至于合成纤维短纤产业，上游环节中 $\Delta RCA >0$ 的省域包括吉林、内蒙古、宁夏、新疆、四川以及东部沿海的江苏和福建等，而浙江、上海、山东、广东等沿海省域则小于0。在下游环节中，从山东至广西的大多数沿海省域均出现为负或接近于0 的 ΔRCA，$\Delta RCA >0$ 省域则数量较少，与"一带一路"沿线国邻接省域亦没有表现出确定性的变化趋势。

利用比较优势转移度指标，可发现仅有湖南、安徽、河南和浙江的棉机织物 $\Delta RCA\_B\&R >0$，其他绝大多数省域则出现为负的比较优势转移度，显示大多数省域都将其出口能力和比较优势转向"一带一路"以外区域，这与前述中国与诸多沿线国在棉织品领域的竞争力重叠有关。而合成纤维诸环节则差异较大，以反映中国与沿线国差异化的比较优势。对于合成纤维长丝的上游环节，自辽宁至广东的东部沿海省域中，仅有浙江和天津出现 $\Delta RCA\_B\&R <0$，其余大多数省域都出现出口能力和比较优势向"一带一路"区域转移的特征，合成纤维长丝的下游环节也基本类似；与"一带一路"沿线国邻接省域也多为接近于0或略为正的上游环节 $\Delta RCA\_B\&R$，但下游环节却较多为负。绝大多数东部沿海和中部省域的合成纤维短纤上下游环节均表现出为负的 $\Delta RCA\_B\&R$；与"一带一路"沿线国邻接省域中，仅有新疆和云南两省域上游环节 $\Delta RCA\_B\&R$ 略大于0，说明向沿线国邻接省域的比较优势转移并不多见。

6.4.3 规模经济测度和空间演化

（1）规模经济测度。首先来分析纺织产业链上游环节。由表6-12可知合成纤维长丝贸易量所占份额在0.5%以下的出口企业加总市场份额都呈现明显的上升态势，且无论是全样本还是子样本下企业数量均大幅上升，这一区间显然属于规模经济范围。在出口贸易份额0.5%~1%、1%~2.5%以及2.5%~5%的三个区间上，全样本和子样本下企业数量和加总市场份额都颇为稳定，显然属于规模经济区间。至于市场份额5%~10%的区间，全样本下至少存在1家领导厂商，尽管2011~2012年尚有两家，但随后年份均保持1家企业在市场中生存，说明全样本下这一区间是规模经济的；但子样本下却没有厂商可以生存，这可能与"一带一路"沿线国市场规模较小有关，此时这一区间是非规模经济的。同前，市场份额大于10%的企业数量始终为零，这些区间显然规模不经济。

表 6-12　　　　　　　　合成纤维长丝出口规模经济测度　　　　　　　单位：个，%

年份	0.5 以下		0.5~1		1~2.5		2.5~5		5~10	
	全样本	子样本	全样本	子样本	全样本	子样本	全样本	子样本	全样本	子样本
2011	2025 (27.90)	1096 (25.94)	21 (15.29)	25 (18.85)	16 (26.62)	12 (19.63)	2 (8.19)	6 (19.84)	2 (15.74)	0 (0.00)
2012	2450 (30.46)	1385 (30.31)	20 (14.04)	17 (12.33)	17 (26.75)	17 (25.07)	7 (28.76)	7 (20.77)	2 (11.52)	0 (0.00)
2013	2628 (31.69)	1552 (29.50)	24 (16.31)	26 (19.19)	15 (22.20)	17 (25.17)	5 (18.85)	6 (18.76)	1 (7.39)	0 (0.00)
2014	2818 (31.48)	1737 (31.38)	24 (17.09)	25 (16.33)	16 (24.98)	19 (29.83)	4 (15.68)	5 (16.56)	1 (5.90)	0 (0.00)
2015	2859 (37.86)	1801 (33.80)	19 (14.67)	28 (19.81)	13 (19.94)	18 (25.84)	6 (21.51)	4 (13.22)	1 (7.33)	0 (0.00)
2016	3178 (37.20)	1968 (34.39)	23 (16.72)	27 (19.45)	11 (15.44)	16 (23.12)	8 (25.17)	5 (16.79)	1 (6.25)	0 (0.00)
2017	3601 (36.96)	2320 (37.72)	26 (18.08)	22 (16.39)	18 (25.97)	20 (25.92)	4 (12.68)	4 (12.20)	1 (7.77)	0 (0.00)

注：括号外为相应份额企业数量，括号内为其合并市场份额；子样本为向"一带一路"出口实绩的全部企业。下同。

表 6-13 报告了合成纤维短纤的测度结果。可见，全样本下贸易份额 0.5% 以下企业数量由 2011 年的 504 家增长到 2017 年的 968 家，子样本下也有明显增长，其合并市场份额均有上升，显示了明显的规模经济特征。出口市场份额 0.5%~1% 和 1%~2.5% 两个区间上全样本和子样本的企业数量和合并市场份额都很稳定，2.5%~5% 和 5%~10% 两个区间上只有子样本 2.5%~5% 区间情形显露出显著的企业数量和合并市场份额下降趋势，全样本情形下虽有震荡但均无下降趋势，因此无法将它们排除出规模经济区间。在更大规模的 10%~25% 区间上，全样本下大多数年份均有 1~2 家企业存在，但 2017 年该区间企业份额下降并滑入相邻的 5%~10% 区间，子样本的所有年份则都保有至少 1 家领导厂商存在，似难以将其归入规模不经济区间。

接下来讨论纺织产业链下游环节。由表 6-14 可见，全样本和子样本下棉机织物出口份额在 0.5% 以下企业加总份额呈现增长趋势，企业数量也大幅增长，可推知这一区间属于规模经济范围。全样本下出口贸易份额在 0.5%~1% 的企业数量和加总市场份额有明显的波动和下降态势，但子样本下的企业数量

表 6-13　　　　　　　　　合成纤维短纤出口规模经济测度　　　　　　　　单位：个，%

年份	0.5以下		0.5~1		1~2.5		2.5~5		5~10		10~25	
	全样本	子样本	全样本	子样本	全样本	子样本	全样本	子样本	全样本	子样本	全样本	子样本
2011	504 (17.38)	268 (14.17)	14 (9.62)	13 (9.00)	12 (22.29)	8 (11.68)	4 (11.87)	6 (21.10)	4 (24.20)	3 (23.31)	1 (14.64)	1 (20.74)
2012	611 (18.42)	299 (12.83)	13 (9.32)	16 (11.54)	9 (15.43)	3 (4.58)	6 (20.62)	6 (24.91)	3 (21.56)	3 (23.88)	1 (14.65)	1 (22.25)
2013	639 (16.07)	326 (12.37)	15 (10.39)	18 (13.16)	11 (17.30)	5 (8.10)	6 (20.20)	6 (21.21)	3 (22.62)	2 (13.41)	1 (13.42)	2 (31.75)
2014	744 (18.71)	409 (15.44)	14 (10.56)	12 (7.96)	7 (16.49)	7 (10.86)	7 (16.47)	7 (20.79)	1 (11.60)	1 (8.41)	2 (26.17)	2 (36.54)
2015	769 (19.06)	430 (16.25)	15 (11.51)	13 (9.23)	10 (15.28)	7 (10.75)	2 (6.73)	4 (11.68)	4 (24.53)	3 (19.75)	2 (22.90)	2 (32.34)
2016	854 (20.10)	487 (17.42)	13 (9.45)	14 (10.60)	12 (17.43)	7 (13.48)	3 (10.53)	3 (9.02)	3 (19.55)	3 (19.52)	2 (22.93)	2 (29.98)
2017	968 (20.91)	417 (32.39)	13 (9.67)	25 (17.59)	12 (20.86)	9 (13.82)	4 (15.48)	3 (10.24)	4 (33.07)	1 (7.80)	0 (0.00)	1 (18.16)

表 6-14　　　　　　　　　　棉机织物出口规模经济测度　　　　　　　　　　单位：个，%

年份	0.5以下		0.5~1		1~2.5		2.5~5		5~10	
	全样本	子样本	全样本	子样本	全样本	子样本	全样本	子样本	全样本	子样本
2011	4070 (67.15)	2432 (67.53)	11 (7.98)	12 (8.78)	10 (15.34)	10 (14.16)	3 (9.98)	3 (9.53)	1 (5.21)	0 (0.00)
2012	4561 (62.50)	2824 (64.14)	13 (8.45)	13 (8.88)	9 (13.55)	12 (17.29)	3 (10.18)	3 (9.69)	1 (5.32)	0 (0.00)
2013	5308 (67.87)	3360 (68.34)	15 (9.98)	10 (6.08)	6 (8.41)	11 (15.87)	4 (13.74)	3 (9.71)	0 (0)	0 (0.00)
2014	6276 (67.96)	3938 (64.65)	13 (9.36)	10 (5.98)	5 (9.47)	10 (16.92)	2 (7.98)	4 (12.45)	1 (5.23)	0 (0.00)
2015	6565 (71.69)	4274 (70.00)	15 (10.19)	12 (8.65)	8 (12.97)	10 (14.70)	0 (0.00)	2 (6.66)	1 (5.15)	0 (0.00)
2016	6714 (77.73)	4468 (75.44)	13 (8.03)	6 (3.84)	5 (7.09)	9 (14.08)	2 (7.15)	2 (6.64)	0 (0.00)	0 (0.00)
2017	7043 (74.33)	4774 (80.19)	7 (4.78)	11 (7.63)	7 (10.23)	4 (5.55)	3 (10.66)	2 (6.63)	0 (0.00)	0 (0.00)

和合并市场份额却较为稳定，我们很难将此一区间排除出规模经济区间。相似的是，全样本下1%～2.5%区间的企业数量和加总市场份额颇稳定，但子样本下却有明显下降，同样的理由使我们不能断言或者将这个区间排除出规模经济区间。但无论是全样本还是子样本情形下，2.5%～5%区间的企业数量和合并市场份额尽管存在波动，但没有显著下降趋势，可判断为规模经济区间。但份额居于5%～10%及以上区间或者企业数量趋于消失或从未存在，可推断这些区间规模不经济。

由表6-15可知，对长丝机织物品类，在全样本还是子样本下贸易份额0.5%以下企业加总市场份额都保持在不低于94%的高位，企业数量极其巨大且明显上升，显示了小规模企业的绝对统治地位，可判定为规模经济区间。出口贸易份额在0.5%～1%区间上，全样本情形下企业数量和加总市场份额剧烈波动，但没有持续下降趋势；子样本下则较为稳定，因此我们不能将此一区间排除出规模经济区间。出口份额大于1%的所有区间上，除子样本下1%～2.5%区间在2015～2017年持续有1家企业存在外，其余所有情形下企业数量和合并市场份额均为0，显然为规模不经济区间。

表6-15　　　　　长丝机织物出口规模经济测度　　　　　单位：个,%

年份	0.5以下		0.5～1		1～2.5		2.5～5	
	全样本	子样本	全样本	子样本	全样本	子样本	全样本	子样本
2011	10120 (96.54)	6671 (94.20)	6 (3.46)	9 (5.80)	0 (0.00)	0 (0.00)	0 (0.00)	0 (0.00)
2012	11790 (98.62)	7641 (94.18)	2 (1.38)	8 (5.82)	0 (0.00)	0 (0.00)	0 (0.00)	0 (0.00)
2013	11755 (98.21)	7987 (94.51)	3 (1.79)	8 (5.49)	0 (0.00)	0 (0.00)	0 (0.00)	0 (0.00)
2014	12514 (99.41)	8418 (93.96)	1 (0.59)	10 (6.04)	0 (0.00)	0 (0.00)	0 (0.00)	0 (0.00)
2015	12887 (96.42)	8715 (90.82)	6 (3.58)	12 (8.01)	0 (0.00)	1 (1.17)	0 (0.00)	0 (0.00)
2016	13541 (96.67)	9228 (91.47)	5 (3.33)	11 (7.31)	0 (0.00)	1 (1.22)	0 (0.00)	0 (0.00)
2017	14625 (98.63)	9964 (94.59)	2 (1.37)	7 (4.35)	0 (0.00)	1 (1.06)	0 (0.00)	0 (0.00)

表6-16报告了短纤机织物的测度结果。可见，全样本下贸易份额0.5%以下企业数量由2011年的2313家增长到2017年的3584家且合并市场份额保持稳定，子样本下企业数量总体上有一定增长，合并市场份额也未有下降趋势，显然是规模经济区间。出口市场份额0.5%~1%和1%~2.5%两个区间上，仅有0.5%~1%区间子样本情形显示了较大的震荡中企业数量和合并市场份额下降的态势，但其他情形的企业数量和合并市场份额都很稳定，仍是规模经济区间。类似，2.5%~5%区间的全样本情形和5%~10%区间的子样本情形显露出稳中有增的企业数量和合并市场份额，表明了区间的规模经济性；但这两个区间的其他情形却显示为规模不经济。更大规模的10%~25%区间绝大多数年份都没有企业能够生存，显然应归于规模不经济区间。

（2）规模经济企业的空间演化。由于纺织产业链不同环节差异很大的规模经济特性，不适合对纺织产业整体进行规模经济测度，我们利用SE_{local}和$SE_{national}$两个指数来替代性地刻画面向"一带一路"区域厂商的相对规模分布及其空间演化特征。2011年，棉机织物$SE\_local>0$的省域包括天津、山西、吉林、福建、江西、重庆、新疆和西藏，这些省域面向"一带一路"区域的企业平均规模要大于其面向全球市场的平均规模，亦即当地主要由较大规模企业从事面向B&R区域的贸易；其余省域均表现出为负的SE_local数值，说明绝大多数省域内面向"一带一路"区域的企业规模明显较小。如果取全国平均规模为参照，2011年，$SE\_national>0$省域还扩展到山东、河南、四川和云南，这些省域面向"一带一路"区域的企业平均规模要大于全国平均规模。到2017年，$SE\_local>0$省域扩展到13个，但$SE\_national>0$省域则缩减至6个，显示了由小规模企业针对"一带一路"区域，较大规模企业面向主要包括发达国家在内的B&R域外市场的市场竞争结果。这一结论对合成长丝和合成短纤产业依然成立。在"一带一路"倡议提出前后$SE\_local>0$的省域数量均有所增长，合成短纤$SE\_local>0$的省域甚至升至16个，但绝大多数东部沿海具比较优势的省域仍主要聚焦"一带一路"域外市场，中部和西部与"一带一路"沿线国邻接省域虽多聚焦"一带一路"区域，但它们多缺乏比较优势。如以全国平均规模作参照，$SE\_national>0$的省域数量更少，面向"一带一路"区域的企业平均规模较小的结论再次得以印证。

接下来讨论纺织产业链各环节规模经济企业的空间演化。最大规模经济棉机织物企业为位于山东且面向发达国家市场的合资企业鲁泰纺织及私营企业临清三和纺织，它们始终占据3%以上的市场份额。在1%~2.5%区间和不同年份内厂商均稳定分布于江苏（1家）、山东（5家）和广东（1家）。而在0.5%~

表 6-16　短纤机织物出口规模经济测度

单位：个，%

年份	0.5 以下		0.5~1		1~2.5		2.5~5		5~10		10~25	
	全样本	子样本	全样本	子样本	全样本	子样本	全样本	子样本	全样本	子样本	全样本	子样本
2011	2313 (62.91)	1407 (52.73)	16 (10.05)	19 (13.24)	13 (17.86)	9 (14.60)	2 (9.18)	4 (12.65)	0 (0.00)	1 (6.78)	0 (0.00)	0 (0.00)
2012	2846 (66.25)	1877 (55.69)	19 (13.34)	21 (14.52)	8 (12.17)	9 (13.46)	2 (8.25)	4 (16.34)	0 (0.00)	0 (0.00)	0 (0.00)	0 (0.00)
2013	2727 (66.87)	1784 (56.30)	19 (12.70)	23 (15.21)	8 (9.31)	10 (14.13)	3 (11.12)	2 (7.95)	0 (0.00)	1 (6.40)	0 (0.00)	0 (0.00)
2014	2919 (63.56)	1939 (53.04)	22 (14.29)	20 (14.73)	6 (9.86)	7 (11.93)	4 (12.29)	4 (14.82)	0 (0.00)	1 (5.48)	0 (0.00)	0 (0.00)
2015	3070 (56.65)	2070 (46.22)	19 (14.05)	9 (5.97)	4 (7.51)	8 (10.48)	5 (16.00)	6 (22.33)	1 (5.79)	2 (15.00)	0 (0.00)	0 (0.00)
2016	3215 (61.76)	2241 (53.58)	20 (13.10)	15 (10.28)	7 (9.68)	7 (11.59)	4 (15.46)	2 (5.42)	0 (0.00)	3 (19.14)	0 (0.00)	0 (0.00)
2017	3584 (62.63)	2072 (40.55)	24 (14.97)	10 (6.52)	8 (13.12)	7 (12.37)	3 (9.29)	1 (4.89)	0 (0.00)	3 (24.70)	0 (0.00)	1 (10.96)

1%区间内,浙江和山东的企业数量分别从2011年的6家和3家降至2017年的2家,但福建企业数量则由1家升至2017年的2家。其他省域所分布的棉机织物厂商主要限于0.5%以下规模的企业。其中,除黑龙江外,东北和京津冀各省域的该区间企业数量均有小幅上升,但东部沿海和长江经济带沿线省域的此区间企业数量均大幅上升,尤以浙江、江苏和福建上升幅度为大。对与"一带一路"沿线国邻接的沿边省域而言,除宁夏和青海基本保持稳定外,其余省域都有小规模企业数量的增长,其中尤以新疆从2011年的11家增至2017年的57家最为明显。

对合成长丝部门,0.5%以上规模企业2011年均分布于长三角及邻近省域,最大规模区间(5%~10%以及2.5%~5%)企业分布于浙江和江苏,河南亦有1家企业布局,但2017年只有浙江仍存在此一区间企业,河南已衰减至1%~2.5%区间;其下的1%~2.5%和0.5%~1%区间企业2011年还分布于福建、广东和上海,但2017年山东亦有企业进入这一区间。其余所有省域的企业均分布于0.5%份额以下区间。但显见的事实是,东部沿海省域该区间企业数大幅增长,如浙江从2011年的495家增长至2017年的1161家,集聚情形极为明显。至于合成长丝下游环节,因1%以下规模企业方具有规模经济,可见0.5%~1%区间企业在2011年曾分布于浙江(4家)、江苏(2家),但2017年分布于浙江和江苏的此一规模企业已经消失,而仅存在于福建。0.5%份额以下企业也主要分布于长三角及邻近省域,最典型者为浙江,其企业数量从2011年的3925家增长至2017年的5979家,江苏也从1304家增长至2358家,这就印证了前述的合成长丝诸环节之间比较优势和空间地理分布的强关联性。

现在来分析合成短纤部门。在上游环节的10%~25%以及5%~10%区间内,领导厂商始终为位于江苏且为私营企业的华宏化纤,但它的市场份额在2017年滑落至5%~10%区间,后一区间企业在所有年份均位于江苏和浙江,且2017年江苏该区间企业数增至3家,浙江减少为1家。在2.5%~5%以及1%~2.5%这两个区间内山东至广东的沿海省域占据主要的企业数量,但随着企业规模的下降,安徽、四川等省域在2011年即有分布,到2017年扩散至吉林、重庆等省域。0.5%份额以下的小规模企业也主要稳定集聚分布在长三角区域。至于下游环节,2011年2.5%~5%区间企业分布于上海与江苏,2017年江苏仍保持1家企业处于该区间,但广西该区间企业数由0家增至2家。广西1%~2.5%区间企业数量的增加同样伴随着江苏、浙江、山东、河南及新疆同区间企业数量的下降。对更小规模区间,广东企业数量持续下降,长三角各省域保持增长,但江西等中部省域和以广西为代表的与"一带一路"沿线国邻接省域也出现了较大幅度的企业数量增长,显示了弱关联于上游环节的空间演化特征。

6.4.4 结论

（1）棉织品和合成长丝优势较稳定地分布于东部沿海省域尤其是长三角及邻近省域，但合成短纤除先前由东部沿海及长江经济带省域组成"T"形区域并扩散外，新向北扩散形成吉林、辽宁至于内蒙古的产业带，新疆之于棉织品、广西之于合成短纤机织物等均凸显了产业链下游环节的趋强的产业扩散和平衡分布特征。在"一带一路"倡议下，与沿线国邻接省域受到的出口空间多样化激励占优于空间分布的临近偏向，"一带一路"倡议的提出增加了绝大多数省域的出口空间选择。

（2）东部沿海省域棉织品比较优势的分异性演变与全国范围的较平衡稳定分布共存，合成纤维上游环节亦表现出在长三角及邻近省域的稳固比较优势，但纺织产业链下游环节出现向特定与"一带一路"沿线国邻接省域转移的趋势，新疆棉织品和长丝机织物、广西的短纤机织物表现得最为突出。同时，比较优势空间分布上还呈现合成长丝上下游的较强地理关联性与合成短纤上下游的弱地理关联性共存的现象。

（3）纺织产业链合成纤维上游环节的多样化规模经济伴随着下游环节较强竞争性的规模经济，表明了纺织产业链内不同环节规模经济分布的不对称性。较大规模经济企业主要在长三角及邻近省域集聚，但棉织品和合成短纤下游环节亦向新疆等与"一带一路"邻接省域转移，面向"一带一路"区域的厂商平均规模较小，而较大规模企业却适配于"一带一路"域外市场。

6.5
油气产业链的市场结构和规模经济演化

改革开放40多年中国油气产业经历了巨大的市场容量扩张。市场容量增长使改革开放前后由一家企业进行规模经济生产的垄断市场结构，逐渐生长为可容纳不断增多的利用规模经济生产的企业数量以及与之匹配的竞争性趋强的市场结构。但中国仍存在很强的石油产业准入约束[①]，它在不同程度上表现在

---

① 总体上，可以观察到中国油气产业链上游环节垄断性较强——原油生产和贸易尤其受到贸易配额限制政策和产业政策的强有力约束；下游环节则较弱——虽然炼油炼化的市场进入仍比较困难，但合成材料环节的市场准入已经较为自由。

石油生产、贸易等环节,导致我们不能以前面诸节的省域比较优势测度和空间演化分析方法来讨论各省油气产业链"优势"问题,我们转而用市场结构和规模经济测度的方式进行分析(见图6-1)。

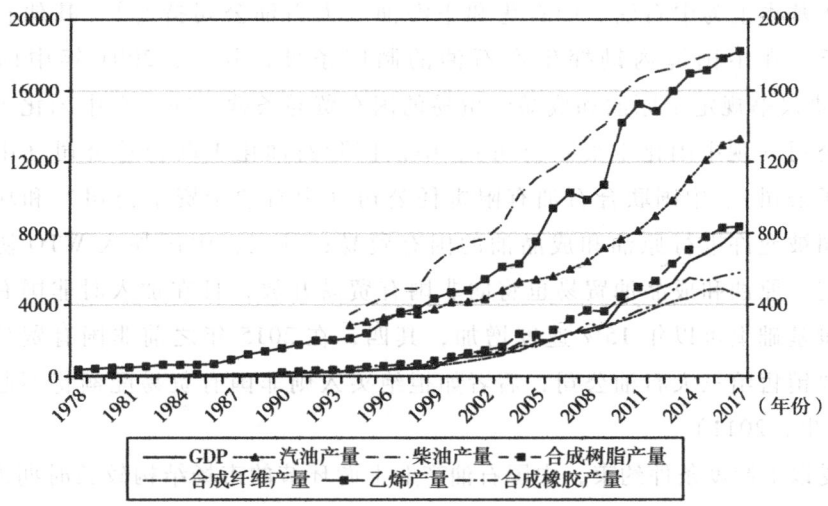

图6-1 改革开放以来中国油气产业的市场容量扩张:1978~2017年
数据来源:国家统计局及 EPS 数据库。
注:GDP 数据单位为百亿元;其余石油产品产量单位为万吨。右轴为乙烯和合成橡胶产量。

6.5.1 油气产业链的市场扩张和市场结构演化

我们使用集中度 CR_n 指标来进行市场结构分析,它定义为市场上前 n 家企业的合并市场份额(×100)。按照 Bain(1959)的分类方法,将 $CR_4 < 30$ 的情形分类为竞争性市场,属于 [30,35)、[35,50)、[50,65)、[65,75) 以及 [75,100] 分别称为寡占Ⅴ型、寡占Ⅳ型、寡占Ⅲ型、寡占Ⅱ型和寡占Ⅰ型市场结构。同时,还将利用赫芬达尔—赫希曼指数(HHI),即市场上所有企业的市场份额平方和(×1000)来判断市场结构状况,判据是 HHI 在 1000 以下为竞争性市场,1000~1800 为中集中度市场,高于 1800 则为高集中度市场。同前,最恰当的衡量市场结构和规模经济的数据是整个产业及所包含企业的产量数据,但我们难以获得石油产业链内所有企业的产出数据;替代性地,按照异质性贸易理论(Melitz,2003),仅有生产率足够高的企业才会选择从事出口贸易,因此我们以石油产业链企业出口贸易来测度其市场结构和规模经济。以下我们将区分油气产业链上石油生产和精炼、有机化学品以及三大合成材料进

行分析。

(1) 原油生产和精炼。在讨论中国石油生产和精炼（成品油）环节的市场结构和规模经济之前，需要首先说明若干制度条件：其一，中国的国内油田资源基本上为中石油、中石化和中海油三大石油公司持有①，其他石油公司缺乏可在中国境内勘探生产石油的制度条件；其二，2001年中国加入WTO协议书规定了原油和成品油贸易的国有贸易条款，即仅有中国化工进出口总公司（现中国化工集团公司）、中国国际石油化工联合总公司（中石化全资子公司）、中国联合石油有限责任公司（中石油全资子公司）和珠海振戎公司被允许进行原油和成品油的国有贸易；其三，中国加入WTO协议书还规定，原油和成品油贸易也将向非国有贸易开放，且在加入时非国有贸易允许量基础上可以年15%速度增加；其四，在2015年之前非国有贸易原油仍需要销售给三大石油公司，后者如拒绝买入则非国有贸易配额将不起作用（孙泽生，2011）。

受以上制度条件约束，中国石油产业上游环节的市场结构较长时期内是高度寡占的。亦即，仅有若干家国有石油公司可进入国内原油生产环节，而原油国际贸易权限也主要由这些公司获得，成品油出口则截至当前仍禁止非国有贸易厂商进入。因此在2015年之前，石油产业上游环节的规模经济是无法通过市场竞争来得到强制性披露的。但从2015年开始，中国已经迅速放松了原油非国有贸易配额政策，配额量从2007年的1685万吨增长至2018年首批发放配额（约全年的85%）的1.2132亿吨。特别是，获得配额的企业不再需要将其原油销售给三大石油公司，而供其自身生产使用②。图6-2给出的2018年首批原油非国营进口贸易配额中，已经去掉了由中石油、中化集团、振华石油等央企所获得的配额量，地方炼油企业所获得的配额量为8680万吨。相较于2017年国内原油生产加进口合计6亿吨的规模，以上地方炼油企业配额所占比重约为15%③，以集中度指标 CR_4 考量，则原油生产和贸易环节属于寡占I型的市场结构（$CR_4 \geq 75$）。

图6-3报告了精炼环节的市场结构。其中对地方炼厂的定义包含除中石油、中石化和中海油之外其他国有石油公司的炼油产能，但这些企业中有一定

---

① 位于陕西的延长石油公司也持有少量所在地的油田资源。
② 但截至2018年年初，这些企业仍难以获得成品油贸易配额。
③ 考虑到这些地方炼油企业为获得原油进口配额已承诺升级其炼油设施使之适应原油精炼而非原先的经燃料油精炼，所以它们的原油进口份额大体等同或者接近于其占全国炼油市场的份额。

第 6 章　中国企业"优势"研究 Ⅱ：比较优势和空间演化

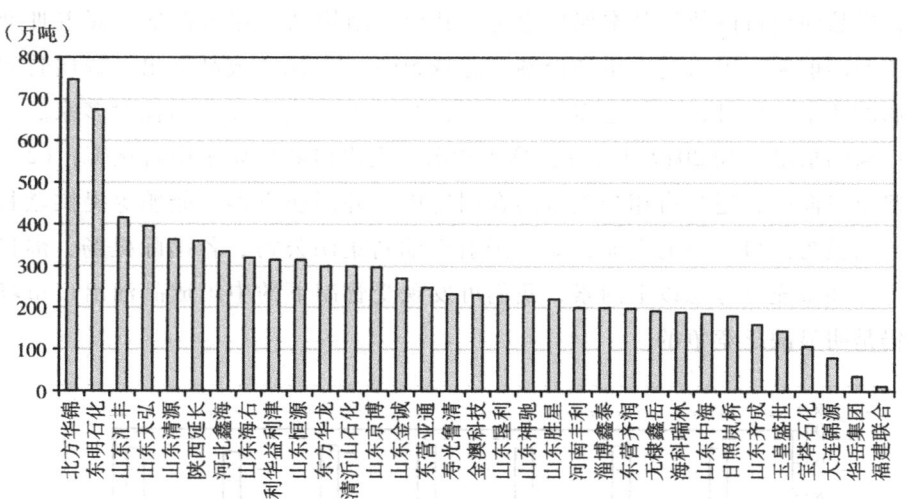

图 6-2　2018 年首批发放的原油非国营进口贸易配额

数据来源：国家商务部。

比例在 2000 年后被中海油或者其他国有石油公司并购。总体而言，炼油环节中石油和中石化两家企业的市场份额即达到 60% 左右，属于寡占程度较强的市场结构。但与 2001 年的中国加入 WTO 及原油非国有进口配额放松相适应，最近十多年时间内炼油环节的竞争性已趋于增强。

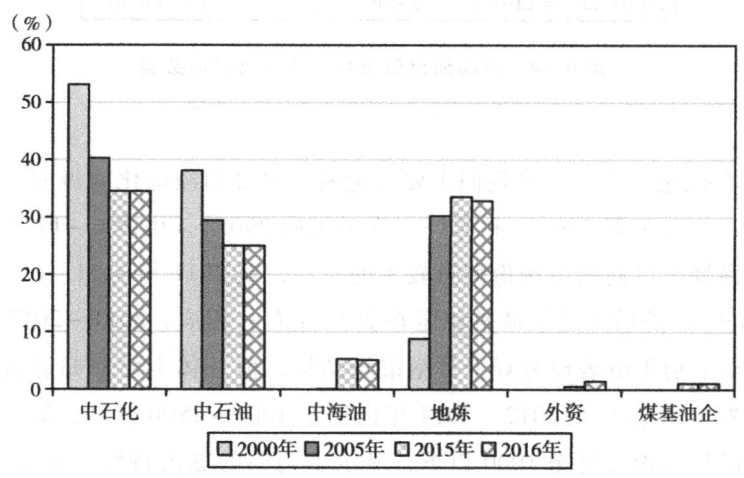

图 6-3　中国炼油能力的企业分布

数据来源：刘朝全和姜学峰（2017）；《中国石油工业经济若干问题回顾与思考》编委会（2010）。

另一个可得的观察精炼环节市场结构的窗口是出口贸易的市场结构。由图 6-4 可见，即便不考虑单一出口商之间的产权联系，最近时期内的贸易数据显

· 241 ·

示,成品油出口商数量基本保持稳定,其市场结构则从寡占Ⅳ型向寡占Ⅲ型转变,亦即前4家出口商的市场份额已超越50%,显示了成品油出口资质管制下趋弱的竞争。而且,我们还需要注意:(1)存在一家石油公司控股多家成品油出口商的情形,如2017年第1、第4和第6大出口商皆属于中石化等;(2)在这些出口商中,还含有相当数量的在国境内为外国航空器、船舶等提供燃料但却被归类为出口贸易的企业,如中国航空油料集团公司、各国际机场、港口当局等。如果充分考虑以上因素,我们可发现受管制下的中国成品油出口市场结构仍是明显缺乏竞争的。

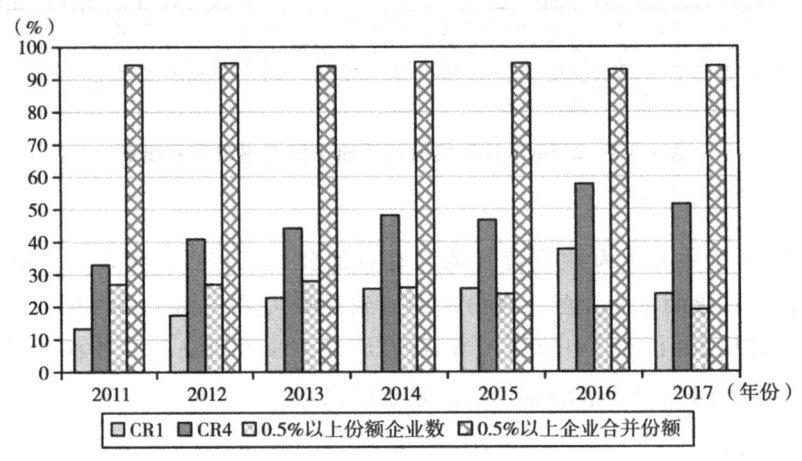

图6-4 成品油出口市场结构和出口商数量

数据来源:苏州美亚公司和国家海关总署,并经作者计算。下同。

(2)有机化学品。这里我们主要讨论两个主要的经炼化而得的有机化学品类:烯烃(海关编码2901)和芳烃(海关编码2902)。由表6-17可见,近年来最大的烯烃出口商的市场份额有较大的波动,从2011年的11.16%升至2013年的36.45%,随后又逐渐调整稳定在20%左右;相应,2011~2017年内烯烃的CR_4虽在个别年份表现为寡占Ⅲ型市场结构,但总体上已回归寡占Ⅳ型市场结构;虽然HHI指数在2012~2014年内居于1000~1800区间,属于中集中度市场,但随后年份又降至1000以下,显示了趋弱的寡占特性。在芳烃市场上,最大份额厂商市场基本保持在10%~20%的区间,CR_4指标显示属于寡占Ⅳ型市场结构,但2017年该指标已低于30属于竞争性市场结构;2017年的HHI指数仅有368.57,此前年份也均明显低于1000,所涉及的企业数量也远大于烯烃市场,显示了明显的市场竞争性。

表6-17　　　　　　　中国有机化学品出口贸易的市场结构

年份	烯烃（2901）					芳烃（2902）				
	CR_1	CR_4	CR_8	HHI	企业数量	CR_1	CR_4	CR_8	HHI	企业数量
2011	11.16	36.20	51.61	463.05	446	13.16	39.57	51.02	483.72	1087
2012	24.49	59.65	78.02	1178.17	283	19.41	42.93	61.51	689.24	618
2013	36.45	61.89	75.36	1725.11	298	13.45	46.86	66.20	697.15	569
2014	32.46	56.93	70.33	1377.86	319	14.62	42.67	59.78	590.24	634
2015	18.17	45.04	67.07	734.66	314	20.54	49.50	59.89	854.17	681
2016	24.88	45.35	59.70	858.63	280	14.87	41.00	53.00	574.63	605
2017	22.35	44.60	58.69	785.57	314	12.43	29.79	45.90	368.57	688

（3）合成树脂。合成树脂及其深加工形成整个塑料工业，因6.3节已讨论了聚乙烯品类（海关编码3901），此处仅考虑另一个主要源于石油的合成树脂品类：聚丙烯等（海关编码3902）①。由表6-18可见，近年来最大的聚丙烯出口商之市场份额超过10%，CR_4指标从2011年的40.16属于寡占Ⅳ型市场结构，向2017年的24.63属于竞争性市场结构转变，在位厂商数量也增长至2024家，因之其HHI指数从2011年的728.80降至2017年的249.27，市场竞争性极其明显。

表6-18　　　中国合成树脂出口贸易的市场结构（聚丙烯等）

年份	CR_1	CR_4	CR_8	HHI	企业数量
2011	23.95	40.16	48.64	728.80	1256
2012	25.18	42.94	51.99	823.79	1417
2013	10.73	29.98	41.87	336.73	1472
2014	13.32	31.26	43.56	363.56	1461
2015	11.43	24.53	33.89	254.24	1515
2016	14.27	25.12	36.00	306.70	1689
2017	11.81	24.63	34.04	249.27	2024

（4）合成橡胶。由图6-5可见，2011~2017年，最大的合成橡胶出口企业的市场份额从2011年的8.55%起步增长至近年来的15%~17%的水平，同一时期这一品类的CR_4也有所增长，从2001年的22.89升至2017年的34.63，

---

① 海关贸易统计中，聚丙烯是3902品类的主要组成，但该品类还包括其他合成树脂产品，为简洁起见，我们以"聚丙烯等"代称。

从竞争性市场结构演变为寡占Ⅴ型市场结构。但市场中的企业数量颇为庞大且有增长趋势，相对应，HHI指数在大多数年份都低于500，总体上显示出了非常强的市场竞争性。

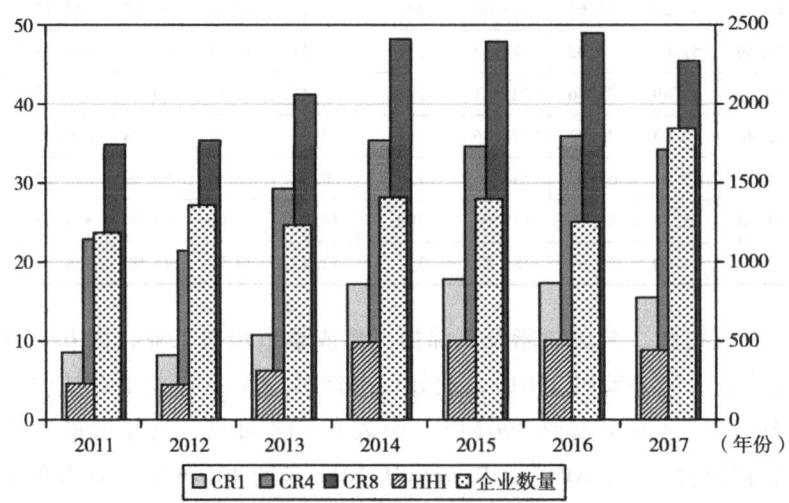

图6-5 中国合成橡胶出口贸易的市场结构

注：右轴为HHI指数和企业数量。

（5）合成纤维。为简洁起见，此处仍考虑两个主要直接源于炼化环节的具代表性的合成纤维品类，分别是合成纤维长丝（海关编码5402）和合成纤维短纤（海关编码5503）。由表6-19可见，2011~2017年，最大的合成纤维长丝出口企业的市场份额仅约为6%，同一时期这一品类的CR_4不超过25%，企业数量从约2000家升至超过3000家，HHI指数远远低于1000，保持在150~220的水平上，显示出了很强的市场竞争性。相比较，合成纤维短纤市场中最大出

表6-19　　　　　　中国合成纤维出口贸易的市场结构

年份	合成纤维长丝（5402）					合成纤维短纤（5503）				
	CR_1	CR_4	CR_8	HHI	企业数量	CR_1	CR_4	CR_8	HHI	企业数量
2011	6.04	21.99	34.75	218.53	2068	14.64	33.81	48.18	455.26	539
2012	4.73	17.83	31.06	180.42	2494	14.66	36.21	51.44	483.86	643
2013	5.59	19.90	32.07	185.39	2674	13.42	36.04	50.69	463.59	675
2014	5.58	19.63	30.61	180.07	2864	14.86	37.77	51.63	515.27	777
2015	6.02	19.00	29.96	168.89	2898	12.37	36.72	54.15	476.55	802
2016	5.47	17.16	28.06	154.89	3221	12.35	37.41	53.01	472.30	887
2017	6.31	16.44	26.41	145.93	3634	9.62	33.07	48.56	391.59	997

口商的市场份额居于10%~15%的水平，CR₄指标近年来稳定在35~40的水平上，属于寡占Ⅳ型市场结构；在位企业数量虽大幅小于合成纤维长丝品类，但也呈现逐年增长态势，相应的HHI指数维持在低于600的范围内，市场竞争性很强。

6.5.2 油气产业链的规模经济演化

因前述的制度条件约束，我们很难用企业间成本信息比较或者其他方法来衡量原油乃至炼油生产环节的规模经济。同时，聚乙烯作为塑料产业链的上游环节已经在前面章节中予以讨论，合成纤维品类已在纺织产业链章节中进行了分析，此处不再赘述。以下主要讨论有机化学品和其余油气产业链下游环节的规模经济问题。

(1) 有机化学品：烯烃。由表6-20可见，烯烃出口贸易量所占份额在0.5%以下的出口企业加总市场份额除2012年有下降外，其余年份均有所增加或保持稳定，企业数量也基本保持稳定，可以推知这一区间属于规模经济范围。出口贸易份额在0.5%~1%的企业数量和加总市场份额呈现明显波动中降低的态势，显示该区间企业渐次进入其他区间，我们可将其排除出规模经济区间。出口贸易份额2.5%~5%区间的企业加总市场份额明显上升：从2011年的11.41%升至2017年的18.80%，企业数量也从3家升至5家；1%~2.5%区间内，2011年之后的合并市场份额波动中上升，从2012年的4.69%升至20.69%，企业数量从3家升至12家，可认为这两个区间是规模经济的。相比较，出口贸易份额居于5%~10%的企业数量和合并市场份额则呈现下降态势，个别年份甚至为0，因此这一区间是规模不经济的；出口市场份额10%~25%的区间则始终有1家领导厂商存在，且其市场份额有一定的增长态势，可判定这一区间也是规模经济的。但市场份额大于25%的企业数量大多数年份为零，该区间显然规模不经济。

表6-20 烯烃出口规模经济测度 单位：个，%

年份	出口企业数量及加总市场份额						
	0.5以下	0.5~1	1~2.5	2.5~5	5~10	10~25	25以上
2011	406 (10.72)	14 (10.62)	18 (25.02)	3 (11.41)	4 (30.60)	1 (11.16)	0 (0.00)
2012	264 (7.12)	6 (4.83)	3 (4.69)	5 (17.78)	2 (11.83)	3 (53.74)	0 (0.00)

续表

年份	出口企业数量及加总市场份额						
	0.5 以下	0.5~1	1~2.5	2.5~5	5~10	10~25	25 以上
2013	279 (9.14)	3 (2.33)	7 (10.66)	6 (20.13)	0 (0.00)	1 (16.92)	1 (36.45)
2014	297 (9.84)	5 (3.69)	8 (13.27)	5 (16.27)	2 (10.96)	1 (13.51)	1 (32.46)
2015	288 (12.17)	8 (5.14)	10 (15.62)	2 (9.09)	4 (29.39)	2 (28.59)	0 (0.00)
2016	248 (14.35)	15 (10.34)	7 (10.20)	6 (19.77)	3 (20.47)	1 (24.88)	0 (0.00)
2017	285 (14.23)	9 (6.39)	12 (20.69)	5 (18.80)	1 (6.09)	2 (33.80)	0 (0.00)

（2）有机化学品：芳烃。出口贸易量所占份额在0.5%以下的出口企业加总市场份额比较稳定，2011年后的企业数量也维持在600家左右（见表6-21），这一区间属于规模经济范围；0.5%~1%区间也与此类似。除市场份额大于25%的企业数量仍然始终为零，因而该区间规模不经济外，其余的1%~25%区间内企业数量和合并市场份额均有明显的波动，导致我们在判断这些区间的规模经济性时出现一定的困难。但总体上，10%~25%的区间始终至少有1家领导厂商存在，其余企业在短暂进入这一区间后就迅速丢失市场份额，进入相邻的5%~10%区间；5%~10%区间同样表现出了企业不能稳定维持在这一区间并向下流动的变动特征；1%~2.5%和2.5%~5%区间的合并市场份额尽管同样波动，但总体上仍有上升态势，我们可判定这两个区间为规模经济区间。

表6-21　　　　　　　　芳烃出口规模经济测度　　　　　　　　单位：个，%

年份	出口企业数量及加总市场份额					
	0.5 以下	0.5~1	1~2.5	2.5~5	5~10	10~25
2011	1056 (22.55)	12 (8.74)	10 (15.00)	5 (14.14)	3 (26.41)	1 (13.16)
2012	587 (17.52)	16 (11.07)	8 (12.04)	1 (4.26)	5 (35.71)	1 (19.41)
2013	540 (14.71)	16 (10.77)	5 (8.32)	2 (5.83)	3 (22.25)	3 (38.13)
2014	604 (20.42)	13 (8.71)	10 (12.64)	1 (3.95)	4 (28.73)	2 (25.56)

续表

年份	出口企业数量及加总市场份额					
	0.5以下	0.5~1	1~2.5	2.5~5	5~10	10~25
2015	653 (22.47)	16 (11.78)	7 (12.17)	2 (8.15)	1 (7.25)	2 (38.17)
2016	573 (25.46)	17 (12.46)	9 (12.98)	3 (12.89)	1 (6.49)	2 (29.72)
2017	651 (22.28)	15 (10.51)	13 (18.80)	5 (18.62)	3 (17.36)	1 (12.43)

（3）合成树脂。由表6-22可知，聚丙烯等出口贸易量所占份额在0.5%以下的出口企业加总市场份额有明显增长，从2011年的27.79%增长至2017年的41.34%，企业数量也从1220家增至1987家，大量的市场进入及市场份额的上升自然说明这一区间属于规模经济范围。出口贸易份额在0.5%~1%以及1%~2.5%的企业数量和加总市场份额均有明显的波动，但变化幅度及其持续性不足以令我们将其排除出规模经济区间。出口贸易份额在2.5%~5%区间的企业加总市场份额有极其明显的上升，从2011年的4.72%升至2016年的19.75%，企业数量也从1家增至6家，说明这一区间是规模经济的。相比较，出口贸易份额居于5%~10%的企业数量和合并市场份额剧烈波动，显示了该规模企业向相邻的2.5%~5%区间流动的特征，因此这一区间显然是规模不经济的。出口市场份额10%~25%的区间始终有1家领导厂商存在，虽其市场份额有一定的波动，但还可以判定这一区间是规模经济的。市场份额大于25%的企业数量仍然始终为零，显示该区间规模不经济。

表6-22　　　　　　　聚丙烯等出口规模经济测度　　　　　　　单位：个,%

年份	出口企业数量及加总市场份额						
	0.5以下	0.5~1	1~2.5	2.5~5	5~10	10~25	25以上
2011	1220 (27.79)	21 (14.97)	12 (19.54)	1 (4.72)	1 (9.03)	1 (23.95)	0 (0.00)
2012	1390 (30.70)	12 (7.88)	10 (15.79)	3 (9.37)	0 (0.00)	1 (11.09)	1 (25.18)
2013	1438 (29.60)	16 (10.66)	8 (12.48)	7 (20.53)	2 (16.00)	1 (10.73)	0 (0.00)
2014	1434 (35.20)	8 (5.47)	11 (15.76)	5 (16.74)	2 (13.49)	1 (13.32)	0 (0.00)

续表

年份	出口企业数量及加总市场份额						
	0.5以下	0.5~1	1~2.5	2.5~5	5~10	10~25	25以上
2015	1479 (36.97)	14 (9.10)	17 (26.82)	3 (10.35)	1 (5.33)	1 (11.43)	0 (0.00)
2016	1654 (38.86)	19 (13.86)	9 (13.36)	6 (19.65)	0 (0.00)	1 (14.27)	0 (0.00)
2017	1987 (41.34)	23 (16.04)	9 (15.21)	3 (10.44)	1 (5.15)	1 (11.81)	0 (0.00)

（4）合成橡胶。由表6-23可见，合成橡胶出口贸易量所占份额在0.5%以下的出口企业加总市场份额过去时期内趋于稳定，维持在27%~30%的水平上，我们可推知这一区间仍属于规模经济范围。我们可显而易见进行判断的区间包括：市场份额大于25%的企业数量仍然始终为零，因而该区间是规模不经济的；2013年后，10%~25%区间新进入1家领导厂商，随后企业数量保持稳定，其市场份额也维持在15%~18%的水平，可判定此一区间为规模经济的。我们在判断其他区间的规模经济性时则出现一定的困难。原因在于，这些区间的企业数量和合并市场份额均有一定波动，但未表现出持续的变动方向，导致我们不能将它们排除出规模经济区间，这也显示了合成橡胶品类具有相当多样的规模经济特征。

表6-23　　　　合成橡胶的出口规模经济测度　　　　单位：个,%

年份	出口企业数量及加总市场份额					
	0.5以下	0.5~1	1~2.5	2.5~5	5~10	10~25
2011	1147 (30.18)	17 (12.86)	15 (22.08)	5 (15.27)	3 (19.60)	0 (0.00)
2012	1314 (27.96)	23 (16.29)	14 (20.37)	7 (27.19)	1 (8.19)	0 (0.00)
2013	1195 (27.20)	16 (10.34)	14 (21.24)	4 (11.97)	3 (18.50)	1 (10.75)
2014	1379 (29.46)	13 (9.20)	9 (15.54)	4 (14.38)	2 (14.23)	1 (17.19)
2015	1368 (27.81)	15 (10.60)	6 (11.03)	6 (19.77)	2 (12.99)	1 (17.79)
2016	1225 (27.65)	12 (8.04)	10 (17.79)	4 (15.16)	2 (14.04)	1 (17.33)
2017	1811 (28.75)	16 (10.66)	12 (17.09)	4 (12.66)	2 (15.34)	1 (15.50)

6.5.3 结论

基于石油产业链不同环节的生产、贸易数据以及产业结构指标和生存能力法，本节定量测度了油气产业的市场结构和规模经济。实证结果表明，上游石油生产因严格进入管制的原因，呈现出很强的寡占市场特征，竞争的缺乏导致我们难以测度石油生产环节的规模经济，但近年来石油进口配额的逐步放松已显示了趋于增强的炼油环节市场竞争性。下游的有机化学品环节具有较明显的寡占市场结构特征，但已经比石油生产和炼油为弱，而且规模经济测度结果显示，烯烃和芳烃市场上除各有1家市场份额在10%以上的领导厂商外，规模经济区间均在5%以下。相比之下，三大合成材料环节均拥有更大数量的在位企业和更强的市场竞争性，但不同品类的竞争性和规模经济特征差异明显。总体而言，本节的实证结果表明了中国石油产业不同环节差异化的市场结构和从上游到下游递增的市场竞争性，确证了石油产业链上各环节多样化规模经济的存在性，这披露出了异质化的企业家注意力资源与不同规模经济产量适配后的市场竞争结果。

6.6 小结

"一带一路"倡议被广泛期待可促进中国及沿线国的均衡发展和产业地理分布的再平衡，这一再平衡过程就是产能合作重点产业面向境内外不同地理空间的产业转移和再分布过程。本章利用全样本企业数据实证研究了四个代表性产业链比较优势和规模经济的空间演化，发现了多个产业中普遍存在的多样化规模经济特征，也发现"一带一路"倡议提出前后出现代表性产业"优势"由沿海省域向长江经济带沿线和中西部省域转移的证据，而且，目标市场多元化以及相邻接次区域—省域的出口地理空间特征也得到彰显。但产业链内不同环节在不同省域的集聚特征存在显著差异。就已有之"优势"与国际市场匹配而言，出现小规模企业适配"一带一路"区域，较大规模企业面向发达国家市场的市场竞争结果。

"一带一路"倡议是中国重塑经济空间的新尝试，之前的"西部大开发"等战略同样包含通过产业转移和扩散促进中国国土范围内产业均衡分布、实现均衡发展的政策目标，但本章的研究却刻画了"一带一路"倡议提出前后，因基础设施互联互通和国际产能合作推动的外部需求扩张对国内代表性产业转移和扩散的影响，也发现了同一产业链内部不同环节的明显差异性及其对产业空间分布的影响。要理解已有战略和倡议对经济平衡发展和产业再布局的全面影响需要对重点产业及其产业链各环节进行逐一的研究，并基于此因省、因地而异制定出台针对性的政策。无论是中西部省域还是"一带一路"沿线国，要获得产业转入或者推进产能合作，必须充分考虑不同产业链环节的地理关联性和集聚特征，从全产业链角度切入进行综合考量，才能以产能引入促进其经济发展。

第7章

沿线国"资源"研究Ⅰ：贸易潜力测度

要实现企业"优势"与东道国"资源"适配，"资源"量评估必不可少。自然资源、技术、劳动力等要素适配的产能合作规模可以资源的储量、品位和产量来衡量，或以适龄劳动人口数显示，技术要素也易为母国企业所认知。相对而言，东道国市场容量（份额）颇为母国企业看重却很难准确测量。原因在于，该国的市场容量因经济开放度差异而显著不同，还受其他出口国、投资国的竞争以及该国自身需求增长等因素的影响。本章以贸易潜力测度来间接估计中国对沿线国的贸易潜力和增长空间，其中的部分市场容量（份额）可通过贸易和投资相结合的方式获得。

7.1 油气产业链的出口潜力估计：东南亚国家样本

"一带一路"沿线是全球最主要的油气资源富集区，集中了全球油气可采资源量的60%和63%、产量的58%和54%以及中国油气进口的66%和86%，但与油气资源国的合作侧重于其资源储量和产量，非本节研究重点。本节主要考虑东南亚次区域油气产业链的贸易潜力问题，原因在于这些国家经济发展水平相对较好、人口数量大且地缘接壤。因老挝、柬埔寨、文莱、东帝汶和缅甸数据缺失，本节研究对象为除上述国家之外的东南亚6国，包括泰国、越南、马来西亚、新加坡、印度尼西亚和菲律宾。

7.1.1 实证模型与数据

（1）实证模型。本节沿用引力模型进行实证。除经济规模（Y）和距离变量（D）外，由于中国与东南亚国家的文化联系更多地通过当地华人群体来体现，东南亚占全球华侨华人的比例达 73%（庄国土，2009），较高的华侨华人比例意味着较低的信息搜索及沟通交流成本，应能对中国—东南亚的贸易联系有正向影响，我们将东南亚贸易伙伴国的华侨华人比例（C_{ulture}）作为虚拟变量引入模型。此外，中国与东盟于 2009 年建成 CAFTA，关税大幅下降，是否是 CAFTA 成员（C_{AFTA}）也是影响贸易流量的重要因素。此外，我们还考虑中国与少量东南亚国家陆地接壤因素（A_{but}）的边界效应，它可能意味着较低的运输成本进而增加贸易流量（McCallum，1995）。贸易开放度（O_{PEN}）是衡量一国贸易开放度的指标，能够体现贸易进口国对国外市场的依赖程度，它对贸易流量有正向拉动作用。由此，本节所采用的扩展引力模型如方程（7-1）所示。其中，贸易额、经济规模、距离变量和贸易开放度均取自然对数。

$$Ln\ Ex_{ijt} = \beta_0 + \beta_1 Ln\ Y_{it} + \beta_2 Ln\ Y_{jt} + \beta_3 Ln\ D_{ij} + \beta_4 Culture + \beta_5 Abut + \beta_6 CAFTA + \beta_6 Open + \varepsilon_{ij} \tag{7-1}$$

其中，EX 为贸易流量，β_i 为回归系数，ε_{ij} 为随机误差项。

接下来我们考虑以上模型的代理变量。参照主流贸易引力模型文献，采用 GDP 来衡量一国的经济规模，以反映出口国的潜在供给能力及进口国的潜在需求水平，预期双边经济规模对贸易出口有正向促进作用。距离变量则选取绝对距离，用两国首都之间的地理距离来表示。这一变量用以反映双边贸易成本，双方距离越远，贸易成本越大，预期对贸易出口有阻碍作用。对 C_{ulture} 变量，我们选择贸易伙伴国华人比例（R_j）这个代理变量来验证其对贸易流量的影响。贸易开放度以进出口贸易总额与该国 GDP 比值来体现。

（2）数据。本节采用 2001~2015 年油气产业链的面板数据。研究范围包括以烯烃和芳烃为代表的有机化学品、合成树脂及其加工产品——塑料及其制品、合成橡胶以及合成纤维。由于三大合成材料贸易统计中品类较多，将其分别作为品类整体来进行讨论。各年度贸易额数据来自联合国 UNComtrade 数据库；各国 GDP 数据来自世界银行数据库。中国与贸易伙伴间的距离数据来自 CEPII 数据库，单位为千米。

在本节研究的东南亚国家中，与中国陆地接壤的有越南，此国共同边界 A_{but} 变量赋值为 1，其余为 0。东南亚各国华人比例数据来源于庄国土（2009）对东南亚华侨华人数量的估算；因 2009 年 CAFTA 全面实施，取之前年份为 0，之后年份为 1。

7.1.2 实证结果

(1) 贸易总量模型估计。表 7-1 报告了贸易总量层面的面板混合效应模型估计结果。可见,衡量经济规模的中国及东南亚国家的 GDP 变量均显著正向影响中国对东南亚国家的出口贸易。其中,中国 GDP 对出口贸易的弹性为 1.07~1.33,亦即,中国 GDP 上升 1%,中国对东南亚国家的出口贸易将上升 1.07%~1.33%;东南亚各国 GDP 对其贸易出口需求的弹性大于 0.19 (0.19~0.42),即东南亚各国 GDP 上升 1%,中国对东南亚国家油气产业的出口贸易将上升超过 0.19%。这一正向影响与贸易引力模型主流实证文献的结论一致。

表 7-1　　　　　　　　贸易总量层面模型回归结果

自变量	1	2	3	4
Y_i	1.30*** [15.26]	1.07*** [14.15]	1.33*** [14.90]	1.14*** [14.62]
Y_j	-0.15 [-1.37]	0.19* [1.83]	0.15 [1.64]	0.42*** [4.95]
D_{ij}	0.37 [1.44]	0.29 [1.43]	0.35* [1.88]	0.71*** [4.49]
C_{ulture}	0.17*** [5.23]	0.24*** [8.64]	0.23*** [9.34]	-0.06 [-1.20]
A_{but}		0.69*** [6.96]	0.67*** [7.54]	0.45*** [5.51]
C_{AFTA}			-0.40*** [-4.54]	-0.29*** [-4.01]
O_{PEN}				0.62*** [6.60]
Constant	-8.43*** [-4.00]	-7.99*** [-4.73]	-10.24*** [-6.40]	-13.94*** [-9.95]
Adjust R^2	0.92	0.95	0.96	0.97
F-stat	249.47***	320.61***	332.93***	440.18***

注:***和*分别表示 1% 和 10% 的显著性水平;[ ] 内为估计参数的 t 值。

实证结果发现，共同边界对中国向东南亚国家的出口贸易有显著正向影响：若中国与东南亚国家有共同边界，则出口贸易将上升0.45%。但CAFTA显著负向影响油气产业链的出口贸易，其可能的原因在于2008年爆发的国际金融危机与CAFTA建成时间上正好重合，而庞世银（2014）等基于引力模型的研究已发现国际金融危机对中国出口贸易具有阻碍作用，因此，国际金融危机的负效应大于C_{AFTA}建成的正效应。贸易开放度显著正向影响中国对东南亚国家的油气产业链的贸易出口，可见，理论与实际情况一致。

（2）油气产业链估计结果。为分析油气产业链的贸易潜力，我们首先给出包括烯烃、芳烃、合成橡胶、合成长丝和合成短丝在内的油气产业链的实证结果，随后再讨论不同子产业的实证结果，实证结果报告在表7-2和表7-3中。

表7-2 油气产业链总量层面模型回归结果

自变量	5	6	7	8
Y_i	1.26*** [12.11]	0.98*** [10.58]	1.21*** [10.44]	1.02*** [8.90]
Y_j	0.13 [0.98]	0.54*** [4.35]	0.51*** [4.30]	0.75*** [6.20]
D_{ij}	-0.10 [-0.32]	-0.19 [-0.75]	-0.14 [-0.59]	0.20 [0.88]
C_{ulture}	-0.06 [-1.57]	0.02 [0.73]	0.02 [0.60]	-0.26*** [-3.72]
A_{but}		0.83*** [6.86]	0.82*** [7.07]	0.59*** [5.02]
C_{AFTA}			-0.35*** [-3.08]	-0.22** [-2.08]
O_{PEN}				0.60*** [4.39]
Constant	9.97*** [3.89]	10.51*** [5.08]	8.54*** [4.12]	5.18** [2.54]
Adjust R^2	0.90	0.93	0.94	0.95
F-stat	193.65***	248.24***	229.33***	235.31***

注：***、**分别表示1%、5%的显著性水平；[ ]内为估计参数的t值。

表7-3　　　　　　　　油气产业链各子产业层面模型回归结果

自变量	烯烃	芳烃	塑料制品	合成橡胶	合成长丝	合成短纤
Y_i	0.83 [0.96]	-1.24 [-1.43]	1.63*** [15.31]	-0.45 [-1.18]	0.94*** [3.93]	-0.64*** [-3.18]
Y_j	1.34 [1.47]	3.80*** [4.16]	0.26** [2.34]	2.01*** [4.95]	1.02*** [4.05]	2.10*** [9.92]
D_{ij}	3.97** [2.30]	-0.58 [-0.36]	0.48** [2.23]	-0.39 [-0.51]	0.36 [0.75]	-1.01** [-2.49]
C_{ulture}	-1.20** [-2.27]	-0.48 [-0.98]	-0.24*** [-3.65]	0.28 [1.18]	-0.34** [-2.31]	-0.51*** [-4.19]
A_{but}	-2.17** [-2.45]	1.07 [1.25]	-0.22* [-1.96]	3.59*** [9.08]	1.23*** [5.01]	1.42*** [6.87]
C_{AFTA}	-1.11 [-1.41]	0.05 [0.07]	-0.32*** [-3.16]	0.81** [2.26]	-0.48** [-2.17]	0.12 [0.66]
O_{PEN}	1.92* [1.85]	2.47** [2.46]	0.61*** [4.83]	-0.55 [-1.21]	0.42 [1.48]	1.13*** [4.78]
Constant	-34.73** [-2.25]	2.98 [0.21]	-0.24 [-0.12]	11.79* [1.73]	2.17 [0.51]	19.08*** [5.36]
Adjust R^2	0.40	0.38	0.97	0.76	0.83	0.82
F-stat	9.24**	8.51**	357.32***	40.06***	60.99***	57.67***

注：***、**和*分别表示1%、5%和10%的显著性水平；[ ]内为估计参数的t值。

从表7-2的油气产业链贸易总量模型估计结果来看，中国及东南亚国家的GDP变量均显著正向影响中国对东南亚国家油气产业链的出口贸易，这与前面所述相同。其中，中国GDP对出口贸易的弹性（0.98~1.26）与贸易总额估计结果基本相符；而东南亚各国GDP对其贸易出口需求的弹性（0.51~0.75）要比贸易总额的估计结果（0.19~0.42）大，这说明东南亚国家GDP上升可能是偏向油气产业链的。

实证结果发现，共同边界同样也对中国向东南亚国家油气产业链的出口贸易有显著正向影响，影响程度（0.59）较贸易总量层面（0.45）略有增加，可见陆路接壤对油气产业链的贸易出口有明显的促进作用。

从6个不同油气产业链子产业的实证结果看（见表7-3），不同产业间体现出一定的差异性。可见，对中国经济规模增长最敏感的油气产业依次为塑料制品和合成长丝，其余产业则不显著。这一产业排序中居前的产业均为中国具有较强比较优势和产能优势的产业。而对东南亚国家经济规模增长最敏感的产业依次为芳烃、合成短纤、合成橡胶和合成长丝,弹性均大于1.0。总体看,双方经济规模上升对中国油气子产业出口的影响较有弹性,这为双方的进一步贸易和投资合作提供了较大和差异化的发展空间。距离变量显著负向影响合成短纤的贸易出口,而其余产业对距离因素并不敏感,这说明距离的增加使合成短纤的运输成本显著上升,从而抑制了其贸易出口。此外,中国—东盟自贸区C_{AFTA}变量仅与合成橡胶显著正相关,与塑料制品和合成长丝显著负相关,可能在于这些产业受到国际金融危机和C_{AFTA}的建立的综合影响不尽相同,其中后两个子产业受国际金融危机的负影响显著大于C_{AFTA}成立的正效应。贸易开放度的正向作用主要体现在芳烃、烯烃、合成短纤和塑料制品产业上,贸易开放度上升1%,中国对东南亚国家上述产业的出口贸易将上升0.61%~2.47%,这说明上述子产业的出口对国外市场较为敏感。

7.1.3 贸易潜力和增长空间测算

Nilsson(2000)和Egger(2002)将引力模型估算出的贸易拟合值定义为贸易潜力,用拟合值与实际值的差额来衡量双边贸易效率,这在随后的国内研究中(如盛斌和廖明中,2004)得到广泛应用。根据已有文献(刘青峰等,2002)对贸易潜力的分类标准:将理论值大于实际值——亦即两者比值大于1.2的情形定义为潜力巨大型,此时贸易具有很大的上升空间;两者比值在0.8~1.2,则属于潜力开拓型,此时贸易有一定的扩展空间;两者之比值小于0.8的情形则定义为潜力再造型,此时的贸易潜力有限。本章将首先依此评估最近年份的出口潜力,但更重要的是,我们将基于回归结果预测2016~2021年中国对东南亚国家油气产业链的贸易增长空间。

表7-4报告了2015年中国对东南亚国家贸易总量及油气产业链的贸易潜力估计值。由于芳烃和烯烃贸易潜力估计中存在较多的不显著变量,以下分品类估计中将主要针对三大合成材料。可见,在整体的贸易总量上,马来西亚和新加坡属于潜力巨大型国家;菲律宾则属于潜力再造型国家。而油气产业链总量意义上东南亚国家都属于潜力再造型国家。如果区分不同的油气产业,以贸易潜力值大于1.2的国家数量排序,合成橡胶产业在东南亚国家都为潜力巨大型;塑料产业在印度尼西亚和新加坡属于贸易潜力巨大型。合成长丝在东南亚国家中都属于潜力再造型,该环节进一步扩展与中国的合作潜力非常有限。

表7-4　　中国对东南亚国家出口潜力估计（2015年）

国别	THA	VNM	MYS	SGP	IDN	PHL
贸易总量	1.14	0.81	1.21	1.43	/	0.76
油气产业链	0.18	0.14	0.13	0.25	0.19	0.19
塑料制品	1.03	1.04	0.89	1.57	1.30	1.19
合成橡胶	1616.49	11220.41	2347.71	4674.44	10122.55	9286.28
合成长丝	0.00	0.00	0.00	0.00	0.00	0.00
合成短纤	0.96	0.36	0.62	2.15	0.66	0.65

数据来源：作者的估算。

为预测截至2021年中国对东南亚国家油气产业链的贸易增长空间，须首先说明相关国家经济规模预测值的选取。国际层面较权威的经济增长预测主要包括国际货币基金组织每年出版的《世界经济展望》报告及世界银行提供的《全球经济预测》报告。由于世界银行（WB）仅预测截至2018年及部分东南亚国家的GDP增长率数据，而国际货币基金组织（IMF）的预测相对较保守，覆盖所有样本国家且延展至2021年，本节选择IMF2016年最新的实际GDP增长率预测数据进行估算（见表7-5），基期为2008年。首先测算2016~2021年中国向东南亚6国6个行业的出口贸易额（$EX_{2016} - EX_{2021}$）；而后将估算的2021年预测值（EX_{2021}）与2017年实际值（EX_{2017}）进行比较，其差额（$\Delta EX_{2021} = EX_{2021} - EX_{2017}$）即为截至2021年的未来时期内中国油气产业链与东南亚国家的贸易成长空间，以上测算结果见图7-1。

表7-5　　中国与东南亚国家的实际GDP增长率预测

国家	2016年		2017年		2021年
	IMF	WB	IMF	WB	IMF
中国	6.5	6.7	6.2	6.5	6
泰国	3	2.5	3.2	2.6	3
越南	6.3	6.2	6.2	6.3	6.2
马来西亚	4.4	4.4	4.8	4.5	5
新加坡	1.8	—	2.2	—	2.8
印度尼西亚	4.9	5.1	5.3	5.3	6
菲律宾	6	6.4	6.2	6.2	6.5

数据来源：*World Economic Outlook*，2016，IMF数据库；*Global Economic Prospects*，June 2016，World Bank。

由图 7-1 可见，从油气产业链出口总额的绝对值来看，东南亚国家中除菲律宾外，2021 年的油气产业链贸易出口额较 2017 年呈上升趋势，其中，中国对越南的油气产业链贸易出口额上升幅度最大，达到 6.63 亿美元；对泰国、马来西亚、新加坡和印度尼西亚的油气产业链贸易出口额则处于一个比较稳定的状态；而对菲律宾的油气产业链贸易出口额则较 2017 年有所下降。以上估计结果表明，中国未来向东南亚国家油气产业链的出口潜力明显受到约束，但是考虑到东南亚区域巨大的市场容量和增长前景，中国应更多关注面向东南亚油气产业链的国际产能合作。

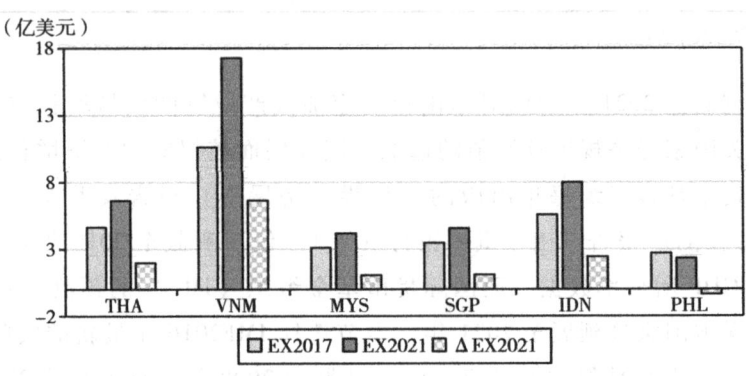

图 7-1 中国油气产业链对东南亚出口潜力预测

尽管目前中国的烯烃和芳烃产业在国际市场中贸易竞争力偏弱，出口优势尚不明显，但最近几年内中国向东南亚国家出口的烯烃和芳烃贸易额有很大的增长，这些环节未来出口潜力较大。中国向东南亚国家三大合成材料的贸易出口潜力则十分有限，其原因为中国在三大合成材料环节具有很强竞争力和比较优势，其生产和贸易已占据国际市场的最大份额，谋求进一步的增长空间十分困难；诸如印度尼西亚和泰国等东南亚国家在这些产品出口上也具有相当的贸易竞争力，与中国出口具有一定的替代性。因此，除了出口贸易之外，中国应更多关注投资合作的方式，实现与东南亚国家在油气产业链上的共生共荣，出口贸易则需要更多关注缅甸等与中国互补性强的新市场。

在油气产业链投资合作上，截至 2016 年，中国与东南亚国家在石油勘探开发和原油贸易等方面展开了全方位的合作，并正在向油气产业链中下游延伸。例如，2016 年广东振戎能源有限公司与缅甸政府签约，将合作在缅甸德林达依省土瓦市建设耗资 30 亿美元的 500 万吨炼油厂项目。依托于中国多样化的油气炼制技术和装备生产优势，从炼油到炼化的投资合作已逐渐成为中国与东南亚油气产业链合作的重点和趋势。此外，缅甸等东南亚国家人口数量较大，低成本劳动力丰裕、市场潜力较大，中国与这些国家的油气产业链合作也不容忽视。

7.1.4 结论

本节利用面板引力模型从总量和子产业层面预测了中国向东南亚国家油气产业链的贸易出口潜力，并测算了截至2021年的中国向东南亚国家油气产业链出口的增长空间。研究发现：中国和东南亚国家经济规模均正向影响中国油气产业链出口贸易，东南亚国家经济增长对中国出口的需求缺乏弹性；贸易总量上新加坡和马来西亚贸易潜力较大，新加坡、印度尼西亚和菲律宾油气产业链贸易潜力较大；未来5年内，中国向东南亚国家油气产业链的出口潜力受约束，应更多关注贸易和投资并举的合作方式。特别是，对由于数据可得性而未纳入研究的部分国家尤其是缅甸这样人口基数大的国家，其贸易出口潜力巨大，中国应重视与其炼油、炼化等产业链环节的合作。

7.2 基建关联产业出口潜力估计Ⅰ："陆上丝路"国家

因基建关联产业在"一带一路"基础设施互联互通和国际产能合作中的重要性，本节使用面板引力模型来测度中国向沿线国的出口潜力，我们还使用情景模拟方法预测未来时期内的中国出口增长空间，以为产能合作潜力评估提供实证依据。但考虑到"一带一路"区域不同国家间的巨大差异性和数据获得的难度，本节的实证研究范围仅覆盖"陆上丝路"国家。

7.2.1 实证模型与数据

（1）实证模型与变量。同7.1节，本节将经济规模（Y）、距离变量（D）、贸易开放度（O_{pen}）和边界效应（A_{but}）纳入实证模型（见表7-6）。由于贸易伙伴国的国家治理水平以及与中国国家关系是影响双边贸易的重要因素，我们选取政治稳定性（$P_{olitical}$）、"一带一路"响应国（B&R）及自贸区（FTA）3个虚拟变量来探讨其对贸易的影响。如果一个国家的政治稳定性改善，响应"一带一路"合作倡议，或者与中国签署自贸区协议，其对中国出口贸易应具有正向促进作用。最后，本节纳入了共同宗教（$R_{eligion}$）和欧亚大陆桥（R_{ailway}）变量，考察文化相似性和已有互联互通交通基础设施对中国向沿线国出口的影响。

表7-6　　　　　　　　变量定义、预期符号和数据来源

变量	定义	预期符号	数据来源
E_X	中国向"丝绸之路经济带"沿线国出口额（亿美元）	+	UNComtrade
Y_i	中国国内生产总值（GDP，亿美元）	+	世界银行数据库
Y_j	"丝绸之路经济带"沿线国GDP（亿美元）	+	世界银行数据库
D_{ij}	地理距离（千米）	—	CEPII数据库
O_{pen}	贸易开放度	+	UNComtrade
A_{but}	共同边界（=1，否则为0）	+	CEPII数据库
$R_{eligion}$	共同宗教（=1，否则为0）	+	CIA World Factbook
$P_{olitical}$	政治稳定性	—	世界银行WGI数据库
O_{BOR}	"一带一路"响应国（=1，否则为0）	+	—
F_{TA}	自由贸易区（签署国=1，否则为0）	+	—
R_{ailway}	亚欧大陆桥（途经国=1，否则为0）	+	作者整理计算

由此，本节所采用的扩展引力模型如方程（7-2）所示。

$$Ln\,Ex_{ijt} = \beta_0 + \beta_1 Ln\,Y_{it} + \beta_2 Ln\,Y_{jt} + \beta_3 Ln\,D_{ij} + \beta_4 Ln O_{pen} + \beta_5 A_{but} + \beta_6 R_{eligion} + \beta_7 P_{olitical} + \beta_8 O_{BOR} + \beta_9 F_{TA} + \beta_{10} R_{ailway} + \varepsilon_{ij} \quad (7-2)$$

其中，出口贸易额、经济规模、距离和贸易开放度变量均取自然对数，β_i为回归系数，ε_{ij}为随机误差项。经济规模、距离和贸易开放度变量均参照7.1节来选择代理变量。

（2）数据。采用2000~2015年的面板数据展开实证。考虑人口、经济规模以及政治稳定性三个方面因素，本节遴选哈萨克斯坦（KAZ）、巴基斯坦（PAK）、印度（IND）、孟加拉国（BGD）、斯里兰卡（LKA）、俄罗斯（RUS）、波兰（POL）、捷克（CZE）、斯洛伐克（SVK）、匈牙利（HUN）、罗马尼亚（ROU）、伊朗（IRN）、土耳其（TUR）、以色列（ISR）、沙特阿拉伯（SAU）、阿联酋（ARE）、卡塔尔（QAT）、科威特（KWT）、希腊（GRC）和埃及（EGY）共20个国家作为研究国别样本。数据来源报告在表7-6中。

在20个国家中，与中国陆地接壤的有哈萨克斯坦、巴基斯坦、印度和俄罗斯，此四国共同边界A_{but}变量赋值为1，其余为0；与中国有共同宗教信仰（$R_{eligion}$）的有孟加拉国，该国的共同宗教$R_{eligion}$变量赋值为1，其余为0；印度

尚未加入"一带一路"倡议,因此印度的 B&R 变量赋值为 0,其余国家为 1;中国于 2007 年与巴基斯坦正式实施自由贸易区,因此我们取巴基斯坦 2007 年及以后的 F_{TA} 值为 1,其余国家及年份为 0。欧亚大陆桥(R_{ailway})途经国家包括俄罗斯、哈萨克斯坦、波兰、斯洛伐克、捷克和匈牙利,上述国家的 R_{ailway} 变量值取 1,其余国家及年份为 0。

除虚拟变量外,出口额、GDP 以及地理距离等变量的描述性统计报告在表 7-7 中。

表 7-7　　　　　　主要变量的描述统计(Obs = 320)

变量	均值	最大值	最小值	标准差
E_X	74.55	58.62	0.61	103.24
Y_i	4902.00	10866.00	1205.00	3343.22
Y_j	305.53	2231.83	15.75	397.94
D_{ij}	6057.67	7623.44	3036.24	1457.51
O_{pen}	0.04	0.14	0.01	0.03
$P_{olitical}$	-0.26	1.21	-2.81	0.99

7.2.2　实证结果

(1)贸易总量模型估计。表 7-8 报告了基于绝对距离的出口贸易总量模型估计结果①。可见,衡量经济规模的中国及"陆上丝路"国家的 GDP 变量均显著正向影响中国对沿线国的出口贸易。其中,中国 GDP 对出口贸易的弹性为 0.20~0.23,亦即,中国 GDP 上升 1%,中国对沿线国出口贸易将上升 0.20%~0.23%;各沿线国 GDP 对中国出口贸易需求弹性大于 0.96(0.96~1.00),即沿线国 GDP 上升 1%,中国对其出口贸易将上升超过 0.96%。显然,经济规模是正向影响出口贸易的主要因素之一,这与贸易引力模型主流实证文献的结论一致。中国与"陆上丝路"国家间的地理距离则显著负向影响中国对"陆上丝路"沿线国的出口贸易,弹性区间为(-0.56,-0.36)。这说明,中国与沿线国地理距离每上升 1%,中国出口贸易将下降 0.36%~0.56%。

---

① 如将相对距离引入,实证结果仍是稳健的。后面的 7.2 节和 7.3 节研究中均采用相对距离模型检验证实了实证结果的稳健性。

表7-8　　　　　　　"陆上丝路"国家混合最小二乘估计结果

变量	1	2	3	4
Y_i	0.23*** [4.70]	0.22*** [4.63]	0.20*** [4.11]	0.20*** [4.02]
Y_j	0.96*** [26.67]	0.99*** [24.45]	1.00*** [23.84]	1.00*** [24.60]
D_{ij}	-0.36*** [-2.69]	-0.46*** [-3.12]	-0.47*** [-3.23]	-0.56*** [-3.91]
O_{pen}	0.66*** [13.64]	0.63*** [12.43]	0.64*** [12.50]	0.65*** [13.13]
A_{but}	-0.10 [-1.16)	-0.08 [-0.94]	-0.13 [-1.30]	-0.41*** [-3.64]
$R_{eligion}$	0.34*** [2.68)	0.39*** [2.97)	0.42*** [3.15]	0.39*** [3.05]
$P_{olitical}$	-0.05 [-1.59]	-0.04 [-1.18)	-0.02 [-0.61]	-0.11*** [-2.82]
B&R		0.24 [1.63]	0.22 [1.46]	-0.01 [-0.07]
F_{TA}			0.21 [1.20]	0.31* [1.84]
R_{ailway}				0.33*** [4.57]
Constant	2.12* [1.86]	2.48** [2.15]	2.75** [2.34]	3.79*** [3.27]
Adjust R^2	0.89	0.89	0.89	0.90
F-stat	340.71	300.20	267.42	259.72

注：***、**和*分别表示1%、5%、10%的显著水平；[ ]内为估计参数的t值。

模型实证结果还发现，"陆上丝路"沿线各国贸易开放度显著正向影响中国的出口贸易：贸易开放度上升1%，中国对沿线国的出口贸易将上升0.63%~0.66%。F_{TA}变量显著正向促进中国对"陆上丝路"沿线国的出口贸易，这一自贸区协议对中国出口贸易的促进也说明"一带一路"合作倡议的规则化治理有助于域内经济的融合增长。R_{ailway}变量显著正向影响中国对"丝路经济带"沿线国的贸易出口额，相较于非途经国，中国向途经国的出口贸易可增长0.33%，这也强调了"陆上丝路"沿线国之间基础设施互联互通对贸易的重要性。此外,共同宗教信仰也对中国出口贸易有显著正向影响,激励中国出口贸易上升 0.34% ~ 0.42%,这体现了文化亲近所带来的积极效应。反之,政治稳定性($P_{olitical}$)和地理邻近(A_{but})则负向影响出口贸易,这表明中国出口贸易并不受沿线国政治不稳定的负面影响;而地理邻近之所以未带来贸易促进效应,是因为中国与巴基斯坦、印度等国虽地理邻近但陆路交通条件极差,因之,地理邻近的运输成本优势并未显现出来。

(2)基建关联产业估计结果。为分析基建关联产业的贸易潜力,我们首先给出包括钢铁、玻璃、水泥、(建筑用)金属、运输设备、塑料、陶瓷和木材在内的基建关联产业总量实证结果,然后再讨论不同子产业的实证结果。

由表7-9模型回归结果看,中国和"陆上丝路"沿线国的经济规模变量都显著正向影响中国基建关联产业的出口贸易,但中国经济规模对出口的弹性(0.29~0.33)要比表7-8和表7-9给出的贸易总量估计结果(0.20~0.23)大。这说明,该结果与样本时期内中国经济的增长偏向于包括钢铁、水泥在内的基建关联产业的发展相关,GDP 上升与基建关联产业的出口增长也体现出这种偏向性,它形成了中国在这些产业明显的贸易竞争力,这也是中国国务院(2015)提出将钢铁、建材、(建筑用)金属等基建关联子产业作为推进国际产能合作重点的原因所在。相比较,沿线国 GDP 对中国出口贸易的需求弹性(1.06~1.20)也略高于贸易总量估计结果。距离因素对中国向"陆上丝路"国家基建关联产业的出口贸易之弹性有所上升,原因可能在于,基建关联产业中不少子产业的商品单值低、重量大,可贸易性低于所有产业的平均水平。

表7-9　　　　"陆上丝路"国家基建关联产业回归结果

变量	9	10	11	12
Y_i	0.33 *** [4.34]	0.31 *** [4.23]	0.29 *** [3.82]	0.33 *** [5.72]
Y_j	1.06 *** [19.20]	1.16 *** [19.01]	1.18 *** [18.47]	1.20 *** [24.82]
D_{ij}	-0.58 *** [-2.75]	-0.89 *** [-3.95]	-0.91 ** [-4.03]	-0.59 *** [-3.43]
O_{pen}	0.74 *** [9.91]	0.66 *** [8.43]	0.66 *** [8.47]	0.62 *** [10.50]
A_{but}	-0.37 *** [-2.66)	-0.31 ** [-2.22]	-0.35 ** [-2.38]	0.71 *** [5.33]

续表

变量	9	10	11	12
$R_{eligion}$	0.47** [2.39]	0.62*** [3.11]	0.66*** [3.22]	0.78*** [5.03]
$P_{olitical}$	-0.19*** [-4.04]	-0.15*** [-3.21]	-0.14*** [-2.61]	0.19*** [4.16]
B&R		0.81*** [3.53]	0.78*** [3.38]	1.68*** [9.05]
F_{TA}			0.23 [0.86]	-0.17 [-0.82]
R_{ailway}				-1.25*** [-14.54]
Constant	9.49*** [5.35]	10.71*** [6.03]	11.00*** [6.08]	7.04*** [5.03]
Adjust R^2	0.82	0.83	0.83	0.90
F-stat	194.98***	178.96***	159.01***	269.96***

注：***、** 分别表示1%、5%的显著水平；[ ]内为估计参数的t值。

同样，贸易开放度上升有助于基建关联产业出口，其弹性为 0.62~0.74，要显著高于贸易总额估计结果（0.59~0.62）。共同边界正向影响基建关联产业出口的结论则与贸易总量估计结果不同，与前述共同边界变量影响估计的负效应结合分析，原因可能在于，部分基建关联产业存在明显的"销售半径"，邻近国家虽存在运输上的障碍，但中国商品相对其他竞争者仍有"销售半径"带来的地理优势。此外，"一带一路"响应国（B&R）显著正向影响中国基建关联产业的出口，其弹性为 0.78~1.68，体现了"一带一路"倡议中基础设施互联互通合作所带来的政策激励。亚欧大陆桥（R_{ailway}）显著负向影响基建关联产业的出口，这可能是因为亚欧大陆桥的联通促进了"陆上丝路"国家间贸易品类对基建关联产业的替代，使相对高附加值商品占据欧亚大陆桥贸易的更大比重。

现在我们报告8个不同基建关联子产业层面的实证结果（见表7-10），它与之前基建关联产业总量模型回归结果基本吻合，但不同产业间体现出一定的差异性。可见，对中国经济规模增长最敏感的基建关联产业依次为（建筑用）金属、塑料、水泥石料、玻璃、木材和钢铁，陶瓷和运输设备产业则不显著。显然，这一产业排序中居前的产业均为中国具有较强比较优势和产能优势的产业。而对"陆上丝路"国家经济规模增长最敏感的产业依次为木材、（建筑用）金属、陶瓷、水泥石料、运输设备、钢铁、玻璃和塑料，弹性均大于0.83。总体看，双方经济规模上升对中国主要基建关联子产业出口都较有弹性，这为双方的进一步贸易和投资合作提供了较大的发展空间。对运输设备和塑料产业，距离变量的回归结果并不显著，说明相对于水泥、陶瓷等低值产品而言，较高价值产品的贸易对距离因素并不敏感。另外，类似水泥石料，其运输费用占售价比重高、产品保质期较短，销售半径取决于运输成本和产地、销

表 7-10　　　　　　　"陆上丝路"国家行业模型回归结果

变量	钢铁	玻璃	水泥石料	金属	运输设备	塑料	陶瓷	木材
Y_i	0.30*** [4.62]	0.46*** [6.16]	0.68*** [7.98]	0.83*** [8.69]	-0.17 [-0.70]	0.74*** [6.67]	0.06 [0.91]	0.40*** [3.47]
Y_j	1.28*** [23.86]	1.20*** [19.62]	1.31*** [18.53]	1.36*** [17.15]	1.29*** [6.40]	0.83*** [8.95]	1.33*** [22.44]	1.41*** [14.76]
D_{ij}	-0.92*** [-4.77]	-0.78*** [-3.56]	-1.10*** [-4.36]	-1.07*** [-3.78]	-0.43 [-0.63]	0.09 [0.27]	-0.78** [-3.68]	1.20*** [3.51]
O_{pen}	0.60*** [9.14]	0.56*** [7.42]	0.47*** [5.45]	0.72*** [7.43]	1.66*** [6.93]	0.66*** [5.82]	0.58*** [8.00]	0.54*** [4.63]
A_{but}	0.38** [2.58]	0.11 [0.66]	1.29*** [6.57]	0.39* [1.78]	0.70 [1.29]	2.86*** [11.21]	0.95*** [5.80]	1.24*** [4.69]
$R_{eligion}$	0.91*** [5.30]	0.59** [2.99]	0.60*** [2.65]	0.94*** [3.69]	1.25** [2.03]	0.89*** [3.01]	1.15** [6.05]	1.39*** [4.57]
$P_{olitical}$	0.24*** [4.84]	0.05 [0.88]	0.44*** [6.57]	0.21*** [2.80]	-0.30* [-1.68]	0.18** [2.07]	0.34*** [6.15]	0.40** [4.51]
O_{BOR}	1.47*** [7.13]	1.01*** [4.30]	2.73*** [10.03]	1.36*** [4.48]	0.73 [0.98]	3.14*** [8.92]	2.24*** [9.86]	2.36*** [6.45]
F_{TA}	-0.10 [-0.43]	0.08 [0.29]	-1.25*** [-4.19]	-0.52 [-1.55]	-0.08 [-0.10]	1.76*** [4.55]	-0.22 [-0.87]	-0.49 [-1.22]
R_{ailway}	-1.10*** [-11.21]	-0.86*** [-7.87]	-1.40*** [-11.14]	-1.12*** [-7.96]	-1.29*** [-3.52]	-1.29*** [-7.83]	-1.71*** [-16.20]	-2.08*** [-12.32]
Constant	8.94*** [5.76]	5.87*** [3.32]	3.54* [1.73]	4.35* [1.90]	8.92 [1.60]	-6.88*** [-2.60]	7.70*** [4.50]	-13.78*** [-5.00]
Adjust R^2	0.88	0.85	0.85	0.85	0.47	0.79	0.85	0.75
F-stat	216.48***	174.98***	164.11***	164.30***	25.45***	114.17***	173.98***	90.22***

注：***、**和*分别表示1%、5%、10%的显著水平；[ ] 内为估计参数的t值。

地之间的价格差距。因此,水泥行业地域性特征较强,对行业可以投资当地建厂,转换产能合作方式。再有自贸区的建立对水泥石料和塑料分别产生了截然不同的影响,前述已提到水泥石料的区域性特征,运输条件苛刻;而塑料制品单值相对较高,出口便利性明显优于水泥石料。贸易开放度、共同边界、共同宗教和"一带一路"响应国四个变量都显著正向影响中国基建关联产业的出口。亚欧大陆桥依然显著负向影响各个基建关联子产业的出口,替代效应最明显的是木材和陶瓷。

7.2.3 贸易潜力和增长空间测算

表7-11报告了2015年中国对"陆上丝路"国家贸易总量及基建关联产业的贸易潜力估计值。可见,总量意义上的潜力再造型国家有阿联酋和埃及两国;俄罗斯、伊朗、沙特阿拉伯、卡塔尔和科威特属于潜力巨大型;其余国家贸易理论值与实际值基本相吻合,都属于潜力开拓型。从基建关联产业看,总量上孟加拉国、斯里兰卡、俄罗斯、捷克、斯洛伐克、匈牙利、罗马尼亚和卡塔尔8国属于潜力巨大型;波兰、以色列、科威特和埃及4国属于潜力再造型;其余8国属于潜力开拓型。如果区分不同的基建关联子产业,以贸易潜力值大于1.2的国家数量排序,建筑用金属在10个国家中都显示为潜力巨大型;木材在9个国家显示为潜力巨大型,玻璃在8个国家显示为潜力巨大型,水泥石料、钢铁、陶瓷和塑料再次之,排序最后的是运输设备。而以不同国家来分析,俄罗斯、孟加拉国和捷克在5个子产业上显示较强的贸易潜力(潜力巨大型),斯里兰卡、斯洛伐克、罗马尼亚和卡塔尔次之,波兰、以色列、阿联酋和埃及则在7个子产业上都显示了很弱的贸易潜力,属于潜力再造型。

表7-11 中国对"陆上丝路"沿线国出口潜力估计(2015年)

国别	KAZ	PAK	IND	BGD	LKA	RUS	POL	CZE	SVK	HUN
贸易总量	1.18	0.97	0.83	0.95	1.02	1.27	0.97	0.87	1.18	1.00
基建关联产业	0.82	0.96	0.92	1.57	1.57	1.43	0.56	1.46	1.27	1.30
塑料	1.3	0.4	0.1	0.8	0.5	2.9	0.2	0.4	1.0	0.6
木材	0.7	1.9	0.7	1.8	2.6	1.3	0.6	2.8	6.6	3.4
水泥石料	1.1	1.1	0.7	1.9	2.7	1.6	0.4	2.4	3.2	1.4
陶瓷	0.3	0.5	0.4	0.6	0.7	1.4	0.8	1.4	3.3	1.2
玻璃	0.8	0.8	0.9	1.6	1.1	1.9	0.6	2.6	0.6	0.8

续表

国别	KAZ	PAK	IND	BGD	LKA	RUS	POL	CZE	SVK	HUN
钢铁	0.6	0.9	1.2	1.8	1.6	1.2	0.7	1.4	1.0	1.1
建筑用金属	1.7	2.1	1.3	3.2	2.2	1.3	0.5	0.7	1.1	1.1
运输设备	0.0	0.0	0.0	0.1	0.0	0.0	0.0	0.0	0.1	0.0
国别	ROU	IRN	TUR	ISR	SAU	ARE	QAT	KWT	GRC	EGY
贸易总量	0.99	1.35	0.90	0.93	1.26	0.54	1.77	1.45	0.82	0.74
基建关联产业	1.33	1.11	1.11	0.66	0.91	0.84	1.50	0.56	1.01	0.67
塑料	0.7	0.4	0.5	0.2	0.5	0.3	0.7	0.9	0.7	0.2
木材	0.9	1.1	3.8	0.5	1.0	0.6	0.9	0.7	2.3	0.7
水泥石料	0.7	1.1	1.6	0.4	1.0	1.1	1.0	1.0	1.2	0.7
陶瓷	0.8	0.5	0.4	0.2	0.2	0.3	0.6	0.3	0.2	0.3
玻璃	1.6	1.6	1.1	1.0	1.2	1.0	2.4	1.4	1.4	0.6
钢铁	1.6	1.0	1.0	0.9	1.0	1.0	1.0	0.5	1.1	0.6
建筑用金属	2.0	1.7	1.1	0.5	1.6	1.1	2.5	0.9	0.6	0.9
运输设备	0.0	0.0	0.0	0.0	0.0	0.0	0.0	0.0	0.0	0.0

数据来源：作者的估算。

同 7.1 节，为预测 2018～2022 年中国对"陆上丝路"国家基建关联产业的贸易增长空间，选择 IMF 提供的实际 GDP 增长率预测数据进行估算，基期为 2008 年（见表 7-12）。至于贸易开放度和政治稳定性变量的预测值，我们分别通过对两个变量 2000～2015 年的数据进行回归分析，对于回归结果呈线性关系的，我们以此回归结果进行推算；对于回归结果呈非线性关系的，我们选取其往年的均值进行预测。接下来将首先测算 2018～2022 年中国向"陆上丝路"沿线 20 国 8 个基建关联行业的出口贸易额（$EX_{2018} - EX_{2022}$）；而后，我们将估算的 2022 年预测值（EX_{2022}）与 2015 年实际值（EX_{2015}）进行比较，其差额（$\Delta EX2022 = EX_{2022} - EX_{2015}$）即为截至 2022 年的未来时期内中国基建关联产业与"陆上丝路"国家的贸易成长空间，以上测算结果报告在图 7-2 中。

由图 7-2 可见，从绝对值来看，在 20 个沿线国中，印度、巴基斯坦、沙特阿拉伯和伊朗四国与中国基建关联产业贸易的上升空间最大，较 2015 年实际出口额分别还有 32 亿美元、26 亿美元、20 亿美元和 19 亿美元的增长空间，孟加拉国、俄罗斯和阿联酋也具有可观的贸易增长潜力，但其余国家的基建关联产业贸易潜力上升空间都较小。以上估算结果表明，中国未来基建关联产业贸易与投资合作应重点选择经济规模较大、增长空间充足的国家。

表7-12　　　　中国与"陆上丝路"国家的实际GDP增长率预测　　　　　单位:%

国别		CHN	KAZ	PAK	IND	BGD	LKA	RUS	POL	CZE	SVK	HUN
2017年	IMF	6.6	2.5	5.0	7.2	6.9	4.5	1.4	3.4	2.8	3.3	2.9
	WB	6.5	2.2	5.2	7.6	6.8	5.0	1.5	3.1	/	/	2.6
2018年	IMF	6.2	3.4	5.2	7.7	7	4.8	1.4	3.2	2.2	3.7	3
	WB	6.3	3.7	5.5	7.8	6.5	5.1	1.7	3.3	/	/	2.8
2022年	IMF	5.7	4.6	5.9	8.2	7.0	5.3	1.5	2.7	2.3	3.4	2.2

国别		ROU	IRN	TUR	ISR	SAU	ARE	QAT	KWT	GRC	EGY
2017年	IMF	4.2	3.3	2.5	2.9	0.4	1.5	3.4	-0.2	2.2	3.5
	WB	3.7	5.2	3.0	/	1.6	2.5	3.6	2.4	/	4.0
2018年	IMF	3.4	4.3	3.3	3	1.3	4.4	2.8	3.5	2.7	4.5
	WB	3.4	4.8	3.5	/	2.5	3.0	2.1	2.6	/	4.7
2022年	IMF	3.3	4.4	3.4	3.0	2.1	3.2	1.6	2.9	1.0	6.0

数据来源:World Economic Outlook 2017,IMF 数据库;Global Economic Prospects Jan,2017,World Bank。

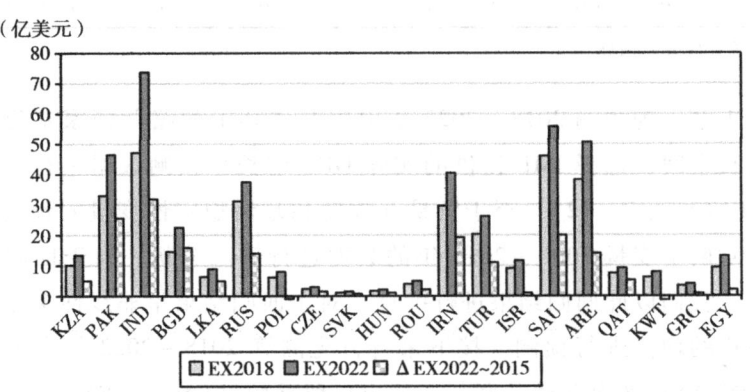

图7-2　中国基建关联产业对"陆上丝路"国家出口潜力预测

数据来源:作者的计算。

更进一步,我们还测算了2018~2022年"丝路经济带"沿线国20国8个基建关联子产业的贸易增长空间预测值。限于篇幅,表7-13仅报告了2018年和2022年的测算结果以及截至2022年的各子产业贸易增量估算值。总体上,8个子产业的贸易增长空间超过431.98亿美元,其中,钢铁和(建筑用)金属的增长空间最大,到2022年增长空间分别超过172亿美元和95亿美元,而其他6个行业则相对有限。从国家层面上看,印度、俄罗斯、伊朗、沙特阿拉伯和阿联酋贸易增长空间较大,这些国家也是"陆上丝路"国家中经济规模较大的经济体。相对应,中国向斯里兰卡、捷克、斯洛伐克、匈牙利、罗马尼亚、卡塔尔和希腊 7 国的出口增长空间较为有限。

表 7-13　"陆上丝路"国家基建关联子产业出口潜力的估算结果(2018~2022 年)　　单位:亿美元

国别	年份	钢铁	玻璃	水泥石料	建筑用金属	运输设备	塑料	陶瓷	木制品
KAZ	2018	3.84	0.96	1.55	1.82	0.00	0.24	0.58	0.19
	2022	5.09	1.30	2.25	2.76	0.00	0.33	0.72	0.27
PAK	2018	9.92	2.71	1.23	4.80	0.00	4.43	2.53	1.66
	2022	14.05	4.02	1.85	7.88	0.00	6.34	3.33	2.42
IND	2018	21.45	7.84	3.22	12.38	0.01	0.11	2.88	1.97
	2022	34.09	12.62	5.64	22.77	0.02	0.17	4.34	3.33
BGD	2018	6.47	2.56	1.14	3.20	0.00	0.04	0.88	0.26
	2022	10.13	4.06	1.94	5.82	0.00	0.06	1.30	0.43
LKA	2018	2.55	0.81	0.32	1.06	0.00	0.03	0.47	0.48
	2022	3.58	1.16	0.49	1.71	0.00	0.05	0.62	0.71
RUS	2018	11.02	3.45	3.93	5.09	0.00	0.49	1.81	2.12
	2022	13.19	4.26	5.10	6.97	0.00	0.64	2.02	2.61
POL	2018	2.95	0.91	0.61	1.13	0.00	0.02	0.33	0.44
	2022	3.84	1.19	0.87	1.69	0.00	0.02	0.40	0.59
CZE	2018	1.01	0.36	0.18	0.38	0.00	0.01	0.10	0.14
	2022	1.25	0.46	0.24	0.54	0.00	0.01	0.13	0.18
SVK	2018	0.45	0.17	0.07	0.16	0.00	0.01	0.04	0.06
	2022	0.60	0.23	0.11	0.25	0.00	0.01	0.06	0.08
HUN	2018	0.69	0.26	0.11	0.26	0.00	0.01	0.07	0.09
	2022	0.87	0.33	0.15	0.37	0.00	0.01	0.08	0.11
ROU	2018	1.43	0.49	0.34	0.50	0.00	0.02	0.26	0.46
	2022	1.82	0.64	0.47	0.72	0.00	0.02	0.31	0.60
IRN	2018	11.43	4.34	1.87	5.59	0.01	0.08	1.80	1.89
	2022	15.71	6.09	2.80	8.84	0.01	0.12	2.32	2.71
TUR	2018	7.62	3.21	1.35	3.25	0.00	0.05	1.26	2.25
	2022	9.86	4.30	1.88	4.84	0.00	0.07	1.53	3.00
ISR	2018	3.17	1.39	0.53	1.32	0.00	0.03	0.50	0.85
	2022	4.06	1.83	0.73	1.93	0.00	0.05	0.61	1.13

续表

国别	年份	钢铁	玻璃	水泥石料	建筑用金属	运输设备	塑料	陶瓷	木制品
SAU	2018	17.84	5.72	3.25	8.62	0.01	0.13	3.11	4.82
	2022	21.57	7.12	4.26	11.91	0.02	0.17	3.52	6.00
ARE	2018	15.48	3.86	3.43	7.25	0.01	0.12	2.89	3.72
	2022	20.54	5.24	4.95	11.06	0.01	0.17	3.60	5.13
QAT	2018	2.90	0.77	0.75	1.10	0.00	0.03	0.54	0.74
	2022	3.55	0.97	0.99	1.55	0.00	0.04	0.62	0.94
KWT	2018	2.18	0.70	0.44	0.89	0.00	0.03	0.37	0.46
	2022	2.82	0.93	0.61	1.32	0.00	0.04	0.45	0.62
GRC	2018	1.19	0.46	0.26	0.41	0.00	0.02	0.21	0.41
	2022	1.39	0.56	0.32	0.55	0.00	0.02	0.23	0.50
EGY	2018	3.14	1.54	0.47	1.33	0.00	0.03	0.48	0.89
	2022	4.43	2.27	0.71	2.17	0.00	0.05	0.64	1.29
$\Sigma\Delta EX_{2022}$		172.44	59.56	36.39	95.66	0.08	8.40	26.82	32.63

7.2.4 结论

本节利用面板引力模型从总量和子产业层面分别估计中国对"陆上丝路"国家基建关联产业的贸易潜力,并测算了截至 2022 年的中国对"陆上丝路"沿线国基建关联产业出口增长空间。研究发现:(1)中国和沿线国的经济增长、地缘相近、贸易开放度以及沿线国对"一带一路"的响应都显著促进中国的基建关联产业出口,而制度因素并不显著;基建关联产业中(建筑用)金属、塑料、水泥主要子产业的经济增长对出口弹性均较大。(2)从贸易总量和基建关联产业看,印度、俄罗斯、伊朗、沙特阿拉伯和阿联酋等国贸易潜力较大,而经济规模和市场容量较小经济体贸易潜力较小。(3)未来 5 年内,中国对"丝路经济带"沿线国基建关联产业出口增长空间超过 431 亿美元,其中钢铁和(建筑用)金属所占份额最大。

7.3 基建关联产业出口潜力估计 Ⅱ:"海上丝路" 国家

在 7.2 节估计的"陆上丝路"国家基建关联产业贸易潜力和出口增长空间

基础上,本节转而实证考察"海上丝路"国家基建关联产业出口潜力问题。这样区分的理由在于,"海上丝路"有明显不同于"陆上丝路"国家的与中国文化和政治经济联系特征及独特可得的数据,对其进行单独研究有助于捕捉"海上丝路"国家的独特性,但我们仍使用与前类似的面板引力模型和情景模拟方法进行研究。

7.3.1 实证模型与数据

参照 7.1 节,本节使用类似的贸易引力模型将贸易伙伴国的华人比例和华文重要性(Culture)、中国与东盟间的 CAFTA 以及陆地接壤因素(Abut)引入模型进行实证。亦即,本节所采用的面板引力模型如方程(7-3)所示:

$$\text{Ln Ex}_{ijt} = \beta_0 + \beta_1 \text{LnY}_{it} + \beta_2 \text{LnY}_{jt} + \beta_3 \text{LnD}_{ij} + \beta_4 \text{Culture} + \beta_5 \text{Abut} + \beta_6 \text{CAFTA} + \varepsilon_{ij}$$

(7-3)

其中,β_i 为回归系数,ε_{ij} 为随机误差项。同前,为消除量纲差异并获得弹性估计值,我们对中国向东南亚国家出口额、各国经济规模和地理距离变量取自然对数,其余变量则为原始数据。

本节采用 2000~2015 年的面板数据,主要变量描述性统计报告在表 7-14 中。因缅甸数据缺失,研究对象包括除该国之外的东南亚 10 国,包括泰国、越南、老挝、柬埔寨、马来西亚、新加坡、印度尼西亚、文莱、菲律宾和东帝汶。各年度出口贸易额数据来自联合国 UN Comtrade 数据库[①];各国 GDP 数据来自世界银行数据库;中国与贸易伙伴间的距离数据来自 CEPII 数据库,单位为千米。

在虚拟变量中,Culture 变量分别采用贸易伙伴国华人比例(R_j)和是否将华文纳入所在国的国民教育(La)两个变量来表示。因与中国陆地接壤的"海上丝路"国家包括越南和老挝,此两国共同边界 Abut 变量赋值为 1,其余为 0。东南亚各国华人比例数据来源于庄国土(2009)的估算。同时,东南亚国家中已有印度尼西亚、菲律宾、越南、泰国、马来西亚和新加坡 6 国将华文纳入国民教育(周倩,2015),此六国的 La 变量赋值为 1,其余为 0。因 2009 年 CAFTA 全面实施,取之前年份为 0,之后年份为 1。

---

① 缺乏东帝汶 2000~2002 年的贸易数据。

表 7-14　　　　　　　面板数据描述性统计（Obs =160）

变量	均值	最大值	最小值	标准差
E_x	114.46	663.81	0.01	149.29
Y_i	4902	10866	1205	3338
Y_j	147.66	917.87	0.37	190.27
D_{ij}	3804.99	5478.19	2330.80	1008.58

7.3.2　实证结果

（1）贸易总量模型估计。由表 7-15 可见，衡量经济规模的中国及东南亚国家的 GDP 变量均显著正向影响中国对东南亚国家的出口贸易。其中，中国 GDP 对出口贸易的弹性为 0.69~0.75，亦即，中国 GDP 上升 1%，中国对东南亚国家的出口贸易将上升 0.69%~0.75%；东南亚各国 GDP 对其贸易出口需求的弹性大于 1（1.09~1.11），即东南亚各国 GDP 上升 1%，中国对东南亚国

表 7-15　　　　　"海上丝路"国家混合最小二乘估计结果

变量	R_j模型			La 模型		
Y_i	0.70*** [9.23]	0.69*** [9.15]	0.75*** [4.91]	0.78*** [8.60]	0.75*** [8.18]	0.80*** [4.79]
Y_j	1.09*** [36.52]	1.11*** [36.20]	1.11*** [36.11]	0.96*** [12.57]	1.00*** [12.33]	1.00*** [12.30]
D_{ij}	-1.73*** [-7.45]	-1.27*** [-4.18]	-1.27*** [-4.17]	-1.29*** [-5.88]	-0.98*** [-3.16]	-0.98*** [-3.16]
Culture	0.23*** [4.28]	0.23*** [4.45]	0.24*** [4.44]	0.76** [2.46]	0.65** [2.04]	0.65** [2.04]
Abut		0.45** [2.29]	0.45** [2.28]		0.30 [1.40]	0.30 [1.40]
CAFTA			-0.11 [-0.46]			-0.09 [-0.35]
Constant	6.94*** [3.60]	3.11 [1.23]	2.68 [0.99]	3.20* [1.67]	0.74 [0.29]	0.38 [0.14]
Adjust R^2	0.93	0.93	0.93	0.92	0.92	0.92
F - stat	484.45***	399.43***	331.15***	446.85***	360.15***	298.41***

注：***、**和*分别表示 1%、5%、10% 的显著水平；[ ] 内为估计参数的 t 值。

家的出口贸易将上升超过1%。显然，经济规模是正向影响出口贸易的主要因素之一，这与贸易引力模型主流实证文献的结论一致。中国与东南亚国家之间地理距离则显著负向影响中国对东南亚国家的出口贸易，弹性区间为（-1.73，-1.27）。这说明，中国与东南亚国家的地理距离每上升1%，中国对东南亚国家的出口贸易将下降1.27%~1.73%。

R_i模型实证结果发现，东南亚各国华侨华人比例显著正向影响中国对东南亚国家的出口贸易，华侨华人比例每上升1%，中国对东南亚国家出口贸易将上升0.23%~0.24%。共同边界也对中国对东南亚国家的出口贸易有显著正向影响：若中国与东南亚国家有共同边界，则出口贸易将上升0.45%。需要报告的是，中国—东盟自由贸易区的建立有助于推动中国同东盟国家的进出口贸易（陈雯，2009），但在本节中CAFTA对出口贸易的影响并不显著，其可能的原因在于，2008年爆发的国际金融危机与CAFTA建成时间正好重合，前者的贸易阻碍效应倾向于抵消后者的贸易促进效应。

（2）基建关联产业估计结果。为分析基建关联产业的贸易潜力，我们首先给出包括钢铁、玻璃、水泥、（建筑用）金属、运输设备、塑料、陶瓷和木材在内的基建关联产业实证结果，然后再讨论不同子产业的实证结果。由表7-16的R_i模型结果看，中国和东南亚国家的经济规模变量都显著正向影响中国基建关联产业的出口贸易，但中国经济规模对出口的弹性（1.03~1.17）要比表7-15给出的贸易总额估计结果大。这说明，该结果与样本时期内中国经济的增长偏向于包括钢铁、水泥在内的基建关联产业的发展有关，GDP上升与基建关联产业出口增长也体现出这种偏向性。这可能也是中国国务院（2015）提出将钢铁、建材、（建筑用）金属等基建关联子产业作为推进国际产能合作重点的原因所在。相比较，东南亚国家GDP对贸易需求的弹性（1.01~1.02）与贸易总额估计结果基本相符。但距离因素对中国向东南亚国家基建关联产业的出口贸易之弹性有所降低，其原因可能在于基建关联产业运输的规模经济性较强。同时，共同边界变量Abut对基建关联产业贸易的影响不显著，它同样可能源于基建关联产业依托海运的规模经济性，因此陆路接壤并未带来明显的运输成本降低①。表7-16中报告的基于绝对距离La模型估计结果基本验证了以上R_i模型的稳健性。相比较，华文重要性变量虽不显著但仍为正，共同边界及CAFTA变量之影响仍不显著。

---

① 中国与越南和老挝之间的国境陆路运输条件不佳，不适合基建关联产品的大规模运输，而海运方式更能体现该类产品运输的规模经济性。

表 7-16 "海上丝路"国家基建关联产业回归结果

变量	R_j 模型			La 模型		
Y_i	1.03*** [14.56]	1.03*** [14.45]	1.17*** [8.12]	1.07*** [12.59]	1.07*** [12.36]	1.20*** [7.63]
Y_j	1.01*** [36.48]	1.02*** [35.04]	1.02*** [35.07]	0.95*** [13.22]	0.94*** [12.30]	0.94*** [12.30]
D_{ij}	-1.21*** [-5.61]	-1.15** [-3.99]	-1.15** [-4.01]	-0.82*** [-3.99]	-0.87** [-2.99]	-0.89** [-3.01]
Culture	0.21*** [4.17]	0.21*** [4.17]	0.21*** [4.19]	0.46 [1.58]	0.48 [1.60]	0.48 [1.60]
Abut		0.06 [0.35]	0.06 [0.34]		-0.05 [-0.27]	-0.06 [-0.27]
CAFTA			-0.24 [-1.12]			-0.23 [-1.00]
Constant	6.73*** [3.75]	6.18** [2.58]	5.18** [2.03]	3.61** [2.01]	4.05* [1.66]	3.11 [1.19]
Adjust R^2	0.93	0.93	0.93	0.92	0.92	0.92
F-stat	531.45	422.72	353.08	481.53	382.89	319.19

注：***、**和*分别表示1%、5%、10%的显著水平；[ ]内为估计参数的t值。

现在我们报告8个不同基建关联子产业层面的实证结果（见表7-17），它与之前基于基建关联产业总量模型回归结果基本吻合，但不同产业间体现出一定的差异性。可见，对中国经济规模增长最敏感的基建关联产业依次为（建筑用）金属、木材、水泥石料、陶瓷和玻璃，运输设备产业则不显著。显然，这一产业排序中居前的产业均为中国具有较强比较优势和产能优势的产业。而对东南亚国家经济规模增长最敏感的产业依次为运输设备、玻璃、木材、塑料、水泥石料、钢铁、陶瓷和（建筑用）金属，弹性均大于0.90。总体看，双方经济规模上升对中国主要基建关联子产业出口都较有弹性，这为双方的进一步贸易和投资合作提供了较大的发展空间。对（建筑用）金属、运输设备等产业，距离变量的回归结果并不显著，说明相对于水泥、陶瓷等低值产品而言，较高价值产品之贸易对距离因素并不敏感。此外，中国—东盟自贸区CAFTA变量仍总体上不显著，与我们在总量模型中的实证结果相仿。从CAFTA建成和国际金融危机爆发重合的2009年来看，相较于2008年，2009年中国对全世界的出口总额下降了16%，对东南亚国家的出口总额下降7%；中国对全世界的基建关联产业出口额下降26%，对东南亚国家的基建关联产业出口额下降19%；但在基建关联产业内，中国向全球和东南亚（建筑用）金属出口额下降幅度最大，分别达到36%和43%[①]。而在本节的实证结果中仅有（建筑用）金属显著负相关，可能就在于这一子产业受国际金融危机的负影响显著大于CAFTA成立之正效应。

表7-17 "海上丝路"国家Rj模型回归结果

自变量	钢铁	玻璃	水泥石料	金属	运输设备	塑料	陶瓷	木材
Y_i	1.23*** [8.27]	0.87*** [4.21]	1.18*** [7.07]	2.19*** [10.89]	0.38 [0.96]	1.51*** [7.07]	1.17*** [5.94]	1.29*** [5.65]
Y_j	1.03*** [34.54]	1.21*** [29.07]	1.06*** [31.23]	0.94*** [22.37]	1.38*** [15.20]	1.09*** [24.54]	0.97*** [24.33]	1.20*** [25.63]
D_{ij}	-0.49* [-1.67]	-1.73*** [-4.20]	-0.99*** [-2.95]	-0.66 [-1.61]	0.01 [0.01]	-0.74* [-1.71]	-2.29*** [-5.78]	-0.12 [-0.26]
Culture	0.16*** [3.07]	0.05 [0.63]	0.21*** [3.57]	0.44*** [6.17]	0.65*** [4.92]	0.18** [2.38]	0.22*** [3.24]	0.07 [0.93]
Abut	0.61*** [3.19]	-1.18*** [-4.44]	0.43** [2.03]	0.33 [1.26]	0.73 [1.46]	-0.31 [-1.09]	-1.28*** [-5.04]	0.13 [0.44]
CAFTA	-0.26 [-1.16]	-0.16 [-0.52]	-0.27 [-1.09]	-1.04*** [-3.44]	-0.02 [-0.03]	0.22 [0.69]	-0.21 [-0.73]	-0.40 [-1.16]
Constant	-1.48 [-0.57]	9.75*** [2.67]	0.88 [0.30]	-11.71*** [-3.22]	-4.57 [-0.65]	-7.45* [-1.95]	13.10*** [3.74]	-7.73* [-1.89]
Adjust R^2	0.93	0.90	0.91	0.87	0.70	0.88	0.88	0.87
F-stat	30.71***	224.27***	251.33***	175.20***	53.16***	181.77***	188.87***	165.66***

注：***、**和*分别表示1%、5%、10%的显著水平；[ ]内为估计参数的t值。

7.3.3 贸易潜力和增长空间测算

表7-18报告了2015年中国对东南亚国家贸易总量及基建关联产业的贸易潜力估计值。可见，总量意义上的潜力再造型国家有越南、柬埔寨、文莱和东帝汶四国，马来西亚和新加坡理论值与实际值基本吻合，属于潜力开拓型；其

[①] 如果不是CAFTA建成对贸易的促进效应对国际金融危机带来的负向冲击有抵消作用，则中国向东南亚出口总额的下降幅度可能更大。

余 4 国都属于潜力巨大型,尤以泰国、菲律宾和印度尼西亚最为明显,其贸易潜力也最大。从基建关联产业看,总量上泰国、新加坡、印度尼西亚和菲律宾 4 国属于潜力巨大型;老挝和马来西亚属于潜力开拓型;其余 4 国属于潜力再造型。如果区分不同的基建关联子产业,以贸易潜力值大于 1.2 的国家数量排序,钢铁产业有 6 个国家显示为潜力巨大型;运输设备、玻璃和木材在 5 个国家显示为潜力巨大型,水泥石料和陶瓷再次之,排序最后的是(建筑用)金属和塑料。而以不同国家来分析,泰国和印度尼西亚在所有子产业上都显示较强的贸易潜力(潜力巨大型),菲律宾、新加坡和老挝次之,东帝汶和文莱则在所有子产业上都显示了很弱的贸易潜力,属于潜力再造型,显示这些国家因经济规模和市场容量很小,进一步扩展与中国基建关联产业合作的潜力非常有限。

表 7-18　　中国对东南亚国家出口贸易潜力估计(2015 年)

国别	THA	VNM	LAO	KHM	MYS	SGP	IDN	BRN	PHL	TMP
贸易总量	1.80	0.74	1.34	0.34	1.01	1.13	1.41	0.89	1.42	0.52
基建关联产业	2.45	0.75	1.10	0.55	1.04	1.24	1.81	0.53	1.59	0.21
塑料	2.03	0.67	0.69	0.60	0.99	1.17	2.81	0.21	1.81	0.38
木材	3.21	0.95	4.05	0.29	2.17	1.75	2.93	0.28	0.93	0.12
水泥石料	2.27	0.51	2.95	0.59	0.75	1.02	1.29	0.38	2.19	0.18
陶瓷	2.54	0.15	1.34	0.34	0.51	0.51	1.45	0.38	1.41	0.14
玻璃	2.76	0.46	2.45	0.55	0.85	1.54	1.89	0.45	2.61	0.61
钢铁	2.33	1.50	0.97	1.01	1.41	1.82	1.92	0.77	1.58	0.23
建筑用金属	2.92	0.90	1.28	0.73	0.81	0.89	1.22	0.61	0.90	0.31
运输设备	1.74	2.91	0.60	0.04	1.16	1.34	1.72	0.45	4.46	0.07

数据来源:作者的估算。

为预测 2016~2021 年中国对"海上丝路"国家基建关联产业的贸易增长空间,我们选择 IMF 提供的较保守且预测时期较长的实际 GDP 增长率预测数据进行估算,基期为 2008 年(见表 7-19)。接下来将首先测算 2016~2021 年 8 个基建关联行业的出口贸易额($EX_{2016} - EX_{2021}$);而后将估算的 2021 年预测值(EX_{2021})与 2015 年实际值(EX_{2015})进行比较,其差额($\Delta EX2021 = EX_{2021} - EX_{2015}$)即为中国基建关联产业与"海上丝路"国家的出口增长空间,以上测算结果报告在图 7-3 中。

表 7-19　　　　　中国与东南亚国家的实际 GDP 增长率预测　　　　　单位:%

国别		CHN	THA	VNM	LAO	KHM	MYS	SGP	IDN	BRN	PHL	TMP
2016 年	IMF	6.5	3.0	6.3	7.4	7.0	4.4	1.8	4.9	-2.0	6.0	5.0
	WB	6.7	2.5	6.2	7.0	/	4.4	/	5.1	/	6.4	/
2017 年	IMF	6.2	3.2	6.2	7.4	7.0	4.8	2.2	5.3	3.0	6.2	5.5
	WB	6.5	2.6	6.3	7.0	/	4.5	/	5.3	/	6.2	/
2021 年	IMF	6.0	3.0	6.2	7.3	6.7	5.0	2.8	6.0	6.8	6.5	5.5

数据来源：World Economic Outlook 2016，IMF 数据库；Global Economic Prospects June 2016，World Bank。

由图 7-3 可见，东南亚 10 国中印度尼西亚和泰国两国与中国基建关联产业贸易的上升空间最大，较 2015 年实际出口额分别还有 113.78 亿美元和 87.2 亿美元的增长空间，菲律宾、马来西亚、新加坡和越南也具有可观的贸易增长潜力，但老挝、柬埔寨、文莱和东帝汶的基建关联产业贸易潜力上升空间较小。以上估算结果表明，中国未来基建关联产业贸易与投资合作应重点选择经济规模较大、增长空间充足的国家。

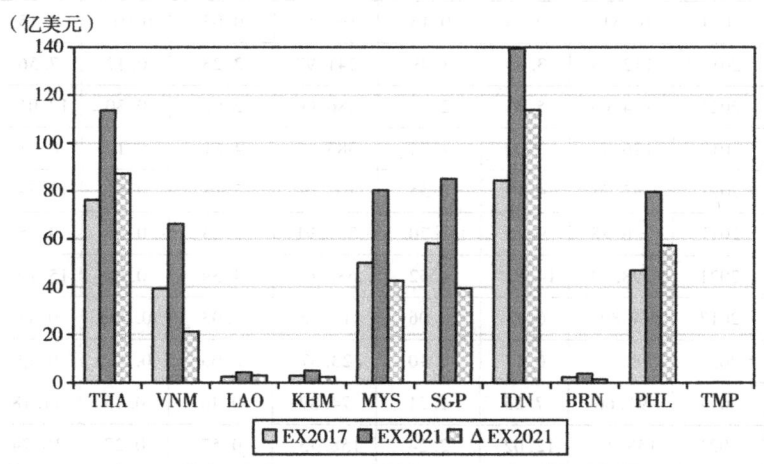

图 7-3　中国基建关联产业对东南亚贸易出口潜力预测
数据来源：作者的计算。

更进一步，我们还测算了 2017~2021 年 8 个基建关联子产业的出口增长空间预测值。表 7-20 报告了 2017 年和 2021 年的测算结果以及截至 2021 年的各子产业贸易增量估算值。总体上，8 个子产业的贸易增长空间超过 4000 亿美元，其中，钢铁和（建筑用）金属的增长空间最大，到 2021 年增长空间分别超过 1300 亿美元和 2500 亿美元，而其他 6 个行业则相对有限。从国家层面上看,印度尼西亚、新加坡、马来西亚、泰国、越南和菲律宾贸易增长空间较大,这些国家也是东南亚经济规模较大的经济体。相对应,中国向老挝、柬埔寨、文莱和东帝汶4国的出口增长空间较为有限,与这四国经济规模、市场容量或者市场发育及开放程度较弱有关。

表 7-20　"海上丝路"国家基建关联子产业出口潜力估算结果(2017~2021年)　　　单位:亿美元

国别	年份	钢铁	玻璃	水泥石料	建筑用金属	运输设备	塑料	陶瓷	木材
THA	2017	149.47	7.56	2.19	220.33	1.98	0.24	15.46	11.66
THA	2021	226.35	10.75	3.30	413.91	2.34	0.39	22.92	18.27
VNM	2017	123.13	1.93	1.60	52.00	0.24	0.11	3.35	5.32
VNM	2021	210.87	3.17	2.73	109.30	0.33	0.20	5.57	9.63
LAO	2017	8.02	0.05	0.09	6.34	0.01	0.006	0.20	0.20
LAO	2021	14.35	0.09	0.17	13.88	0.02	0.01	0.35	0.38
KHM	2017	5.88	0.19	0.08	9.18	0.02	0.008	0.68	0.31
KHM	2021	10.31	0.33	0.13	19.71	0.03	0.01	1.15	0.58
MYS	2017	112.98	3.43	1.49	241.97	2.28	0.17	7.56	8.54
MYS	2021	184.09	5.31	2.41	486.00	2.98	0.30	12.01	14.58
SGP	2017	126.13	3.02	1.74	383.32	4.51	0.19	8.63	7.92
SGP	2021	187.21	4.19	2.55	707.04	5.18	0.31	12.54	12.13
IDN	2017	236.88	9.22	2.70	307.91	3.23	0.35	9.65	31.10
IDN	2021	398.44	14.83	4.52	636.64	4.39	0.64	15.79	55.12
BRN	2017	4.89	0.11	0.06	11.45	0.03	0.006	0.47	0.22
BRN	2021	8.10	0.17	0.10	23.37	0.03	0.01	0.75	0.39
PHL	2017	91.66	7.25	1.31	74.89	0.40	0.15	11.18	8.68
PHL	2021	158.11	12.02	2.24	158.45	0.57	0.27	18.74	15.84
TMP	2017	0.28	0.004	0.002	0.54	0.00	0.00	0.01	0.01
TMP	2021	0.47	0.006	0.004	1.11	0.00	0.00	0.02	0.02
$\sum\Delta EX_{2021}$		1315.10	31.34	0.81	2564.59	4.22	1.29	31.03	113.89

7.3.4　结论

本节利用面板引力模型从总量和子产业层面估计了中国对东南亚国家基建

关联产业的贸易出口潜力,并测算了截至2021年的中国对东南亚国家基建关联产业出口增长空间。研究发现：（1）中国和东南亚国家的经济增长和文化联系纽带显著促进中国的基建关联产业出口。（2）中国对泰国、印度尼西亚和菲律宾等国基建关联产业的出口潜力较大,而其余东南亚国家因经济规模和市场容量较小,出口潜力有限。（3）2017~2021年中国对东南亚国家基建关联产业出口增长空间超过4000亿美元,其中钢铁和建筑用金属所占份额最大。

7.4 钢铁产业的出口潜力估计：中美贸易冲突背景

近年来特定国家奉行的贸易保护政策给全球贸易带来了极大的不确定性,中美贸易冲突凸显了美国将贸易政策用于大国博弈的新动向。中美贸易冲突引致的现实问题是：对中国输美商品加征关税必然影响中国对美国出口,也将影响中国对"一带一路"沿线国家的出口贸易潜力。其影响程度依托于两方面的实证证据：其一,出口转移将面临出口竞争,在目标市场中国出口产品对其他国家出口产品的替代能力高低决定中国出口转移的难易程度;其二,哪些国家或地区对中国需转移商品有较大的贸易潜力,以便确定重点转移对象国或地区。由于钢铁是美国对外增税的最主要产业之一,"一带一路"沿线国家又占据中国出口较大份额且长期钢铁需求旺盛,本节研究聚焦于钢铁产业和"一带一路"区域来尝试给出实证证据。

7.4.1 实证方法与数据

假设存在相互竞争的一些出口国家如A、B、C,我们需要测算这些出口国对进口国I_i($i=1,2,\cdots,N$)的贸易潜力。传统的引力模型通常假定出口国之间的竞争是外生给定的,不考虑竞争态势的变动,所以对这些出口国的贸易潜力是分别计算的,就有可能算出A对I_i、B对I_i以及C对I_i的贸易潜力都较大。但在某个特定时段这些出口国对于同一进口国I_i存在出口竞争,无视出口竞争而直接计算的贸易潜力可能存在偏误。为克服传统方法未考虑出口竞争的不足,我们需要首先估算主要出口国在进口国市场上的替代弹性以及不同进口国的进口需求弹性,再依此两者计算贸易潜力。

（1）替代弹性估计。出口竞争意味着出口竞争对手之间的相互替代,在进口国市场上出口国对其竞争对手的替代弹性（绝对值）越大,意味着该出口国相比竞争对手的价格更低,则越能从竞争对手那里获得更大的市场份额转移。参照 Shiells 等(1986),利用以下方程来估计特定区域市场上出口国对其竞争对手的替代弹性:

$$\mathrm{Ln}\left(\frac{E_{it}}{E_{jt}}\right) = C + \sigma \times \mathrm{Ln}\left(\frac{P_{it}}{P_{jt}}\right) + g \times \mathrm{TIME} + \varepsilon_{it} \qquad (7-4)$$

其中,Ln 代表自然对数,i 代表出口国,j 代表其他出口竞争国;E_{it} 是 i 国对于特定区域第 t 期的钢铁出口数量,E_{jt} 是其他出口竞争国对于该特定区域第 t 期的钢铁出口数量,E_{it}/E_{jt} 代表 i 国与 j 国在特定区域第 t 期所占市场份额之比;P_{it} 是 i 国在该特定区域第 t 期的钢铁的平均出口价格,P_{jt} 是其他出口竞争国在该特定区域第 t 期的钢铁的平均出口价格,P_{it}/P_{jt} 代表 i 国与 j 国在特定区域第 t 期的出口价格之比,出口国为了争夺市场份额都可能降价,但可能有的国家降价幅度更大,如果 P_{it}/P_{jt} 变小则意味着 i 国的出口价格相对更低;Time 为时间趋势变量,用以代表钢铁行业过剩生产能力等非价格因素;σ 为 i 国对其他出口竞争国钢铁出口替代弹性,ε_{it} 为随机扰动项。需要说明的是,这里的特定区域既可以指代世界市场,也可以是"一带一路"区域或者"一带一路"区域内的某一国家。

我们可以分别计算包括中国在内的出口国对其竞争对手的替代弹性,然后利用这些竞争对手在某特定区域的市场份额作为权重,计算出该出口国对其竞争对手的加权平均替代弹性。这个加权平均替代弹性可以测度当该出口国的钢铁出口价格相对降低时平均可以从出口竞争对手转移的市场份额。

(2)进口需求弹性估计。产品的出口竞争不仅发生在出口国企业之间,也表现为出口国企业与进口国国内企业之间的竞争。出口国企业的价格竞争会导致对进口国国内产品的竞争和替代,两者之间的关系可以用进口需求弹性来测度。我们采用 Soderbery(2015)的方法来估计进口需求弹性。假定存在代表性消费者,拥有嵌套型 CES 偏好结构。对于给定的同一产品的多样性,其效用可以表示为:

$$X_{gt} = \left(\sum_{v \in V} b_{gvt}^{\frac{1}{\sigma_g}} x_{gvt}^{\frac{\sigma_g - 1}{\sigma_g}}\right)^{\frac{\sigma_g}{\sigma_g - 1}} \qquad (7-5)$$

由此可产生对某一产品多样性的需求:

$$S_{gvt} \equiv \frac{p_{gvt} x_{gvt}}{\sum_{v \in I_{gt}} p_{gvt} x_{gvt}} = \left(\frac{p_{gvt}}{\phi_{gt}(b_t)}\right)^{1-\sigma_g} b_{gvt} \qquad (7-6)$$

在时期 t 产品 g 的多样性 v 的集合可以表示为 $I_{gt} \in \{1, \cdots, N\}$,$x_{gvt}$ 是时期 t 产品 g 的多样性 v 被消费的加总量,$\sigma_g > 1$ 是产品 g 特定的不变替代弹性,s_{gvt}

是市场份额，取决于其价格（p_{gvt}）、特定的随机品味参数（b_{gvt}）以及受整个品味参数向量影响的产品 g 的最低生产成本（$\phi_{gt}(b_t)$）。

假定出口市场结构为垄断竞争，则消费者将面临向上倾斜的供给曲线：

$$p_{gvt} = \left(\frac{\sigma_g}{\sigma_g - 1}\right) \exp(\eta_{gvt}) (x_{gvt})^{\omega_g} \qquad (7-7)$$

其中，η_{gvt} 代表与品味参数 b_{gvt} 相独立的随机技术因素，$\omega_g > 0$ 代表产品 g 的供给弹性的倒数。

为了消除与时间相关的不可观测因素，首先需要对价格和市场份额进行差分。经过一次差分后，仍然存在与产品相关的不可观测因素，可以利用参照物国家的价格和市场份额进行二次差分（第一次差分利用 Δ，第二次差分用上标 k 表示），得到以下结构方程组：

$$\Delta^k \ln s_{gvt} \equiv \Delta \ln p_{gvt} - \Delta \ln p_{gkt} = -(\sigma_g - 1)\Delta^k \ln(p_{gvt}) + \varepsilon^k_{gvt} \qquad (7-8)$$

$$\Delta^k \ln p_{gvt} \equiv \Delta \ln s_{gvt} - \Delta \ln s_{gkt} = \left(\frac{\omega_g}{1+w_g}\right)\Delta^k \ln(s_{gvt}) + \delta^k_{gvt} \qquad (7-9)$$

定义 $\rho \equiv \frac{\omega(\sigma-1)}{1+\omega\sigma} \in \left[0, \frac{\sigma-1}{\sigma}\right]$，假设差分处理过的需求方程的误差项 ε^k_{gvt} 和供给方程的误差项 δ^k_{gvt} 在时间和产品空间上是相互独立的，将式（7-8）和式（7-9）相乘化简后得到以下容易处理的估计方程：

$$Y_{gvt} = \theta_1 X_{1gvt} + \theta_2 X_{2gvt} + u_{gvt} \qquad (7-10)$$

其中，$Y_{gvt} \equiv (\Delta^k \ln p_{gvt})^2$，$X_{1gvt} \equiv (\Delta^k \ln s_{gvt})^2$，$X_{2gvt} \equiv (\Delta^k \ln s_{gvt})(\Delta^k \ln p_{gvt})$，$u_{gvt} = \frac{\varepsilon^k_{gvt} \delta^k_{gvt}}{1-\rho}$。由于 $\theta_1 \equiv \frac{\rho}{(\sigma-1)^2(1-\rho)}$，$\theta_2 \equiv \frac{2\rho-1}{(\sigma-1)(1-\rho)}$，通过方程（7-10）估计出 θ_1 和 θ_2 后，就可以相应求出 σ 和 ρ 的估计值，进而再求出 ω 的估计值。然后我们就可以得到进口需求弹性的估计值 $1-\sigma$ 以及进口供给弹性 $1/\omega$。

具体而言，我们将海关的 HS6 位数编码产品定义为产品 g，同一产品但来自不同的国家定义为 v，市场份额 s_{gvt} 通过某进口国从某出口国 v 进口的产品 g 的数量除以该进口国产品 g 的总进口数量得到，价格 p_{gvt} 可以通过进口金额除以相应的进口数量得到。遵从 Feenstra（1994）以及 Soderbery（2015），进口国某进口产品的相应参照物国家选取该进口产品所占市场份额最大的国家。

值得注意的是，如果需求方程的误差项 ε^k_{gvt} 和供给方程的误差项 δ^k_{gvt} 由于内生产品质量等问题而出现某种程度的相关时，则以上方法的估计将是非一致和有偏的。但考虑到钢铁产业是比较传统和成熟的产业，其产品质量基本保持稳定；而且，我们考虑的是整个钢铁行业，少量对质量要求较高的品类的影响是比较微弱的，对实证估计的负面影响并不大。

（3）贸易潜力的计算。价格竞争是出口竞争的最重要手段之一。如果一出口国相对其他竞争对手的出口价格降低，则须综合考虑两个效应：第一，进口国会因进口价格降低而增加进口需求，可称为"需求创造效应"，其增长幅度可以用进口需求弹性来估算。第二，出口国可能因其相对价格更低而可以从竞争对手那里获得在进口国市场上更大的市场份额，可称为"需求转移效应"，它测度出口国之间因价格竞争而导致的进口国需求在出口国之间的重新分配和转移，其增长幅度可以用替代弹性来估算。但是，仅仅进口需求弹性和替代弹性较大还不够，如果进口国来自某出口国的进口相对规模偏小，则对于该出口国而言其贸易潜力也不会很大。所以我们需要充分考虑进口需求弹性、替代弹性和进口相对规模三个因素，以三者乘积作为考虑出口竞争情形下的贸易潜力测度指标。这一贸易潜力可用公式表示如下：

$$TP = E_s \times E_d \times IS \tag{7-11}$$

其中，TP 是贸易潜力，E_s 是出口替代弹性，E_d 是进口需求弹性，IS 是进口相对规模。

（4）数据。贸易数据来自国际贸易中心（International Trade Centre，ITC），该中心数据库提供各国历年对其他国家出口（或进口）的年度、季度或月度的所有 HS6 或者 HS2 位数编码产品的出口金额和出口数量。钢铁的 HS2 位数编码为 72，下面细分为 194 种 HS6 位数编码产品。由于出口（进口）价格是通过某时间段的出口（进口）金额除以出口（进口）数量得到，因此产品分类越细时间间隔越短，价格相对越准确，我们选择 HS6 位数编码的月度数据。同时，我们观察到 2008 年金融危机之后的 2008 年和 2009 年世界贸易额断崖式下跌，2010 年才开始恢复，这种极端冲击下的贸易数据难以反映真实的贸易变化趋势。因此，我们选择了从 2011 年 1 月到 2017 年 12 月共 84 个月的贸易数据展开实证研究。

利用 ITC 的钢铁贸易数据可发现，美国 2015~2017 年钢铁贸易逆差均在 100 亿美元左右，其最大贸易伙伴是加拿大和巴西，随后是墨西哥、俄罗斯、韩国、日本以及德国等欧盟国家，中国在大多数年份都不是美国前五大进口来源国，输美钢铁量排名多在 6~10 位徘徊。由于美国的钢铁关税涉及加拿大、巴西、俄罗斯、墨西哥、韩国、日本、德国、土耳其、南非等国家以及中国台湾地区，它们对美出口均可能有较大下滑。作为全球钢铁最大市场之一的美国减少了钢铁进口，可以预期中国对美国之外的钢铁出口将面临更激烈的竞争。

这一竞争主要来源于对美国出口较多、受美国钢铁关税影响较大,而且对"一带一路"区域钢铁出口也较大的国家。由此,我们选择了 21 个钢铁出口国家/地区作为研究对象,它们在 2017 年的钢铁出口额均在 50 亿美元以上。表 7-21 报告了这些国家(地区)向"一带一路"区域出口占"一带一路"钢铁总进口及其自身钢铁出口的份额。可见,对美国出口较多同时又是"一带一路"钢铁进口的重要供给国包括俄罗斯、韩国、日本和德国,它们的市场份额均超过 5%。考虑到印度的经济规模、较快速的经济增长以及"一带一路"市场对其钢铁出口的重要性,我们将印度纳入作为中国钢铁出口的主要竞争者,由此遴选得到 5 个受美国钢铁关税冲击背景下中国钢铁出口贸易的主要竞争对手,即日本、韩国、俄罗斯、德国和印度。

表 7-21 主要钢铁出口国家(地区)向"一带一路"出口的比重 单位:%

国家(地区)	2011 年	2012 年	2013 年	2014 年	2015 年	2016 年	2017 年
中国	8.0 [36.0]	8.7 [41.7]	10.4 [44.6]	15.4 [45.9]	18.2 [50.6]	18.5 [54.1]	14.2 [50.4]
日本	13.2 [56.2]	12.7 [57.3]	12.1 [56.7]	11.4 [56.3]	11.8 [58.8]	11.4 [58.7]	10.8 [58.8]
德国	5.2 [26.4]	4.8 [27.0]	4.7 [26.9]	4.8 [27.1]	4.6 [27.1]	4.9 [28.5]	5.1 [29.4]
韩国	9.1 [59.6]	8.5 [59.6]	8.2 [61.0]	8.4 [58.0]	8.5 [57.8]	8.5 [57.7]	8.4 [57.4]
俄罗斯	5.5 [45.3]	6.0 [46.9]	5.9 [48.4]	5.9 [47.6]	5.5 [49.5]	5.8 [52.4]	5.4 [51.9]
比利时	2.2 [17.6]	1.8 [18.0]	1.9 [17.4]	1.8 [17.7]	1.7 [16.3]	1.7 [15.7]	1.8 [16.0]
美国	4.5 [31.6]	3.6 [28.1]	3.1 [26.0]	2.6 [22.9]	2.3 [21.9]	2.2 [21.9]	2.6 [24.9]
法国	1.6 [14.6]	1.3 [13.8]	1.4 [14.5]	1.5 [15.2]	1.3 [14.0]	1.4 [15.7]	1.5 [15.0]
荷兰	1.3 [14.3]	1.3 [15.8]	1.2 [13.4]	1.2 [12.1]	1.0 [11.2]	1.2 [12.9]	1.3 [13.8]
意大利	2.2 [24.0]	2.1 [23.8]	2.1 [25.1]	2.1 [25.6]	2.3 [29.2]	2.4 [28.7]	2.5 [29.0]
巴西	1.0 [15.6]	1.0 [16.8]	0.81 [5.4]	1.0 [17.3]	1.4 [20.8]	1.3 [21.2]	1.5 [20.8]

续表

国家（地区）	2011 年	2012 年	2013 年	2014 年	2015 年	2016 年	2017 年
中国台湾	3.6 [54.7]	3.3 [57.0]	3.5 [58.1]	3.4 [52.8]	3.2 [54.4]	3.2 [53.3]	3.2 [51.0]
乌克兰	7.4 [72.1]	6.7 [77.6]	6.6 [76.2]	5.7 [73.0]	4.1 [69.6]	N/A	3.3 [58.0]
印度	1.8 [39.7]	1.9 [44.2]	2.8 [45.5]	2.5 [45.1]	2.0 [43.7]	2.3 [44.9]	2.7 [48.9]
土耳其	3.5 [55.7]	3.9 [61.2]	3.3 [54.7]	2.6 [47.0]	2.3 [48.3]	2.3 [48.0]	2.0 [37.2]
澳大利亚	1.3 [27.3]	1.0 [24.8]	1.1 [25.6]	1.2 [28.2]	1.2 [25.7]	1.3 [28.0]	1.3 [27.5]
西班牙	1.0 [17.3]	0.8 [15.8]	0.8 [14.6]	0.7 [13.2]	0.7 [14.1]	0.8 [15.8]	0.8 [17.0]
英国	2.0 [30.9]	2.2 [39.1]	2.5 [40.3]	2.2 [35.3]	1.9 [36.2]	1.6 [37.2]	1.7 [37.5]
瑞典	1.2 [24.8]	1.1 [26.2]	1.0 [25.6]	1.0 [24.2]	1.0 [23.3]	1.0 [22.7]	1.0 [23.6]
加拿大	0.5 [10.9]	0.4 [9.0]	0.4 [10.3]	0.3 [6.7]	0.2 [5.4]	0.3 [6.5]	0.3 [7.7]
南非	1.4 [30.7]	1.2 [30.6]	1.3 [33.7]	1.4 [32.3]	1.0 [30.2]	1.6 [37.4]	1.4 [34.5]

注：*、[ ] 分别是对"一带一路"出口占"一带一路"钢铁总进口的份额，以及对"一带一路"出口占一国钢铁出口的比重。

由于价格是出口竞争的重要手段，我们关注中国与竞争对手的钢铁出口价格对比，基于 ITC 贸易数据的价格比较结果报告在表 7 - 22 中。平均来看，无论是在全世界范围还是"一带一路"区域内，中国相对德国、印度、日本和韩国等钢铁出口大国的出口价格相对较低，存在一定的价格优势，但相对俄罗斯却存在价格劣势，这在一定程度上可说明中国在世界以及"一带一路"区域钢铁出口最多的事实。从表 7 - 21 和表 7 - 22，我们得到这样的直观印象：钢铁相对价格较低的出口国将占据较大的市场份额。但是，一个出口国如果相比其他出口国降价更多，能否从竞争对手处争夺份额以及争夺到的份额增幅有多大，还需要进一步的替代弹性估计来给出证据。

表 7-22　　中国与其主要钢铁出口竞争国的相对价格比较

变量	观测值	平均值	标准差	最小值	最大值
p_worldcg	84	0.79	0.11	0.55	1.03
p_worldci	84	0.85	0.15	0.47	1.20
p_worldcj	84	0.95	0.09	0.75	1.10
p_worldck	84	0.82	0.10	0.61	1.05
p_worldcr	84	1.42	0.11	1.18	1.78
p_BRcg	84	0.66	0.10	0.41	0.88
p_BRci	84	0.91	0.15	0.55	1.22
p_BRcj	84	0.88	0.07	0.71	1.06
p_BRck	84	0.80	0.10	0.60	1.05
p_BRcr	84	1.31	0.12	1.07	1.65

注：world 代表全世界，BR 代表"一带一路"区域，c、g、i、j、k 和 r 分别代表中国、德国、印度、日本、韩国和俄罗斯，p_worldcg 代表中国对德国在全世界范围的钢铁出口价格比，其余变量依此类推。

7.4.2　替代弹性估计结果

我们将出口区域分别定义为全世界以及"一带一路"，利用方程（7-4）和相应出口区域的钢铁月度贸易数据进行回归，估计结果报告在表 7-27 中。从中可看见，无论是对全球还是"一带一路"地区，中国对德国、印度、日本、韩国和俄罗斯等五国的钢铁出口替代弹性都较大，说明中国的钢铁出口对这些国家的钢铁出口都存在较强的替代性，充分反映了钢铁产能全球性过剩背景下各主要钢铁出口国之间较为激烈的竞争态势。特别是，我们可以发现中国对俄罗斯和中国对印度的钢铁出口替代弹性相对更大，这一估计结果与描述性统计结果相互印证。根据表 7-22，中国、俄罗斯和印度的钢铁出口价格比较接近，相比其他国家为低，所以相互之间替代性或者说竞争性表现得更强，而且这一特征在"一带一路"区域比全球范围表现得更为明显。如果我们将表 7-23 中的替代弹性进行加权，可得到中国对主要出口竞争对手在全世界和"一带一路"区域的加权平均替代弹性分别为 2.43 和 2.81，"需求转移效应"较为显著，因此，从整体来看，价格竞争是很有效的争夺市场份额的手段，在"一带一路"区域尤其如此。

表 7-23 中国对主要竞争国在世界和"一带一路"的钢铁出口替代弹性估计

变量	中德		中印		中日		中韩		中俄	
	World	BR	World	BR	World	BR	World	BR	World	BR
Ln(p_i/p_j)	-1.745*** (0.191)	-2.044*** (0.178)	-2.433*** (0.161)	-2.924*** (0.160)	-2.226*** (0.210)	-2.589*** (0.267)	-2.078*** (0.210)	-2.021*** (0.266)	-2.894*** (0.313)	-3.485*** (0.321)
Time	-0.006*** (0.001)	-0.009*** (0.001)	-0.000 (0.001)	-0.0026*** (0.001)	-0.008*** (0.001)	-0.012*** (0.001)	-0.003*** (0.001)	-0.010*** (0.001)	-0.006*** (0.001)	-0.009*** (0.001)
C	-0.005 (0.050)	-0.252*** (0.071)	-1.377*** (0.057)	-1.411*** (0.056)	0.113*** (0.036)	0.199*** (0.049)	-0.273*** (0.040)	-0.0294 (0.059)	-1.211*** (0.131)	-1.023*** (0.116)
Obs	84	84	84	84	84	84	84	84	84	84
R^2	0.753	0.824	0.762	0.819	0.814	0.810	0.768	0.778	0.714	0.778

注：①World 和 BR 分别表示世界和"一带一路"区域；②括号中数值为标准差，***、**、* 分别代表在1%、5%的显著性水平。

按照同样的实证方法,我们将研究范围限定至"一带一路"域内的单一国家,分别计算中国对包括德国、印度、日本、韩国和俄罗斯在内的主要竞争对手的替代弹性以及中国对主要竞争对手的加权平均替代弹性。对德国、印度、日本、韩国和俄罗斯等国家而言,可以按照同样方法计算其对竞争对手的加权平均替代弹性。计算结果报告在表7-24中。需要特别说明的是,如果某出口国对某国的钢铁出口量为0,则该出口国无从替代其他出口国,我们设定其加权平均替代弹性为0;由于我们缺少各国在本国的钢铁销售量和销售价格等月度数据,因此印度和俄罗斯在本国对其他竞争对手的加权平均替代弹性难以测算,我们将其设定为0。另外,因不少"一带一路"国家经济规模和钢铁进口量极为有限,为方便起见,我们选取了2017年钢铁进口额超过5亿美元的37个国家进行测算和报告。

表7-24　主要出口国在"一带一路"进口国的加权平均替代弹性

国家	中国	日本	韩国	印度	德国	俄罗斯
土耳其	2.31	2.72	1.30	1.78	1.42	2.00
泰国	2.04	2.02	2.04	2.75	1.87	2.86
越南	2.89	2.62	2.72	2.87	1.38	3.16
印度尼西亚	2.80	2.34	2.81	2.03	0.00	3.38
波兰	2.14	1.37	2.26	1.76	2.01	2.09
印度	1.75	1.78	0.95	0.00	1.70	1.95
捷克	1.32	1.10	1.47	0.61	1.51	1.30
马来西亚	1.98	1.87	2.11	2.94	1.53	2.10
俄罗斯	2.56	2.22	2.67	2.27	2.80	0.00
菲律宾	2.98	2.22	3.36	2.81	1.94	4.92
巴基斯坦	3.14	3.39	2.66	2.48	2.77	2.08
埃及	3.09	3.01	2.22	2.13	2.42	2.98
阿联酋	2.78	2.59	2.41	2.89	1.73	2.72
罗马尼亚	2.86	1.82	2.58	3.09	2.38	3.32
斯洛伐克	1.72	1.20	1.36	1.55	1.27	1.40
沙特阿拉伯	2.84	2.91	2.57	2.17	1.98	3.34
匈牙利	1.69	1.56	2.31	1.70	1.93	2.16
新加坡	2.23	1.83	2.88	3.04	1.02	0.99
伊朗	3.43	2.63	1.58	2.40	1.75	3.46
孟加拉国	2.99	2.85	3.00	3.57	2.18	1.99

续表

国家	中国	日本	韩国	印度	德国	俄罗斯
斯洛文尼亚	1.08	1.49	1.54	2.35	0.96	1.59
白俄罗斯	0.53	0.00	0.80	1.75	1.53	0.73
以色列	2.79	1.83	1.98	2.44	2.73	2.85
保加利亚	2.00	1.81	0.00	1.94	1.91	2.05
乌克兰	2.04	1.50	3.28	1.75	0.82	1.99
哈萨克斯坦	1.47	0.00	2.37	2.41	0.85	1.55
缅甸	3.10	2.08	3.08	3.52	0.47	1.38
尼泊尔	1.92	3.13	0.00	2.89	0.81	0.00
科威特	1.80	1.92	1.64	2.06	1.41	2.31
乌兹别克斯坦	1.99	0.00	1.19	2.64	1.15	1.94
斯里兰卡	3.35	2.22	2.77	3.42	1.26	1.91
阿曼	3.52	2.24	3.35	3.60	1.48	3.02
立陶宛	2.38	1.25	0.84	1.95	1.59	1.79
伊拉克	3.26	1.50	1.90	2.76	0.90	3.62
克罗地亚	0.65	1.97	1.89	1.73	1.75	1.90
拉脱维亚	1.34	2.07	2.29	1.81	1.76	1.58
黎巴嫩	3.46	2.89	3.86	2.08	2.25	3.34

注：行的国家代表出口国，列的国家代表进口国。

主要出口国在特定进口国对其主要出口竞争对手的加权平均替代弹性可视为竞争替代能力的测度，竞争替代能力越强则需求转移效应越显著。对于表7-24，我们既可以从列上对同一出口国针对的不同进口国进行组内比较，以考察某出口国需求转移效应强弱的空间分布；也可以从行上开展面向同一进口国的不同出口国的组间比较，以探讨对于特定的进口国而言，出口国需求转移效应的高低排序分布。我们首先进行组内比较可发现，对于中国而言，在白俄罗斯、克罗地亚和斯洛文尼亚等国加权平均替代弹性特别低，其值小于或接近于1，需求转移效应较弱，在阿曼、黎巴嫩、伊朗、斯里兰卡、伊拉克、巴基斯坦、缅甸、埃及、孟加拉国和菲律宾等国的需求转移效应则较强。然后进行组间比较可以发现，在"一带一路"37个主要钢铁进口国中，在六大钢铁出口国中中国需求转移效应排名第一的国家有埃及、斯洛伐克和立陶宛（3个），排名第二的国家有土耳其、越南、波兰、巴基斯坦、阿联酋、伊朗、以色列、保加利亚、乌克兰、缅甸、乌兹别克斯坦、斯里兰卡、阿曼、伊拉克、黎巴嫩（15 个），排名第三的国家有泰国、印度尼西亚、印度、捷克、俄罗斯、菲律宾、罗马尼亚、沙特、新加坡、孟加拉国、尼泊尔（11 个），排名第四的国家有马来西亚、哈萨克斯坦、科威特（3 个），排名第五的国家有匈牙利、斯洛文尼亚、白俄罗斯（3 个），排名第六的国家有克罗地亚和拉脱维亚（2 个）。

综上所述，从组内比较结果看，中国在西亚、中东、南亚和东南亚等区域国家的需求转移效应较强；从组间比较结果看，中国在大部分国家中排名为第二或者第三位，显示中国在"一带一路"区域钢铁出口具备一定的竞争力，表现出较强的需求转移效应。这一结论可与表 7 - 22 给出的信息相印证：中国的钢铁出口平均价格仅高于俄罗斯而居第二位，这说明价格是竞争替代能力非常重要的组成部分。对于除中国之外的其他五个国家，我们也可进行类似的组内和组间比较。总体而言，出口国在离自己距离较近的国家对其竞争对手表现出较强的替代能力，需求转移效应较为显著，这与引力模型得出的地理距离较近出口较多的结论高度吻合。

7.4.3 进口需求弹性估计和贸易潜力测算

替代弹性估计的是出口竞争带来的"需求转移效应"，除此之外还存在出口竞争的"需求创造效应"，我们利用进口需求弹性来对其进行估计。与前类似，我们估计和报告 37 个"一带一路"沿线国的钢铁进口需求弹性。我们根据方程（7 - 10）估计出各国不同 HS6 位数编码产品的钢铁进口需求弹性后，再以各国不同 HS6 位数编码进口金额占该国钢铁总进口的比例作为权重，计算各国 HS2 位数编码的钢铁行业加总的进口需求弹性。由表 7 - 25 的测算结果可见，不同国家需要进口的 HS6 位数编码的钢铁产品种类差别较大，总的来说，经济规模较大以及钢铁进口量较大的国家其进口钢铁产品种类的分布也相应较广一些。从最大值和均值的分布看，前者最大者为 54.84，最小者为 11.57，均值中最大者为 7.14，最小者为 1.85，差异较大，但这与 Goldstein 和 Khan (1985)、Baier 和 Bergstrand (2001)、Bas 等 (2017) 等研究发现的利用不同国家和不同时期数据所估计的进口需求弹性结果差异较大的结论是一致的。从平均值和加总值来看，绝大多数国家的钢铁进口都是富有弹性的，这与 Imbs 和 Méjean (2015) 以及 Soderbery (2015) 的结论相似。37 个钢铁进口国中绝大多数国家的钢铁进口都富有弹性，说明钢铁出口国如能降低成本和价格将能带来较大幅度的出口量增长，价格竞争是奏效的，"需求创造效应"是显著的。

至于这37个钢铁进口主要国家的钢铁进口需求普遍富有弹性的原因,我们的一个解释是这些国家大部分属于发展中国家,工业化进程尚未结束,基础设施建设也相对落后,对钢铁的需求比较旺盛,同时人均收入水平较低,对价格也相对敏感,这些因素综合起来导致了富有弹性的进口需求特征。

表 7-25　主要出口国在"一带一路"进口国的加权平均替代弹性

国家	HS6 种类	最小值	最大值	均值	中位数	加总值
土耳其	134	0.16	28.58	2.54	1.21	2.44
泰国	153	0.14	25.64	2.22	0.99	2.21
越南	119	0.20	54.84	5.32	1.46	3.05
印度尼西亚	130	0.16	33.25	2.00	0.96	1.65
波兰	135	0.12	53.62	5.22	1.32	4.57
印度	127	0.15	30.84	2.45	1.09	1.37
捷克	138	0.07	36.02	3.39	0.86	3.41
马来西亚	129	0.16	11.57	1.98	1.09	1.70
俄罗斯	113	0.12	30.16	3.30	1.31	3.27
菲律宾	132	0.19	15.51	3.40	1.69	7.65
巴基斯坦	94	0.15	54.22	6.11	1.71	3.40
埃及	125	0.13	54.64	3.35	1.08	2.18
阿联酋	113	0.23	26.91	2.76	1.13	1.49
罗马尼亚	126	0.11	35.24	2.47	1.04	1.95
斯洛伐克	120	0.10	49.61	3.56	1.27	6.84
沙特阿拉伯	117	0.12	14.74	1.85	0.91	1.79
匈牙利	123	0.14	22.39	4.35	1.34	2.52
新加坡	124	0.15	14.63	2.40	0.98	3.26
伊朗	113	0.20	31.00	3.78	1.88	3.60
孟加拉国	91	0.16	42.34	6.40	1.22	4.01
斯洛文尼亚	127	0.10	22.94	4.27	1.04	4.35
白俄罗斯	100	0.17	36.44	4.80	2.30	3.20
以色列	94	0.17	30.95	4.21	1.38	1.55
保加利亚	107	0.12	44.89	6.11	1.41	4.02
乌克兰	98	0.20	48.99	4.51	1.76	2.98
哈萨克斯坦	72	0.23	28.75	4.20	1.77	2.37
缅甸	64	0.15	45.68	7.14	1.92	5.57

续表

国家	HS6 种类	最小值	最大值	均值	中位数	加总值
尼泊尔	11	0.34	21.90	6.67	3.39	0.63
科威特	70	0.14	33.57	4.49	1.88	2.23
乌兹别克斯坦	38	0.34	21.29	5.02	2.53	3.44
斯里兰卡	92	0.17	37.38	2.76	1.32	2.28
阿曼	85	0.20	36.49	3.45	1.45	2.04
立陶宛	88	0.10	20.77	2.47	1.39	1.36
伊拉克	45	0.26	21.45	6.54	2.59	1.62
克罗地亚	117	0.16	27.81	3.21	1.09	2.28
拉脱维亚	86	0.16	27.13	4.74	1.54	2.52
黎巴嫩	65	0.18	29.40	3.66	1.51	2.44

注：首列国家依照各国2017年钢铁进口总额高低来排序。

前述的实证研究已经给出了在"一带一路"主要钢铁进口国市场上，中国对主要竞争国的加权平均替代弹性以及进口国的进口需求弹性，现在我们可以按照方程（7-11），将上述的两个弹性估计值与钢铁进口相对规模进行乘积处理，以得到中国对这些国家的钢铁贸易潜力估计值。其中，钢铁进口相对规模的计算方法是：对37个"一带一路"沿线国中的每个国家，依据其2011~2017年从中国进口的钢铁产品金额计算其平均值，同时计算37个"一带一路"沿线国从中国进口金额的总平均值，将某国平均值与该总平均值比较，得到该国从中国的进口相对规模值。中国对"一带一路"主要国家贸易潜力的估计结果报告在表7-26中。可见，按贸易潜力值排序，排名前十的"一带一路"沿线国分别是：菲律宾、越南、缅甸、泰国、新加坡、巴基斯坦、伊朗、印度尼西亚、俄罗斯和沙特阿拉伯。印度比沙特稍小，排在第十一位。亦即，中国面向"一带一路"区域钢铁贸易潜力较大的国家主要集中在东南亚、南亚和西亚等地区。

表7-26 中国对"一带一路"主要沿线国的钢铁出口贸易潜测算

国家	进口额排序	进口相对规模 IS	需求弹性 E_s	替代弹性 E_d	潜力值 TP	潜力值排序
土耳其	1 [12]	1.20	2.44	2.31	6.77	14
泰国	2 [2]	3.75	2.21	2.04	16.88	4
越南	3 [1]	6.01	3.05	2.89	53.02	1
印度尼西亚	4 [5]	2.85	1.65	2.80	13.17	8
波兰	5 [21]	0.26	4.57	2.14	2.54	18

续表

国家	进口额排序	进口相对规模 IS	需求弹性 Es	替代弹性 E_d	潜力值 TP	潜力值排序
印度	6 [4]	3.18	1.37	1.75	7.61	11
捷克	7 [33]	0.02	3.41	1.32	0.09	32
马来西亚	8 [7]	2.19	1.70	1.98	7.36	13
俄罗斯	9 [11]	1.13	3.27	2.56	9.46	9
菲律宾	10 [3]	3.36	7.65	2.98	76.62	1
巴基斯坦	11 [9]	1.40	3.40	3.14	14.93	6
埃及	12 [16]	0.59	2.18	3.09	3.97	16
阿联酋	13 [10]	1.28	1.49	2.78	5.31	15
罗马尼亚	14 [27]	0.11	1.95	2.86	0.61	27
斯洛伐克	15 [37]	0.00	6.84	0.00	0.00	36
沙特阿拉伯	16 [8]	1.59	1.79	2.84	8.07	10
匈牙利	17 [35]	0.01	2.52	1.69	0.04	34
新加坡	18 [6]	2.18	3.26	2.23	15.87	5
伊朗	19 [14]	1.13	3.60	3.43	13.97	7
孟加拉国	20 [15]	0.62	4.01	2.99	7.43	12
斯洛文尼亚	21 [30]	0.04	4.35	1.08	0.19	29
白俄罗斯	22 [34]	0.01	3.20	0.53	0.02	35
以色列	23 [17]	0.47	1.55	2.79	2.03	20
保加利亚	24 [29]	0.05	4.02	2.00	0.40	28
乌克兰	25 [19]	0.34	2.98	2.04	2.07	19
哈萨克斯坦	26 [20]	0.28	2.37	1.47	0.97	25
缅甸	27 [12]	1.27	5.57	3.10	21.93	3
尼泊尔	28 [36]	0.00	0.63	0.00	0.00	37
科威特	29 [24]	0.21	2.23	1.80	0.84	26
乌兹别克斯坦	30 [22]	0.27	3.44	1.99	1.85	22
斯里兰卡	31 [23]	0.25	2.28	3.35	1.91	21
阿曼	32 [26]	0.22	2.04	3.52	1.58	23
立陶宛	33 [31]	0.03	1.36	2.38	0.10	31
伊拉克	34 [25]	0.22	1.62	3.26	1.16	24
克罗地亚	35 [28]	0.06	2.28	0.65	0.09	33
拉脱维亚	36 [32]	0.03	2.52	1.34	0.10	30
黎巴嫩	37 [18]	0.40	2.44	3.46	3.38	17

注：*、[ ] 分别表示一国钢铁进口总额在37国中排名位次以及从中国的钢铁进口额在37国中的排名位次。

作为比较,我们现在测算包括德国、印度、日本、韩国和俄罗斯在内的主要竞争对手在 37 个"一带一路"沿线国的钢铁贸易潜力估计值。从表 7-27 的估计结果可见,德国在"一带一路"区域内钢铁贸易潜力较大的国家主要分布在东欧次区域以及印度和俄罗斯两国;印度、日本和韩国在"一带一路"区域内贸易潜力较大的国家主要分布在东南亚、南亚以及西亚;俄罗斯在"一带一路"区域内钢铁贸易潜力较大的国家相对比较分散,主要是周边与俄罗斯接壤的国家以及西亚、南亚和东南亚等。由于德国出口潜力较大国家的分布与中国的分布重合度较小,而且德国钢铁出口价格相对中国要高得多,因而德国和中国在"一带一路"上的钢铁出口竞争相对较弱,这也与表 7-28 中国对德国的钢铁出口替代弹性相对较小是相互印证的。印度、日本和韩国在"一带一路"钢铁贸易潜力较大国家的分布上与中国的重合度相当高,这当然与中国、日本、韩国和印度地理位置都靠近东南亚和南亚有关。俄罗斯钢铁出口比较分散,与中国的重合度较低。总的来说,俄罗斯依靠其低廉的出口价格,而印度因为与中国贸易潜力国重合度较高以及与中国相对接近的出口价格,两国对中国对"一带一路"钢铁出口形成了较强的竞争替代。

表 7-27 主要竞争国对"一带一路"主要沿线国的钢铁出口贸易潜力测算

排名	德国	印度	日本	韩国	俄罗斯
1	波兰	阿联酋	泰国	泰国	土耳其
2	捷克	泰国	印度尼西亚	印度	哈萨克斯坦
3	土耳其	印度尼西亚	印度	印度尼西亚	白俄罗斯
4	印度	孟加拉国	越南	越南	伊朗
5	斯洛文尼亚	沙特阿拉伯	马来西亚	马来西亚	埃及
6	匈牙利	越南	新加坡	土耳其	乌克兰
7	斯洛伐克	伊朗	沙特阿拉伯	沙特阿拉伯	捷克
8	罗马尼亚	马来西亚	孟加拉国	伊朗	波兰
9	俄罗斯	尼泊尔	菲律宾	斯洛文尼亚	印度
10	立陶宛	斯里兰卡	阿联酋	阿联酋	泰国

7.4.4 结论

基于中美贸易冲突背景和贸易国互动竞争替代视角,本节通过纳入相对贸易规模衡量的结构性因素和出口竞争以及价格变化关联的边际性因素,以弹性估计方法来测度和比较中国与域内、外主要竞争对手向"一带一路"区域的钢铁出口贸易潜力。基于遴选出的五大竞争国以及37个"一带一路"区域沿线钢铁进口国样本,实证研究发现:(1)在不同的出口区域范围,中国对日本、韩国、德国、印度和俄罗斯这五大竞争对手都存在较强的出口替代性,对俄罗斯和印度出口替代性更强,意味着价格竞争是获得钢铁市场份额转移的有效方式,存在显著的需求转移效应。但中国在中欧和东欧等"一带一路"次区域国家的需求转移效应较弱,在西亚、中东、南亚和东南亚等次区域国家的需求转移效应较强。(2)37个"一带一路"沿线钢铁进口国中大部分都具有较大的钢铁进口需求弹性,存在显著的需求创造效应,这可能与"一带一路"沿线国大部分人均收入较低对价格相对敏感有关。(3)中国向"一带一路"区域钢铁贸易潜力较大国家主要集中在东南亚、南亚和西亚等地区,与印度、日本和韩国钢铁贸易潜力较大国的空间重合度较高,与德国和俄罗斯的重合度相对较少,印度和俄罗斯对中国钢铁出口的竞争性更大。

7.5 小结

本章使用了两种不同的实证方法探讨中国向"一带一路"沿线国代表性产业的贸易潜力,我们还利用情景模拟方法测算了未来时期内油气产业和基建关联产业向沿线国的出口增长空间,为认知沿线国市场容量"资源"提供了实证证据。研究发现了中国与沿线国经济规模对中国出口的显著正向影响以及巨大的增长空间,贸易潜力还受到已有文化联系纽带、地缘相近以及沿线国响应与否等因素的显著影响。总体上看,经济规模较大的沿线经济体具有较大的贸易潜力,"海上丝路"国家以及南亚和西亚国家因具有较大的人口规模和经济规模而具有较高的贸易潜力,但产业链内部和不同细分产业间具有明显差异化的贸易潜力和出口增长空间。此外,在中美贸易冲突背景下,出口国之间存在较明显的市场空间重合和替代,在评估当前和未来产能合作潜力时需要予以关注。

本章研究的政策含义在于以下方面。首先,将贸易促进与"一带一路"倡议下的国际产能合作相结合,沿线国基础设施建设的推进和经济增长既有利于东道国,也有利于中国代表性产业出口和中国经济增长,这是"一带一路"倡议下互利共赢合作理念的重要体现。其次,贸易促进和基建关联产业合作中,应重点选取经济规模和市场容量较大、贸易开放度高、地缘和文化相通性高、

第7章 沿线国"资源"研究 I：贸易潜力测度

战略响应积极的合作对象国，以发挥其较低的贸易成本和较大的贸易潜力。再次，在合作产业和合作方式选择上，因国施策，贸易与产能合作并举有利于"一带一路"倡议在沿线国的推进和落实。对于贸易潜力大的国家，可以贸易和投资协同方式推进合作；对于贸易潜力再造型国家则应鼓励设厂投资，以投资带动贸易，加强双边投资保护协定。贸易促进应重点关注可贸易性强的产品，对低值且可贸易性较弱的产业，应更多考虑国际产能合作和在东道国投资的合作方式。最后，面对中美贸易冲突，中国应加快"一带一路"运输基础设施互联互通，以贸易壁垒破除、双/多边贸易协定和贸易便利化等举措来精准聚焦目标市场、有效降低贸易成本，以在更大程度上实现并提升贸易潜力。

第8章

沿线国"资源"研究Ⅱ：
产能合作潜力测度

基于贸易潜力的估计属于对东道国市场容量"资源"的间接测量，本章我们仅考虑"一带一路"沿线国自身经济发展引致的国内需求增长条件，以未来的需求增长与当前产量之差值作为沿线国的产能合作潜力预测值。虽然仅考虑沿线国需求增长的假设并不完全吻合现实，但对贸易占经济规模比重较小的沿线国而言，它可以近似作为该国合作潜力分析的标杆和替代；如果某国生产针对区域乃至全球市场，则可以将已估计的合作潜力值加上净贸易量即可。为测算未来时期的沿线国需求，我们用收入弹性计量加情景模拟的方法来进行估计。

8.1 方法、研究范围与数据

考虑到"一带一路"沿线国极为有限的数据条件，对大多数国家我们只能获得有限的年度历史数据，因此参照Evans和Lewis（2002）以及Fernandez（2018），我们采用基于OLS模型并辅之以定义的弹性分析法来首先估计各沿线国需求的收入弹性，以捕捉各国差异化的需求及其变化特征，而后再利用弹性估计值估算未来的需求和产能合作潜力。基于国别数据的实证实际上利用了小国模型假设，因国际价格相对于一国市场供需而言是外生的，因此可以避免单方程回归可能导致的内生性问题。

8.1.1 方法

已有文献中用来估计中国和"一带一路"沿线国需求时使用的主要方法是

消费系数法,它是将各行业消费进行分类预测和汇总最终得到消费总量的估计值(陶文娣,2018)。但这一方法需要细致的各行业数据,它难以用在"一带一路"沿线国较长时期需求预测上。另一种探讨产能合作潜力的思路是基于弹性估计方法。已有文献给出了通过 OLS 模型、面板模型、自回归分布滞后(ARDL)模型等方法来估计特定产业价格和收入弹性的实证思路(Chen and Clements,2013;Crompton,2015;Stuermer,2017),但大多数针对大宗商品市场的研究主要估计的是价格弹性。而且,尽管 ARDL 模型和面板模型等均可以用以估计弹性,但这些方法需要较高频或较长期的数据支持,面板模型更适合估计特定区域或整个市场的平均弹性值;分国别的弹性估计大多数使用 OLS 模型进行实证(Evans and Lewis,2002)。Fernandez(2018)尝试建构迪维西亚价格和数量指数(Divisia Index)并利用 OLS 模型来估计金属市场价格和收入弹性。但包括 Fernandez(2018)在内的大多数研究主要针对数据可得性较好的 OECD 国家或者国家组进行,对诸如"一带一路"沿线数据条件较差的发展中国家少有涉及。

参照以上文献的建议,按照标准的需求模型,需求(Q)主要受到收入(Income)和价格(Price)两个因素的影响,令 C 为常数项,最简单的需求函数计量模型为:

$$Q = C + \alpha \times Income + \beta \times Price + \varepsilon \qquad (8-1)$$

一般情况下,收入变化对需求具有正向影响,而价格则对需求变化有负向影响,ε 表示残差项。考虑到"一带一路"沿线国家间需求机制的差异性,如果价格市场形成且变动剧烈,则我们将适应性预期形成纳入模型,即假设消费者会在消费决策中考虑到上一期价格或收入因素的影响,此时可将价格和收入的滞后一期变量纳入实证模型。但如果价格受管制或者变动较少,则我们不考虑此一因素。另外,我们还将时间趋势变量 t 引入模型以控制其他可能随时间变化的外生因素的影响,由此可得:

$$Q = C + \alpha_1 \times Income + \alpha_2 \times Income(-1) + \beta_1 \times Price + \beta_2 \times Price(-1) + \gamma_1 t + \varepsilon$$
$$(8-2)$$

特别是,为刻画基础设施条件对居民消费外的水泥需求的影响,我们将路网密度(Road)引入模型进行控制。

如对所有实际变量取对数后对上述模型进行回归,便可得到收入弹性和需求价格弹性的估计值。但考虑到不同国家需求受收入和价格变化影响的差异性,若滞后期和时间趋势变量对需求影响不显著,将以冗余变量检验判断是否

将其剔除出模型①。如个别国家的弹性估计结果不显著,则将采用收入弹性的定义来进行替代性估算:

$$E_1 = (\Delta Q/Q)/(\Delta I/I) \tag{8-3}$$

为控制异常年份导致的收入弹性急剧变动,参照本章的数据时限特征,将剔除两个极端各20%的估计值,然后计算剩余年份的平均收入弹性,以此作为特定国家收入弹性的估计值。

根据以上所得的弹性估计,我们拟设定不同经济增长和人口变化情景来估计截至2028年的"一带一路"主要沿线国需求和产能合作潜力,后者被定义为当年需求减去基准年(2018年)钢铁产量的差额。参照主流的情景模拟方法(Park和Fan,2006),基准情景应假设为过往的历史趋势将在未来时期内持续,我们区分为两个时期进行情景模拟。其一,2019~2023年,利用权威国际组织给出的各沿线国经济增长预测数据以及联合国给出的三种人口增长率预测数据,计算不同人口增长率情景下的需求及产能合作潜力值。其二,2023~2028年,在已估计的2023年结果基础上,选取国际金融危机之后2010~2023年的各国经济增长率数据,参照过往的历史趋势设定乐观、温和及悲观等三种经济增长情景,分别指代以上时间跨度内的最大、平均和最低经济增长率,以此与不同人口增长率结合,可得到不同情景下的需求和产能合作潜力估计值。

基于回归和定义给出的收入弹性估计,我们可以预测未来时期内各国的产能合作潜力。为控制收入外变量对消费的影响,我们优先选用基于回归的收入弹性估计值,在这一估计值不可得情形下我们再选用基于定义的收入弹性测算值。总体上,对回归值低于测算值的国家我们后面的预测结果是相对保守的;对其余国家而言,因我们已经在测算值设定中去掉了前后两端各20%的极值,所得测算值已偏向于保守。但我们仍需要对回归值明显高于测算值的国家之估计结果持较为谨慎的态度。此外,虽然我们的实证模型中还引入了价格和时间趋势等因素,但因价格波动与宏观经济周期波动相交织,我们可以忽略价格短期变化和时间趋势的影响,这样的估计结果是较为保守的。

8.1.2 研究范围和数据

本章研究范围包括成品油、钢铁、水泥三个产业以及数据可得的不同数量

---

① 因需求量和收入以及价格之间的逻辑关系极为明确,有充分微观经济学理论支持,不会出现"伪回归"的问题,后面实证中将直接对数据进行回归。但实证中我们将对可能存在的序列相关和异方差等问题进行检验和处理,支持实证结果的可信性。

第8章 沿线国"资源"研究Ⅱ：产能合作潜力测度

的沿线国。

（1）成品油产业。虽然能源产业在"一带一路"倡议落实中的重要性得到大量研究关注，但主流研究多聚焦于油气资源上游环节的合作，对炼油炼化产业合作的研究却较少。仅有少量研究评估了不同"一带一路"沿线国炼油产业的分布、存在的问题及未来增长状况（陶文娣，2018），但这一预测主要依据近期内的产能投资状况，对需求引致的产能合作潜力则未予以考量。本章利用收入弹性计量并设定不同情景来估计截至2028年的沿线国成品油产能合作潜力。

其中，汽油和柴油等成品油数据来源于联合国统计司（UNSD）的能源统计数据库。根据数据的可得性，选择了包括中国在内的22个"一带一路"主要沿线国进行研究（见表8-1），可得数据期限为1997~2017年。我们利用人均GDP作为人均收入的衡量，数据来源于国际货币基金组织（IMF）。考虑到通货膨胀对各人均收入的影响，从国际货币基金组织（IMF）和各国统计局获取了消费者价格指数（CPI），对名义数据进行消胀处理。人口预测数据则来源于联合国统计司（UNSD）的 *Population Prospect*，其中包含截至2030年的各国人口的预测数据。未来的GDP增长率可从国际货币基金组织（IMF）和世界银行（WB）获取，我们选用预测时序更长的IMF数据。

表8-1　除中国外的成品油合作潜力样本国家选择（2017年）

国家	GDP（亿美元）	人口量（千万）	人均GDP（美元）	柴油人均消费量（千克）	汽油人均消费量（千克）
马来西亚	3147.1	3.16	9951	292.14	409.27
泰国	4553.03	6.9	6595	270.39	97.88
新加坡	3239.07	0.56	57714	290.69	92.02
印度尼西亚	10155.39	26.4	3846	73.11	93.17
巴基斯坦	3049.52	19.7	1547	42.58	34.40
斯里兰卡	873.57	2.14	4073	94.87	69.00
印度	26008.18	133.92	1942	57.44	17.95
阿联酋	3825.75	0.94	40698	349.64	806.40
土耳其	8515.49	8.07	10546	269.77	28.02
以色列	3508.51	0.87	40270	305.41	343.55
哈萨克斯坦	1628.87	1.8	9030	280.82	250.94
乌兹别克斯坦	496.77	3.24	1533	23.77	27.60
白俄罗斯	544.56	0.95	5727	273.75	120.40

续表

国家	GDP（亿美元）	人口量（千万）	人均 GDP（美元）	柴油人均消费量（千克）	汽油人均消费量（千克）
俄罗斯	15775.24	14.45	10743	170.19	239.92
保加利亚	582.21	0.71	8227	280.45	65.66
克罗地亚	552.13	0.41	13382	420.66	127.924
罗马尼亚	2118.84	1.96	10817	235.10	67.35
希腊	2002.88	1.08	18613	379.64	225.04
波兰	5264.66	3.8	13863	370.40	105.95
斯洛伐克	957.69	0.54	17604	306.59	112.88
匈牙利	1391.35	0.98	14224	328.92	141.63

数据来源：人均柴油、汽油消费量数据均来自 UNDATA 的 *United Nations Statistics Division*，人口数据来自联合国的 *World Population Prospects*：*The 2017 Revision*，GDP 数据来自国际货币基金组织数据库。

(2) 水泥产业。水泥产业属于基建关联产业。当前仅有为数不多的水泥产能合作研究分析中国水泥行业向"一带一路"投资现状及面临的机遇与挑战并聚焦东南亚等部分区域（李琛和范永斌，2016；赵静，2017），或者分析中国与沿线国间发展水泥产能合作的条件和互补特征（赵静和常非凡，2018）。也有研究利用层次分析法（AHP）等分析"一带一路"沿线国水泥产业投资环境并对不同国家进行排序（孙艳玲和王诗慧，2018）。此外，严佳佳和曾金明（2018）采用综合贸易互补性指数和出口相似度指数发现我国与东盟国家在水泥行业存在较大产能合作潜力，但该指数实际上难以准确衡量水泥产业的产能合作潜力，这是本章研究需要解决的现实问题。

考虑到数据的可得性，选择了包括中国在内的19个"一带一路"主要沿线国进行研究（见表8-2）。相较于前有差异的是：水泥消费量采用生产量加净进口量进行替代，水泥生产数据来源于联合国统计司的工业商品统计数据库，贸易数据来源于联合国商品贸易统计数据库。价格数据以贸易数据替代，虽然一般商品的进口价格和进口数量可能存在一定的内生性，但因水泥运输成本大、销售半径短，难以形成充分的全球市场竞争，故贸易价格反映一定贸易区域内的国际市场价格，内生性问题并不重要。路网密度数据用铁路加公路里程来衡量，数据来源于世界银行及各国的统计年鉴。对以上述及的实际变量，我们将其对数化以便通过回归直接得到弹性估计值。

(3) 钢铁产业。虽然钢铁产能合作的重要性得到很多文献的关注，但对沿线国产能合作估计的实证研究却相当有限。为数不多的钢铁合作潜力估计文献

第8章 沿线国"资源"研究Ⅱ：产能合作潜力测度

表8-2 除中国外的水泥合作潜力样本国家选择（2016年）

国家	GDP	人口量	人均GDP	人均消费	道路里程	国家	GDP	人口量	人均GDP	人均消费	道路里程
亚美尼亚	105.46	2.92	3605.00	99.79	8249	克罗地亚	513.39	4.17	12298.00	328.56	29359
阿塞拜疆	378.68	9.76	3880.00	244.87	60837	捷克	2237.87	10.56	18483.00	380.46	138916
哈萨克斯坦	1372.78	17.80	7714.00	526.13	115404	立陶宛	427.73	2.87	14912.00	271.58	86405
马来西亚	2965.36	31.20	9508.00	618.76	219387	波兰	4714.00	37.97	12415.00	408.04	438665
巴基斯坦	2786.55	193.00	1442.00	137.43	273197	罗马尼亚	1878.06	19.70	9532.00	391.77	96846
土耳其	8637.22	79.50	10862.00	894.06	258729	俄罗斯联邦	12847.00	144.34	8748.00	386.55	1649757
越南	2052.76	94.56	2170.00	749.14	235286	斯洛伐克	897.69	5.43	16529.00	293.19	47633
白俄罗斯	477.23	9.5	5022.00	344.88	107359	塞浦路斯	201.54	1.17	23541.00	496.86	12901
保加利亚	532.41	7.13	7469.00	284.34	24414	格鲁吉亚	143.78	3.72	3865.00	567.60	23745

数据来源：水泥消费量数据来自联合国统计司，水泥消费量数据来自联合国的《World Population Prospects 2016》，单位为百万；GDP数据来自国际货币基金组织数据库，总量和人均值分别为亿美元和美元，单位为千克（kg）；人口数据来自世界银行的《世界发展指标》，公路里程1995～2011来自世界银行，2011～2016来自各国的统计年鉴，铁路里程来自世界银行的《世界发展指标》，单位为千米（km）。

中，一种方法是通过描述性统计和海关数据证明沿线国存在的产能合作空间（赵明亮和杨蕙馨，2015）；另一种方法是使用消费系数法来量化估计未来时期的沿线国钢铁需求（陶文娣，2018），但它仅报告了不同"一带一路"子区域未来时期的钢铁需求，并未深入国别层面，而消费系数法也无法纳入沿线国差异化的钢铁需求弹性特征。相比较，本章以回归和情景模拟方法给出沿线国钢铁产能合作潜力的估计。

除前已报告的数据来源外，钢铁产业数据来源于世界钢铁协会2018年出版的 *World Steel Yearbook*，考虑到数据的可得性，剔除新加坡、以色列等国土面积和人口规模均很小或数据不可得的国家，除中国外我们选择18个"一带一路"主要沿线国进行研究（见表8-3）。这些国家占世界钢铁协会报告的"一带一路"区域国家总产量的94%和净进口量的98%以上，可以很好地代表该区域的钢铁生产和需求状况。其中，人均消费量数据可得期限为2002~2016年，对未报告人均消费量的国家，我们取其粗钢和热轧钢之产量与净进口量之和作为消费量的替代。由于钢铁细分品类很多，我们选择具有广泛影响力的CRB钢铁价格指数作为钢铁价格的代理变量并将其由周频度变频为年度数据。

表8-3　除中国外的钢铁合作潜力样本国家选择（2017年）

国家	GDP（亿美元）	人口量（千万）	人均GDP（美元）	人均消费（kg）	国家	GDP（亿美元）	人口量（千万）	人均GDP（美元）	人均消费（kg）
巴基斯坦	3049.52	19.70	1547.00	44.49	印度尼西亚	10155.39	26.47	3846.00	58.07
伊朗	4540.13	8.15	5415.00	258.91	越南	2237.87	9.58	2343.00	265.02
土耳其	8515.49	8.14	10540.00	435.69	俄罗斯	15775.24	14.44	10743.00	313.33
埃及	2353.69	9.78	2412.00	114.34	菲律宾	3135.95	8.14	2988.00	109.46
沙特拉伯	6867.38	3.30	20760.00	369.25	捷克	2157.26	1.06	20368.00	358.11
印度	26008.18	134.30	1939.00	69.42	波兰	5264.66	3.83	13811.00	299.71
泰国	4553.03	6.92	6593.00	212.66	哈萨克斯坦	1628.87	1.84	8837.00	226.29
阿联酋	3825.75	0.94	40698.00	975.46	斯洛伐克	957.69	0.55	1547.00	322.17
马来西亚	3147.1	3.17	9944.00	317.73	乌克兰	112.54	4.43	2639.00	109.33

数据来源：人均钢铁消费量数据来自世界钢铁协会的 *World Steel Yearbook*，人口数据来自联合国的 *World Population Prospects* 2017，GDP数据来自国际货币基金组织数据库。

8.2 成品油合作潜力预测

在"一带一路"倡议的落实过程中，包括石油在内的能源产业始终是国际产能合作的重要先导产业之一，但各沿线国成品油贸易平衡状况存在明显差异（见图8-1）。炼化产业合作极为契合中国的资金、技术优势和沿线国的资源及待开发市场优势。但在能源国际产能合作过程中，因沿线国市场规模和发展水平等方面存在明显的差异性，评估不同国家未来时期内的需求缺口和产能合作潜力，才能主动、有针对性地确定产能合作规模，并具有前瞻性的精准对接沿线国的需求变化。本节以包含汽油和柴油在内的成品油产业为聚焦，来量化估计主要"一带一路"沿线国未来时期的合作潜力。

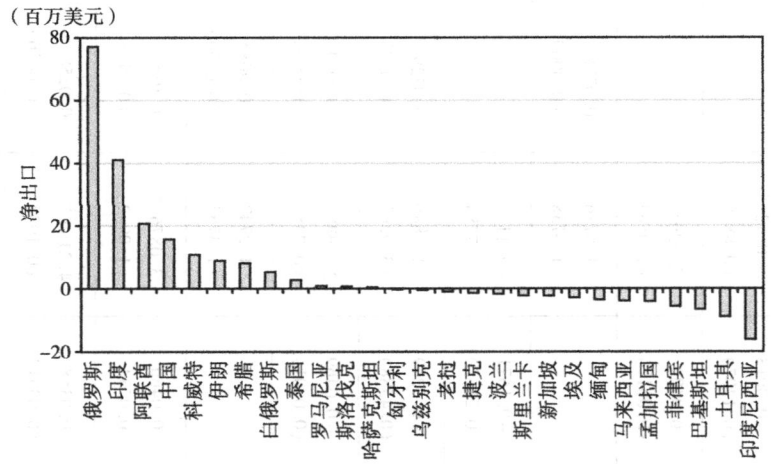

图 8-1　选定"一带一路"沿线国家的成品油贸易平衡（2018）
数据来源：联合国经社理事会国际贸易中心数据库（www.intracen.org）。

8.2.1　弹性估计结果

对选定的22个样本国家的成品油需求进行回归可得到各国成品油收入弹性和价格弹性的估计值，估计结果分别报告在表8-4和表8-5中，回归中我们利用序列相关LM检验和White异方差检验发现不存在自相关和异方差问题。可见，16个国家的收入对汽油需求具有显著影响，而泰国、新加坡、印度尼西亚、巴基斯坦、乌兹别克斯坦和斯洛伐克6国的回归方程整体不显著，表8-4中未予报告。其中，仅有印度的汽油收入弹性估计值显著大于1，其余国家的当期的收入弹性均小于1。对于汽油消费与价格变化的关系，除斯里兰卡、印度、阿联酋显著为负外，其余国家回归系数虽不显著但多为负，与预期符号基本吻合。此外，除中国和印度两国的时间效应不显著外，其余国家的时间效应

表 8-4　基于回归模型的样本国家汽油收入和价格弹性估计

国家	Income	Income(-1)	Price	Price(-1)	C	T	Adj. R²	F-statistic
中国	0.5839*** (0.1042)	—	-0.0201 (0.1327)	-0.0013 (0.1407)	-0.7215 (0.8875)	—	0.8757	43.3029***
马来西亚	0.3877* (0.1472)	—	-0.1366 (0.1191)	0.0409 (0.0817)	2.3264* (1.0563)	—	0.3391	4.0788**
斯里兰卡	0.0855* (0.2120)	1.3305* (0.6448)	-0.1716** (0.0752)	—	1.5786 (1.3738)	0.0778*** (0.0069)	0.9633	167.3208***
印度	0.1075 (0.6461)	0.0709 (0.3971)	-0.5520** (0.2428)	-0.1671 (0.2662)	-7.113*** (1.7784)	—	0.6153	8.1983***
阿联酋	0.2086* (0.4086)	0.3263** (0.1318)	-0.9743** (0.4442)	-0.0269 (0.4588)	1.7886 (3.9267)	0.0329*** (0.0103)	0.3961	3.3618**
土耳其	-0.0874 (0.1270)	0.1445 (0.1401)	-0.0548 (0.0686)	-0.0469 (0.0601)	2.3999*** (0.7350)	-0.044*** (0.0056)	0.9174	41.0218***
以色列	0.3236* (0.1742)	-0.1331 (0.2342)	-0.0204 (0.0445)	—	1.2747 (1.4753)	-0.0083** (0.0035)	0.3667	3.6063**
哈萨克斯坦	0.3686** (0.1701)	-0.0287 (0.0357)	-0.0111 (0.0754)	0.0460 (0.0734)	3.0876* (1.0942)	0.0353* (0.0138)	0.8151	16.8779***
白俄罗斯	0.1349*** (0.0325)	-0.0018 (0.0243)	-0.0027 (0.0365)	0.0358 (0.0351)	4.2164*** (0.1938)	0.0258*** (0.0026)	0.8719	25.5201***
俄罗斯	0.0638*** (0.0249)	—	0.0186 (0.0231)	0.0294 (0.0212)	4.7059*** (0.1770)	0.0289*** (0.0014)	0.9776	158.6591***

续表

国家	Income	Income(-1)	Price	Price(-1)	C	T	Adj. R²	F-statistic
保加利亚	-0.1206 (0.2376)	0.4408* (0.2315)	-0.0095 (0.1493)	-0.0227 (0.1721)	2.9326*** (0.7335)	-0.034*** (0.0082)	0.5946	6.2821***
克罗地亚	0.0903* (0.0448)	—	0.0165 (0.0487)	-0.0716 (0.0531)	4.4382*** (0.3744)	-0.020*** (0.0029)	0.8853	35.7552***
罗马尼亚	0.1582* (0.1296)	-0.2030 (0.1337)	0.1796 (0.1796)	-0.2434** (0.1063)	4.4358*** (0.5710)	-0.0098** (0.0035)	0.6123	6.6877***
希腊	0.4290*** (0.1045)	0.1150 (0.1650)	0.0046 (0.0729)	-0.1137 (0.0993)	0.6651 (0.8544)	-0.0153** (0.0059)	0.8587	22.8793***
波兰	-0.3098** (0.1287)	0.4346*** (0.1365)	-0.0244 (0.0737)	-0.1246 (0.0806)	3.7691*** (0.7670)	-0.018*** (0.0051)	0.7368	11.079***
匈牙利	—	0.2179*** (0.0599)	-0.0916 (0.0555)	-0.175*** (0.0576)	3.0105*** (0.4830)	-0.008*** (0.0022)	0.6740	10.3047***

注：*、** 和 *** 分别表示 10%，5% 和 1% 的显著性水平。"—"表示以冗余变量检验应子去掉的滞后期变量。下同。

表 8 – 5 　基于回归模型的样本国家柴油收入和价格弹性估计

国家	Income	Income(−1)	Price	Price(−1)	C	T	Adj. R²	F – statistic
中国	1.9777*** (0.2641)	−1.8803*** (0.3045)	−0.0398 (0.0433)	0.0033 (0.0290)	2.7848 (1.6073)	0.0597* (0.0292)	0.9773	156.2549***
泰国	0.1950* (0.1003)	0.0070 (0.0754)	−0.0871*** (0.0212)	−0.0162** (0.0077)	3.6280*** (0.6911)	0.0115** (0.0042)	0.8356	19.2978***
巴基斯坦	0.5199** (0.2093)	−0.1424 (0.2131)	−0.0805* (0.0432)	0.0309 (0.0504)	1.6259* (0.8519)	−0.0129*** (0.0033)	0.7880	14.3813***
斯里兰卡	−0.1383 (0.2745)	0.5552** (0.2534)	−0.2315*** (0.0947)	0.1100*** (0.0353)	1.2133 (1.2863)	0.0117*** (0.0043)	0.6325	7.1959***
印度	−0.5945** (0.2733)	0.6807* (0.6807)	0.0459 (0.0533)	0.1027 (0.0749)	3.0820** (1.4417)	0.0281** (0.0082)	0.7942	14.8969***
阿联酋	0.5149** (0.2393)	0.2889 (0.3059)	0.0150 (0.0903)	0.0897 (0.0824)	−1.2284 (3.2349)	−0.0212** (0.0092)	0.6902	9.0218***
以色列	−0.6243** (0.2557)	−0.3940* (0.2116)	0.0690** (0.0336)	0.1094*** (0.0345)	15.9108*** (2.1322)	−0.0010 (0.0052)	0.6161	6.7789***
白俄罗斯	0.1778** (0.0662)	0.0434 (0.0550)	−0.0754 (0.0426)	−0.0622 (0.0524)	3.4111*** (0.4876)	0.0623*** (0.0052)	0.8859	28.9574***
俄罗斯	0.1498** (0.0601)	−0.0232 (0.0490)	−0.1451** (0.0557)	—	3.87585*** (0.4281)	—	0.2790	26.9398***
保加利亚	0.2366*** (0.0761)	−0.0294 (0.0396)	−0.1140*** (0.0399)	—	3.2523*** (0.3852)	0.0243*** (0.0049)	0.9255	56.9519***

续表

国家	Income	Income(-1)	Price	Price(-1)	C	T	Adj. R²	F-statistic
克罗地亚	0.5112*** (0.1269)	-0.2221 (0.1393)	-0.0404 (0.0555)	-0.0978* (-0.0978)	3.1266*** (0.6300)	0.0150*** (0.0040)	0.8392	19.7915***
罗马尼亚	0.3094** (0.1121)	-0.2421* (0.1128)	0.0385 (0.0454)	0.0606 (0.0408)	4.6795*** (0.5142)	0.0332*** (0.0035)	0.9111	27.3375***
希腊	0.6301** (0.2917)	-0.13418 (0.3164)	-0.0064 (0.0944)	-0.0847 (0.0946)	1.7591 (1.3659)	-0.0265*** (0.0077)	0.7276	10.6177***
波兰	0.3038*** (0.0606)	0.1354* (0.0697)	-0.0098 (0.0127)	-0.0032 (0.0132)	1.5994*** (0.5193)	0.0212*** (0.0050)	0.9499	69.3249***
斯洛伐克	0.3995** (0.1552)	-0.1144 (0.1676)	0.0481 (0.0335)	0.0111 (0.1676)	2.6485*** (0.8602)	0.0282*** (0.0049)	0.9327	50.8938***
匈牙利	0.3835*** (0.1100)	—	0.0262 (0.0533)	-0.1202** (0.0603)	1.9937** (0.8525)	0.0250*** (0.0041)	0.8768	33.0389***

注：*、**和***分别表示10%、5%和1%的显著性水平。

都很显著，说明除收入和价格变量之外，还存在其他随时间变化而影响汽油消费变化的因素。

至于柴油，样本国家中马来西亚、新加坡、印度尼西亚、土耳其、哈萨克斯坦和乌兹别克斯坦6国的回归方程整体不显著，所以表8-5中未予以报告。可见，仅有中国柴油收入弹性估计值显著大于1，其余国家则显示出较为缺乏弹性的柴油需求特征。同样，样本国家中价格弹性的估计系数整体为负，但除泰国、巴基斯坦、斯里兰卡、俄罗斯和保加利亚外大多数国家的柴油价格弹性不显著。类同于对汽油需求的估计，除以色列和俄罗斯两国外，其余国家以时间序列T表征的时间效应都表现显著，说明以此控制其他随时间变化而影响柴油消费变化的因素的思路是合理的。

因尚有部分国家不能从上述回归模型中获得显著的收入弹性估计值，同时为了检验以上回归结果的稳健性，我们现在基于收入弹性定义来测算各国不同年份的收入弹性（见表8-6和表8-7）。为控制1997~2016年研究时期内诸如2008年国际金融危机之类的外生冲击，考虑到这些冲击和异常波动的持续期，我们剔除最大以及最小各20%的年度收入弹性测算值，之后对剩余年份的测算值取算术平均值（AVE_2），便得到了各国基于定义的收入弹性测算值并可与前述基于回归模型的估计值进行比较（见图8-2）。

由表8-6可见，印度尼西亚和乌兹别克斯坦等国在2008~2010年出现了汽油收入弹性的最小值且都为负数，这可能是由于这期间的国际金融危机等外生冲击而带来了严重的负面影响。在剔除了前后各20%测算值之后，除泰国、巴基斯坦、斯里兰卡、印度、阿联酋、土耳其和乌兹别克斯坦等国的平均收入弹性（AVE_2）为负之外，其余国家的弹性测算值均为正，且处于（0，1）的收入弹性区间。至于柴油，由表8-7可见，包括中国、泰国、斯里兰卡和斯洛伐克等国都在2008~2010年出现了为负的柴油收入弹性最小值且都为负数，阿联酋的柴油收入弹性低至-55.0433，同样显示了国际金融危机等外生冲击的严重负面影响。同样，在剔除了前后各20%测算值之后，除斯里兰卡、阿联酋、土耳其和以色列4国的平均收入弹性（AVE_2）为负外，其余国家的弹性测算值均为正，且仍处于（0，1）的收入弹性区间。

根据图8-2来比较两种方法给出的弹性回归值和测算值，可见，因新加坡、印度尼西亚、巴基斯坦、乌兹别克斯坦和斯洛伐克等国并未得到显著的汽油收入弹性回归值，其测算值仍小于1，但汽油收入弹性回归值大于测算值的国家包括中国、马来西亚、斯里兰卡和印度等15国，除印度外前者的取值范围多数介于（0，1）区间，哈萨克斯坦的汽油收入弹性回归值略小于测算值。

第8章 沿线国"资源"研究Ⅱ：产能合作潜力测度

表8-6 基于弹性定义的样本国家汽油收入弹性测算结果

国家	2004年	2006年	2008年	2010年	2012年	2014年	2016年	MAX	MIN	AVE_1	AVE_2
中国	1.2946	0.4127	-1.3954	-1.9516	0.7554	0.5998	-2.7802	5.2029	-2.7802	0.7043	0.5009
马来西亚	0.4773	-0.0928	0.0898	0.3296	3.8680	3.6987	-0.9181	3.8680	-34.800	-1.3900	0.0369
泰国	0.6753	-0.0906	-1.5494	-0.1133	1.2003	-0.4132	4.5807	4.5807	-13.285	-0.6079	-0.0153
新加坡	0.0268	0.2387	0.0831	0.0369	0.6017	184.523	-35.600	184.523	-35.600	7.8395	0.1075
印度尼西亚	9.5824	-0.0057	-3.2117	1.1844	-3.4493	0.7272	0.4243	9.5824	-212.84	-10.587	0.2363
巴基斯坦	0.6580	-0.3846	-0.2827	-1.5507	-3.0237	-5.7181	-4.8863	21.6796	-27.778	-0.7000	-0.2060
斯里兰卡	35.0828	-0.3600	-0.7188	0.5179	-1.7401	2.0666	-20.964	35.0828	-20.964	0.0839	-0.3771
印度	-0.0747	2.1359	-0.5701	0.9065	-0.3913	4.1050	4.0327	4.1050	-72.611	-5.8033	-0.5462
阿联酋	-2.4317	4.8837	1.9627	0.3575	-3.1546	19.7248	-3.0309	23.3664	-8.2417	2.4592	-0.0831
土耳其	-0.6864	-0.8201	-4.6878	-2.0608	1.7531	-0.0216	-0.5684	32.3435	-10.608	0.6502	-0.2797
以色列	0.0114	-0.9911	0.4110	0.8531	-0.1145	-0.1473	0.5334	2.7534	-1.1678	0.1349	0.0334
哈萨克斯坦	0.3103	0.4165	5.6060	0.0935	2.9997	0.1217	-0.1281	5.6060	-4.2267	0.5880	0.4202
乌兹别克斯坦	-2.7975	-0.5477	0.1809	-12.321	13.0498	5.0367	1.5401	13.0498	-48.324	-2.6354	-0.0882
白俄罗斯	0.1131	0.6103	0.2484	0.1789	-0.0393	-0.1063	-0.1121	0.6103	-2.3982	-0.0822	0.0612
俄罗斯	0.1434	0.3542	0.8177	0.3911	1.5544	-0.1014	0.1837	1.5544	-3.1357	-0.0846	0.0519
保加利亚	-0.2229	1.4716	0.0889	1.2199	0.4505	3.9150	-0.6245	3.9150	-7.1431	-0.1663	0.1185
克罗地亚	-0.2473	0.0242	-0.3748	1.0702	0.5647	43.2102	0.1862	43.2102	-2.8151	2.3538	-0.0420
罗马尼亚	0.2700	-0.4653	-0.2118	1.1882	-0.3860	1.8625	0.6603	1.8625	-1.6188	0.0624	0.0127
希腊	0.1205	0.1132	-0.3264	0.6742	0.7335	-6.0036	4.8321	11.6221	-6.0036	0.6289	0.2062
波兰	0.0587	0.3073	0.0438	-0.1355	0.5686	-0.3787	-10.846	1.2921	-10.846	-1.0039	-0.3791
斯洛伐克	-0.5796	-0.7412	0.5489	3.2194	0.3681	0.1708	0.7360	3.2194	-3.0602	0.0042	0.0738
匈牙利	0.1025	-1.7139	-0.0685	2.9073	0.0608	2.5248	3.5807	3.5807	-1.8884	0.2965	0.1131

注：AVE_1为1997~2016年收入弹性测算值的平均值；AVE_2为剔除最大和最小20%测算值的平均值。

表 8-7 基于弹性定义的样本国家柴油收入弹性测算结果

国家	2004 年	2006 年	2008 年	2010 年	2012 年	2014 年	2016 年	MAX	MIN	AVE_1	AVE_2
中国	1.4461	0.3190	-0.0766	-0.0799	0.9416	-0.0345	2.7717	2.7717	-0.0799	0.8095	0.6592
马来西亚	0.6786	-0.5260	-0.4801	-0.2115	-0.6998	-12.0460	0.8043	1.0357	-12.0460	-0.8899	0.0121
泰国	1.4928	-0.6429	-1.9513	-0.0272	1.8864	-0.1252	2.1818	2.5381	-1.9513	0.4039	0.4088
新加坡	-0.2722	1.2052	0.6575	0.0412	5.8180	667.824	8.6276	667.824	-14.141	36.4928	0.9112
印度尼西亚	5.0179	-2.0306	1.2035	-0.1602	-3.0545	2.4092	-0.1406	125.349	-3.0545	7.0995	0.3350
巴基斯坦	0.4319	-0.1977	1.1559	0.7585	0.3058	-0.5320	-2.8469	8.0900	-15.379	-0.3312	0.1967
斯里兰卡	-0.7365	-1.6617	-1.2851	0.5006	1.1307	0.4098	-0.3804	10.4717	-36.568	-1.9945	-0.6210
印度	0.0821	1.8071	-0.4631	0.5523	-0.5874	-1.1346	1.4317	7.6762	-28.945	-1.5073	0.2057
阿联酋	-1.7801	4.8296	2.0366	-0.3375	-2.8951	-55.043	12.8065	12.8065	-55.043	-2.8519	-0.1592
土耳其	0.3234	-19.879	4.9262	0.6019	-0.5914	-0.2313	-0.7010	4.9262	-19.879	-2.1784	-0.1663
以色列	-0.9879	1.2494	0.6919	-0.3578	-2.8943	-0.6731	0.1522	2.4359	-7.9967	-0.4878	-0.1832
哈萨克斯坦	1.1286	0.9870	-1.8300	0.3290	-5.6503	0.0108	-0.2968	2.6245	-5.6503	-0.2899	-0.0822
乌兹别克斯坦	0.8543	1.0385	0.8530	0.8308	0.9575	0.9403	0.9486	1.4771	0.2566	0.9819	0.9737
白俄罗斯	0.4331	0.9603	0.9968	0.7952	-0.0419	0.5676	-0.1009	0.9968	-2.3443	0.1361	0.1887
俄罗斯	0.2605	0.2997	0.5929	-0.1798	-5.3082	-0.6844	0.7447	3.3336	-5.3082	-0.0630	0.1380
保加利亚	0.4444	0.9028	0.5040	0.9467	-0.7135	3.6735	0.2044	7.1972	-4.1125	0.6342	0.4161
克罗地亚	0.1984	0.3966	-0.0775	0.6281	0.4223	2.8779	0.6615	2.8779	-0.8490	0.5172	0.3968
罗马尼亚	0.1004	0.6169	0.6531	0.3625	-1.4415	0.3710	0.8871	1.7114	-1.4415	0.0753	0.1445
希腊	-0.6057	0.2116	-0.5629	0.7897	1.6699	7.4687	2.6619	26.4387	-6.8844	1.9030	0.2207
波兰	0.7359	0.4736	0.4224	1.2969	0.5071	0.1479	-24.466	1.2969	-24.466	-1.1632	0.2138
斯洛伐克	0.4801	0.8675	-0.7548	-54.370	0.1821	0.2231	3.7966	3.7966	-54.370	-2.4102	0.4097
匈牙利	0.4402	-1.9977	0.1333	0.1675	0.4781	3.1553	0.3593	3.5726	-1.9977	0.1241	0.0395

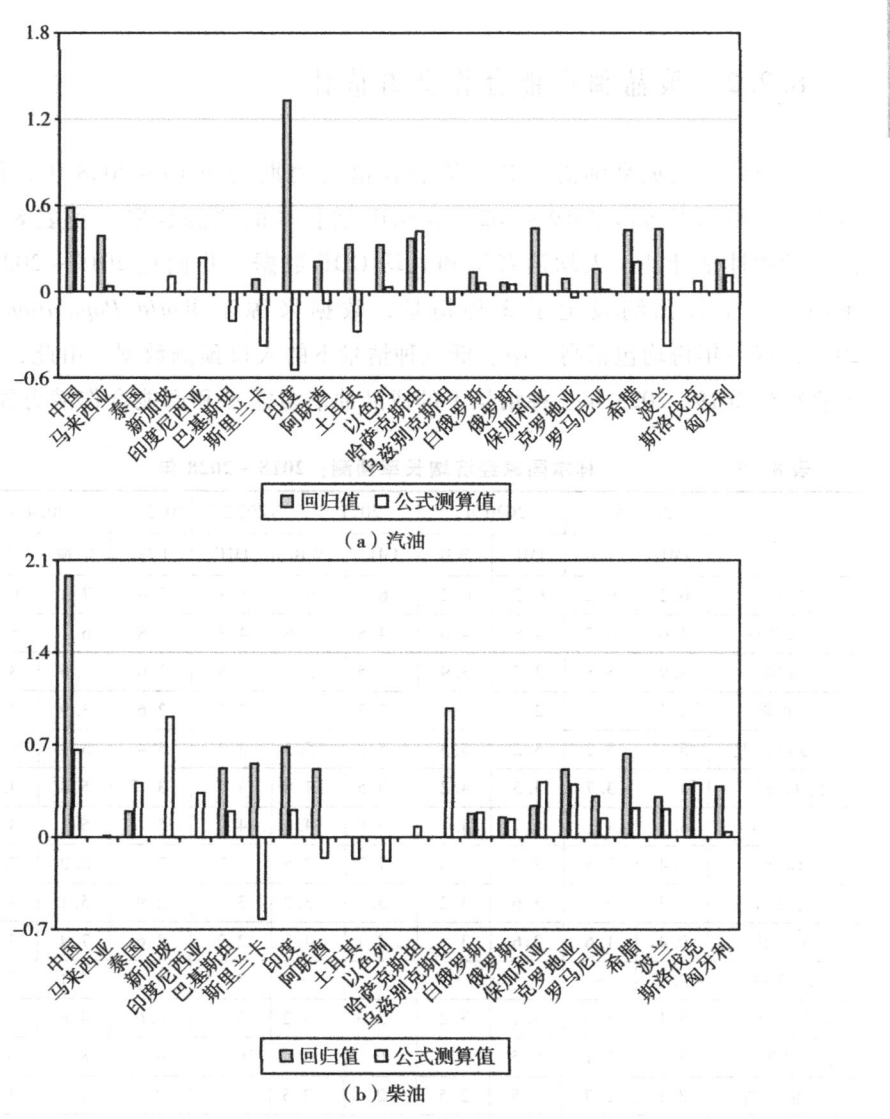

图8-2 基于不同方法的成品油收入弹性估计值比较

数据来源：作者的计算。

对柴油，除马来西亚、新加坡、印度尼西亚、土耳其、以色列、哈萨克斯坦和乌兹别克斯坦等7国的回归值不显著外，收入弹性回归值大于测算值的国家包括中国、巴基斯坦、斯里兰卡和印度等11国，但除中国外前者的取值范围仍居于（0，1）区间，较为缺乏弹性；而收入弹性回归值小于公式测算值的国家包括泰国、白俄罗斯、保加利亚和斯洛伐克4国，这4国的弹性测算值均小于0.6。

8.2.2 成品油产能合作潜力估计

本节测算的成品油需求和产能合作潜力时期为 2019~2028 年，使用国际货币基金组织对各国 2019~2023 年 GDP 增长率的预测数据（见表 8-8）。因前面的弹性估计基于人均消费量和人均 GDP 数据，我们在 2019~2023 年按照不同人口增长预测设定了 3 种情景，数据来源于 World Population Prospects 2017，每一年份均包括高、中、低三种情景下的人口预测数据。由此，我们可以测算得到 2019~2023 年三种情景下的成品油消费需求和产能合作潜力预测数据。

表 8-8　　样本国家经济增长率预测：2018~2028 年　　　　　单位：%

国家	2019 年		2020 年		2021 年		2022 年	2023 年	2024~2028 年		
	IMF	WB	IMF	WB	IMF	WB	IMF	IMF	乐观	温和	悲观
中国	6.2	6.2	6.2	6.2	6	6	5.8	5.6	7.3	6.4	5.6
马来西亚	4.6	4.7	4.8	4.6	4.8	4.6	4.8	4.8	6	5	4.2
泰国	3.9	3.8	3.7	3.9	3.5	3.9	3.5	3.6	4.6	3.4	1
新加坡	2.5	—	2.7	—	2.7	—	2.7	2.6	3.9	2.8	2.2
印度尼西亚	5.1	5.2	5.2	5.3	5.2	5.3	5.3	5.4	5.4	5.1	4.9
巴基斯坦	4	3.7	3.5	4.2	3.5	4.8	3	3	5.8	4.3	3
斯里兰卡	4.3	4	4.7	4.1	4.8	4.1	4.9	5	5	4.5	3.3
印度	7.4	7.5	7.7	7.5	7.7	7.5	7.7	7.7	8.2	7.5	6.7
阿联酋	3.7	3	3.6	3.2	3.2	3.2	3	2.9	5.1	3	0.8
土耳其	0.4	1.6	2.6	3	2.1	4.2	2.2	2.6	7.4	3.5	0.4
以色列	3.5	—	3.3	—	3	—	3	3	4.1	3	3
哈萨克斯坦	3.1	3.5	3.2	3.2	3.3	3.2	3.3	4.6	4.6	3.2	1.1
乌兹别克斯坦	5	5.1	5.5	5.5	6	6	6	6	8	6.2	5
白俄罗斯	3.1	2.7	2.5	2.5	2	2.5	2	2	4	1.3	-3.8
俄罗斯	1.8	1.5	1.8	1.8	1.6	1.8	1.3	1.2	1.8	0.9	-2.8
保加利亚	3.1	2.8	2.8	3	2.8	2.8	2.8	2.8	3.9	3	1.3
克罗地亚	2.6	2.8	2.6	2.3	2.5	2.2	2.2	2.1	3.2	2.3	-0.1
罗马尼亚	3.4	3.5	3.3	3.1	3.2	2.8	3.2	3.1	6.9	3.9	3.1
希腊	2.4	—	2.2	—	1.6	—	1.2	1.2	2.4	1.2	-0.3
波兰	3.5	4	3	3.6	2.8	3.3	2.8	2.8	4.6	3.4	2.8
斯洛伐克	4.1	—	3.8	—	3.7	—	3.5	3.4	4.1	3.6	2.8
匈牙利	3.3	3.2	2.6	2.8	2.4	2.7	2.2	2	4.2	3	2.2

数据来源：World Economic Outlook 2019, IMF 数据库；Global Economic Prospects Jan., 2019, World Bank。

以此为基础,在后续的 2024~2028 年我们又分别报告经济增长率高、中、低合并共 9 种情景的测算结果。

我们在图 8-3 中报告了汽油产能合作潜力为正且呈现增长趋势国家的模拟测算结果。可见,2019~2023 年,各国 3 种人口增长情景下的汽油产能合作潜力估算结果差别很小,原因在于,较高的人口增长率会摊薄人均收入水平,降低的人均收入水平与收入弹性的互动结果会削弱人均汽油消费需求,但较低的人均汽油需求乘以较高的人口增长率后收入摊薄效应又会削弱,导致不同人口增长情景下的产能合作潜力差别较小。但随后的 2024~2028 年,不同情景下的汽油产能合作潜力开始分野,不同情景和不同国家情形下出现明显差异。

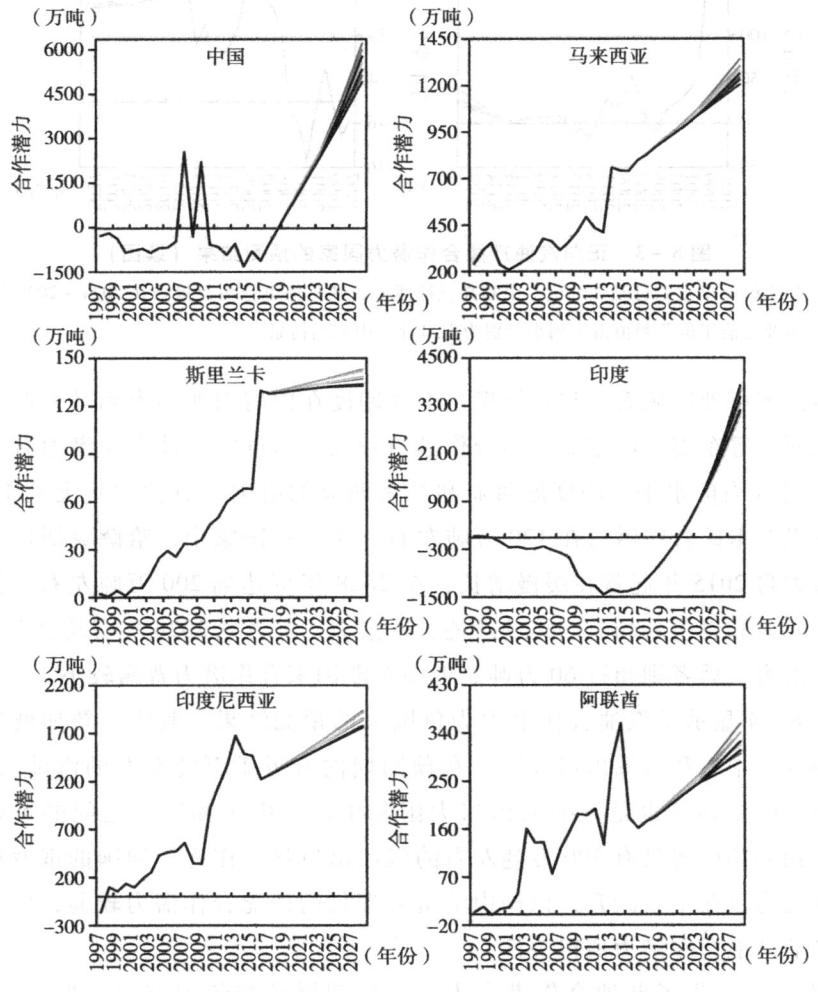

图 8-3　正向汽油产能合作潜力国家的预测结果

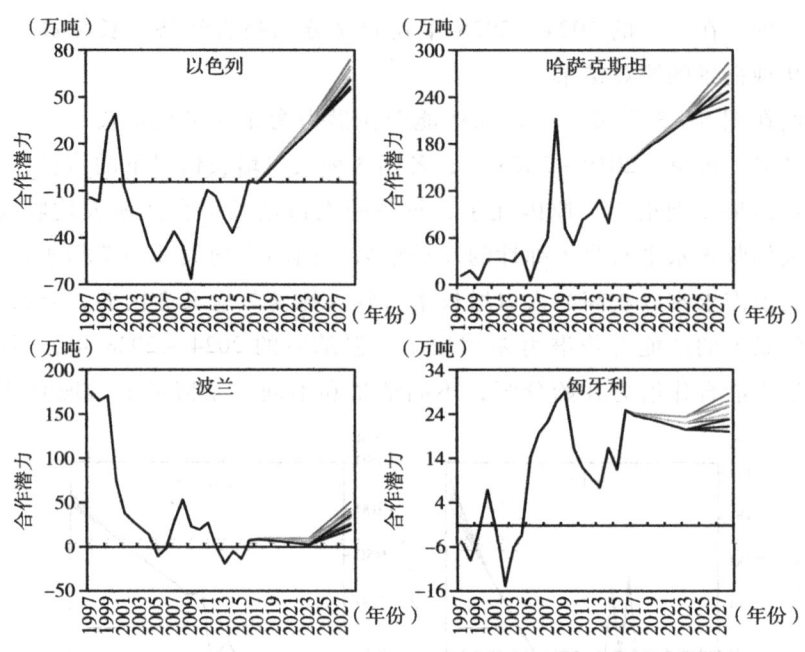

图 8-3 正向汽油产能合作潜力国家的预测结果（续图）

注：人口和 GDP 增长分别区分低、中和高三种情形，其 9 种组合情景报告在 2024~2028 年的预测中；2023 年及之前年份预测值由大到小分别为人口低、中和高情景。

从样本国家所处区域看，包括斯里兰卡和印度在内的南亚国家和马来西亚以及印度尼西亚等东南亚国家的汽油合作潜力较大。印度的汽油合作潜力有望达到 3000 万吨左右的水平，印度尼西亚和马来西亚的潜力测算值均将突破 1000 万吨，斯里兰卡的合作潜力在 120 万吨左右。在中亚国家中，哈萨克斯坦的汽油合作潜力自 2015 年起就在缓慢增长，至 2028 年可达到 200 万吨左右。位于中东的阿联酋和以色列均有一定的产能合作潜力，前者到 2028 年有超过 250 万吨的合作潜力，后者则超过 60 万吨；但中东欧国家合作潜力普遍较小。

图 8-4 显示了汽油合作潜力为负国家的预测结果。其中，新加坡是亚洲领先的炼油中心和汽油出口大国，在预测期内有近千万吨左右的汽油出口量。地处西亚的土耳其也是汽油的出口大国和里海、中东和欧洲之间的重要中转站，在预测期内将具有 300 万吨左右的汽油出口量。作为产油国的俄罗斯其汽油出口能力也在不断跃升，以国内消费为聚焦的产能合作潜力较弱，但匹配出口市场的产能合作潜力值得关注。

图 8-5 报告了柴油合作潜力为正且呈现增长趋势国家的模拟测算结果。可见，类似于汽油估计结果，印度、巴基斯坦和斯里兰卡等南亚国家以及印度

第8章 沿线国"资源"研究Ⅱ：产能合作潜力测度

尼西亚等国具有最可观的产能合作潜力，其中，印度将在2021年左右转负为正，并在期末达到3000万吨左右的柴油合作潜力；印度尼西亚和巴基斯坦则

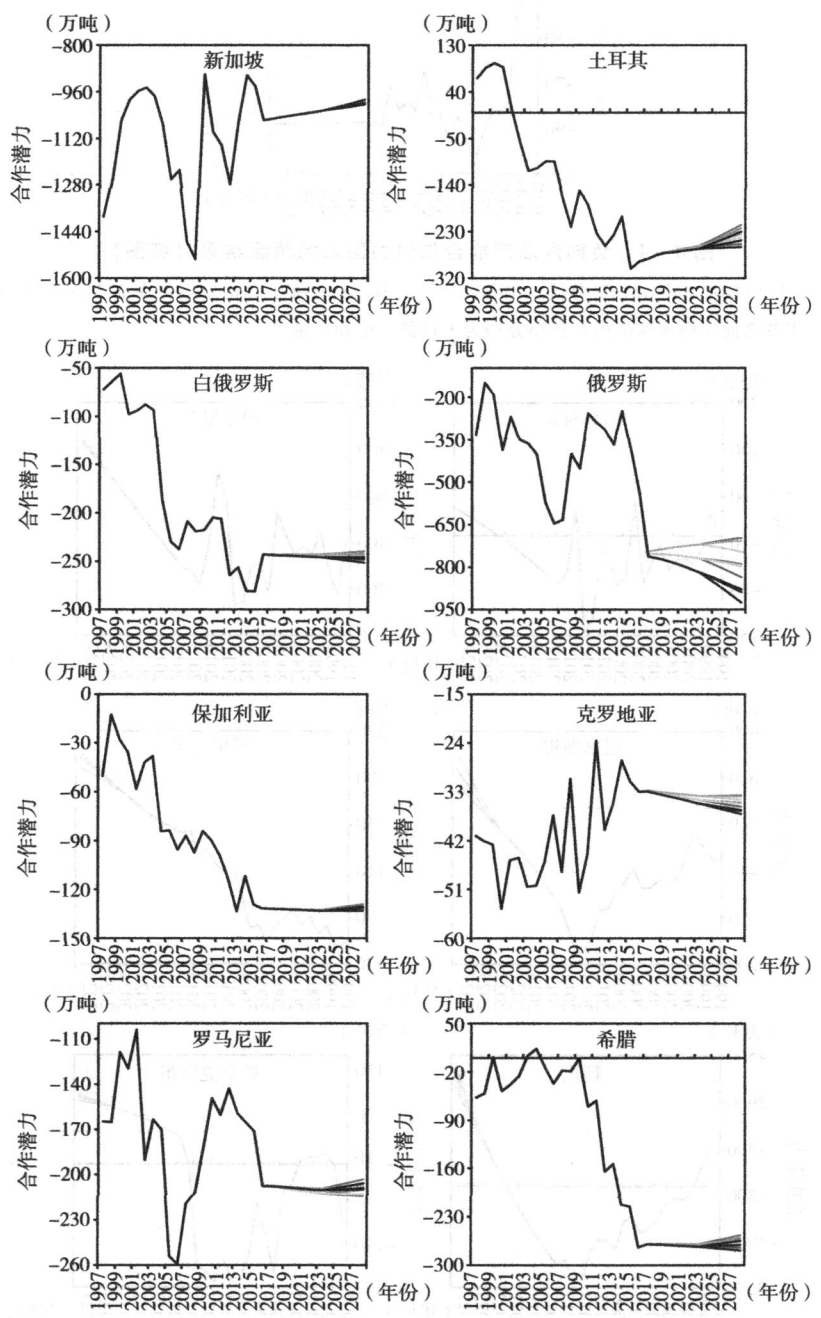

图8-4 负向汽油产能合作潜力国家的预测结果

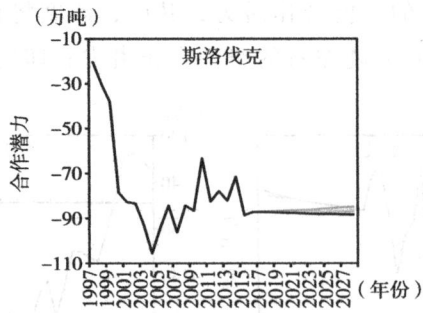

图 8-4 负向汽油产能合作潜力国家的预测结果（续图）

注：人口和GDP增长分别区分低、中和高三种情形，其9种组合情景报告在2024~2028年的预测中；2023年及之前年份预测值由大到小分别为人口低、中和高情景。

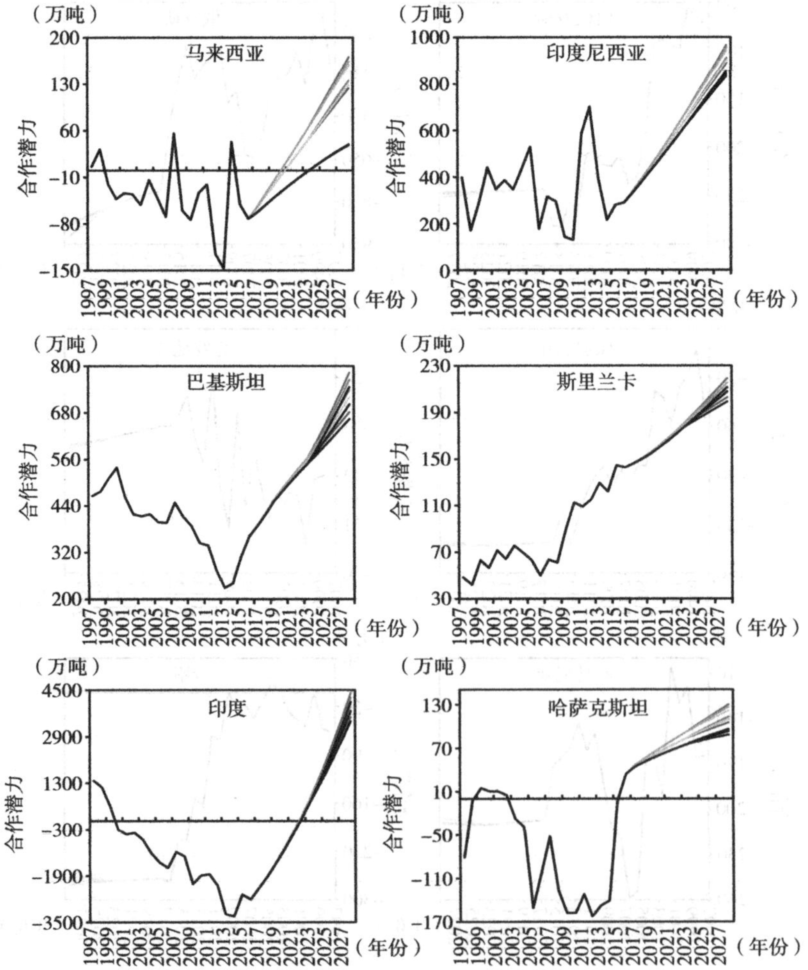

图 8-5 正向柴油产能合作潜力国家的预测结果

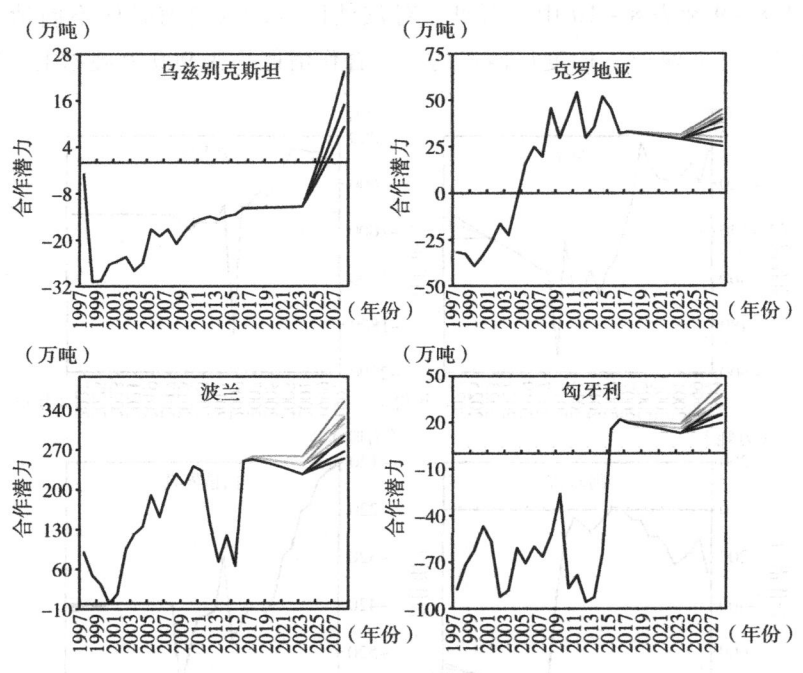

图 8-5　正向柴油产能合作潜力国家的预测结果（续图）

注：人口和 GDP 增长分别区分低、中和高三种情形，其 9 种组合情景报告在 2024~2028 年的预测中；2023 年及之前年份预测值由大到小分别为人口低、中和高情景。

分别达到 800 万吨和 600 万吨以上，合作潜力较大。样本国家中的中亚国家哈萨克斯坦和乌兹别克斯坦，前者的柴油合作潜能自 2015 年起就在缓慢增长，至 2028 年可达到 130 万吨左右，乌兹别克斯坦在预测期末方有不大的产能合作空间。在中东欧国家中，波兰的柴油合作潜能较大，长期内有可能达到 340 万吨的规模，匈牙利和克罗地亚等国则受限于人口规模，产能合作潜力为正但规模较小。

至于柴油合作潜能为负的国家，由图 8-6 可见，新加坡和俄罗斯仍然是柴油出口大国，俄罗斯在预测期内可达到 5000 万吨以上的柴油出口量，新加坡在预测期内也达到了 1000 万吨左右的柴油出口量。此外，东南亚的泰国也是柴油净出口国，但其需求缺口呈现由负值逐渐缩小的趋势，地处西亚的阿联酋在预测期内将达到 800 万吨左右的柴油出口量。在中东欧国家中，保加利亚的柴油合作潜力持续为负，而罗马尼亚也出现柴油产能过剩的局面，希腊的柴油合作潜力同样为负值，总体上中东欧区域国家的柴油合作潜力都很弱。

对于估计的"一带一路"沿线国和多种不同情景，我们将负向合作潜力国家去掉并加总正向合作潜力，便得到了预测期内的成品油合作潜力总量，分别报告在表 8-9 和表 8-10 中。可见,对汽油而言,以当前时期不同情景下的均值而言,马来西亚、印度尼西亚的产业合作潜能均为 900 万吨以上,斯里兰

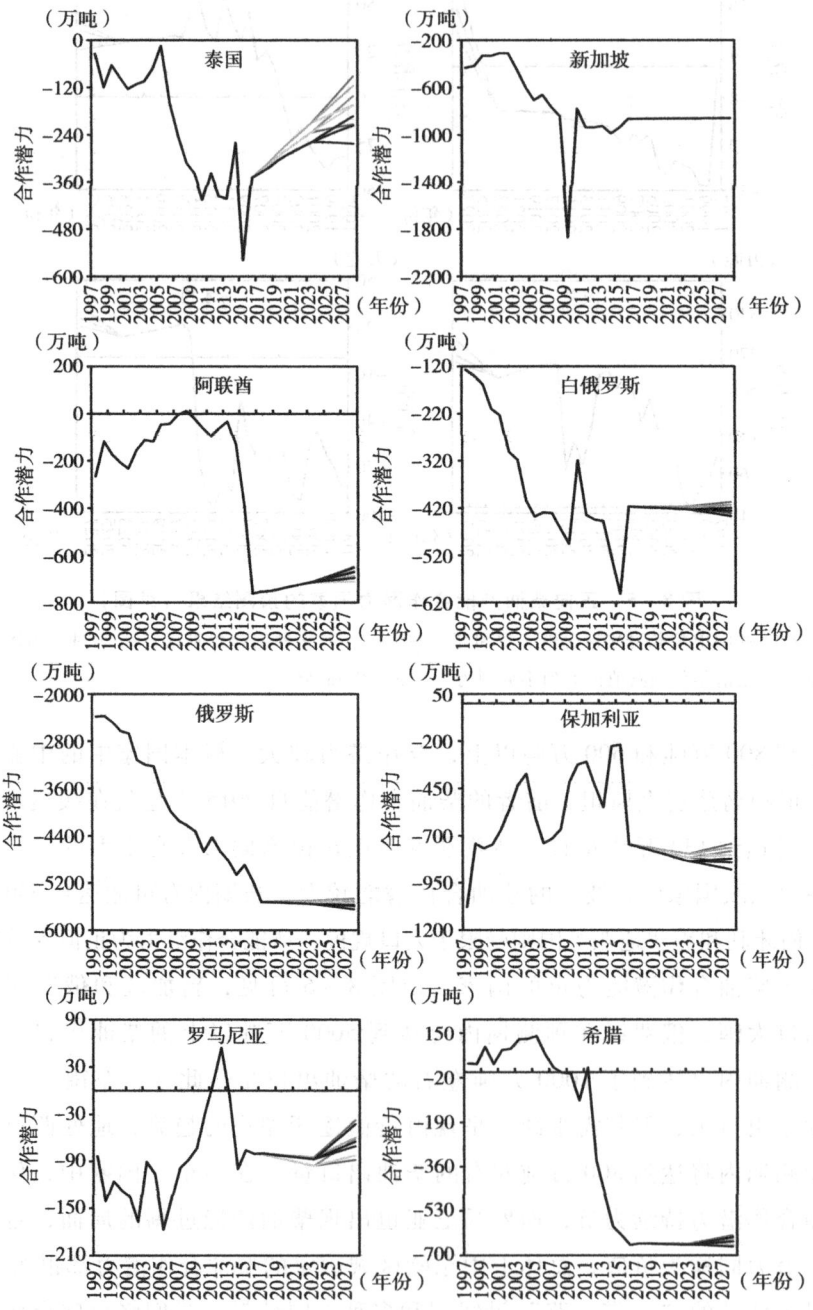

图 8-6 负向柴油产能合作潜力国家的预测结果

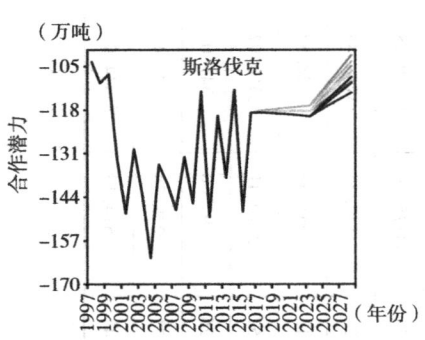

图 8-6 负向柴油产能合作潜力国家的预测结果（续表）

卡、阿联酋、哈萨克斯坦的合作潜能均超过百万吨，这些国家都值得投资者关注。到 2023 年，除了上述国家的汽油产业合作潜能依然保持增长外，印度合作潜能增长由负转正，甚至达到了 816 万吨的规模。从总量上看，汽油合作潜能呈现正向的"一带一路"样本国家的合作潜力总量从 2019 年的 2833.2 万吨上升到 2023 年的 4124.4 万吨，到 2028 年又进一步增长到 7394.5 万吨。对柴油，就当前时期不同情景下的均值而言，印度尼西亚、巴基斯坦、斯里兰卡、波兰都有百万吨以上的产业合作潜能，哈萨克斯坦的合作潜能超过 50 万吨，产能合作潜力可观。到 2023 年，印度、马来西亚合作潜力由负转正，印度甚至达到了 500 万吨的规模。从总量来看，柴油合作潜力呈现正向的样本国家的潜能总量将上升到 2023 年和 2028 年的 2426.7 万吨和 6352.1 万吨。总体来看，这都说明"一带一路"沿线国家有很大的成品油产能合作潜力。

8.2.3 结 论

本节基于弹性估计和情景模拟方法测算了截至 2028 年 22 个主要"一带一路"沿线国家的成品油产能合作潜力。研究发现：(1) 印度、印度尼西亚和马来西亚等南亚和东南亚国家的汽油和柴油产能合作潜力均很大，印度具有远期庞大的产能合作潜力，印度尼西亚、巴基斯坦和斯里兰卡等国当前时期的合作潜力较大。(2) 长期内哈萨克斯坦的柴油合作潜力将达到百万吨以上，西亚的阿联酋则具有颇大的汽油合作潜力，但除波兰柴油产能合作潜力颇为可观外，其余中东欧国家的成品油产能合作潜力都比较微弱或者长期为负。(3) 俄罗斯、土耳其和新加坡等国中长期内均显示出负向的产能合作潜力，以国内需求牵引的产能合作潜力极弱。(4) 除中国外的 21 个主要"一带一路"沿线国柴油和汽油加总的合作潜能从 2019 年的 2150 万吨上升至 2023 年和 2028 年的 6540 万吨和 1.3747 亿吨。

表8-9　"一带一路"主要沿线国的汽油产业合作潜力估计

单位：千吨

国家	2019年			2023年			2028年		
	MAX	MIN	AVE	MAX	MIN	AVE	MAX	MIN	AVE
马来西亚	9100.24	8974.65	9038.81	10726.61	10372.79	10549.40	13402.32	12036.64	12697.37
印度尼西亚	13874.04	13598.38	13736.44	16192.90	15451.65	15822.44	19352.47	17599.78	18475.20
斯里兰卡	1309.03	1290.94	1300.02	1362.16	1316.26	1339.20	1429.43	1326.78	1378.76
印度	-5746.45	-5879.99	-5813.30	8405.06	7919.33	8161.43	38092.31	30375.36	34269.78
阿联酋	2013.85	1953.91	1983.20	2613.06	2456.55	2534.55	3575.26	2849.57	3218.83
以色列	135.96	111.33	123.53	410.45	344.47	377.52	835.13	631.50	728.57
哈萨克斯坦	1823.04	1780.73	1802.11	2203.05	2094.60	2148.85	2837.57	2270.41	2560.97
波兰	98.78	68.78	83.79	98.28	25.06	61.71	508.26	195.68	341.07
匈牙利	271.14	258.22	264.69	265.43	233.28	249.36	322.71	-228.38	274.42
总和	28626.07	28036.93	28332.59	42276.99	40213.98	41244.45	80355.47	67514.13	73944.97

第8章 沿线国"资源"研究Ⅱ：产能合作潜力测度

表8-10 "一带一路"主要沿线国的柴油产业合作潜力估计

单位：千吨

国家	2019年			2023年			2028年		
	MAX	MIN	AVE	MAX	MIN	AVE	MAX	MIN	AVE
马来西亚	-169.16	-414.38	-270.59	609.96	-19.19	342.65	1708.30	381.71	1106.45
印度尼西亚	4410.59	4220.76	4315.84	6599.94	6081.11	6340.71	9672.19	8336.74	9003.54
巴基斯坦	4588.64	4530.51	4559.58	5659.25	5497.69	5578.58	7833.85	6638.66	7220.36
斯里兰卡	1557.58	1545.02	1551.32	1810.71	1776.15	1793.44	2191.21	1991.70	2099.28
印度	-14496.09	-14880.36	-14688.1	7084.31	5890.11	6488.17	43913.94	34250.45	39140.44
哈萨克斯坦	622.07	553.87	588.32	913.60	742.92	828.22	1295.38	879.86	1089.07
乌兹别克斯坦	-115.65	-115.97	-115.81	-112.79	-113.57	-113.18	235.82	91.49	158.84
克罗地亚	325.95	315.90	320.98	315.06	290.07	302.56	449.05	251.09	359.85
波兰	2596.07	2466.90	2531.51	2589.94	2275.16	2432.68	3560.40	2548.38	3027.85
匈牙利	199.80	176.11	187.98	190.04	130.90	160.49	444.44	195.47	315.40
总和	14300.69	13809.07	14055.53	25772.81	22684.11	24267.50	71304.58	55565.55	63521.07

8.3 水泥产能合作潜力预测

以基础设施互联互通和国际产能合作推动的"一带一路"建设必将带动沿线国包括水泥在内的基建关联产业需求增长。但因运输成本较高、销售半径较短的特性,难以采用一般的贸易和投资潜力估计对水泥产业进行研究。为此,需要纳入不同沿线国的市场规模和发展水平上的差异性对逐一沿线国进行量化评估,才能为水泥国际产能合作提供实证依据。本节使用弹性估计方法并设定不同情景来估计截至 2028 年"一带一路"沿线国家层面的水泥产能合作潜力。

8.3.1 弹性估计结果

根据式 (8-2) 并引入路网长度变量的实证结果报告在表 8-11 中,对有自相关性的回归结果已进行了 Newey - West 处理以消除序列相关性。可见,有 15 个样本国家显示出收入对需求的显著正向影响,而马来西亚、巴基斯坦、塞浦路斯和格鲁吉亚 4 国则回归方程整体不显著。其中,亚美尼亚、土耳其、越南、白俄罗斯、保加利亚、捷克、波兰、罗马尼亚和俄罗斯等 9 国的收入弹性估计值显著小于 1,阿塞拜疆、哈萨克斯坦、克罗地亚、立陶宛、塞浦路斯和中国等 6 国的收入弹性则居于 (1, 2) 区间。各国水泥消费与价格变化之间的关系中,大多数国家表现出不显著或者显著为负的估计结果,但由于水泥市场的区域性,水泥价格弹性估计结果需要予以谨慎对待。在各国水泥消费量与路网密度关系的回归结果中,阿塞拜疆、越南、克罗地亚、捷克和塞浦路斯等国系数为正且显著,其余国家大多不显著。对我们引入的时间趋势项 T,土耳其、越南、白俄罗斯、俄罗斯和中国等 5 国出现显著为正的时间效应,除捷克的时间效应显著为负外,其余国家的时间效应不显著。

因尚有部分国家不能从上述回归模型中获得显著的收入弹性估计值,同时为了检验以上回归结果的稳健性,还基于收入弹性的定义来测算各国不同年份的收入弹性(见表 8-12)。可见,亚美尼亚、巴基斯坦、越南、立陶宛和塞浦路斯等国均在 2008~2010 年出现收入弹性的最小值,这显示了国际金融危机等外生冲击的严重负面影响。其他国家的收入弹性极值分布各有不同,均与其自身经济的周期性波动和外生冲击有关。但剔除前后各 20% 测算值之后,除亚美尼亚、波兰和土耳其的平均收入弹性 (AVE_2) 仍为负显示了其经济大幅波动

第8章 沿线国"资源"研究Ⅱ：产能合作潜力测度

表8-11 基于回归模型的样本国家水泥收入和价格弹性估计

国家	Price	Price (-1)	Income	Income (-1)	Road	C	T	Adj. R^2	F-statistic
亚美尼亚	0.0642 (0.0510)	-0.1115*** (0.0302)	-0.1360 (0.1368)	0.2867** (0.1092)	-1.1032 (1.2752)	6.2080 (4.8065)	—	0.6147	6.4241***
阿塞拜疆	0.0423 (0.0651)	0.0260 (0.0599)	1.4908* (0.3918)	-0.7002 (0.4680)	3.6435** (1.6686)	-17.4494*** (8.2348)	0.0178 (0.0091)	0.9151	36.9345***
哈萨克斯坦	-0.2027 (0.2138)	-0.9012** (0.3274)	0.0043 (0.4132)	1.5377** (0.7110)	-10.4130*** (4.8865)	54.9981** (24.2592)	0.0020 (0.0211)	0.7666	8.6647***
巴基斯坦	-0.3398 (0.2210)	-0.1888 (0.1382)	0.1362 (0.4752)	1.3671 (0.6681)	16.4790 (8.6335)	-88.9498 (47.9165)	—	0.4707	2.9567*
土耳其	-0.0140 (0.1919)	-0.0213 (0.1147)	0.3618** (0.1608)	-0.0666 (0.0832)	-0.0283 (0.1053)	2.1778* (0.6881)	0.0234* (0.0048)	0.9101	34.7278***
越南	0.0344 (0.0245)	0.0422*** (0.0195)	0.6672** (0.2550)	—	1.2225** (0.5046)	-6.0240** (2.9531)	0.0075*** (0.0108)	0.9584	70.1966***
白俄罗斯	-0.1374 (0.1355)	-0.0719 (0.1488)	0.7648** (0.2468)	-0.1139 (0.1302)	-0.3436 (0.6012)	3.7977 (3.0476)	0.0398* (0.0076)	0.9539	59.5715***
保加利亚	0.9341* (0.0763)	-0.0114 (0.1177)	0.3232*** (0.1514)	-0.0383 (0.1481)	3.1181 (2.3676)	-17.8021*** (9.9684)	0.0073 (0.0090)	0.9805	160.5266***
克罗地亚	0.0790 (0.3197)	0.2383 (0.2874)	1.0551*** (0.5849)	-1.0933 (0.6527)	4.2066** (1.8952)	-17.5492** (7.9184)	-0.0039 (0.0087)	0.5214	4.6319**

续表

国家	Price	Price(−1)	Income	Income(−1)	Road	C	T	Adj. R²	F − statistic
捷克	−0.0937** (0.0317)	0.1283*** (0.0623)	0.7553* (0.1478)	−0.5842* (0.1807)	6.7214** (2.7281)	−32.6876** (14.0518)	−0.0081** (0.0029)	0.6505	7.2028***
立陶宛	0.0398 (0.0346)	−0.1039*** (0.0541)	1.2233** (0.3217)	−0.3668 (0.2972)	−2.2567** (0.8816)	10.6280*** (4.0226)	—	0.8717	28.1820***
波兰	−0.0107 (0.0290)	−0.0125 (0.0290)	0.3267** (0.1432)	—	−0.4341 (0.8994)	3.9374 (5.1742)	0.0016 (0.0043)	0.5078	5.1270**
罗马尼亚	0.0072 (0.0360)	0.0630 (0.0365)	0.4495** (0.1902)	−0.6252* (0.1643)	−1.0414** (0.2987)	8.1717** (1.7577)	−0.0115 (0.0082)	0.8157	15.7574***
俄罗斯	0.0557 (0.1067)	−0.0263 (0.0430)	0.3042** (0.1038)	−0.2064 (0.1438)	−0.3185 (0.5011)	3.7882 (3.0755)	0.0264* (0.0058)	0.9007	29.7175***
塞浦路斯	0.0030 (0.0511)	−0.0110 (0.0478)	1.5453** (0.6035)	−0.5529 (0.5152)	9.3560* (2.8260)	−38.4619** (10.4441)	−0.0707 (0.0122)	0.8948	29.3447***
格鲁吉亚	−0.0116 (0.0528)	0.0203 (0.0499)	0.1771 (0.2261)	—	−0.9258 (2.3568)	4.0396 (7.6067)	0.0543 (0.0087)	0.9403	65.4092***
中国	0.5304** (0.2523)	0.6649** (0.2557)	1.0500** (0.3511)	−1.7904* (0.4444)	−0.0345 (0.0918)	−0.7307 (0.7538)	0.0720*** (0.0186)	0.9954	730.7687***

注：*、**和***分别表示10%、5%和1%的显著性水平。

第8章 沿线国"资源"研究Ⅱ：产能合作潜力测度

表8-12 基于弹性定义的样本国家收入弹性测算结果

国家	1996年	2000年	2004年	2008年	2012年	2016年	MAX	MIN	AVE_1	AVE_2
亚美尼亚	—	-4.5652	0.1095	0.7590	-1.2767	-29.1817	7.1751	-47.7401	-4.3038	-0.2938
阿塞拜疆	—	0.2010	2.6637	0.5411	6.7171	0.337	8.0439	-5.8106	1.3163	0.9526
哈萨克斯坦	—	—	1.7546	-3.7774	11.9064	0.1829	11.9064	-3.7774	1.2461	0.7595
马来西亚	3.7157	1.0482	-1.2643	89.9528	1.854	3.8696	89.9528	-14.8249	4.5783	0.9558
巴基斯坦	—	—	2.1082	0.0951	-0.2828	—	36.8031	-1.5103	3.9847	0.6252
土耳其	-0.1952	-0.0398	0.4132	-4.457	0.2352	-0.6744	3.0893	-36.9459	-3.0861	-0.0318
越南	—	—	1.2911	2.2903	-0.7886	4.6029	13.1108	-26.8883	-0.5063	1.347
白俄罗斯	—	0.1912	1.892	0.9494	-0.0324	0.4702	1.892	-3.414	0.3353	0.4112
保加利亚	—	0.4188	2.2196	1.0891	1.1346	-0.9085	22.97	-1.2908	2.2903	1.0393
克罗地亚	6.8573	-0.1496	0.0608	-0.2542	1.269	0.1186	55.2711	-24.5534	1.2359	1.2359
捷克	2.0346	0.2706	0.4902	-0.1765	0.7791	0.5872	11.4458	-5.3621	1.3012	0.6017
立陶宛	1.2584	-1.4941	0.8544	-1.0455	1.0439	2.0514	4.7313	-175.284	-7.3938	0.9117
波兰	-0.3738	-0.2951	0.156	0.0534	1.9501	-1.3359	3.666	-3.7122	-0.0916	-0.0361
罗马尼亚	-0.3857	-2.0707	1.0049	1.023	-0.1072	-0.3642	2.0146	-2.0707	0.2833	0.3649
俄罗斯	—	1.3969	0.5027	-0.0173	4.5518	0.9625	4.5518	-3.7195	0.1621	0.447
斯洛伐克	65.6085	-0.5271	-0.0395	1.2808	-0.7569	-5.7466	65.6085	-67.706	1.4531	0.5153
塞浦路斯	0.5897	0.4000	0.3478	0.9608	2.8531	9.5899	38.6023	-11.286	4.2383	2.0977
格鲁吉亚	—	1.3507	1.3046	0.3242	-0.1594	14.5613	124.4123	-0.9595	10.0134	2.1261
中国	0.2308	0.3627	0.8984	0.1967	0.493	-1.2085	1.674	-1.6415	0.5367	0.6579

注：AVE_1为1995~2016年收入弹性测算值的平均值；AVE_2为剔除最大和最小20%测算值的平均值。

的溢出影响之外，其余国家的弹性值均为正，除塞浦路斯和格鲁吉亚的测算值大于2之外，其余国家均居于0~2的收入弹性区间。根据图8-7，在兼具弹性回归值和测算值的国家中，收入弹性回归值大于测算值的国家包括亚美尼亚、阿塞拜疆、哈萨克斯坦和土耳其等10国，而收入弹性回归值小于测算值的国家则包括越南、保加利亚、俄罗斯和塞浦路斯4国，而马来西亚、巴基斯坦、斯洛伐克、格鲁吉亚4国仅存在收入弹性的测算值。

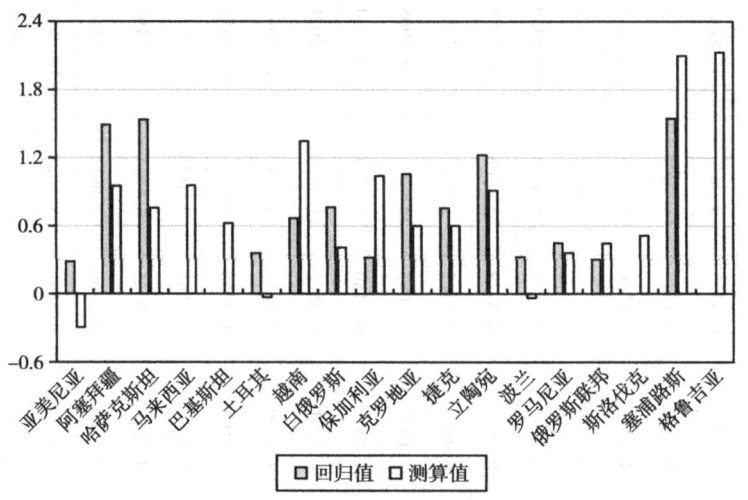

图8-7 基于不同方法的水泥收入弹性估计值比较

8.3.2 水泥产能合作潜力估计

图8-8报告了水泥产能合作潜力为正且呈现增长趋势国家的测算结果。可见，2019~2024年，各国3种人口增长情景下的水泥产能合作潜力估算结果差别较小[①]。但随后的2025~2028年，不同情景下的水泥产能合作潜力开始分野，不同国家和不同情景出现较大的差异。可见，俄罗斯、越南、马来西亚和哈萨克斯坦均有500万吨以上的产能合作潜力，其中以马来西亚和越南最大，越南达到了2800万吨左右，马来西亚达到了1100万吨左右。而格鲁吉亚、罗马尼亚、巴基斯坦、波兰和捷克到2028年有100万~350万吨的潜力，但巴基斯坦要到2024年开始拥有正向的产能合作潜力。亚美尼亚、阿塞拜疆和保加利亚等产能合作潜力虽为正但潜力较小。

---

① 原因在于，较高的人口增长率会摊薄人均收入水平，其与收入弹性的互动结果会削弱人均水泥消费需求，导致不同人口增长情景下产能合作潜力总量差别较小。8.4节的钢铁需求预测中也出现类似现象。

第 8 章 沿线国"资源"研究Ⅱ：产能合作潜力测度

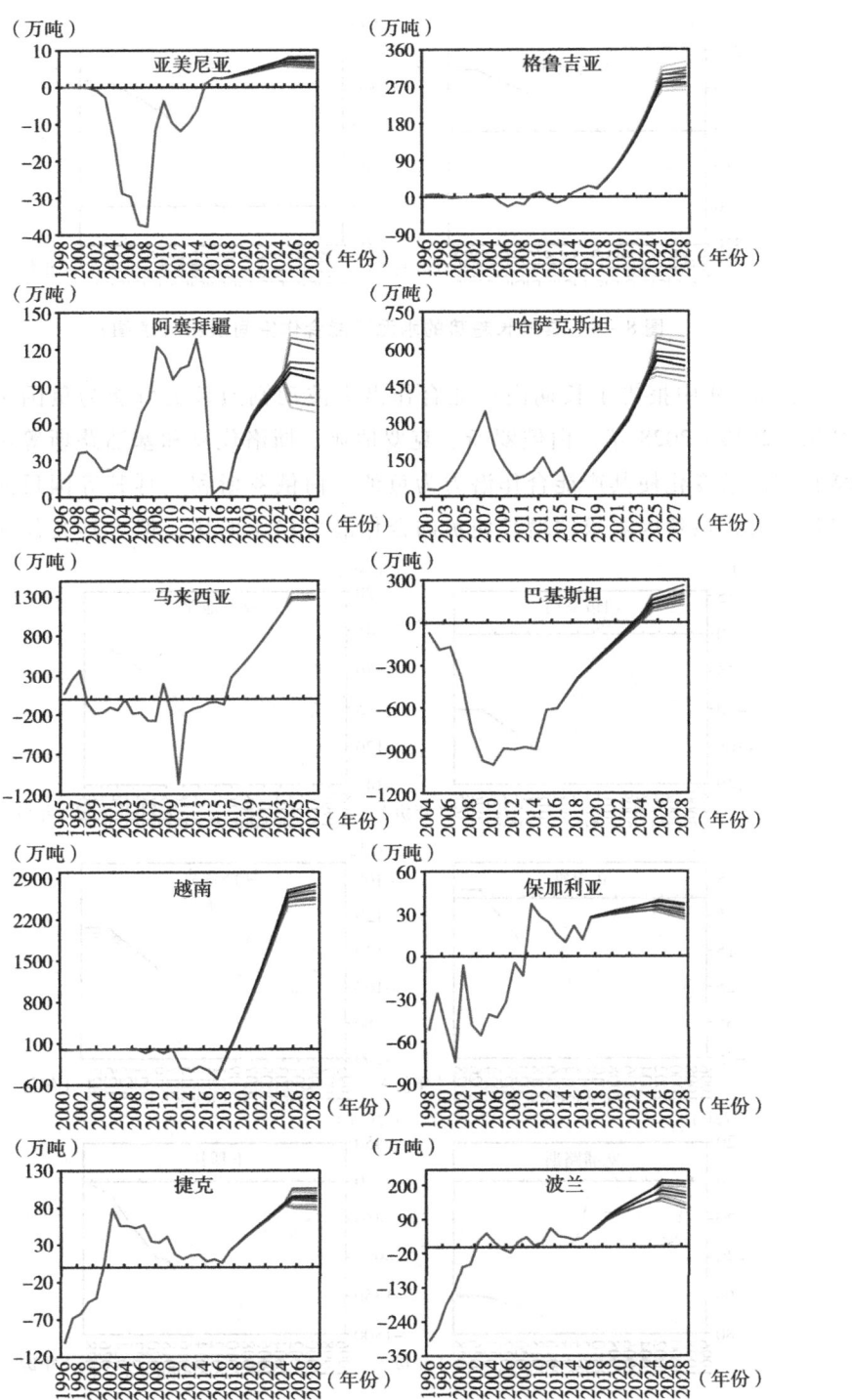

图 8-8 具增长趋势的水泥产能合作空间预测

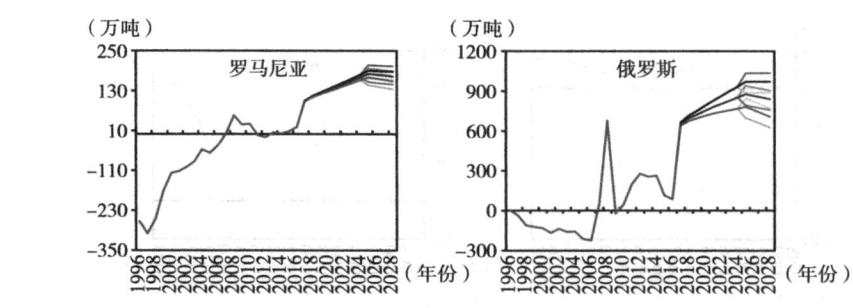

图 8-8 具增长趋势的水泥产能合作空间预测（续图）

图 8-9 中报告了长期内产能合作潜力波动剧烈且更可能为负国家的预测结果。2019~2028 年，白俄罗斯、克罗地亚、斯洛伐克和塞浦路斯等国因经济增长和需求变化使其产能合作潜力为负值。白俄罗斯和土耳其等国目前水泥出口量颇大，虽然因需求的增长使负向合作潜力趋于弱化，但土耳其仅在乐观情

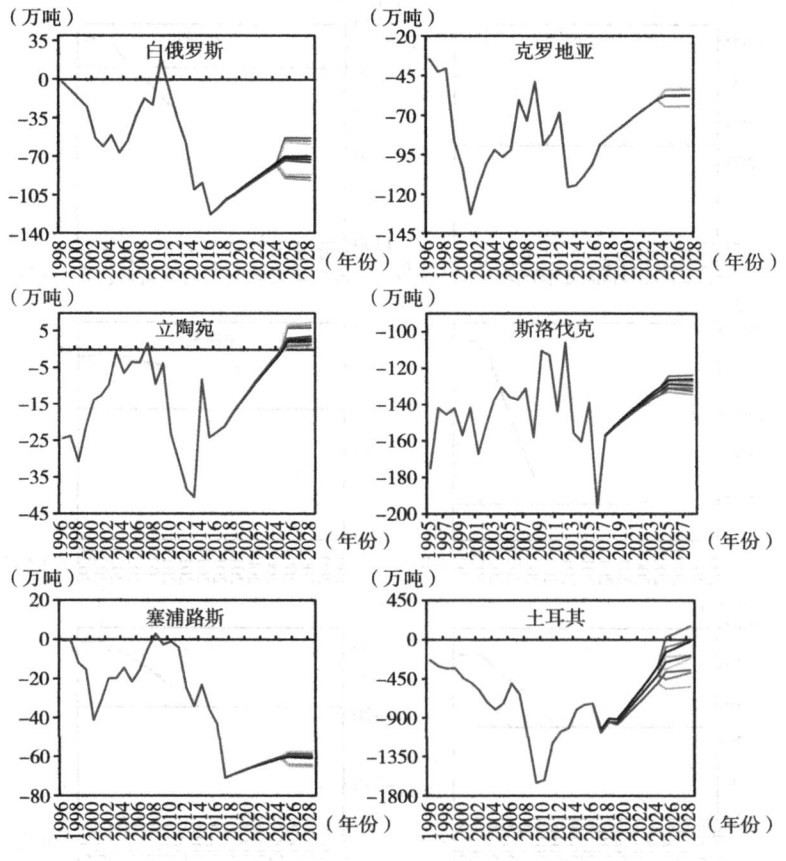

图 8-9 负向水泥产能合作潜力国家预测结果

景下方可能出现合作潜力接近于 0 乃至极小幅为正的情形,立陶宛仅在研究时期期末方为正值,包括斯洛伐克和克罗地亚等国都不具有明显的水泥产能合作空间。

基于以上估计的 18 个"一带一路"沿线国不同情景下的水泥产能合作潜力,去掉负向合作潜力情形,我们可加总得到未来时期内这一区域的合作潜力总量(见表 8-13)。可见,在当前时期,就不同情景下的均值而言,马来西亚和俄罗斯的合作潜力在 500 万吨左右,值得投资者充分关注。到 2024 年,除上述国家仍保持增长的水泥产能合作潜力外,越南、哈萨克斯坦和波兰的合作潜力增长亦相当可观,越南更是达到了 2139.77 万吨的规模。从总量上看,以 18 个主要沿线国代表的"一带一路"区域的水泥产能合作潜力总量从 2019 年的平均 1904.49 万吨上升至 2023 年的 6014.58 万吨,到 2028 年进一步增长至 7255.74 万吨,说明了"一带一路"区域内存在非常庞大的水泥产能合作潜力,投资者可充分加以利用。

表 8-13　"一带一路"主要沿线国的水泥产能合作潜力估计　　　单位:万吨

国家	2019 年			2024 年			2028 年		
	MAX	MIN	AVE	MAX	MIN	AVE	MAX	MIN	AVE
亚美尼亚	3.61	3.14	3.38	7.07	5.66	6.37	8.34	5.07	6.7
阿塞拜疆	50.57	48.24	49.42	99.89	92.50	96.14	132.58	68.54	101.05
哈萨克斯坦	169.30	161.29	165.16	499.32	470.63	484.79	647.87	462.47	553.86
马来西亚	491.40	489.78	490.65	1132.85	1126.84	1129.88	1365.94	1256.63	1304.61
巴基斯坦	-313.48	-327.93	-320.70	57.96	10.62	34.41	262.60	122.63	189.86
越南	212.76	176.16	194.99	2205.61	2073.14	2139.77	2802.09	2456.39	2633.42
保加利亚	30.88	29.21	30.06	37.61	32.57	35.10	37.27	26.13	31.82
捷克	41.23	39.97	40.60	86.18	82.22	84.21	106.11	77.47	91.97
波兰	347.72	326.64	340.72	759.14	717.23	741.97	1106.09	893.50	1044.59
罗马尼亚	124.92	119.47	122.22	178.99	161.97	170.51	203.68	135.02	170.53
俄罗斯	752.10	695.08	723.61	933.20	768.05	850.86	1035.15	625.50	833.15
格鲁吉亚	65.34	62.10	64.38	248.05	232.61	240.57	329.44	260.65	294.18
总和	1976.35	1823.15	1904.49	6245.87	5774.04	6014.58	8037.16	6389.47	7255.74

8.3.3　结论

本节基于弹性估计和情景模拟方法测算了截至 2028 年 18 个主要"一带一

路"沿线国的水泥产能合作潜力。研究发现：（1）俄罗斯、越南、马来西亚和哈萨克斯坦均有500万吨以上的潜力，其中以马来西亚和越南最大，到研究期末越南达到2800万吨左右，马来西亚达到了1100万吨左右。（2）格鲁吉亚、罗马尼亚、巴基斯坦、波兰和捷克到研究期末有100万~350万吨的合作潜力，但巴基斯坦要到2024年方有正向的产能合作潜力。（3）白俄罗斯、土耳其、克罗地亚、斯洛伐克等国产能合作潜力为负，土耳其和立陶宛仅在研究期末方可能为正值。（4）18个主要沿线国的水泥产能合作潜力总量从2019年的平均1904.49万吨上升至2023年和2028年的6014.58万吨和7255.74万吨。

8.4 钢铁产能合作潜力预测

中国钢铁企业已在东南亚、中亚和东欧等若干"一带一路"次区域国家推进了一定规模的钢铁产能合作，但面对沿线国市场规模和发展水平等方面的巨大差异性，还需要仔细评估不同国家在未来时期内的产能合作潜力，以实现合作伙伴优化、投资规模优化以及与中国企业的规模经济匹配。但现有研究主要估计中国钢铁需求变化，对沿线国的估计主要使用描述性统计和基于当前贸易平衡数据的静态分析，本节基于弹性分析和情景模拟方法来量化评估"一带一路"沿线主要国家未来时期内的合作潜力，以为钢铁产能合作提供扎实的实证证据。

8.4.1 弹性估计结果

根据式（8-2）对19个选定样本国家进行OLS回归，以便估计不同国家的收入弹性和价格弹性。表8-14所报告的OLS回归结果通过了回归方程的显著性检验和残差的自相关检验。可见，有15个样本国家显示出收入对需求的显著影响，而伊朗、印度、马来西亚和印度尼西亚等4国则回归方程整体不显著，未予报告。其中，泰国、阿联酋、俄罗斯、波兰、中国和乌克兰等7国的钢铁收入弹性估计值显著小于1，沙特阿拉伯和哈萨克斯坦的当期收入弹性不显著，但作为预期的滞后1期收入变量对需求的影响也表现出缺乏弹性的特征。与此同时，土耳其、菲律宾和捷克3国的钢铁收入弹性介于1~2，最富有弹性的国家包括巴基斯坦、埃及和斯洛伐克，它们的收入弹性均大于2，尤以巴基斯坦为最高达到3.0311，该国也是样本国家中人均钢铁消费量最低的

第8章 沿线国"资源"研究Ⅱ：产能合作潜力测度

表8-14 基于回归模型的样本国家钢铁收入和价格弹性估计

国家	Income	Income（-1）	Price	Price（-1）	T	C	Adj. R²	F-statistic
巴基斯坦	3.0311** (1.0524)	-0.8091 (1.0992)	-1.1805** (0.4305)	-0.5308 (0.4267)	0.0680 (0.1516)	-4.5970** (1.8925)	0.6995	7.0527***
土耳其	1.4836*** (0.4137)	-0.4027 (0.4782)	-0.5283* (0.2562)	-0.2046 (0.2743)	0.0432*** (0.0075)	-0.0541 (0.7977)	0.9041	25.5139***
埃及	2.2245** (0.9574)	-1.7546* (0.8589)	0.2011 (0.3371)	0.0226 (0.3985)	0.0355*** (0.0084)	-0.0020 (1.8232)	0.8806	11.8805***
沙特阿拉伯	0.4013 (0.2466)	0.5178* (0.2594)	-0.0889 (0.1719)	-0.1569 (0.1681)	0.0137*** (0.0026)	-0.7253 (0.7022)	0.9391	41.1270***
泰国	0.7252*** (0.2011)	—	-0.0941 (0.1964)	-0.2798 (0.1755)	—	0.5427 (0.5117)	0.4641	4.7523**
阿联酋	0.1463 (0.4774)	1.4493** (0.4740)	0.6286* (0.3008)	-0.7352** (0.2857)	-0.0154** (0.0057)	-3.7954* (1.7063)	0.8277	13.4899***
越南	1.0096 (1.2969)	2.7345** (1.0850)	-0.7489** (0.2727)	-0.5576* (0.2803)	—	-5.4312** (1.1739)	0.8659	21.9897***
俄罗斯	0.7713*** (0.2021)	-0.1757 (0.2274)	-0.0825 (0.2514)	-0.3592 (0.2357)	0.0266*** (0.0041)	1.0746 (0.3318)	0.8747	19.1531***
菲律宾	1.8454*** (0.1622)	—	-0.6278*** (0.1613)	-0.4203** (0.1415)	—	-1.7572*** (0.0462)	0.9334	46.7119***

续表

国家	Income	Income (-1)	Price	Price (-1)	T	C	Adj. R²	F-statistic
波兰	0.9769** (0.3344)	—	-0.2972 (0.2652)	-0.4641** (0.1896)	—	0.4895 (0.6885)	0.3813	3.6705*
哈萨克斯坦	-0.0526 (0.0578)	0.1861** (0.0576)	0.3160 (0.2071)	0.7079*** (0.1779)	—	-0.2825 (0.5195)	0.7347	10.0000***
中国	0.7261** (0.2766)	—	-0.0910 (0.1263)	0.2272* (0.1155)	-0.0097 (0.0137)	-0.2267 (0.5900)	0.9671	96.6292***
乌克兰	0.7305** (0.2347)	-0.3615 (0.2433)	0.2299 (0.3599)	-0.4232** (0.3424)	0.0132 (0.0107)	1.2534** (0.4996)	0.6413	5.6485***
斯洛伐克	2.3735** (0.7622)	—	-0.9906* (0.5233)	-0.3726 (0.3110)	0.0064 (0.0064)	-4.1509 (2.5185)	0.6389	3.9804***
捷克	1.3926*** (0.2434)	—	0.03476 (0.1257)	-0.0069 (0.1157)	0.0069*** (0.0020)	-1.8153 (0.7274)	0.8395	18.0006***

注：*、**和***分别表示10%、5%和1%的显著性水平。

国家，其2017年人均消费量仅为44.49千克，远低于中国的人均458.02千克的水平。相较于Fernandez（2018）给出的平均为1.026~1.030的世界钢铁收入弹性估计以及大多数OECD国家介于1.0~1.5的钢铁收入弹性，本节估计的更分异的收入弹性反映了"一带一路"沿线发展中国家更大的差异性特征，如使用面板模型等方法估计平均收入弹性就可能掩盖了这种差异性。

各国钢铁消费与价格变化之间的关系中，当期价格变化对消费的影响整体上系数为负或不显著，仅阿联酋在10%的显著性水平上显著为正，但滞后一期价格对阿联酋钢铁消费的影响确在5%的显著性水平上为负，显示了适应性预期下滞后期价格的负向影响以及对当期价格和消费关系的回弹效应。需要指出的是，因很难获得各样本国国内钢铁价格指数，我们选用了国际钢铁价格指数作为替代，这一价格尽管可以很好地反映国际钢铁价格变化，但因不同国家钢铁市场和政府政策的差异，国际价格对其预期和需求的影响可能是差异化的，这就导致实证结果中当期价格和滞后一期价格对消费影响的差异化估计结果。但诸如中国和印度这样的发展中国家钢铁需求受价格变化的显著正向影响已有实证证据的支持（Fernandez，2018），这可能反映了收入跃升阶段的钢铁需求特征。国家间差异性的考量也反映在我们引入的时间趋势项T对消费影响的估计结果上，可见巴基斯坦、土耳其、埃及、沙特阿拉伯、俄罗斯和捷克6国均出现显著为正的时间效应，而阿联酋的时间效应显著为负，其余国家的时间效应则不显著或者难以通过检验，这说明除收入和价格之外存在其他随时间变化驱动消费变化的因素，还需要进一步的实证研究。

同前，因尚有部分国家不能从上述回归模型中获得显著的收入弹性估计值，同时为了检验以上回归结果的稳健性，我们基于收入弹性定义测算了各国不同年份的收入弹性（见表8-15）。考虑到研究时期内存在的冲击和异常波动的持续期，我们选择剔除最大和最小各20%的年度收入弹性测算值，再对剩余年份测算值取算术平均值，以之作为各国基于定义的收入弹性测算值并与前述基于回归模型的估计值进行比较（见图8-10）。

由表8-15可见，埃及、乌克兰、斯洛伐克、捷克和哈萨克斯坦等国均在2008~2010年出现收入弹性的最小值，乌克兰收入弹性甚至低至-97.4728，这固然有基于定义的收入弹性测算方法未控制其他影响因素的原因，但更多在于国际金融危机等外生冲击的严重负面影响。其他国家的收入弹性极值分布各有不同，均与其自身经济的周期性波动和外生冲击有关。但剔除前后各20%测算值之后，除土耳其的平均收入弹性（AVE_2）仍为负显示了其经济大幅波动的溢出影响，以及阿联酋受国际金融危机影响需求复苏较晚之外，其余国家的

表 8-15 基于弹性定义的样本国家钢铁收入弹性测算结果

国家	2004 年	2006 年	2008 年	2010 年	2012 年	2014 年	2016 年	MAX	MIN	AVE_1	AVE_2
巴基斯坦	1.3628	-0.2013	2.9557	2.9630	-2.8848	-17.0323	-8.5751	36.1253	-17.0323	2.0058	1.0151
伊朗	2.2272	-1.9814	1.7529	2.2959	0.5612	-0.0823	3.7984	5.5832	-3.0265	1.4276	1.3056
土耳其	0.6117	-12.1136	-11.8932	4.1066	-0.6072	0.5377	0.3384	4.1066	-72.5630	-12.3390	-2.0740
埃及	0.6903	-0.8559	10.9941	-4.1699	1.8653	-1.6753	-0.2796	19.5534	-4.1699	3.7183	1.1970
沙特阿拉伯	-0.1174	1.1851	0.9098	0.3017	0.9557	-0.1703	2.6361	3.8178	-2.1838	0.8164	0.5696
印度	0.5161	2.7768	0.1349	1.1710	-0.4030	-0.3886	2.5477	6.5317	-13.8264	-2.2505	0.1309
泰国	1.3378	-1.2463	1.6878	1.6345	4.3623	0.9685	6.4288	6.5317	-1.2463	2.7802	2.1870
阿联酋	1.2891	1.3658	-6.4758	-1.8430	-2.5750	51.0527	-1.0357	51.0527	-16.3120	4.5529	-0.2608
马来西亚	0.2864	0.2224	0.2648	1.1707	4.3823	16.4889	-0.7831	16.4889	-12.3192	0.9402	0.2531
印度尼西亚	13.9120	-1.1466	6.4149	0.6698	-4.5879	0.1697	2.6279	421.8918	-38.3291	56.3370	1.2268
越南	2.0355	1.3147	-3.6966	7.7139	1.7859	8.1695	13.1141	15.0416	-26.2037	1.7015	3.6727
俄罗斯	0.2657	1.2056	-0.5498	3.1268	1.4912	0.1801	0.0792	3.1268	-0.5498	0.9337	0.6347
菲律宾	-9.9607	0.3785	0.3163	1.0876	2.0961	7.4771	19.8736	30.9450	-9.9607	5.9545	2.2020
捷克	1.6136	0.8082	-0.0544	-25.6789	0.9896	-12.4682	-0.3164	9.4377	-25.6789	-2.7683	0.3476
波兰	0.5728	4.1192	-0.4588	3.9944	1.5279	5.4461	-3.1142	5.4461	-3.1142	1.3272	1.0349
哈萨克斯坦	0.6390	0.6251	-2.9541	-1.2065	22.8183	1.0472	0.1500	22.8183	-2.9541	3.5164	0.7232
中国	0.9859	0.3335	0.2705	0.2406	0.2971	-0.7815	-0.6134	2.4844	-2.0113	0.5701	0.5504
乌克兰	-1.0727	4.0489	-0.5167	-97.4728	0.2946	-9.1369	14.3587	14.3587	-97.4728	-11.4633	1.0354
斯洛伐克	2.2628	3.1554	-0.8649	-41.9167	0.3763	4.5939	-6.0597	7.7167	-41.9167	-4.5619	0.5999

注：AVE_1 为 2003～2017 年收入弹性测算值的平均值；AVE_2 为剔除最大和最小 20% 测算值的平均值。

第8章 沿线国"资源"研究Ⅱ：产能合作潜力测度

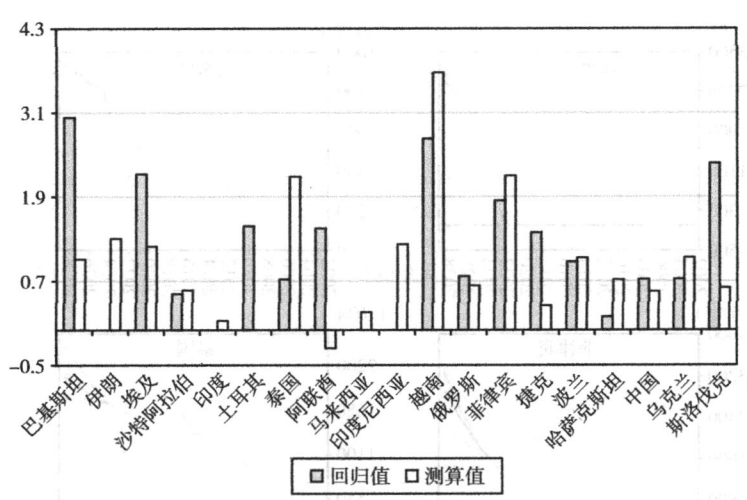

图 8-10 基于不同方法的收入弹性估计值比较

注：土耳其基于定义的测算值（-2.0740）未报告在图中。

弹性值均为正，除泰国、越南和菲律宾的测算值大于2之外，其余国家均居于0~2的收入弹性区间。根据图8-10，在兼具弹性回归值和测算值的国家中，除土耳其外，收入弹性回归值大于测算值的国家包括巴基斯坦、埃及、阿联酋、俄罗斯、捷克、中国和斯洛伐克7国，而收入弹性回归值小于测算值的国家则包括沙特阿拉伯、泰国、越南、菲律宾、波兰、哈萨克斯坦和乌克兰7国，其余4国仅存在收入弹性的测算值。

8.4.2 钢铁产能合作潜力模拟

我们在图8-11中报告了钢铁产能合作潜力为正且呈现增长趋势国家的模拟测算结果。同前，2019~2023年钢铁产能合作潜力估算结果差别较小，但2024~2028年不同情景和不同国家情形下出现较大的差异。印度尼西亚、马来西亚、越南、印度和捷克等国不同情景下的产能合作潜力差异较小，而土耳其等国则差异很大。其缘由在于各国经济增长率的历史波动存在很大的差异，历史波动大的国家预测值变化也较大。

从样本国家所在"一带一路"次区域分组看，包括印度尼西亚、马来西亚、菲律宾、泰国和越南在内的东南亚国家均有很大的产能合作潜力，尤以越南、印度尼西亚和菲律宾为最大，这三国也是东南亚此区域中人口规模大、经济发展较快的国家，马来西亚和泰国的产能合作潜力值也颇为可观。在西亚北非

· 335 ·

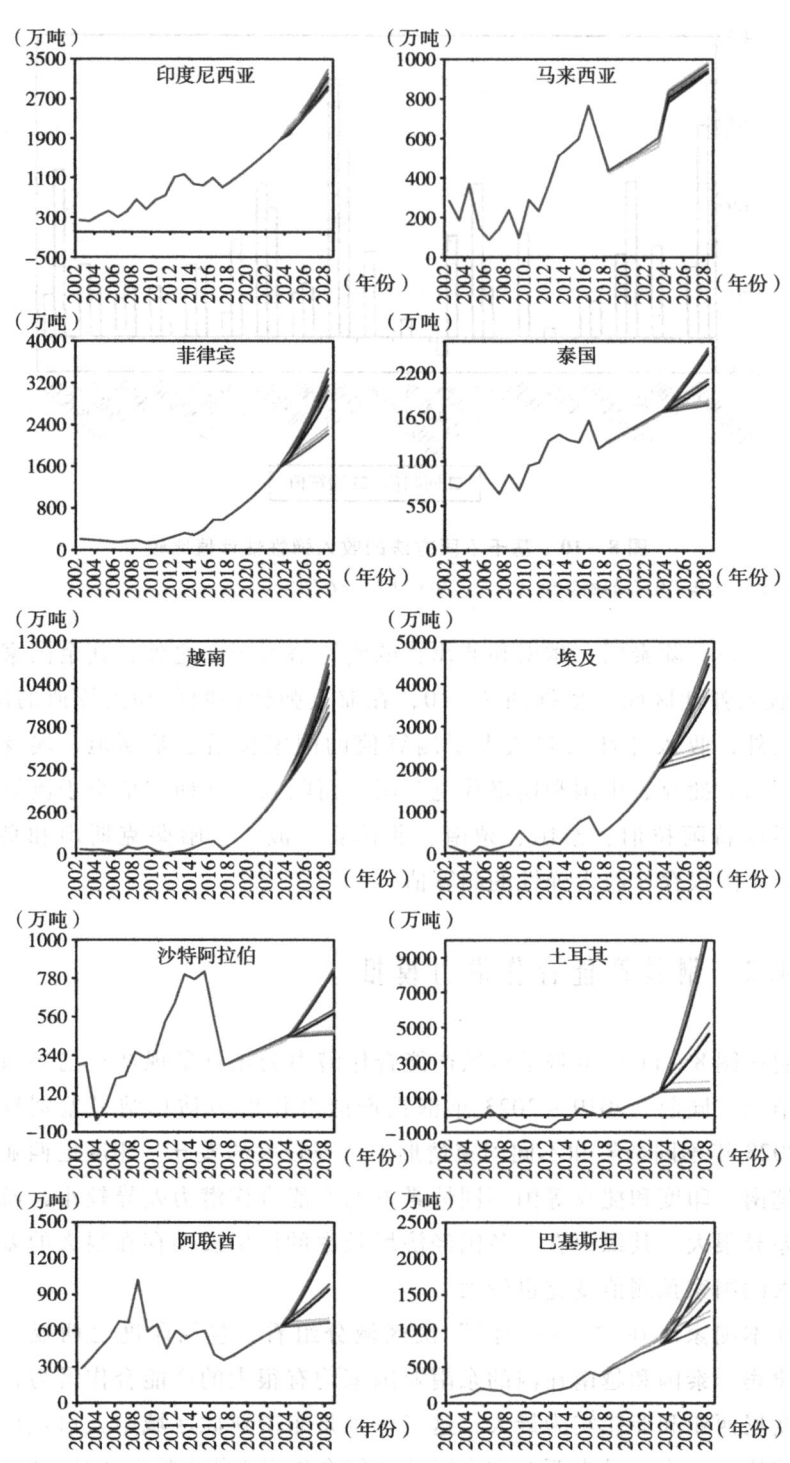

图 8-11 具增长趋势的钢铁产能合作空间预测

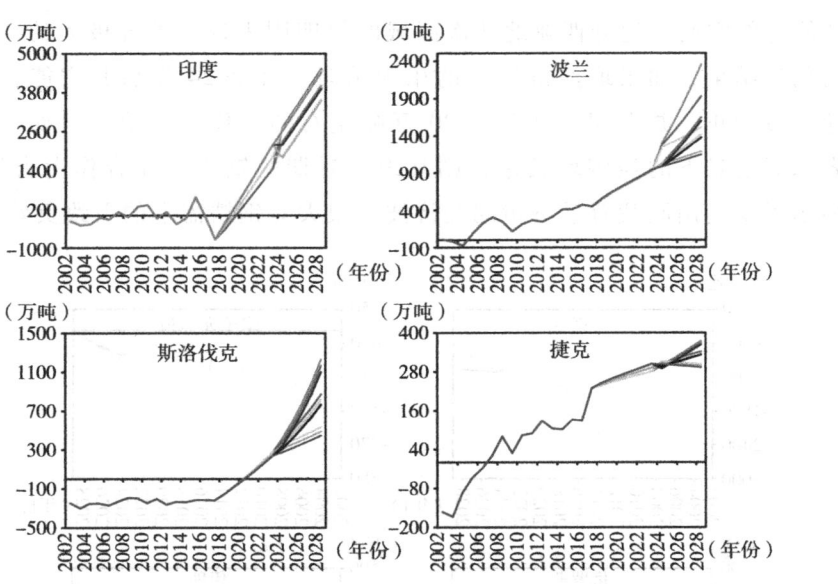

图 8-11 具增长趋势的钢铁产能合作空间预测（续图）

次区域国家中，埃及的合作潜力最为明显，2023年和2028年的潜力值分别超过1000万吨和2000万吨，沙特阿拉伯和阿联酋两国则受限于较小的人口规模，合作潜力缺口在1000万吨以内。在南亚次区域国家中，印度在短期内尚保有钢铁贸易平衡和略有净出口的地位，巴基斯坦则为净进口国，但在预测时期内，这两国均有千万吨以上的产能合作潜力，长期看印度因其人口规模大合作潜力大于巴基斯坦，但巴基斯坦当前的合作潜力要高于印度。临近欧洲的土耳其当前钢铁贸易大体平衡，其未来有一定的合作潜力，但却深受宏观经济波动的影响，不同情景下的合作潜力测算值差距极大，显示了较明显的产能合作不确定性。在中东欧次区域国家中，波兰是钢铁产能合作潜力最明显的国家，其长期内有望达到1000万吨左右的规模，捷克也有持续为正的产能合作潜力，但长期内规模不超过400万吨，斯洛伐克则要到2020年后才逐渐出现为正的产能合作潜力。

图8-12中报告了长期内产能合作潜力波动剧烈且更可能为负国家的预测结果。在这些国家中，包括俄罗斯、乌克兰和哈萨克斯坦在内的俄罗斯等部分原苏联加盟共和国及蒙古国国家已有较大的钢铁产能和可观的净出口规模，2019~2028年，由经济增长和需求变化驱动的乌克兰和哈萨克斯坦钢铁产能合作潜力均为负值，俄罗斯仅在乐观情景和研究时期的期末方有可能出现合作潜力接近于0乃至极小幅为正的情形，显示这三国都不具有明显的钢

铁产能合作空间。地处西亚北非次区域的伊朗则表现出差异极大的产能合作潜力估计结果，如果取经济增长的乐观情景，在 2024 年后其产能合作潜力迅速转负为正，并在期末达到 3000 万吨左右的合作潜力值；但如果取温和或者悲观情景下的经济增长率，则其未来时期的钢铁产能合作潜力均为负，这显示了受美国制裁背景下伊朗经济波动很大对钢铁需求的引致负效应。

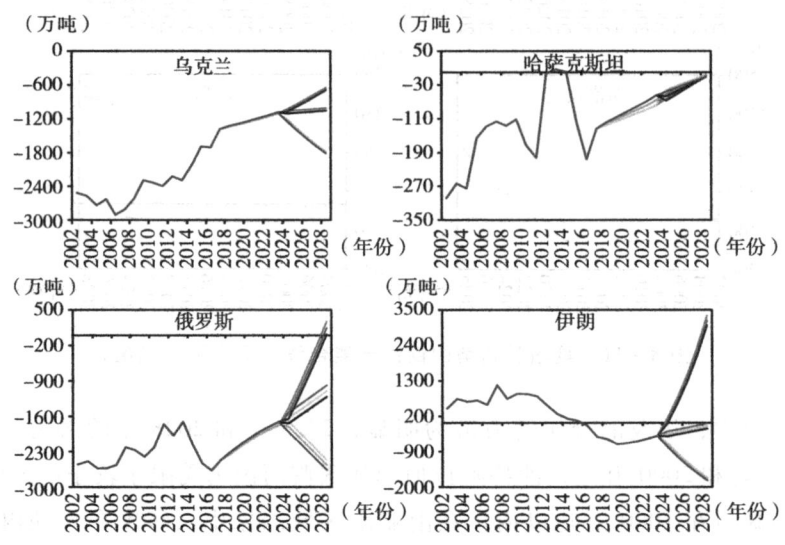

图 8－12　负向钢铁产能合作潜力国家预测结果

基于以上估计的 18 个"一带一路"沿线国不同情景下的钢铁产能合作潜力，去掉负向合作潜力情形，我们可加总得到未来时期内这一区域的合作潜力总量（见表 8－16）。可见，在当前时期，就不同情景下的均值而言，泰国、印度尼西亚和越南均有千万吨以上的产能合作潜力，菲律宾、埃及、波兰和巴基斯坦的合作潜力均超过 500 万吨，值得投资者关注。到 2023 年，除东南亚诸国仍保持增长的钢铁产能合作潜力外，埃及、印度和土耳其的合作潜力增长相当可观，巴基斯坦也达到 861.52 万吨的规模。从总量上看，以 18 个主要沿线国代表的"一带一路"区域的钢铁产能合作潜力总量从 2019 年的平均 7420.78 万吨上升至 2023 年的 1.67 亿吨，到 2028 年进一步增长至 3.63 亿吨，说明了"一带一路"区域内存在非常庞大的钢铁产能合作潜力，值得投资者予以充分关注。即便是在悲观情景下，2023 年和 2028 年时我们选定的除中国外的 18 个"一带一路"沿线国钢铁产能合作潜力也分别超过 1.6 亿吨和 2.5 亿吨。

第8章 沿线国"资源"研究Ⅱ：产能合作潜力测度

表 8-16 "一带一路"主要沿线国的钢铁产能合作潜力估计

单位：万吨

国家	2019 年			2023 年			2028 年		
	MAX	MIN	AVE	MAX	MIN	AVE	MAX	MIN	AVE
印度尼西亚	1177.03	1167.03	1172.14	1857.25	1855.70	1856.60	3287.18	2876.33	3058.13
越南	1150.32	1125.28	1139.07	4068.59	3816.23	3944.81	12146.56	8636.61	10471.01
泰国	1424.91	1406.57	1415.83	1711.43	1676.76	1694.20	2515.53	1807.44	2138.60
菲律宾	842.49	841.44	842.11	1612.40	1575.75	1594.27	3482.25	2224.25	2911.72
印度	226.49	-62.20	82.16	2186.60	1433.39	1810.01	4536.50	3549.76	4017.57
巴基斯坦	587.57	536.02	568.68	912.24	794.01	861.52	2340.46	1078.35	1648.14
土耳其	331.83	274.14	307.88	1396.80	1292.40	1338.38	11495.46	1413.30	5827.26
埃及	821.27	813.23	817.24	2102.06	2009.23	2055.24	4839.94	2337.31	3664.73
波兰	640.60	625.94	633.32	939.80	922.22	931.07	2349.83	1141.67	1569.65
阿联酋	444.54	439.82	442.34	634.60	627.19	630.24	1381.79	662.97	998.16
总和	7647.03	7105.07	7420.78	17421.77	16002.88	16716.34	48375.49	25728.00	36304.97

8.4.3 结论

本节基于弹性估计和情景模拟方法测算了截至 2028 年 18 个主要"一带一路"沿线国家的钢铁产能合作潜力。研究发现:(1) 包括印度尼西亚、马来西亚、菲律宾、泰国和越南在内的东南亚国家均有很大的产能合作潜力,尤以越南、印度尼西亚和菲律宾为最大。(2) 在西亚北非次区域国家中,埃及的合作潜力最为明显,土耳其和伊朗的产能合作不确定性较强,沙特阿拉伯和阿联酋两国相对较小。(3) 印度和巴基斯坦均有千万吨以上的产能合作潜力,长期看印度合作潜力大于巴基斯坦,但巴基斯坦当前的合作潜力高于印度。(4) 波兰是中东欧次区域钢铁产能合作潜力最明显的国家,捷克也有持续为正的产能合作潜力,但俄罗斯等部分原苏联加盟共和国及蒙古国国家钢铁产能合作潜力均为负值。(5) 18 个主要沿线国加总的钢铁产能合作潜力总量从 2019 年的平均 7420.78 万吨上升至 2023 年和 2028 年的平均 1.67 亿吨和 3.63 亿吨。

8.5 小结

本章以各国收入增长带动的需求增长为视角,基于收入弹性估计和情景模拟方法实证测度了成品油(炼油)、水泥和钢铁三个代表型产业并遴选"一带一路"主要沿线国截至 2028 年的国际产能合作潜力。研究表明,东南亚和南亚主要国家未来时期的产能合作潜力较大,其他次区域和国家的产能合作潜力各有差异。总体而言,我们可得到以下两个方面政策启示。

其一,中国企业应精准聚焦特定东道国市场需求,匹配嵌入中国具优势的产业链环节开展炼油产能合作。"一带一路"沿线国经济发展和需求的增长也带来了颇为庞大的炼油炼化产能合作空间,正可以与中国具优势的炼油炼化产业实现优势互补和共同发展。总体上看,南亚和东南亚国家是当前及未来时期内中国开展成品油产能合作的重点子区域,其人口规模和强劲经济增长将带来庞大的需求增长空间。在印度尼西亚、印度和缅甸等国有企业主导且政府干预较多的沿线国宜采取与东道国企业合资或者工程承包等方式进入;对巴基斯坦、马来西亚等炼油产业进入较为自由的国家,可借助亚投行和丝路基金等融资平台的支持,通过并购、独资及合资等多种方式开展产能合作①。对中东欧等沿线小型经济体,成品油产能合作应该精准选择合作对象国、适配技术及投资规模,哈萨克斯坦、阿联酋和波兰等国均值得关注,也应关注各国存量炼油产能的升级改造和工程承包服务。对油气资源国和通道国,除工程承包服务外,如果能明确出口市场需求并进行适当的风险评估,这些国家仍存在一定的新增产能合作空间②。

其二,中国水泥和钢铁产业应短期聚焦当前产能合作潜力较大国家,同时在评估投资风险基础上充分关注未来时期有明显潜力的国家。在水泥产业受运输成本影响很大、市场区域性较强条件下,当前产能合作潜力较大国家包括马来西亚、俄罗斯和波兰等国,越南和哈萨克斯坦等国则在未来时期有明显合作潜力。中国钢铁产业应重点聚焦东南亚次区域、埃及、巴基斯坦、波兰等当前产能合作潜力较大的国家,同时还应该在评估投资风险基础上充分关注印度和土耳其等未来时期有明显潜力的国家,伊朗等国家如果能迅速改善经济增长绩效,其钢铁合作潜力也可能会充分释放。

还需要说明的是,限于研究精力和数据的可得性,本章的实证研究涉及的产业和沿线国范围都是有限的,进一步的研究中可以拟合作的具体产业为指引分析沿线国的合作潜力,也应对本章研究范围外的国家予以足够关注。诸如,对菲律宾、缅甸、印度尼西亚和孟加拉国等经济增长可观、人口基数较大的"一带一路"沿线国,其成品油、水泥等产业的需求增长和合作潜力理应得到投资者充分关注。

---

① 山东恒源石化在马来西亚并购壳牌石油炼油厂 51% 股权,中国电建等在巴基斯坦的工程承包和合资炼油项目是此类产能合作的良好范例。

② 虽然本章重在强调沿线国的市场容量(份额)"资源",但在与自然资源富集国家的产能合作中,与东道国企业合资或者东道国资源—中国市场对接合作也是可行的路径。在油气国际产能合作中,中石化集团与沙特合资的延布炼厂项目就体现了这一合作思路。当然,此时的合作潜力分析已超越了本章基于收入和需求增长的分析思路,需要逐一案例的探讨和投资判断。

第9章

国际产能合作"风险"研究 I：国家风险评估

前面章节已经讨论了中国"优势"和沿线国"资源"，但要实现两者的适配，对东道国"风险"的准确认知也必不可少。在确定国际产能合作目标国时，一般的认知逻辑是首先知晓目标国的国家风险状况，并在不同目标国之间进行比较，以确定待选的若干东道国，再回头考虑其"资源"与母国之"优势"的适配特性。当国家风险已知时，企业方能进一步判断其所要开展的国际产能合作的边际风险程度。本章的主要工作是利用主成分分析法对"一带一路"沿线国乃至已与中国签署共建协议/谅解备忘录的共计130个国家进行国家风险估计和排序比较。

9.1 国家风险的指标体系构建

参照前面定义的国家风险，本节聚焦无差别作用于境外经济主体的国家风险项。因文献中对国家风险有较为差异化的认知，本节中我们首先报告针对国家风险的已有文献及关联的风险类型、影响因素及估计方法，继而给出本章量化研究使用的指标体系。

9.1.1 国家风险类型和估计方法评述

在20世纪50~60年代国家风险概念诞生之初，它主要讨论的是因借贷国难以按约偿还贷款对应的违约风险或者说主权信用风险。随着国际投资的发展，国家风险的概念随之扩大，政治风险、经济风险、社会风险、文化风险等都被引入国家风险范畴之内（Meldrum，2000；孟醒和董有德，2015），但至今尚没有对国家风险范畴的准确界定（王海军等，2011）。中国境内关于国家风险的文献始于20世纪80年代，但据知网和标题"国家风险"检索，80年代共有27篇文献，如据关键词"国家风险"检索则仅有12篇文献，且其中有不少译介文献。学界对国家风险关注度的提升主要反映在1997年亚洲金融危机后，1998年标题检索"国家风险"文献数量快速上升到30篇，随后年份随着中国加入世贸组织（WTO）和"走出去"战略的提出，境外投资和经营面临的风险问题凸显，相关文献数量逐步增长，到2018年超过200篇文献；另据关键词"国家风险"检索亦是如此。在"一带一路"倡议提出后，2015年起关注"国家风险"+"一带一路"的文献亦明显增加（见图9-1）。

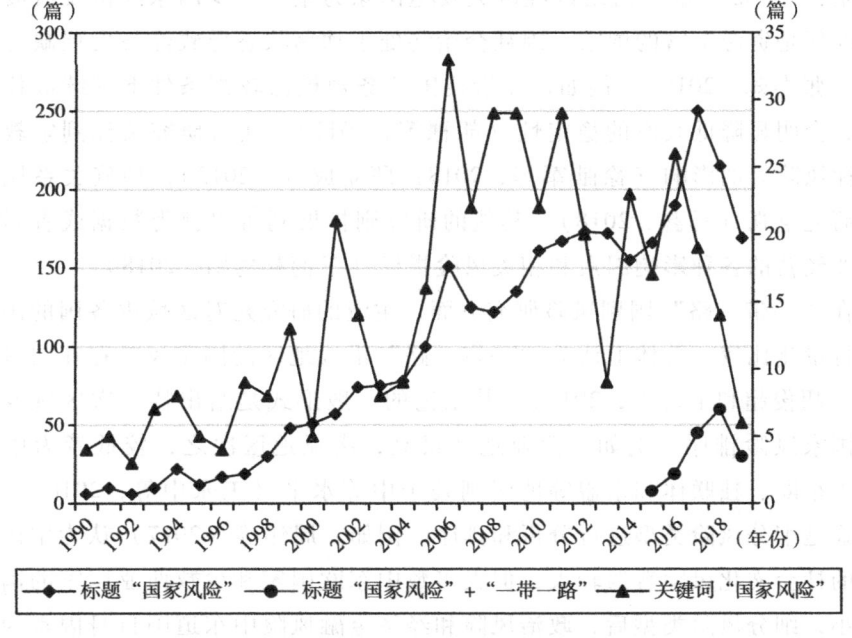

图 9-1　国家风险相关中文文献的数量增长

注：右轴为关键词"国家风险"，限于检索时间（2019年11月8日），2019年数据并非全年数据。

在已有的"国家风险"+"一带一路"文献中，政治风险得到最多的研究关注。学界认为，"一带一路"建设中最突出的风险为政治风险、经济风险、安全风险和经营风险（马昀，2015），处理好向沿线国投资时的海外政治风险问题是"一带一路"倡议实施中的重要环节（黄河等，2015）。原因在于，从地缘政治角度看，在欧亚大陆包括中南半岛、南亚、中亚、西亚及北非地区出现的所谓"社会政治动荡风险弧"可能带来巨大的投资风险，这一风险弧恰好与中国在"一带一路"多个海外投资重点地区相重合。周五七（2015）特别强调了"西亚—中东—南亚—中亚"的弧形恐怖主义地带带来的政治风险。高松林（2018）则突出了腐败问题在中国企业向"一带一路"沿线国投资时的重要性；投资国出现腐败会严重限制投资主体的健康持续发展能力，因此应积极主动地控制腐败风险（陈梅，2018）。总体而言，一国政府的稳定性和治理质量、执政效率越高，法制环境越健全，中国企业在该国投资的风险越低（王碧珺，2018）。但"一带一路"沿线国大多法治体系不健全、政策多变，如果中国企业不提前进行评估预判，往往就会出现巨大损失（苏馨，2017）。

主权信用风险仍是向"一带一路"区域投资的主要风险之一。李原等（2018）甚至认为主权信用风险可能造成的投资损失远大于政治、经济等风险。原因是："一带一路"沿线以经济欠发达国家为主，不少国家经济发展波动较大，即便是资源丰富的国家，因社会始终处于动荡状态导致经济发展缺乏良好环境（张春蕊，2018）。例如，在沿线国债务规模已较高条件下继续放任债务增长，会明显降低政府的稳定性（胡穗等，2017）。还有研究关注到宗教风险和法律风险等的影响（徐献军等，2018；邱立成等，2012），种族关系风险也得到研究重视（马鑫，2018）。其他的研究则扩展到可以获得数据或者影响投资企业经营的各种影响因素和相关风险指标（王镝和杨娟，2018）。

在"一带一路"国别风险研究方面，主流的研究是对区域内各国的国家风险进行量化比较，总体上认为"一带一路"沿线地区的国家风险存在明显的差异性（胡俊超和王丹丹，2016）。其结论的一般形式是给出特定次区域或者国家的国家风险排序。例如，西亚地区最高，南亚地区次之，较低者为中亚地区，中东欧、独联体和东盟等地区则处于中等水平（王永中等，2018）。另一种方式是细分风险类型进行分析和排序。例如，周伟等（2017）认为中国在沿线国的社会文化风险普遍较大，但大多数中东欧国家和少数西亚国家的国家风险较小，细分风险类型后，政治风险和经济金融风险中东道国自身因素为主要风险源，社会文化风险中东道国与中国关系因素较为重要。从动态趋势看，大部分"一带一路"沿线国的经济金融风险呈下降趋势或者处于较低水平（华桂宏和黄艺，2016）。

国家风险的测度中使用的主流研究方法为定量分析和比较。国内文献中可见的国家风险度量方法包括以下六种：一是 G1-灰色关联分析法，如吴旺（2016）构建的矿业企业对外投资风险的评价模型。其特点是根据因素之间发展趋势的相似或相异程度来作为衡量因素间关联程度的方法，对于一个系统发展变化态势进行量化的度量。二是主成分分析法，如张栋（2019）、胡俊超和吴丹丹（2016）以及王镝和杨娟（2018）计算了少则十余国、最多覆盖"一带一路"沿线65国的国家风险。三是突变级数法，如宋维佳等（2018）应用此一方法构建了"一带一路"国家风险评价模型，但突变级数法仅适用于变量数目不超过4个的评价体系，当投资风险指标较多时难以进行处理。四是科恩的多极世界模型，它被刘际昕（2017）用来分析"一带一路"的地缘政治风险。五是结构方程模型，它被广泛用于测量潜变量与测量指标间的关系，如温蕾等（2018）运用这一方法来找到成因中的静态显变因子与动态潜变因子之间的关系，确立了法律风险成因系统的评价指标权重。六是模糊综合评价法，它更多地用于对定性评价的定量化处理，被杨君岐等（2019）等文献采用。

9.1.2 国家风险指标体系

虽然已有研究给出了"一带一路"沿线国国家风险的测度结果，但本章将研究范围扩展至与中国签署"一带一路"共建协议或者谅解备忘录的所有国家。为此，我们需要在已有研究基础上，以数据可获得性及风险类型设定国家风险指标体系。不同于发达国家研究机构开展的国家风险评估，是否应纳入母国（中国）因素成为不少国内文献强调的中国视角国家风险研究的热点问题，原因在于中国作为具有独特政治经济体制的后起大国所面临的东道国疑虑和域外国家博弈，它作用于所有中国企业，仍属于国家风险范畴。基此，本章研究中纳入对华关系风险，还包括已有研究中普遍强调的政治风险、社会风险、信用风险和经济风险，针对以上5个方面风险类型以下报告各自对应指标的选取（见表9-1），我们共纳入了中国企业参与国际产能合作时面临的45个风险指标。

表9-1　　　　　　　　国家风险指标体系

类型	二级指标	序号	三级指标	指标定义	数据来源
政治风险	法制	1	法律权利力度指数（Legrig）	评估担保品法和破产法及是否有利于获得信贷的程度	TI（透明国际）
		2	法治指数（Indl）	法律遵守程度	WJP（世界正义工程）
		3	企业信息披露程度指数（Infd）	通过披露所有权状况和财务信息使投资者获得保护的程度	WB（世界银行）
		4	财产权和基于规则的治理评级（Cpi-arigrul）	财产权和合同权利得到切实尊重和执行	WB（世界银行）

续表

类型	二级指标	序号	三级指标	指标定义	数据来源
政治风险	法制	5	监管执法（Lp）	衡量法规在多大程度上得到公平有效地执行	WJP（世界正义工程）
		6	民事司法（Civjus）	衡量民事司法系统的效率、公正性和有效性	WJP（世界正义工程）
		7	刑事司法（Crijus）	评估一国的刑事司法制度的有效性和执行情况	WJP（世界正义工程）
		8	基本权利（Frig）	衡量法律中尊重人权的程度	WJP（世界正义工程）
	政府效率	9	营商便利指数（Easbus）	法规环境是否有利于营商	WB（世界银行）
		10	公共部门管理和机构集群平均数（Pubminsclu）	公共行政的质量、效率和透明度	TI（透明国际）
		11	公共行政评级的质量（Qpubadm）	设计和执行政府政策和提供服务的有效性	TI（透明国际）
		12	对政府权力的限制（Respg）	执政者受法律约束的程度	WB（世界银行）
		13	开放政府（Ogov）	衡量基本法律和法律权利信息是否被公布以及评价政府公布的信息质量	WJP（世界正义工程）
	腐败	14	清廉指数（Corpercept）	国家政府官员的廉洁程度和受贿状况	IEP（经济与和平学会）
		18	不存在腐败指数（Ncor）	衡量政府中腐败现象的情况，包括：贿赂、公共或私人利益的不当影响以及挪用公共资金或其他资源	TI（透明国际）
	安全	19	秩序与安全（Os）	衡量一个社会对人身和财产安全的保障程度	WJP（世界正义工程）
		16	没有内部冲突（Nintcon）	是否有效保护人民免受武装冲突和恐怖主义之害的措施	WJP（世界正义工程）
	恐怖主义	17	恐怖主义指数（Terror）	恐怖主义直接和间接影响	WJP（世界正义工程）
对华关系	合作文件	15	合作文件签署时间（Eval）	合作文件签订前为0，随后年份为1	"一带一路"官网
	合作关系	20	与中国合作关系（Symbio）	按"伙伴""合作"和"战略"三个等级划分，分别赋值1~3	"一带一路"官网

续表

类型	二级指标	序号	三级指标	指标定义	数据来源
社会风险	教育水平	21	青年识字率（Lity-ou）	15~24岁识字人口占同年龄段总人口比例	WB（世界银行）
		22	成人识字率（Lit-adu）	15岁及以上的识字人口占该年龄段人口比例	WB（世界银行）
	人口	23	贫困率（Poor-poprur）	生活在国家农村贫困线以下的农村人口比例	WB（世界银行）
		24	性别平等评级（Cpiagen）	为执行促进男女平等享受教育、医疗、经济和受法律保护的法律和政策而设置相应机构和计划的程度	WB（世界银行）
	社会治安	25	国际谋杀犯罪率（Intmur）	取值为0~1，分数越高国际谋杀犯罪率越高	TI（透明国际）
		26	缺乏暴力补救（Lrem）	衡量人们是否诉诸恐吓/暴力解决民事纠纷程度	WJP（世界正义工程）
		27	没有犯罪（Icri）	衡量普通犯罪的普遍程度	WJP（世界正义工程）
		28	由盗窃，抢劫，破坏和纵火所导致的损失（Thesal）	盗窃、抢劫、破坏以及纵火所导致的损失估计占年销售额的百分比	WB（世界银行）
	宗教	29	宗教自由（Freere）	衡量宗教少数成员是否可以自由进行宗教活动的自由程度	WB（世界银行）
	社会保障	30	社会保障评级（Cpiasocsec）	评估社会保障和劳动力市场法规方面的政府政策	WB（世界银行）
信用风险	主权信用	31	外债存量（Forid）	外债总额与国民总收入之比	WB（世界银行）
		32	中央政府债务（Govdgdp）	政府债务总额占国内生产总值比例	WJP（世界正义工程）
		33	债务政策评级（Cpiadeb）	债务管理策略是否有助于最大限度降低预算风险和确保长期的债务可持续性	WB（世界银行）
	公民信用	34	征信信息深度指数（Crein）	衡量从公共或私营征信机构获取有助于贷款决策的征信信息程度	TI（透明国际）

续表

类型	二级指标	序号	三级指标	指标定义	数据来源
经济风险	宏观管理	35	贸易评级（Cpiatra）	经济管理政策包括宏观经济管理、财政政策和债务政策	WB（世界银行）
		36	宏观经济管理评级（Cpiamacman）	宏观经济管理用于评估货币、汇率和总需求政策框架	WB（世界银行）
		37	经济管理集群均值（Cpiaecoman）	经济管理集群包括宏观经济管理、财政政策和债务政策	WB（世界银行）
	开放度	38	贸易开放（Inttra）	国际进出口贸易总额占GDP的比例	WB（世界银行）
	失业率	39	总失业率（Unempper2）	失业人数占劳动力的比例	WB（世界银行）
		40	男性失业率（Uunemm）	男性失业人数占男性劳动力的比例	WB（世界银行）
		41	女性失业率（Unemf）	女性失业人数占女性劳动力的比例	WB（世界银行）
		42	年轻人失业率（Unemyou）	年轻失业人数占15~24岁所有劳动力数量的比例	WB（世界银行）
	税负	43	总税率（Ttp）	总税率占商业利润的百分比	WB（世界银行）
		44	税收（Tgdp）	税收占GDP的比例	WB（世界银行）
	通货膨胀	45	消费者价格指数衡量的通货膨胀率（Infcpi）	购买固定或变动的一篮子货物和服务的成本年百分比变化	WB（世界银行）

（1）政治风险。我们从法制、政府效率、腐败、安全和恐怖主义5个方面衡量政治风险。法制风险包含9个指标，涵盖立法、司法、执法和公民守法的不同侧面，尤其侧重与投资相关的对投资者和财产权的保护程度；政府效率风险考虑营商环境、公共服务质量、行政评级以及对政府权力的限制，以考量投资者进入特定国家面临的政府效率特征；与政府有关的另一类风险是腐败，我们纳入两个不同来源的衡量腐败的指标：经济与和平学会（IEP）的清廉指数和透明国际的不存在腐败指数。如果出现恐怖主义或者冲突，则政治风险明显变大，我们纳入了安全风险和恐怖主义风险，前者包括秩序与安全指数和没有内部冲突指数，后者纳入世界正义工程提供的恐怖主义指数。

（2）对华关系风险。东道国与中国的政治关系是国内企业投资的重要国家风险项，如果某国已经与中国签署了"一带一路"共建协议/谅解备忘录，就相当于给出了官方支持倡议和便利中国企业产能合作的政治承诺，可由之降低风险，我们把以上合作文件签署时间作为指标纳入，以签署前为0，签署后则取为1。同时，东道国与中国的政治关系还反映在两国的关系定位上，参照中国对外关系中存在的"伙伴""合作"和"战略"的等级划分，分别赋值1~3来给出合作关系指标。

（3）社会风险。社会风险嵌构于东道国社会的诸多方面，至少包括教育水平、人口结构、社会治安、宗教和社会保障等领域。其一，如果公民受教育程度较高，该国人口平均素质也通常较高，会降低由于违约而造成的投资损失。公民受教育程度又可区分两个人群：一是青年人的受教育水平，二是成年人的受教育水平。我们分别选取青年人识字率和成年人识字率进行表征。其二，人口结构通常包括年龄、性别、贫富等多个角度。对外国投资而言，影响较大的人口结构主要有两个方面：一是贫困率，贫困人口占总人口比率高者风险较大；二是性别平等程度，性别越不平等者说明该国公民思想趋于保守，往往容易排斥外来企业。我们所使用的贫困率和性别平等评级指标均来自世界银行。其三，对社会治安风险，我们选择国际谋杀犯罪率、缺乏暴力补救、没有犯罪等4个指标来对社会治安风险进行测度。其四，宗教多样性及宗教间是否存在矛盾是东道国营商的重大风险项，若一国宗教种类众多，且宗教之间存在着不可调和的矛盾，易于造成该国社会动荡，外国企业投资损失概率会趋于上升。参照徐献军和张胆琼（2018），选取宗教自由程度这一指标来对宗教风险进行表征。其五，社会保障体系是否健全往往能决定所在国公民对政府的信赖程度，进而会影响到该国的政治稳定，我们选取社会保障评级指标来对其进行度量。

（4）信用风险。区分主权信用和公民信用两类进行指标选取。前者包括外债存量、中央政府债务和债务政策评级三个指标，分别评估一国对外债务、总债务和对该国债务政策的评价，用于综合反映该国的主权信用。显然，较大的主权信用风险容易导致政府违约、货币超发和贬值以及对外贸易收支失衡等引发的严重宏观经济问题，进而引发宏观经济不稳定和社会动荡，对境外企业风险较大。公民信用则用征信信息深度指数来表征，若某国征信制度较完善，就可以约束公民和企业的机会主义行为，降低在该国经济行为面临的违约风险。

（5）经济风险。类同于大多数的国家风险测度文献，我们选用了宏观经济管理、开放度、失业率、税负和通货膨胀5个方面的指标。其中，宏观经济管理侧重一国对其国民经济进行管理的能力和治理程度，开放度以一国贸易总额占 GDP 比重进行表征,开放度越高者对境外企业一般也较友好。失业率指标包括总失业率以及男性、女性和青年人失业率,用以刻画特定人群失业状况带来的风险,税负则用以说明企业营商面临的影响收益率的税收约束,通货膨胀率表示物价的变动状况给企业经营带来的风险。

9.2 评估方法与数据

针对本章的研究对象和数据特征,我们将使用主成分分析法对选定的指标体系进行降维。其最大的优势是:以丢失最少的信息为基础,将所有的投资风险相关变量按照贡献率大小加权组合成一个或者几个综合风险指标,这样我们可以给出不同国家的国家风险评分,以便于进行比较分析。以下对这一方法以及使用的数据进行报告。

9.2.1 评估方法

主成分分析法是一种在数学上对数据进行降维处理的方法,其核心思想是:设法将原本众多具有一定相关性的指标 X_1,X_2,…,X_n 重新组合成一组少量的、包含原始数据指标绝大部分信息的、互不相关的综合指标来替代多个初始指标的方法。主成分分析的步骤如下。

设有 p 项指标的 n 个样本构成矩阵 X:

$$X = \begin{bmatrix} x_{11} & x_{12} & \cdots & x_{1p} \\ x_{21} & x_{22} & \cdots & x_{2p} \\ \vdots & \vdots & & \vdots \\ x_{n1} & x_{n2} & \cdots & x_{np} \end{bmatrix} \tag{9-1}$$

在对样本数据进行标准化以后,可计算样本的相关性系数矩阵 R:

$$R = (r_{ij})_{p \times p}, \tag{9-2}$$

其中,$r_{ij} = \frac{1}{n-1} \sum_{k=1}^{n} Z_{ki} Z_{kj}$,$i,j = 1,2\cdots,p$

接下来可以求得矩阵 R 的特征值 $\lambda_1 \geq \lambda_2 \geq \cdots \lambda_p$ 和特征向量 $U = (u_{ij})_{p \times p}$。其中,特征值 λ_i 是特征方程 $|R - \lambda E = 0|$ 的根,它的大小反映了各个主成分在描述所评价对象上所起作用的大小,λ_i 对应的特征向量 U_{*i} 由方程 $(R - \lambda_i E)U_{*j} = 0$ 得到。

第 i 个主成分可以表示为：

$$F_i = \sum_{j=1}^{p} U_{ij} Z_{*j}, i = 1, 2, \cdots, p \tag{9-3}$$

我们选用了 STATA 统计软件来进行主成分分析，STATA 软件所计算的主成分得分具有近似等于 0 的平均数和等于 1 的标准差；且主成分得分是以距离其平均数标准差为单位测算的。

9.2.2 数据来源与处理

与前面章节不同的是，本章我们将超出"一带一路"地理范围内的 65 国，而选取 130 个与中国签订"一带一路"合作协议/谅解备忘录的国家，并通过世界正义工程、世界银行、透明国际、经济与和平学会、"一带一路"官网等相关数据来源，按照表 9-1 给出的包含 45 个指标在内的指标体系收集 2012~2018 年的年度数据。

由于 45 个指标来自不同的研究机构，拥有不同的测度标准，为了使每个指标均能有效地衡量对该国的投资风险的影响，我们运用极值处理法对 45 个投资风险测度指标进行标准化处理，使其均位于 0~1。

$$x_{ij}^* = \frac{x_{ij} - m_j}{M_j - m_j} \tag{9-4}$$

其中，$M_j = \max\{x_{ij}\}$，$m_j = \min\{x_{ij}\}$。

同时，因不同的风险指标对风险大小的测度具有异向性，这意味着有些指标数值大小与风险成正比，而有些指标数值大小与风险成反比，因此，在进行实证研究前我们对数据进行同向化处理，统一将所有指标均转换为数值越大代表投资风险越高的赋值。

因数据严重缺失，我们首先去除了塞舌尔、纽埃、库克群岛、斐济、加蓬、密克罗尼西亚联邦 6 国。对其余存在部分数据缺失的国家进行插值处理。我们所采用的插值或者缺失值补充办法遵循下列原则：如果一个国家某个指标上某一年的数据缺失，则用这个国家的其他年份的平均数据来补充；如果前后年都有数据，就使用前后年的移动平均插值；如果只有前面年份数据，或者只有后面年份数据，就采用前面几年的数据进行线性填充。如果一个国家所有年份的某一个指标全部缺失，则参照该国所在地区的平均值进行填充。如果一个地区所有年份在这个指标上全部缺失时，选择与其在同一洲的其他国家的平均值来进行补充。如果一个大洲的数据全部缺失，我们按世界银行收入和地区划分经济体的方法选择同一个收入组中的其他国家的平均值进行补充。综上所述,样本国家所有45个指标的描述性统计结果报告在表9-2中。

表9-2 所有变量统计量信息表(观测值数量=868)

指标	名称	平均值	标准差	最小值	最大值
法律权利力度指数	Legrig	0.603	0.252	0	1
企业信息披露程度指数	Lnfd	0.429	0.249	0	1
法治指数	Lndl	0.54	0.206	0	1
财产权和基于规则的治理评级	Cpiarigrul	0.382	0.182	0	1
营商便利指数	Easbus	0.498	0.28	0	1
监管执法	Lp	0.568	0.172	0	1
基本权利	Frig	0.512	0.204	0	1
民事司法	Civjus	0.39	0.134	0	1
刑事司法	Crijus	0.547	0.18	0	1
公共部门管理和机构集群平均数	Pubminsclu	0.386	0.165	0	1
公共行政评级的质量	Qpubadm	0.346	0.158	0	1
对政府权力的限制	Respg	0.486	0.187	0	1
开放政府	Ogov	0.566	0.197	0	1
清廉指数	Corpercept	0.618	0.197	0	1
不存在腐败指数	Ncor	0.626	0.232	0	1
秩序与安全	Os	0.339	0.174	0	1
没有内部冲突	Nintcon	0.57	0.077	0	1
恐怖主义指数	Terror	0.254	0.271	0	1
合作文件签署时间	Eval	0.242	0.427	0	1
与中国合作关系	Symbio	0.47	0.325	0	1
青年识字率	Lityou	0.14	0.219	0	1
成人识字率	Litadu	0.214	0.248	0	1
贫困率	Poorpoprur	0.406	0.248	0	1
性别平等评级	Cpiagen	0.438	0.185	0	1
国际谋杀犯罪率	Intmur	0.055	0.082	0	1
缺乏暴力补救	Lrem	0.495	0.181	0	1
没有犯罪	Icri	0.283	0.164	0	1

续表

指标	名称	平均值	标准差	最小值	最大值
由盗窃，抢劫，破坏和纵火所导致的损失	Thesal	0.21	0.154	0	1
宗教自由	Freere	0.396	0.193	0	1
社会保障评级	Cpiasocsec	0.272	0.162	-0.056	1
外债存量	Forid	0.185	0.113	0	1
中央政府债务	Govdgdp	0.226	0.151	0	1
债务政策评级	Cpiadeb	0.373	0.191	0	1
征信信息深度指数	Crein	0.413	0.38	0	1
贸易评级	Cpiatra	0.455	0.138	0	1
宏观经济管理评级	Cpiamacman	0.227	0.156	0	1
经济管理集群均值	Cpiaecoman	0.318	0.154	0.009	1
贸易开放	Iinttra	0.219	0.152	0	1
总失业率	Unempper	0.254	0.194	0	1
男性失业率	Unemm	0.233	0.183	0	1
女性失业率	Unemf	0.23	0.194	0	1
年轻人失业率	Unemyou	0.251	0.186	0	1
总税率	Ttp	0.114	0.068	0	1
税收	Tgdp	0.473	0.161	0	1
通货膨胀率	Infcpi	0.024	0.046	0	1

9.2.3 主成分评估结果

进行主成分分析，首先要进行 KMO 及 SMC 检验。检验结果发现，KMO 综合检验的结果为 0.837，满足进行主成分分析的要求，SMC 综合检验的结果为 0.760，同样也满足主成分分析的要求。

根据各主成分的方差贡献率和特征根碎石图，按照因子累计贡献率大于 80% 的原则，提取出 12 个主成分的累计方差贡献率为 80.40%，说明这 12 个主成分解释了全部 45 个综合风险指标的 80.40%，能够比较全面地代表所有投资风险指标。根据投资风险指标的因子载荷矩阵，得到了表 9-3 的各个主成分所代表的含义。可见，在沿线国的国家风险评估中以法制风险和政府政策度量的风险项的相对权重较大。

表 9-3　　　　　　　　国家风险主成分分析的贡献率

主成分	主成分意义	贡献率（%）	累计贡献率（%）
Comp1	东道国法制风险指标	28.70	28.70
Comp2	东道国政府政策对投资风险的影响指标	11.20	39.90
Comp3	东道国失业情况对投资风险的影响指标	8.90	48.80
Comp4	东道国经济风险的影响指标	7.40	56.20
Comp5	东道国教育水平对投资风险的影响指标	5.10	61.30
Comp6	东道国恐怖主义风险的影响指标	3.70	65.00
Comp7	东道国社会治安情况对投资风险的影响指标	3.30	68.30
Comp8	获得贷款信息程度所带来投资风险的影响指标	3.00	71.30
Comp9	东道国外债存量的对投资风险的影响指标	2.50	73.80
Comp10	与中国建立合作关系历史长短风险的影响指标	2.40	76.20
Comp11	东道国通货膨胀风险的影响指标	2.20	78.40
Comp12	与中国签署合作文件长短对投资风险的影响指标	2.00	80.40

9.3 国家风险评估结果

基于前面章节给出的指标体系和主成分分析法权重结果，本节对数据可得的 124 个样本国家估算其国家风险水平，并进行排名比较和分析。我们还通过改变指标数量以及将测算结果与相关经济变量进行拟合的方法来检验估算结果的稳健性。

9.3.1 综合得分以及排名

在对数据进行标准化和同向化处理的基础上，令不同主成分的贡献率为 $Contri_j$，对应得分为 $Score_j$，可利用式（9-5）计算研究范围内国家 i 的主成分风险得分 $Score_i$，再按照综合主成分得分对各国的国家风险进行排名，排名越靠前代表投资风险越大。

$$Score_i = \sum_{j=1}^{12} Score_j \times Contri_j \tag{9-5}$$

表 9-4 给出了 2012～2018 年 124 国之国家风险的测算结果和排名状况。可见，国家风险排名靠前（风险较高）的国家有南苏丹、埃及、利比亚、索马

里、苏丹、阿富汗、阿尔及利亚、乍得、刚果（布）、津巴布韦、突尼斯、委内瑞拉、布隆迪、也门、纳米比亚、冈比亚、摩洛哥、莫桑比克、喀麦隆、巴基斯坦和尼日利亚等国，它们的国家风险测算结果均大于1.0，国家风险显然较高。

表9-4 样本国家之国家风险的测算结果与排名：2012~2018年

国家	综合平均得分	排名	国家	综合平均得分	排名
南苏丹	3.043404	1	埃塞俄比亚	0.65617	28
埃及	2.334026	2	玻利维亚	0.644719	29
利比亚	2.285086	3	伊拉克	0.631577	30
索马里	2.158114	4	圭亚那	0.616363	31
苏丹	2.078531	5	多哥	0.61161	32
阿富汗	2.061666	6	马尔代夫	0.598372	33
阿尔及利亚	1.844373	7	科特迪瓦	0.585263	34
乍得	1.81639	8	塔吉克斯坦	0.57194	35
刚果（布）	1.802482	9	孟加拉国	0.565983	36
津巴布韦	1.682472	10	毛里塔尼亚	0.564101	37
突尼斯	1.647499	11	佛得角	0.504649	38
委内瑞拉玻利瓦尔共和国	1.522277	12	赞比亚	0.483479	39
布隆迪	1.394329	13	马达加斯加	0.456269	40
也门	1.303084	14	苏里南	0.418969	41
纳米比亚	1.274501	15	缅甸	0.380716	42
冈比亚	1.269907	16	黎巴嫩	0.38003	43
摩洛哥	1.255215	17	多米尼加共和国	0.339792	44
莫桑比克	1.226957	18	土耳其	0.329958	45
喀麦隆	1.188327	19	波黑	0.318878	46
巴基斯坦	1.097486	20	厄瓜多尔	0.318073	47
尼日利亚	1.065344	21	约旦	0.297477	48
安哥拉	0.997914	22	萨尔瓦多	0.260951	49
几内亚	0.908793	23	肯尼亚	0.25291	50
吉布提	0.895525	24	乌干达	0.170844	51
叙利亚	0.856198	25	马其顿	0.105653	52
塞拉利昂	0.796246	26	柬埔寨	0.096391	53
伊朗	0.717058	27	尼泊尔	0.072688	54

续表

国家	综合平均得分	排名	国家	综合平均得分	排名
希腊	0.058152	55	印度	-0.43523	87
东帝汶	0.046554	56	巴林	-0.43821	88
沙特阿拉伯	0.038889	57	卡塔尔	-0.44318	89
亚美尼亚	0.019522	58	黑山	-0.46163	90
斯里兰卡	0.006116	59	卢旺达	-0.48564	91
阿尔巴尼亚	-0.00975	60	哥斯达黎加	-0.53919	92
塞尔维亚	-0.01226	61	克罗地亚	-0.60752	93
菲律宾	-0.01481	62	摩尔多瓦	-0.70306	94
乌兹别克斯坦	-0.03195	63	泰国	-0.70365	95
吉尔吉斯斯坦	-0.13416	64	智利	-0.72802	96
巴拿马	-0.13486	65	保加利亚	-0.7458	97
蒙古国	-0.15217	66	越南	-0.75156	98
坦桑尼亚	-0.15453	67	马来西亚	-0.77969	99
特立尼达和多巴哥	-0.15651	68	马耳他	-0.79323	100
多米尼克	-0.16932	69	拉脱维亚	-0.91164	101
格林纳达	-0.17812	70	立陶宛	-0.99358	102
阿曼	-0.21377	71	乌拉圭	-1.00283	103
中国	-0.21466	72	南非	-1.03773	104
土库曼斯坦	-0.24412	73	白俄罗斯	-1.1047	105
印度尼西亚	-0.25134	74	葡萄牙	-1.12512	106
安提瓜和巴布达	-0.253	75	匈牙利	-1.22092	107
老挝	-0.27347	76	罗马尼亚	-1.22437	108
加纳	-0.27416	77	阿联酋	-1.28687	109
阿塞拜疆	-0.28701	78	格鲁吉亚	-1.30533	110
以色列	-0.29317	79	斯洛文尼亚	-1.3536	111
乌克兰	-0.29434	80	斯洛伐克	-1.45933	112
科威特	-0.33558	81	韩国	-1.47448	113
不丹	-0.33637	82	巴布亚新几内亚	-1.64201	114
塞内加尔	-0.34098	83	波兰	-1.66667	115
哈萨克斯坦	-0.36524	84	日本	-1.70479	116
文莱	-0.38255	85	捷克	-1.70568	117
俄罗斯	-0.42073	86	瓦努阿图	-2.02039	118

续表

国家	综合平均得分	排名	国家	综合平均得分	排名
汤加	-2.06777	119	爱沙尼亚	-2.18709	122
新西兰	-2.07401	120	奥地利	-2.27723	123
萨摩亚	-2.13811	121	新加坡	-2.39751	124

注：①排名越靠前表示综合投资风险越高；②由于大量数据缺失，未报告塞舌尔、纽埃、库克群岛、斐济、加蓬、密克罗尼西亚联邦 6 国（地区）的国家风险测算结果。

相比较，国家风险较低的国家（地区）有乌拉圭、南非、白俄罗斯、葡萄牙、匈牙利、罗马尼亚、阿联酋、格鲁吉亚、斯洛文尼亚、斯洛伐克、韩国、巴布亚新几内亚、波兰、日本、捷克、瓦努阿图、汤加、新西兰、萨摩亚、爱沙尼亚、奥地利和新加坡等国（地区），它们的风险得分介于 -1.0 ~ -2.3。

相应地，斯里兰卡和阿尔巴尼亚的国家风险水平居于样本国家的平均水平。此外，有 65 个国家的国家风险低于样本国家平均的国家风险，其中包括的国家如下。

- 非洲国家 5 个，分别是坦桑尼亚、加纳、塞内加尔、卢旺达和南非。
- 亚洲国家 26 个，分别是菲律宾、乌兹别克斯坦、吉尔吉克斯坦、蒙古国、阿曼、中国、土库曼斯坦、印度尼西亚、老挝、阿塞拜疆、以色列、科威特、不丹、哈萨克斯坦、文莱、印度、巴林、卡塔尔、泰国、越南、马来西亚、阿联酋、格鲁吉亚、韩国、日本和新加坡。
- 欧洲国家 21 个，分别是阿尔巴尼亚、塞尔维亚、乌克兰、俄罗斯、黑山、克罗地亚、摩尔多瓦、保加利亚、马耳他、拉脱维亚、立陶宛、白俄罗斯、葡萄牙、匈牙利、罗马尼亚、斯洛文尼亚、斯洛伐克、波兰、捷克、爱沙尼亚和奥地利。
- 美洲国家 8 个，包括巴拿马、特立尼达和多巴哥、多米尼克、格林纳达、安提瓜和巴布达、哥斯达黎加、智利和乌拉圭。
- 大洋洲国家 5 个，包括巴布亚新几内亚、瓦努阿图、汤加、新西兰和萨摩亚。

9.3.2 地区和不同年份排名

（1）地区排名。按照地理上的不同洲进行划分，以同一洲内的国家风险测度结果为参照，表 9-5 报告了不同洲内相对意义上的高风险国家和低风险国家名单。根据综合得分和排名情况，对已与中国签署"一带一路"合作协议/谅解备忘录的样本国家而言，2012～2018年大洋洲、亚洲和欧洲地区国家风险排名靠后，比较适宜投资。而美洲和非洲的国家风险排名靠前，投资者应予以谨慎关注。

表9-5　　　　　　　　不同洲的高风险和低风险国家分布

亚洲	高风险国家	阿富汗、也门、巴基斯坦、叙利亚、伊朗、伊拉克、马尔代夫、塔吉克斯坦、孟加拉国
	低风险国家	阿联酋、格鲁吉亚、韩国、日本、新加坡、科威特
非洲	高风险国家	南苏丹、冈比亚、埃及、利比亚、索马里、苏丹、阿尔及利亚、乍得、刚果（布）、津巴布韦、突尼斯
	低风险国家	加纳、塞内加尔、卢旺达、南非
欧洲	高风险国家	波黑、马其顿、希腊、阿尔巴尼亚、塞尔维亚、乌克兰、俄罗斯、黑山、克罗地亚、摩尔多瓦
	低风险国家	斯洛伐克、波兰、捷克、爱沙尼亚、奥地利
美洲	高风险国家	委内瑞拉、玻利维亚、圭亚那、苏里南、多米尼加
	低风险国家	格林纳达、安提瓜和巴布达、哥斯达黎加、智利、乌拉圭
大洋洲	高风险国家	巴布亚新几内亚、瓦努阿图
	低风险国家	新西兰、萨摩亚

注：本表中的高风险和低风险国家均系同一洲内之比较，不能扩张解释。

（2）不同年份排名。除平均的国家风险测度外，我们还需要关注不同国家的国家风险的动态演变趋势。为此，我们将2012～2018年的数据按照上述方法逐年进行主成分提取和综合风险得分的计算，得到国家风险得分和排名。按照国家风险基本稳定、上升或者下降进行分组，可得到表9-6～表9-8的结果。可见，阿富汗和索马里的国家风险持续较高，而萨摩亚、瓦努阿图等国的国家风险持续较低（见表9-6）。同时，叙利亚、黎巴嫩等国的国家风险有明显的上升趋势，也符合我们对这些国家的观察（见表9-7）。而巴基斯坦和马尔代夫等国则见证了国家风险的明显下降趋势，说明其对境外投资的适宜性趋于改善（见表9-8）。

表9-6　　　　　国家风险基本稳定的代表性国家的测算结果

国家	2012年	2013年	2014年	2015年	2016年	2017年	2018年
阿富汗	2.286614	2.229215	2.058440	2.079459	2.033252	2.175877	1.125881
瓦努阿图	-1.864677	-1.817615	-1.876722	-1.823201	-1.853613	-1.935756	-2.083646
保加利亚	-0.807398	-0.774320	-0.599619	-0.667476	-0.716212	-0.727972	-0.697216

续表

国家	2012年	2013年	2014年	2015年	2016年	2017年	2018年
佛得角	0.378212	0.326013	0.434156	0.431424	0.315763	0.448153	0.442567
索马里	2.526902	2.405502	2.237010	2.331338	2.559256	2.391411	1.528587
拉脱维亚	-0.937996	-0.972248	-0.903588	-0.977611	-1.066273	-1.117330	-0.347093
老挝	-0.251542	-0.315633	-0.280121	-0.409772	-0.370677	-0.271789	-0.246901
立陶宛	-1.012194	-1.017068	-0.935946	-1.044572	-1.157409	-1.201706	-0.428333
毛里塔尼亚	0.653046	0.519354	0.512107	0.534167	0.592641	0.556871	0.464266
萨摩亚	-2.173237	-2.041018	-1.936237	-2.029150	-2.061922	-2.267547	-1.741381

表9-7　国家风险随年份增加的代表性国家的测算结果

国家	2012年	2013年	2014年	2015年	2016年	2017年	2018年
叙利亚	0.681275	0.821396	0.565513	0.852143	1.036570	1.153408	1.759805
黎巴嫩	0.252170	0.246406	0.049899	0.333447	0.525864	0.578923	0.757266
巴林	-0.478573	-0.351384	-0.525993	-0.405493	-0.452680	-0.253458	0.085076
不丹	-0.172124	-0.316615	-0.126393	-0.311801	-0.529389	-0.676408	-0.602807

表9-8　国家风险随年份减少的代表性国家的测算结果

国家	2012年	2013年	2014年	2015年	2016年	2017年	2018年
巴基斯坦	1.436866	1.240267	1.111902	1.070367	0.974634	0.978830	0.517235
马尔代夫	0.705930	0.593063	0.673119	0.619397	0.655002	0.506450	0.312923
多哥	0.732750	0.697140	0.752785	0.815711	0.655991	0.439122	-0.312240
冈比亚	1.351610	1.054690	1.297944	1.408676	1.238198	1.140808	0.180103
几内亚	1.188246	1.054813	1.274066	1.086325	0.839509	0.675732	-0.176720

9.3.3　测度结果的进一步检验

为验证本章国家风险测度结果的科学性与客观性，我们还通过改变指标数量以及将国家风险测度结果与经济变量拟合等方法对以上测度结果进行检验。

首先，改变指标数量的稳健性检验。检验方法是：在已经得到初始国家风险排名的基础上，通过删去原数据中原本填充了一定缺失值的青年识字率、成人识字率、中央政府债务总额、公共部门管理和机构集群平均数、公共行政评级的质量、按农村贫困线衡量的贫困人口以及与中国合作关系等指标，并重新计算风险综合得分，而后再与原来的排名进行对比。分析结果显示，使用t值双样本等方差检验的 P 值为 0.67，大于 0.05，因此不能拒绝原假设，即指标数量的变化不会对样本国家的排名造成显著性差异。因此，本章运用主成分方法对样本国家进行的国家风险测算和排名不因指标数量的变化而发生显著变化，测度结果具有稳健性。

其次，将国家风险测度结果与各样本国家相关经济变量进行拟合。我们选定的估计变量包括出口、进口、人均GDP、死亡率、税率和债务总量，图9-2给出了国家风险与主要经济变量之间关系散点图及拟合结果。可见，国家风险与样本国家出口值存在较明显的反向相关关系，意味着该国的投资风险越低，

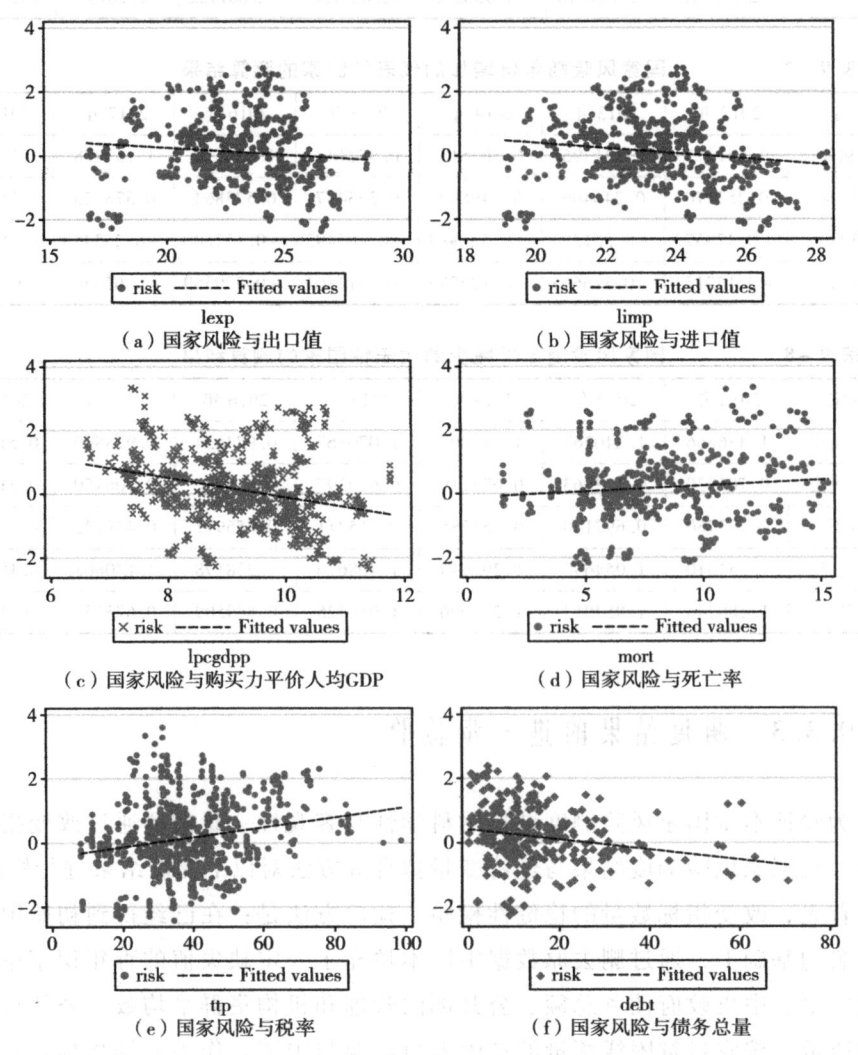

图 9-2　国家风险与若干经济变量关系的拟合结果

出口就越多；相类似，国家风险越低，其进口也越多，该国按照购买力平价计算的人均 GDP 就越高，死亡率、税率和债务总量就越低。换而言之，国家风险与税率、死亡率呈正向相关关系，与进口、出口、债务、人均 GDP 等呈反向相关关系。这说明，我们评估得到的样本国家的国家风险与相关经济变量呈现出比较符合经济规律的相关关系。这意味着，我们给出的国家风险测度结果具有一定的科学性和合理性。

9.4 小结

本章遴选了覆盖政治风险、信用风险、经济风险、对华关系风险和社会风险 5 个方面的 45 个指标建立指标体系，利用主成分分析法对已与中国签署"一带一路"共建协议/谅解备忘录的约 130 个国家进行了国家风险的测度和比较，我们还从时间和指标数量两个维度进行了稳健性检验，显示所得到的国家风险排名具有较好的稳健性，并不会随着时间和指标数量的变化而发生显著改变。主成分分析发现，法制风险是样本国家之国家风险测度中权重最大的风险类型。此外，政府政策、失业率、宗教、主权信用、恐怖主义、社会治安、获得信贷难易程度、贫困率等因素对国家风险也有重要影响。国家风险测度结果表明，大洋洲、亚洲和欧洲地区国家风险较低，非洲和美洲的国家风险较大，但同一地区内部不同国家的国家风险又呈现差异化分布的特征，且各国的国家风险可能随着时间演化，需要动态跟踪和比较分析。

本章的国家风险测度结果给出了中国企业选择国际产能合作目标国时"风险"考量的基本参照，假定其他因素不变，国家风险较低者自然应该予以更多的关注，而国家风险较高的国家则应予以谨慎处理和更多的"风险"防控举措。但我们也要提醒，决定产能合作决策的"风险"因素既包括国家风险，还包括边际风险。企业在认知特定国家的国家风险后，还应该考量自身的企业家注意力水平及其认知能力、其所欲合作的产业和目标国区位对应的不同边际风险项，也应思考其能从国内和目标国获得的选择性制度安排或者可降低"风险"的策略可得性及其规模经济性，然后才能在权衡产能合作将带给其收益的影响基础上做出最终决策。

第 10 章

国际产能合作"风险"研究Ⅱ：企业风险认知与反应

第 9 章给出了"一带一路"沿线国家的国家风险度量，提供了一个企业至特定国家开展国际产能合作"风险"的平均参照。但国家风险之外，尚有边际风险影响企业的产能合作决策。因东道国、产业和区位边际风险因时因地因产业而异，难以做出一般化的度量，需要企业针对具体情形进行分析。本章集中探讨企业边际风险问题，研究企业对风险的评价以及面对外生环境变化的认知和反应机理。为此，针对中国参与国际产能合作的重点产业展开大样本问卷调研，并使用两种实证方法探讨不同风险因素对企业"认知—影响—反应"的传导路径和作用机理，为认识"一带一路"倡议下的微观企业投资反应及激励政策优化提供实证证据。

10.1 研究方法与数据

企业如何对环境变化导致的不确定性风险做出理性反应是战略管理研究的核心问题。2013 年我国提出的"一带一路"倡议已成为中国企业面对的主要环境变化因素之一。在沿线多高风险的国家背景下，异质性企业对风险如何认知、排序并据此做出适应外生环境变化的投资意愿反应，需要使用微观企业数据展开研究。本节报告问卷设计和数据处理、企业异质性测度以及本章研究使用的实证方法，为后续实证研究提供了基础。

10.1.1 问卷设计

为考察"一带一路"倡议与异质性企业的互动关系，我们设计了包含 5 个部分的调研问卷：第 1 部分为企业特征，共包括企业名称、所在地、所在行业、投资所在国家、投资年份、企业规模、企业性质、投资额度和对外投资股权占比等信息；第 2～第 4 部分分别为"一带一路"倡议的企业认知、影响和反应，共 26 小项，可基本涵盖"一带一路"倡议涉及的主要双/多边举措、企业受影响环节及可能的投资方式和风险规避策略；第 5 部分为"一带一路"下对投资的风险评价，共 21 小项（见表 10-1）。需要说明的是，我们剔除了企业在母国经营中同样会经历的内部运营和市场变动风险项，侧重于突出企业面临的与母国市场有异的风险环节。

表 10-1　"一带一路"倡议下企业反应与风险评价的指标体系

一级指标	二级指标	文献依据	一级指标	二级指标	文献依据
企业认知	双边合作协议	陈伟光和王燕（2016）	投资风险	战乱风险	李鸿洋（1992）
	双边政治经济关系	贺书锋和郭羽诞（2009）		制度风险	蒋冠宏和蒋殿春（2012）
	金融合作平台	保建云（2019）		国家干预风险	张金杰（2008）
	亚投行	胡海峰和武鹏（2016）		国有化风险	Henisz（2002）
	经济走廊建设	李建军和孙慧（2017）		政府违约风险	Eaton et al.（1986）
	沿线国工业园区	李嘉楠等（2016）		延迟支付风险	Burton 和 Inoue（1985）
	中国投资激励政策	沈华和史为夷（2017）		财政/货币政策风险	张金水和连秀花（2005）
	沿线国投资政策	王春萍（2010）		法律风险	曹征（2007）
企业影响	投资便利化	张亚斌（2016）		贸易壁垒风险	张相伟和龙小宁（2018）
	贸易便利化	孔庆峰和董虹蔚（2015）		税费风险	王永钦等（2014）
	物流运输条件	刘小军和张滨（2016）		价格管制风险	陈冲等（2016）
	销售收入	陈砺和黄晓玲（2018）		环保政策风险	江青云（2014）
	融资可获得性	徐奇渊等（2017）		汇率风险	Meldrum（2000）/李平等（2017）
	原材料采购成本	张运鹏（2017）		利率风险	王海军和齐兰（2011）
企业反应	抱团式对外投资	程永明（2015）		通货膨胀风险	尹力博和韩立岩（2015）
	合资经营	岳中志等（2011）		经济周期风险	陈冲等（2016）
	并购他国公司	蒋冠宏（2017）		宗教风险	丁建平和方琛琳（2017）
	与东道国政府签约	Li 和 Liang（2012）		跨文化冲突风险	周伟等（2017）

续表

一级指标	二级指标	文献依据	一级指标	二级指标	文献依据
企业反应	双边投资协定重视度	宗芳宇等（2012）	投资风险	社会责任风险	于鹏和李丽（2016）
	双边政治关系重视度	郭烨和许陈生（2016）		人力资源风险	乔健和李诚（2018）
	创新投入	王桂军和卢潇潇（2019）		筹资风险	郭碧霞等（2016）
	参与期货套期保值	Wahl 和 Broll（2010）			
	国际商务人才招聘	郭朝先等（2016）			

除第 1 部分的企业特征外，其余部分问卷均采用 Likert 5 度量表，数值越大说明影响程度越大。在 2017 年 10 月设计出问卷初稿，首先对 10 家企业进行了问卷访谈和预发放，并根据反馈意见对问卷进行了修改完善。随后，限定问卷发放对象为国务院（2015）所界定的国际产能合作重点产业，对特大型和大型企业主要采用面对面访谈方式获得数据，其余企业的问卷调研则通过电话、电子邮件等方式进行。截至 2018 年 11 月，共获得 241 份问卷，覆盖汽车、钢铁、金属、能源化工和轻工纺织等行业，其中有效问卷 224 份，有效率为 92.83%，样本数据的描述性统计结果报告在表 10-2 中。

表 10-2　　　　　　　　　　样本数据的描述性统计

变量类别	企业规模				企业性质		投资经验		风险倾向	
	小型	中型	大型	特大型	非国有	国有	无	有	风险偏好	风险厌恶
样本数（家）	82	60	61	21	190	34	86	138	116	108
比重（%）	36.61	26.79	27.23	9.38	84.82	15.18	38.39	61.61	51.79	48.21

资料来源：作者计算。

（1）企业认知和影响变量选择。调查问卷中，除用"'一带一路'倡议的最新进展"（State）来表征企业对"一带一路"倡议的整体认知外，考虑到"一带一路"倡议落实过程中的主要关联细分政策，企业认知主要从以下 8 个方面进行观察：①中国与沿线国已签署的合作协议/谅解备忘录（MoU）；②中国与沿线国家间的双边政治经济关系（Bilateral）；③中国政府促进资金融通的金融合作平台（Platform）；④亚洲基础设施投资银行及其投资项目分布（亚投行，AIIB）；⑤中国与沿线国的经济走廊建设（Corridor）；⑥中国在沿线国的工业园区/科技园区（Park）；⑦中国政府鼓励企业向沿线国投资的政策（Policy$_{CN}$）；⑧沿线国的投资促进政策（Policy$_{FOR}$）。问卷回答选项的Likert5度量表从"不太了解""有点了解""比较了解""相当了解"直至"非常了解"，分别赋值1~5。对企业影响变量，除用"对企业发展机遇的影响"题项表征"一带一路"倡议对企业及所在产业的总体影响（Effect）外，还考虑了以下子项作为企业影响变量：投资便利化（Invest）、贸易便利化（Trade）、物流运输条件（Logistics）、销售收入（Sales）、融资可获得性（Finance）以及原材料采购成本（Cost）。由于外部环境变化可能对企业具有正负两个方面影响，问卷回答选项包括"负面影响""没有影响"和"正面影响"3个方面，其中的"正面影响"又区分"较小""较大"和"很大"三类，加之前面的两个方面影响分别赋值1~5，数值越大则正面影响越强。

（2）企业反应变量选择。调研问卷中将"贵公司对'一带一路'区域投资的意愿"作为企业反应（Response）的表征变量。除此之外，还考虑到以下不同的投资模式、风险防控举措等企业对内和对外反应子项：①对抱团式对外投资的意愿（Group）；②采取合资经营的意愿（Joint）；③并购他国公司的意愿（M&A）；④与东道国政府签约规避风险的意愿（Govern）；⑤对中国与沿线国签订双边投资协定的重视度（BIT）；⑥对中国与沿线国双边政治关系重视度（Politic）；⑦公司的创新投入（R&D）；⑧参与期货套期保值的意愿（Hedge）；⑨国际商务人才招聘（HR）。同样，由于企业存在做出正负反应的可能性，问卷回答题项包括"下降""不变"和"增加"三类，最后一类反应又细化为"小幅增加""明显增加"和"大幅增加"三个方面，这样可合并适用5分计分法。

10.1.2 企业异质性测度

（1）企业特征异质性。由于相当大数量企业存在跨产业经营、跨多国投资且股权比例和投资年份不同，为后面实证研究方便起见，仅考虑企业规模（Size）、企业性质（Owner）和投资经验（Experience）3个子项。其中，企业规模参照国家统计局发布的《统计上大中小型企业划分办法（暂行）》区分小型、中型、大型和特大型企业，从业人员及营业收入不一致者按照就高归类，分别赋值1~4。国有企业赋值为1，其余为0。投资经验涉及投资额度和持股比例两个问题项,后一问题可检验前一问题回答项的真实性,将对境外有投资且股权比例不为0的企业定义为有投资经验企业,赋值为1,其余为0。

(2)管理者异质性。为控制原各风险评价子项之间的相关关系,首先采用主成分分析法降维获得相互独立的潜在风险因子。综合考虑特征值大于1和因子累计贡献率大于80%的原则,提取出5个独立的公因子,其累计方差贡献率为94%(见表10-3)。我们运用方差极大旋转法进行因子正交旋转,按照不同因子包含指标的属性定义以下(见表10-4):

表10-3　　　　　　旋转后因子矩阵特征值与贡献率

因子	特征值	贡献率(%)	累计贡献率(%)
F1	5.51	0.35	0.35
F2	2.99	0.19	0.54
F3	2.48	0.16	0.70
F4	2.07	0.13	0.83
F5	1.72	0.11	0.94

资料来源:作者利用SPSS 25.0软件计算。

表10-4　　　　　　指标因子命名与载荷

因子命名	指标名称	因子1	因子2	因子3	因子4	因子5
政治风险因子 F1	战乱风险	0.78	0.22	0.12	0.14	0.28
	制度风险	0.76	0.32	0.19	0.20	0.20
	国家干预风险	0.74	0.24	0.26	0.27	0.07
文化风险因子 F2	宗教风险	0.35	0.60	0.08	0.28	0.37
	文化风险	0.25	0.72	0.17	0.28	0.19
	社会责任风险	0.34	0.38	0.18	0.28	0.66
政策风险因子 F3	财政/货币政策风险	0.62	0.16	0.36	0.23	0.30
	价格管制风险	0.40	0.27	0.55	0.18	0.25
	环保政策风险	0.49	0.46	0.38	0.18	0.16
金融风险因子 F4	汇率风险	0.40	0.27	0.10	0.63	0.31
	利率风险	0.27	0.38	0.29	0.66	0.18
	通货膨胀风险	0.36	0.30	0.21	0.64	0.25
离境风险因子 F5	法律风险	0.46	0.38	0.26	0.20	0.19
	贸易壁垒风险	0.43	0.29	0.52	0.32	0.18
	税费风险	0.40	0.22	0.68	0.25	0.16

资料来源:作者利用SPSS 25.0软件计算。

- 公因子 F1：在战乱风险、制度风险、国家干预风险指标上载荷值较为接近，命名为政治风险因子。
- 公因子 F2：在宗教风险、文化风险、社会责任风险指标上载荷值较为接近，命名为文化风险因子。
- 公因子 F3：在财政/货币政策风险、价格管制风险、环保政策风险指标上载荷值较为接近，命名为政策风险因子。
- 公因子 F4：在汇率风险、利率风险、通货膨胀风险指标上载荷值较为接近，命名为金融风险因子。
- 公因子 F5：在法律风险、贸易壁垒风险、税费风险指标上载荷值较为接近，其主要反映了境内外投资的客观差异性，将其命名为离境风险因子。

继而，运用基于欧式距离的逐步聚类法和 R 软件进行大样本聚类发现，可按照风险偏好将所有企业分为两类：一类为对不同风险因子均认为没有影响或者影响较小的企业，将其定义为风险偏好型，共有 116 家；另一类为对不同风险因子赋值较大、认为风险较严重的企业，可定义为风险厌恶型，共计 108 家（见图 10-1）。为验证聚类结果合理性，基于 SPSS 25.0 软件和单因素方差分析进行检验，发现两类企业所有的 5 个风险因子在 1% 的显著性水平上均存在显著差异，说明基于聚类的管理者异质性信息（Risk）可以得到统计检验的支持（见表 10-5）。

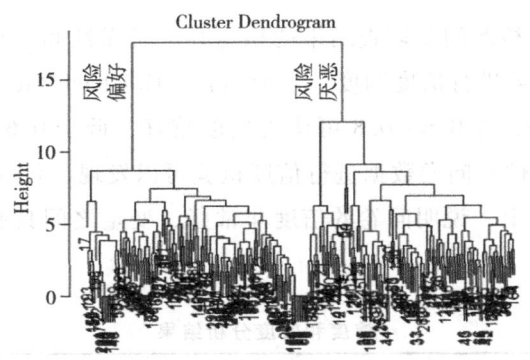

图 10-1 聚类分析结果

资料来源：作者使用 R 软件绘制。

表 10-5　　　　　不同风险倾向企业单因素方差分析结果

风险因子	分组	平方和	自由度	均方	F - statistic	显著性
F1	组间	71.892	1	71.8917	127.241	0.000
	组内	125.431	222	0.5650		
	总计	197.323	223			

续表

风险因子	分组	平方和	自由度	均方	F – statistic	显著性
F2	组间	16.722	1	16.722	24.360	0.000
	组内	152.390	222	0.686		
	总计	169.112	223			
F3	组间	10.793	1	10.793	15.613	0.000
	组内	153.462	222	0.691		
	总计	164.254	223			
F4	组间	16.274	1	16.274	23.941	0.000
	组内	150.903	222	0.680		
	总计	167.177	223			
F5	组间	23.591	1	23.591	37.334	0.000
	组内	140.279	222	0.632		
	总计	163.870	223			

资料来源：作者利用 SPSS 25.0 软件计算。

10.1.3 问卷的信度和效度分析

信度检验可以检测问卷调查结果的稳定性、可靠性和一致性，以下主要基于 Cronbach's α 系数进行信度测度。一般而言，Cronbach's α 系数大于 0.8 就可以认为信度非常好，在 0.6~0.8 可认为信度较好，低于 0.6 则认为信度较差。基于 SPSS 25.0 软件对问卷数据进行信度检验可以发现，各变量的 Cronbach's α 系数值均在 0.8 以上，说明问卷的信度非常好，变量之间具有很好的内部一致性（见表 10-6）。

表 10-6　　信度和效度分析结果

	变量	企业认知	企业影响	企业反应	金融风险	政治风险	文化风险	政策风险	离境风险
	测量项目数	8	6	9	3	3	3	3	3
信度	Cronbach's α 系数	0.909	0.889	0.899	0.892	0.909	0.853	0.858	0.865
效度	KMO 值	0.900	0.883	0.924	0.750	0.740	0.714	0.731	0.651
	Bartlett 球形检验值	1014.610	670.041	904.374	385.637	462.931	300.401	302.861	366.283
	Sig 值	0.000	0.000	0.000	0.000	0.000	0.000	0.000	0.000

我们还使用因子分析法对问卷结果进行效度检验，表 10-6 报告了 KMO 检验和 Bartlett 球形检验的估计结果。可见，不同变量的 KMO 值均在 0.65～0.90，Bartlett 球形检验的 Sig 值均小于 0.01，显示问卷具有较好的结构效度，适合于进行因子分析。

10.1.4 实证模型

（1）回归模型。发端于 Milliken（1987）的"认知—影响—反应"（SER）范式文献将企业面临环境变化时的风险分类为状态（认知）不确定性、影响不确定性和反应不确定性，用以分别表征客观状态、环境变化对组织的影响以及不同选择决策的结果三个方面的不确定性风险。尽管企业难以准确评估以上三个方面风险，但却可以估计特定环境变化对以上风险的作用方向。"一带一路"倡议既影响企业发展机遇和企业经营，也促使管理层被动接受关联信息来改变其认知。两者间的互动关系在于，管理层对"一带一路"倡议的认知改善有助于其从其企业所受影响中更准确地识别和分离出特定环境变化的边际影响，后者又激励管理者改变其认知强度，形成双向因果关系，这一互动关系还与企业异质性相关联。基于此，可得企业认知和影响模型如下：

$$\text{State}_i = C + \sum_{j=1}^{4} \alpha_j X_{ij} + \sum_{k=1}^{5} \beta_k \text{Control}_{ik} + \gamma \text{Effect}_i + \sum_{k=1}^{3} \delta_k \text{Risk}_i \times X_{ij} + \varepsilon_i$$

$$\text{Effect}_i = C + \sum_{j=1}^{4} \alpha_j X_{ij} + \sum_{k=1}^{5} \beta_k \text{Control}_{ik} + \gamma \text{State}_i + \sum_{k=1}^{3} \delta_k \text{Risk}_i \times X_{ij} + \varepsilon_i$$

(10-1)

其中，X_{ij} 为企业 i 的特征和管理者异质性变量，Control_{ik} 表示衡量环境风险的不同风险因子，即（F1, F2, F3, F4, F5）∈ Control，$\text{Risk}_i \times X_{ij}$ 为管理者异质性和企业特征变量的交互项，ε_i 为随机误差项。

因企业认知和影响联合推动企业做出响应环境变化的反应，在"一带一路"倡议情景下，就是对其境外投资意愿、投资方式和风险防控举措进行反应。企业反应模型可设定如下：

$$\text{Response}_i = C + \sum_{j=1}^{4} \alpha_j X_{ij} + \beta_1 \text{State}_i + \beta_2 \text{Risk}_i \times \text{State}_i + \gamma_1 \text{Effect}_i + \gamma_2 \text{Risk}_i \times \text{Effect}_i + \varepsilon_i$$

(10-2)

（2）结构方程模型。因本章使用的实证数据来源于调查问卷，所调研的企业管理者对"一带一路"倡议下的风险评价和认知、影响及反应等属于主观认识,难以直接测量,主观测量误差难以避免,而结构方程模型能够同时处理多个因变量以及潜变量和测量变量的测量误差,还可以同时估计因子结构和因子关系,可以较好地对调研问卷数据进行处理和分析。根据邱皓政和林碧芳(2012),这一模型包括测量方程和结构方程两大部分,形式如下:

$$Y = \Lambda_y \eta + \varepsilon \tag{10-3}$$

$$X = \Lambda_x \xi + \delta \tag{10-4}$$

$$\eta = B\eta + \Gamma\xi + \zeta \tag{10-5}$$

其中,式(10-3)和式(10-4)为测量方程,它描述潜变量和指标之间的关系,其中,Y 和 X 分别是内源和外源潜变量的可观测变量,η 和 ξ 分别是外源和内源潜变量,Λ_y 和 Λ_x 是 Y 和 X 的因子载荷矩阵。式(10-5)是反映结构模型的方程式,用以描述潜变量之间的关系,其中,B 和 Γ 是结构系数矩阵,分别代表内源潜变量之间的关系以及外源潜变量对内源潜变量的影响,ζ 是残差项矩阵。"一带一路"倡议下企业反应和风险评价的结构方程模型的具体变量设置报告在表 10-7 中。

表 10-7 "一带一路"倡议下中国企业反应和风险评价模型的变量表

变量类型	潜变量 符号	潜变量 名称	测量变量 符号	测量变量 名称	问题项与变量赋值
外源变量	ξ_1	政治风险	X11	战乱风险	东道国局势动荡、骚乱和战争引致的风险,采用 Likert 5 度量表,V11=1 影响甚微;…;V11=5 严重影响
			X12	制度风险	东道国政治制度及政权更迭/国际关系变化引致的风险,方法同上
			X13	国家干预风险	东道国/第三国的制裁、施压、威胁等手段导致的风险,方法同上
	ξ_2	文化风险	X21	宗教风险	因宗教不同导致行为模式和对行为理解不同关联风险,方法同上
			X22	跨文化冲突风险	双方文化或者风俗习惯差异引致的风险,方法同上
			X23	社会责任风险	东道国产销中担负产品质量、环境污染、人身安全等责任相关的风险,方法同上
	ξ_3	金融风险	X31	汇率风险	东道国外汇汇率变动引致的风险,方法同上
			X32	利率风险	东道国利率变化引致的风险,方法同上
			X33	通货膨胀风险	东道国货币贬值、物价上涨带来的风险,方法同上

续表

变量类型	潜变量符号	潜变量名称	测量变量符号	测量变量名称	问题项与变量赋值
外源变量	$\xi 4$	政策风险	X41	财政/货币政策风险	东道国采取不同财政、货币政策或政策变化导致风险，方法同上
			X42	价格管制风险	东道国对必需品、重要资源和重要商品的价格限制关联的风险，方法同上
			X43	环保政策风险	东道国出台严格的安全和环保政策引致的风险，方法同上
	$\xi 5$	离境风险	X51	法律风险	东道国与母国法律差异、法律执行与投资争端处理关联风险，方法同上
			X52	贸易壁垒风险	东道国采取的关税和非关税壁垒，方法同上
			X53	税费风险	东道国强制性增收税费风险，方法同上
	$\xi 6$	企业特征	X61	企业规模	小型、中型、大型和特大型企业分别赋值 1~4
			X62	企业性质	国有企业赋值 1，非国有企业赋值 0
			X63	投资经验	境外有投资且股权比例不为 0 企业赋值 1，其余为 0
			X64	风险倾向	风险厌恶型赋值 1，风险偏好型赋值 0
中介变量	Me1/$\xi 7$	企业认知	X71	双边合作协议	中国与沿线国已签署的合作协议/备忘录，采用 Likert 5 度量表，V71 = 1 不太了解；…；V71 = 5 非常了解
			X72	双边政治经济关系	中国与沿线国间的双边政治经济关系，方法同上
			X73	金融合作平台	中国政府促进资金融通的金融合作平台（如丝路基金等），方法同上
			X74	亚投行	亚洲基础设施投资银行及其投资项目分布，方法同上
			X75	经济走廊建设	中国与沿线国的经济走廊建设，方法同上
			X76	工业园区	中国在沿线国的工业（产业）园区/科技园区，方法同上
			X77	中国投资激励政策	中国政府鼓励企业向沿线国投资的政策，方法同上
			X78	沿线国投资政策	沿线国的投资促进政策，方法同上
	Me2/$\xi 8$	企业影响	X81	投资便利化	"一带一路"倡议对投资便利化的影响，采用 Likert 5 度量表，V81 = 1 负面影响；V81 = 2 没有影响；…；V81 = 5 正面影响（很大）

续表

变量类型	潜变量		测量变量		
	符号	名称	符号	名称	问题项与变量赋值
中介变量	Me2/ξ8	企业影响	X82	贸易便利化	对贵公司贸易便利化的影响,方法同上
			X83	物流运输条件	对物流运输条件的影响,方法同上
			X84	销售收入	对贵公司销售收入的影响,方法同上
			X85	融资可获得性	对贵公司融资可获得性的影响,方法同上
			X86	原材料采购成本	对原材料采购成本的影响,方法同上
内源变量	η	企业反应	Y1	抱团式对外投资	贵公司对抱团式对外投资的态度,取值方法同上
			Y2	合资经营	投资中采取合资经营的意愿,方法同上
			Y3	并购他国公司	投资中收购他国公司的意愿,方法同上
			Y4	与东道国政府签约	投资时对与东道国政府签约规避风险的意愿,方法同上
			Y5	双边投资协定重视度	对中国与沿线国签订双边投资协定的重视度,方法同上
			Y6	双边政治关系重视度	对中国与沿线国双边政治关系重视度,方法同上
			Y7	创新投入	"一带一路"倡议下的创新投入
			Y8	参与期货套期保值	"一带一路"倡议下参与期货套期保值的意愿,方法同上
			Y9	国际商务人才招聘	对国际商务人才的招聘力度,方法同上

同时,根据模型变量设置,图 10-2 给出了"一带一路"倡议下中国企业反应和风险评价模型的路径图。

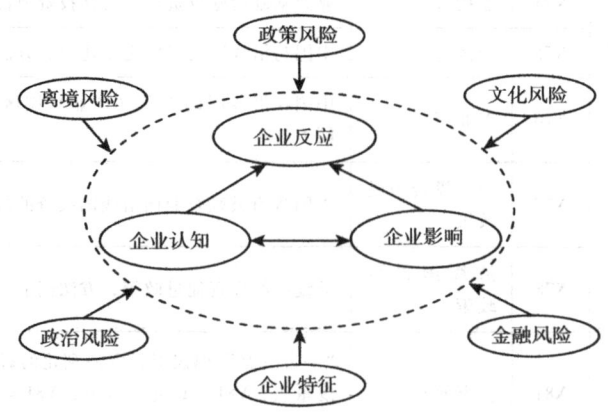

图 10-2 风险评价与企业反应的结构方程模型路径

为测度中介效应的存在性，依据 Baron 和 Kenny（1986），我们依次估计图 10-3 中的 $β_c$、$β_a$、$β_b$ 和 $β'_c$，如果前三者皆显著且 $β'_c$ 不显著，则出现完全中介效应，如果对应于 $β_c$ 的 $β'_c$ 估计值有变化但仍统计上显著，且绝对值小于 $β_c$ 的绝对值，则出现部分中介效应。

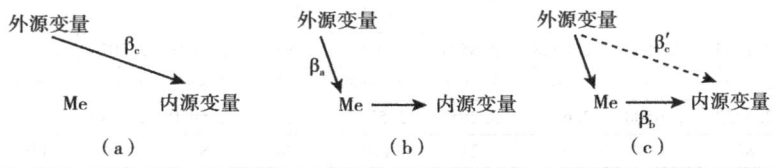

图 10-3 中介效应的估计

10.2 回归模型估计

在对问卷调查数据整理和描述性统计的基础上，本节将运用 EViews 10.0 软件，首先按照管理者异质性将全样本分组成两个子样本进行探索性实证，以确定将企业异质性变量引入实证模型的恰当方式。随后的实证研究分为两个部分：第一，对设定的计量模型进行检验和分析；第二，引入企业认知、影响和反应的不同子项进行分类模型的检验和分析。

10.2.1 描述性统计

根据调查数据，选取对"一带一路"倡议的整体认知（State）、所受影响（Effect）和投资意愿（Response）之平均反应强度进行报告（见表 10-8）。可见，小型、中型和大型企业的平均认知程度相当接近，但特大型企业明显较高，不过整体上并没有企业规模上升伴随的认知程度递增的现象。在"一带一路"影响层面，则出现从小型到特大型企业的递增的平均影响强度，特大型企业的数值远大于大型企业。企业对"一带一路"倡议的投资意愿颇类似于认知层面的反应，即大中小型企业较为接近，而特大型企业数值较大。在理论上，企业规模越大，其在特定产业中的地位越重要，其所受环境变化的影响程度也相对较大。但认知需要管理者自己花费成本获取信息，并识别企业所受影响来自特定环境变化的程度，由于管理者自身的注意力资源约束，其认知可能不一定与所管理企业规模呈正相关关系。反应则受到认知和影响两个方面因素的作用，它与企业规模的关系仍是未知的。

表 10 – 8　　企业异质性分组及相应企业的认知、影响与反应

企业特征	企业规模				企业性质		投资经验		风险倾向	
	小型	中型	大型	特大型	非国有企业	国有企业	无	有	风险偏好	风险厌恶
认知	2.1463	2.1667	2.0328	2.8571	2.0684	2.8539	2.1628	2.2029	1.9397	2.4537
影响	2.6707	2.8667	2.9016	3.7619	2.7368	3.7353	2.8372	2.9203	2.5259	3.2778
反应	2.5732	2.6500	2.6230	3.2857	2.5737	3.2353	2.5930	2.7246	2.4397	2.9259
样本数	82	60	61	21	190	34	86	138	116	108

注：企业认知、影响和反应数据系所在子样本的平均值。
资料来源：作者计算。

接下来按照不同企业性质和投资经验进行分组。显然，在认知、影响和投资反应三个维度上，国有企业的平均反应强度均远大于非国有企业，可能显示了国有企业不仅将"一带一路"倡议视为有益的环境变化，而且将其视为所有权人给出的正向反应信号，非国有企业则仅仅将其视为环境变化。在投资经验分组比较中，有经验分组的平均认知、影响和投资意愿反应强度均略高于无经验分组，两者关系还有待于进一步经验证据。如果依据管理者异质性进行分组，可见风险厌恶型企业有更高的平均认知强度，所受影响和投资反应也明显大于风险偏好型企业分组；如区分认知、影响和反应的不同子项（见图 10 – 4），尽管平均认知强度出现一定的差异化，但风险偏好型管理者同样有较高的影响和反应强度。这可能意味着，"一带一路"倡议缩减的环境不确定性可在更大程度上削弱风险厌恶型管理者的约束，风险偏好型管理者则不大受这一环境变化的影响，但不同企业特征与不同风险倾向管理者结合如何影响企业反应还有待实证探讨。

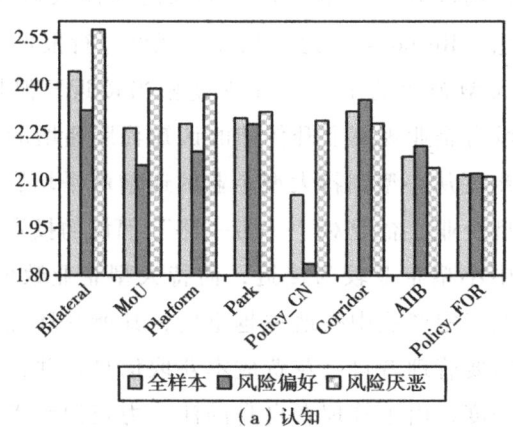

(a) 认知

图 10 – 4　不同认知、影响和反应子项及风险特征的强度排序

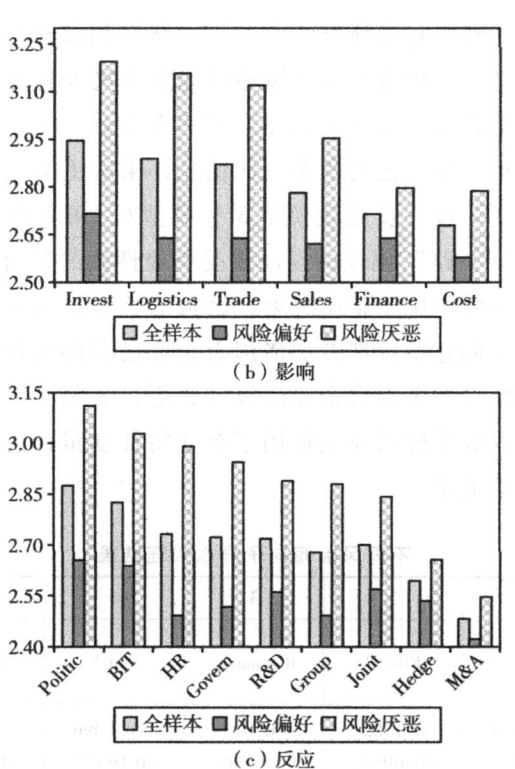

图 10-4 不同认知、影响和反应子项及风险特征的强度排序（续图）
资料来源：作者绘制。

10.2.2 异质性企业反应的检验和分析

为准确评估管理者异质性的影响机制，本节首先区分风险厌恶和风险偏好两个子样本进行探索性实证。对比表 10-9 中的模型 1 和模型 4 可发现，不同管理者类型下企业性质对"一带一路"倡议认知的影响显著不同：风险厌恶型管理者经营的国有企业和非国有企业对认知强度的影响没有显著差别，但风险偏好型管理者则使国有企业比非国有企业有更强的正向激励改善对环境变化的认知。模型 2 和模型 5 相比较的结果则与上述情形相反，风险厌恶型管理者感知的国有企业受"一带一路"倡议的影响显著强于非国有企业，而风险偏好型管理者对两种产权性质企业的感知并无显著差异。这说明，风险厌恶型管理者倾向于采取比较保守的认知策略并倾向于放大所能感知到的环境变化的影响以更谨慎地规避风险。国有企业和非国有企业在认知和影响上的显著差异可能体现了国有企业兼而受到所有者释放的"一带一路"倡议和环境变化两个方面信息的促动。风险厌恶型管理者的保守策略可能会在极大程度上抵消上述两个方面信息的激励，直至其认知强度无差异于非国有企业。而风险偏好型管理者则会充分接受所有者和环境变化的两个方面信息，采取更为激进的显著不同于非国有企业的认知策略。进一步比较模型3和模型6，可发现风险厌恶型管理者经营的企业对"一带一路"倡议的反应不受企业性质的显著影响，可能意味着管理者的保守风险倾向作用于企业决策，会抵消软预算约束关联的国有企业激进投资意愿；而风险偏好型管理者加诸国有企业已有的激进投资意愿，形成了同向叠加效应，使模型6中国有企业的投资意愿显著强于非国有企业。以上估计结果表明，管理者异质性明显地作用于企业特征变量，需要在后面的全样本估计中纳入这一互动关系。

表10-9　　　　　　　　不同风险倾向子样本实证结果

模型	1	2	3	4	5	6
因变量	State[a]	Effect[a]	Response[a]	State[b]	Effect[b]	Response[b]
Size	-0.0874 (0.0817)	0.1382 (0.0914)	-0.0798 (0.0736)	-0.0096 (0.0817)	0.0237 (0.0941)	0.0916 (0.0720)
Owner	0.2484 (0.1927)	0.4530** (0.2193)	-0.0448 (0.1760)	1.7836*** (0.4770)	-0.7208 (0.5802)	0.9191** (0.4493)
Experience	0.1139 (0.1445)	0.0103 (0.1631)	0.0745 (0.1292)	0.0705 (0.1563)	0.1805 (0.1794)	0.0977 (0.1413)
State	—	0.4540*** (0.1041)	0.4352*** (0.0921)	—	0.4114*** (0.1045)	0.2692*** (0.0837)
Effect	0.3583*** (0.0821)	—	0.3876*** (0.0822)	0.3101*** (0.0788)	—	0.3093*** (0.0742)
F1	-0.0667 (0.0884)	-0.0052 (0.0998)	—	-0.0729 (0.1382)	-0.2243 (0.1579)	—
F2	0.1752 (0.0753)	-0.0300 (0.0851)	—	0.0054 (0.1153)	-0.1420 (0.1321)	—
F3	0.0182 (0.0860)	0.0697 (0.0966)	—	-0.2343** (0.0912)	0.1782* (0.1069)	—
F4	0.0610 (0.0799)	-0.0996 (0.0896)	—	-0.1496 (0.1052)	0.1066 (0.1218)	—

续表

模型	1	2	3	4	5	6
F5	-0.0229 (0.0939)	0.0725 (0.1054)	—	0.1253 (0.1036)	-0.0586 (0.1200)	—
C	1.3456*** (0.3075)	1.7144*** (0.3365)	0.7386** (0.2934)	0.9936*** (0.2695)	1.4683*** (0.2973)	0.8700*** (0.2476)
Adjusted R^2	0.1710	0.2577	0.4191	0.2601	0.1172	0.3313
F - statistic	3.4527***	5.1280***	16.4416	5.4917***	2.6971***	12.3950***
样本数	108	108	108	116	116	116

注：[a]和[b]分别表示风险厌恶和风险偏好子样本；** 和 *** 分别表示5%和1%的显著性水平。下同。
资料来源：作者利用 EViews 10.0 软件计算。下同。

由表10-9还可以发现，衡量认知、影响与反应之间互动影响的回归结果均在1%的显著性水平上呈现正向影响。但在回归结果均显著或者均不显著的情形下，表10-9设定的子样本模型无法估计可能存在的互动关系的差异化特征。为此，在表10-10的全样本估计中对实证模型进行了进一步优化：一方面将管理者异质性变量作为截距项引入模型，以观察管理者异质性对认知和影响的独立效应；另一方面将管理者异质性与企业特征的交互项引入模型并进行比较，以观察管理者异质性与企业特征异质性之间的互动关系。由表10-10的模型7~模型12可见，引入交互项后所有模型的拟合优度 R^2 指标均有改善，说明优化后的模型增加了实证结果的解释力。

表10-10　　　　　　　　全样本实证结果

模型	7	8	9	10	11	12
因变量	State[c]	State[d]	Effect[c]	Effect[d]	Response[e]	Response[f]
Size	-0.0791 (0.0583)	-0.0309 (0.0776)	0.1125* (0.0647)	0.0622 (0.0877)	0.0901 (0.0700)	0.0916 (0.0698)
Owner	0.4707*** (0.1743)	1.9628*** (0.4506)	0.3974** (0.1953)	-0.7673 (0.5299)	0.7615* (0.4230)	0.9191*** (0.4358)
Experience	0.0512 (0.1081)	0.0480 (0.1505)	0.1201 (0.1201)	0.1863 (0.1699)	0.0819 (0.1371)	0.0977 (0.1371)
Risk	0.4295** (0.1810)	0.5785* (0.2938)	0.4014** (0.2022)	0.2977 (0.3350)	0.4193* (0.2378)	-0.1314 (0.3874)

续表

模型	7	8	9	10	11	12
因变量	State[c]	State[d]	Effect[c]	Effect[d]	Response[e]	Response[f]
State	—	—	0.3779*** (0.0717)	0.4142*** (0.0727)	0.3418*** (0.0620)	0.2692*** (0.0812)
Effect	0.3052*** (0.0579)	0.3234*** (0.0567)	—	—	0.3451*** (0.0551)	0.3093*** (0.0720)
Risk × Size	—	−0.0802 (0.1148)	—	0.0887 (0.1299)	−0.1687 (0.1029)	−0.1714* (0.1034)
Risk × Owner	—	−1.6725*** (0.4930)	—	1.2473** (0.5655)	−0.7355 (0.4540)	−0.9638** (0.4724)
Risk × Experience	—	−0.0159 (0.2128)	—	−0.1249 (0.2407)	0.0079 (0.1914)	−0.0232 (0.1916)
Risk × State	—	—	—	—	—	0.1660 (0.1253)
Risk × Effect	—	—	—	—	—	0.0783 (0.1115)
F1	−0.1421* (0.0759)	−0.0972 (0.0752)	−0.0352 (0.0851)	−0.0653 (0.0853)	—	—
F2	−0.0125 (0.0639)	0.0221 (0.0631)	−0.0240 (0.0711)	−0.0512 (0.0714)	—	—
F3	−0.1261** (0.0638)	−0.1097* (0.0627)	0.1337* (0.0711)	0.1199* (0.0710)	—	—
F4	−0.0752 (0.0643)	−0.0497 (0.0639)	0.0115 (0.0718)	−0.0090 (0.0724)	—	—
F5	0.0408 (0.0686)	0.0583 (0.0682)	0.0255 (0.0764)	0.0100 (0.0774)	—	—
C	1.1613*** (0.2013)	1.0347*** (0.2249)	1.4983*** (0.2178)	1.4751*** (0.2469)	0.6561*** (0.2091)	0.8700*** (0.2402)
Adjusted R^2	0.2396	0.2769	0.2837	0.2952	0.4140	0.4179
F − statistic	8.0275	7.5679***	9.8300***	8.1862***	18.5036***	15.5533***

注:[c]为仅增加截距项的估计结果,[d]为增加截距和交互项的估计结果;[e]为仅考虑异质性企业变量变互项的估计结果,[f]为增加风险倾向与认知和影响交互项的估计结果。*、**、*** 分别表示10%、5%和1%的显著性水平。

对比模型 7 和模型 8 可见，如表 10-9 所示的估计结果那样，企业规模对企业认知变量不构成显著影响。理论上，企业规模的上升意味着其增加认知具有规模经济效应，但如将企业和管理者分开考察，认知成本由管理者个人承担，管理者的注意力约束抑制了企业增加认知的规模经济效应，导致企业规模的上升并不会推升认知强度。基于类似的逻辑，是否具备对外投资经验对认知的估计结果为正但不显著。同前，企业性质变量仍显著正向影响认知，意味着国有企业比非国有企业更有激励增加对"一带一路"的认知强度，以回应其所有者的关切。更值得注意的是，模型 7 和模型 8 中新独立引入的风险倾向 Risk 变量对认知有显著正向影响，意味着风险厌恶型管理者会增加对环境变化的认知和信息搜集，以便其依托更多的信息进行谨慎决策。同时，模型 8 引入的风险倾向与企业特征的三个交互项变量中，企业性质交互风险倾向变量在 1% 的显著性水平上负向影响认知强度，这意味着国有企业如果由风险厌恶型管理者经营，其认知强度则会趋于下降。将此结果与企业性质为正的对认知影响关联起来，可发现风险厌恶型管理者起到了对"一带一路"环境变化认知的稳定器作用：国有企业相对非国有企业的过高认知激励会受到其风险厌恶型管理者的负向约束。

现在分析表 10-10 中模型 9 和模型 10 的估计结果。可见模型 9 给出了企业规模对企业受"一带一路"倡议影响变量有正向影响的微弱证据，而模型 10 的回归结果虽不显著但依然为正，说明不同规模企业均感知到"一带一路"倡议对其发展的正面效应。更值得关注的是，模型 9 中国有企业相对非国有企业感知到更大的影响，但在引入企业性质与风险倾向交互项后，独立的企业性质变量的正向影响变得不显著，取而代之的是交互项的显著正向影响。亦即，国有企业感知的更大影响产生于风险厌恶型管理者经营的国有企业所感知的影响信号，而风险偏好型管理者经营的国有企业则类同于非国有企业。同样，独立的风险倾向变量的显著正向影响也在引入交互项后变得不显著，这都表明，管理者异质性对"一带一路"倡议影响的作用机制主要在于其与国有企业的互动上。

在模型 11 和模型 12 的结果中，企业规模对反应的影响为正但不显著，表明不同规模企业规模的反应并无系统差异；但企业性质变量却产生显著正向影响，说明国有企业比非国有企业有更强的投资意愿反应，这与一般理论所指出的因预算软约束等因素导致国有企业对投资风险承受能力更强的观点是吻合的，也与已有的中国对外投资实证研究结论吻合（Ramasamy et al., 2010；邱立成等，2015）。风险倾向截距项仅在模型 11 和 10% 的显著性水平上影响投资意愿，但在引入风险倾向交互企业特征变量的模型 12 中却不再显著。相反，风险倾向交互企业规模和企业性质的两个变量均显著为负，这意味着当企业由风险厌恶型管理者经营时，企业规模越大投资意愿反而越弱，或者给定企业规模时风险厌恶型管理者相对风险偏好型管理者有更强的谨慎动机和更弱的投资意愿。同时，当国有企业由风险厌恶型管理者经营时，要比风险偏好型管理者更为保守，此时风险厌恶型管理者再次发挥了补偿国有企业（相较于非国有企业的）强投资意愿反应的稳定器作用。

最后需要指出的是，表 10-10 中的所有模型都再次印证了子样本模型中认知、影响和反应之间的正向互动关系，且均在 1% 的显著性水平上表现出稳健性。这表明"一带一路"倡议所引致的环境变化同时加诸管理者本人的认知及其所经营企业的发展上，管理者的初步认知有助于其准确识别、分离出环境变化对企业的影响强度，而影响强度的准确识别又反作用驱动管理者优化其认知强度，进而导致了两者间的正向互动关系。管理者依据其所获得的"一带一路"环境变化认知及其经营企业所受的影响两个因素，再融合其本人的风险倾向、所经营企业特征以及不同企业异质性因素的交互影响，以其企业家才能来给出优化的企业投资意愿反应。

10.2.3 分类模型的检验与分析

为了进一步探讨不同子项认知、影响及反应之间的互动关系及其所受异质性企业变量的影响，接下来进行分类模型更细致的实证研究。认知模型估计结果被报告在表 10-11 中。可见，因变量为 AIIB 和 Park 的两个模型在 5% 的显著性水平上难以通过回归模型的显著性检验，亦即各变量并不对亚投行和工业园区的企业认知构成显著影响。但在不同认知子项的平均认知强度上，工业园区排名仅次于双边政治经济关系、合作协议和金融合作平台，而亚投行也高于沿线国的投资促进政策变量，显然管理者对亚投行和工业园区的认知出于类同于普通公众的被动认知，而非因其与所经营企业的互动关系而主动改善认知。这可能与亚投行作为区域公共产品的定位和运营持续时间短，中国制造企业的直接参与度尚很低有关[①]。工业园区固然是中国近年来推动的重要"一带一路"合作模式，但它与企业应对的环境变化风险关联不大，因此，尽管管理者平均认知强度较高，但与异质性企业变量关系却很微弱。

---

① 可参见《亚投行过三周岁生日：93 成员、35 项目和 75 亿美元贷款》，《经济日报》2019 年 1 月 16 日。

表 10-11　　不同认知子项的分类检验实证结果

模型	13	14	15	16	17	18	19	20
因变量	MoU	Bilateral	Platform	AIIB	Corridor	Park	Policy$_{CN}$	Policy$_{FOR}$
Size	0.0200 (0.0758)	0.0164 (0.0790)	-0.0706 (0.0828)	-0.0465 (0.0941)	-0.1169 (0.0886)	-0.1523 (0.0939)	-0.0754 (0.0826)	-0.1108 (0.0842)
Owner	1.1020** (0.4404)	1.1134** (0.4592)	1.9797*** (0.4810)	1.2742** (0.5467)	1.5412*** (0.5146)	0.9513* (0.5454)	1.6472*** (0.4802)	1.6153*** (0.4895)
Experience	0.1413 (0.1471)	0.1975 (0.1534)	0.0607 (0.1607)	0.2168 (0.1826)	0.1944 (0.1719)	0.1848 (0.1821)	0.1515 (0.1604)	0.1932 (0.1635)
Risk	0.5401* (0.2872)	0.0213 (0.2994)	0.0551 (0.3137)	0.1365 (0.3565)	-0.4073 (0.3356)	-0.3169 (0.3556)	0.6861 (0.3131)	0.1026 (0.3192)
Effect	0.1573*** (0.0555)	0.1291** (0.0578)	0.1748*** (0.0606)	0.0527 (0.0688)	0.0979 (0.0648)	0.1496** (0.0687)	0.2767*** (0.0605)	0.0885 (0.0616)
Risk×Size	-0.0488 (0.1122)	-0.0352 (0.1169)	-0.0386 (0.1225)	-0.0976 (0.1393)	0.0511 (0.1311)	0.0734 (0.1389)	-0.0168 (0.1223)	-0.0215 (0.1247)
Risk×Owner	-1.0036** (0.4818)	-0.6547 (0.5023)	-1.5513*** (0.5263)	-0.9205 (0.5982)	-1.2107** (0.5630)	-0.7702 (0.5966)	-1.4367*** (0.5254)	-1.4391*** (0.5355)
Risk×Experience	-0.0968 (0.2080)	0.1341 (0.2169)	0.1083 (0.2272)	-0.0063 (0.2582)	0.0479 (0.2430)	0.0112 (0.2576)	0.0749 (0.2268)	0.2053 (0.2312)
F1	-0.2411*** (0.0735)	-0.0614 (0.0766)	-0.1379* (0.0803)	-0.1159 (0.0912)	-0.0909 (0.0859)	-0.0572 (0.0910)	-0.2151*** (0.0801)	-0.1822** (0.0817)
F2	0.0401 (0.0617)	0.0874 (0.0643)	0.0784 (0.0674)	0.0184 (0.0766)	0.0890 (0.0721)	0.0707 (0.0764)	-0.0335 (0.0673)	0.0161 (0.0686)
F3	-0.0077 (0.0613)	0.0275 (0.0639)	0.0531 (0.0669)	0.0527 (0.0761)	0.0552 (0.0716)	-0.0230 (0.0759)	-0.1650** (0.0668)	-0.0521 (0.0681)
F4	-0.0282 (0.0624)	0.0628 (0.0651)	0.0701 (0.0682)	0.1080 (0.0775)	0.0885 (0.0729)	0.1479* (0.0773)	-0.0756 (0.0680)	0.0520 (0.0694)
F5	0.0410 (0.0667)	0.0428 (0.0695)	0.0454 (0.0728)	-0.0188 (0.0828)	0.1534* (0.0779)	0.1036 (0.0826)	-0.0784 (0.0727)	-0.0119 (0.0741)
C	1.4705*** (0.2198)	1.8258*** (0.2291)	1.7823*** (0.2401)	1.9622*** (0.2728)	2.4349*** (0.2568)	2.0989*** (0.2722)	0.9352*** (0.2396)	1.8455*** (0.2443)
Adjusted R^2	0.1224	0.1103	0.1290	0.0160	0.0698	0.0332	0.2206	0.0762
F-statistic	3.3935***	3.1269***	3.5397***	1.2788	2.2864**	1.5884*	5.8544***	2.4155***
样本数	224	224	224	224	224	224	224	224

注:^{c}为仅增加截距项的估计结果,^{d}为增加截距和交互项的估计结果;^{e}为仅考虑异质性企业变量变互项的估计结果,^{f}为增加风险倾向与认知和影响交互项的估计结果。*、**、***分别表示10%、5%和1%的显著性水平。

在回归结果显著的其余认知模型中，企业规模变量均不显著影响认知强度，再次显示了认知成本归于管理者个人的约束与认知收益的规模经济作用间的冲突；有否投资经验也均不构成对认知的显著影响。企业性质变量同样在所有模型中均显著正向推升认知强度，再次凸显了国有企业的更强认知激励。管理者异质性变量仅在模型13中对合作协议/谅解备忘录的企业认知有微弱的正向影响，其余模型中均不显著。风险倾向交互企业特征变量的显著影响仍体现在企业性质上，且所有模型下均显著为负。这说明风险厌恶型管理者经营的国有企业倾向于削弱对不同认知子项的认知激励，可起到前一部分已述及的稳定器作用。另一值得报告的是，模型17和模型20中，企业影响对经济走廊和沿线国投资促进政策认知的正向影响不再显著，可能反映了这些变量的信息主要在境外，管理者难以将其经营企业所受影响对认知的正向激励转化为可得的认知改善；在其他模型中，管理者可依托的认知信息则多可以从境内获得，企业所受影响对其认知的正向激励也较容易实现。

表10-12报告了影响模型实证结果。可见，企业规模变量仅在模型21中对投资便利化影响显著，更大规模企业认为"一带一路"倡议带给其投资便利的影响程度更高，但较大企业规模并没有在企业贸易、物流等方面受影响更大，亦即贸易便利化、物流运输条件的改善普惠地影响所有规模企业。与非国有企业相比，国有企业受到投资便利化、贸易便利化和原材料成本方面的影响无差异，企业性质变量在这些模型中的回归结果为负但不显著。但物流运输条件、销售收入和融资可得性三个方面影响上显著低于非国有企业。与之前论及的国有企业对投资风险的更强承担能力相结合，"一带一路"区域公共产品供给虽有助于降低沿线区域投资风险，但更多地放松了非国有企业开拓沿线市场的约束条件，对国有企业的影响反而较低。至于投资经验变量，仍如同之前的估计，在绝大多数影响模型中系数为正但不显著，显示有否投资经验并不带给企业额外的正向影响。唯一的例外是模型23，有投资经验的企业在10%的显著性水平上反映出了对企业物流运输条件改善的更大影响，可能是因为投资经验使其可以更好地比较"一带一路"倡议提出前后的物流运输条件变化，因而其所感知的影响更为深刻。

表10-12　　　　　不同影响子项的分类检验实证结果

模型	21	22	23	24	25	26
因变量	Invest	Trade	Logistics	Sales	Finance	Cost
Size	0.1594*	0.0895	0.0093	-0.0025	-0.0015	-0.0028
	(0.0844)	(0.0860)	(0.0819)	(0.0828)	(0.0744)	(0.0872)

续表

模型	21	22	23	24	25	26
因变量	Invest	Trade	Logistics	Sales	Finance	Cost
Owner	-0.6791 (0.5099)	-0.4402 (0.5195)	-1.2473** (0.4950)	-1.1560** (0.5005)	-0.7994* (0.4493)	-0.6175 (0.5268)
Experience	0.1453 (0.1635)	0.1419 (0.1666)	0.2635* (0.1587)	0.2148 (0.1605)	0.2337 (0.1440)	0.1822 (0.1689)
Risk	0.3528 (0.3223)	0.3964 (0.3284)	0.1966 (0.3129)	0.2040 (0.3164)	0.1420 (0.2840)	-0.0593 (0.3330)
State	0.3440*** (0.0699)	0.2916*** (0.0713)	0.4097*** (0.0679)	0.3722*** (0.0687)	0.3731*** (0.0616)	0.3400*** (0.0723)
Risk × Size	0.0427 (0.1250)	0.0730 (0.1273)	0.1473 (0.1213)	0.1660 (0.1227)	0.0386 (0.1101)	0.1552 (0.1292)
Risk × Owner	0.7823 (0.5451)	0.3505 (0.5554)	1.2337** (0.5292)	1.0311* (0.5351)	0.7566 (0.4803)	0.6690 (0.5633)
Risk × Experience	-0.0968 (0.2316)	-0.2210 (0.2360)	-0.3163 (0.2249)	-0.5694** (0.2274)	-0.3917* (0.2041)	-0.4470* (0.2393)
F1	-0.0831 (0.0821)	-0.1146 (0.0836)	-0.0394 (0.0797)	-0.0962 (0.0806)	-0.0472 (0.0723)	-0.0632 (0.0848)
F2	-0.1229* (0.0687)	-0.1266* (0.0700)	-0.1301* (0.0667)	-0.1100 (0.0674)	-0.0401 (0.0605)	-0.0851 (0.0710)
F3	0.0372 (0.0683)	0.0219 (0.0696)	0.0398 (0.0663)	0.0926 (0.0671)	0.0033 (0.0602)	0.1452** (0.0706)
F4	-0.0440 (0.0696)	0.0017 (0.0709)	0.0381 (0.0676)	-0.0200 (0.0684)	0.0122 (0.0614)	0.0049 (0.0719)
F5	-0.0113 (0.0744)	0.1301* (0.0758)	0.0564 (0.0723)	0.0795 (0.0731)	0.0636 (0.0656)	0.0551 (0.0769)
C	1.5752*** (0.2375)	1.7652*** (0.2420)	1.6624*** (0.2306)	1.7482*** (0.2332)	1.7698*** (0.2093)	1.8105*** (0.2454)
Adjusted R^2	0.1950	0.1638	0.2280	0.1744	0.1430	0.1189
F-statistic	5.1559***	4.3613***	6.0657***	4.6229***	3.8612***	3.3153***
样本数	224	224	224	224	224	224

注：^{c}为仅增加截距项的估计结果，^{d}为增加截距项和交互项的估计结果；^{e}为仅考虑异质性企业变量变互项的估计结果，^{f}为增加风险倾向与认知和影响交互项的估计结果。*、**、***分别表示10%、5%和1%的显著性水平。

管理者异质性变量的影响主要表现在风险倾向与企业特征的交互项上。在不同企业规模下，管理者的不同风险倾向并不对其所经营企业所受倡议影响构成显著差别，所有回归结果为正但不显著。风险倾向交互企业性质变量的回归结果却是差异化的：对物流运输条件和销售收入的影响结果显著为正，其余模型回归系数虽为正却不显著。这说明，风险厌恶型管理者加诸国有企业会使物流运输条件和销售收入影响变大，再考虑到之前讨论过的国有企业在物流运输条件和销售收入上显著低于非国有企业的影响，这两个方向的效应倾向于相互抵消，显然，风险厌恶型管理者再次发挥了稳定器的作用。至于风险倾向与投资经验的交互项，所有模型的回归系数均为负，但仅在模型 24～模型 26 中显著。理论上有投资经验应成为一种有益的资产使企业可以更好地开拓"一带一路"市场，对其销售收入的上升、融资可获得性以及原材料成本的下降至少不应有负面效应，但模型 24～模型 26 的估计结果说明，风险厌恶型的管理者产生了一种对冲投资经验的负向机制，其谨慎保守的行为特征使以上三个方面影响反而为负。

　　反应模型估计结果报告在表 10-13 中。首先，企业规模对企业反应的影响是差异化的，所有模型的估计结果均为正，但只有抱团式投资、合资、东道国政府签约、双边投资协定和创新投入模型显著。其解释是：企业规模越大，采取抱团式对外投资所需承担的抱团交易成本越低、给定市场下可获得的单个企业市场份额越大，投资收益也会增加，合资经营亦是类似的逻辑。与东道国政府签约是企业规避主权风险的有效投资路径和风险规避方式，但东道国政府也愿意选择规模大、经营能力强的企业作为合作伙伴，因此，企业规模越大，与东道国政府签约的可能性才会增加。双边投资协定是保障投资的重要制度，企业规模的上升对于投资保障的需求也会同向增加，两者之间的正向关系也反映在模型 31 的回归结果中。最后一个显著的创新投入模型也与观察的现实相符，亦即企业规模越大研发创新投入激励越强。面对"一带一路"倡议带来的有益环境变化，由较大规模企业增加创新投入来开拓市场自是应有之义。其次，企业性质变量的回归结果亦是差异化的，仅在模型 27～模型 29 中显著为正，其余模型均系数为正但不显著。这说明，国有企业要比非国有企业有更强的抱团式投资、合资和并购的意愿，除此之外的其他风险防控和投资反应与非国有企业没有显著差异。之所以如此，可能来源于其所有者和经营者分离且所有者为政府的企业组织特征，国有企业由此更习惯和适应协调不同的组织资源展开合作。同样，还可以发现，投资经验在任一模型中都不对企业反应构成显著影响，投资经验显然不对企业投资和风险防控反应构成障碍或激励。

表 10-13 不同反应子项的分类检验实证结果

模型	27	28	29	30	31	32	33	34	35
因变量	Group	Joint	M&A	Govern	BIT	Politic	R&D	Hedge	HR
Size	0.1480** (0.0741)	0.1346* (0.0700)	0.0973 (0.0806)	0.1383* (0.0805)	0.1266* (0.0759)	0.0949 (0.0807)	0.1379** (0.0665)	0.0767 (0.0767)	0.0690 (0.0762)
Owner	0.8577* (0.4623)	1.3391*** (0.4367)	1.1544** (0.5032)	0.3284 (0.5024)	0.7497 (0.4738)	0.5874 (0.5036)	0.4026 (0.4153)	0.6771 (0.4786)	0.8402 (0.4758)
Experience	-0.1785 (0.1454)	-0.0140 (0.1373)	0.0959 (0.1583)	0.1597 (0.1580)	0.0750 (0.1490)	0.0371 (0.1584)	0.1331 (0.1306)	0.2058 (0.1506)	0.0321 (0.1497)
Risk	0.0464 (0.4110)	-0.4587 (0.3882)	-0.3751 (0.4473)	0.0430 (0.4466)	-0.4097 (0.4212)	-0.3444 (0.4476)	0.1096 (0.3691)	0.0996 (0.4255)	-0.4731 (0.4229)
State	0.2572*** (0.0861)	0.0009 (0.0813)	0.0023 (0.0937)	0.1789* (0.0936)	0.0844 (0.0883)	0.1668* (0.0938)	0.1174 (0.0774)	0.1886** (0.0892)	0.1351 (0.0886)
Effect	0.2564*** (0.0763)	0.1906*** (0.0721)	0.3129*** (0.0831)	0.1885*** (0.0830)	0.2284*** (0.0782)	0.1889** (0.0831)	0.2707*** (0.0686)	0.1956** (0.0790)	0.2000*** (0.0786)
Risk × Size	-0.1242 (0.1097)	-0.1859* (0.1036)	0.0365 (0.1194)	-0.0830 (0.1192)	-0.0143 (0.1124)	-0.1498 (0.1195)	-0.0883 (0.0985)	0.0712 (0.1136)	-0.0207 (0.1129)
Risk × Owner	-1.1892** (0.5011)	-1.3518*** (0.4733)	-1.6074*** (0.5455)	-0.3707 (0.5446)	-1.0415** (0.5136)	-0.4989 (0.5458)	-0.3993 (0.4501)	-0.8204 (0.5188)	-1.0432** (0.5157)

续表

模型	27	28	29	30	31	32	33	34	35
因变量	Group	Joint	M&A	Govern	BIT	Politic	R&D	Hedge	HR
Risk × Experience	0.0807 (0.2033)	0.2271 (0.1920)	−0.2329 (0.2212)	−0.0873 (0.2209)	0.0455 (0.2083)	0.0092 (0.2214)	−0.0365 (0.1826)	−0.3050 (0.2104)	−0.1982 (0.2092)
Risk × State	0.0313 (0.1329)	0.2554** (0.1256)	0.1758 (0.1447)	0.1645 (0.1445)	0.1480 (0.1362)	0.0436 (0.1448)	0.1089 (0.1194)	−0.0576 (0.1376)	0.1645 (0.1368)
Risk × Effect	0.0693 (0.1183)	0.0755 (0.1117)	0.0057 (0.1287)	−0.0074 (0.1285)	0.0909 (0.1212)	0.2325* (0.1288)	−0.0346 (0.1062)	−0.0041 (0.1224)	0.1736 (0.1217)
C	1.1540*** (0.2548)	1.7992*** (0.2406)	1.3454*** (0.2773)	1.3113*** (0.2769)	1.5824*** (0.2611)	1.6308*** (0.2775)	1.2824*** (0.2289)	1.3716*** (0.2638)	1.5472*** (0.2622)
Adjusted R^2	0.2871	0.2092	0.1609	0.1974	0.2194	0.2369	0.2523	0.1360	0.2678
F − statistic	9.1633***	6.3617***	4.8868***	5.9874***	5.6981***	7.2941***	7.8425***	4.1909***	8.4158***
样本数	224	224	224	224	224	224	224	224	224

注：^{c}为仅增加截距项的估计结果，^{d}为增加截距和交互项的估计结果；^{e}为仅考虑异质性企业变量交互项的估计结果；^{f}为增加风险倾向与认知和影响交互项的估计结果。*、**、***分别表示10%、5%和1%的显著性水平。

同前,管理者异质性变量需要交互在其他变量中作用。其一,在合资模型中,风险倾向交互企业规模变量在10%显著性水平上负向影响企业反应,意味着风险厌恶型管理者的稳定器作用削弱了企业规模上升带来的更强合资激励。其二,风险倾向交互企业性质变量的回归系数均为负但并不都显著。与东道国政府签约、双边政治关系、研发和套保模型估计结果不显著的理由可能在于,与东道国政府签约、由主权信用背书已是企业境外投资所能实现的优化风险防控举措,风险厌恶型管理者很难再预期更好的投资模式选择,寄望于双边政治关系同样如此;研发和套保都是非常有效地使企业保持竞争优势、规避市场风险的重要举措,在面临环境变化时,无论何种风险倾向和企业性质都不能忽视这两个方面的反应,回归结果不显著亦是情理之中。其三,风险倾向交互认知或影响变量中,仅有模型28中交互认知变量和模型32中交互影响变量显著为正,其余模型回归结果虽都为正但不显著,这说明不同风险倾向管理者的认知和影响大多无差异地作用于企业反应行为。

从另一个角度观察,模型27~模型32中的企业反应主要针对企业的向外反应,而模型33~模型35主要考察企业内部反应。在前一组模型中,企业异质性变量在更大程度上推动了企业反应的变化;但在后一组模型中,管理者异质性变量不对企业内反应构成任何影响,企业特征变量的作用也仅限于规模较大企业的更强创新投入激励,这说明了企业外视和内视反应的重大差别:管理者异质性重点聚焦其不能充分认知的外部环境,而非其能充分把控的内部环境。

表10-13的估计结果还刻画出了认知和影响两个因素对于企业反应影响的差异性。亦即,所有模型中影响变量均显著正向作用于企业反应变量,但仅有抱团式投资、与东道国政府签约、双边政治关系以及套保模型中认知显著正向影响企业反应。这说明,企业反应的极重要推动力来源于其所感知到的外部环境变化对其的影响,"看见兔子才撒鹰"是企业做出反应的关键因素;相形之下,认知固然有利于管理者做出反应决策,所有模型的回归系数均为正,但诸多反应子项并不完全依赖于管理者个人对环境变化的高度认知,合资、并购、研发、商务人才招聘等方面的反应都可以通过委托或者外包的方式顺利开展。因此,尽管商务人才招聘、研发等方面企业的平均反应强度较高,不过,其与认知间的互动关系却并不强。但总体上,仍可以给出认知和影响正向推动企业反应的结论。

10.2.4 结论

本节从两分的企业特征和管理者异质性视角出发,运用回归模型估计异质性企业对"一带一路"倡议的认知、影响和反应之间的互动机制。主要结论包括以下 5 点：（1）风险厌恶型企业均有更高的平均认知强度以及所受影响和投资意愿反应，国有企业比非国有企业有更高的认知强度和投资意愿反应激励，但风险厌恶型管理者的谨慎动机抵消了国有企业较激进的认知和投资意愿反应激励，产生了企业认知和投资反应稳定器的作用。（2）管理者异质性主要聚焦作用于企业面对"一带一路"环境变化的外视反应，而非针对其内部环境的内视反应；非国有企业在物流运输、销售和融资方面的受益程度大于国有企业；投资经验不对企业认知和投资意愿反应构成显著影响，但风险厌恶型管理者产生了对冲投资经验的负向机制。（3）企业规模不影响企业对"一带一路"倡议的认知；企业规模越大其受到投资便利化的影响越显著，越倾向于采用抱团式投资、合资或者与东道国政府签约等方式来规避投资风险，也更加重视双边投资协定和企业的创新投入；国有企业要比非国有企业有更强的抱团式投资、合资和并购的意愿。（4）企业对环境变化的认知及所受影响间存在显著的正向互动影响；但当认知信息处于境外、认知成本较高时，管理者难以将其所受影响的正向激励转化为可得的认知改善；企业认知和企业影响之间的互动会联合推动企业做出响应环境变化的投资和风险防控反应。（5）细分企业的不同反应子项后，企业反应的主要推动力源于其所感知到的外部环境变化对企业的影响，企业因所受影响而做出正向反应；但认知对反应的影响却是差异化的，企业可不依赖于认知强度而做出独立的并购、合资、研发、人才招聘等投资和风险防控反应。

10.3 结构方程模型估计

在回归模型基础上本节利用结构方程模型探讨不同潜变量和测量变量间的关系以及不同潜变量之间的互动关系，并评估不同风险类型在企业认知和反应中的相对重要性。本节首先给出待检验的理论假说，随后分析企业认知、企业影响和企业反应间关系，风险评价和企业特征外源变量的影响及可能存在的中介效应。为测量不同风险倾向企业的可能差异化影响，还区分风险偏好和风险厌恶两个子样本进行实证。

10.3.1 理论分析与假说

作为外生环境变化的"一带一路"倡议对异质性企业的影响及企业投资反

应机理,可区分为三个相互关联的问题:一是给定环境变化和异质性企业条件下企业"认知—影响—反应"间的互动关系;二是不同风险项对企业投资意愿的差异化影响和传导机制;三是异质性企业的投资意愿差异(见图10-5)。

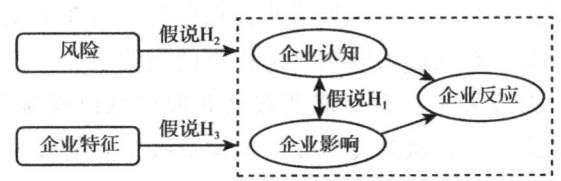

图 10-5 基于 SER 范式的理论分析框架

资料来源:本书绘制。

(1)企业"认知—影响—反应"的互动关系。"一带一路"倡议的要旨在于以"共商、共建、共享"理念和双/多边协议及区域公共物品供给,形成有利于中国和沿线国之间贸易投资活动开展的外生环境变化,它可被微观企业感知并激励其做出理性反应。本书使用 Milliken(1987)提出的"认知—影响—反应"的 SER 范式为实证研究的核心理论,其思路是将企业感知到的环境变化向企业反应的传导区分为企业对环境状态变化认知(State)、环境及其变化对企业影响(Effect)以及企业对环境变化的反应(Response)三个方面。"一带一路"倡议表现为企业认知到的双/多边协议、融资平台、投资激励政策等方面的外生环境变化,它形成可降低企业境外投资风险的新的区域公共物品供给,可对企业经营涉及的投融资、贸易、物流、收入等方面构成影响。因此,企业一方面会通过媒体等所有可能渠道形成"一带一路"倡议认知;另一方面也会感知到这一倡议对其经营的影响,并综合其认知和所受影响来做出投资反应。其中,企业的倡议认知和所受影响之间存在正向互动关系:一方面,管理层对"一带一路"倡议的认知改善有助于从企业所受影响和变化中更准确地识别、分离出倡议的边际影响;另一方面,企业所受倡议影响的强度又激励管理者优化配置注意力资源来主动调整其对倡议的认知强度。一旦企业能识别出"一带一路"倡议对其的有利影响,并增加了其对倡议的认知强度,企业可由此形成响应"一带一路"倡议的优化投资意愿反应。由此可得假说1。

H_1:企业对"一带一路"倡议的认知和企业所受影响间存在正向回溯因果关系,两者均正向影响企业向"一带一路"区域的投资意愿反应。

(2)风险评价与企业投资意愿反应。相对企业较为熟悉的母国市场,前往某东道国投资会面临与母国大相径庭的制度环境及其演进趋势,企业所具有的投资东道国制度环境信息相对缺乏,易导致其未来投资出现难以预料的风险。

但不同类型风险可能对企业投资意愿反应有差异化的影响。按照我们区分的三类风险,风险类型Ⅰ因其可变性和难以预测性而难以通过事前的信息搜集进行充分的规避,可能需要企业管理者配置以特别的注意力以增加认知强度并谨慎决策。但对拟投资企业而言,风险类型Ⅱ客观存在,却在可预见的长时期内是较稳定和中性的,对所有欲进入该东道国投资的企业成立。企业欲进入东道国投资时,可通过自力或者第三方尽职调查来获取信息以规避此类风险。因之,在微观企业的投资决策中,风险类型Ⅱ应不构成投资意愿反应的主要障碍。风险类型Ⅲ在母国和东道国均存在,一定意义上,它与内部经营管理风险一样是企业无论何处营商都会经历的风险因素。国家之间的差异性可通过类同于上述第一类风险的信息获得渠道予以认知和规避。而且,这类风险并非针对特定企业尤其是外国投资企业而变动,且只要其赖以运作的制度较稳定,则这类风险能方便地进入投资决策函数予以考量。因此,它所需要的投资者注意力也应较为有限。

但不同的风险因素对微观企业投资意愿反应的影响可能与企业认知和所受影响的中介效应有关。其缘由在于,如果管理者认知到某类风险因素对其投资反应决策和未来投资收益有重大影响,且难以实现低成本的风险信息获取和规避,则其必然会在投资反应前增加此类风险的信息获取,通过更多信息获得来有力地降低因信息缺乏导致的投资风险。因之,风险评价可能首先作用于企业认知而后间接影响企业反应。因此可得假说2。

H_{2a}:风险类型Ⅰ显著影响投资意愿反应,但风险类型Ⅱ和风险类型Ⅲ对投资意愿反应的影响不显著。

H_{2b}:风险评价向企业投资意愿反应的传导中存在企业认知和影响的中介效应。

(3)异质性与企业投资意愿反应。异质性企业贸易理论文献(Meilitz,2003;易靖韬等,2018)主要讨论企业特征变量以及企业经营绩效的差异性,但并未涉及企业家本人;企业管理文献(张艳和张建琪,2016;王益民等,2015)主要考虑人口特征、职业经验和社会网络等企业家决策时的外生资源,但很少刻画影响其决策行为模式的内在风险倾向。本节使用企业规模、企业性质、投资经验和管理者风险倾向4个测量变量合并反映企业异质性。首先,企业规模对投资反应有正向影响。由于环境变化的认知成本具有门槛特征,企业规模越大,越有可能组建专业化团队认知环境变化、分离其边际影响并支持其投资意愿反应,因此,企业规模上升会带来认知成本分摊的规模经济优势,同样的环境变化也将因企业规模的上升而带来更大的影响。因此,更大规模的企业将因其对规模经济的利用而有更强的投资意愿反应。其次，国有企业的投资意愿反应较强。其原因是：一方面，因良好的政治关系和双边协议的背书，国有企业具有可依托国家信用或特殊关系资源来缩减风险的制度特征（Li and Liang, 2012）；另一方面，国有企业生产组织结构特征和软预算约束使其对风险的灵敏度较低，因而投资意愿反应较强（沈华和史为夷，2017）。再次，投资经验并不激励企业的投资意愿反应。投资经验虽有助于认知风险类型Ⅱ，不过后者也可通过尽职调查等渠道替代获得；但投资经验对风险类型Ⅰ的认知是有限的，使投资经验对投资意愿反应的作用可能较小。最后，不同风险倾向管理者可能具有差异化的投资意愿反应。一般而言，风险偏好型管理者会倾向于以自身的判断和风险承担能力形成决策，而较少受制于风险类型Ⅱ和风险类型Ⅲ的认知及所受边际影响。相比较，风险厌恶型管理者就需要不同风险类型信息辅助其做出投资意愿反应。因此可得假说3。

H_{3a}：企业规模和国有企业对投资意愿反应有正向影响，投资经验对投资意愿反应没有显著影响。

H_{3b}：风险偏好型管理者不依赖风险认知和所受影响做出投资意愿反应，风险厌恶型管理者依赖企业认知的改善形成投资意愿反应。

10.3.2 实证结果Ⅰ：企业"认知—影响—反应"模型

（1）路径图分析。我们使用 AMOS 21.0 软件对前面构建的理论模型进行检验，首先报告企业"认知—影响—反应"之间关系的互动结果。采用 Bootstrap 方法经过迭代后，可得到如图 10-6 所示的结构方程模型通径图，模型整体上是显著的。可见，企业认知和企业影响之间存在显著的回溯因果关系，企业认知对企业影响及其反向的标准化路径系数分别为 0.417 和 0.321，企业认知和企业影响潜变量对企业反应潜变量的显著影响也得到证实，其系数分别为 0.156 和 0.618。各变量之间的关系和系数估计结果报告在表 10-14 中。

由表 10-14 可见，不同变量的系数都在 $\alpha = 5\%$ 的水平下显著，说明变量之间的因果关系成立，"认知—影响—反应"的结构方程模型之构建是比较合适的。其中，企业影响潜变量对企业反应的影响显然更大，说明"一带一路"倡议下企业的投资意愿反应在更大程度上是因为其感知到自身受到"一带一路"倡议的影响；而企业认知和企业影响间又存在回溯因果关系，都为假说 H_1 提供了充分的支持。

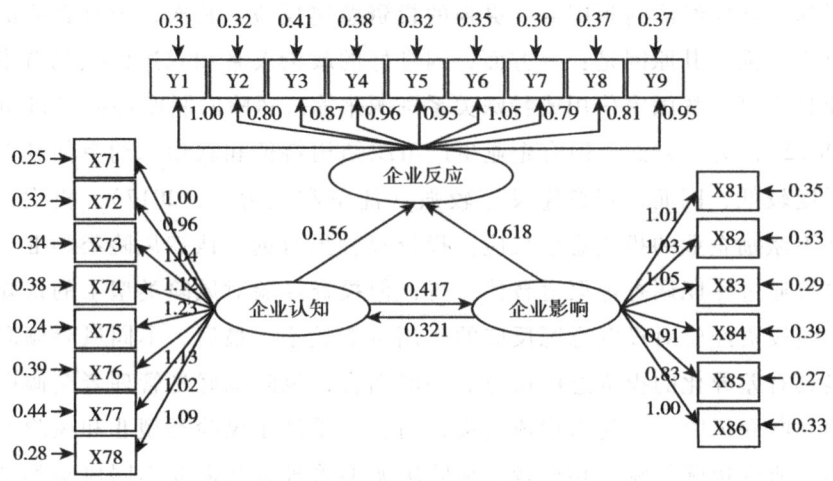

图 10-6 "认知—影响—反应"模型的结构方程模型通径图

表 10-14 企业"认知—影响—反应"模型的变量间关系及系数估计结果

序号	关系	标准化路径系数	标准差	C.R. 值	P 值	假说 H_1 支持结果
1	企业反应←企业认知	0.156	0.068	2.036	0.021	支持
2	企业反应←企业影响	0.618	0.078	7.936	***	支持
3	企业认知←企业影响	0.321	0.067	4.805	***	支持
4	企业影响←企业认知	0.417	0.087	4.809	***	支持

注：*** 表示在 $\alpha = 1\%$ 的水平下显著。

（2）验证性因子分析。使用结构方程模型的验证性因子分析方法可以对"一带一路"倡议下企业认知、影响和反应等维度进行单因子结构效度分析，这实际上也是对测量模型进行可靠性评价。"一带一路"倡议"认知—影响—反应"模型的验证性因子分析结果报告在表 10-15 中。

由表 10-15 可见，各个问题项的系数都在 $\alpha = 1\%$ 的水平下显著，说明所设计的相关问卷问题项对应的潜在因子结构较为合理。从企业认知潜变量与测量变量的关系看，问题项"经济走廊""工业园区"和"亚投行"的因子载荷最大（>1），分别达到 1.228、1.127 和 1.119，说明对经济走廊、工业园区和亚投行的认知在企业认知中居于非常重要的地位，这三项因素也是企业对"一带一路"投资中涉及的运输、区位选择和融资等领域的重要问题。金融平台和中国及沿线国的投资激励政策的载荷系数也比较高（>1），仅有中国与沿线国的政治经济关系的载荷系数略低（<1），但也达到 0.957。总体上看，认知关

联的不同测量变量的因子载荷都大于 0.71，说明各指标均表现出对企业认知潜变量的很强解释力。

表 10-15　企业"认知—影响—反应"模型的验证性因子分析

序号	关系	载荷系数	标准差	C.R. 值	P 值
1	合作协议←企业认知	1.000	—	—	—
2	政经关系←企业认知	0.957	0.087	11.032	***
3	金融平台←企业认知	1.041	0.092	11.353	***
4	亚投行←企业认知	1.119	0.100	11.172	***
5	经济走廊←企业认知	1.228	0.094	13.108	***
6	工业园区←企业认知	1.127	0.099	11.354	***
7	中国投资激励政策←企业认知	1.015	0.098	10.336	***
8	沿线国投资政策←企业认知	1.090	0.091	12.015	***
9	投资便利化←企业影响	1.000	—	—	—
10	贸易便利化←企业影响	1.006	0.088	11.394	***
11	物流运输条件←企业影响	1.028	0.088	11.727	***
12	销售收入←企业影响	1.047	0.087	12.040	***
13	融资可获得性←企业影响	0.906	0.085	10.629	***
14	原材料采购成本←企业影响	0.832	0.074	11.196	***
15	抱团式对外投资←企业反应	1.000	—	—	—
16	合资经营←企业反应	0.795	0.079	10.090	***
17	并购他国公司←企业反应	0.875	0.088	9.899	***
18	与东道国政府签约←企业反应	0.960	0.090	10.665	***
19	双边投资协定重视度←企业反应	0.951	0.085	11.140	***
20	双边政治关系重视度←企业反应	1.049	0.093	11.335	***
21	创新投入←企业反应	0.789	0.077	10.277	***
22	参与期货套期保值←企业反应	0.814	0.083	9.766	***
23	国际商务人才招聘←企业反应	0.949	0.089	10.665	***

注：*** 表示在 α=1% 的水平下显著。

从企业影响潜变量和测量变量的关系看，问题项"销售收入"显示了最大的因子载荷系数（>1），为 1.047，在企业影响潜变量中起到最重要的地位，显示企业感知到所受"一带一路"环境变化的最突出影响即为其自身的销售收入变化，排名第二位和第三位的问题项分别是"物流运输条件"和"贸易便利化"，因子载荷系数分别为 1.028 和 1.006，这与"一带一路"倡议力推的基础设施互联互通导致的硬件上的物流运输条件改善和相配套的贸易通关环境改善密不可分。相比较，"融资可获得性"和"原材料采购成本"两个问题项对企业影响的因子载荷系数最小，分别只有 0.906 和 0.832，这与大多数企业尚难以从包括丝路基金、亚投行等新融资渠道中受益有关；同时，虽然"一带一路"倡议下的基础设施互联互通有助于降低商品流通成本，但对企业使用的初级产品和原材料成本却影响较小。

10.3.3　实证结果Ⅱ：风险评价与企业认知、影响和反应模型

（1）路径图分析。现在我们引入风险评价和企业特征的外源变量来探讨其对企业的认知、影响和反应的影响及可能存在的中介效应。图10-7为企业反应模型的结构方程模型通径图，可见模型整体上是显著的，但不同的外源变量呈现差异化影响。其中，政治风险、政策风险对企业反应潜变量的影响系数分别为 -0.136 和 0.379，企业特征对企业反应潜变量的影响系数则为 0.468，其他潜变量的影响则不显著（见表10-15）。

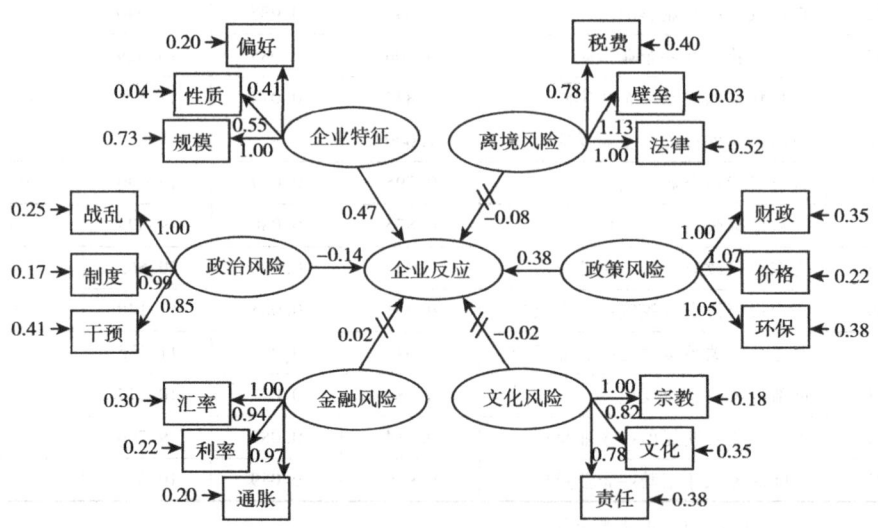

图 10-7　企业反应模型结构方程模型通径图

注：标注//为估计结果不显著的变量。下同。

由表 10-15 可见，政治风险问题项的系数都在 $\alpha = 10\%$ 的水平下显著，政策风险和企业特征问题项的系数在 $\alpha = 1\%$ 的水平下显著，金融风险、文化风险和离境风险问题项则未能通过系数显著性检验。对企业而言，政治风险和政策

第10章 国际产能合作"风险"研究Ⅱ：企业风险认知与反应

风险显然都是非稳定的制度环境风险因子（风险类型Ⅰ），而文化风险和离境风险则是稳定的制度环境风险因子（风险类型Ⅱ），金融风险固然随着宏观经济状态变化而动态演进，但却与东道国政府的人为干预距离甚远，更多呈现外生变化的特征，属于风险类型Ⅲ。因此，上述因子的标准化路径系数估计结果支持了假说 H2a 的风险评价之于企业反应有差异化影响的推断。尤其是，政治风险因子对企业反应有负向影响，说明了此类风险对企业投资收益的结构性冲击，政治风险的上升会显著削弱其投资反应意愿；但政策风险因子却对企业反应有正向影响，说明此类风险尽管影响投资收益，但拥有特定优势的（中国）企业可能反而具有更大的投资激励，这与文献中发现的中国企业偏好高风险但与中国政治关系良好国家的结论是吻合的（Buckley et al., 2007; Li and Liang, 2012）。

由图 10-8 可见，风险评价向企业认知和企业影响的通径图中，同样是政治风险、政策风险和企业特征潜变量对企业认知构成显著影响，前两者的影响系数为 -0.236 和 0.232；但在对企业影响的估计中，仅有政策风险和企业特征构成显著影响，两者的影响系数分别为 0.371 和 0.247（见表 10-16）。这一结果同样为假说 H_{2a} 提供了支持。

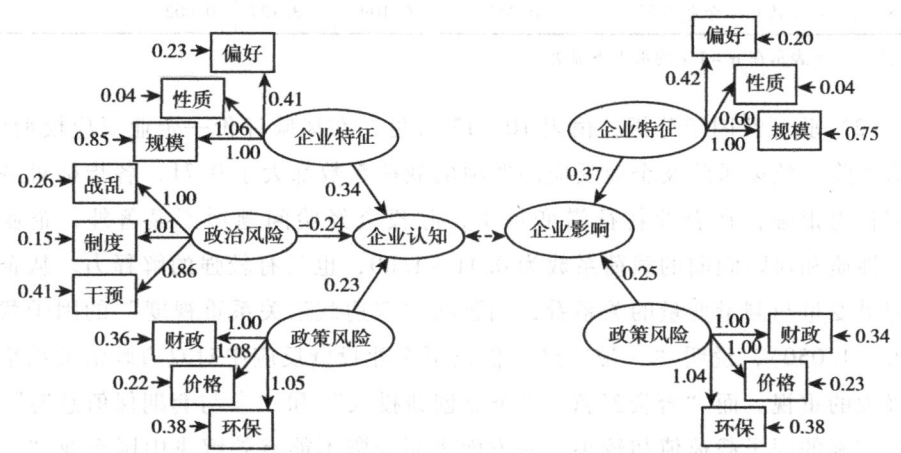

图 10-8　企业认知、企业影响模型结构方程模型通径图

注：仅报告了对企业认知和企业影响中介变量显著的风险因子。

表 10-16　企业认知、影响和反应风险的关系及系数估计结果

序号	关系	标准化路径系数	标准差	C.R. 值	P 值	H_{2a} 支持结果
1	企业反应←金融风险	0.020	0.088	0.227	0.820	支持
2	企业反应←政治风险	-0.136	0.078	-1.749	0.080	支持
3	企业反应←政策风险	0.379	0.128	2.953	0.003	支持

续表

序号	关系	标准化路径系数	标准差	C.R. 值	P 值	H_{2a} 支持结果
4	企业反应←文化风险	-0.015	0.080	-0.185	0.853	支持
5	企业反应←离境风险	-0.078	0.088	-0.888	0.375	支持
6	企业反应←企业特征	0.468	0.128	3.659	***	/
7	企业影响←金融风险	0.097	0.097	1.000	0.317	支持
8	企业影响←政治风险	-0.106	0.085	-1.242	0.214	支持
9	企业影响←政策风险	0.247	0.137	1.808	0.071	支持
10	企业影响←文化风险	-0.080	0.087	-0.918	0.359	支持
11	企业影响←离境风险	-0.004	0.096	-0.041	0.968	支持
12	企业影响←企业特征	0.371	0.137	2.701	0.007	/
13	企业认知←金融风险	0.092	0.084	1.098	0.272	支持
14	企业认知←政治风险	-0.236	0.075	-3.129	0.002	支持
15	企业认知←政策风险	0.232	0.125	1.857	0.063	支持
16	企业认知←文化风险	0.074	0.077	0.963	0.335	支持
17	企业认知←离境风险	-0.098	0.092	-1.067	0.296	支持
18	企业认知←企业特征	0.341	0.109	3.127	0.002	/

注：*** 表示在 $\alpha = 1\%$ 的水平下显著。

（2）验证性因子分析。由表 10-17 可见，在风险评价—企业反应模型中，政治风险、政策风险及企业反应问题项的载荷系数都大于 0.71，各指标对潜变量解释力很强；在企业特征潜变量中，除投资经验问题项不显著外，企业规模、性质和风险倾向的载荷系数为 0.41~1.00，也具有较强的解释力。从企业反应潜变量与测量变量的关系看，问题项"双边政治关系重视度"的因子载荷最大（1.050），说明"一带一路"倡议下企业投资反应中对双边政治关系给予了极大的重视。而"合资经营""企业创新投入"和"参与套期保值意愿"这三项因素的因子载荷值却较小，一方面表明合资不能有效解决中国企业"一带一路"投资中的风险控制问题，并不很受企业青睐；另一方面，企业创新和套期保值等行为与"一带一路"沿线国投资的关联不高，原因在于中国与"一带一路"沿线国相比有技术优势，投资机会并未带来较大的创新和产品升级压力，而套期保值行为主要应对商品市场风险，对沿线国存在的较大国家风险作用较小。相比较而言，对企业投资意愿反应解释力较强的风险规避举措主要包括"抱团式投资""与东道国政府签约""双边投资协定重视度"以及"商务人才招聘"等。

表 10-17　　风险评价—企业反应模型的验证性因子分析

序号	关系	载荷系数	标准差	C.R. 值	P 值
1	战乱风险←政治风险	1.000	—	—	—
2	制度风险←政治风险	0.990	0.052	19.182	***
3	国家干预风险←政治风险	0.854	0.054	15.748	***
4	财政/货币政策风险←政策风险	1.000	—	—	—
5	价格管制风险←政策风险	1.074	0.086	12.488	***
6	环保政策风险←政策风险	1.051	0.087	12.037	***
7	企业规模←企业特征	1.000	—	—	—
8	企业性质←企业特征	0.552	0.127	4.342	***
9	投资经验←企业特征	-0.041	0.077	-0.534	0.594
10	风险倾向←企业特征	0.411	0.092	4.488	***
11	抱团式对外投资←企业反应	1.000	—	—	—
12	合资经营←企业反应	0.797	0.080	9.953	***
13	并购他国公司←企业反应	0.869	0.090	9.681	***
14	与东道国政府签约←企业反应	0.978	0.092	10.681	***
15	双边投资协定重视度←企业反应	0.967	0.087	11.138	***
16	双边政治关系重视度←企业反应	1.050	0.094	11.119	***
17	创新投入←企业反应	0.795	0.078	10.195	***
18	参与期货套期保值←企业反应	0.815	0.085	9.611	***
19	国际商务人才招聘←企业反应	0.958	0.091	10.582	***

注：为节省篇幅，仅报告了估计显著潜变量的测量变量及其估计结果（下同）。*** 表示在 α=1% 的水平下显著。

表 10-18 报告了风险评价—企业影响模型的估计结果。可见，企业影响中解释力最强的问题项是"一带一路"倡议所改善的物流运输条件，其载荷系数为 1.054；其次是贸易便利化，其载荷系数为 1.048。这与我们观察到的"一带一路"倡议提出以来，主要进展在于基础设施互联互通有关，因而物流运输条件、贸易便利化乃至于投资便利化使企业产生了可感知到的明显影响。受物流运输条件改善的影响，"原材料采购成本"问题项的载荷系数也达到 1.007，成为企业感知的"一带一路"倡议正向影响的重要因素。而对企业影响解释力较弱的问题项是融资可获得性，其载荷系数为 0.837。其原因仍在于，尽管中国政府已推动设立了包括丝路基金、亚投行等新融资平台，但其较窄的覆盖面使绝大多数企业尚难以感知到融资可得性条件的改善。

表10-18　风险评价—企业影响模型的验证性因子分析

序号	关系	载荷系数	标准差	C.R.值	P值
1	财政/货币政策风险←政策风险	1.000	—	—	—
2	价格管制风险←政策风险	1.058	0.086	12.350	***
3	环保政策风险←政策风险	1.038	0.087	11.966	***
4	企业规模←企业特征	1.000	—	—	—
5	企业性质←企业特征	0.600	0.156	3.843	***
6	投资经验←企业特征	-0.057	0.078	-0.734	0.463
7	风险倾向←企业特征	0.421	0.092	4.552	***
8	投资便利化←企业影响	1.000	—	—	***
9	贸易便利化←企业影响	1.048	0.091	11.574	***
10	物流运输条件←企业影响	1.054	0.089	11.895	***
11	销售收入←企业影响	0.920	0.090	10.231	***
12	融资可获得性←企业影响	0.837	0.080	10.506	***
13	原材料采购成本←企业影响	1.007	0.090	11.131	***

注：为节省篇幅，仅报告了估计显著潜变量的测量变量及其估计结果（下同）。*** 表示在 $\alpha=1\%$ 的水平下显著。

表10-19报告了风险评价—企业认知模型的验证性因子分析结果。类同于表10-16，经济走廊建设、亚投行和工业园区仍是最重要影响企业认知的因素，三者的载荷系数分别为1.244、1.127和1.130；相比之下，双边政治经济关系对企业认知的重要性最低，与表10-16的结果相比，说明企业认知中对双边政治经济关系的关注度并不很高，但做出投资意愿反应时却格外关注双边政治关系，原因在于这一变量因时因国家而异，"一带一路"倡议下的逐一国家跟踪认知成本较大；但当需要做出投资反应决策时，这一问题却对投资成败有重大影响，导致企业重视度大大增强。

表10-19　风险评价—企业认知模型的验证性因子分析

序号	关系	载荷系数	标准差	C.R.值	P值
1	战乱风险←政治风险	1.000	—	—	—
2	制度风险←政治风险	1.005	0.052	19.243	***
3	国家干预风险←政治风险	0.859	0.055	15.712	***
4	财政/货币政策风险←政策风险	1.000	—	—	—
5	价格管制风险←政策风险	1.082	0.089	12.228	***
6	环保政策风险←政策风险	1.055	0.088	11.958	***

第 10 章 国际产能合作"风险"研究 Ⅱ：企业风险认知与反应

续表

序号	关系	载荷系数	标准差	C. R. 值	P 值
7	企业规模←企业特征	1.000	—	—	—
8	企业性质←企业特征	1.058	0.466	2.272	0.023
9	投资经验←企业特征	-0.104	0.080	-1.303	0.193
10	风险倾向←企业特征	0.408	0.096	4.268	***
11	双边合作协议←企业认知	1.000	—	—	—
12	双边政治经济关系←企业认知	0.963	0.088	10.987	***
13	金融合作平台←企业认知	1.051	0.093	11.349	***
14	亚投行←企业认知	1.127	0.101	11.139	***
15	经济走廊建设←企业认知	1.244	0.095	13.132	***
16	工业园区←企业认知	1.130	0.100	11.273	***
17	中国投资激励政策←企业认知	1.005	0.099	10.129	***
18	沿线国投资政策←企业认知	1.094	0.092	11.936	***

注：为节省篇幅，仅报告了估计显著潜变量的测量变量及其估计结果（下同）。*** 表示在 $\alpha = 1\%$ 的水平下显著。

综合表 10-17～表 10-19 可见，在政治风险的 3 个测量变量中，在认知环节制度风险的载荷系数最大（1.005），但反应环节战乱风险的载荷系数却最大（=1.000），它表明了企业"认知—反应"不同环节的差异性。至于政策风险，不同环节中企业均将价格管制风险列为最重要的影响因素，说明企业投资时，东道国价格管制政策对投资的影响最大，而财政/货币政策与环保政策的影响面较窄，变动幅度也较小，因此其载荷系数也相对较低。

对企业特征潜变量及其测量变量，由表 10-17～表 10-19 可见，投资经验非常稳健地在所有情形下都不显著，说明企业已有投资经历对企业特征缺乏解释力，因而它对企业认知、企业影响和企业反应的影响都非常微弱。原因在于，已有投资可获得的更多是风险类型Ⅱ信息，它于投资反应激励作用较小。相对照，企业规模表现出对企业认知和反应很强的解释力，亦即，企业规模越大，其对"一带一路"倡议的认知强度越高，投资意愿反应也越强。此外，在风险评价—企业认知模型中，国有企业性质在诸企业特征变量中的载荷系数最大（1.058）；但对企业影响和企业反应潜变量而言，其作用要弱于企业规模的影响。亦即，国有企业对"一带一路"倡议的认知、所受影响和投资意愿均明显大于非国有企业，其中尤以认知强度差异最大，为假说 H_{3a} 提供了支持。最后，管理者风险倾向变量也对企业认知、影响和反应潜变量有明显的解释力，其载荷系数大于 0.40，说明在不同的管理者风险倾向作用下，企业所感知的"一带一路"倡议的影响和认知强度及投资意愿反应有明显差异，这一差异化影响还有待后面的子样本分析进行细致的讨论。

10.3.4 实证结果Ⅲ：中介效应

前述的路径分析给出了作为外源变量的风险评价对企业认知、企业影响以及作为内源变量的企业反应的影响，这一影响中显著者主要包括政治风险、政策风险和企业特征三个方面的潜变量。以下我们参照 Baron 和 Kenny（1986）的方法来估计其经由企业认知和企业影响的中介效应，以进一步探究风险评价向企业反应的传导机理。

由表 10-20 可见，企业认知和企业影响潜变量在政策风险对企业反应的影响中存在显著的部分中介效应。亦即，感知到的政策风险会推动提升企业的认知强度并分离出企业所受的边际影响，进而作用于企业反应；但因属于部分中介效应之故，感知到的政策风险亦直接作用于企业反应，其影响系数分别为 0.239 和 0.120（β'_c）。但政治风险和企业特征变量则不存在中介效应，前者对内源变量企业反应的直接效应在加入中介变量企业认知后由负转正，且绝对值大于 β_c 的估计值，加入中介变量企业影响后 β_a 的估计系数则不显著；后者则对中介变量企业认知和企业影响均出现了 β'_c 估计值大于 β_c 估计值的情形，说明尽管政治风险和企业特征对中介变量有显著影响，但他们同样独立对企业反应构成显著影响而不依赖于中介变量。

表 10-20　　　　　　　中介效应估计结果

外源变量	中介变量	β_a	β_b	β_c	β'_c	结论	假说 H_{2b} 支持结果
政治风险	企业认知	-0.236***	0.384***	-0.136*	0.142***	无中介效应	/
	企业影响	-0.106	0.647***	-0.136*	0.057	无中介效应	/
政策风险	企业认知	0.232*	0.360***	0.379***	0.239***	部分中介效应	支持
	企业影响	0.247*	0.630***	0.379***	0.120***	部分中介效应	支持
企业特征	企业认知	0.341***	0.302***	0.468***	0.991***	无中介效应	/
	企业影响	0.371***	0.590***	0.468***	0.589***	无中介效应	/

注：为节省篇幅，仅报告了估计显著潜变量的测量变量及其估计结果（下同）。*** 表示在 $\alpha=1\%$ 的水平下显著，* 表示在 $\alpha=1\%$ 的水平下显著。

10.3.5 子样本实证结果

前面的全样本估计已披露了不同风险评价和企业特征变量对企业反应影响的传导机制，但还需要进一步探讨异质性企业的传导机制的可能差异。为此，以下按照管理者的风险倾向将样本区分为两个子样本：风险偏好型和风险厌恶型，样本数量均符合开展 SEM 模型估计的要求。

图 10-9 报告了区分子样本的风险评价向企业反应传导的路径图。可见，风险偏好子样本中仅有政策风险对企业反应有显著的直接效应，其标准化路径系数为 0.451（见表 10-21）。包括政治风险在内的其他风险项和企业特征均对企业反应无显著影响，说明了内化于管理者并嵌构于企业的风险偏好特征使此类企业的投资意愿反应主要驱动于所观察到的政策风险变化，其认知和所受影响更多的是内化的主动行为，少有对感知风险变化的被动认知优化和所受影响强度的被动感知。

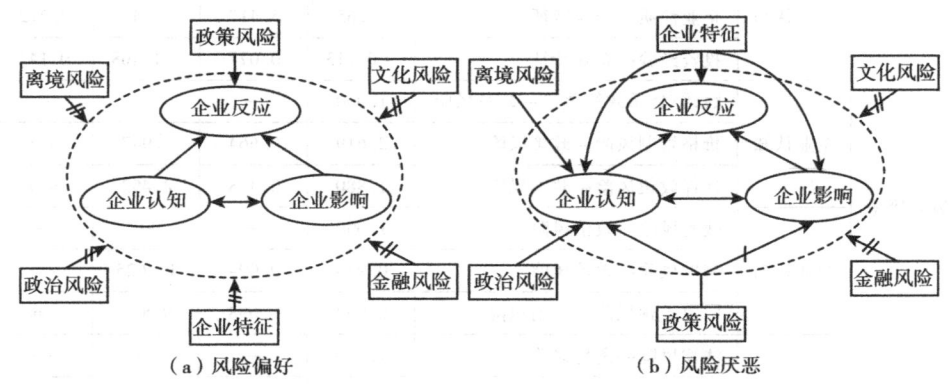

图 10-9 异质性企业之风险评价向企业反应的传导路径

表 10-21 子样本风险评价与企业认知、影响和反应的关系及系数估计结果

子样本	关系	标准化路径系数	标准差	C.R. 值	P 值
风险偏好	企业反应←政策风险	0.451	0.242	1.866	0.062
风险厌恶	企业反应←企业特征	0.236	0.124	1.909	0.056
	企业认知←政治风险	-0.283	0.093	-3.039	0.002
	企业认知←离境风险	-0.438	0.138	-3.168	0.002
	企业认知←政策风险	1.179	0.334	3.534	***
	企业认知←企业特征	0.237	0.103	2.298	0.022
	企业影响←企业特征	0.242	0.144	1.678	0.093

注：为节省篇幅，仅报告了估计显著潜变量的测量变量及其估计结果（下同）。*** 表示在 $\alpha = 1\%$ 的水平下显著。

由表 10-22 的验证性因子分析结果可见，风险偏好型管理者在做出投资意愿反应时，价格管制风险的载荷系数最大（1.212），说明管理者视价格管制为最主要的风险及投资反应的影响因素，环保政策风险的载荷系数则最低，为 0.705，它对于风险偏好型管理者的投资意愿反应相对不重要。

表 10-22　　　　　　　子样本模型的验证性因子分析结果

子样本	模型	关系	载荷系数	标准差	C.R. 值	P 值
风险偏好	企业反应	财政/货币政策风险←政策风险	1.000	—	—	—
		价格管制风险←政策风险	1.212	0.435	2.783	0.005
		环保政策风险←政策风险	0.705	0.219	3.217	0.001
风险厌恶	企业反应	企业规模←企业特征	1.000	—	—	—
		企业性质←企业特征	0.387	0.192	2.011	0.044
		投资经验←企业特征	0.019	0.076	0.247	0.805
	企业认知	企业规模←企业特征	1.000	—	—	—
		企业性质←企业特征	4.265	3.417	1.248	0.212
		投资经验←企业特征	-0.113	0.077	-1.468	0.142
	企业认知	财政/货币政策风险←政策风险	1.000	—	—	—
		价格管制风险←政策风险	2.619	0.664	3.947	***
		环保政策风险←政策风险	1.880	0.418	4.492	***
	企业认知	战乱风险←政治风险	1.000	—	—	—
		制度风险←政治风险	0.944	0.094	10.025	***
		国家干预风险←政治风险	0.962	0.098	9.826	***
	企业认知	法律风险←离境风险	1.000	—	—	—
		贸易壁垒风险←离境风险	1.103	0.139	7.944	***
		税费风险←离境风险	0.940	0.129	7.281	***
	企业影响	企业规模←企业特征	1.000	—	—	—
		企业性质←企业特征	0.283	0.148	1.920	0.055
		投资经验←企业特征	0.027	0.058	0.463	0.644

注：*** 表示在 α=1% 的水平下显著。

相比较，风险厌恶子样本中任何风险评价项均不对企业反应构成直接影响，但政治风险、政策风险和离境风险对中介变量企业认知有显著影响，并经由认知谋定而后动，影响企业投资意愿反应。以上论及的异质性风险倾向子样本的差异性为 H_{3b} 提供了支持。特别是，类同于政治风险，离境风险在已有的全样本分析中均不显著，但在风险厌恶子样本中却对企业认知有显著影响，这说明，除政治风险和政策风险外，风险厌恶型管理者的谨慎决策行为内在需要离境风险信息的认知支撑其投资意愿反应，所需要信息包括法律、贸易壁垒和税费等。其中，贸易壁垒风险的载荷系数最高。而且，离境风险之于企业认知的标准化路径系数为负，说明风险厌恶型管理者会因离境风险的提升而降低其认知强度，并由"认知—影响—反应"的互动关系而规避风险。类同于全样本，政治风险和政策风险仍是影响企业认知的重要外源因素，但他们均不对企业影响这一中介变量构成直接效应，说明其传导渠道主要在企业认知上，并借由企业认知而间接作用于企业影响乃至于企业反应，同样支持了假说 H_{3b}。

需要说明的是，在风险厌恶型子样本估计结果中，类同于全样本分析，政治风险对企业认知的影响仍显著为负，其标准化路径系数为 -0.283，说明政治风险可能带来的巨大投资损失是风险厌恶型管理者力图避免的，因而在初始的认知环节就选择少予以关注。相比较，政策风险则正向影响企业认知，其标准化路径系数为 1.179，显然风险厌恶型管理者会因为政策风险的存在而增加其认知强度，以更强认知确保其做出最优的投资意愿反应。在政策风险潜变量中，价格管制风险和环保政策风险的载荷系数分别达到 2.619 和 1.880，说明此类风险倾向管理者极为看重投资将可能遭遇的价格管制和环保政策风险，但财政/货币政策风险则相对次要。

至于企业特征变量，其对于企业认知、影响和反应的标准化路径系数均为正，估计结果约为 0.24。结合表 10-22 报告的验证性因子分析结果，可见，企业影响和企业反应模型中规模指标的解释力最强，而企业特征又正向影响企业影响和企业反应，因此较大规模企业会感知到"一带一路"倡议的更大影响并有更大的投资意愿反应；但在企业认知模型中，显示国有企业对企业特征有更强的解释力，其认知强度亦较大。此外，所有模型中企业投资经验均不显著，这与全样本估计结果相同，再次说明投资经验在企业当前的"认知—影响—反应"中并不重要，这都支持了假说 H_{3a} 的结论。

10.3.6 结论

本节以"认知—影响—反应"的 SER 分析范式为基础，从异质性企业视角出发，构建风险评价向企业"一带一路"认知、影响和反应的结构方程模型来探讨不同类别风险对企业反应的传导机制及异质性企业的影响。由模型结果可知：(1) 企业对"一带一路"倡议的认知和企业所受影响间存在正向回溯因果关系，两者再正向影响企业向"一带一路"的投资意愿反应，其中，企业感知到的"一带一路"倡议的影响对投资意愿反应的作用更强。(2)稳定制度环境关联风险及非制度风险的作用不显著,而不稳定制度环境关联的政治风险和政策风险对企业反应有显著影响。其中,政治风险负向影响企业反应,政策风险正向激励企业反应,后者还存在经由企业认知和企业影响的中介效应。(3)异质性企业具有差异化的"一带一路"倡议认知和反应特征,大型企业和国有企业的认知、所受影响和投资意愿反应较强,风险偏好型管理者的投资决策仅受政策风险影响,而风险厌恶型管理者则依赖认知获得政治、政策和离境风险信息来支持其投资意愿反应。

10.4 小结

探索微观企业对环境变化的认知和反应特征及规律是认知"一带一路"倡议实施效果评估和公共产品精准化供给的核心问题之一,也是企业边际风险研究的重要内容。本章基于224份企业调研问卷数据探讨"一带一路"倡议与异质性企业反应之间的互动关系,首先利用因子分析、聚类分析和方差分析等方法给出衡量管理者异质性的风险倾向变量,并通过两种实证方法考察"一带一路"倡议与企业行为之间的联系,发现了企业认知和所受影响间的双向互动关系及其共同对企业反应的影响,也发现了异质性企业和异质性管理者对风险的差异化认知和反应特征。主要的政策启示包括以下几点。

(1)政府部门和第三方投资服务机构信息供给和服务支持应更多地针对异质性企业的认知需求。企业响应"一带一路"倡议的投资意愿反应中,主要依赖于政治风险和政策风险等不稳定制度环境风险信息的认知和判断,其余环境风险项的作用相对较小;风险厌恶型管理者对风险信息的认知需求从不稳定制度环境风险扩展到稳定制度环境风险,其认知强度提升和谨慎投资反应起到了投资反应稳定器的作用,应针对以上特征实现精准信息和服务供给。

(2)国有企业和大型企业应注重在内部治理结构优化和高管选拔任命中考察管理者的风险倾向和行为模式,以平衡其投资行为和风险。应充分发挥国有企业作为"一带一路"倡议积极响应者和先行者的作用,同时通过国有企业混合所有制改革加强所有者对管理者的监督,发挥异质性管理者对国有企业投资意愿反应的稳定器作用,来避免向"一带一路"区域投资的过高风险和潜在损失。

(3)重视"一带一路"倡议和现有区域公共物品服务的企业普惠性,更多地关注中小企业和非国有企业。非国有企业已从"一带一路"基础设施和融资等方面获益,中小企业也具有对"一带一路"倡议的认知需求并已感知到倡议的深刻影响。但中小企业受限于认知成本约束,其投资意愿反应相对较弱,从区域公共物品供给中受益不足也缺乏政府部门的足够重视,需要在基础设施服务、投资和贸易便利化、融资等方面更多地关注中小企业和非国有企业,将有利于分散"一带一路"倡议实施的风险。

(4)需要在"一带一路"的媒体宣传、教育普及和信息供给等方面实现精准化聚焦,尤其是在经济走廊、沿线国投资促进政策、亚投行等企业认知成本较高的领域发力信息供给,同时在"一带一路"基础设施建设、亚投行融资等领域助推更多企业参与,以其对"一带一路"倡议的认知和影响的改善和互动而激励更多企业主动参与到"一带一路"倡议落实的大合唱之中。

第 11 章

结论和政策启示

本书以"一带一路""风险"为主线,从区域公共产品有效性风险及企业参与国际产能合作风险两个相互关联、逻辑递进的视角展开研究。首先,研究以运输成本下降和关系治理提升为代表的正向区域公共产品和域外竞争所对应的负向公共产品的叠加作用,探讨这一重要外生环境变化和风险项对投资贸易的影响。以此为背景,本书建构了一个"优势—风险—资源"适配的国际产能合作分析框架,对代表性产业的中国"优势"、沿线国"资源"和国家风险以及企业风险认知和投资反应进行了较系统的实证研究。本章的工作是总结全书研究并提出"一带一路"倡议和国际产能合作风险防范的思路和政策建议。

11.1 主要研究结论

"一带一路"倡议和国际产能合作面临多层次的风险问题。本书研究强调了"一带一路"倡议及其所激荡的个别大国的域外竞争共同作用于微观主体的区域公共产品特性,其对微观主体的差异化影响及其加总构成"一带一路"倡议推进的主要宏观层面风险因素。在外生的区域公共产品供给条件下,本书还强调了企业以其自身"优势"适配沿线国"资源"和"风险"的研究思路,这里企业视角的"风险"又包括沿线国的国家风险和投资关联的边际风险两个方面。以下分别进行总结。

11.1.1 "一带一路"公共产品效应

本书在对"一带一路"倡议提出背景、支撑条件、主要进展进行总结归纳的基础上，以理论和实证相结合的方式，从"一带一路"区域公共产品供给及其有效性风险角度进行探讨，主要结论包括以下方面。

（1）理论研究强调了"一带一路"区域公共产品对经贸活动的两个方面影响机制。其一，公共产品供给的数量和质量状况进入企业生产函数并影响其生产成本和价格，进而决定特定国家和区域企业在跨区域竞争中的竞争力，并转而因企业的生存能力比较而影响国际层面的分工地位和产业布局。其二，"一带一路"倡议向企业发出了有利外生环境变化的投资激励信号，也因区域公共产品供给实质性推动降低物流运输成本、改善投融资条件、提升关系治理水平、优化产能合作环境，都有利于激励企业参与国际产能合作。但域外竞争产生了抑制"一带一路"经贸活动开展的公共产品效应，不过，在中国、沿线国和域外国家复杂的"三角"政治关系互动下，域外竞争的政策效果具有复杂性特征。

（2）实证研究给出了"一带一路"倡议具有投资信号效应的证据。从中国和沿线国角度分析，国家风险较高的国家更倾向于响应"一带一路"倡议并力图从中获益，沿线国响应"一带一路"的概率与其自然资源禀赋及与中国的双边经贸和政治关系正相关。中国投资者更重视较大经济体和与中国较强经贸基础的沿线国，并不特别强调与中国政治关系、国家治理水平及自然资源禀赋等因素。这说明，中国企业的投资行为却更多遵循市场规律而非简单吻合倡议响应国的意愿，也没有体现出对沿线国弱国家治理、丰裕自然资源等因素的过度偏向。

（3）基于运输成本和政治关系视角的实证研究均证实了其具有可促进经贸往来的区域公共产品效应的观点。首先，基础设施互联互通对中国与沿线国经贸往来产生了以空间溢出为表征的公共产品效应，它与为正的本地效应相结合凸显了以基础设施互联互通为代表的区域公共产品的非竞争和非排他性特征。基础设施互联互通和广义的运输成本下降对融合中国和沿线国市场、促进经济增长发挥着重要作用。其次，以政治关系的提升力补偿冲突力并促进贸易惯性力的发挥，确实发挥了政治为经济贸易服务的功能，但也存在两个相反的政治关系对贸易影响机制，即关系持续期作为非纯公共产品的贸易促进作用和对较大经济规模国家的政治关系摊薄效应。

（4）域外竞争视角实证研究发现中国、美国和沿线国间"三角"政治关系及其互动对中国和沿线国经贸往来具有复杂影响。首先，中国和沿线国之间的高层互访和外交关系持续期均有助于促进双边贸易，但中美关系紧张会溢出到沿线国，抑制其与中国的双边贸易，美国在沿线国的较强贸易地位也会削弱中国和沿线国的双边贸易。其次，作为美国域外竞争工具的对外援助和盟国对中国和沿线国投资贸易具有复合影响，这表现接受美国对外援助和盟国身份会激励沿线国与中国的投资贸易,但接受援助的盟国身份却产生投资贸易抑制效应。最后,中国和沿线国之间的高层互访对双边投资贸易的影响存在状态依赖性。当把中美关系变化的序贯博弈纳入研究后,上一期中美关系恶化后,中国和沿线国之间的高层互访对双边经贸往来的激励作用会显著增强,这一访问的效果更主要发生在美国投资和贸易地位较低的沿线国和接受美国援助较低的国家组;但中美关系恶化后,美国对外援助对中国和沿线国经贸往来的抑制效应却不明显,这表现出美国域外竞争政策工具的作用发挥的明显局限性。

11.1.2 国际产能合作中的"优势—风险—资源"适配

本书建构的"优势—风险—资源"适配的国际产能合作分析框架中,母国及其企业的"优势"来源于要素价格的国家间差异和多样化规模经济的存在性,或者要素规模经济使用的企业优势。企业家注意力及其累积形成的企业经营管理能力在企业"优势"形成中居于核心地位。东道国"资源"包括自然资源、劳动力、市场(份额)、技术和知识、资本等。国际产能合作应区分国家风险和边际风险。"风险"防范的规模经济适配中应从企业家注意力、新信息的生成和供给、新信息的收集和分析以及企业规模入手,根据"优势""风险"和"资源"的不同组合情形优选产能合作方式,通过边际风险项的有效识别和主动风险防控举措来提升国际产能合作的预期收益。为实现"优势—风险—资源"适配,本书探索了中国企业"优势"、沿线国"资源"和"风险"的实证思路,并基于代表性产业和主要沿线国案例给出了以下结论。

(1)国际产能合作的中国企业"优势"。国际比较研究表明,中国在油气产业链下游环节和大多数基建关联产业上均具有较强"优势",在油气产业链上游环节以及基建关联产业的若干子产业上不同沿线国也具有差异化的"优势"。中国在基建关联产业上庞大的市场规模和产业规模以及对外披露的强贸易竞争力发出了中国"优势"的较强信号,而沿线国在不同子产业上较多出现的弱竞争力和比较劣势,以及因市场规模限制的同一国家在不同子产业上竞争力强弱并存、优劣势并存的情形也发出了可利用"资源"的较强信号。国内"优势"布局和空间演化分析表明,代表性产业普遍存在多样化规模经济特征,出现小规模企业适配"一带一路"区域,较大规模企业面向发达国家市场的竞争结果;还发现"一带一路"倡议提出前后出现代表性产业"优势"由沿海省域向长江经济带沿线和中西部省域转移的证据,目标市场多元化以及相邻接次区域—省域的出口地理空间特征也得到彰显。

（2）国际产能合作的沿线国"资源"。基于贸易潜力实证和出口增长空间测算，发现经济规模较大的沿线经济体具有较大的贸易潜力，"海上丝路"国家以及南亚和西亚大国因具有较大的人口规模和经济规模而具有较高的贸易潜力，但产业链内部和不同细分产业间具有明显差异化的贸易潜力和出口增长空间。以收入增长带动需求增长为视角，研究表明东南亚和南亚主要国家未来时期的产能合作潜力较大，其他次区域和国家的产能合作潜力各有差异。细分看，南亚和东南亚国家是当前及未来时期内中国开展成品油产能合作的重点子区域，对沿线小型经济体，成品油产能合作应该精准选择合作对象国、适配技术及投资规模；水泥产业应重点聚焦马来西亚、俄罗斯、波兰等当前产能合作潜力较大的国家，同时还应该在评估投资风险基础上充分关注越南和哈萨克斯坦等未来时期有明显潜力的国家。钢铁产业应重点聚焦东南亚次区域、埃及、巴基斯坦、波兰等当前产能合作潜力较大的国家，同时还应该在评估投资风险基础上充分关注印度和土耳其等未来时期有明显潜力的国家。

（3）沿线国国家风险及企业风险认知和投资反应。对约130个已与中国签署"一带一路"共建协议/谅解备忘录国家的测度表明，大洋洲、亚洲和欧洲地区国家风险较低，非洲和美洲的国家风险较大。同一地区内部不同国家的国家风险又呈现差异化分布的特征，且各国的国家风险可能随着时间演化，需要动态跟踪和比较分析。针对企业调研数据的实证发现，风险厌恶型企业有更高的平均认知强度以及所受影响和投资意愿反应，但风险厌恶型管理者的谨慎动机抵消了国有企业较激进的认知和投资意愿反应激励，产生了企业认知和投资反应稳定器的作用。企业对"一带一路"倡议的认知和企业所受影响间存在正向回溯因果关系，两者再正向影响企业向"一带一路"的投资意愿反应。不稳定制度环境关联的政治风险和政策风险对企业反应有显著影响。异质性企业具有差异化的"一带一路"倡议认知和反应特征，大型企业和国有企业的认知、所受影响和投资意愿反应较强，风险偏好型管理者的投资决策仅受政策风险影响，而风险厌恶型管理者则依赖认知获得政治、政策和离境风险信息来支持其投资意愿反应。

11.2 宏观层面风险防范思路和政策启示

在中国跃升全球第二大经济体的背景下，"一带一路"倡议的推进受益于中国经济实力增强可提供的有利资源和要素保障，但也无可避免地面临个别域外大国的制衡、阻挠和破坏。沿线国虽然大多欢迎"一带一路"倡议并有很强的意愿与中国合力供给区域公共产品,但域内各国经济、社会、安全等情况复杂多样,部分国家存在与中国的领土或者海洋划界争端,不少国家还存在较大的国家风险,都是"一带一路"倡议推进中难以回避的主要宏观层面风险。本书的研究可以从以下方面提供风险防范思路和启示。

11.2.1 加强跨境基础设施建设化解"一带一路"倡议推进风险

邻国众多对于中国而言,既是劣势,也是优势。如用基础设施联通和广义运输成本下降整合周边市场,则可使中国地缘政治上的劣势转变为优势,以相互投资和贸易融合区域市场、促进市场一体化客观上能为中国和沿线国经济的发展创造良好的共享发展机遇的区域环境,有利于打破贸易保护主义、孤立主义等逆全球化潮流。因"一带一路"沿线国家特别是亚洲发展中国家的基础设施建设潜力巨大,充分利用中国企业在基础设施建设上的显著优势并力争向沿线国实现技术溢出和要素生成带动,对"一带一路"投资贸易的公共产品效应将会进一步凸显。因沿线国与中国的发展共同体、利益共同体角色,基础设施建设和运输成本降低举措本身是降低"一带一路"沿线国国家风险的重要依托,也可以借此削弱域外竞争者对"一带一路"倡议推进的干扰和破坏。

11.2.2 利用政治关系资产润滑应对"一带一路"沿线国的复杂性

本书研究强调了经贸往来中的惯性力和扰动力作用,而扰动力又区分为冲突力和提升力两个作用方向。在当前中美博弈加剧的背景下,以政治关系润滑的提升力加强与沿线国的经贸合作是实现市场转移和替代,促进贸易平稳发展的重要依靠。通过国际产能合作激励沿线国的生产能力建设和出口能力提升,将有助于沿线国经济增长对贸易的供给和吸收能力,对促进沿线国工业化和中国经济转型具有重要意义,政治关系资产积累和高层互访可以起到良好的促进和润滑作用。域外竞争者的竞争工具主要作用于其盟国尤其是包括澳大利亚、加拿大等在内的"五眼国家",更多作用于当前美国贸易和投资份额较高、接受美国援助较高的国家。对易受域外竞争影响的高风险国家,应谨慎决策,更多选用贸易和轻资产注入的方式参与国际产能合作。中国的外交活动应重点突出美国贸易和投资份额相对较低、接受美国援助不高的沿线国,助力企业结合特定国家的国家风险评估,努力提升国际产能合作强度,促进"一带一路"公共产品对这些主要国家的覆盖和效应提升,以示范引领各沿线国排除干扰、合力供给区域公共产品并从中受益。

11.2.3 理性看待域外竞争对"一带一路"倡议负面影响

在美国将中国视为"竞争者"和"对手"的对华战略转型中,既会将大国竞争战略直接投射到中美关系变化的过程中,中美大国关系变化不可避免地溢出到包括"一带一路"沿线国在内的世界其他国家,也将带动美国以中美关系变化为驱动的针对第三国的域外竞争行为,这将导致中国防御性地以与沿线国双边政治关系的维护和提升来应对域外竞争构成的压力。但需要注意到,域外竞争者将其政治、军事和对外援助等工具向沿线国的投射和对沿线国与中国发展经济贸易关系的预期,受到沿线国自身因素和中国—沿线国政治关系的对冲,并不必然趋同于作为域外竞争者的美国的政策目标,体现出政策效果的复杂性,需要中国理性看待,而不做出针对特定沿线国的应激反应。同时,因美国自身面临严重的财政资源紧张和赤字问题,以美国特朗普政府为代表的"美国优先"主义者认为其霸权收益和成本并不对称,在意图维持霸权收益的同时更倾向迫使盟国分摊更多的霸权成本,而不情愿扩大使用对外援助等政策工具(柔性)激励沿线国遵从美国的政策目标,可用于域外竞争的资源有限且正趋向于缩减[①],导致大多数沿线国在意愿上和行动上均与域外竞争者保持距离,倒逼后者使用竞争工具与中国直接开展大国博弈。因此,中国应冷静应对"一带一路"域外竞争风险,以更有耐心的区域公共产品供给及其效果显现和提升对冲这一风险。

11.2.4 提升公共品供给"补链""强链"应对极端事件风险

本书研究指出了高可得性、低成本公共产品供给在企业"优势"中的重

---

① 其主要表现包括但不限于美国特朗普政府反复宣称的德国等欧盟国家的国防预算不达标、占了美国便宜等观点,以及其向韩国、日本等亚洲盟国索取大幅增加的驻军费用等政策。特朗普政府上台后向包括欧洲、亚洲盟国和非盟国无差异地使用关税惩罚政策的行为,也凸显了其收缩域外竞争资源的意图和行动。

要地位，当前凸显的域外竞争等极端事件风险问题导致严重的产业链"断链"风险，构成了中国企业参与"一带一路"国际产能合作的重大障碍。其原因在于，随着中国经济发展带来的渐进的比较优势演进，中国特定产业和企业在产业链上的地位攀升，已经触及传统由发达国家尤其是美国控制的高附加值、垄断性产业链环节，它推动域外竞争者将大国博弈矛头指向特定产业及其产业链上的特定环节，这一风险溢出到中国与"一带一路"沿线国的国际产能合作上。"链"脆弱性带来的市场"失灵"问题需要以公共品供给水平的提升和精准作用来化解。中国近年来推行的"放管服"改革是在宏观层面上改善营商环境、提升公共品供给水平的重要举措，新进各地出台的"链长制"探索更是以精准化的"放管服"改革作用各地的特定产业链，以提升在地企业可获得的区域公共品供给水平和质量[①]。它聚焦产业链稳固和竞争力提升所需要的区域性要素供给市场，多地的"链长制"实践都突出了共性技术研发、产业链招商、劳动市场服务和人才引进等公共品的供给努力。它力图以生产产品的企业"链主"与生产公共品的政府"链长"之间的融合共生，来提升比较优势、有效应对域外竞争等极端事件风险。同时，在市场机制发挥基础性作用的前提下，以"一地一链、一链一长"的"链长制"精准服务来助力提升各地主导产业的分工地位和稳定性，有利于在国内的次区域和地方间以及中国和"一带一路"沿线国之间实现更高水平、更深层次的错位发展和分工合作，是提升中国企业"优势"以及"链"稳定性和主动性的重要契机和依托。

11.2.5 准确研判预警应对"一带一路"沿线国国家风险

本书的实证研究说明，总量层面上中国投资者仍坚持向经济和贸易规模大的沿线国投资，遵循市场规律而非完全吻合响应"一带一路"沿线国的意愿，这有助于缓解学术界和社会上对"一带一路"倡议之风险的担忧。同时，"一

[①] 从多地实践看，"链长"多为地方政府主要负责人，在不干预企业经营、企业不承担额外组织成本条件下，可协调地方政府内已有的多部门并实现跨企业、跨行业、跨区域的组织间协调，可助力企业拓展供应链、信息链、采购链、服务链、人才链、资金链等多个链条。因此，"链长制"可助力企业实现外部危机情形下的产业链稳定，稳固和提升特定地方和特定产业链的分工格局和分工地位，是一种可降低交易成本的制度设计。同时，"一地一链、一链一长"的方式可适配产业链风险，在将市场运营风险留给企业的同时，由"链长"协调内部化产业链外部性风险，避免或者减缓其溢出至特定区域。参见孙泽生和孟祺（2020）。

带一路"倡议响应确实有助于促进响应国国家风险的边际下降,它主要是通过双边关系治理水平提升,激励响应国出台高可控性的选择性制度安排,推动其以制度的示范性和可复制性来扩大"一带一路"收益。因此,坚持"共商、共建、共享"的关系治理基本原则,力求得到沿线国认同并积极响应,有助于在长期内逐步形成规则治理和制度趋同的认知条件和社会基础。以上两点是"一带一路"倡议下沿线国国家风险研判的重要实证依据。本书研究还提供了与中国签署"一带一路"合作协议/谅解备忘录国家的国家风险状况和排名,可辅助企业研判风险、参与国际产能合作。从风险预警看,企业、政府部门和第三方投资服务机构应突出对不稳定制度环境风险的认知和信息供给。这是因为对政治风险和政策风险等不稳定制度环境风险的认知和判断是影响投资意愿反应的核心因素,其余环境风险项的作用则相对较小。需要提醒的是,企业应根据自身"优势"和可得的风险防范政策来综合判断国家风险对其经营活动的影响,如果企业能以边际风险防控降低其面临的风险程度,则仍可以积极稳妥的态度参与国际产能合作。

11.3 微观企业风险防范思路和政策建议

本书强调了"一带一路"倡议推动的外生环境变化下,企业如何做出"优势—风险—资源"适配的理性反应这一问题。不同于已有研究较多强调的国家风险重要性及其对投资的影响,我们的核心观点是:国家风险固然重要,但关键是企业应以企业家注意力及累积的经营管理能力为引领实现其"优势"与沿线国"资源"的适配,但适配的方式受"国家风险+边际风险"合并的"风险"程度及企业可行的风险防控举措的约束。对企业而言,"风险"的防控亦具有规模经济特征。结合本书的理论和实证研究以及课题组对相关行业协会和代表性企业的调研访谈(见专栏11-1),从微观企业视角看,主要的风险防控思路包括以下三个方面。

11.3.1 参与产能合作前应蓄力而行

微观企业要参与国际产能合作,首要之处是其具有可进一步发挥规模经济效率的"优势",而"优势"的首要者乃其企业家以及伴随或累积的经营管理能力,其后才是其所管理企业经由长期经营所积累的获得性"优势"。

由于参与国际产能合作必须面对迥异于母国的经营环境，企业在决策前对此予以充分尊重并做好准备是必备的环节。所谓"蓄力而行"，包含以下4个方面的含义。

（1）企业和企业家必须自察其注意力水平与当前企业规模的关系。若前者仅能勉力覆盖当前经营的企业规模，则已无余力面对经营环境更复杂的境外生产。此时，一方面，企业家应设法通过已经营企业的管理改善来节省其注意力的使用，同时以此提升其企业经营管理能力，进而以"蓄力"的释放形成可用于国际产能合作的"优势"。另一方面，企业所有者（可能是/不是企业管理者）可以从经理人市场遴选具有更高注意力水平的支薪经理人（企业家），以其企业家注意力水平形成可支撑国际产能合作的首要"优势"来源。

（2）所有者必须抑制不同风险倾向管理者的过度激进/保守投资动机。本书研究发现了风险偏好型与风险厌恶型管理者的差异化投资反应，也发现了国有企业相对民营企业较激进的投资动机。基于此，企业所有者应注意可能存在的风险倾向叠加的激进投资反应问题，实现以所有制等衡量的企业特征＋不同风险倾向管理者间的优化互动，通过选人用人、混合所有制改革和风险防范制度建构等措施预先蓄力，充分发挥投资反应稳定器作用，抑制企业的过度激进/保守动机，为参与产能合作做好准备。

（3）企业必须自察当前进入生产函数的诸要素是否已充分实现规模经济效率。若企业身处竞争性市场而没有任何要素进一步发挥规模经济的可能，则企业应"蓄力"以待，以研发、品牌、人力资本、营销网络、（掌握东道国语言的）技术人员等方面的长期积累，逐渐形成能释放单一或诸多要素规模经济的新生成"优势"，方能支撑其以自身"优势"参与国际产能合作。

（4）企业必须自察其信息收集和加工能力是否可支撑其正确决策。面对迥异的境外经营环境和企业经营规模的上升，企业应预先增加信息收集、加工的资源投入和信息的积累，以企业内分工设立专门的部门来应对高度复杂的境外投资不确定性，是企业蓄力应对产能合作风险的重要内容。

11.3.2 参与产能合作时应量力而行

已具有"优势"的企业欲参与国际产能合作，须聚焦如何实现其"优势"与沿线国"资源"在"风险"有效防控基础上的适配。"量力而行"包括以下3个方面的含义。

专栏 11-1　对若干行业协会的访谈要点

　　出于中国经济发展和原料保障需求，国内资源禀赋不占优势的金属和油气矿产资源成为中国对外自然资源投资的重点。油气投资分布较广，金属资源投资集中于铁矿石、铜、铝以及包括镍和钴等小金属品种上，有色金属主要分布在拉美（如智利、秘鲁等）、非洲（如刚果（金）、赞比亚等）和亚洲的缅甸等国。投资风险主要在于以下几点。

　　(1) 关联基础设施投资义务。它给投资企业的盈利性带来巨大挑战。因矿山一般较为偏远，投资矿山连带投资基础设施面临周期长、成本高、不确定性强的问题。

　　(2) 社会风险。中国企业在秘鲁、阿富汗等地投资均出现当地社区大力反对投资项目，导致取得项目采矿权但项目被迫长期停滞的问题。原因在于，很多矿产国家中央、地方政府及当地社区并不存在中国这样的行政隶属和集权控制关系，而是地方政府和社区有相当大的自主权，矿产地特别容易受到所在地社区及其文化传统、环保理念及利益的影响，必须予以关注。

　　(3) 资产暴露风险。诸如钢铁属于重资产行业，投资大，周期长，容易暴露在投资国政治、经济风险之下，需要慎重对待。

　　(4) 技术人员和语言问题。相当多的中国投资企业不完全重视投资地劳工法律，投资成本核算和风险评估有偏，制约了投资成效。而且很多矿产地位于小语种发展中国家，投资企业人才（语言）储备难以支持其海外项目。相比较，原从事矿产品贸易的五矿集团就较为成功。

　　主要的投资经验包括如下几点。

　　(1) 要有长期准备和投资远见。如华友钴业2003年就在刚果（金）获得钴矿产，而非近年来钴价大涨后再着手投资，收益较好。这样的投资主要着眼于企业长远发展的战略考虑，而非采取短期视野下的投机性投资心态，相应的投资风险也较低。

　　(2) 要与投资所在国有良好的沟通与谈判。例如，山东魏桥集团所属的几内亚铝土矿因通过谈判不连带投资港口等基础设施，而将临近海洋的矿山所产矿石以小船过驳转接至深海船运的方式节约投资，取得了很好的经济效益。

　　(3) 投资方式。很多中国企业喜欢100%控股，但因为发展中国家相对投资风险较高，一般已有发达国家进入，绿地投资风险颇大，并购已有矿山更优，也可考虑与发达国家或者东道国企业合作。

> (4) 注重产业链协同。如台塑、新日铁等在东南亚的钢铁投资,更多是以产业链、集群"走出去"的方式带动钢铁投资。在当地建设汽车、电器等钢铁需求比较大的企业来带动钢铁投资,值得中国学习。
>
> (调研时间为 2018.3 – 2018.8,调研对象为有色金属、钢铁、石油等行业协会和业内领军企业负责人)

(1) 企业应度量自身"优势"对应的规模经济产量是否适配沿线国"资源"状况。以沿线国市场容量(份额)这一"资源"为例,较小规模企业适配需求差异化的较小规模市场,由较大规模企业和大规模生产技术适配较大规模及需求较为标准化的市场,是"优势—资源"适配的内在要求。又以自然资源为例,企业当审思自身的技术等要素对应的生产特征是否与待合作的沿线国自然资源特征(如储量、品位等)匹配。更重要的是,在进行国际产能合作决策时,合作规模应受企业的剩余企业家注意力的约束,超出这一边界的合作规模必将带来管理效率的下降乃至于投资的失败。

(2) 企业应审思自身可获得的风险防控举措与预拟产能合作规模的适配性问题。以企业规模、所在产业特征及自身在产业结构中的地位而论,企业可优先权衡其是否能得到母国和东道国政府的选择性制度安排,以边际风险的大幅下降带动总体国际产能合作风险的下降。随之,可权衡其规模和"优势"是否可支撑其从市场购买或者自力供给能降低边际风险的防控举措,如安保外包服务或者自身组建安保团队。企业也可以审慎选择国家风险较低或者东道国、区位边际风险较低的投资地开展产能合作。

(3) 企业应审慎应对沿线国政府与投资地社区加诸的投资义务。参与国际产能合作企业往往被要求承担额外的投资义务,它可能表现在投资地的基础设施建设、社区发展等方面①。所加诸的投资义务可能是但也可能超出投资企业的"优势"范围,同时在很大程度上改变拟投资项目的(回报)周期和资产(沉淀)特性。投资义务的增加必不可免地增加企业在沿线国的风险环节数量和风险暴露程度。投资企业在计算投资回报率、衡量投资风险、确定投资方式时应予以谨慎处理。除非企业之"优势"能予以相关风险环节充分覆盖,否则应量力而行,设法简化或免除投资义务来防控风险。

---

① 需要申明,此处述及的投资义务并非企业经营中需要顾及的非强制性的企业社会责任履行。

11.3.3 参与国际产能合作时可借力而行

在国际产能合作决策中，企业家对新信息的收集、加工和处理对降低企业边际风险有重要作用。但具一定"优势"的中小企业可能并不具备企业内分工明确的信息收集和投资咨询团队及部门；大型企业虽可能有明确分工的专业化投资分析部门和人员，但其对沿线国的信息把握和深度认知仍可能是不足的。"借力而行"包含以下三个方面的含义。

（1）企业开展国际产能合作时应充分利用独立的第三方咨询服务商开展尽职调查。第三方咨询服务商因面对不同的服务对象进行信息收集、加工和服务供给，具有此方面的规模经济优势，由其深入了解拟合作项目之内外部环境和风险环节，可以尽可能地助力企业明晰潜在的东道国边际风险、产业边际风险和区位边际风险，也同时降低企业家因信息不对称而放大的企业边际风险。更关键的是，企业必须对尽职调查警示的产能合作风险予以充分尊重，并将其反映在企业产能合作决策中。

（2）中小企业可采取跟随战略借力获得显示性边际风险信息。中小企业在收集沿线国信息上虽不具有规模经济优势，但已在沿线国经营有成的大型企业或运营中的产业园区等可对外发送风险可控的投资信号，中小企业可借已有投资获得显示性风险信息来规避信息收集和加工成本，也可以通过合资、参股、合作等策略，以"结合"或者"半结合"方式借力合作伙伴获得相关风险信息，或者将风险配置给最低成本者。

（3）参与国际产能合作企业可充分使用已建构的投资保险机制。主要的投资保险机制包括两个方面：一方面是中国与沿线国已经签署的双边投资协定和避免双重征税协定、沿线国是否参与《多边投资担保机构公约》《解决投资者与东道国投资争端的公约》（《华盛顿公约》）、《承认及执行外国仲裁裁决共约》（《纽约公约》）等[1]，企业在产能合作决策中可以对此类双多边投资保险

---

[1] 其中，根据《多边投资担保机构公约》创立的多边投资担保机构（MIGA）是一个承保政治风险的国际组织。MIGA承保国有化、征收或者类似措施、东道国外汇限制、政变或内乱等政治风险。参加MIGA有利于减少国家征收和国有化风险，保障投资者资产安全。根据《解决投资者与东道国投资争端的公约》（《华盛顿公约》）建立了"解决投资争议国际中心"（ICSID），处理外国投资者与东道国之间因投资而引发法律争端。解决投资争端主要方式是调解和仲裁。这类解决方式更加公正、透明，也有利于投资者利益保护。《承认及执行外国仲裁裁决公约》（《纽约公约》）是关于国际商事仲裁执行的重要公约。其成员承认国际仲裁裁决拘束力，并根据裁决的程序和条件执行裁决。与投资相关的投资当事方可约定以仲裁方式解决，更专业、快速和公正。《纽约公约》的成员有义务执行仲裁裁决。

机制予以关注,并在合约中予以斟酌使用。另一方面是企业可自主参与的市场化投资保险机制。例如,包括中国出口信用保险公司等机构推出的海外投资保险为企业提供长达20年的因东道国征收、汇兑限制、战争及政治暴乱、违约等政治风险造成的经济损失,期货和金融衍生品市场则提供企业境外经营使用的原材料、资金等关联的风险规避手段,企业可借助这些市场化保险机制参与产能合作。

参考文献

[1] [法] 贝尔纳·马罗阿, 米歇尔·贝哈. 衡量和预测国家风险 [J]. 外国经济参考资料, 1982 (6): 5-8.

[2] [美] 阿尔弗雷德·D. 钱德勒. 企业规模经济与范围经济: 工业资本主义的原动力 [M]. 张逸人, 等, 译. 北京: 中国社会科学出版社, 1999.

[3] [美] 阿尔弗雷德·D. 钱德勒. 战略与结构: 美国工商企业成长的若干篇章 [M]. 北京天则经济研究所, 等, 译. 昆明: 云南人民出版社, 2002.

[4] [美] 保罗·克鲁格曼, 茅瑞斯·奥伯斯法尔德. 国际经济学 (第五版) [M]. 海闻, 等, 译. 北京: 中国人民大学出版社, 2002.

[5] [美] 迈克尔·迪屈奇. 交易成本经济学: 关于公司的新的经济意义 [M]. 王铁生, 葛立成译. 北京: 经济科学出版社, 1999.

[6] [美] 曼瑟尔·奥尔森. 集体行动的逻辑 [M]. 陈郁译. 上海: 上海人民出版社, 1995.

[7] [美] 乔治·J. 斯蒂格勒. 产业组织与政府管制 [M]. 潘振民译. 上海: 上海三联书店/上海人民出版社, 1996.

[8] [美] 约瑟夫·熊彼特. 经济发展理论 [M]. 何畏, 易家详, 等, 译. 北京: 商务印书馆, 2019.

[9] [英] 亚当·斯密. 国民财富的性质和原因的研究 (下卷) [M]. 郭大力, 王亚南译. 北京: 商务印书馆, 1972.

[10] 《中国石油工业经济若干问题回顾与思考》编辑委员会. 中国石油工业经济若干问题回顾与思考 [M]. 北京: 石油工业出版社, 2010.

[11] Anderson, J. E., van Wincoop, E. Gravity with Gravitas: A Solution to the Border Puzzle [J]. American Economic Review, 2003, 93 (1): 170-192.

[12] Armstrong, S. P. The Politics of Japan-China Trade and the Role of the World Trade System [J]. The World Economy, 2012, 35 (9): 1102-1120.

[13] Ashill, N. J., Jobber, D. Measuring State, Effect and Response Uncertainty: Theoretical Construct Development and Empirical Validation [J]. Journal

of Management, 2010, 36 (2): 1278 - 1308.

[14] Asian Development Bank Institute (ADB). Meeting Asia's Infrastructure Needs [R]. Manila: Asian Development Bank, 2017.

[15] Austin, P. C. An Introduction to Propensity Score Methods for Reducing the Effects of Confounding in Observational Studies [J]. Multivariate behavioral research, 2011, 46 (3): 399 - 424.

[16] Baier, S. L., Bergstrand, J. H. Economic Determinants of Free Trade Agreements [J]. Journal of International Economics, 2004, 64 (1): 29 - 63.

[17] Baier, S. L., Bergstrand, J. H. Estimating the Effects of Free Trade Agreements on International Trade Flows Using Matching Econometrics [J]. Journal of International Economics, 2009, 77 (1): 63 - 76.

[18] Baier, S. L., Bergstrand, J. H. The Growth of World Trade: Tariffs, Transport Costs, and Income Similarity [J]. Journal of International Economics, 2001, 53 (1): 1 - 27.

[19] Bailey, M. A., Strezhnev, A., Voeten, E. Estimating Dynamic State Preferences from United Nations Voting Data [J]. Journal of Conflict Resolution, 2017, 61 (2): 430 - 456.

[20] Bain, J. S. Industrial Organization [M]. New York: John Wiley, 1959.

[21] Balassa, B. Trade Liberalization and Revealed Comparative Advantage [J]. The Manchester School of Economic and Social Studies, 1965, 33 (2): 99 - 124.

[22] Baltagi, B. H., Egger, P., Pfaffermayr M. Estimating Regional Trade Agreement Effects on FDI in An Interdependent World [J]. Journal of Econometrics, 2008, 145 (1): 194 - 208.

[23] Baniya, S., Rocha, N., Ruta M. Trade Effects of the New Silk Road: A Gravity Analysis [J]. World Bank Policy Research Working Paper, No. 8694, 2019.

[24] Bao, X., Qiu, L. D. How Do Technical Barriers to Trade Influence Trade? [J] Review of International Economics, 2012, 20 (4): 691 - 672.

[25] Baron, R. M., Kenny, D. A. The Moderator - Mediator Variable Distinction in Social Psychological Research: Conceptual, Strategic and Statistical Considerations [J]. Journal of Personality and Social Psychology, 1986, 51 (6): 1173 - 1182.

[26] Bas, M., Mayer, T., Thoenig, M. From Micro To Macro: Demand, Supply, And Heterogeneity in The Trade Elasticity [J]. Journal of International

Economics, 2017, 108 (3): 1 - 19.

[27] Beck, N., Katz, J. What to Do (and Not to Do) with Time - series Cross - Section Data [J]. American Political Science Review, 1995, 89 (3): 634 - 647.

[28] Bergstrand, J. H, Egger, P. What Determines BITs? [J]. Journal of International Economics, 2013, 90 (1): 107 - 122.

[29] Bergstrand, J. H. The Gravity Equation in International Trade: Some Microeconomic Foundations and Empirical Evidence [J]. Review of Economics and Statistics, 1985, 67 (3): 474 - 481.

[30] Bloom, N., Bond, S., and J. V. Reenen. Uncertainty and Investment Dynamics [J]. Review of Economic Studies, 2007, 74 (3): 391 - 415.

[31] Bradbury, J. A. The Policy Implications of Differing Concepts of Risk [J]. Science, Technology & Human Values, 1989, 14 (4): 380 - 399.

[32] Brouthers, L. E., Brouthers, K. D., Werner, S. Perceived Environmental Uncertainty, Entry Mode Choice and Satisfaction with EC - MNC Performance [J]. British Journal of Management, 2002, 11 (3): 183 - 195.

[33] Buckley, P. J., Casson, M. The Firm and the Market [M]. Cambridge: MIT Press, 1978.

[34] Buckley, P. J., Chen, L., Clegg, L. J., et al. Experience and FDI Risk - taking: A Microfoundational Reconceptualization [J]. Journal of International Management, 2016, 22 (2): 131 - 146.

[35] Buckley, P. J., Clegg, L. J., Cross, A. R., et al. The Determinants of Chinese Outward Foreign Direct Investment [J]. Journal of International Business Studies, 2007, 38 (4): 499 - 518.

[36] Burton, F., Inoue, H. An Appraisal of the Early Warning Indicators of Sovereign Loan Default in Country Risk Evaluation System [J]. Management International Review, 1985, 25 (1): 45 - 56.

[37] Busse, M., Hefeker, C. Political Risk, Institutions and Foreign Direct Investment [J]. European Journal of Political Economy, 2006, 23 (2): 397 - 415.

[38] Buvik, A., Grønhaug, K. Inter - Firm Dependence, Environmental Uncertainty and Vertical Co - Ordination in Industrial Buyer - Seller Relationships [J]. Omega, 2000 (28): 445 - 454.

[39] Caliendo, L., Parro, F. Estimates of the Trade and Welfare Effects of

NAFTA [J]. The Review of Economic Studies, 2015, 82 (1): 1 – 44.

[40] Carr, D. L., Markusen, J. R., Maskus, K. E. Estimating the Knowledge – Capital Model of the Multinational Enterprise [J]. American Economic Review, 2001, 91 (3): 693 – 708.

[41] Chen, M. H., Clements, K. Patterns in World Metal Prices [J]. In: Clements K. (Ed.). Currencies, Commodities and Consumption [C]. London: Cambridge University Press, 2013: 226 – 254.

[42] Cheung, Y. W., Haan, J., Qian, X. W., et al. China's Outward Direct Investment in Africa [J]. Review of International Economics, 2012, 20 (2): 201 – 220.

[43] Coase, R. H. The Nature of the Firm [J]. Economica, 1937, 16 (4): 386 – 405.

[44] Creusen, H., Lejour A. Market Entry and Economic Diplomacy [J]. Applied Economic Letters, 2013, 20 (5): 504 – 507.

[45] Crompton, P. Explaining Variation in Steel Consumption in OECD [J]. Resources Policy, 2015, 45 (3): 239 – 246.

[46] Cuervo – Cazurra, A., Maloney, M. M., Manrakhan, S. Causes of the Difficulties in Internationalization [J]. Journal of International Business Studies, 2007, 38 (5): 709 – 725.

[47] Davis, C. L., Meunier, S. Business as Usual? Economic Responses to Political Tensions [J]. American Journal of Political Science, 2011, 55 (3): 628 – 646.

[48] De Long, J. B., Eichengreen, B. The Marshall Plan: History's Most Successful Structural Adjustment Program [R]. NBER Working Paper No. 3899, 1991.

[49] Delios, A., Henisz, W. J. Political Hazards, Experience, and Sequential Entry Strategies: The International Expansion of Japanese Firms, 1980 – 1998 [J]. Strategic Management Journal, 2003, 24 (11): 1153 – 1164.

[50] Desbordes, R. Vicard, V. Foreign Direct Investment and Bilateral Investment Treaties: An International Political Perspective [J]. Journal of Comparative Economics, 2009, 37 (3): 372 – 386.

[51] Dixon, W. J., Moon, B. E. Political Similarity and American Foreign Trade Patterns [J]. Political Research Quarterly, 1993, 46 (1): 5 – 25.

[52] Dunning, J. H. Multinational Production and Multinational Enterprise [M]. London: George Allen & Unwin, 1993.

参 考 文 献

[53] Dunning, J. H. The Ecletic Paradigm of International Production: A Restatement and Some Possible Extensions [J]. Journal of International Business Studies, 1988 (19): 1-31.

[54] Eaton, J., Gersovitz, M., Stiglitz J. E. The Pure Theory of Country Risk [J]. European Economic Review, 1986, 30 (2): 481-513.

[55] Eaton, J., Kortum, S. Technology, Geography, and Trade [J]. Econometrica, 2002, 70 (5): 1741-1779.

[56] Egger, P. An Econometric View on the Estimation of Gravity Models and the Calculation of Trade Potentials [J]. World Economy, 2002, 25 (2): 297-312.

[57] Egger, P. On the Impact of Transportation Costs on Trade in a Multilateral World [J]. Southern Economic Journal, 2005, 71 (3): 592-606.

[58] Egger, P., Merlo, V. The Impact of Bilateral Investment Treaties on FDI Dynamics [J]. The world economy, 2007, 30 (10): 1536-1549.

[59] Eichengreen, B., Uzan, M. The Marshall Plan: Economic Effects and Implications for Eastern Europe and the Former USSR [J]. Economic Policy, 1992, 7 (14): 13-75.

[60] EIU. Prospects and Challenges on China's "One Belt, One Road": A Risk Assessment Report [R]. London: The Economist Intelligence Unit, 2015.

[61] Evans, M., Lewis, A. Is There A Common Metals Demand Curve [J]. Resources Policy, 2002, 28 (3-4): 95-104.

[62] Feenstra, R. C. New Product Varieties and the Measurement of International Prices [J]. American Economic Review, 1994, 84 (1): 157-177.

[63] Fernandez, V. Price and Income Elasticity of Demand for Mineral Commodities [J]. Resources Policy, 2018 (59): 160-183.

[64] Fujita, M., Krugman, P., Venables, A. J. The spatial economy: Cities, Regions, and International Trade [M]. MIT Press, Cambridge, 1999.

[65] Gholz, E., Press, D. G. The Effects of Wars on Neutral Countries: Why It doesn't Pay to Preserve the Peace [J]. Security Studies, 2001, 10 (4): 1-57.

[66] Glick, R., Taylor, A. M. Collateral Damage: Trade Disruption and the Economic Impact of War [J]. The Review of Economics and Statistics, 2010, 92 (1): 102-127.

[67] Goldstein, M., Khan, M. S. Income and Price Effects in Foreign Trade [J]. Handbook of international economics, 1985 (2): 1041-1105.

[68] Gowa, J. Bipolarity, Mulitipolarity, and Free Trade [J]. The American Political Science Review, 1989, 83 (4): 1245-1256.

[69] Gowa, J., Mansfield, E. D. Power Politics and International Trade [J]. The American Political Science Review, 1993, 87 (2): 408-420.

[70] Harrigan, J. Specialization and the Volume Of Trade: Do the Data Obey the Laws? [R]. NBER Working Paper No. 8675, 2001.

[71] Head, K., Ries, J. Do Trade Missions Increase Trade [J]. Canadian Journal of Economics, 2010, 43 (3): 754-775.

[72] Heiner, R. Origins of predictive behavior: further modeling applications. American Economics Review, 1985, 75 (2): 391-396.

[73] Heiner, R. The Origins of Predictive Behavior [J]. American Economics Review, 1983, 73 (4): 560-595.

[74] Helpman, E. Imperfect Competition and International Trade: Evidence from Fourteen Industrial Countries [J]. Journal of the Japanese and International Economies, 1987, 1 (1): 62-81.

[75] Henisz, W. The International Environment for Multinational Investment [J]. Journal of Law Economics and Organization, 2000, 16 (2): 334-364.

[76] Hosseini, H. An Economic Theory of FDI: A Behavioral Economics and Historical Approach [J]. Journal of Socio-Economics, 2005 (34): 528-541.

[77] Hummels, D. Transportation Costs and International Trade in the Second Era of Globalization [J]. Journal of Economic Perspectives, 2007, 21 (3): 131-154.

[78] Hummels, D. L. Toward A Geography of Trade Costs [R]. GTAP working paper, 1999.

[79] Hymer, S. International Operations of National Firms: A Study of Direct Foreign Investment [D]. Boston: Massachusetts Institute of Technology, 1960.

[80] Imbens, G. W., Wooldridge, J. M. Recent Developments in the Econometrics of Program Evaluation [J]. Journal of Economic Literature, 2009, 47 (1): 5-86.

[81] Imbs, J., Mejean, I. Elasticity Optimism [J]. American Economic Journal: Macroeconomics, 2015, 7 (3): 43-83.

[82] IMF. World Economic Outlook [R]. Washington, D. C: International Monetary Fund, 2016.

[83] Iqbal, B. A., Rahman, M. N., Sami, S. Impact of Belt and Road Initiative on Asian Economies [J]. Global Journal of Emerging Market Economies, 2019, 11 (3): 260-277.

[84] Jang, Y. J. The Impact of Bilateral Free Trade Agreements on Bilateral Foreign Direct Investment among Developed Countries [J]. The World Economy, 2011, 34 (9): 1628-1651.

[85] Jaumotte, M. F. Foreign Direct Investment and Regional Trade Agreements: The Market Size Effect Revisited [J]. IMF Workingm Paper No. 04/206, 2004.

[86] Jones, R. W. The Structure of Simple General Equilibrium Models [J]. Journal of Political Economy, 1965, 73 (6): 557-572.

[87] Kang, D., Jeon, Y. A Study on the Economic Effects of FTAs by Korea and China [J]. Journal of Korean Economic Development, 2014 (2): 1-32.

[88] Kastner, S. L. When do Conflicting Political Relations Affect International Trade [J]. Journal of Conflict Resolution, 2007, 51 (4): 664-688.

[89] Kee, H. L., Nicita, A., Olarreaga, M. Import Demand Elasticities and Trade Distortions [J]. Review Of Economics and Statistics, 2008, 90 (4): 666-682.

[90] Keohane, R. O. After Hegemony: Cooperation and Discord in the World Political Economy [M]. Princeton: Princeton University Press. 1984.

[91] Kindleberger, C. P. American Business Abroad: Six Lectures on Direct Investment [M]. New Haven: Yale University Press, 1969.

[92] Kindleberger, C. P. Dominance and Leadership in the International Economy: Exploitation, Public Goods and Free Rides [J]. International Studies Quarterly, 1981, 25 (2): 242-254.

[93] Knight, F. H. Risk, Uncertainty, and Profit [M]. Boston and New York: The Riverside Press, 1921.

[94] Kojima, K. International Trade and Foreign Direct Investment: Substitutes or Complements [J]. Hitotsubashi Journal of Economics, 1975 (16): 1-12.

[95] Kojima, K. Theory of Foreign Direct Investment [M]. Tokyo: Diamond, 1977.

[96] Kolstad, I., Wiig, A. What Determines Chinese outward FDI? [J]. Journal of World Business, 2012, 47 (1): 26-34.

[97] Krugman, R., Venables, A. J. Globalizaiton and Inequality ofNations [J]. Quarterly Journal of Economics, 1995, 110 (4): 857-880.

[98] Lall, S., Chen, E., Katz, J., et al. The New Multinationals: The Spread of Third World Enterprises [M]. Chichester: Wiley, 1983.

[99] Lall, S., Sharif, M. Multinationals in Indian Big Business: Industrial Characteristic of Foreign Investment in A Heavily Regulated Economy [J]. Journal of Development Economics, 1983, 13 (1-2): 143-157.

[100] Lee, D., Hudson, D. The Old and New Significance of Political Economy in Diplomacy [J]. Review of International Studies, 2004, 30 (3): 343-360.

[101] Lesher, M., Miroudot, S. Analysis of The Economic Impact Of Investment Provisions in Regional Trade Agreements [J]. OECD Trade Policy Working Papers No. 36, 2006.

[102] Leuven, E., Sianesi, B. Stata Module to Perform Full Mahalanobis and Propensity Score Matching, Common Support Graphing, and Covariate Imbalance Testing [CP]. Statistical Software Components, Boston College Department of Economics, 2018.

[103] Leverett, F., Wu, B. The New Silk Road and China's Evolving Grand Strategy [J]. The China Journal, 2017, 77 (1): 110-132.

[104] Li, Q., Liang G. Y. Political Relations and Chinese Outbound Direct Investment: Evidence from Firm - and Dyadic - level Tests [J]. Research Center for Chinese Politics and Business Working Paper No. 19, 2012.

[105] Li, Q., Sacko, D. The (Ir) relevance of militarized interstate Disputes for International Trade [J]. International Studies Quarterly, 2002 (46): 11-43.

[106] Linder, S. An Essay on Trade and Transformation [M]. New York: John Wiley & Sons, 1961.

[107] Linnemann H. An econometric study of international trade flows [R]. Amsterdam: North Holland Publishing Company, 1966.

[108] Lu, J., Liu, X., Wright, M., et al. International Experience and FDI Location Choices of Chinese Firms: The Moderating Effects of Home Country Government Support and Host Country Institutions [J]. Journal of International Business Studies, 2014, 45 (4): 428-449.

[109] Makino, S., Tsang, E. W. K. Historical Ties and Foreign Direct In-

vestment: An Exploratory Study [J]. Journal of International Business Studies, 2011, 42 (4): 545-557.

[110] Martin, P., Mayer, T., Thoenig, M. Make Trade Not War [J]. Review of Economic Studies, 2008, 75 (3): 865-900.

[111] Meldrum, D. H. Country Risk and Foreign Direct Investment [J]. Business Economics, 2000, 35 (1): 11-20.

[112] Melitz, M. J. The Impact of Trade on Intra - Industry Reallocations and Aggregate Industry Productivity [J]. Econometrica, 2013, 71 (6): 1695-1725.

[113] Miller, K. D. A Framework for International Risk Management in International Business [J]. Journal of International Business Studies, 1992, 23 (1): 29-53.

[114] Milliken, F. J. Three Types of Uncertainty about the Environment: State, Effect and Response Uncertainty [J]. Academy of Management Review, 1987, 12 (3): 133-146.

[115] Morck, R., Yeung, B., Zhao, M. Perspectives on China's Outward Foreign Direct Investment [J]. Journal of International Business Studies, 2008, 39 (3): 337-350.

[116] Morrow, J. D. How could Trade Affect Conflict [J]. Journal of Peace Research, 1999, 36 (4): 481-489.

[117] Morrow, J. D., Siverson, R. M., Tabares, T. E. Correction to the Political Determinants of International Trade [J]. The American Political Science Review, 1999, 93 (4): 931-933.

[118] Morrow, J. D., Siverson, R. M., Tabares, T. E. The political Determinants of International Trade: The Major Powers, 1907-1990 [J]. American Political Science Review, 1998, 92 (3): 649-661.

[119] Murphy, K. Executive Compensation [J]. In: Ashenfelter O., and D. Card (Eds.). Handbook of Labor Economics [C], Amsterdam: North Holland, 1999 (3): 2485-2563.

[120] Nagy, P. J. Quantifying Country Risk: A System Developed by Economists at the Bank of Montreal [J]. Colombia Journal of World Business, 1978, 13 (3): 135-147.

[121] Nilsson, L. Trade Integration and the EU Economic Membership Criteria [J]. European Journal of Political Economy, 2000, 16 (4): 807-827.

[122] Nitsch, V. State Visits and International Trade [J]. The World Economy, 2007, 30 (12): 1797 – 1816.

[123] Oneal, J. R., Russett, B., Berbaum M. L. Causes of Peace: Democracy, Interdependence, and International Organizations, 1885—1992 [J]. International Studies Quarterly, 2003, 47 (3): 371 – 393.

[124] Park, C., Fan, Z. Asia's Imprint on Global Commodity Markets [J]. ERD Working Paper Series No. 90, 2006.

[125] Peinhardt, C., Allee, T. Failure to Deliver: The Investment Effects of US Preferential Economic Agreements [J]. The World Economy, 2012, 35 (6): 757 – 783.

[126] Pollins, B. M. Conflict, Cooperation, and Commerce: The Effect of International Political Interactions on Bilateral Trade Flows [J]. American Journal of Political Science, 1989, 33 (3): 737 – 761.

[127] Pollins, B. M. Does Trade still Follow Flags [J]. The American Political Science Review, 1989, 83 (2): 465 – 480.

[128] Pothoney, P. A Tentative Model for the Flows of Trade Between Countries [J]. Welt Whatchamacallits Archive, 1963 (90): 93 – 100.

[129] Qureshi, M. S. Trade and Thy Neighbor's War [J]. Journal of Development Economics, 2013, 105: 178 – 195.

[130] Ramasamy, B., Yeung, M., and S. Laforet. China's Outward Foreign Direct Investment: Location Choice and Firm Ownership [J]. Journal of World Business, 2010, 47 (1): 17 – 25.

[131] Ramcharran, H. Foreign Direct Investment and Country Risk: Further Empirical Evidence [J]. Global Economic Review, 1999, 28 (3): 49 – 59.

[132] Reuveny, R., Kang H. A Simultaneous – equations model of Trade, Conflict, and Cooperation [J]. Review of International Economics, 2003, 11 (2): 279 – 295.

[133] Root, F. R. Entry Strategies for International Markets [M]. Lexington: Jossey – Bass, 1994.

[134] Rose, A. K. The Foreign Service and Foreign Trade: Embassies as ExportPromotion [J]. The World Economy, 2007, 30 (1): 22 – 38.

[135] Rosenbaum, P. R., Rubin, D. B. Constructing A Control Group Using Multivariate Matched Sampling Methods That Incorporate the Propensity Score [J].

The American Statistician, 1985, 39 (1): 33 – 38.

[136] Rosenbaum, P. R., Rubin, D. B. The Central Role of The Propensity Score in Observational Studies for Causal Effects [J]. Biometrika, 1983, 70 (1): 41 – 55.

[137] Ruta, M., Dappe, M. H., Lall, S., et al. Belt and Road Economics: Opportunities and Risks of Transport Corridors [R]. Washington D. C.: The World Bank, 2019.

[138] Samuelson, P. A. International Factor Price Equalization Once Again [J]. The Economic Journal, 1949 (59): 181 – 197.

[139] Shiells, C. R., Stern, R. M., Deardorff, A. V. Estimates of the Elasticities of Substitution Between Imports and Home Goods for the United States [J]. Review of World Economics, 1986, 122 (3): 497 – 519.

[140] Simon, A. F., Fagley, N. S., Halleran, J. G. Decision Framing: Moderating Effects of Individual Difference and Cognitive Processing [J]. Journal of Behavioral Decision Making, 2004, 17 (2): 77 – 93.

[141] Singh, H., Kwang, W. J. Some New Evidence on Determinants of Foreign Direct Investment in Developing Countries [J]. The World Bank Policy Research Working Paper Series 1531, 1995.

[142] Soderbery, A. Estimating Import Supply and Demand Elasticities: Analysis and Implications [J]. Journal of International Economics, 2015, 96 (1): 1 – 17.

[143] Stigler G J. Economies of Scale [J]. Journal of Law and Economics, 1958, 1 (1): 54 – 71.

[144] Stopford, J. M., Wells, L. T. Jr. Managing the Multinational Enterprise: Organization of the Firm and Ownership of the Subsidiary [M]. New York: Basic Books, 1972.

[145] Stuermer, M. Industrialization and the Demand for Mineral Commodities [J]. Journal of International Money and Finance, 2017, 76 (September): 16 – 27.

[146] Summers, T. China's "New Silk Roads": Sub – National Regions and Networks of Global Political Economy [J]. Third World Quarterly, 2016, 37 (9): 1628 – 1643.

[147] Sutter, R. Pushback: America's New China Strategy [J]. The diplomat, November 2, 2018.

[148] Tevelde, D. W., Bezemer, D. Regional Integration and Foreign Direct Investment in Developing Countries [J]. Transnational Corporations, 2006, 15 (2): 41-70.

[149] Tiezzi, S. The New Silk Road: China's Marshal Plan? [N]. The Diplomat, 2014, November 6, 2014.

[150] Tinbergen, J. Shaping the World Economy: Suggestions for an International Economic Policy [M]. New York: The Twentieth Century Fund, 1962.

[151] Tolentino, P. E. Home Country Macroeconomic Factorsand Outward FDI of China and India [J]. Journal of International Management, 2010, 16 (1): 102-120.

[152] Tolentino, P. E., Technological Innovation and Third World Multinationals [M]. Oxon: Routledge, 1966.

[153] van Bergeijk, P. A. G. Economic Diplomacy and the Geography of International Trade [M]. Cheltenham: Edward Elgar, 2009.

[154] Vernon, R. International Investment and International Trade in the Product Cycle [J]. Quarterly Journal of Economics, 1966, 80 (2): 190-207.

[155] Waldman, D. A., Ramírez, G., House R. J, et al. Does Leadership Matter: CEO Leadership Attributes and Profitability under Conditions of Perceived Environmental Uncertainty [J]. Academy of Management Journal, 2001, 44 (1): 134-144.

[156] Wall, J., Broll, U. Mitigation of Foreign Direct Investment: Risk and Hedging [J]. Frontiers in Finance and Economics, 2010, 7 (1): 21-23.

[157] Wei, S. J., Lian, P. To Shock or not to Shock: Economics and Political Economy of Large-scale Reforms [J]. Economics and Politics, 1998, 10 (2): 161-183.

[158] Wells, L. T. Third World Multinationals: The Rise of Foreign Investment from Developing Countries [M]. Cambridge: The MIT Press, 1983.

[159] Werner, S., Brouthers, L. E., Brouthers, K. D. International Risk and Perceived Environmental Uncertainty: The Dimensionality and Internal Consistency of Miller's Measure [J]. Journal of International Business Studies, 1996 (27): 571-587.

[160] World Bank. Global Economic Prospects [R]. Washington, D. C.: World Bank, 2016.

[161] Yakop, M., van Bergeijk, P. A. G. Economic Diplomacy, Trade and

Developing Countries [J]. Cambridge Journal of Regions, Economy and Society, 2011 (4): 253-267.

[162] Yeung, H. W., Liu, W. Globalizing China: The Rise of Mainland Firms in the Global Economy [J]. Eurasian Geography and Economics, 2008, 49 (1): 57-86.

[163] Zhang J. H., van Witteloostuijn A., Elhorst J. P. China's Politics and Bilateral Trade Linkages [J]. Asian Journal of Political Science, 2011, 19 (1): 25-47.

[164] 保建云."一带一路"国家间金融合作的规则供给与规则体系构建 [J]. 中国高校社会科学, 2019 (1): 101-108.

[165] 北京大学课题组."一带一路"沿线国家五通指数报告 [M]. 北京: 经济科学出版社, 2016.

[166] 曹征. 中国海外投资企业法律风险实证研究: 基于利益相关者治理的视角 [J]. 财贸经济, 2007 (8): 68-75.

[167] 陈冲. 中国资源型企业国际化风险辨识、评估与防范研究 [M]. 北京: 人民出版社, 2016.

[168] 陈继勇, 蒋艳萍, 王保双. 中国与"一带一路"沿线国家的贸易竞争性研究: 基于产品域和市场域的双重视角 [J]. 世界经济研究, 2017 (9): 3-14.

[169] 陈建宇. 盘点中国"伙伴": 由低到高分做四个等级 [N]. 南方周末, 2013-4-6.

[170] 陈砺, 黄晓玲. 中国企业国际化水平对公司绩效影响研究 [J]. 技术经济与管理研究, 2018 (2): 59-63.

[171] 陈梅."一带一路"背景下境外投资腐败风险的法律防范 [J]. 理论月刊, 2018 (11): 106-111.

[172] 陈伟光, 王燕. 共建"一带一路": 基于关系治理与规则治理的分析框架 [J]. 世界经济与政治, 2016 (6): 93-112.

[173] 陈小鼎, 王亚琪. 战后欧洲安全公共产品的供给模式 [J]. 世界经济与政治, 2015 (6): 102-122.

[174] 陈胤默, 孙乾坤, 张晓瑜. 孔子学院促进中国企业对外直接投资吗——基于"一带一路"沿线国家面板数据的分析 [J]. 国际贸易问题, 2017 (8): 84-95.

[175] 程永明."一带一路"与中国企业走出去——日本企业海外发展的

启示 [J]. 东北亚学刊, 2015 (4): 21 - 24.

[176] 丁锋, 姚新超. 中国与"一带一路"沿线主要纺织品服装出口国的竞争力比较分析 [J]. 国际经济合作, 2018 (4): 51 - 56.

[177] 丁建平, 方琛琳. "一带一路"中的宗教风险研究 [J]. 财经研究, 2017 (9): 134 - 145.

[178] 董秀成. "一带一路"战略背景下中国油气国际合作的机遇、挑战与对策 [J]. 价格理论与实践, 2015 (4): 14 - 16.

[179] 樊吉社. 美国对华战略的漂流: 适应抑或防范 [J]. 外交评论, 2013 (1): 65 - 78.

[180] 樊勇明. 区域性国际公共产品——简析区域合作的另一个理论视点 [J]. 世界经济与政治, 2008 (1): 7 - 13.

[181] 方旖旎. "一带一路"战略下中国企业对海外直接投资国的风险评估 [J]. 现代经济探讨, 2016 (1): 79 - 83.

[182] 傅梦孜. 美国新政府的对华政策倾向 [J]. 现代国际关系, 2001 (1): 15 - 19.

[183] 高菠阳, 尉翔宇, 黄志基, 等. 企业异质性与中国对外直接投资——基于中国微观企业数据的研究 [J]. 经济地理, 2019 (10): 130 - 138.

[184] 高松林. 中国企业如何应对在"一带一路"国家投资建设的腐败风险 [J]. 现代经济信息, 2018 (6): 143.

[185] 工业与信息化部. 关于推进纺织产业转移的指导意见 [EB/OL]. http://www.miit.gov.cn/n1146295/n1652858/n1652930/n3757019/c3757736/content.html, 2017 - 9 - 19.

[186] 龚婷. 美国对"一带一路"倡议的认知和行动: 演进与现状 [J]. 和平与发展, 2019 (5): 54 - 70.

[187] 顾祥柏. 炼化工业能效管理与实践 [M]. 北京: 中国石化出版社, 2009.

[188] 郭碧霞, 赵岳, 巫和懋. 我国"走出去"企业的最优融资模式选择 [J]. 金融研究, 2016 (8): 111 - 126.

[189] 郭朝先, 刘芳, 皮思明. "一带一路"倡议与中国国际产能合作 [J]. 国际展望, 2016 (3): 17 - 36.

[190] 郭烨, 许陈生. 双边高层会晤与中国在"一带一路"沿线国家的直接投资 [J]. 国际贸易问题, 2016 (2): 26 - 36.

[191] 郭烨, 许陈生. 双边高层会晤与中国在"一带一路"沿线国家的直

接投资[J]. 国际贸易问题,2016(2):54-66.

[192] 国务院. 关于推进国际产能和装备制造合作的指导意见[J]. 中华人民共和国国务院公报,2015(15):45-51.

[193] 韩国高,高铁梅,王立国,等. 中国制造业产能过剩的测度、波动及成因研究[J]. 经济研究,2011(12):18-31.

[194] 贺书锋,郭羽诞. 中国对外直接投资区位分析:政治因素重要吗?[J]. 上海经济研究,2009(3):68-74.

[195] 洪菊花,骆毕松,梁茂林,等. "一带一路"重大项目地缘风险研究[J]. 人文地理,2018(1):130-136.

[196] 洪邮生,孙灿. "一带一路"倡议与现行国际体系的变革——一种与"马歇尔计划"比较的视角[J]. 南京大学学报(哲学·人文科学·社会科学),2016(6):28-38.

[197] 胡鞍钢,马伟,鄢一龙. "丝绸之路经济带":战略内涵、定位和实现路径[J]. 新疆师范大学学报(哲学社会科学版),2014(2):1-11.

[198] 胡兵,邓富华,张明. 东道国腐败与中国对外直接投资[J]. 国际贸易问题,2013(10):138-148.

[199] 胡海峰,武鹏. 亚投行金融助力"一带一路":战略关系、挑战与策略选择[J]. 人文杂志,2016(1):20-28.

[200] 胡俊超,王丹丹. "一带一路"沿线国家国别风险研究[J]. 经济问题,2016(5):1-6.

[201] 胡穗,胡南. 政府债务规模对政府稳定影响的实证研究[J]. 湖南师范大学社会科学学报,2017,46(4):71-77.

[202] 胡卫平. "一带一路"战略下的能源投资机遇[J]. 国家电网,2015(6):62-63.

[203] 华桂宏,黄艺. "一带一路"国家经济金融风险评价[J]. 现代经济探讨,2019(1):55-60.

[204] 华炜. 石化工业进展概论[M]. 北京:中国石化出版社,2013.

[205] 黄汉江. 投资大辞典[M]. 上海:上海社会科学院出版社,1990.

[206] 黄河,陈美芳,汪静,等. 中国企业在"一带一路"沿线国家投资的政治风险及权益保护——以中线、北线B和南线为例[J]. 复旦国际关系评论,2015(1):104-129.

[207] 黄河. 公共产品视角下的"一带一路"[J]. 世界经济与政治,2015(6):138-155.

[208] 江飞涛,耿强,吕大国,等.地区竞争、体制扭曲与产能过剩的形成机理[J].中国工业经济,2012(6):44-56.

[209] 江青云.环境措施与国际投资争端风险刍议——以瑞典 Vattenfall 公司诉德国政府为例[J].河北法学,2014(10):141-146.

[210] 姜鑫.深圳 GDP 首超广州:民营企业唱主角,未来将走向何方?[R].经济观察报,2017-12-10(6).

[211] 蒋冠宏,蒋殿春.中国对发展中国家的投资——东道国制度重要吗?[J].管理世界,2012(11):45-56.

[212] 蒋冠宏.中国企业对"一带一路"沿线国家市场的进入策略[J].中国工业经济,2017(9):119-136.

[213] 蒋姮."一带一路"地缘政治风险的评估与管理[J].国际贸易,2015(8):21-24.

[214] 金云,朱和.炼油工业由大做强的关键[J].中国石油石化,2015(12):51-53.

[215] 孔庆峰,董虹蔚."一带一路"国家的贸易便利化水平测算与贸易潜力研究[J].国际贸易问题,2015(12):158-168.

[216] 李兵,颜晓晨.中国与"一带一路"沿线国家双边贸易的新比较优势——公共安全的视角[J].经济研究,2018(1):183-197.

[217] 李琛,范永斌.中国水泥"一带一路"研究系列——政策解读与挑战机遇分析[J].中国水泥,2016(11):60-63.

[218] 李富兵,白国平,王志欣,等."一带一路"油气资源潜力及合作前景[J].中国矿业,2015(10):1-3.

[219] 李鸿洋.国际直接投资的风险识别与管理[J].国际经贸探索,1992(1):41-46.

[220] 李嘉楠,龙小宁,张相伟.中国经贸合作新方式——境外经贸合作区[J].中国经济问题,2016(6):64-81.

[221] 李建军,孙慧."一带一路"背景下中巴经济走廊建设:现实基础与路径选择[J].新疆大学学报(哲学人文社会科学版),2017(1):1-9.

[222] 李平,初晓,于国才.中国 OFDI 汇率风险研究:基于预期风险与实际波动风险的视角[J].世界经济研究,2017(12):68-80.

[223] 李伟."一带一路"沿线国家安全风险评估[M].北京:中国发展出版社,2015.

[224] 李向阳.构建"一带一路"需要优先处理的关系[J].国际经济

评论,2015(1):54-63.

[225] 李晓,李俊久."一带一路"与中国地缘政治经济战略的重构[J].世界经济与政治,2015(10):30-59.

[226] 李晓钟,吕培培.我国装备制造产品出口贸易潜力及贸易效率研究——基于"一带一路"国家的实证研究[J].国际贸易问题,2019(1):80-92.

[227] 李永全,王晓泉."一带一路"建设发展报告(2019)[R].北京:社会科学文献出版社,2019.

[228] 李原,汪红驹."一带一路"沿线国家投资风险研究[J].河北经贸大学学报,2018,39(4):45-55.

[229] 连大祥.孔子学院对中国出口贸易及对外直接投资的影响[J].中国人民大学学报,2012(1):88-98.

[230] 梁琦,吴新生."一带一路"沿线国家双边贸易影响因素研究[J].经济学家,2016(12):69-77.

[231] 林珂.热点快速切换"中字头"卷土重来[N].金融投资报,2016-06-30(03).

[232] 林毅夫,巫和懋,邢亦青."潮涌现象"与产能过剩的形成机制[J].经济研究,2010(10):4-19.

[233] 刘朝全,姜学峰.2016年国内外油气行业发展报告[R].北京:石油工业出版社,2017.

[234] 刘桂珍.我国石油企业海外投资风险研究[D].北京:中国地质大学,2012.

[235] 刘海云,聂飞.中国OFDI动机及其对外产业转移效应——基于贸易结构视角的实证研究[J].国际贸易问题,2015(10):73-86.

[236] 刘际昕."一带一路"的地缘政治风险及其应对[D].长春:吉林大学,2017.

[237] 刘佳骏."21世纪海上丝绸之路"沿线产能合作路径探析[J].国际经济合作,2016(8):9-12.

[238] 刘佳骏."一带一路"战略背景下中国能源合作新格局[J].国际经济合作,2015(10):30-33.

[239] 刘林青,周潞.非洲农产品的国际竞争力及与中国贸易互补性分析[J].国际贸易问题,2010(4):40-48.

[240] 刘青峰,姜书竹.从贸易引力模型看中国双边贸易安排[J].浙江

社会科学, 2002 (6): 16-19.

[241] 刘小军, 张滨. 中国与"一带一路"沿线国家的跨境物流协作——基于物流绩效指数 [J]. 中国流通经济, 2016 (12): 40-46.

[242] 刘晓凤, 葛岳静, 赵亚博. 国家距离与中国企业在"一带一路"投资区位选择 [J]. 经济地理, 2017, 37 (11): 100-108.

[243] 卢锋, 李昕, 李双双, 等. 为什么是中国?——"一带一路"的经济逻辑 [J]. 国际经济评论, 2015 (3): 9-34.

[244] 卢山冰, 刘晓蕾, 余淑秀. 中国"一带一路"投资战略与"马歇尔计划"的比较研究 [J]. 人文杂志, 2015 (10): 36-43.

[245] 鲁楠. 世界法治指数的缘起与流变 [J]. 环球法律评论, 2014 (4): 118-133.

[246] 马斌. 美国中亚政策的重要工具: 经济和军事援助 [J]. 美国问题研究, 2011 (1): 140-168.

[247] 马建英. 美国对中国"一带一路"倡议的认知与反应 [J]. 世界经济与政治, 2015 (10): 104-132.

[248] 马鑫. "一带一路"沿线国家的投资风险: 马来西亚 [R]. 上海: 第一财经研究院, 2018.

[249] 马昀. "一带一路"建设中的风险管控问题 [J]. 政治经济学评论, 2015, 6 (4): 189-203.

[250] 毛振华, 闫衍, 郭敏. "一带一路"沿线国家主权信用风险报告 [M]. 北京: 经济日报出版社, 2015.

[251] 孟凡臣, 蒋帆. 中国对外直接投资政治风险量化评价研究 [J]. 国际商务研究, 2014 (5): 87-96.

[252] 孟醒, 董有德. 社会政治风险与我国企业对外直接投资的区位选择 [J]. 国际贸易问题, 2015 (4): 106-115.

[253] 倪中新, 卢星, 薛文骏. "一带一路"战略能够化解我国过剩的钢铁产能吗——基于时变参数向量自回归模型平均的预测 [J]. 国际贸易问题, 2016 (3): 161-174.

[254] 聂聆. 金砖四国创意产品贸易国际竞争力的比较研究 [J]. 国际贸易问题, 2013 (2): 111-122.

[255] 潘镇, 金中坤. 双边政治关系, 东道国制度风险与中国对外直接投资 [J]. 财贸经济, 2015 (6): 85-97.

[256] 裴长洪, 樊瑛. 中国企业对外直接投资的国家特定优势 [J]. 中国

工业经济，2010（7）：45-54.

[257] 裴长洪，郑文. 国家特定优势：国际投资理论的补充解释 [J]. 经济研究，2011（11）：21-35.

[258] 彭元正."一带一路"背景下如何形成油气贸易新格局 [J]. 中国石油企业，2015（4）：22-23.

[259] 祁怀高，石源华. 中国的周边安全挑战与大周边外交战略 [J]. 世界经济与政治，2013（6）：25-46.

[260] 乔健，李诚. 中资企业投资"一带一路"国家劳动关系风险防范研究 [J]. 中国人力资源开发，2018（7）：92-107.

[261] 邱皓政，林碧芳. 结构方程模型的原理和应用 [M]. 北京：中国轻工业出版社，2012.

[262] 邱立成，杨德彬. 中国企业 OFDI 的区位选择——国有企业和民营企业的比较分析 [J]. 国际贸易问题，2015（6）：35-42.

[263] 邱立成，赵成真. 制度环境差异、对外直接投资与风险防范：中国例证 [J]. 国际贸易问题，2012（12）：112-122.

[264] 阮宗泽. 中国需要构建怎样的周边 [J]. 国际问题研究，2014（2）：11-26.

[265] 申现杰，肖金成. 国际区域经济合作新形势与我国"一带一路"合作战略 [J]. 宏观经济研究，2014（11）：30-38.

[266] 沈大伟. 中美战略关系：从伙伴到竞争对手 [J]. 世界经济与政治，2001（2）：51-57.

[267] 沈华，史为夷. 中国企业海外投资的风险管理和政策研究 [M]. 北京：商务印书馆，2017.

[268] 盛斌，廖明中. 中国的贸易流量与出口潜力：引力模型的研究 [J]. 世界经济，2004（2）：3-12.

[269] 史昕，邢斌斌."一带一路"油气全产业链国际合作战略研究 [J]. 国际经济合作，2015（8）：44-49.

[270] 宋清华. 国家风险述略 [J]. 中南财经大学学报，1993（1）：60-64.

[271] 宋维佳，梁金跃."一带一路"沿线国国家风险评价——基于面板数据及突变级数法的分析 [J]. 财经问题研究，2018（10）：97-104.

[272] 苏馨. 中国对"一带一路"沿线国家直接投资的风险研究 [D]. 长春：吉林大学，2017.

[273] 隋月红,赵振华. 我国 OFDI 对贸易结构影响的机理与实证——兼论我国 OFDI 动机的拓展 [J]. 财贸经济, 2012 (4): 81-89.

[274] 孙艳琳,王诗慧. 基于 AHP 的中国水泥行业"一带一路"区域投资环境评价 [J]. 武汉理工大学学报(信息与管理工程版), 2018, 40 (2): 158-162.

[275] 孙焱林,覃飞. "一带一路"倡议降低了企业对外投资风险吗 [J]. 国际贸易问题, 2018 (8): 29-38.

[276] 孙忆,孙宇辰. 自由贸易协定能提升国家间亲密度吗?——基于中国周边 FTA 的实证分析 [J]. 世界经济与政治, 2017 (4): 129-154.

[277] 孙泽生,孟祺. "链长制"探索丰富中国治理实践 [N]. 中国社会科学报, 2020-9-16 (3).

[278] 孙泽生,王淑云,孙便霞,等. 大宗商品市场定价格局与影响因素研究 [M]. 北京: 经济科学出版社, 2015.

[279] 孙泽生,王耀青. "一带一路"倡议与企业投资反应——基于问卷调查数据的探索性实证 [J]. 当代财经, 2019 (12): 96-107.

[280] 孙泽生,徐芷菁,单文齐. "一带一路"背景下中国纺织产业链比较优势和规模经济的空间演化 [J]. 武汉纺织大学学报, 2019, 32 (5): 3-9.

[281] 孙泽生. 贸易媒介与资源性商品定价 [M]. 北京: 中国社会科学出版社, 2011.

[282] 谭秀杰,周茂荣. 21 世纪"海上丝绸之路"贸易潜力及其影响因素——基于随机前沿引力模型的实证研究 [J]. 国际贸易问题, 2015 (2): 3-12.

[283] 陶文娣. 中国高耗能产业"一带一路"绿色产能合作发展报告 [R]. 北京: 自然资源保护协会, 2018.

[284] 田泽. 中国企业对非洲境外投资风险评价研究 [J]. 现代经济探讨, 2014 (11): 30-34.

[285] 推进"一带一路"建设工作领导小组办公室. 共建"一带一路"倡议: 进展、贡献与展望 [R]. 2019-4-22, http://www.xinhuanet.com//world/2019-04/22/c_1124399473.htm, 2019-9-26.

[286] 汪丁丁. "注意力"的经济学描述 [J]. 经济研究, 2000 (10): 67-72.

[287] 王春萍. 东道国外资优惠政策价值基础的博弈均衡分析 [J]. 求索, 2010 (2): 99-101.

[288] 王镝, 杨娟. "一带一路" 沿线国家风险评级研究 [J]. 北京工商大学学报（社会科学版）, 2018, 33 (4): 117-126.

[289] 王桂军, 卢潇潇. "一带一路" 倡议与中国企业升级 [J]. 中国工业经济, 2019 (3): 43-61.

[290] 王海军, 齐兰. 国家经济风险与 FDI——基于中国的经验研究 [J]. 财经研究, 2011 (10): 70-80.

[291] 王红蕾, 吴晶妹. 国家风险测评方法研究 [J]. 经济经纬, 2008 (3): 143-145.

[292] 王缉思, 李侃如. 中美战略互疑: 解析与应对 [R]. 北京大学国际战略研究中心, 2012.

[293] 王丽丽. 中国对外直接投资是风险规避还是风险偏好 [J]. 金融经济学研究, 2018 (6): 117-126.

[294] 王学君, 田曦. 外交访问的贸易创造效应——中国的证据 [J]. 国际贸易问题, 2017 (6): 15-26.

[295] 王义桅, 郑栋. 一带一路" 战略的道德风险与应对措施 [J]. 东北亚论坛, 2015 (4): 39-47.

[296] 王益民, 王艺霖, 程海东. 高管团队异质性、战略双元与企业绩效 [J]. 科研管理, 2015 (11): 101-108.

[297] 王永钦, 杜巨澜, 王凯. 中国对外直接投资区位选择的决定因素: 制度、税负和资源禀赋 [J]. 经济研究, 2014 (12): 126-142.

[298] 王永中, 李曦晨. 中国对 "一带一路" 沿线国家投资风险评估 [J]. 开放导报, 2015 (4): 30-34.

[299] 王永中, 赵奇峰. 风险偏好、投资动机与中国对外直接投资: 基于面板数据的分析 [J]. 金融评论, 2016 (4): 1-17.

[300] 韦军亮, 陈漓高. 政治风险对中国对外直接投资的影响——基于动态面板模型的实证研究 [J]. 经济评论, 2009 (4): 106-113.

[301] 韦宗友. 美国对 "一带一路" 倡议的认知与中美竞合 [J]. 美国研究, 2018 (1): 41-66.

[302] 魏龙, 王磊. 从嵌入全球价值链到主导区域价值链——"一带一路" 战略的经济可行性分析 [J]. 国际贸易问题, 2016 (5): 104-115.

[303] 魏巍, 安同良. 中国高铁技术引进与自主创新的博弈分析 [J]. 南京社会科学, 2019 (7): 19-25.

[304] 温蕾, 郭婧云, 钱隆, 等. 我国对外基础设施投资法律风险控制研

究——以"一带一路"倡议为背景 [J]. 经济问题, 2018 (11): 36-40.

[305] 吴旺. "一带一路"战略下矿业企业对外投资风险评价研究 [D]. 衡阳: 南华大学, 2016.

[306] 习近平. 联通引领发展 伙伴聚焦合作——在"加强互联互通伙伴关系"东道主伙伴对话会上的讲话 [R]. 2014-11-08, http://www.xinhuanet.com/world/2014-11/08/c_127192119.htm, 2017-10-20.

[307] 熊斌, 马世杰. 中国对柬埔寨投资企业绩效及其影响因素实证研究——基于广义定序Logit模型 [J]. 国际贸易问题, 2015 (9): 67-76.

[308] 徐奇渊, 杨盼盼, 肖立晟. "一带一路"投融资机制建设: 中国如何更有效地参与 [J]. 国际经济评论, 2017 (5): 134-148.

[309] 徐献军, 张胆琼. "一带一路"的宗教风险与防范 [J]. 杭州电子科技大学学报 (社会科学版), 2018, 14 (3): 38-42.

[310] 许和连, 孙天阳, 成丽红. "一带一路"高端制造业贸易格局及影响因素研究——基于复杂网络的指数随机图分析 [J]. 财贸经济, 2015 (12): 74-88.

[311] 许晖, 万益迁, 裴德贵. 高新技术企业国际化风险感知与防范研究——以华为公司为例 [J]. 管理世界, 2008 (4): 140-149.

[312] 许娇, 陈坤铭, 杨书菲, 等. "一带一路"交通基础设施建设的国际经贸效应 [J]. 亚太经济, 2016 (3): 3-11.

[313] 薛力. 中国"一带一路"战略面对的外交风险 [J]. 国际经济评论, 2015 (2): 68-79.

[314] 严佳佳, 曾金明, 何乐融. 国际转移化解我国过剩产能——以钢铁行业为例的分析 [J]. 投资研究, 2017 (12): 132-144.

[315] 阎大颖, 洪俊杰, 任兵. 中国企业对外直接投资的决定因素 [J]. 南开管理评论, 2009, 12 (6): 135-142.

[316] 杨攻妍, 刘洪钟. 政治关系、经济权力与贸易往来: 来自东亚的证据 [J]. 世界经济与政治, 2015 (12): 110-130.

[317] 杨宏恩, 孟庆强, 王晶, 等. 双边投资协定对中国对外直接投资的影响: 基于投资协定异质性的视角 [J]. 管理世界, 2016 (4): 24-36.

[318] 杨连星, 刘晓光, 张杰. 双边政治关系如何影响对外直接投资——基于二元边际和投资成败视角 [J]. 中国工业经济, 2016 (11): 56-72.

[319] 杨君岐, 任禹洁. "一带一路"沿线国家的投资风险分析——基于模糊综合评价法 [J]. 财会月刊, 2019 (2): 131-139.

[320] 杨立卓,刘雪娇,余稳策."一带一路"背景下我国与中亚国家贸易互补性研究 [J]. 上海经济研究, 2015 (11): 94-103.

[321] 姚凯,张萍. 中国企业对外投资的政治风险及量化评估模型 [J]. 经济理论与经济管理, 2012 (5): 103-111.

[322] 易靖韬,蒙双. 贸易自由化、企业异质性与产品范围调整 [J]. 世界经济, 2018 (11): 32-45.

[323] 尹力博,韩立岩. 对冲通胀风险的战略视角与微观选择 [J]. 管理科学学报, 2015 (3): 64-77.

[324] 尤敏君. 出口竞争力指标之研究——兼论我国出口产业竞争力 [J]. 台湾经济研究月刊, 1997, 20 (4): 35-44.

[325] 于津平,顾威."一带一路"建设的利益、风险与策略 [J]. 南开学报(哲学社会科学版), 2016 (1): 65-70.

[326] 于立,张杰. 中国产能过剩的根本成因与出路:非市场因素及其三步走战略 [J]. 改革, 2014 (2): 40-51.

[327] 于鹏,李丽. 中国企业海外直接投资:社会责任风险管理与利益相关方参与 [J]. 国际经济合作, 2016 (7): 49-53.

[328] 岳中志,付竹,袁泽波. 中国企业 OFDI 进入模式的选择研究——基于交易成本理论的实证检验 [J]. 财经论丛, 2011 (6): 21-26.

[329] 张春蕊."一带一路"建设的经济风险及对策分析 [J]. 科技经济导刊, 2018, 26 (7): 209-210.

[330] 张栋,许燕,张舒媛."一带一路"沿线主要国家投资风险识别与对策研究 [J]. 东北亚论坛, 2019, 28 (3): 68-89.

[331] 张光南,洪国志,陈广汉. 基础设施、空间溢出与制造业成本效应 [J]. 经济学(季刊), 2014 (1): 285-304.

[332] 张海森,谢杰. 中国—非洲农产品贸易的决定因素与潜力——基于引力模型的实证研究 [J]. 国际贸易问题, 2011 (3): 45-51.

[333] 张慧智,王箫轲. 论美国国家安全战略的第三支柱——"9·11"以来美国 ODA 政策的调整与评估 [J]. 世界经济与政治论坛, 2015 (2): 1-17.

[334] 张建红,姜建刚. 双边政治关系对中国对外直接投资的影响研究 [J]. 世界经济与政治, 2012 (12): 133-155.

[335] 张金杰. 国家风险的形成、评估及中国对策 [J]. 世界经济与政治, 2008 (3): 58-64.

[336] 张金水, 连秀花. 国家经济风险评价模型的一种改进 [J]. 清华大学学报 (哲学社会科学版), 2005 (6): 70-74.

[337] 张文宗. 美国对华全全面竞争战略及中美关系新变局 [J]. 和平与发展, 2019 (2): 1-18.

[338] 张相伟, 龙小宁. 中国对外投资具有跨越贸易壁垒的动机吗 [J]. 国际贸易问题, 2018 (1): 135-144.

[339] 张小蒂, 曾可昕, 等. 中国企业家资源拓展与比较优势增进的互动研究 [M]. 杭州: 浙江大学出版社, 2015.

[340] 张小蒂, 王焕祥. 国际投资与跨国公司 [M]. 杭州: 浙江大学出版社, 2004.

[341] 张小蒂, 王焕祥. 论跨国公司FDI中基于并购的要素交易整合优势 [J]. 世界经济, 2004 (7): 44-50.

[342] 张学良. 中国交通基础设施促进了区域经济增长吗——兼论交通基础设施的空间溢出效应 [J]. 中国社会科学, 2012 (3): 60-77.

[343] 张亚斌. "一带一路" 投资便利化与中国对外直接投资选择——基于跨国面板数据及投资引力模型的实证研究 [J]. 国际贸易问题, 2016 (9): 165-176.

[344] 张艳, 张建琪. 社会网络和高层管理团队异质性对民营企业家机会搜寻能力的影响研究 [J]. 管理学报, 2016 (12): 91-98.

[345] 张宇燕, 冯维江. 从 "接触" 到 "规锁": 美国对华战略意图及中美博弈的四种前景 [J]. 清华金融评论, 2018 (5): 24-25.

[346] 张宇燕, 管清友. 世界能源格局与中国的能源安全 [J]. 世界经济, 2007 (9): 17-30.

[347] 张运鹏. "一带一路" 与以我为主的新型全球价值链构建 [J]. 世界经济与政治论坛, 2017 (6): 39-53.

[348] 周亦奇. 当伙伴 "遇见" 盟友——中国伙伴关系与美国同盟体系的互动模式研究 [J]. 国际展望, 2016, 8 (5): 21-39.

[349] 周密, 赵晓琳, 黄利. 一事一议财政奖补制度对农村居民收入影响效应研究——基于中国县域面板数据的实证检验 [J]. 南方经济, 2020 (5): 18-33.

[350] 赵春明等. 跨国公司与国际直接投资 [M]. 北京: 机械工业出版社, 2017.

[351] 赵峰, 纪雪宁, 郑延婷. "一带一路" 跨国企业的风险对冲评价:

基于337份海外投资企业调查数据的SEM模型分析[J]. 世界经济研究,2018(9):21-29.

[352] 赵静,常非凡."一带一路"倡议下的水泥国际产能合作研究——基于投资机会和实现机制的分析[J]. 中国产经,2018(4):51-56.

[353] 赵静. 中国—东盟国际产能合作战略研究[J]. 宏观经济管理,2017(5):57-63.

[354] 赵明昊. 大国竞争背景下美国对"一带一路"的制衡态势论析[J]. 世界经济与政治,2018(12):4-31.

[355] 赵明亮,杨蕙馨."一带一路"战略下我国钢铁过剩产能化解:贸易基础、投资机会与实现机制[J]. 华东师范大学学报(哲学社会科学版),2015(4):84-94.

[356] 赵全胜. 中美关系和亚太地区的"双领导体制"[J]. 美国研究,2012(1):7-26.

[357] 郑江淮. 企业家注意力配置与创新模式的决定[J]. 外国经济与管理,2000,22(6):18-24.

[358] 中国出口信用保险公司. 国家风险分析报告[M]. 北京:中国财政经济出版社,2015.

[359] 中国国家发展与改革委员会,外交部,商务部. 推动共建丝绸之路经济带和21世纪海上丝绸之路的愿景与行动[EB/OL]. 2015-09-26, http://www.mofcom.gov.cn/article/i/jyjl/l/201504,2017-01-20.

[360] 周倩. "一带一路"视野下的东南亚汉语推广市场分析[J]. 云南师范大学学报(对外汉语教学与研究版),2015(5):71-76.

[361] 周伟,陈昭,吴先明. 中国在"一带一路"FDI的国家风险研究:基于39个沿线东道国的量化评价[J]. 世界经济研究,2017(8):15-25.

[362] 周五七. "一带一路"沿线直接投资分布与挑战应对[J]. 中国与全球化,2015(8):40-43.

[363] 周中胜,罗正英. 企业家异质性特征对信贷融资影响的实证研究[J]. 财贸经济,2007(13):51-60.

[364] 朱丹丹,黄梅波. 中国对外援助能够促进受援国的贸易发展吗?——基于非洲16个受援国面板数据的实证研究[J]. 广东社会科学,2017(1):54-59.

[365] 朱锋. 奥巴马政府"转身亚洲"战略与中美关系[J]. 现代国际关系,2012(4):1-7.

[366] 朱婕,任荣明. 中国对非洲直接投资的决定因素研究——基于非洲对外贸易与中非发展基金的视角 [J]. 科技管理研究, 2014 (22): 202-207.

[367] 庄国土. 东南亚华侨华人数量的新估算 [J]. 厦门大学学报 (哲学社会科学版), 2009 (3): 62-69.

[368] 宗芳宇,路江涌,武常岐. 双边投资协定,制度环境和企业对外直接投资区位选择 [J]. 经济研究, 2012 (5): 71-82.